RELIGION IN DEN BÖHMISCHEN LÄNDERN 1938-1948

Diktatur, Krieg und Gesellschaftswandel als Herausforderungen für religiöses Leben und kirchliche Organisation

Veröffentlichungen des Collegium Carolinum

Band 115

Herausgegeben vom
Vorstand des Collegium Carolinum
Forschungsstelle für die böhmischen Länder

R. OLDENBOURG VERLAG MÜNCHEN 2007

Religion in den böhmischen Ländern 1938-1948

Diktatur, Krieg und Gesellschaftswandel als Herausforderungen für religiöses Leben und kirchliche Organisation

Herausgegeben
von
Martin Zückert und Laura Hölzlwimmer

R. OLDENBOURG VERLAG MÜNCHEN 2007

Bibliografische Information der Deutschen Nationalbibliothek

Die Deutsche Nationalbibliothek verzeichnet diese Publikation in der Deutschen Nationalbibliografie; detaillierte bibliografische Daten sind im Internet über http://dnb.d-nb.de abrufbar.

Bibliographic information published by the Deutsche Nationalbibliothek

The Deutsche Nationalbibliothek lists this publication in the Deutsche Nationalbibliografie; detailed bibliographic data are available in the Internet at http://dnb.d-nb.de.

Der vorliegende Band entstand im Rahmen des vom Versöhnungsfonds der katholischen Kirche in Deutschland geförderten Projektes zur Kirchen- und Religionsgeschichte der böhmischen Länder im 20. Jahrhundert

Für Form und Inhalt trägt der jeweilige Verfasser die Verantwortung.

Redaktion: Laura Hölzlwimmer und Martin Zückert, Collegium Carolinum München

Satz: Collegium Carolinum München

Druck und Einband: Verlagsdruckerei Schmidt GmbH
91413 Neustadt an der Aisch

Layout des Umschlags: Jörg Dedering, Berlin

Bildnachweis (Umschlag): Velká mše, Řím 1970; Český bratr 1/1948; Sudetendeutsches Archiv

Verlag: Oldenbourg Wissenschaftsverlag GmbH, 81671 München
(http://www.oldenbourg-verlag.de)

Gedruckt auf säurefreiem, alterungsbeständigem und chlorfrei gebleichtem Papier.

ISBN 978-3-486-58375-5

INHALT

Laura Hölzlwimmer/Martin Zückert

RELIGION IN DEN BÖHMISCHEN LÄNDERN 1938-1948 ZUR EINFÜHRUNG

Vor etwa dreißig Jahren begann sich die Religionsgeschichte abseits der Pfade der traditionellen Kirchengeschichte grundsätzlich zu erneuern. Diese jüngere Forschung hat – ohne so weit zu gehen wie Olaf Blaschke mit seiner These vom „Zweiten konfessionellen Zeitalter“[1] – Säkularisierungsparadigmen größtenteils aufgegeben, die von einer kontinuierlich schwindenden Bedeutung des Religiösen ausgehen. Stattdessen wird zunehmend von einer Gleichzeitigkeit, von einer wechselseitigen Durchdringung und Prägung religiöser und anderer Deutungssysteme ausgegangen, wobei vor allem nationalen Interpretationsmustern für das 19. und 20. Jahrhundert erhebliche Bedeutung zukommt.[2] Der vorliegende Band schließt an solche Konzepte an und versucht zugleich, kirchen- und religionsgeschichtliche Fragen in den größeren Kontext gesellschaftlichen und politischen Wandels zu integrieren. Er analysiert die Bedeutung und den Wandel des Religiösen in den böhmischen Ländern in der „religionsfeindliche[n] Zeit“[3] der Jahre 1938 bis 1948.

---

1 *Blaschke*, Olaf: Das 19. Jahrhundert: Ein Zweites Konfessionelles Zeitalter? In: Geschichte und Gesellschaft 26 (2000) 38-75. — Weitere Kritik am Konzept der Säkularisierung in *Berger*, Peter L.: Der Zwang zur Häresie. Religion in der pluralistischen Gesellschaft. Frankfurt a. M. 1980. — *Luckmann*, Thomas: Die unsichtbare Religion. Frankfurt a. M. 1991. — *Hervieu-Léger*, Danièle: Religion and Modernity in the French Context. For a New Approach to Secularization. In: Sociological Analysis 51 (1990) 15-25. — Aus geschichtswissenschaftlicher Perspektive vergleiche *Schieder*, Wolfgang: Säkularisierung und Sakralisierung der religiösen Kultur in der europäischen Neuzeit. Versuch einer Bilanz. In: *Lehmann*, Hartmut (Hg.): Säkularisierung, Dechristianisierung, Rechristianisierung im neuzeitlichen Europa. Bilanz und Perspektiven der Forschung. Göttingen 1997, 308-313.

2 Vergleiche z.B. *Schulze Wessel*, Martin (Hg.): Nationalisierung der Religion und Sakralisierung der Nation im östlichen Europa. Stuttgart 2006 (Forschungen zu Geschichte und Kultur des östlichen Mitteleuropa 27). — *Geyer*, Michael/*Lehmann*, Hartmut (Hgg.): Religion und Nation – Nation und Religion. Beiträge zu einer unbewältigten Geschichte. Göttingen 2004 (Bausteine zu einer europäischen Religionsgeschichte im Zeitalter der Säkularisierung 3). — *Haupt*, Heinz-Gerhard/*Langewiesche*, Dieter (Hgg.): Nation und Religion in Europa. Mehrkonfessionelle Gesellschaften im 19. und 20. Jahrhundert. Frankfurt a. M.–New York 2004.

3 So Martin Schulze Wessel auf der zweiten Arbeitstagung zu dem Projektband in Prag im September 2005. Vergleiche den Tagungsbericht von *Hölzlwimmer*, Laura: Zwischen den Diktaturen. Kirchen und Religion in der Tschechoslowakei 1945-1948. In: Bohemia 46/2 (2005) 468-471, hier 468.

Die Beiträge entstanden im Rahmen eines Projekts, das im Collegium Carolinum seit 2004 bearbeitet wird.[4] Gemeinsam mit tschechischen und deutschen Experten sowie in Kooperation mit der Ackermann-Gemeinde wird bis 2008 ein Handbuch zur Religions- und Kirchengeschichte der böhmischen Länder im 20. Jahrhundert entstehen. Darin werden erstmals die grundlegenden Entwicklungen des religiösen Lebens und der verschiedenen Glaubensgemeinschaften auf dem Gebiet der heutigen Tschechischen Republik konfessionsvergleichend und -übergreifend dargestellt werden. Gleichsam als Vorstudien zu einem wichtigen Teilbereich des Handbuchs können die in diesem Buch versammelten Beiträge gesehen werden, die auf Vorträge zweier Arbeitstagungen zurückgehen. Die erste Konferenz fand in München im Dezember 2005 zum Thema „Kirche und Religion im Nationalsozialismus: Die böhmischen Länder 1938/1939-1945"[5] statt, die zweite in Prag im September 2006 unter dem Titel „Zwischen den Diktaturen. Kirchen und Religion in der Tschechoslowakei 1945-1948".[6] Beide Tagungen zielten darauf, bisher nur unzureichend erforschte religions- und kirchengeschichtliche Aspekte zu einer der Schlüsselphasen der Geschichte der böhmischen Länder und der deutsch-tschechischen Beziehungen zu erfassen und Desiderata aufzuzeigen. Ergänzt werden die schriftlichen Fassungen der Vorträge durch einen zeitlich übergreifenden Artikel zum Gegensatz zwischen Katholizismus und Antiklerikalismus in der Tschechoslowakei von Martin Schulze Wessel und Monika Hankovás Studie zur jüdischen Glaubensgemeinschaft nach 1945. Den Beiträgen hinzugefügt wurde außerdem ein Dokumentenanhang, in dem vier grundsätzliche Texte der großen Konfessionen aus der unmittelbaren Nachkriegszeit in deutscher Sprache zugänglich gemacht werden.

Mit Blick auf die konfessionellen Verhältnisse in den böhmischen Ländern wird in den vorliegenden Studien die Geschichte der katholischen Kirche und ihrer Gläubigen auf breiter Grundlage thematisiert. Zugleich behandelt der Band – wie auch das geplante Handbuch – auch konfessionsvergleichende und -übergreifende Fragestellungen. Dies erscheint zum einen deswegen sinnvoll, weil so Gemeinsamkeiten und Unterschiede im Agieren der jeweiligen Konfessionen sichtbar gemacht werden können. Zum anderen bietet dieser Ansatz die Möglichkeit, religiöses Leben als soziales Phänomen sowie in seiner Bedingtheit durch inner- und außerreligiöse Beeinflussungen zu untersuchen.

Dieser Band will auch dazu beitragen, eine Lücke in der kirchlichen Zeitgeschichtsforschung zu schließen, in der der Zweite Weltkrieg als mehrdimensionales Forschungsfeld erst in den letzten Jahren erschlossen wird.[7] Während

---

4 Das Projekt zur Religions- und Kirchengeschichte der böhmischen Länder im 20. Jahrhundert wird vom „Versöhnungsfonds der katholischen Kirche in Deutschland" gefördert.

5 Vergleiche den Tagungsbericht von *Samerski*, Stefan: Kirche und Religion im Nationalsozialismus. Die böhmischen Länder 1938/39-1945. In: Bohemia 46/1 (2005) 191-194.

6 *Hölzlwimmer*: Zwischen den Diktaturen.

7 Zur Dimensionierung und Erschließung dieses Forschungsfeldes siehe *Hummel*, Karl-Joseph/*Kösters*, Christoph (Hgg.): Kirchen im Krieg. Europa 1939-1945. Paderborn u.a. 2007. — Vergleiche auch *Düringer*, Hermann/*Kaiser*, Jochen-Christoph (Hgg.): Kirchliches Leben im Zweiten Weltkrieg. Frankfurt a. M. 2005 (Arnoldshainer Texte 126).

Fragen der rein institutionellen Entwicklung von kirchlichen und religiösen Organisationen in den böhmischen Ländern unter dem Eindruck von Krieg und Diktatur sowie der Verfolgung religiöser Funktionsträger relativ gut erforscht sind,[8] ist noch weitgehend offen, wie Kirchen und Religionsgemeinschaften auf den damit verbundenen politischen und gesellschaftlichen Wandel reagierten, und ob und inwiefern sie gestalterisch an diesen Veränderungsprozessen mitwirkten. Dies betrifft auch die Frage, wie sich Krieg und Besatzungsherrschaft auf die religiöse Praxis auswirkten.

Auch für die unmittelbare Nachkriegszeit zwischen den beiden Diktaturen von 1945 bis 1948, also in der so genannten Dritten Republik, sind die Fragen nach der Rolle konfessioneller Zugehörigkeiten im politischen und gesellschaftlichen Umgestaltungsprozess oder nach dem Verhältnis von nationalen und konfessionellen Identifikationsmomenten in der Phase des Umbruchs noch weitgehend unbeantwortet.[9] Für diesen Zeitraum, der durch die unmittelbaren Kriegsfolgen, den durch die Vertreibung und Aussiedlung der Deutschen ausgelösten Bevölkerungswandel und tiefgreifende soziale und politische Veränderungen geprägt war, ist ebenfalls danach zu fragen, wie die Kirchen und ihre Gläubigen mit den von der Politik forcierten gesellschaftlichen Leitvorstellungen umgingen und in welchem Verhältnis diese zu ihren eigenen Konzepten standen. Aufgespannt zwischen den Feldern Diktatur, Krieg und Gesellschaftswandel soll das Spektrum der hier zusammen gebrachten Beiträge die erwähnten Aspekte des religiösen Wandels in den böhmischen Ländern von 1938 bis 1948 beleuchten. Fokussiert wird nicht allein auf die Bedingungen kirchlichen Lebens in zwei unterschiedlichen politischen Systemen. Es geht zugleich auch darum, „Religion" für den untersuchten Zeitraum als gestalterisches Moment und aktive Kraft aufzufassen, um Veränderungen kirchlichen Lebens in einer Phase fundamentalen politischen und gesellschaftlichen Wandels zu analysieren und sie in längerfristige Prozesse einordnen zu können.

---

8 Zu Verfolgung und Widerstand vergleiche u.a. *Šimsová*, Milena (Hg.): Prošli jsme v jeho síle. Evangelíci v čase druhé světové války [Wir kamen durch in seiner Kraft. Die Evangelischen in der Zeit des Zweiten Weltkrieges]. Praha 2003. — *Chvatík*, Jan: Perzekuce katolických duchovních na Moravě od počátku okupace do konce II. stanného práva [Die Verfolgung katholischer Geistlicher in Mähren vom Beginn der Besatzung bis zum Ende des Zweiten Ausnahmezustands]. In: *Fiala*, Petr/*Hanuš*, Jiří (Hgg.): Katolická církev a totalitarismus v českých zemích [Die katholische Kirche und der Totalitarismus in den böhmischen Ländern]. Brno 2001, 55-84. — *Valasek*, Emil: Der Kampf gegen die Priester im Sudetenland 1938 bis 1945. Eine Dokumentation. In: AKBMS 16 (2003) 1-240. — *Grulich*, Rudolf: Sudetendeutsche Katholiken als Opfer des Nationalsozialismus. Brannenburg 1999. — *Macek*, Jaroslav: Pronásledování a odpor katolické církve v letech 1938-1945 [Verfolgung und Widerstand der katholischen Kirche in den Jahren 1938-1945]. In: *Kural*, Václav/*Radvanovský*, Zdeněk (Hgg.): „Sudety" pod hákovým křížem [Das „Sudetenland" unter dem Hakenkreuz]. Ústí nad Labem 2002, 427-452. — Zur Literatur zur Kirchenorganisation vergleiche auch die Beiträge von René *Küpper*, Jan *Stříbrný* und Martin *Zückert* in diesem Band.

9 Auf die Rolle konfessioneller Milieus in der Tschechoslowakei der Nachkriegszeit fokussiert zum Teil *Abrams*, Bradley F.: The struggle for the soul of a nation: Czech culture and the rise of communism. Lanham 2004.

Kirchen und Religionsgemeinschaften angesichts der politischen Veränderungen

In den böhmischen Ländern sind die Jahre 1938 bis 1948 Jahre nicht nur vom Zweiten Weltkrieg als existentielle Herausforderung für das menschliche Sein geprägt, sondern auch durch zwei verschiedene Diktaturen: von der Zerstörung der Tschechoslowakei durch die Nationalsozialisten und der darauf folgenden Besatzungsherrschaft im „Reichsprotektorat Böhmen und Mähren" in den Jahren 1938 bis 1945, sowie von den Vorboten der Alleinherrschaft der „Komunistická strana Československa" (Kommunistische Partei der Tschechoslowakei, KSČ), die sich mit dem „Februar-Umsturz" 1948 etablieren sollte.

So unterschiedlich die Wurzeln der beiden Diktaturen sind, so stellte die Auseinandersetzung mit ihnen in der Krisensituation der (Nach-)Kriegszeit gleichermaßen eine zusätzliche Herausforderung existenziellen Ausmaßes für Kirchen und Religionsgemeinschaften dar: Denn sowohl die nationalsozialistische Besatzungsherrschaft als auch die zunehmend von der KSČ dominierten Umgestaltungsversuche des gesamten gesellschaftlichen und politischen Lebens in der Dritten Republik bedeuteten eine Bedrohung der religiösen und kirchlichen Sphäre.

Zugleich steht mit den Jahren 1938 bis 1948 ein Zeitraum im Mittelpunkt des Untersuchungsinteresses, in dem es in den böhmischen Ländern zu einer Zuspitzung im Verhältnis von „Religion" und „Nation" kam. Religiöse Erneuerungsbewegungen beinhalteten vor allem unter den Deutschen in den böhmischen Ländern seit den dreißiger Jahren zunehmend eine nationale Komponente. In den tschechischen kirchlichen Milieus wurde dagegen – verstärkt durch die Rolle der Kirchen während der nationalsozialistischen Herrschaft – nach 1945 versucht, nationale Deutungsangebote zu integrieren. In seinem Beitrag über nationalisierende Tendenzen innerhalb des katholischen Milieus während der dreißiger Jahre hat dies Jaroslav Šebek exemplarisch ausgeführt. Die Folgen des Ineinandergreifens dieser Deutungsangebote sind dabei ebenso in den Blick zu nehmen wie die langfristige Entwicklung religiöser Transformation. So ist danach zu fragen, inwieweit sich diese, bedingt durch die tiefgreifenden politischen Veränderungen zwischen dem Beginn der nationalsozialistischen Okkupationspolitik und der kommunistischen Machtübernahme 1948, veränderte oder möglicherweise auch beschleunigte.

Am Beispiel der katholischen Kirche zeigen Emilia Hrabovec (für die Protektoratszeit) und Jaroslav Cuhra (für die Dritte Republik), wie die vatikanische Diplomatie als oberste Ebene der katholischen Kirchenhierarchie mit diesen Herausforderungen und Bedrohungen umgegangen ist. Bisher gab es wenig Interesse an der Erforschung der Beziehungen zwischen dem Vatikan und den böhmischen Ländern. Dabei verbergen sich dahinter Erkenntnispotenziale, die weit über die politisch-diplomatische Beziehungsgeschichte hinausreichen. So wird in beiden Beiträgen die Spannung zwischen politischer und religiöser Sphäre sowie zwischen national und konfessionell geprägten Erwartungsräumen deutlich. Denn in der Zeit von 1938 bis 1948 kollidierte der Wunsch tschechischer Katholiken nach einem klaren Bekenntnis des Heiligen Stuhls zur tschechoslowakischen Staatlichkeit mit der vatikanischen Prämisse, politische Neutralität zu wahren. Die Rationalität der päpstlichen Diplomatie gefährdete damit potentiell die Loyalität der Katholiken, ein Phänomen, das verdeutlicht, dass Kirchen und Religionsgemeinschaften in ihren Reaktions- und Mitgestaltungsmöglichkeiten hinsichtlich politischer Entwicklungen immer auch beschränkt sind.

Anders gestalten sich diese Möglichkeiten jedoch auf der gesellschaftlichen Ebene: In beiden Beiträgen wird auch deutlich, dass die päpstliche Zurückhaltung unter den Gläubigen zwar ein Gefühl des Verlassen-Seins in Zeiten der Not geweckt hat, und damit – ähnlich wie in Polen, wo sich die Menschen ebenfalls ein stärkeres Engagement der päpstlichen Diplomatie für das eigene Land und gegen das nationalsozialistische Deutschland gewünscht hätten – der Vatikan an Sympathien eingebüßt hatte.[10] Für den polnischen Fall kommt hinzu, dass schon auf dem Weg zur Etablierung des kommunistischen Machtmonopols gegen die katholische Kirche verwendet wurde, dass der Heilige Stuhl zumindest in den unmittelbaren Nachkriegsjahren in der politisch noch ungeklärten Grenzfrage zwischen Deutschland und Polen offensichtlich eher der westdeutschen Sicht zuneigte.[11] In einem Schreiben an die deutschen Bischöfe vom März 1948 drückte der Papst in Bezug auf die Vertreibung der Deutschen aus den Gebieten östlich von Oder und Neiße sogar seine Hoffnung aus, dass „das Geschehene rückgängig"[12] gemacht werden könnte, und die Deutschen zurückkehren könnten.

Auf dieser gesellschaftlichen Ebene aber kommt gerade auch ein Vorteil der Übernationalität und der transnationalen Vernetzung der katholischen Kirche zum Tragen: Jaroslav Cuhra zeigt für die Tschechoslowakei, wie der Vatikan in der Dritten Republik mit seinem Radiosender den Prozess hin zu der Errichtung des kommunistischen Informationsmonopols zumindest verlangsamen konnte. Dies ist nur ein Beispiel dafür, dass Kirchen und Religionsgemeinschaften in der Zeit des Gesellschaftswandels nicht nur Objekt, sondern auch Subjekt waren.

Neben der Bedrohung des Religiösen durch Krieg und Diktatur gab es auch Bestrebungen, Kirchen und Religion für die eigenen Ziele und Zwecke zu ge-

---

10 *Żaryn,* Jan: Stolica Apostolska wobec Polski i Polaków w latach 1944-1958 [Der Heilige Stuhl gegenüber Polen und den Polen in den Jahren 1944-1958]. Warszawa 1998, hier 69. — *Żurek,* Robert: Zwischen Nationalismus und Versöhnung. Die Kirchen und die deutsch-polnischen Beziehungen 1945-1956. Köln–Weimar–Wien 2005, hier 155. Letztgenannter beruft sich in dieser Aussage auf Gespräche mit der Zeitzeugin und Redakteurin des katholischen Wochenmagazins „Tygodnik Powszechny" (Allgemeine Wochenzeitschrift) Józefa Hennelowa.

11 So argumentieren etwa *Żaryn:* Stolica 75. — *Stehle,* Hans-Joachim: Geheimdiplomatie im Vatikan. Die Päpste und die Kommunisten. Zürich 1993, hier 234.

12 Zitiert nach *Żurek:* Zwischen Nationalismus 152.

winnen und sie letztlich dafür zu instrumentalisieren. Christoph Kösters, Johann Großruck, Martin Zückert, Martin Teplý, René Küpper und Michal Pehr untersuchen solche Phänomene religiös motivierten Widerstands, beziehungsweise religiös begründeter Anpassungsleistungen an die jeweils neue politische Herrschaft.

Christoph Kösters gibt in seinem Beitrag einen umfassenden Überblick über die Forschungsergebnisse zum katholisch motivierten Widerstand in der deutschen Kriegsgesellschaft. In seinem Text wird auch deutlich, dass in der europäischen Gesamtschau kein einheitliches Bild der Haltung der katholischen Kirche zum nationalsozialistischen Regime zu erkennen ist. So zeigen die beiden geographisch denkbar nah beieinander liegenden Beispiele Polens und der Slowakei, wie denkbar konträr die Haltung des katholischen Klerus gegenüber der nationalsozialistischen Diktatur sein konnte: Während hier die Kirchenhierarchie und der Klerus sich aktiv für den polnischen Untergrundstaat engagierten, Priester teilweise sogar als Widerstandskämpfer der Untergrundarmee „Armia Krajowa" (Heimatarmee, AK) agierten, gingen dort Katholizismus und Nationalismus eine so enge Verbindung ein, dass ein mit dem nationalsozialistischen Deutschland kollaborierender, klerikaler Staat errichtet wurde. Maßgeblich beeinflusst wurden diese unterschiedlichen Positionen der katholischen Kirche in Polen und der Slowakei freilich auch durch die Bedingungen der Vorkriegszeit, als in der Slowakei Teile des katholischen Milieus in der Nähe zur autonomistischen slowakischen Bewegung standen, auf der der slowakische Staat nach 1939 aufbaute. Mit Blick auf diese Unterschiede wäre zukünftig zu untersuchen, wie sich das Verhältnis zwischen nationalsozialistischer Besatzungsherrschaft und einzelnen Konfessionen gestaltete. Dabei müssten neben den Einstellungen und Handlungsweisen der Kirchenführungen auch die Bedingungen kirchlichen Lebens und seines Stellenwerts in den jeweiligen Gesellschaften untersucht werden, ebenso wie die gegenseitige Beeinflussung nationaler und konfessioneller Identifikationsmomente in ihrer langen Perspektive.

Auf ein eher als Koexistenz zu bezeichnendes Verhältnis der beiden Deutungssysteme lässt Johann Großrucks Darstellung des religiösen Alltags im Prämonstratenser-Kloster Schlägel in der österreichisch-böhmischen Grenzregion (von 1938 bis zur Aussiedlung der Deutschen) schließen. Aus der Binnenperspektive des Klosters – der Autor hat selbst mehrere Jahre in dem Kloster verbracht und kann daher unter anderem auf oral-history-Quellen zurückgreifen – wird deutlich, dass auf dieser unteren Ebene des Klerus die nationalistischen Parolen der „Sudetendeutschen Partei" (SdP) nicht unbedingt als Widerspruch zur christlich-katholischen Weltanschauung wahrgenommen wurden. Vielmehr verband sich für viele der von Konrad Henlein propagierte deutsche Nationalismus mit der Hoffnung auf die Wiederbelebung der verfallenden deutsch-katholischen Identität.

Noch komplexer wird die Frage nach der Haltung der einzelnen Kirchen und Religionsgemeinschaften gegenüber den Diktaturen, wenn man die unterschiedlichen Ausprägungen von Anpassung und Widerstand mitdenkt, wie sie die Widerstandsforschung[13] herausgearbeitet hat. Dafür ist es notwendig, genau zu analysieren, zu welchem Zeitpunkt, unter welchen Bedingungen und aus welchen Gründen, mit welchen Motiven kollaboriert oder Widerstand geleistet wurde. René Küpper, der mit seinen „Anmerkungen zur Instrumentalisierung der katholischen Kirche für die nationalsozialistische Protektoratspolitik" Pionierarbeit präsentiert, gelangt zu der Schlussfolgerung, dass der katholische Klerus der nationalsozialistischen Propaganda zwar partiell von Nutzen gewesen sei, jedoch „ohne aus innerer Überzeugung zu kollaborieren".[14] Der Hintergrund dafür war eine institutionelle Besserstellung der Kirche gegenüber ihrer Situation in der Ersten Republik. Diese wiederum war dadurch bedingt, dass – wie aus den Akten der Protektoratsverwaltung deutlich hervorgeht – die Nationalsozialisten eine Rekatholisierung unter den Bedingungen des Krieges wahrnahmen. Das Phänomen des funktionalen Bedeutungsgewinns religiöser Organisationen in Übergangs- und Krisenzeiten war also auch in den böhmischen Ländern – nicht zuletzt auf Grund der Nähe kirchlicher Deutungen zu nationalen Vorstellungen – präsent und eröffnete in diesem speziellen Fall der katholischen Kirchenführung neue Handlungsmöglichkeiten, weil die Nationalsozialisten nicht so radikal gegen eine Kirche mit einer wachsenden gesellschaftlichen Unterstützung vorgehen konnten, wie es eigentlich in ihren kirchen- und religionspolitischen Zielen angelegt gewesen wäre.[15] Inwiefern und in welchem Ausmaß diese Handlungsräume wiederum zur Setzung religiöser

---

13 Vergleiche für die katholische Kirche *Hummel,* Karl-Joseph: Kirche und Katholiken im Dritten Reich. In: *Ders.* (Hg.): Zeitgeschichtliche Katholizismusforschung. Tatsachen, Deutungen, Fragen. Eine Zwischenbilanz. Paderborn 2004 (Veröffentlichungen der Kommission für Zeitgeschichte. Reihe B: Forschungen 100), 59-81. Hummel bezieht sich in seinem Beitrag auf das von Klaus Gotto, Hans Günter Hockerts und Konrad Repgen entwickelte Stufenmodell. Danach hätten Formen der Ablehnung gegenüber der nationalsozialistischen Diktatur von einer punktuellen Unzufriedenheit bis zum aktiven Widerstand gereicht. Vergleiche *Gotto,* Klaus/*Hockerts,* Hans Günter/*Repgen,* Konrad: Nationalsozialistische Herausforderung und kirchliche Antwort. Eine Bilanz. In: *Gotto,* Klaus/*Repgen,* Konrad (Hgg.): Kirche, Katholiken und Nationalsozialismus. Mainz 1980, 101-118, hier 103. — Gerhard Paul und Klaus-Michael Mallmann sprechen dagegen eher vom Vorherrschen einer Milieuresistenz, die vor allem eine Bestands- und Autonomiegarantie für die Kirche im Blick gehabt habe. Vergleiche *Paul,* Gerhard/*Mallmann,* Klaus-Michael: Milieus und Widerstand. Eine Verhaltensgeschichte der Gesellschaft im Nationalsozialismus. Bonn 1995 (Widerstand und Verweigerung im Saarland 1935-1945 – 3). — Kritisch gegenüber der Vorstellung eines vorherrschenden „Milieuegoismus" äußert sich *Kösters,* Christoph: Katholische Kirche im nationalsozialistischen Deutschland. Aktuelle Forschungsergebnisse, Kontroversen und Fragen. In: *Bendel,* Rainer (Hg.): Die katholische Schuld? Katholizismus im Dritten Reich. Zwischen Arrangement und Widerstand. Münster u.a. 2002, 21-42, hier 30-32.

14 Vergleiche den Beitrag von René *Küpper* in diesem Band (171).

15 Dazu siehe beispielsweise *Grünzinger,* Gertraud: Zur Frage der Zuständigkeit des Reichskirchenministers im Altreich und in den neuen Gebieten des Deutschen Reiches 1938-1942. In: Mitteilungen der Evangelischen Arbeitsgemeinschaft für Kirchliche Zeitgeschichte 23 (2005) 97-119.

Akzente in Politik, Gesellschaft und Öffentlichkeit genutzt wurden, müsste noch zum Gegenstand detaillierter Studien gemacht werden.

Ein erstes Spektrum, welche Verhaltensweisen von Resistenz und Kollaboration die unterschiedlichen Kirchen und Religionsgemeinschaften in der Protektoratszeit an den Tag legten, präsentiert Jan Stříbrný. Sein Forschungsüberblick veranschaulicht, dass das bereits beschriebene Problem, dass nicht einmal innerhalb der katholischen Kirche einheitliche Standpunkte zu finden sind, in allen Konfessionen anzutreffen ist. So führte die Gleichzeitigkeit von konfessionellen und nationalen Identitätsmerkmalen dazu, dass die Übergänge zwischen Anpassung und Widerstand fließend sein konnten, und die verschiedenen Mischformen innerhalb aller Glaubensgemeinschaften zu beobachten waren.

Für die an Deutschland angegliederten böhmischen und mährischen Grenzregionen zeigt Martin Zückert den hohen Stellenwert nationaler Interessen, die religionspolitische Zielsetzungen zunächst überlagerten. Zugleich wird deutlich, dass das konfessionelle Feld unter den Bedingungen der nationalsozialistischen Diktatur in Bewegung geriet und kirchliche Selbstdarstellungen eine Umdeutung erfahren konnten. Versuche, ideologische Versatzstücke des Nationalsozialismus in den Alltag der Bevölkerung zu integrieren, um kirchliche Strukturen zu schwächen, sorgten potentiell für Konflikte, ohne dass ein Großteil der Gläubigen dies als unmittelbare Konkurrenzsituation erfahren haben musste.

Als Beispiel kirchlicher und religiöser Anpassungsleistung nach 1945 untersucht Michal Pehr in seinem Beitrag über den politischen Katholizismus in der Dritten Republik, wie sich die katholisch geprägte „Československá strana lidová" (Tschechoslowakische Volkspartei, ČSL) unter der Führung von Monsignore Jan Šrámek auch unter den schwierigen Bedingungen der sich abzeichnenden kommunistischen Diktatur behauptet hat. Dazu gehörte eine gewisse Elastizität, was die politischen Inhalte betrifft, um sich nicht dem Vorwurf des Reaktionären auszusetzen. Nicht zuletzt Šrámeks berühmtes Wort, lieber aus der Kirche auszutreten als aus der Regierung, zeigt den unbedingten Willen des politischen Katholizismus zur Mitgestaltung in der damaligen Zeit. Dabei konnte die Volkspartei, anders als beispielsweise die polnische „Polskie Stronnictwo Ludowe" (Polnische Volkspartei, PSL) unter dem Vorsitz von Stanisław Mikołajczyk, nicht darauf vertrauen, die Mehrheit der Wählerschaft hinter sich zu haben. Im Gegenteil: Die revolutionäre Stimmung und damit verbundene Begeisterung in der Gesellschaft für die Kommunistische Partei erschwerten die Voraussetzungen für eine christlich geprägte Politik.

Anpassungsleistungen forderte die KSČ auch von den Kirchen selbst. So wurde etwa in der Zeit von 1945 bis 1948 aus formalrechtlicher Perspektive Religionsfreiheit gewährt. Martin Teplý untersucht Anspruch und Wirklichkeit dieser Gesetzgebung, hinter der der Gedanke stand, die Unterstützung und den Einfluss der Kirchen und Religionsgemeinschaften für das Ziel des Aufbaus einer sozialistischen Gesellschaft nutzbar zu machen. Das moralische Prestige, das sich die Kirchen in der Kriegszeit verdient hatten, sollte auf diese Weise gerade in der Umbruchsphase noch ausgenutzt werden. Gleichsam hinter den Kulissen gab es aber schon erste Bemühungen, den Einfluss der Kirchen zu schwächen und sie gesellschaftlich zu marginalisieren, beziehungsweise ihren Einfluss auf das öffentliche Leben durch die Beschränkung ihres Wirkens auf den sakralen Raum zu mindern. Wiederum zeigt sich also, dass die politischen Machthaber den „Faktor Religion" nicht außer Acht lassen konnten, sondern zunächst entsprechende Freiräume zugestanden werden mussten.

Den nichtöffentlichen Modus der Konfliktaustragung zwischen Staat und Kirche stellt Martin Schulze Wessel für das Beispiel der katholischen Kirche dar. Aus der Perspektive der longue-durée des Antikatholizismus im Narrativ der tschechischen Nation skizziert er zunächst die Situation in der Ersten Republik als Widerspruch zwischen der nicht vollendeten Trennung von Staat und Kirche auf der einen und der Herausbildung eines antiklerikalen und antikatholischen Netzwerkes der politischen und nichtkatholischen kirchlichen Eliten auf der anderen Seite, bei gleichzeitiger Nationalisierung der jeweiligen Katholizismen unter Tschechen, Deutschen und Slowaken. Entsprechend des Konsensgedankens der „Národní fronta" (Nationale Front) war die KSČ in der Dritten Republik dagegen darum bemüht, auch im kulturpolitischen Bereich eine Neuauflage des Kulturkampfes zu vermeiden. Dieser Gedanke wurde auch von der Tschechoslowakischen Volkspartei mitgetragen, die sich infolgedessen sogar als überkonfessionelle Partei zu präsentieren versuchte. Auf Dauer funktionierte dieses Konsensmodell jedoch nicht; es zerbrach vor allem an den mit dem Bevölkerungswandel in den Aussiedlungsgebieten verbundenen Fragen. Hier kollidierte die versuchte Erneuerung des katholischen Lebens mit den politischen Versuchen, „Säkularisierung unter dem Deckmantel der Aussiedlungsdekrete"[16] zu betreiben, indem beispielsweise klösterlicher Besitz nach der Vertreibung deutscher Mönche enteignet wurde. Die katholischen geistlichen und geistigen Eliten hielten jedoch am Konsensgedanken fest. Es war unter anderem die sich an solchen Beispielen manifestierende mangelnde Kommunikation der katholischen geistlichen und geistigen Eliten mit der antiklerikalen Öffentlichkeit, die den tschechischen Kommunisten die ersten Schritte bei der Säkularisierung erleichterte. Sie konnten damit schon vor 1948 Erfolge darin verzeichnen, kirchliche Eigenständigkeit und Freiräume einzuschränken.

Wie einzelne Konfessionen die in den ersten drei Nachkriegsjahren noch existierenden Freiräume nutzten, zeigen auch die im Anhang versammelten vier zeitgenössischen Dokumente. Es handelt sich dabei um zwei Hirtenbriefe der tschechoslowakischen katholischen Bischofskonferenz aus den Jahren 1945 und 1946, die Botschaft der II. Ordentlichen Versammlung der Tschechoslowakischen Kirche sowie die Botschaft des Neunten Synods der Evangelischen Kirche der Böhmischen Brüder von Dezember 1945.[17] Damit sind die drei größten

---

16 Vergleiche den Beitrag von Martin *Schulze Wessel* in diesem Band (27).

17 Für die Bereitstellung des Dokuments zur Tschechoslowakischen Kirche danken wir Herrn Mgr. Vladimír Červený, Archivar des „Ústřední archiv a muzeum Církve československé husitské" (Zentralarchiv und Museum der Tschechoslowakischen Hussitischen Kirche) in Prag, herzlich. — Dank für die Unterstützung der Recherchen ist auch

Konfessionen in den böhmischen Ländern zu dieser Zeit vertreten. Bei allen Dokumenten handelt es sich um Mitteilungen der Kirchenleitungen an die Gesamtheit der Gläubigen. Die Texte geben daher Aufschluss darüber, welche Positionen die Kirchenoberen in die innerkirchliche Öffentlichkeit – und möglicherweise darüber hinaus – kommunizieren wollten. Man erhält somit Hinweise auf die Beantwortung der Frage, welche Akzente die verschiedenen Religionsgemeinschaften in der Zeit des gesellschaftlichen und politischen Wandels setzen wollten.

Gänzlich unterschiedlich wurden die sozialen Reformen des gesellschaftlichen Umbaus bewertet. Während der katholische Episkopat diese nur sehr bedingt billigte und sich an den Vorgaben der katholischen Soziallehre orientierte, wurden sie von der Tschechoslowakischen Kirche emphatisch bejubelt. Damit verbunden war auch die unterschiedliche Beurteilung des eigenen Status: Aus den Hirtenbriefen der katholischen Kirche sprach am deutlichsten die Unzufriedenheit über die Möglichkeiten, die katholische Religion zu praktizieren und in der Nachkriegsgesellschaft eigene Akzente zu setzen. Die Bischöfe verbanden damit beispielsweise auch ein gewisses Maß an Kritik an der Regierung. Aus der Botschaft der Tschechoslowakischen Kirche ging dagegen Dankbarkeit gegenüber dem Staat hervor, der den Religionsgemeinschaften im Vergleich zur Zeit der nationalsozialistischen Diktatur viel bessere Bedingungen gewährt habe.

Übereinstimmungen ergaben sich indessen in der Bewertung des Krieges und der Kriegsfolgen. So sahen alle drei Kirchen im Krieg die Strafe für frühere Versäumnisse von Politik und Gesellschaft. Ebenso einhellig wurde daher an die Gläubigen appelliert, fortan wieder ein gottesfürchtiges Leben zu führen und den Glauben verstärkt zu praktizieren. Hinter dieser Mahnung, künftig die Verfehlungen zu vermeiden, die zur fürchterlichen Bestrafung des Krieges geführt hätten, erkannten die Kirchenvertreter also offensichtlich eine Chance, den eigenen Einfluss zu mehren und ein Wiedererstarken der Religion zu erreichen. Dazu passte auch das Bemühen – das ebenfalls aus allen Dokumenten hervorgeht –, den Einfluss auf die Erziehung der Jugend zu verstärken. Betont wurde, wie wichtig es im Zuge des Aufbaus der Nachkriegsgesellschaft war, die Religiosität in den Familien zu stärken und den kirchlichen Einfluss auf die Schulen zu wahren, um den moralisch verderblichen Folgen des Krieges entgegenzuwirken.

Ein weiterer Reflex auf die Kriegsfolgen war die Forderung nach einem verstärkten Laienapostolat, die ebenfalls alle Dokumente durchzieht. Zumindest teilweise zwar auch aus der praktischen Not des Priestermangels geboren, ging damit doch auch eine wesentliche theologische Fortentwicklung einher: Vor allem für die hierarchisch strukturierte katholische Kirche war es bemerkenswert, dass den Gläubigen als Reaktion auf den drohenden Glaubensverfall mehr Verantwortung zugestanden wurde, was einen weiteren Schritt der kirchlichen Anpassung zeigt. Diese Bestandsaufnahme muss freilich künftig verstärkt mit län-

---

den Mitarbeiterinnen des „Ústřední archiv Českobratrské církve evangelické" (Zentralarchiv der Evangelischen Kirche der Böhmischen Brüder) in Prag auszusprechen.

gerfristig ablaufenden Transformationsprozessen innerhalb der katholischen Kirche, die im Zweiten Vatikanum mündeten, sowie ihren länderspezifischen Besonderheiten abgeglichen werden.[18]

Prinzipielle Übereinstimmung, zumindest was ihre Notwendigkeit betrifft, zeigen die Dokumente in Bezug auf die Zwangsaussiedlung der Deutschen (und Magyaren). Uneingeschränkt gebilligt, auch was die teilweise gewaltsamen Aspekte dieses Vorgangs betrifft, wurde die Vertreibung von der Tschechoslowakischen Kirche. Erhob der katholische Episkopat zwar auch öffentlich keine grundsätzlichen Einwände, so wurden doch Bedenken hinsichtlich der Annahme einer kollektiven Schuld aller Deutschen formuliert. Gewarnt wurde außerdem davor, Unrecht gegenüber den Deutschen zu begehen und dadurch Schuld auf sich zu laden.

Man erkennt aus dieser kursorischen Analyse der Dokumente bereits deutlich, dass die tiefgreifenden Bevölkerungsveränderungen einen Wandel bedeuteten, auf den die Glaubensgemeinschaften sowohl organisatorisch als auch hinsichtlich ihrer Deutungsangebote reagieren mussten. Aber auch die betroffenen Gläubigen waren mit einem lebensweltlichen Einschnitt konfrontiert, der in diesem Band reflektiert wird.

Religion und Kirchen im gesellschaftlichen Wandel

Neben den vielfältigen Veränderungen der politischen Bedingungen waren die böhmischen Länder in den Jahren 1938 bis 1948 auch von einem massiven gesellschaftlichen Wandel betroffen. Was Krieg und gesellschaftliche Transformation für Religion und Kirchen in gesamteuropäischer Perspektive bedeuteten, stellt Árpád von Klimó in sechs Thesen dar, wobei er von einer wechselseitigen Beeinflussung ausgeht. So fragt er nicht nur nach der Bedeutung des Krieges für die Religion, sondern auch nach der Auswirkung von Religion auf die Gesellschaften Europas in dieser Zeit. Dabei wird offensichtlich, dass es in der unmittelbaren Nachkriegszeit kurzfristig zu einem Anstieg des Einflusses von Religion und Kirchen gekommen ist.

In den böhmischen Ländern kam zu diesen in Gesamteuropa zu beobachten gesellschaftlichen Transformationen mit der Aussiedlung der Deutschen ein weiterer Faktor hinzu, welcher die Verhältnisse fundamental veränderte. Die Zwangsausweisung von Millionen von Mitbürgern bedeutete für die tschechi-

---

[18] Vergleiche u.a. *Damberg,* Wilhelm: Katholiken im Umbruch. Zur historischen Verortung des II. Vatikanischen Konzils. In: *Hey,* Bernd (Hg.): Kirche, Staat und Gesellschaft nach 1945. Konfessionelle Prägungen und sozialer Wandel. Bielefeld 2001 (Beiträge zur Westfälischen Kirchengeschichte 21), 61-65. — Zu Rezeption und Stellenwert des kirchlichen Veränderungsprozesses nach 1945 und des Zweiten Vatikanischen Konzils in der Tschechoslowakei vergleiche *Fiala,* Petr/*Hanuš,* Jiří (Hgg.): Koncil a česká společnost. Historické, politické a teologické aspekty přijímání II. Vatikánského koncilu v Čechách a na Moravě [Das Konzil und die tschechische Gesellschaft. Historische, politische und theologische Aspekte der Aufnahme des II. Vatikanischen Konzils in Böhmen und Mähren]. Brno 2000 (Edice historia ecclesiastica 6).

sche Gesellschaft in vielerlei Hinsicht eine Herausforderung. So stand insbesondere die Frage der moralischen Bewertung im Raum, auf die die Kirchenführungen mit der Verurteilung von Exzessen und Gewalttätigkeiten reagierten. Die international sanktionierten staatlichen Planungen zur Aussiedlung wurden von ihnen jedoch nicht in Frage gestellt.

Es ist allerdings davon auszugehen, dass nicht alle Gläubigen diesen Ansichten folgten. In seiner Analyse der Aussagen der kirchlichen Presse zur Vertreibung und Aussiedlung der Sudetendeutschen arbeitet Jan Lata heraus, dass es quer durch alle Glaubensgemeinschaften die unterschiedlichsten Haltungen dazu gab. Indem er nicht nur die schreibenden Intellektuellen mehrerer Zeitschriften zitiert, sondern durch die Wiedergabe von Leserbriefen auch „durchschnittliche" Laien zu Wort kommen lässt, kann er zeigen, dass es überall das Meinungsspektrum von der absoluten Befürwortung bis hin zur Verurteilung gab – auch wenn dabei die Billigung tendenziell aus der der Tschechoslowakischen Kirche nahe stehenden Presse kam, die ablehnende Haltung eher aus dem Umfeld der Evangelischen Kirche der Böhmischen Brüder.

Für die vom Bevölkerungswandel betroffenen Grenzregionen ist zunächst eine Schwächung kirchlichen Lebens zu konstatieren, die sich bis in die Gegenwart in Form von schwachen organisatorischen Strukturen und einer im Vergleich zum tschechischen Landesdurchschnitt geringen konfessionellen Bindung der Bevölkerung bemerkbar macht; sichtbar wird hierbei auch ein starker Einfluss kommunistischer Religionspolitik seit dem Ende der vierziger Jahre. Der Beitrag von Martin Zückert zum Wandel religiösen Lebens in den Grenzregionen konstatiert jedoch für die ersten Nachkriegsjahre nicht nur eine Schwächung kirchlicher Strukturen. Bedingt durch die Wiederbesiedlung entstand vielmehr eine neue konfessionelle Vielfalt. Vereinzelt konnten hierbei religiöse Zugehörigkeiten und Praktiken hinsichtlich der Umsetzung der vorherrschenden Gesellschaftsentwürfe retardierend wirken. Eine Untersuchung zur Frage, inwieweit dies auch für einen längeren Zeitraum unter kommunistischer Herrschaft gelten kann, steht freilich noch aus.

Eine detaillierte Analyse der katholischen Presse hat Jaroslav Šebek vorgenommen, der die Einschätzungen und Kommentare der Zeitschrift „Katolík" (Der Katholik) zur Situation von Gesellschaft und Kirche in der Tschechoslowakei 1945 bis 1948 ausgewertet hat. Er zeigt, dass die Zeitschrift eine eigene Position und Meinung in der Zeit der sich anbahnenden Diktatur hatte, nicht nur, was die von ihr vertretene kritische Haltung zur Aussiedlung der Sudetendeutschen betrifft. Aus christlichen Werten und Grundsätzen gespeist, übten die Redakteure darüber hinaus Kritik an den gesellschaftlichen Bedingungen ihrer Zeit und warnten vor den Gefahren der Einschränkung von Freiheit und Demokratie. Von großem Interesse ist, wie auch hier aus Leserbriefen hervorgeht, dass solche Meinungen Prägekraft besaßen – dass also solch religiös fundierte Positionen gesellschaftlichen Widerhall fanden, und dadurch letztlich dazu beitrugen, die aus nationalen Gegensätzen gespeisten Konflikte abzumildern.

Der Katolík steht paradigmatisch für das innerkatholische Erneuerungsbestreben, das, vor allem durch die Vermittlung theologischer und geistlicher Traditionen aus Westeuropa, die kritische Auseinandersetzung mit den katholischen Traditionen der Ersten Republik suchte. Es war dies eine Reaktion nicht nur auf das Fiasko des Weltkrieges, sondern auch auf die fundamentalen Wandlungsprozesse der Nachkriegsgesellschaft. Um diese Fragen dreht sich der Beitrag von Jiří Hanuš, der zeigt, wie sich das katholische Milieu auf den verschiedenen Ebenen dieser Herausforderung annahm. Auch wenn es dazu disparate Ansätze und Meinungen gab, ist insgesamt eine im öffentlichen Raum wahrnehmbare innere Modernisierung und Festigung des katholischen Milieus in der Dritten Republik feststellbar. Offensichtlich kann die Auseinandersetzung mit abweichenden Weltanschauungen auch zur Reorganisation und inhaltlichen Festigung religiöser Gemeinschaften führen.[19] Ein Aspekt dessen ist beispielsweise die bereits in Zusammenhang mit den Hirtenbriefen angesprochene, selbst von den Bischöfen geforderte Stärkung des Laienapostolats, die in der Zeit der Ersten Republik in dieser Form noch nicht denkbar gewesen wäre. Perspektivisch geht Hanuš sogar davon aus, dass die Selbstreflexion gerade in diesen Jahren wesentlich zum Überdauern der katholischen Kirche in der Zeit des real existierenden Sozialismus beitrug.

Wie Miroslav Kunštát darlegt, ist die Rekonstruktion des Ausmaßes von Rekatholisierung und Dechristianisierung innerhalb des sudetendeutschen Milieus nicht ganz so einfach und eindeutig. Denn, auch wenn dies in der Forschung erst seit den letzten beiden Jahrzehnten thematisiert wird, waren hier die Widersprüchlichkeiten in den Loyalitäten und Identitäten ebenso groß wie in der tschechischen Gesellschaft und hatten sich besonders seit den dreißiger Jahren verstärkt. Dies drückte sich beispielsweise in dem Schwanken zwischen einem traditionell-volkstümlichen Katholizismus und einem intellektuell verstandenen Christentum aus. Es steht allerdings fest, dass die gemeinschaftlich geteilte Erfahrung der Zwangsmigration zu einer zeitweiligen Stabilisierung und Festigung der sudetendeutschen Identität führte. Wie sich diese besondere Erfahrung der Gruppe der Sudetendeutschen auf deren Integration in die deutsche Nachkriegsgesellschaft besonders in religiöser Hinsicht auswirkte, beschreibt Rainer Bendel, indem er die zentralen Initiativen der Vertriebenenseelsorge darstellt. Dadurch wird ein wichtiger Aspekt des Zusammenhangs zwischen Religion und Migration deutlich: Die tradierte oder rekonstruierte religiöse Praxis konnte in den neuen Lebenszusammenhängen auch zur Stärkung religiöser Identität führen und zugleich in Formen der Abgrenzung gegenüber der Gesamtgesellschaft münden.

Abschließend gilt es noch auf eine weitere Funktion von Religion in der tschechischen Nachkriegsgesellschaft hinzuweisen, die Árpád von Klimó ebenfalls als eine der Begründungen für das kurzzeitige Anwachsen der Religiosität in den europäischen Nachkriegsgesellschaften anführt: Am Beispiel des ver-

---

[19] Vergleiche hierzu *Graf,* Friedrich Wilhelm: Die Wiederkehr der Götter. Religion in der modernen Kultur. München 2004, 35.

suchten Wiederaufbaus des jüdischen religiösen Gemeindelebens zeigt Monika Hanková, dass Kirchen und Religionsgemeinschaften auch die ganz elementare Funktion hatten, Wiederaufbauhilfe in den zerstörten Gesellschaften zu leisten. Die jüdischen Gemeindeführer hatten die existentielle Sorge zu tragen, dass die Gläubigen ihren Lebensalltag bewältigen konnten, indem sie medizinische und soziale Versorgung zu gewährleisten versuchten. Dieser Zwang der Notwendigkeiten wiederum führte zu einer „Homogenisierung" der verschiedenen Strömungen im Judentum, indem beispielsweise Zionisten und Tschecho-Juden die politischen Gräben der Zwischenkriegszeit überwanden und zusammenarbeiteten. Ein weiteres Mal wird so die Anpassungsfähigkeit einer Glaubensgemeinschaft in „religionsfeindlicher Zeit" deutlich, in dem Bestreben ihre gestalterische Position zu erhalten.

Dass diese Möglichkeiten für Kirchen und Religionsgemeinschaften in der Nachkriegstschechoslowakei jedoch ein Spezifikum des engen Zeitfensters der Dritten Republik waren, kann ebenfalls am Beispiel der jüdischen Glaubensgemeinschaft veranschaulicht werden: Denn die staatliche Religions- und Kirchenpolitik beschnitt in der Folge die Freiheiten der Gemeinden in einem solchen Maße, dass die Reorganisation auch des jüdischen Geisteslebens bis zum Ende der fünfziger Jahre unterbunden wurde.

Forschungsdesiderata

Mit dem vorliegenden Band wurde das Ziel verfolgt, unter Heranziehung neuer Studien den Forschungsstand zur Kirchen- und Religionsgeschichte der böhmischen Länder in den dreißiger und vierziger Jahren des 20. Jahrhunderts darzustellen. Offensichtlich wird dabei eine gewisse Disparität: Während eine Vielzahl von organisationsgeschichtlichen Arbeiten zu einzelnen Konfessionen, von Studien zum Verhältnis von Kirchen und Staat sowie zur Verfolgung kirchlicher Würdenträger in der nationalsozialistischen Zeit vorliegt, mangelt es weiterhin an breit angelegten Forschungen zum religiösen Leben unter den Bedingungen von Diktatur und Gesellschaftswandel. Der Band kann hierzu erste Ergebnisse präsentieren, zugleich werden mehrere Desiderata sichtbar.

Unzureichend erforscht wurden bislang Formen und Funktionen religiöser Praxis im Alltag der Gläubigen, also beispielsweise die Frage, wie sich populare Frömmigkeit unter dem Eindruck von Krieg und Diktatur in den böhmischen Ländern verändert hat.[20] Ausgehend von einer solchen Analyse ist zukünftig auf breiter Quellengrundlage zu untersuchen, ob kirchliches Leben per se in Opposition zur nationalsozialistischen Weltanschauungsdiktatur stand oder ob es auch Formen des Nebeneinanders gab.

---

[20] Für Deutschland vergleiche zuletzt *Korff*, Gottfried (Hg.): Alliierte im Himmel. Populare Religiosität und Kriegserfahrung. Tübingen 2006 (Untersuchungen des Ludwig-Uhland-Instituts der Universität Tübingen 99).

Generell beziehen sich die meisten der noch offenen Fragen auf die „unterste Ebene" der Religionsgemeinschaften, das heißt auf die Wahrnehmungs- und Deutungsmuster der Gläubigen. Detailstudien müssten beispielsweise klären, inwiefern die von Árpád von Klimó skizzierte kurzfristige Wiederbelebung und Verstärkung von religiösen und kirchlichen Bindungen auch für die böhmischen Länder zutrifft. Um das Verhältnis zwischen religiösen und nationalen Deutungsmustern genauer zu erforschen, wäre es außerdem wichtig zu wissen, inwiefern es nationale Unterschiede in der Kriegsbewältigung gab, beziehungsweise ob Evidenzen zu finden sind, dass diese Unterschiede unter den Bedingungen des Krieges verschwanden. Ein mögliches Forschungsfeld dafür wäre etwa die eingehende Untersuchung des religiös motivierten sudetendeutschen Widerstandes.

Dazu ist es notwendig, von der Konzentration auf die Eliten abzukommen, die seit den neunziger Jahren des 20. Jahrhunderts die Forschung dominiert. Jiří Hanuš wies auf der Prager Tagung auf einen Weg hin, die Entwicklungen an der kirchlichen Basis zu erforschen. Als mögliche Quellengattungen schlug er die Akten von religiösen Verbänden oder Predigten vor, beziehungsweise andere von Geistlichen in den öffentlichen Raum getragene Äußerungen, die auf die Situation der Gläubigen eingehen. Auf diese Weise könnte man Antworten auf die wichtige Frage suchen, inwiefern die Gläubigen mit der Staatsnähe, beziehungsweise Staatsferne ihrer geistlichen Oberhäupter einverstanden waren und dies mittrugen.

Wünschenswert ist außerdem, dass zukünftige Forschung verstärkt über konfessionelle Grenzen hinweg arbeitet. Der vorliegende Band kann, nicht zuletzt bedingt durch den bisherigen Forschungsstand und bisher erschlossene Archivbestände, dieser Zielsetzung noch nicht vollständig gerecht werden.[21] Allerdings kann er bereits aufzeigen, wie gewinnbringend konfessionsvergleichende und -übergreifende Zugänge sind. Sichtbar werden in einigen der vorliegenden Beiträge nicht nur Formen religiöser Konkurrenz, sondern auch unterschiedliche Formen der Anpassung sowie das Ineinandergreifen konfessioneller und nationaler Deutungsmuster.

Dies betrifft auch die Berücksichtigung kleinerer Religionsgemeinschaften. Hierbei wäre es von großem Interesse, zukünftig größeres Augenmerk auf deren wirtschaftliche beziehungsweise finanzielle Situation zu richten. Zu klären wäre dabei, ob auch diese darüber mit entschied, wie bereitwillig oder intensiv sich Religionsgemeinschaften mit der politischen Macht beziehungsweise anderen gesellschaftlichen Kräften einließen.

Eine Annäherung an die aufgeführten Fragen würde sicherlich auch dadurch erreicht werden, das Religiöse in politik-, sozial- und kulturgeschichtlichen For-

---

21 Zu neueren Ansätzen ökumenischer Kirchengeschichtsschreibung in der tschechischen Geschichtswissenschaft vergleiche *Hanuš,* Jiří (Hg.): Ekumenické církevní dějepisectví. Dějiny, anlýzy, perspektivy [Ökumenische Kirchengeschichtsschreibung. Geschichte, Analysen, Perspektiven]. Brno 2003 (Historia ecclesiastica 12).

schungen zu Krieg und Nachkriegszeit verstärkt und selbstverständlicher mitzudenken. Wenn der Band das Interesse für kirchen- und religionsgeschichtliche Fragestellungen zur neuesten tschechischen Geschichte geweckt hat, wäre ein großes Anliegen erreicht.

***

Die Texte in diesem Buch sind als Bestandsaufnahme zu betrachten, die zu einer weiteren Versachlichung der Diskussion über das Verhältnis zwischen „Religion", „Nation" und den das 20. Jahrhundert prägenden Ideologien beitragen und zu weiterführenden Forschungen anregen soll. Ermöglicht wurde das Vorhaben durch die großzügige Unterstützung durch den von „Renovabis – Solidaritätsaktion für Osteuropa" betreuten „Versöhnungsfonds der katholischen Kirche in Deutschland". Hierfür ist ebenso zu danken wie für die fruchtbare Kooperation mit dem Sozialwerk der Ackermann-Gemeinde. Der regelmäßige Austausch mit Franz Olbert und Dr. Raimund Paleczek sowie zahlreiche Gespräche mit Mitgliedern der Ackermann-Gemeinde im Rahmen von Projektvorstellungen haben vielfältige Anregungen erbracht. Ebensowichtig war die gelungene Zusammenarbeit mit der „Česká křesťanská akademie" (Tschechische Christliche Akademie), mit der das Collegium Carolinum die zweite Arbeitstagung in Prag gemeinsam veranstaltete. Zu danken ist hierbei insbesondere PhDr. Jan Stříbrný, der nicht nur die Veranstaltung mit seinem Team organisatorisch hervorragend vorbereitete, sondern auch mit Hinweisen auf inhaltliche Schwerpunkte und Autoren Wesentliches zu diesem Projektband beigetragen hat.

Grundlegende Überlegungen zur Konzeption der Forschungen gehen auf Prof. Dr. Martin Schulze Wessel zurück. Ihm, wie auch den Kolleginnen und Kollegen im Collegium Carolinum, insbesondere Christiane Brenner und Dr. Robert Luft, möchten wir für kritische Hinweise und Anregungen herzlich danken. Bei der redaktionellen und formalen Bearbeitung der Manuskripte half Anna Bischof; neben ihr ist schließlich noch allen Autoren und Übersetzern zu danken, deren Mitarbeit entscheidend dazu beitrug, dass dieser Band zeitnah zu den Tagungen verwirklicht werden konnte.

München im August 2007

RELIGION, NATION UND STAAT
IN DEN BÖHMISCHEN LÄNDERN NACH 1918

Martin Schulze Wessel

VOM „KULTURKAMPF" ZUM KONSENSPRINZIP
Kulturpolitische Voraussetzungen des kommunistischen „Coup d'État" in der Tschechoslowakei 1948

In keinem anderen ostmitteleuropäischen Staat übte die jeweilige kommunistische Partei seit den fünfziger Jahren des 20. Jahrhunderts eine so weitreichende Kontrolle über die Kirchen aus, wie es die „Komunistická strana československa" (Kommunistische Partei der Tschechoslowakei, KSČ) in der Tschechoslowakei praktizierte. Dieser Erfolg der KSČ kann als Resultat einer planmäßig vorangetriebenen Politik der Machtsicherung bezeichnet werden. Fraglich aber ist, ob das Sowjetisierungskonzept, das solchen Erzählungen zugrunde liegt, über eine hinreichende Erklärungskraft verfügt. Im Folgenden wird argumentiert, dass die Säkularisierungserfolge der Kommunisten in der Tschechoslowakei in einem Bezugsfeld von Staat, Konfessionen, und Nation historisch erklärt werden können.

Hilfreich ist es dabei, die typologischen Überlegungen Jean Baubérots[1] zu diesem Beziehungskomplex auf den tschechischen Fall zu beziehen. Verkürzt gesagt, charakterisiert Baubérot die in der Dritten Republik in Frankreich etablierte „Laïcité" nicht als Sieg eines antiklerikalen Programms, sondern als einen spezifischen Kompromiss, der in Frankreich aus dem Definitionsprozess von Staat, Kirche und Nation hervorgegangen ist. In Deutschland entspräche dem am ehesten der Bikonfessionalismus. Die spezifische Form des Kompromisses in Frankreich führt Baubérot auf eine besondere Konfliktlage zwischen Klerikalismus und Antiklerikalismus zurück, die ihre Wurzeln in der Frühneuzeit hat. Nachdem mit der Widerrufung des Ediktes von Nantes ein bereits bestehender konfessioneller Kompromiss aufgekündigt worden sei, habe der Katholizismus ein politisches Monopol erlangt. Gegen das katholische Einflusssystem habe sich in der Aufklärung ein Antiklerikalismus formiert, der zum konstitutiven Merkmal der modernen Nation in Frankreich geworden sei. Die Laïcité ist in dieser Sicht als ein Modus der Konfliktregelung zwischen Klerikalismus und Antiklerikalismus zu verstehen.

Betrachtet man im Lichte dieser Problemstellung den tschechischen Fall, so ist eine weitreichende Analogie in dem historischen Definitionsprozess von Staat, Konfession und Nation mit dem französischen Muster festzustellen. In Böhmen beginnt dieser Definitionsprozess mit der Reformation von Jan Hus, durch den die böhmische Ständenation erstmals kirchenpolitisch im Gegensatz

---

1 *Baubérot,* Jean (Hg.): Religions et laïcité dans l'Europe des Douze. Paris 1994.

zur Königsmacht geeint wurde. In der Folge der hussitischen Revolution ging die Macht an den Hochadel über, die Kirche schied aus dem politischen Bereich aus, der böhmische Landespatriotismus wurde tschechisch durchdrungen. Das Ergebnis der Reformation, der Einklang von ständischer Freiheit und evangelischer Freiheit, wurde zwei Jahrhunderte später nochmals in dem Majestätsbrief des habsburgischen Kaisers dokumentiert, nach dem Aufstand der Stände und ihrer Niederlage am Weißen Berg 1620 aber einseitig aufgekündigt. Der Katholizismus erlangte in Böhmen eine politische Monopolstellung. In dieser Ausgangssituation liegt eine gewisse Analogie zum Widerruf des Ediktes von Nantes.

Im Gegensatz zu anderen Ländern Ostmitteleuropas, in denen sich der Katholizismus mit der Gegenreformation erfolgreich etablierte und sich später in Nationalkatholizismen wandelte, reicht im böhmischen Falle die Analogie zur französischen Entwicklung weiter: Das politische Monopol des Katholizismus wurde später von der entstehenden bürgerlichen Nation angezweifelt, es etablierte sich ein Gegensatz von Klerikalismus und Antiklerikalismus. Dieser Prozess des erneuten Siginifikant-Werdens der Konfession für die Nation, der sich auf historische Erfahrung stützt, aber zugleich einen politischen Zweck hat, ist von Patrick Michel in dem Buch „Politique et religion. La grande mutation“ einleuchtend beschrieben worden: „L'idée de nation se réfère à un processus complexe et différencié de redéfinitions successives tendant a préciser son contenu.“ Dabei gehe es, so fährt Michel fort, in diesem Prozess nur darum, sich der Geschichte zu bedienen, sie mit dem Ziel der politischen Operationalisierung zu erfinden.[2]

Für die Entstehung der modernen tschechischen Nation wurde bekanntlich die böhmische Reformationsgeschichte zum zentralen Bezugspunkt, das populäre Geschichtsbild entsteht dabei aus zum Teil widersprüchlichen Anleihen bei Historikern wie František Palacký und Václav V. Tomek.[3] Als Gegner der etablierten Kirche erlangte Jan Hus den Status eines nationalen Symbols, der Antiklerikalismus wurde zu einem konstitutiven Merkmal des modernen tschechischen Nationsbegriffs. Denkmalspolitisch kam dies zum Ausdruck, als 1915 an der Stelle in Prag ein Hus-Monument errichtet wurde, an der 1621 die Anführer des protestantischen Ständeaufstands hingerichtet worden waren. In spannungsreicher Nachbarschaft stand die Mariensäule, die damals als barockes Denkmal der Gegenreformation verstanden wurde. Klerikalismus und Antiklerikalismus hatten sich auf dem Altstädter Ring versinnbildlicht.

Als drei Jahre nach der Errichtung des Hus-Denkmals die Erste Tschechoslowakische Republik entstand, stellte sich die Frage, ob in dem demokratischen Nationalstaat ein Modus für die Konfliktregelung zwischen Klerikalismus und Antiklerikalismus gefunden werden könnte, vergleichbar etwa mit der Laïcité. Konnten das Nebeneinander von zwei sich ausschließenden Symbolen, dem

---

2 *Michel,* Patrick: Politique et religion. La grande mutation. Paris 1996.

3 Vergleiche dazu *Rak,* Jiří: Bývali Čechové. České historické mýty a stereotypy [Einstige Tschechen. Tschechische historische Mythen und Stereotypen]. Praha 1994.

Hus-Denkmal und der Mariensäule, zu einem neuen Symbol des Bikonfessionalismus werden? Symbolisch wurde der Konflikt sehr rasch gelöst, indem die Mariensäule von einer Gruppe radikaler Kirchengegner wenige Tage nach dem Umbruch von 1918 gestürzt wurde.[4] Auch die politische Operationalisierung der Geschichte wies im neuen Nationalstaat Tschechoslowakei in eine unzweideutig antiklerikale Richtung: Der hussitische Wahlspruch „pravda zvítězí" (Die Wahrheit wird siegen) gelangte in das Staatswappen der Ersten Republik, der Todestag des tschechischen Reformators wurde staatlich begangen. In der Gesellschaft bildete sich ein weit verzweigtes, auf lokaler Ebene wie in den politischen Eliten verwurzeltes antiklerikales System heraus.[5] Dessen wichtigste Elemente waren die „Volná Myšlenka" (Der freie Gedanke), ein Freidenkerverband mit einem dichten Organisationsnetz, die Parteien der Sozialdemokraten, Volkssozialisten, Nationaldemokraten und Kommunisten, die sich alle ein mehr oder weniger dezidiert antiklerikales Programm gaben, und die nicht-katholischen Kirchen in der Republik. Verbunden waren diese Institutionen, Parteien, Verbände nur durch ihre antikatholische Orientierung.

Die Katholiken stellten in allen drei großen nationalen Gruppen der Tschechoslowakei, bei Tschechen, Slowaken und Deutschen, die Mehrheit, in den Gründungsjahren der Republik glichen sie jedoch einer marginalisierten Mehrheit. Auf sie wirkte die intensive antiklerikale Propaganda, insbesondere der Sturz der Mariensäule, wie ein Fanal. Die verschiedenen tschechischen klerikalen Parteien, die in Böhmen und Mähren schon seit 1918 bestanden hatten, schlossen sich rasch zu einer schlagkräftigen zentralen Partei, der „Česko-slovenská strana lidová" (Tschechoslowakische Volkspartei, ČSL) zusammen, die mit der „Lidová demokracie" (Volksdemokratie) eine auflagenstarke Zeitung unterhielt. Damit hatte sich, weitgehend unabhängig von der kirchlichen Hierarchie, der teilweise das Odium der Kollaboration mit Habsburg anhing, ein von Laien und einfachen Priestern getragener politischer Katholizismus herausgebildet.[6]

Fragt man nach der langfristigen Konfliktregelung zwischen politischem Katholizismus und Antiklerikalismus, so wird rasch deutlich, dass man hier nicht mehr von einer Analogie zu Frankreich sprechen kann. Es kam nicht, wie 1918 allgemein erwartet wurde, zu einem Sieg des antiklerikalen Programms; die angestrebte Trennung von Staat und Kirche blieb stecken; von der Bodenreform blieb die Kirche weitgehend verschont, der kirchliche Einfluss an den Schulen

---

4 Vergleiche *Hojda,* Zdeněk/*Pokorný,* Jiří: Vzpomínky a zapomínky [Denkmäler und Vergessmäler]. Praha 1996.

5 Vergleiche dazu *Marek,* Pavel: Církevní krize na počátku první Československé republiky (1918-1924) [Die Kirchenkrise zu Beginn der Ersten Tschechoslowakischen Republik (1918-1924)]. Brno 2005.

6 Vergleiche dazu *Koucká,* Ivana/*Papajík,* David (Hgg.): Politický katolicismus v nástupnických státech Rakousko-Uherské monarchie v letech 1918-1938 [Der politische Katholizismus in den Nachfolgestaaten der österreichisch-ungarischen Monarchie 1918-1938]. Olomouc 2001.

blieb gewahrt. Der einzige substanzielle Fortschritt aus Sicht der Antiklerikalen war die Einführung der Zivilehe als Pflichtform der Eheschließung. Der Umbruch von 1918 wurde daher von den antiklerikalen politischen Kräften als „unvollendete Revolution" begriffen, die im religionspolitischen Bereich einer Fortführung harrte. Bemerkenswert ist, dass diese Vorstellung eines religionspolitischen Defizits der Revolution von 1918 in den folgenden Jahren nicht nur von der Freidenkervereinigung Volná Myšlenka und von Religionsgemeinschaften vertreten wurde, die wie die Evangelische Kirche der Böhmischen Brüder darin den besten Weg zur Gleichberechtigung der Konfessionen erblickten, sondern auch von einzelnen Funktionsträgern der katholischen Kirche formuliert wurde. In einer Expertenanhörung des „Ministerstvo školství a národní osvěty" (Ministerium für Schulwesen und Volksbildung) vom 2. Oktober 1919, an der 23 Vertreter von Kirchen, Parteien, Verbänden und unabhängige Rechtsexperten teilnahmen,[7] bezog sich der von der Priestervereinigung „Jednota" (Einheit) entsandte Abt eines Benediktinerklosters, Prokop Šup, auf ein protestantisches Geschichtsverständnis, wenn er einen „tschechischen Typus" der Trennung von Staat und Kirche befürwortete und von einer „bislang unvollendeten und unabgeschlossenen religiösen Revolution in der tschechischen Geschichte" sprach.[8] Diese Vorstellung der „unvollendeten Revolution" war für die Priester der Tschechoslowakischen Kirche leitend, die sich, überwiegend aus der Jednota kommend, 1920 von der katholischen Kirche abspalteten.[9] Mit dieser Neugründung war nicht nur der Dissens in vielen dogmatischen Fragen, sondern auch bezüglich des Verhältnisses von Staat und Kirche institutionalisiert. Einerseits wandten sich die politischen Parteien im Laufe der zwanziger

---

7 Referát Kamila Hennera o poměru státu k církvi na schůzi poradního sboru pro řešení církevně-politických záležitostí při ministerstvu školství a národní osvěty konané dne 2. října 1919 v Praze, a vyjádření jednotlivých členů tohoto pořádného sboru [Referat Kamil Henners über das Verhältnis des Staates zur Kirche auf einer Sitzung des beratenden Ausschusses für die Lösung der kirchen-politischen Angelegenheiten beim Ministerium für Schulwesen und Volksbildung am 2. Oktober 1919 in Prag, und Äußerungen einzelner Mitglieder des beratenden Ausschusses]. Národní archiv [Nationalarchiv, NA], Praha, f. ministerstvo školství a národní osvěty, 47 I. — Zum Anteil der Rechtsexperten an der Lösung der Frage *Podaný,* Václav: Účast vědců na řešení poměru církve a státu v předmnichovské ČSR [Die Teilnahme von Wissenschaftlern an der Lösung des Verhältnisses von Kirche und Staat in der Tschechoslowakei vor dem Münchener Abkommen]. In: Práce z dějin Československé akademie věd [Studien aus der Geschichte der tschechoslowakischen Akademie der Wissenschaften] Seria A, Fasc. 3. Praha 1988, 41-84.

8 *Ebenda* 45-48, 50-53.

9 Siehe dazu *Marek,* Pavel: České schisma. Příspěvek k dějinám reformního hnutí katolického duchovenstva v letech 1917-1924 [Das tschechische Schisma. Ein Beitrag zur Geschichte der Reformbewegung der katholischen Geistlichkeit in den Jahren 1917-1924]. Olomouc–Rosice 2000. — Ebenso meine im Druck befindliche Habilitationsschrift: *Schulze Wessel,* Martin: Revolution und religiöser Dissens. Der römisch-katholische und russisch-orthodoxe Klerus als Träger religiösen Wandels in den böhmischen Ländern bzw. in Russland 1848-1922.

Jahre zunehmend von dem Ziel der Trennung von Staat und Kirche ab bzw. wiesen diesem Ziel – angesichts der im Hinblick auf die internationale Lage der Tschechoslowakei notwendig erscheinenden Verständigung mit dem Vatikan – eine nur geringe Priorität zu. Andererseits wurde im Bereich der Freidenker und der Tschechoslowakischen Kirche die Vorstellung von der „unvollendet" gebliebenen Revolution von 1918 weiter gepflegt, was aus ihrer Sicht Gesetzesverstöße legitimierte. Durch zahlreiche Kirchenbesetzungen geriet die Tschechoslowakische Kirche in den zwanziger Jahren paradoxerweise in Konflikt mit dem Staat, als dessen religiös-kulturelle Legitimation sie sich verstand und an dem sich ihr Name anlehnte. Das Unentschiedene in den Beziehungen von Staat und Kirche kam darin zum Ausdruck, dass der Vertrag, der zwischen der katholischen Kirche und dem Tschechoslowakischen Staat 1928 geschlossen wurde, offiziell nicht als Konkordat, sondern als „Modus vivendi" galt. Der Zwiespalt zwischen einerseits einer öffentlichen Meinung unter den Tschechen, die die Säkularisierung befürwortete, und einer Konservierung des Status quo durch die Politik andererseits war sicherlich eine der Hypotheken der Ersten Republik.

Dass die Politik den öffentlich-rechtlichen Status der Kirche nicht aufhob, hängt auch mit der segmentären Differenzierung der kirchenpolitischen Lage in der Tschechoslowakei zusammen, die einen grundlegenden Unterschied zu der kirchenpolitischen Situation in Frankreich darstellt. Auch wenn der Katholizismus in den großen nationalen Gruppen des Staates, den Tschechen, Slowaken und Deutschen, etwa den gleichen Anteil an der Gesamtbevölkerung hielt, ist dennoch nicht von einer homogenen Kultur des Katholizismus in der Tschechoslowakei zu sprechen.[10] Insbesondere in der Slowakei wurde der Katholizismus durch die Autonomiebewegung nationalisiert.[11] Eine entsprechende Nationalisierung des Katholizismus im Verhältnis zwischen Deutschen und Tschechen war schon deshalb schwer vorstellbar, weil die Bistümer nicht national abgegrenzt waren. Dennoch wurde die kirchenpolitische Lage, etwa bei der Vergabe von Domherrenstellen, von deutscher wie tschechischer Seite vielfach unter dem Blickwinkel des nationalen Besitzstandes interpretiert. Bei den Sudetendeutschen nationalisierten sich die kirchenpolitischen Vorstellungen beson-

---

10 Zur Nationalisierung der Katholizismen in der Ersten Republik vergleiche den Beitrag von Jaroslav *Šebek* in diesem Band. — Vergleiche auch *Ders.*: Mezi křížem a národem. Politické prostředí sudetoněmeckého katolicismu v meziválečném Československu [Zwischen Kreuz und Nation. Das politische Milieu des sudetendeutschen Katholizismus in der Tschechoslowakei der Zwischenkriegszeit]. Brno 2006. — *Ders.*: Sudetoněmecký politický katolicismus mezi Hitlerem a Henleinem. Německá křesťansko-sociální strana v politickém systému první republiky v roce 1933 [Sudetendeutscher Katholizismus zwischen Hitler und Henlein. Die Deutsche Christlichsoziale Volkspartei im politischen System der Ersten Republik im Jahr 1933]. In: *Koucká/Papajík* (Hgg.): Politický katolicismus v nástupnických státech Rakousko-Uherské monarchie 179-194.

11 *Rychlík*, Jan: Češi a Slováci ve 20. století. Česko-slovenské vztahy 1914-1945 [Tschechen und Slowaken im 20. Jahrhundert. Die tschechisch-slowakischen Beziehungen 1914-1945]. Bratislava 1997, 75-79.

ders in der Folge der Abtrennung der Sudetengebiete, was in einzelnen Fällen einem vorauseilenden Gehorsam gegenüber den neuen Machthabern gleichkam.[12] Hohe kirchliche Würdenträger und Vertreter des sudetendeutschen politischen Katholizismus betonten jetzt die nationale Funktion ihres Bekenntnisses. So traten die Prager Domherren Prälat Dr. Josef Grüner und Dr. Anton Gebert im Oktober 1938 an den deutschen Geschäftsträger in Prag Andor Hencke heran und begründeten ihre Forderung nach weiteren deutschen Diözesen in Böhmen mit dem Argument, der „sudetendeutsche Klerus" sei „in nationaler Hinsicht schon durch seine Kampfstellung gegen die Tschechen wesentlich zuverlässiger als der altreichsdeutsche und österreichische."[13] In die gleiche bedenkliche Richtung wies ein Memorandum des Senators der „Deutschen Christlichsozialen Volkspartei" (DCV) Karl Hilgenreiner, in dem die kirchenpolitische Lage in der Tschecho-Slowakei nach dem „Münchener Abkommen" für das Auswärtige Amt analysiert wurde. Insbesondere den Orden und geistlichen Stiften wies er eine herausragende nationale Funktion zu. Das Prämonstratenserstift in Teplá (Tepl), die Zisterzienserstifte in Osek (Ossegg) und Vyšší Brod (Hohenfurth), die Benediktinerabtei in Broumov (Braunau) und Deutschritterorden

> haben deutsche Vorsteher, fast nur deutsche Mitglieder und haben sich auch in der Tschecho-Slowakischen Republik zu ihrem deutschen Volke bekannt und sich um das Deutschtum im Sudetenland große Verdienste erworben.[14]

Die deutsche Okkupation wirkte sich für die katholische Kirche in Böhmen-Mähren bzw. der Slowakei unterschiedlich aus. Während der tschechische Klerus in hohem Maße von Verfolgungen betroffen war, befand sich die katholische Kirche in der Slowakei durch die Kollaboration des klerikalen Tiso-Regimes in einer privilegierten Position. Dementsprechend unterschied sich das moralische Prestige der Kirche im tschechischen und slowakischen Staatsteil nach der Befreiung 1945. Gelang nun, unter neuen Voraussetzungen, die Moderierung der Interessengegensätze zwischen Klerikalen und Antiklerikalen in der tschechoslowakischen Volksrepublik?

Die Lehre, die die politischen und kirchlichen Eliten aus der Geschichte der Ersten Republik zogen, bestand darin, einen heftigen, auch in der Öffentlichkeit geführten Kulturkampf zu vermeiden. Der Konsens bei der parlamentari-

---

12 Zu den Sudetengebieten nach 1938 zuletzt erschienen *Kural*, Václav/*Radvanovský*, Zdeněk u.a. (Hgg.): „Sudety" pod hákovým křížem. K dějinám Říšské župy Sudety 1938-1945 [Das „Sudetenland" unter dem Hakenkreuz. Zur Geschichte des Reichsgaues Sudetenland 1938-1945]. Ústí nad Labem 2002. — Zu den Bestrebungen von kirchlicher Seite, die auf eine nationale Vereinheitlichung der Diözesangrenzen in Folge des „Münchener Abkommens" zielten, vergleiche auch die Beiträge von Emilia *Hrabovec* und Martin *Zückert* in diesem Band.

13 Politisches Archiv des Auswärtigen Amtes, Bonn. Deutsche Gesandtschaft Prag, Schreiben des deutschen Geschäftsträgers Hencke an das Auswärtige Amt vom 26.10.1938.

14 Politisches Archiv des Auswärtigen Amtes, Bonn, Deutsche Gesandtschaft Prag. Memorandum Hilgenreiners für die Deutsche Gesandtschaft: Bericht über die gegenwärtige kirchenpolitische Lage in der Tschecho-Slowakei, 9.12.1938.

schen Konfliktregelung, in der Ersten Republik ein bloßer Usus, wurde in der Volksrepublik in der so genannten „Národní fronta" (Nationale Front), einem Zwangszusammenschluss aller zugelassenen Parteien, institutionalisiert. Kulturpolitisch trugen beide Seiten, Katholiken und Nicht-Katholiken, dem Konsensgedanken Rechnung, indem sie Gegensätze nicht mehr in dem Maße zuspitzten wie 1918. Auf der kommunistischen Seite vertrat wohl Zdeněk Nejedlý das bürgerliche reformatorische Geschichtsbild, doch blieb sein Bekenntnis zur hussitischen Tradition des tschechischen Volkes 1944/1945 ohne polemische Schärfe gegen den Katholizismus.[15] Zwar formulierten kommunistische Kulturpolitiker und Künstler noch den Anspruch, durch die Kultur das nationale Leben umzuformen,[16] vorherrschend blieb aber der Konsensgedanke, dem die kommunistische Partei auch durch die These einer Konvergenz von Marxismus und Christentum Ausdruck verlieh.[17] Organisatorisch schlug sich dies in der Vereinigung der „Kultur-Einheit" (Kulturní jednota) nieder, die trotz ihres eher formalen Charakters als Analogie zur Nationalen Front auf kulturpolitischem Gebiet verstanden werden kann. Der Konsensgedanke konnte, ähnlich wie bei der Nationalen Front, den Ausschluss von „Abweichenden" implizieren und verdrängte tendenziell den Begriff der Freiheit aus der Kultur. Ausdrücklich bekannte sich Ladislav Štoll dazu, als er auf der Gründungsversammlung der Kulturní jednota feststellte, dass man auf ein subjektivistisches Prinzip wie die Freiheit keine demokratische Institution mit nationaler Bedeutung aufbauen könne.[18] Ob sich der Katholizismus innerhalb oder außerhalb dessen befand, was in der Organisation als kulturelle Einheit definiert wurde, blieb in dem Manifest der Kulturní jednota ambivalent. Zwar ist dort allgemein von religiösem Leben und dem Christentum die Rede, doch wird, wie die katholische Zeitschrift „Akord" (Der Akkord) bemerkte, an keiner Stelle von den katholischen Traditionen des tschechischen und slowakischen Volkes gesprochen. Die Reformation erscheint als der Höhepunkt der tschechischen Religionsgeschichte.[19] Ohne die Kulturkampfparolen der frühen zwanziger Jahre wieder aufzugreifen, wird dem Katholizismus in der Kultur der erneuerten Tschechoslowakei ein marginaler Platz durch die Kulturní jednota zugewiesen.

---

15 *Nejedlý,* Zdeněk: Naše nejbližší kulturní úkoly [Unsere nächsten kulturellen Aufgaben]. In: Za nové Československo. Sborník článků, projevů a dokumentů [Für eine neue Tschechoslowakei. Eine Sammlung von Artikeln, Vorträgen und Dokumenten]. Moskva 1944, 163-167, hier 166 f. — Nejedlý bezeichnet Hus hier in sehr unverbindlicher Weise als nationalen Helden, der wie Bedřich Smetana oder Jan Neruda geehrt werden müsse.

16 Provolání ke kulturním pracovníkům [Aufruf an die Kulturarbeiter]. In: Rudé Právo [Das Rote Recht] vom 6.10.1946. 41 Personen unterzeichneten, darunter u.a. S.K. Neumann und L. Štoll.

17 *Kaplan,* Karel: Stát a církev v Československu 1948-1953 [Staat und Kirche in der Tschechoslowakei 1948-1953]. Brno 1993, 20 f. Siehe dort insbesondere Anm. 23.

18 Kulturní jednota a její program [Die Kultur-Einheit und ihr Programm]. Praha 1947, 32. — Vergleiche *Kladiva,* Jaroslav: Kultura a politika (1945-1948) [Kultur und Politik (1945-1948)]. Praha 1968, 214-216.

19 KO&KS=KJ. In: Akord 1 (1946) 190.

Bestand die kulturpolitische Leitlinie der KSČ in einer Zurückdrängung des Katholizismus bei gleichzeitiger Vermeidung jeglichen Kulturkampfes, so ist auch auf der Seite der Tschechoslowakischen Volkspartei, die in der Anfangsphase der Ersten Republik den Kulturkampf auf katholischer Seite hauptsächlich getragen hatte, ein Bemühen um ein konfliktloses Verhältnis zwischen Öffentlichkeit und katholischer Kirche festzustellen. Jedenfalls gefährdete die Partei ihre Position als Vertreterin speziell katholischer Interessen, indem sie sich nach dem Zweiten Weltkrieg zur überkonfessionellen Partei erklärte.[20] Auch von der Seite der katholischen Kirche in Böhmen und Mähren wurde ein grundsätzlicher Konflikt mit der Politik der Volksrepublik so lange wie möglich vermieden. In der ersten Zeit nach der Befreiung und der Rückkehr vieler tschechischer Priester aus deutschen Konzentrationslagern schien sogar der traditionelle Konflikt zwischen der katholischen Kirche und der „fortschrittlichen" Öffentlichkeit aufgehoben. Als die Priester, versammelt durch die „Katholische Aktion" der Erzdiözese Prag, am 2. Juni 1945 mit einem Manifest an die Öffentlichkeit traten, bekundeten sie den Willen zu einer Sozialreform, einer grundlegenden Erneuerung der Gesellschaft, die dabei auch die Bedeutung religiöser Werte berücksichtigen solle. Dieser Konvergenzvorstellung entsprach es, dass die kyrillo-methodianische Idee hervorgehoben wurde, die im Sinne einer neuen Gemeinschaft mit dem „brüderlichen Osten" wirken sollte.[21] Bemerkenswert ist auch, dass Kirchenhierarchie und niederer Klerus, deren Verhältnis in der Anfangsphase der Ersten Republik von tief greifenden politischen Differenzen geprägt gewesen war, nach der Befreiung offenbar gemeinsam einen Konsens mit der Volksdemokratie suchten. Das Prager Erzbistum und die Prager Katholische Aktion stellten sich jedenfalls demonstrativ hinter eine Arbeitstagung des böhmischen und mährischen Klerus, auf der am 15. November 1945 380 Priester aus allen Diözesen erschienen. Dort wurde der kommunistische Minister für Unterricht und Kultus Zdeněk Nejedlý lebhaft begrüßt; bemüht, den katholischen Vorstellungen weit entgegenzukommen, ließ dieser allerdings keinen Zweifel daran, dass die Einheit des Volkes die wichtigste Leitlinie der Politik sein müsse.[22] An dem Konsens mit der Volksdemokratie hielten die tschechischen Bischöfe weiter unbeirrt fest, noch im Oktober 1946 erklärten sie, das Verhältnis von Kirche und Staat sei ein „gutes und freundschaftliches".[23] Streitpunkte, die sich in der Frage der Bodenreform und in der Schul-

---

20 *Kaplan,* Karel: Der kurze Marsch. Kommunistische Machtübernahme in der Tschechoslowakei 1945-1948. München–Wien 1981 (VCC 33), 56-59.

21 *Ludvík,* František: České katolické kněžstvo s národem a lidem v boji, utrpění a prací pro lepši zítřek. Dokumenty-projevy-směrnice [Die tschechische katholische Priesterschaft mit der Nation und dem Volk im Kampf, im Leiden und in der Arbeit für ein besseres Morgen. Dokumente-Ansprachen-Richtlinien]. Praha 1946. — Vergleiche auch *Huber,* Kurt A.: Klerusverbände in den böhmischen Ländern. Die tschechischen Priestervereine. In: AKBMS 11 (1990) 7-48, hier 34 f.

22 *Ludvík:* České katolické kněžstvo.

23 *Kaplan:* Stát a církev 13.

politik ergaben, wurden von katholischer Seite anders als in der Ersten Republik in erster Linie von der Kirchenhierarchie, manchmal unter Beteiligung des Vatikans, und erst in zweiter Linie in der Gesellschaft öffentlich ausgetragen. Typische Mittel des Protests waren der Brief der Bischofskonferenz an die Regierung, der interne Protest der Minister der klerikalen Volkspartei im Kabinett und gelegentlich auch die diplomatische Intervention des päpstlichen Nuntius Saverio Ritter. Wenn die Öffentlichkeit mobilisiert wurde, dann meist als interne kirchliche Versammlungsöffentlichkeit durch den Hirtenbrief. Immerhin konnte durch diesen Modus der weitgehend internen Konfliktaustragung ein Kompromiss über ein Schulgesetz für den tschechischen Staatsteil verabschiedet werden, das von der ursprünglichen Vorlage des kommunistischen Ministers wesentlich abwich.[24]

Doch erwies sich dieses Konsensmodell als fragil und nicht dauerhaft tragfähig. Es funktionierte im tschechischen Staatsteil und wurde von den Rändern her, von den Gebieten der anderen Ethnien, ausgehöhlt. Die Konfliktregelung erwies ihre Schwächen in Bezug auf die Aussiedlungsgebiete der Deutschen und die Slowakei.

Die Aussiedlung der überwiegend katholischen Deutschen war für die katholische Kirche und den politischen Katholizismus ein komplexes Problem. Es warf nicht nur moralische Fragen auf, sondern traf die katholische Kirche in der Tschechoslowakei auch institutionell. Mit drei Millionen Deutschen waren auch 1 600 Priester vertrieben worden, die nicht ersetzt werden konnten. Ganze Dekanate lösten sich auf, es entstand tatsächlich – bezogen auf die institutionellen Grundlagen – ein weitgehend kirchenfreier Raum in den Aussiedlungsgebieten.[25]

Im Zusammenhang dieser Überlegungen wichtiger ist die Tatsache, dass die Aussiedlung auch den Grundbesitz der Kirche, also ihre wesentliche Subsistenzquelle in der Tschechoslowakei, in Frage stellte. Daraus resultierte der bedeutsamste Konflikt der katholischen Kirche mit dem Staat bis 1948. Entscheidend war, dass in den Aussiedlungsgebieten das Konsensprinzip und die Losung „Kein Kulturkampf" umgangen werden konnten. Das kommunistische Landwirtschaftsministerium betrieb hier Säkularisierung unter dem Deckmantel der Aussiedlungsdekrete. So wurden die gegen die Deutschen und Magyaren gerichteten Dekrete auch auf Klosterbesitz bezogen, der von Deutschen (bzw. Magyaren) verwaltet wurde. Dieser Rechtsstandpunkt implizierte, dass Teile der Kirche als nationaler Besitzstand definiert wurden, auf die das Verdikt der „nationalen Unzuverlässigkeit" der Dekrete fallen konnte. Der katholischen Kirche, die in dieser Frage alle Register ihrer nicht-öffentlichen Konfliktaustragung

24 *Ebenda* 15.

25 *Staněk,* Tomáš: Odsun Němců a křesťané (1945-1948) [Der Abschub der Deutschen und die Christen (1945-1948)]. In: Střední Evropa 7/22 (1992) 121-131 und 7/23 (1992) 37-46. — *Grulich,* Rudolf: Kann die Wahrheit siegen, wenn sie verschwiegen wird? Die Kirche der Tschechischen Republik und die Vertreibung der Sudetendeutschen. In: *Ders./Schlegel,* Norbert (Hgg.): Kirche und Volksgruppenrecht. Königstein/Taunus 1993, 96-109.

zog (der zunächst erfolgreiche Protest der kirchennahen Kabinettsmitglieder, der Protest der Bischöfe, die Intervention des Nuntius), nützte es wenig, dass sie einen überlegenen Rechtsstandpunkt geltend machen konnte: Die Klöster waren nach kanonischem, vom Staat anerkanntem Recht nicht als eigenständige Rechtspersonen zu betrachten. Eine Unterscheidung von Ordensbesitz und sonstigem Kirchenbesitz war auch insofern unmöglich, als die Erträge des Klosterbesitzes inkorporierten Pfarreien zugute kamen. Im Übrigen war der Vorwurf nationaler Unzuverlässigkeit schwerlich mit dem öffentlich-rechtlichen Status zu vereinen, den die katholische Kirche in der Tschechoslowakei immer noch innehatte.[26] Daran, dass Orden und geistliche Stifte als nationaler und nicht kirchlicher Besitzstand aufgefasst werden konnten, waren allerdings die sudetendeutschen Ansprüche, wie sie etwa von Hilgenreiner und den deutschen Domherren Grüner und Gebert 1938 formuliert worden waren, nicht unschuldig. Von den Enteignungen betroffen waren Klöster, deren deutsche Mönche überwiegend vertrieben worden waren, so z.B. die Benediktiner in Broumov, die Prämonstratenser in Teplá, die Zisterzienser in Osek und Vyšší Brod und die Augustiner in Česká Lípa (Böhmisch-Leipa). Besonders galt das Verdikt der „nationalen Unzuverlässigkeit" dem Orden der Deutschen Ritter, der paradoxerweise während der deutschen Okkupationzeit aufgelöst worden war und sich erst nach dem Krieg in der Tschechoslowakei wieder organisieren konnte. Ungeachtet der Tatsache, dass der Orden seit langem karitativ tätig war und von nationalsozialistischen deutschen Behörden verfolgt worden war, diente er in der Enteignungsdebatte als Schreckbild des überall die Germanisierung forcierenden Ordens. Die historisierende Kulturkampf-Rhetorik tauchte hier in ethnischem Gewand wieder auf. In einer Interpellation volkssozialistischer Abgeordneter hieß es etwa:

> Der deutsche Ritterorden war in der Geschichte der slawischen Völker einer der schlimmsten Feinde. Jahrhundert für Jahrhundert drang er hartnäckig nach Osteuropa vor und unterwarf slawische Stämme und Völker, um sich das von ihnen vorher besiedelte Gebiet anzueignen. Wohl verbarg er sich zeitweise unter der Maske des Christentums, doch war er ein unbarmherziger Feind [...].[27]

Dieser Vorstoß, der zum Teil von Abgeordneten unterzeichnet wurde, die sich schon in der Ersten Republik antiklerikal engagiert hatten, zielte weniger auf die Sühnung deutschen Unrechts als auf die Säkularisierung von Kirchengut. Es war von weitreichender Bedeutung, dass dies – ungeachtet der internen Bemühungen der klerikalen Kabinettsmitglieder und der katholischen Kirchenhie-

---

26 Diese Argumente wurden mehrfach von den betroffenen Äbten, den Bischöfen, sowie von dem Schulministerium und dem Außenministerium geltend gemacht. Vergleiche Katolická církev a pozemková reforma 1945-1948. Dokumentace [Die katholische Kirche und die Bodenreform 1945-1948]. Herausgegeben von Milena *Janišková* und Karel *Kaplan*. Brno 1995, Dokumente 1-50.

27 Eingabe volkssozialistischer Abgeordneter (F. Zeminová, F. Uhlíř, V. Mikuláš, F. Křepela, B. Urbánek) vom 14.11.1945 an die tschechoslowakische Regierung. In: Katolická církev, Dokument 4, 19 f.

rarchie – noch im Februar 1946, also lange vor der kommunistischen Machtübernahme, gelang. Die publizistische Reaktion von katholischer Seite erfolgte zu spärlich und zu spät, um die Öffentlichkeit mobilisieren zu können. Immerhin wurde die Funktion der kommunistischen Kirchenpolitik im Aussiedlungsgebiet von der katholischen Publizistik genau analysiert. So veröffentlichte J. Pondělík in der Zeitschrift „Vyšehrad" 1947 einen Artikel über die Frage des Kirchenbesitzes im Grenzgebiet. Darin beklagte er, dass die Anwendung der Präsidentendekrete auf den kirchlichen Grundbesitz von demagogischen antiklerikalen Reden begleitet würde, die den Zweck hätten, die Wählerschaft in einem bestimmten Gebiet zu gewinnen oder zufrieden zu stellen, ohne die möglichen Schäden zu beachten, die dadurch dem öffentlichen Interesse zugefügt würden.[28] Die Aussiedlung hatte die Tür zu einer Säkularisierungspolitik geöffnet, die seit Mitte 1946 auch gegenüber „tschechischem" Kirchenbesitz aufgenommen wurde.

Der etablierte Kompromiss zwischen dem politischen Katholizismus und den Antiklerikalen ging aber nicht nur in Bezug auf die Sudetengebiete, sondern auch hinsichtlich der Slowakei schon vor 1948 verloren. Hier entfaltete bereits 1945 ein neuer Kulturkampf seine Dynamik, die schließlich auch auf den tschechischen Staatsteil übergriff. Die Ursache für den abweichenden Verlauf in der Slowakei ist darin zu suchen, dass die katholische Kirche ungeachtet ihrer Kollaboration mit dem nationalsozialistischen Deutschland in den ländlichen slowakischen Gebieten über eine starke Position verfügte. Um diese zu erschüttern, ließ sich die „Komunistická strana Slovenska" (Kommunistische Partei der Slowakei, KSS) hier auf kein Konsensmodell ein, sondern wurde sogleich offensiv. Ihrerseits war die katholische Kirche in der Slowakei nicht zu einem Konsenskurs geneigt. Der Unterschied zur Situation in den sudetendeutschen Gebieten wird an dem Beispiel der Bischöfe Anton Weber (Litoměřice/Leitmeritz) und Jan Vojtaššák (Spiš/Zips) deutlich: Weber verzichtete bald nach dem Ende des Krieges auf sein Bischofsamt, und der Papst nahm die Resignation im März 1947 an. Der im Juli 1947 wegen des Vorwurfs der Kollaboration festgenommene Bischof Vojtaššák verweigerte hingegen die Resignation und stellte die Regierung damit vor die Alternative, die Verfolgung aufzugeben oder einen kirchlichen und nationalen Märtyrer zu schaffen.[29] Eine größere Öffentlichkeitswirkung ging aber von der Frage aus, wie man mit dem gestürzten Führer der unabhängigen Slowakei, Jozef Tiso, verfahren sollte, der als Priester und Staatschef den Führungsanspruch wie auch die Kompromittiertheit des politischen Katholizismus in der Slowakei symbolisierte. Das Todesurteil gegen den Priester, das schließlich auch vollstreckt wurde, mobilisierte das klerikale wie

28 *Pondělík*, J.: O církevní majetek v pohraničí. In: Vyšehrad Nr. 1 vom 1.1.1947, 9 f. („demagogické projevy, které mají za účel získání nebo uspokojení voličstva v určitém kraji, bez ohledu na možné škody, které by působily právě veřejným zájmům.").

29 *Pešek*, Jan: „Vlastizradný biskup" Jan Vojtaššák [„Der landesverräterische Bischof" Jan Vojtaššák]. In: Soudobé dějiny 5/3-4 (1997) 510-520.

das antiklerikale Lager. Nachdem die Maiwahlen 1946 den Kommunisten in der Slowakei eine Niederlage beschert hatten, legten diese die letzte Zurückhaltung ab, den Katholizismus als ihren Hauptgegner mit polizeistaatlichen Mitteln zu bekämpfen.[30] Damit war in der Slowakei jener Kompromiss aufgekündigt, an den sich die katholische Kirche im tschechischen Staatsteil noch bis zur Machtergreifung der Kommunisten im Februar 1948 klammerte. Ein Zeugnis für das zu diesem Zeitpunkt schon illusionäre Festhalten am Konsensmodell ist ein Brief, in dem der Prager Erzbischof Josef Beran gegen ein geplantes Schulgesetz bei der Regierung protestiert und – wenige Tage vor der kommunistischen Machtergreifung – das Kabinett beschwört, den kulturpolitischen Konsenskurs nicht zu verlassen: „Entfachen Sie keinen Kulturkampf, der nach der Annahme dieser Gesetzesvorlage beginnen müsste, ungeachtet aller Versicherungen, dass sich bei uns niemand einen Kulturkampf wünscht."[31]

Zwar befürwortete die Mehrheit der kommunistischen Funktionäre auch nach dem Februar 1948 einen Konsenskurs mit der katholischen Kirche. Dies war jedoch mit der Erwartung verbunden, dass die Freiheit der Religion auf die Freiheit zum Gottesdienstbesuch eingeschränkt wird.[32] Nach einem episodenhaften Versuch der kommunistischen Regierung, eine neue, leichter zu kontrollierende Nationalkirche in hussitischer Tradition ins Leben zu rufen, wandte sie seit 1950 die polizeistaatlichen Mittel systematisch an, die in der Slowakei schon zuvor erprobt worden waren.[33]

Für den Erfolg des kommunistischen Take-over waren gewiss andere, vor allem außenpolitische Gründe von größerer Bedeutung als das Verhältnis von Staat und Kirche. Dass der Kommunistischen Partei auf diesem Feld so wenig Widerstand entgegengesetzt wurde, dass sie wichtige Erfolge hier schon vor 1948 erzielte, hängt unter anderem mit einer nicht ausgereiften Konfliktregelung zwischen politischem Katholizismus und der antiklerikalen Öffentlichkeit zusammen.

---

30 *Prečan*, Vilém: Slovenský katolicizmus pred Februárom 1948 [Der slowakische Katholizismus vor dem Februar 1948]. Bratislava 1961.

31 Josef Beran an die tschechoslowakische Regierung am 29.1.1948. Zitiert nach *Kaplan:* Stát a církev 15 f.

32 *Ebenda* 41.

33 *Hal'ko*, Jozef: Rozbit' Cirkev: Rozkolnícka Katolícka akcia. Pokus o vytvorenie „národnej cirkvi" v Česko-Slovensku. [Die Kirche zerschlagen: Die spaltende Katholische Aktion. Der Versuch eine „nationale Kirche" in der Tschecho-Slowakei zu gründen]. Bratislava 2004. — *Frei*, Bohumil: Staat und Kirche in der Tschechoslowakei. 4 Bde. München 1973. — *Kaplan*, Karel: Die politischen Prozesse in der Tschechoslowakei 1948-1954. München 1986. — *Mlýnský*, J.: Národní fronta a církevní politika po únoru 1948 [Die Nationale Front und die Kirchenpolitik nach dem Februar 1948]. In: ČČH 21 (1973) 835-858. — *Radouchová*, Jaroslava: Československý stát a katolická církev po únoru 1948 [Der tschechoslowakische Staat und die katholische Kirche nach dem Februar 1948]. In: Revue dějin socialismu 1 (1969) 37-62.

Jaroslav Šebek

NATIONALISIERENDE TENDENZEN IM KONFESSIONELLEN BEREICH

Beispiele aus dem katholischen Milieu der Ersten Tschechoslowakischen Republik

Für die 1918 gegründete Tschechoslowakische Republik gehörte das Verhältnis zwischen den Nationalitäten zu einem der Schlüsselprobleme, welche das Bestehen und die weitere Entwicklung des Staates in hohem Maße beeinflussten. Die Konfliktfelder zwischen Tschechen und Deutschen haben auch vor der katholischen Kirche nicht Halt gemacht, auch wenn sich ihr das Potenzial der katholischen Glaubenslehre bot, und grundsätzlich die Möglichkeit bestand, den kirchlichen Bereich beispielhaft zur übernationalen Zusammenarbeit zu nutzen.[1]

---

1 Fragen zum Verhältnis von konfessioneller und nationaler Problematik werden zum Beispiel in den Arbeiten des Kirchenhistorikers Kurt A. Huber (1912-2005) behandelt. Ein Großteil von ihnen wurde kurz vor Hubers Tod in einem von Joachim Bahlcke und Rudolf Grulich herausgegebenen Band neu abgedruckt. *Huber,* Kurt A.: Katholische Kirche und Kultur in Böhmen. Ausgewählte Abhandlungen. Herausgegeben von Joachim *Bahlcke* und Rudolf *Grulich.* Münster 2005 (Religions- und Kulturgeschichte in Ostmittel- und Südosteuropa 5). — Das Thema der nationalen Dimension in den geistigen Erneuerungsbewegungen findet sich auch in den Studien von Paulus Sladek. Vergleiche *Sladek,* Paulus: Die kirchliche Erneuerungsbewegung bei den Deutschen in der Ersten Republik. In: *Seibt,* Ferdinand (Hg.): Bohemia sacra. Das Christentum in Böhmen 973-1973. Düsseldorf 1974, 175-208. — In neuerer Zeit widmet sich ausführlich Martin Schulze Wessel diesem Thema. Vergleiche *Schulze Wessel,* Martin: Tschechische Nation und katholische Konfession vor und nach der Gründung des Tschechoslowakischen Nationalstaates. In: Bohemia 38 (1997) 311-327. — *Ders.*: Religion – Gesellschaft – Nation. Anmerkungen zu Arbeitsfeldern und Perspektiven moderner Religionsgeschichte Osteuropas. In: Nordost-Archiv 7/2 (1998) 353-364. — *Ders.*: Konfessioneller Konflikt im Nationalstaat ČSR. In: *Maner,* Christian/*Schulze Wessel,* Martin (Hgg.): Religion im Nationalstaat zwischen den Weltkriegen. Polen–Tschechoslowakei–Ungarn–Rumänien. Stuttgart 2002 (Forschungen zur Geschichte und Kultur des östlichen Mitteleuropa 16), 75-105. — *Ders.*: Die Konfessionalisierung der tschechischen Nation. In: *Haupt,* Heinz-Gerhard/*Langewiesche,* Dieter (Hgg.): Nation und Religion in Europa. Mehrkonfessionelle Gesellschaften im 19. und 20. Jahrhundert. Frankfurt a. M.–New York 2004, 135-150. — *Ders.*: Nationalisierung der Religion und Sakralisierung der Nation im östlichen Europa (Forschungen zur Geschichte und Kultur des östlichen Mitteleuropa 27). Stuttgart 2006. — In tschechischer Sprache zur Problematik des Verhältnisses von Nationalismus und katholischem konfessionellen Milieu *Šebek,* Jaroslav: Mezi křížem a národem. Politické prostředí sudetoněmeckého katolicismu v meziválečném Československu [Zwischen Kreuz und Nation. Das politische Milieu des sudetendeutschen Katholizismus in der Tschechoslowakei der Zwischenkriegszeit]. Brno 2006.

Nach einer allgemeinen Charakteristik des katholischen Milieus in der Tschechoslowakischen Republik nach 1918 sollen im Folgenden vor allem drei Bereiche aus dem kirchlichen Bereich betrachtet werden, in denen nationalisierende Elemente eine bedeutende Rolle spielten. Dazu zählte der Bereich des politischen Katholizismus, das kirchliche Vereinsleben (insbesondere die Aktivitäten der deutschen katholischen Jugend) sowie die Ordensgemeinschaften. Die folgenden Ausführungen beziehen sich nur auf das Verhältnis zwischen dem tschechischen und dem deutschen Katholizismus – auf die slowakische Problematik wird nicht näher eingegangen.

Die Wurzel der nationalen Missverständnisse, durch die die tschechisch-deutsche Koexistenz im tschechoslowakischen Staat so grundlegend beeinflusst wurde, ist schon in der langfristigen Entwicklung vor dem Ersten Weltkrieg zu suchen. So schreibt zum Beispiel der sudetendeutsche Theologe Josef Rabas (1908-2003), dass unter dem Einfluss des Josefinismus

> bei beiden Volksstämmen, den Deutschen wie den Tschechen, das katholische Glaubensleben manches an christlicher Substanz und sehr viel an religiöser Tiefe verlor. Die Religion verbürgerlichte und wurde vom Staat zum Zweck staatlicher Zielsetzungen genutzt.[2]

Das Verschwinden des religiösen Kerns der christlichen Religion führte auch dazu, dass sowohl das tschechische als auch das deutsche Milieu den kirchlichen Bereich für die Durchsetzung ihrer nationalen Ziele zu nutzen suchten. Der niedere Klerus engagierte sich auf beiden Seiten schon seit der Mitte des 19. Jahrhunderts in hohem Maße bei der Festigung des nationalen Selbstbewusstseins, was auch zu einer immer stärkeren Entfremdung zwischen den beiden Teilgesellschaften führte. Für nationale Ziele wurden seit der Mitte des 19. Jahrhunderts auch die kirchlichen Heiligen instrumentalisiert. In Böhmen bekam die bis dahin eher als übernational betrachtete Persönlichkeit des heiligen Wenzel (sv. Václav) eine starke tschechisch-nationale Konnotation,[3] in Mähren wurde die Tradition des heiligen Kyrill und des heiligen Method im

---

2 *Rabas*, Josef: Deutsche und tschechische Katholiken in der Ersten Tschechoslowakischen Republik – Versuch einer Analyse. In: *Klötzl*, Walter (Hg.): Begegnung und Entfremdung im Spannungsfeld von Volk und Glaube. München 1988, 9-27, hier 10 f.

3 Seit dem 19. Jahrhundert ist im böhmischen Milieu eine Ambivalenz in der Einstellung zur Gestalt des heiligen Wenzel sichtbar. Ein deutlicher Beweis der Ansichten über den heiligen Wenzel waren z.B. die Streitigkeiten um den Bau seines Denkmals in Prag. Der Bildhauer Bohuslav Schnirch präferierte die Darstellung eines geistig ausdrucksstarken und friedvollen Heiligen; sein Kollege Josef V. Myslbek hingegen wollte einen Führer des tschechischen Nationalheeres darstellen. Nach langen Diskussionen hat sich Myslbeks Vorschlag durchgesetzt. Zur nationalen Konnotation in der Verehrung des heiligen Wenzels vergleiche *Schenk*, Benjamin F.: Der Heilige und die Nation. Aleksandr Nevskij und der Heilige Wenzel im russischen bzw. tschechischen kulturellen Gedächtnis. In: Bohemia 45 (2004) 315-352. — *Placák*, Petr: Svatováclavské milénium. Češi, Němci a Slováci v roce 1929 [Das Jubiläum des heiligen Wenzel. Tschechen, Deutsche und Slowaken im Jahr 1929]. Praha 2002.

Sinne nationaler und panslawistischer Zielsetzungen transformiert.[4] Unter den Deutschen wurden der Gestalt des heiligen Bonifatius seit dem letzten Drittel des 19. Jahrhunderts zunehmend nationalisierende Inhalte (als Schutzheiliger der Deutschen) zugeschrieben.[5] Oftmals setzten Geistliche auf beiden Seiten in ihrer Seelsorgerpraxis eher nationale Interessen durch und verzichteten damit auf ihre universelle Hirtenaufgabe.[6]

Die Entwicklung auf der Ebene der kirchlichen Beziehungen illustriert lediglich die allmähliche Sakralisierung des Nationalismus und den Versuch, religiöse Symboliken für politische Interessen zu instrumentalisieren. Im Verlauf der Säkularisierung kam es im 19. Jahrhundert in einer Reihe von europäischen Ländern zu einem teilweisen Transfer der Wurzeln christlicher Traditionen in die sich etablierenden nationalen Bewegungen. Zeitgleich dazu fand eine Transformation der nationalen Bewegungen statt, durch die sich die traditionellen religiösen Elemente der Heiligenlegenden mit den neuen nationalen Mythen und Symbolen verbanden. Die entstandene Symbiose war jedoch zweckgebunden und hatte nicht viel gemeinsam mit den spirituellen Inhalten des Glaubens.[7]

---

4 Zur Verbindung zwischen der nationalen und der kirchlichen Bedeutung der Tradition des heiligen Kyrill und des heiligen Method vergleiche *Machilek*, Franz: Welehrad und die Cyrill-Method-Idee im 19. und 20. Jahrhundert. In: AKBMS 6 (1982) 156-183. — *Ders.*: „Velehrad ist unser Programm". Zur Bedeutung der Kyrill-Method-Idee und der Velehradbewegung für den Katholizismus in Mähren im 19. und 20. Jahrhundert. In: Bohemia 45 (2004) 353-395. — Zur Frage der Nutzung der Kyrill- und Method-Tradition durch nationale Bewegungen vergleiche zuletzt auch *Řepa*, Milan: Moravané nebo Češi? [Mährer oder Tschechen?]. Brno 2001.

5 Die Entwicklung des Bonifatius-Kults im deutschen katholischen Milieu der böhmischen Länder fiel mit Bestrebungen zusammen, ein katholisches Gegengewicht zur „Los-von-Rom-Bewegung" zu schaffen. Im Emaus-Kloster in Prag, in dem vor dem Jahr 1918 vor allem deutsche Mönche vertreten waren, entstand zu Beginn des 20. Jahrhunderts auch ein Verein, der so genannte „Bonifatius-Verein". In seinem Rahmen wurde eine Zeitschrift herausgegeben, die rasch über etwa 2 000 Abonnenten verfügte. Dieser Verein unterstützte auch den Bau neuer katholischer Kirchen, vor allem in den Grenzgebieten. Národní archiv Praha [Nationalarchiv der Tschechischen Republik Prag, künftig NA], ŘA-Emauzy, knihy, č. 16, Kronika emauzského kláštera, listopad-prosinec 1906).

6 *Rabas:* Deutsche und tschechische Katholiken 16. — Zu den Geistlichen und ihrer Konfrontation mit den nationalen Tendenzen an der Wende vom 19. zum 20. Jahrhundert vergleiche zum Beispiel *Schmid-Egger*, Barbara: Klerus und Politik in Böhmen um 1900. München 1974 (Wissenschaftliche Materialien und Beiträge zur Geschichte und Landeskunde der böhmischen Länder 21).

7 Vergleiche *Lehmann*, Hartmut: Die Säkularisierung der Religion und die Sakralisierung der Nation im 20. Jahrhundert. In: *Maner/Schulze Wessel* (Hgg.): Religion im Nationalstaat 13-27, hier 19.

Die katholische Kirche in der Tschechoslowakei nach 1918

Die politischen Veränderungen nach 1918 ermöglichten vielfältige neue Ansätze im religiösen und kirchlichen Leben, sie sorgten jedoch auch für schwerwiegende Komplikationen. Die österreichisch-ungarische Monarchie zerfiel und mit ihr kam auch das bisherige Modell der Kirche-Staat-Beziehung an ihr Ende, das durch eine enge Verbindung zwischen beiden Seiten geprägt gewesen war. Im neu entstandenen tschechoslowakischen Staat verbreitete sich eine Welle antikatholischer Stimmungen und starker Säkularisierungstendenzen. Zudem mussten sich insbesondere tschechische Katholiken mit einer starken Agitation der Tschechoslowakischen Kirche auseinandersetzen, die 1920 als so genannte tschechische Nationalkirche aus den Strömungen der katholischen Reformbewegung und modernistischen Ansätzen entstand und sehr schnell mehr als 600 000 Gläubige auf ihre Seite brachte.[8] In der ersten Hälfte der zwanziger Jahre war die katholische Kirche in den böhmischen Ländern mit einer starken Austrittsbewegung und antikatholischen Haltungen führender Vertreter des Staates konfrontiert.[9] Der tschechische Katholizismus befand sich deswegen in einer defensiven Position und bemühte sich, seine Legitimität gegenüber der Bevölkerung zu verteidigen. Somit sah sich das tschechische katholische Milieu gezwungen, sich mit den tschechischen Nationalinteressen zu identifizieren, um aus der Isolation zu kommen, in der es sich bedingt durch seine Rolle in der Zeit der österreichisch-ungarischen Monarchie befand. Auch tschechische Katholiken bewerteten in dieser Phase die Loyalität gegenüber ihrer Nation höher als die Suche nach Berührungspunkten mit den deutschen Gläubigen. Kennzeichnend für die damaligen Haltungen des tschechischen Katholizismus war die Meinung des bekannten Schriftstellers Jaroslav Durych, der behauptete, dass eine „Zusammenarbeit mit deutschen Katholiken schicksalhaftere Folgen als das habsburgische Protektorat hätte".[10]

---

8 Zu der Geschichte der Tschechoslowakischen Kirche vergleiche *Urban*, Rudolf: Die Tschechoslowakische Hussitische Kirche. Marburg/Lahn 1973. — *Marek*, Pavel/*Červený*, Vladimír/*Lach*, Jiří: Od Katolické moderny k českému církevnímu rozkolu [Von der Bewegung der Katholischen Moderne bis zum tschechischen Kirchenschisma]. Rosice u Brna 2000. — *Marek*, Pavel: K problematice církevního rozkolu v Československu v roce 1920 [Zu der Problematik der kirchlichen Spaltung in der Tschechoslowakei 1920]. In: ČČH 99/1 (2001) 85-119. — *Frýdl*, Norbert: Reformní náboženské hnutí v počátcích Československé republiky. Snaha o reformu katolicismu v Čechách a na Moravě [Die konfessionelle Reformbewegung in den frühen Jahren der Tschechoslowakischen Republik. Die Bestrebung um die Reform des Katholizismus in Böhmen und in Mähren]. Brno 2001.

9 Aus der katholischen Kirche traten unmittelbar nach der Entstehung der Tschechoslowakischen Republik 1 750 000 Menschen aus. Vergleiche *Trapl*, Miloš: Politický katolicismus a Československá strana lidová v Československu v letech 1918-1938 [Der politische Katholizismus und die Tschechoslowakische Volkspartei in der Tschechoslowakei 1918-1938]. Praha 1990, 65.

10 *Durych*, Jaroslav: Naděje katolictví v zemích českých [Die Hoffnung des Katholizismus in den böhmischen Ländern]. Praha 1930, 10.

Die deutschen Katholiken befanden sich in der Tschechoslowakei ebenfalls in einer schwierigen Ausgangslage. Einerseits mussten sie sich mit den vorherrschenden antikatholischen Strömungen auseinander setzen, die für sie jedoch nichts Neues darstellten, weil sie schon Erfahrungen mit dem Kulturkampf aus den Zeiten der „Los-von-Rom-Bewegung" hatten.[11] Andererseits mussten sie der Tatsache entgegenwirken, dass sie sich in der Lage einer ethnischen Minderheit befanden, und zwar in einem Staat, der gegen ihren Willen entstanden war. Bedingt durch diese Ausgangsvoraussetzungen lassen sich von Anfang an Bemühungen des sudetendeutschen Katholizismus um eine geistliche Erneuerung beobachten, die einen Gegenpol zum Druck der Säkularisierung und der Kirchenaustrittsbewegung darstellen und gleichzeitig zur Festigung des nationalen Bewusstseins beitragen sollten. Eduard Winter (1896-1982), Priester und Professor für Kirchengeschichte an der deutschen Universität in Prag und eine der führenden Persönlichkeiten des sudetendeutschen Vereinslebens in der Ersten Tschechoslowakischen Republik[12] hat diese Haltung folgendermaßen skizziert: „Zwei Dinge gilt es zu vereinen: Volkstum und Glauben. Zwei Kräfte, die in Gegensatz erscheinen können. Aber es gibt nicht ein ‚entweder-oder', sondern nur ein ‚sowohl als auch'."[13] Bereits in dieser Zeit wurden damit die Fundamente für eine engere Verbindung zwischen dem christlichen und dem nationalen Element der sudetendeutschen katholischen Aufbruchbewegung gelegt, die insbesondere in den dreißiger Jahren zunehmend in den Vordergrund trat.

---

11 *Kaiserová,* Kristina: Konfesní myšlení českých Němců v 19. a počátkem 20. století [Konfessionelles Denken der Deutschen von Böhmen im 19. Jahrhundert und am Anfang des 20. Jahrhunderts]. Úvaly u Prahy 2003, hier 79.

12 Eduard Winter (1896-1982) studierte in den Jahren 1914-1918 Theologie in Innsbruck und nachfolgend in Prag. Seit Beginn der zwanziger Jahre war er aktives Mitglied in der katholischen Jugendbewegung und stieg zur führenden Persönlichkeit im Studentenbund „Staffelstein" auf. Er gehörte zu den Hauptvertretern der nationalistischen Linie innerhalb der Tätigkeit katholischer Vereine und unterstützte in den dreißiger Jahren aktiv die Politik Henleins. Im Jahre 1922 erhielt er eine Dozentur, 1929-1934 wirkte er als außerordentlicher, 1934-1941 als ordentlicher Professor für Kirchengeschichte an der Theologischen Fakultät der Deutschen Universität in Prag. In den Jahren 1941-1945 war er Professor für europäische Geistesgeschichte an derselben Alma Mater. Im Verlaufe des Zweiten Weltkrieges heiratete Winter und trat aus der Kirche aus. Aktiv beteiligte er sich an den Bestrebungen einer ideologischen Eingliederung des böhmischen Raumes in das Dritte Reich. Nach der Vertreibung aus der Tschechoslowakei im Jahre 1945 wirkte Winter zunächst in Österreich und später in der DDR, wo er u.a. an der Humboldt-Universität in Berlin Vorlesungen hielt (1952-1966) und aktiv in der „Ostdeutschen Akademie der Wissenschaften" mitarbeitete. Vergleiche *Huber,* Kurt A.: Eduard Winter (1896-1982). In: AKBMS 6 (1982) 7-37.

13 *Winter,* Eduard: Mein Leben im Dienst des Völkerverständnisses. Nach Tagebuchaufzeichnungen, Briefen, Dokumenten und Erinnerungen. Bd. 1. Berlin 1981, 28.

Politische Parteilichkeit

Was die Entwicklung des tschechischen politischen Katholizismus betrifft, wurde während der zwanziger Jahre insbesondere die „Československá strana lidová“ (Tschechoslowakische Volkspartei, ČSL) zu seinem Hauptsprecher. Zu ihren bedeutendsten Vertretern gehörte vor allem Jan Šrámek[14], der sich bemühte, von der Position am Rande des gesellschaftlichen Einflusses wegzukommen, und aus diesem Grund die Prinzipien der katholischen Loyalität gegenüber dem Staat verteidigte. Diese standen für ihn höher als die Entwicklung der Kontakte mit einer ideologisch nahe stehenden Gruppierung, die jedoch zu einem anderen nationalen Lager gehörte. Auch bei der „Deutschen Christlichsozialen Volkspartei“ (DCV), die unter der Führung des langjährigen Parteivorsitzenden Karl Hilgenreiner über einen starken national ausgerichteten Flügel verfügte,[15] kam der Verteidigung deutscher Interessen große Bedeutung zu.[16]

---

[14] Jan Šrámek (1870-1956) war bereits in den 1890er Jahren ein bedeutender Organisator der tschechischen christlich-sozialen Bewegung in Mähren; 1906-1918 Abgeordneter des Mährischen Landtages und 1907-1918 Abgeordneter im österreichischen Reichsrat. Šrámek war Vorsitzender der Volkspartei seit deren Gründung im Jahre 1919 bis zum Ende der Ersten Tschechoslowakischen Republik nach Annahme des Münchener Abkommens im Herbst 1938. In der Tschechoslowakei der Zwischenkriegszeit bekleidete er mehrfach ein Ministeramt. Šrámek galt als Verfechter der nationalen und zugleich prodemokratischen Linie in der Politik der Tschechoslowakischen Volkspartei. Während des Zweiten Weltkriegs wirkte er in der Emigration, in den Jahren 1940-1945 war er Vorsitzender der tschechoslowakischen Exilregierung in London, wo er vorbehaltlos die Politik des Präsidenten Edvard Beneš unterstützte. Nach dem Krieg übte er wiederum das Amt des Vorsitzenden der Volkspartei aus. Nach dem kommunistischen Umsturz im Jahre 1948 wurde er beim Versuch, in den Westen zu emigrieren, festgenommen und bis zu seinem Tode im April 1956 interniert. Zu Šrámek vergleiche zuletzt *Marek*, Pavel (Hg.): Jan Šrámek. Kněz, státník, politik [Jan Šrámek. Priester, Staatsmann, Politiker]. Olomouc 2004.

[15] Karl Hilgenreiner (1867-1948) stammte aus Hessen und wurde nach der Absolvierung theologischer Studien in Rom im Jahre 1892 zum Priester geweiht. Ab 1899 hielt er an der Theologischen Fakultät in Prag Vorlesungen. Hilgenreiner gehörte zu den führenden Funktionären der DCV, die er in den Jahren 1920-1938 als Senator vertrat. Im Jahre 1927 wurde er zum Parteivorsitzenden gewählt, ein Amt, das er bis zum September 1935 ausübte. Innerhalb der Partei zählte Hilgenreiner zum national orientierten Flügel. Die aktivistische Richtung unterstützte er erst nach längerem Zögern. Im Jahre 1938 betätigte sich Hilgenreiner als einer der Hauptinitiatoren des Eintritts der DCV in Henleins Sudetendeutsche Partei. Im Jahre 1939 lehnte er freilich die Okkupation der „Rest-Tschechei“ ab und kritisierte die nationalsozialistischen Repressionen gegen die Kirchen. Faktisch stand Hilgenreiner während der gesamten Kriegszeit unter Polizeiaufsicht, und ab Juni 1944 wurde er im Kloster Zásmuky interniert, in dem die Gestapo unliebsame Priester konzentrierte. Kurz nach der Befreiung wurde er erneut inhaftiert, diesmal durch tschechische Behörden, die ihn bis 1946 in Prag gefangen hielten. Nach seiner Freilassung emigrierte Hilgenreiner nach Wien, wo er im Mai 1948 starb.

[16] *Hilgenreiner*, Karl: Die Politik der katholischen Sudetendeutschen. In: *Donat*, Heinrich (Hg.): Die deutschen Katholiken in der Tschechoslowakischen Republik. Warnsdorf 1934, 299-303, hier 300.

Bereits zu Beginn der zwanziger Jahre wurde jedoch eine Polarisierung innerhalb der Parteiführung der Christlichsozialen Volkspartei sichtbar. Ein Teil der Parteieliten suchte Kontakt zu den Repräsentanten der tschechischen Politik und bemühte sich um eine realistische Haltung gegenüber der tschechoslowakischen Regierung. Hauptrepräsentant dieser Anstrengungen war Robert Mayr-Harting[17]. Diese aktivistische Richtung gewann in den zwanziger Jahren in der Partei allmählich die Oberhand.[18] Vor allem nachdem sich die Christlichsoziale Volkspartei nach den Parlamentswahlen von 1929 in der Opposition befand, bemühte sich die Tschechoslowakische Volkspartei um eine korrekte politische Zusammenarbeit. Bestrebungen in diese Richtung gingen insbesondere von Bohumil Stašek aus, dem Vorsitzenden ihrer böhmischen Landesorganisation.[19] Im Interesse der Stärkung der kirchlichen Interessen forderte auch der Prager Erzbischof František Kordač (1852-1934) an der Wende der zwanziger zu den dreißiger Jahren zum Zusammenschluss aller katholischen Kräfte im Staat auf.[20] Vor allem für eine Vereinigung des tschechischen und des slowakischen katholischen Lagers sowie die Entstehung einer einheitlichen Volkspartei sprach sich – nach Aussage des österreichischen Gesandten in Prag – auch der damalige Außenminister Edvard Beneš aus, der die Erwartung äußerte, dass sich mit diesem Schritt die autonomistischen Tendenzen in der von Andrej Hlinka geführ-

17 Robert Mayr-Harting (1874-1948) wirkte in den Jahren 1909-1938 als ordentlicher Professor für Römisches Recht und ab 1916 als Professor für Zivilrecht an der Prager Deutschen Universität. Mayr-Harting gehörte zudem zu den bedeutenden Repräsentanten der DCV, für die er in den Jahren 1920-1925 das Amt eines Senators ausübte und 1925-1935 Abgeordneter war. Innerhalb der Partei gehörte Mayr-Harting zu den Pionieren einer aktivistischen Ausrichtung. Er hatte bedeutenden Anteil am Eintritt der DCV in die Regierungskoalition im Oktober 1926. In den Jahren 1926-1929 bekleidete er das Amt des Justizministers. Nach der Liquidierung der Partei im Jahre 1938 verließ er die politische Bühne und zog sich in die innere Emigration zurück. Er starb im März 1948 in Prag.

18 Die aktivistische Richtung siegte auf dem Parteitag in Reichenberg (Liberec) im Oktober 1922 und gewann in den zwanziger Jahren in der Partei breitere Unterstützung. In den Parlamentswahlen 1925 unterstützten die deutschen Wähler mehrheitlich die aktivistische Politik. Unmittelbar nach den Wahlen kam es zwar noch zu einer „allnationalen" Koalition der tschechischen bürgerlichen und sozialistischen Parteien, doch hielt dieses Bündnis wegen ideologischer Streitigkeiten nicht lange. Nachdem zunächst zwischen März und Oktober 1926 eine Beamtenregierung gebildet wurde, entstand durch den Eintritt des Bundes der Landwirte und der Deutschen Christlichsozialen Volkspartei eine übernationale Regierung, in der Mayr-Harting Justizminister war.

19 Der Vorsitzende der böhmischen Landesorganisation der Volkspartei, Bohumil Stašek, bemühte sich seit dem Ende der zwanziger Jahre um eine Intensivierung der Kontakte zu den deutschen Christlichsozialen und den slowakischen „Volksparteilern". Seine Aktivitäten waren durch den Versuch motiviert, den christlichen Einfluss auf die Gesellschaft hervorzuheben. Stašeks Position innerhalb der Volkspartei war jedoch nicht so stark als dass er ihre Linie im Umgang mit den anderen katholischen Parteien der Tschechoslowakei grundlegend hätte ändern können.

20 Vergleiche *Marek*, Pavel: Arcibiskup pražský František Kordač [Der Prager Erzbischof František Kordač]. Olomouc 2005, 126 f.

ten „Hlinkova slovenská ľudová strana“ (Slowakische Volkspartei, HSĽS) abschwächen ließen.[21]

Als Reaktion auf den Sieg der „Sudetendeutschen Partei“ (SdP) in den Parlamentswahlen im Jahr 1935 setzte sich in der Deutschen Christlichsozialen Partei erneut die aktivistische Strömung durch. Ihr Repräsentant Erwin Zajicek wurde ab Juli 1936 Mitglied der Regierung. Bis zu ihrem Untergang im März 1938 (nach dem „Anschluss“ Österreichs) bemühte sich die Partei um den tschechisch-deutschen Dialog. Die Beziehungen der Christlichsozialen und der „Volksparteiler“ blieben aber dennoch auch in dieser Zeit mehr oder weniger kühl, auch wenn es in der Tschechoslowakischen Volkspartei eine Gruppe gab, die eine engere Zusammenarbeit nicht ausschloss. Zu ihren Hauptsprechern gehörte neben Stašek auch Jan Jiří Rückl[22], der mehrmals auf die Notwendigkeit der Vereinigung aller katholischen Kräfte in der Republik hinwies, um damit die Demokratie in der Tschechoslowakei zu stärken. Rückl erkrankte jedoch ernsthaft, und so verschwand in der Volkspartei die Persönlichkeit, die fähig gewesen wäre, für eine übernationale Integration der Kräfte des politischen Katholizismus zu wirken.

Alle Versuche, zu einer engen Kooperation der katholischen Parteien zu kommen, stießen jedoch vor allem auf die kompromisslose Haltung des schon erwähnten Vorsitzenden der Tschechoslowakischen Volkspartei, Jan Šrámek, der eine Zusammenarbeit mit dem sudetendeutschen wie auch dem slowakischen politischen Katholizismus aus nationalen Gründen ablehnte. Auch der äußere Druck in Form von Säkularisierungs- und Antiklerikaltendenzen war der Zusammenarbeit nicht gerade zuträglich.

---

21 Österreichisches Staatsarchiv Wien, Archiv der Republik, Gesandtschafts- und Konsulatsarchive 1918-1938, Gesandtschaft Prag, Nachricht des Gesandten Marek, 27.6.1934. Dem österreichischen Botschafter Ferdinand Marek zufolge äußerte Außenminister Beneš letztlich die Auffassung, dass eine solche Partei auch den Vorsitzenden der Regierung bestimmen könne. Beneš ging freilich nicht von einer Vereinigung beider katholischer Parteien aus, ihre Annäherung sollte sich eher in Form einer engen Zusammenarbeit vollziehen. Die deutschen Christlichsozialen verblieben in der ersten Hälfte der dreißiger Jahre bei Erwägungen über eine Einigung der katholischen Politik, da sich die wesentlichen Anstrengungen im Rahmen der Tschechoslowakischen Volkspartei auf eine Einigung mit den Slowaken konzentrierten.

22 Jan Jiří Rückl (1900-1938) studierte Rechtswissenschaften und Philosophie an der Karlsuniversität und Politikwissenschaften in Paris und München. Er wirkte in mehreren katholischen Vereinen und in der Volkspartei. Er gehörte zu den Intellektuellenkreisen, die die Gruppe der „Burg“ unterstützten. Im Dezember 1935 trug er entscheidend zur Wahl Edvard Benešs zum Staatspräsidenten bei, indem er die zögernden Abgeordneten der Slowakischen Volkspartei für die Unterstützung von Beneš und die Ablehnung seines Gegenkandidaten Bohumil Němec (der Kandidat der rechten politischen Parteien unter der Führung der tschechoslowakischen Agrarpartei) gewann. Im Parlament stimmten somit alle katholischen Parteien für Benešs Wahl. Zu Rückl vergleiche *Klimek,* Antonín: Papežský komoří Jan Jiří Rückl jako politik [Der päpstliche Kammerdiener Jan Jiří Rückl als Politiker]. In: *Hledíková,* Zdeňka (Hg.): Traditio et cultus. Praha 1993, 219-228.

Katholische Jugendverbände

Auf den tschechischen und deutschen Katholizismus in der Zwischenkriegszeit wirkten in besonderem Maße die katholischen Jugendverbände ein. Sie wurden zu Zentren, in denen die Erneuerung des spirituellen Lebens angestrebt wurde und die Religiosität neu erwachte. Die nachfolgende Generation der katholischen Eliten wollte in der durch Umbrüche gekennzeichneten Nachkriegszeit ihre Treue zu den religiösen Idealen beweisen und sie vor dem Einfluss der säkularisierten Welt schützen. Diese Erneuerungstendenzen waren jedoch häufig – direkt oder indirekt – von der politischen Entwicklung beeinflusst und zudem mit dem Anwachsen autoritärer Ideen und dem Nationalismus konfrontiert, dem viele ihrer Angehörigen unterlagen.

So setzte sich im tschechischen katholischen Milieu während der dreißiger Jahre in der Nachwuchsorganisation „Mladá generace lidové strany" (Junge Generation der Volkspartei), die in Böhmen seit dem Dezember 1929 wirkte, eine verhältnismäßig einflussreiche und selbstbewusste Gruppe tschechischer katholischer Intellektueller durch, die sich für katholische Interessen viel nachhaltiger als bis dahin üblich einsetzen wollte. Auf die junge, mit dem tschechischen politischen Katholizismus verbundene Generation übte insbesondere der agile Journalist Jan Scheinost[23] Einfluss aus, der zum Gründer der Zeitschrift „Třetí generace" (Die dritte Generation) avancierte. Diese erschien erstmals im Januar 1930, und wurde bald nach ihrer Gründung zu einer der Plattformen für die Kritik an der liberalen Demokratie aus katholischer Perspektive. In der Programmideologie verlangte die „Junge Generation" grundlegende Änderungen des politischen Systems, insbesondere eine Einschränkung des Einflusses der politischen Parteien und die Durchsetzung eines korporativen Modells in Politik und Wirtschaft. In Teilen der tschechischen katholischen Jugend (insbesondere unter den Akademikern) wuchs seit den frühen dreißiger Jahren das Misstrauen gegenüber politischen Parteien, die nach ihrer Sichtweise zu einer Zersplitterung der Meinungen im Volk führten, während ein Ständestaat eine Garantie der nationalen Einheit gewähren würde. Aus diesem Grund sollten

---

23 Jan Scheinost (1896-1964) gehörte in den zwanziger Jahren zum Kreis katholischer Intellektueller, die kritisch gegenüber der Politik der Volkspartei unter Šrámek eingestellt waren und die in der Revue „Rozmach" (Aufschwung) in Erscheinung traten. In dieser Zeit wurde Scheinost enger Mitarbeiter von Radola Gajda und dessen „Národní obec fašistická" (Nationalfaschistische Gemeinde), wobei er erfolglos versuchte, Kontakte zwischen der hohen Kirchenhierarchie und faschistischen Kreisen zu vermitteln. Seit Beginn der dreißiger Jahre engagierte er sich in der Volkspartei und deren Presseorganen. Im Protektorat bekleidete Scheinost den Posten eines Chefredakteurs der „Narodní politika" (Nationale Politik). Auf Grund seiner prodeutschen Kollaboration wurde er nach 1945 inhaftiert.

anstelle der politischen Parteien allmählich die „freien wirtschaftlichen und sozialen Stände" Einfluss in der Gesellschaft gewinnen.[24]

Anhänger dieser Richtung betonten zugleich die Eigenart des tschechischen Volkes und forderten eine Rückkehr zu nationalen Traditionen, die gleichzeitig mit dem katholischen Glauben verbunden waren. Gedacht wurde dabei oftmals an die Zeit des Katholizismus in der Barockzeit und die Zeit Karls IV. Nach Inspiration suchten sie einerseits in den Ideen des französischen Integralkatholizismus und des belgischen Rexismus, andererseits im italienischen Faschismus. Die ideologische Ausrichtung dieser Gruppierungen war durch eine kritische Haltung zur Demokratie sowie deutschfeindliche und antijüdische Standpunkte geprägt. Mit ihren Vorstellungen traten sie besonders in der Zeit des Spanischen Bürgerkriegs (1936-1939) in den Vordergrund, als sie auf die Verfolgung der Katholiken durch die Republikanerarmee reagierten.

Die politische Situation in Spanien kommentierte in dieser Zeit vor allem die im Frühjahr 1937 neu gegründete Zeitschrift „Obnova" (Die Erneuerung), die im Herbst 1938 in „Národní obnova" (Nationale Erneuerung) umbenannt wurde. Zu ihr trugen maßgeblich Angehörige der jungen katholischen Elite (Ladislav Jehlička, Josef Krlín) sowie bedeutende Vertreter der katholisch orientierten kulturellen Bildung (Konstantin Miklík, Jaroslav Durych, Jan Zahradníček, Josef Knap) bei. Sie zielte auf die Durchsetzung katholisch-nationaler Ideen, die von Anfang an im Gegensatz zur demokratischen Ordnung des Staates standen.[25]

Selbst die Vertreter der tschechischen Katholiken bezeichneten solche Vorstellungen am Ende der dreißiger Jahre als einen christlichen Nationalismus.[26] Seine Anhänger traten insbesondere nach dem „Münchener Abkommen", dem Fall der Ersten Republik und der Entstehung des autoritativen politischen Systems der Zweiten Republik in den Vordergrund.[27]

Im Unterschied zum tschechischen Milieu, in dem sich die nationalen Bestrebungen überwiegend auf konkrete politische Aktivitäten konzentrierten, standen nationale Bezüge bei den deutschen Katholiken in einer engen Beziehung zu spirituellen Bewegungen. Zu den bedeutendsten Repräsentanten dieser Strömungen gehörte der Verein der Hochschuljugend „Staffelstein", in dem

---

24 Správná myšlenka přece zvítězí! [Der richtige Gedanke siegt dennoch!]. In: 3. generace [Die dritte Generation] Nr. 9 vom 5.6.1934, 1.

25 In Artikeln aus dieser Zeit finden sich häufig Aufrufe zur Stärkung des tschechischen nationalen Selbstbewusstseins. Darin wird über die tschechische Nation wie über ein „Organ, das dazu bestimmt ist, etwas zu steuern" und nicht am Rande des Einflusses sein sollte, gesprochen. Vergleiche Obnova [Erneuerung] Nr. 4 vom 27. 3. 1937, 1.

26 NA, PZÚ – AMV 207, 207-1395-30/14-17, zpráva policejního ředitelství v Praze PZÚ o průběhu schůze výkonného výboru lidové strany 18.10.1938, č. 29 877 pres.

27 Zur politischen und geistigen Entwicklung in der Zeit der Zweiten Republik vergleiche *Gebhart,* Jan/*Kuklík,* Jan: Druhá republika 1938-1939. Svár demokracie a totality v politickém, společenském a kulturním životě [Die Zweite Republik 1938-1939. Der Streit der Demokratie mit der Totalität im politischen, gesellschaftlichen und kulturellen Leben]. Praha–Litomyšl 2004.

sich Eduard Winter und zahlreiche weitere hervorragende Geistliche – darunter zum Beispiel Paulus Sladek (1908-2002), Bernard Tomko (1912-1982), Norbert Kocholaty (1908-1995), Alipus Scharf (1904-1995) und Franz Schubert (1902-1942) – engagierten.[28] Junge Menschen erfuhren in diesem Milieu eine geistliche Dynamik und bemühten sich um eine Erneuerung des kirchlichen Lebens. Führende Vertreter dieser Bewegung waren bestrebt, apolitisch zu bleiben, und lehnten ein direktes Engagement zugunsten der politischen Parteien, einschließlich der katholisch orientierten, ab. Dennoch mied die katholische Jugend politische Diskussionen nicht. In den frühen dreißiger Jahren begannen sich die Jugendvereine in einem größeren Maße mit den Gedanken zu identifizieren, die der nationalen Bewegung nahe standen – die Betonung der romantisierenden Ideale des Lebens in einer Gemeinschaft, die Bewunderung der Ordnungsidee, einschließlich der Affinität gegenüber dem Führerprinzip und der Unterdrückung der Individualität zugunsten des Kollektivs.[29]

In der katholischen Jugendbewegung stellte die Erziehung im nationalen Geist einen bedeutenden Bestandteil ihrer Aktivitäten dar. Rege Kontakte zu den deutschen katholischen Vereinen führten zur geistlichen Vertiefung des Zusammengehörigkeitsgefühls mit dem deutschsprachigen Milieu, was in der Folgezeit zu einem derjenigen Faktoren wurde, die die Affinität eines Teils der jungen sudetendeutschen Katholiken gegenüber den Ideen des Nationalismus beeinflussten. Erwähnung verdient zum Beispiel die Tatsache, dass der österreichische Publizist Anton Böhm (1904-1998) häufig in die Tschechoslowakei reiste. Er gehörte „in den dreißiger Jahren zu den eigentlichen Aktivisten der so genannten ‚Katholisch-Nationalen', die zum Großteil aus dem rechten Flügel des Bundes ‚Neuland' hervorgegangen waren".[30] Böhm war zugleich Redakteur der katholischen Wochenzeitung „Schönere Zukunft", die seit 1925 von Josef Eberle (1884-1947) herausgegeben wurde und auch nach dem „Anschluss" Österreichs im März 1938 bis zum Jahre 1941 weiter erschien. Auf den Seiten des Periodikums finden sich in großer Zahl Artikel, die die parlamentarische Demokratie kritisierten und einen radikalen Antisemitismus sowie die nationalsozialistische Bewegung in Deutschland unterstützten. Böhm selbst verbarg seine Bewunderung der „Großdeutschen Idee" nicht, was er bei seinem Auftritt auf dem katholischen Kirchentag in Wien im September 1933 unverhohlen zum Ausdruck brachte.[31] Bei seinen Besuchen in der Tschechoslowakei verbreitete Böhm autoritäre und nationalistische Ideen auch unter den sudetendeutschen Katholiken.

---

28 Zu der Entwicklung des Vereins Staffelstein vergleiche *Nittner,* Ernst/*Schmidd-Egger,* Hans: Staffelstein. Jugendbewegung und katholische Erneuerung bei den Sudetendeutschen zwischen den Grossen Kriegen. München 1983.

29 Kampfspiele. In: Staffelstein 14 (1934) 91.

30 *Eppel,* Petr: Zwischen Kreuz und Hakenkreuz. Die Haltung der Zeitschrift „Schönere Zukunft" zum Nationalsozialismus in Deutschland 1934-1938. Wien–Köln–Graz 1980, 45.

31 *Moritz,* Stefan: Grüß Gott und Heil Hitler. Katholische Kirche und Nationalsozialismus in Österreich. Wien 2002, 40.

Für die deutschen Katholiken der Tschechoslowakei wurde das Jahr 1933 mit dem Beginn des nationalsozialistischen Regimes im benachbarten Deutschland und der Entstehung der Henlein-Bewegung („Sudetendeutsche Heimatfront", SHF) im Oktober 1933 zu einer wichtigen Zäsur. Viele Angehörige der Jugendverbände, vor allem des Staffelsteins, sahen die Notwendigkeit, den Kontakt zum „Volk" nicht zu verlieren und bemühten sich daher von Beginn an, Brücken zwischen dem kirchlichen Milieu und Henleins „Einheitsbewegung" zu bauen, um – wie es Paulus Sladek ausdrückte – „auf jeden Fall einen frontalen Zusammenstoß zwischen beiden zu verhindern."[32]

Zum zentralen Thema der Debatten im sudetendeutschen katholischen Milieu wurde nach 1933 vor allem das Verhältnis zu den Fragen der deutschen nationalen Vereinigung und nachfolgend auch zur Henlein-Bewegung. Durch die Verbindung von nationalem und christlichem Element waren die ideologischen Grundlagen für eine geistliche Vereinigung der deutschen Minderheit gegeben. Die Anhänger dieser Auffassung glaubten, dass Kirche und Christentum Antriebsmotoren für eine ideologische Vereinigung des sudetendeutschen Volkes werden würden, auf deren Grundlage es möglich wäre, die konfessionellen, weltanschaulichen, sozialen und selbstverständlich auch politischen Unterschiede zu überwinden. Auf diese Weise sollten die Menschen einen Weg zu den Grundprinzipien christlicher Moral, aber auch zum obersten Sinn des Lebens – nämlich zu Gott – finden. In ihrem Bemühen um die Verbindung der genannten Ideen unterschätzten sie allerdings die politischen Risiken dieses Prozesses. Auf der praktischen politischen Ebene zeigte sich mit fortschreitender Zeit, dass die Bildung einer einheitlichen deutschen Bewegung und der Kampf gegen das politische Parteienwesen vor allem die schrittweise Abkehr von pluralistischen Prinzipien und die Einführung einer totalitär ausgerichteten „Gleichschaltung" aller Bereiche des gesellschaftlichen Lebens der deutschen Minderheit in der Tschechoslowakei nach dem Vorbild der nationalsozialistischen Bewegung in Deutschland bedeuteten. Hier zeigte sich bereits früh die starke Präsenz von Mitgliedern der verbotenen „Deutschen Nationalsozialistischen Arbeiterpartei" (DNSAP) in der neu formierten Sudetendeutschen Heimatfront, die 1935 in Sudetendeutsche Partei umbenannt wurde.[33]

---

32 *Sladek*, Paulus: Die kirchliche Erneuerung bei den Deutschen in der Ersten Republik. In: *Seibt* (Hg.): Bohemia sacra 175-208, hier 205.

33 Unmittelbar nach der Auflösung der DNSAP begannen ihre ehemaligen Mitglieder in großem Ausmaß in Henleins SHF einzutreten, wo sie relativ großen Einfluss gewannen. Sie etablierten sich besonders in den Leitungsstrukturen auf der unteren Ebene und drängten die Parteiführung zu einem radikaleren Auftreten gegen den Staat und zum Aufbau von Kontakten mit der nationalsozialistischen Bewegung in Deutschland. In der Partei bildete sich allmählich ein Flügel um die Zeitschrift „Aufbruch", der vor allem gegen Angehörige des von den Ideen des österreichischen Philosophen Othmar Spann beeinflussten „Kameradschaftsbundes" (zu seinen Sprechern zählte vor allem Walter Brand) polemisierte. Die Anhänger des Kameradschaftsbundes standen wiederum für den Aufbau von Kontakten zum katholischen Milieu; ihre Partner auf kirchlicher Seite waren

Dadurch, dass einige Repräsentanten des sudetendeutschen Katholizismus – vor allem aus den Reihen der akademisch ausgerichteten Jugendverbände – den Versuch unternahmen, in den dreißiger Jahren eine Symbiose nationalistischer und christlicher Elemente zu verwirklichen, begaben sie sich auf einen riskanten Weg, der auch extrem nationalistische und antidemokratische Prozesse unterstützte und letztlich einige Jahre später zum Verlust der eigenen Unabhängigkeit führte. Die Ereignisse des Jahres 1938 beendeten schließlich auch die Tätigkeit der Staffelstein-Gruppe.[34]

Gegen die genannten Bestrebungen stellte sich vor allem die ältere Generation in den katholischen Verbänden (insbesondere aus dem größten von ihnen, dem „Volksbund"). Sie vergaß über der optimistischen Äußerung der jüngeren Generation über die Notwendigkeit der Annäherung des katholischen und des nationalen Lagers die negativen Erfahrungen aus der Zeit von der Wende vom 19. zum 20. Jahrhundert nicht, als es zwischen ihnen und den Deutschnationalen in der Zeit antiklerikaler Kampagnen und der Los-von-Rom-Bewegung zu Meinungsverschiedenheiten gekommen war. Zwischen den Vertretern der traditionell orientierten katholischen Verbände und den Vertretern der akademischen Jugend, die sich zum Dialog mit den nationalen Kreisen weitaus freundlicher stellten, kam es deswegen zu großen Differenzen.[35]

Einen weiteren wichtigen Wendepunkt in der Entwicklung des sudetendeutschen Katholizismus stellte die Parlamentswahl im Jahre 1935 dar, aus der unter den deutschen Parteien eindeutig die Sudetendeutsche Partei als Siegerin hervorging und damit ihren Anspruch stärkte, zur einzigen Sprecherin der Sudetendeutschen zu werden. Der große Misserfolg der Deutschen Christlichsozialen Volkspartei (die Partei erhielt nur sechs Mandate) wurde gleichzeitig als Misserfolg des Katholizismus als solchem verstanden.[36] Diese Tatsache förderte auch das Selbstbewusstsein der Vertreter der nationalen Strömung im sudetendeutschen katholischen Lager.

---

vor allem Mitglieder des Vereins Staffelstein. Bestandteil der ideologischen Aussteuer der ehemaligen Mitglieder der DNSAP war demgegenüber eine kritische Haltung gegenüber der katholischen Kirche und der christlichen Religion. Der Konflikt zwischen der Gruppe der ehemaligen Nationalsozialisten und den Mitgliedern des Kameradschaftsbundes erreichte in den Jahren 1936-1937 seinen innerparteilichen Höhepunkt. Die Folge dieser Auseinandersetzung war die Stärkung der Nationalsozialisten, die bedeutsame Positionen in der Führung der Sudetendeutschen Partei erhielten.

34 Im Mai 1938 traten die meisten katholischen Jugendverbände der „Sudetendeutschen Volksjugend" bei, die ein direkter Ableger der Henleinpartei war. Im August 1938 gab Eduard Winter auch die Auflösung des Vereins Staffelstein bekannt.

35 Die Vertreter der traditionellen Verbandsstrukturen stellten sich jedoch nicht gegen eine engere Zusammenarbeit zwischen den einzelnen sudetendeutschen Gruppierungen; sie traten allerdings entschieden gegen das totalitär ausgerichtete Konzept der „Volksgemeinschaft" auf und versuchten, die Grundlagen der demokratischen Meinungsvielfalt zu erhalten. Vergleiche *Reichenberger*, Emanuel: Volksgemeinschaft oder Ghetto. In: Der Führer 14/3 (1935) 37 f.

36 *Ders.:* Erwägungen zum Wahlausgang. In: Der Führer 14/7-8 (1935) 102 f.

Die Reaktionen aus dem Umfeld der traditionellen katholischen Verbände weckten allerdings Befürchtungen, dass Henleins Erfolg zum Beginn eines Kulturkampfs werden könnte, ähnlich wie in Deutschland Hitlers Aufstieg Bestrebungen zur Unterdrückung der Kirche aus dem öffentlichen Raum beförderte. Einer der führenden Vertreter der deutschen katholischen Verbände, der Priester Emanuel Reichenberger[37], fürchtete, dass unter den Sudetendeutschen unter dem Mantel der Ideologie der Henlein-Bewegung in großem Ausmaß die Ideen des Neuheidentums um sich greifen könnten.

Die Ordensgemeinschaften

Die gespannten Beziehungen spiegelten sich – vor allem in den dreißiger Jahren – auch im Leben der Ordensgemeinschaften wider. Als konkretes Beispiel kann man den Franziskanerorden nennen, in dem ein Teil der deutschen Franziskaner um die Errichtung eines selbstständigen deutschen Kommissariats ersuchte.[38] Dieses entstand tatsächlich nach dem Münchener Abkommen und wurde erst im Juni 1947 formal aufgehoben.[39]

Nationalitätenprobleme gab es auch in den Beziehungen zwischen Ordensbrüdern aus dem (damals) gemeinsamen Benediktiner-Kloster von Břevnov, wo eine tschechische Mehrheit lebte, und Broumov (Braunau), wo die Zahl der deutschen Glaubensbrüder überwog. Die Konflikte steigerten sich, weswegen schon 1936 über die Teilung der Gemeinschaft nachgedacht wurde, was jedoch in Rom abgelehnt wurde.[40] Die veränderten politischen Verhältnisse des Herbstes 1938, als sich das Braunauer Kloster nach dem Münchener Abkommen auf okkupiertem Gebiet befand, führten dann doch zu der Teilung der beiden Konvente. In den Jahren 1938 bis 1939 folgten Verhandlungen über die Teilung des Klosters. Mit der geistlichen Aufsicht wurde der aus Domažlice (Taus)

37 Emanuel Reichenberger (1888-1966) studierte in den Jahren 1908-1912 Theologie in Regensburg und Litoměřice (Leitmeritz). Nach 1918 widmete er sich voll und ganz Vereinsaktivitäten und wurde Vorsitzender des Volksbundes der deutschen Katholiken. In den 1930er Jahren trat er als aktiver Gegner des nationalsozialistischen Regimes auf; aus diesem Grunde ging er nach dem Münchener Abkommen ins britische und anschließend amerikanische Exil. Nach 1945 engagierte er sich für die Vertriebenen, wobei er für extrem nationalistische Positionen eintrat.

38 Grund dafür war die ablehnende Haltung deutscher Franziskaner zu Klöstern mit tschechischen Prioren, die die deutschen Ordensbrüder angeblich sogar zum Verlassen des Klosters zwangen (der damalige tschechische Provinzial wies solche Anschuldigungen jedoch zurück). Dagegen stellten sich tschechische Franziskaner, die in diesem Schritt einen Nutzen nicht für die Kirche, sondern – wie in ihrem damaligen Schreiben nach Rom steht – „für die Instrumentalisierung der Ordensangelegenheiten für den Bedarf der Bewegung Henleins“ sahen. Vergleiche NA, ŘA-františkáni, karton 21, informace o uvažovaném sudetském komisariátu, zaslaná 2.7.1936 do Říma českými františkány.

39 *Ryschawy*, Franz: Das Kommissariat der sudetendeutschen Franziskaner und seine Vorgeschichte (1935-1947). In: AKBMS 6 (1982) 184-205.

40 NA, ŘA-Benediktini, karton 280, zpráva o událostech, které vedly k rozdělení kláštera v roce 1939.

stammende Abt des Klosters in Metten, Corbinius/Corbinian Hofmeister (1891-1966), beauftragt, der sich um die Selbstständigkeit des Klosters sehr verdient machte. Bei ihm spielte die Erfahrung mit der beginnenden Verfolgung der Kirche im Deutschen Reich eine wichtige Rolle.[41] Am 11. Januar 1939 führte die „Sacra Congregatio de Religiosis“ (Vatikanische Kongregation für Ordensgemeinschaften) die Teilung durch, und zum Prior wurde Anastáz Opasek (1913-1999) ernannt. Die Entstehung einer selbstständigen Abtei in Prag-Břevnov wurde in tschechichen kirchlichen Kreisen sowie in der weiteren Öffentlichkeit sehr positiv aufgenommen.[42] Sie fiel in eine Zeit, in der die tschechische Gesellschaft nach dem Münchener Abkommen nach positiven nationalen Symbolen auch in der Kirchengeschichte suchte. Im Falle von Břevnov bekannte sie sich zum Vermächtnis des heiligen Vojtěch (Adalbert).[43] Als weiteres konkretes Beispiel der schwierigen nationalen Verhältnisse in dem Benediktinerorden kann man das Emaus-Kloster in Prag nennen, das nach der Entstehung der Tschechoslowakei nicht nur von dem damaligen Abt Alban Schachleiter (1861-1937), sondern auch von der Mehrheit der deutschen Ordensbrüder aus Nationalitätengründen verlassen wurde.[44]

Versuche einer deutsch-tschechischen Zusammenarbeit in den katholischen Kreisen

Dem tschechischen und deutschen katholischen Milieu gelang es auch nicht, die übernationale Zusammenarbeit im Rahmen der „Katholischen Aktion“ zu er-

[41] Corbinian Hofmeister gehörte nach 1933 zu den Gegnern des nationalsozialistischen Regimes und schloss sich in der Zeit des Zweiten Weltkriegs dem Widerstand gegen Hitlers Herrschaft an. Wegen seines Engagements gegen den Nationalsozialismus wurde er im Konzentrationslager Dachau interniert.

[42] Die tragische Teilung des Klosters wurde nach dem Zweiten Weltkrieg vollendet, als die deutschen Benediktiner zwischen Herbst 1945 und Frühjahr 1946 aus Broumov ausgesiedelt wurden und im Kloster Rohr in Bayern eine neue Wirkungsstätte fanden.

[43] NA Prag, ŘA-benediktini, karton 280, Rezess über die außerordentliche Visitation der Benediktinerabtei St. Margareth in Prag-Břevnov gehalten im Februar/März 1940.

[44] Gleich in den ersten Tagen nach der Entstehung des selbstständigen tschechoslowakischen Staates wurde das Kloster von tschechischen Soldaten durchsucht und überwacht. Abt Alban Schachleiter reiste schon am 10. November 1918 aus Prag ab. Vierzehn Tage später kam er zurück, aber die Lage im Kloster hatte sich inzwischen nicht beruhigt. In der Nacht zum 2. Dezember drangen die Wächter in sein Schlafzimmer ein, internierten ihn für 24 Stunden und beschlagnahmten seine Korrespondenz, die seine Kontakte zu den deutschen nationalen Kreisen bewies. Die tschechische Presse – vor allem aus dem Milieu der linksorientierten Parteien – startete eine massive Attacke, in der sie die Tatsache kritisierte, dass das Kloster, das ursprünglich im 14. Jahrhundert als ein Zentrum der slawischen Liturgie dienen sollte, paradoxerweise zum Ort des deutschen Nationalismus geworden sei. Anfang Dezember 1918 war Abt Alban Schachleiter gezwungen, das Land zu verlassen und im März 1920 trat er von seinem Amt zurück. Er folgte jedoch nicht seinen Mitbrüdern in eines der Klöster, in denen sie nach ihrer Abreise aus Prag zu wirken begannen – weder in das wiederbesiedelte Kloster Neresheim noch in das Kloster Grüssau in Schlesien, das im Jahre 1924 zur Abtei erhoben wurde (vergleiche NA, Benediktinerorden – Emaus. Chronik von Emaus Kloster nach 1918).

reichen, die 1922 von Papst Pius XI. (1857-1939) initiiert worden war, und in der Tschechoslowakei in den einzelnen Diözesen nach einem nationalen Schlüssel organisiert wurde. Zwar lehnte die Bischofskonferenz die Teilung der Katholischen Aktion im gesamtstaatlichen Umfang ab, doch kam es auf dieser Ebene dennoch nicht zu einer deutsch-tschechischen Zusammenarbeit.[45] Aus der Sicht der nationalen Verständigung war nicht einmal der großzügig geplante Katholikentag gelungen, der im Sommer 1935 in Prag stattfand.[46] Zu Problemen kam es auch in den Seminaren, in denen in größerer Zahl deutsche Theologen vertreten waren.[47] Eduard Winter etwa notierte in seinen Erinnerungen, dass die Situation im Leitmeritzer Seminar während der zweiten Hälfte der dreißiger Jahre einem „offenen Krieg" zwischen tschechischen und deutschen Studenten geähnelt habe.[48]

Es ist jedoch auch notwendig zu betonen, dass es unter den deutschen Katholiken auch in der Zeit der sich zuspitzenden Nationalkonflikte in der zweiten Hälfte der dreißiger Jahre verhältnismäßig einflussreiche Kräfte gab, die den nationalen Trends nicht unterlagen und die sich um eine tschechisch-deutsche Partnerschaft bemühten. Der bereits erwähnte Emanuel Reichenberger machte immer wieder auf die Überbewertung des nationalen Elements aufmerksam und schrieb in einem seiner Artikel:

> Das Volk ist bestimmt ein großer Wert, aber nicht der erste, nicht der einzige und nicht der größte; wir sehen im Volk ein Geschenk Gottes und eine Verpflichtung Gottes, aber wir lehnen die Vergöttlichung der Nation und der Elemente ab, die sie begleiten – Blut, Boden, Rasse.[49]

---

45 In diesem Zusammenhang lehnte der Prager Erzbischof Karel Kašpar im Herbst 1935 Versuche der jungen sudetendeutschen Katholiken ab, die Katholische Aktion auf nationaler Basis zu organisieren. Diese interpretierten Kašpars Haltung als Versuch der Tschechen, die Oberhand auch auf dem Feld der religiösen Arbeit zu gewinnen. Deshalb kam es danach zur weiteren Vertiefung des Misstrauens zwischen deutschen und tschechischen Katholiken. Vergleiche dazu Österreichisches Staatsarchiv, Archiv der Republik, Gesandtschafts- und Konsulatsberichte, Gesandtschaft Prag, Karton 38, Zl. 576/Pol., Prag 22.11.1935.

46 *Nittner,* Ernst: Gesamtstaatlicher Katholikentag Prag 1935. Ein fast unbeachtetes Jubiläum. In: Bohemia 26/2 (1985) 331-346. Bei der Konzeption des Programms des Katholikentags spielte der Olmützer Erzbischof Leopold Prečan (1866-1947) eine wichtige Rolle. Er arbeitete eng mit dem Vorsitzenden der Volkspartei Jan Šrámek zusammen. Šrámek versuchte auch erneut, die Verbundenheit der tschechischen Katholiken mit der Nation zu demonstrieren.

47 So entschied sich z.B. 1938 die überwiegende Mehrzahl der deutschen Seminaristen kurz vor dem Abschluss der Studien in die SdP einzutreten. Der Prager Erzbischof, Kardinal Kašpar, lehnte es aus diesem Grund ab, seine Zustimmung für deren Weihe zu erteilen. Erst nach Intervention des Papstes wurde der Streit beigelegt. Zu den nationalen Konflikten in den Priesterseminaren in den böhmischen Ländern vergleiche *Huber,* Kurt A.: Das Jahr 1938 in den Priesterseminarien von Böhmen und Mähren. In: AKBMS 7 (1985) 152-188.

48 *Winter:* Mein Leben 82 f.

49 *Reichenberger,* Emanuel: Christus muss König sein. In: Der Führer 16/9-10 (1937) 154.

Zu den Befürwortern des übernationalen Dialogs in dieser Zeit kann auch Hans Schütz (1901-1982) von der Christlichsozialen Volkspartei gezählt werden, der gemeinsam mit Gustav Hacker vom „Bund der Landwirte" und dem Sozialdemokraten Wenzel Jaksch einen wichtigen Impuls zur Entstehung des Konzepts des Jungaktivismus lieferte. Ziel des Jungaktivismus war es, die konflikthafte Zuspitzung in den Beziehungen zwischen Tschechen und Deutschen rückgängig zu machen. Als ein positives Beispiel sind auch die relativ häufigen politischen und geistigen Kontakte des „Reichsbunds der deutschen katholischen Jugend" mit ihrem Partner auf tschechischer Seite, der „Sdružení katolické mládeže" (Vereinigung der katholischen Jugend), zu nennen.[50] Allerdings fanden diese Stimmen schlussendlich nur ein geringes Echo. Hinzuzufügen ist, dass sich nach der Vertreibung der Deutschen ein Teil derjenigen, die in den dreißiger Jahren den gegenseitigen tschechisch-deutschen Dialog pflegten, an der Entstehung der „Ackermann-Gemeinde" im Jahre 1946 beteiligten.[51]

Abschließend lässt sich sagen, dass nationale Voreingenommenheiten in beiden katholischen Kommunitäten in den böhmischen Ländern eine fruchtbare Zusammenarbeit verhinderten. Es gab zwar Anzeichen für positive Entwicklungen, doch hatten diese keine Chance, weiter getragen zu werden. Die Zwischenkriegszeit war durch gegenseitige Missverständnisse und den Sieg nationaler Prinzipien über die Prinzipien der Toleranz und der Brüderlichkeit gemäß des Evangeliums gekennzeichnet. In der Gegenwart finden sich jedoch bei den Gläubigen auf beiden Seiten Ansätze für die Suche nach einer Verständigung über die Nationalitätengrenzen hinweg.

---

[50] Zum Hauptrepräsentanten des Reichsbundes der deutschen katholischen Jugend gehörte z.B. Eduard Schlusche, der im April 1945 im Konzentrationslager starb. Vergleiche *Huber*, Kurt A.: Eduard Schlusche (1894-1945). Ein christlicher Streiter in neuerer Zeit. München 1985.

[51] Zu den Gründern der Ackermann-Gemeinde im Jahr 1946 gehörte zum Beispiel Hans Schütz. Viele der katholischen Persönlichkeiten, mehrheitlich aus den Reihen der Ackermann-Gemeinde, bemühten sich schon relativ bald nach dem Krieg um die tschechisch-deutsche Verständigung. Ein Beispiel ist die Predigt von Paulus Sladek bei einem gemeinsamen tschechisch-deutschen Gottesdienst im August 1955 an der tschechisch-deutschen Grenze unweit von Haidmühle, bei dem er sich für eine tschechisch-deutsche Verständigung aussprach. In: *Rzepka*, Walter (Hg.): Zukunft trotz Vergangenheit. Texte zur deutsch-tschechischen Versöhnung. München 2005 (Schriftenreihe der Ackermann-Gemeinde 37), 113-116.

Miroslav Kunštát

WIDERSPRUCH VON TRADITION UND MODERNE?
Prolegomena zum Verhältnis von sudetendeutscher Identität und Katholizismus im 20. Jahrhundert

Das Thema der folgenden Überlegungen spricht eine Reihe von Problemen an, denen im tschechischen historischen Diskurs – soweit sie nicht völlig ignoriert wurden – überwiegend nur in Teilzusammenhängen oder losgelöst in „exotischen Reservaten" von Kirchen- oder Religionsgeschichte im engeren Wortsinn Rechnung getragen wurde. Ihre Artikulierung in einem breiteren semantischen Feld, zwischen so veränderlichen Parametern wie es Tradition und Moderne sind, erfordert jedoch Behutsamkeit: Jegliche eigenmächtige, ja ostentative „docta ignorantia", besonders im Verhältnis zu Geschichte und Genese dieser Begriffe (die sich doch durch die Hyperinflation ihrer Verwendung auszeichnen), bringt notwendigerweise einen breiten Interferenz-Effekt mit sich. Dank diesem entstehen auch gewaltige Bedeutungsunterschiede – und mit ihnen zusammenhängende Situationen des „Nicht-Verstehens" – die nicht allein mit dem Zins aus so breiter Synchronie und Kumulierung von Begriffen und Konzepten teuer bezahlt wurden, sondern vielmehr mit dem Appell, sie zu überwinden und neu zu überdenken.[1] Ausgestaltung und Beziehung kollektiver Identitäten in der modernen Zeit (obschon sie im folgenden Text „konditional" verwendet wird) beschäftigen uns schon längere Zeit intensiv. Besonders die Bewertung der tragischen Separierung von Tschechen und Deutschen in den böhmischen Ländern kann man nicht länger ohne eingehende Analyse der allgemeinen und besonderen Züge des tschechischen und (sudeten-)deutschen „nation building" betrachten. Man kann also dieses Thema nicht ohne die ruhige und unvoreingenommene Beschreibung der „Licht- und Schattenseiten der Moderne" behandeln, die getragen wurde von der Vorstellung bzw. Illusion des homogenen Nationalstaates als Modell des 19. Jahrhunderts – mit der notwendigen Konsequenz der Marginalisierung von Elementen und Minderheiten, die

---

1 Zusammenfassend und mit einer ausführlichen Betrachtung der komplizierten historischen Karriere der Begriffe „Moderne" und „modern" *Gumbrecht,* Hans-Ulrich: Modern – Modernität, Moderne. In: *Brunner,* Otto (Hg.): Geschichtliche Grundbegriffe. Bd. 4. Stuttgart 1978, 93-131, hier besonders 93-96. — Zu einer nicht weniger umfangreichen Skala des Begriffs „Tradition", wenn auch für einen Sammelband dieser Art mit zu starkem Akzent auf seine theologische, philosophische und literarische Bedeutung *Wiedenhofer,* Siegfried: Tradition, Traditionalismus. In: *Ebenda.* Bd. 6. Stuttgart 1990, 607-649.

sich im Prozess des nation building nicht als konstituierend, in der sich überdeckenden Sichtweise von Staat und Nation folglich keineswegs als „staats- oder nationenbildend" erwiesen haben.[2]

Zu Recht beschäftigen wir uns heute auch mit solchen Typen kollektiver Identitäten (in unserem Fall mit der modernen sudetendeutschen katholischen Identität, bzw. der tschechischen katholischen Identität), die – äußerlich gesehen aus prämodernen Zeiten stammend – diese nationalstaatliche bzw. nationale Homogenisierung in gewissem Maße bremsten, und Elemente pluralisierten bzw. bereicherten, die die Mehrschichtigkeit der modernen tschechischen oder sudetendeutschen Identität implizierten. Der in der Vergangenheit dominierende Nachdruck auf die Säkularisierungseffekte der Modernisierung – z.B. von Max Weber als epochaler und unumkehrbarer Prozess verstanden (obschon er sich angstvoll die Frage stellte, was „danach" kommt) – schob ihr Konfliktpotenzial gerade auf religiösem Gebiet lange Zeit zur Seite. Dies gilt insbesondere für die lang anhaltende Tragfähigkeit der Reibungsfläche zwischen neu definierten konfessionellen und antiklerikalen Lagern in der europäischen Politik (mit starker, wenn auch manchmal nur ergänzender parteienbildender Kraft). Dies gilt auch für die sich beschleunigende Individualisierung und Pluralisierung der Formen europäischer Religiosität, begleitet von der Entstehung neuer Kirchen, Sekten und moderner „Häresien". In Zusammenhang damit entstanden aber auch laizistische Vereinigungen und horizontale Strukturen in den traditionellen Kirchen. Diese Strukturen waren etwas mehr als nur die Vertiefung des bestehenden synodal-presbyterialen Prinzips (das besonders in den evangelischen Kirchen praktiziert wird), denn sie bedeuteten auch eine allmähliche Invasion des laizistischen, demokratisch organisierten Elements in die hierarchischen Strukturen der katholischen Kirche.[3] Die Veränderungen der individuellen und kollektiven Formen religiösen Erlebens, die Verschiebungen in der Selbstrefle-

---

2 In Anknüpfung an Rainer Münz vergleiche *Haslinger,* Peter: Von der Erinnerung zur Identität und zurück. In: *Cornelißen,* Christoph/*Holec,* Roman/*Pešek,* Jiří (Hgg.): Diktatur – Krieg – Vertreibung. Erinnerungskulturen in Tschechien, der Slowakei und Deutschland seit 1945. Essen 2005 (Veröffentlichungen der Deutsch-Tschechischen und Deutsch-Slowakischen Historikerkommission 13), 473-488, hier 478 f.

3 Max Weber überlegte allerdings in seiner letzten Schaffensphase, was nach der definitiven „Entzauberung" der alten Religion folgen werde (Termini wie „Säkularisierung" bzw. „Modernisierung" finden wir bei ihm natürlich fast nicht, und wenn doch, dann in anderem Sinne verwendet). Bereits im Schoße der Moderne sieht er so einen „unpersönlichen Polytheismus" als Zeichen eines neuen Zeitalters voraus: „Die alten vielen Götter, entzaubert und daher in Gestalt unpersönlicher Mächte, entsteigen ihren Gräbern, streben nach Gewalt über unser Leben und beginnen untereinander ihren ewigen Kampf." Vergleiche *Weber,* Max: Gesammelte Aufsätze zur Wissenschaftslehre. Herausgegeben von Johannes *Winckelmann.* Tübingen 1968, 605. — Siehe auch an anderer Stelle: „Niemand weiß noch, wer künftig in jenem Gehäuse wohnen wird und ob [...] eine mächtige Wiedergeburt alter Gedanken und Ideale stehen werden, oder aber – wenn keins von beiden – mechanisierte Versteinerung, mit einer Art von krampfhaften Sich-wichtig-nehmen verbrämt." In: *Ders.:* Gesammelte Aufsätze zur Religionssoziologie. Bd. 1. Tübingen 1920, 204. Zitiert nach *Küenzlen,* Gottfried: Die Religionssoziologie Max Webers. Berlin 1980, 128 f.

xion einiger Kirchen in Bezug auf Nationalismus und moderne Nation (in den westlichen Grenzregionen der Tschechoslowakei z.B. das Verständnis der Altkatholischen Kirche als deutsche katholische „Nationalkirche", nach Gründung der Tschechoslowakei dann die Entstehung der Tschechoslowakischen Kirche als „Nationalkirche", die für moderne wissenschaftliche Erkenntnisse und für den „Fortschritt" insgesamt offen war) bezeichnen die Relevanz des Themas für eine breiter verstandene Sozialgeschichte, in den böhmischen Ländern daher auch für die Geschichte der beiden modernen Volksgruppen.[4]

Wie bereits oben erwähnt, nimmt auch in der Moderne die religiöse Identität – in den böhmischen Ländern besonders die katholische Identität – zweifellos eine wichtige Stellung ein. Ihre Erforschung gibt demnach eine Reihe von Antworten auch auf Fragen zur Problematik von so genannten Loyalitäten, die sich auch im tschechisch-sudetendeutschen Fall besonders in jüngster Zeit ins Zentrum des Interesses schob.[5] Martin Schulze Wessel verweist in diesem Zusammenhang auf den Unterschied zwischen zwei extremen Loyalitätskonzeptionen in der tschechischen Gesellschaft am Ende des Ersten Weltkrieges. Einerseits erwähnt er die mehrschichtige, horizontale Identität der „Wissenschaftler, Philosophen, Theologen, Künstler, Techniker, Industriellen und Journalisten" (Emanuel Rádl), deren Loyalität gegenüber der neuen staatlichen und nationalen Eigenständigkeit sowie die Unterordnung unter die Autorität laut Rádl sogar fatal hätte sein können. Denn sonst – wie er an anderer Stelle sagt –

> lässt sich das Wesen der Loyalität schwer zum Ausdruck bringen; es bedeutet Treue, aber nicht blinde oder rein formale; es bedeutet das Bewusstsein von Mitverantwortung, Solidarität, die zwar eine gesetzliche Formulierung erfordert, aber herzlicher ist als die Paragraphen, deren Quelle sie ist, und nicht deren Folge.[6]

---

4 Vergleiche u.a.: *Rendtorff*, Trutz: Christentum außerhalb der Kirche. Hamburg 1969. — *Berger*, Peter L.: Der Zwang zur Häresie. Religion in der pluralistischen Gesellschaft. Frankfurt a. M. 1980. — *Luckmann*, Thomas: Die unsichtbare Religion. Frankfurt a. M. 1991. — *Schieder*, Wolfgang: Religionsgeschichte als Sozialgeschichte. Einleitende Bemerkungen zur Forschungsproblematik. In: Geschichte und Gesellschaft 3 (1977) 291-298. — *Ders.*: Säkularisierung und Sakralisierung der religiösen Kultur in der europäischen Neuzeit. Versuch einer Bilanz. In: *Lehmann*, Hartmut (Hg.): Säkularisierung, Dechristianisierung, Rechristianisierung im neuzeitlichen Europa. Bilanz und Perspektiven der Forschung. Göttingen 1997, 308-313. — *Schulze Wessel*, Martin: Religion – Gesellschaft – Nation. Anmerkungen zu Arbeitsfeldern und Perspektiven moderner Religionsgeschichte Europas. In: Nordost-Archiv 7 (1998) 353-364.

5 Vergleiche *Schulze Wessel*, Martin (Hg.): Loyalitäten in der Tschechoslowakischen Republik 1918-1938. Politische, nationale und kulturelle Zugehörigkeiten. München 2004 (VCC 101). Siehe hier besonders die Studien des Herausgebers über die Loyalität als geschichtlichen Grundbegriff und Forschungskonzept (1-22) und über die „republikanische Loyalität" der Katholiken – tschechischer wie sudetendeutscher – gegenüber der Ersten Tschechoslowakischen Republik (179-192). Auch interessant in diesem Zusammenhang *Bamberger-Stemmann*, Sabine: Zwischen vielen Stühlen? Nationale Minderheiten zwischen staatsbürgerlicher Loyalität und konnationaler Solidarität. In: *Ebenda* 69-86.

6 *Rádl*, Emanuel: Válka Čechů s Němci [Der Krieg zwischen Tschechen und Deutschen]. Praha 1928, 106 f. — *Ders.*: Kulturní politika [Kulturpolitik]. In: Česká stráž [Tschechische Wache] Nr. 1 vom 8.3.1918, 3.

Andererseits identifiziert Schulze Wessel auch das Postulat der vorrangigen Loyalität gegenüber der Nation, die besonders zugespitzt vom damaligen Chefredakteur der Zeitschrift „Čas" (Zeit) Ladislav Kunte formuliert wurde: „Die Nation ist. Der Inhalt dieses einfachen Satzes aus zwei Wörtern [im Tschechischen: Národ je] ist tief und seine Folgen reichen weit."[7] Aus dem Folgenden ergibt sich, dass Kunte – ein ehemaliger katholischer Priester – alle erforderliche Loyalität auf die Nation als säkularisierte Substitution Gottes konzentrierte.

Obschon beide Aussagen eher Randpunkte der damaligen Diskussion darstellen, verweisen sie doch auch auf die damalige Polarität der Loyalitäten und Identitäten auch bei der deutschen Bevölkerung der böhmischen Länder. Kuntes bloßer Satz „Die Nation ist" verschob sich für sie immer weiter in die Stellung eines Desiderats, das – wie jedes Desiderat – beweglich und veränderlich war, und zwar auch in Abhängigkeit von Attraktivität, Stärke bzw. auch (De)Stabilisierung der „neuen externen nationalen Vaterländer", d.h. der Republik Österreich und später vor allem Deutschlands. Mit der Entwicklung dieser Veränderungen hing auch das Kräfteverhältnis zwischen Exklusivität bzw. Inklusivität des neuen tschechoslowakischen Staates bzw. Deutschlands oder Österreichs in Beziehung zu den tschechoslowakischen Deutschen zusammen. Das genannte Desiderat hatte jedoch keinen unvermeidlich und notwendig exklusiven Charakter, und natürlich schloss es keineswegs die elementare Loyalität gegenüber der Tschechoslowakei aus, deren Konzeption der „tschechoslowakischen Staatsnation" in der Praxis allerdings weit vom Konzept – oder wiederum eher dem Desiderat – des „tschechoslowakischen (Staats-)Volkes" entfernt war. Die aufgeregte Diskussion zwischen Eva Broklová und Jaroslav Kučera unlängst im „Český časopis historický" (Tschechische Historische Zeitschrift) bestätigte diese Schlussfolgerung.[8]

---

7 Zitiert nach *Schulze Wessel:* Loyalität als geschichtlicher Grundbegriff 9.

8 *Kučera,* Jaroslav: Politický či přirozený národ? K pojetí národa v československém právním řádu meziválečného období [Politische oder natürliche Nation? Zum Begriff der Nation in der tschechoslowakischen Rechtsordnung der Zwischenkriegszeit]. In: ČČH 99/3 (2001) 548-568. — *Broklová,* Eva: Politický nebo etnický národ [Politische oder ethnische Nation]. In: ČČH 100/2 (2002) 379-394. In Anm. 2 ihrer Studie bemerkt Broklová – in Anknüpfung an František Šmahel und seine Analogie zum Hussitismus – dass „in nicht nur einem Fall [...] den tschechischen Katholiken später symbolisch die Bezeichnung Tschechen abgesprochen wurde und sie einfach und bezeichnenderweise ‚Römer' genannt wurden, denn sie hielten sich nicht an den tschechischen, sondern den römischen Glauben". Vergleiche *Šmahel,* František: Idea národa v husitských Čechách [Die Idee der Nation im hussitischen Böhmen]. Praha 2000, 165. Diese Figur zeigt sich im Übrigen auch in zeitgenössischen innenpolitischen Debatten bzw. auch im tschechischen Diskurs über die so genannte „sudetendeutsche Frage", insbesondere in Texten und Erklärungen der so genannten vaterländischen Organisationen oder sogar in Äußerungen der derzeitigen Vorsitzenden des „Český svaz bojovníků za svobody" (Tschechischer Bund der Freiheitskämpfer, ČSBS) Anděla Dvořáková. Veröffentlichungen von ihr erscheinen häufig in der kommunistischen Tageszeitung „Haló noviny" oder in der vierzehntägig erscheinenden Zeitung des ČSBS „Národní osvobození" (Nationale Befreiung).

Beim deutschen katholischen Klerus (aber auch beim „gläubigen Volk") stellte sich nach Gründung der ČSR die Frage der so genannten vertikalen Loyalität anders dar als im Fall des tschechischen Klerus. Während sich im tschechischen Fall der Komplex aus den vier alten Loyalitäten – Habsburger Thron, Heiliger Stuhl, Staat und Nation – auflöste und sich die Antwort auf den Appell „entweder – oder" aufdrängte (mit den praktischen Konsequenzen der Entstehung der Tschechoslowakischen Kirche bzw. der so genannten Übertrittsbewegung überhaupt), war im sudetendeutschen Katholizismus die Frage der vertikalen Loyalität gegenüber Rom durch den Ausklang der „Los-von-Rom-Bewegung" „gelöst" worden (auch der spätere Streit um den Modernismus war schon fast verdaut). Bei den restlichen drei Autoritäten waren jedoch Verschiebungen und Wendungen zu erwarten.[9] Loyalität äußerte sich nur „sub conditione", wie das ausdrücklich z.B. die von Martin Schulze Wessel zitierte Predigt von Dekan P. Georg Krieglsteiner aus Mies (Stříbro) vom 31. Dezember 1918 belegt:

> Der Kaiser, den wir geliebt, zu dem wir gehalten [...] ist entthront. Ja, wir unterwerfen uns auch der gegenwärtigen Obrigkeit und die Treue, die wir bisher dem Kaiser entgegengebracht haben, wir wollen sie auch der neuen Obrigkeit entgegenbringen, denn wir wissen es: Gott will es so, daß wir der Obrigkeit unterworfen sind [...]. Aber das wird man uns wohl nicht übel nehmen, daß in unseren Herzen doch noch immer die Liebe und Anhänglichkeit an den Kaiser lebendig ist.[10]

Das in der zitierten Studie angeführte, ziemlich eindrucksvolle Beispiel der Loyalität gegenüber dem Kaiser bzw. der Habsburger Dynastie sagt jedoch nicht allzu viel über die Stärke ihrer Wurzeln aus. Die schnelle – für das traditionelle kirchliche Milieu erstaunlich schnelle – Umorientierung der Loyalitäten vom österreichischen „greisen Monarchen" hin zum deutschen „Führer und

---

9 Vergleiche u.a. *Kaiserová*, Kristina: Konfesní myšlení českých Němců v 19. a na počátku 20. století [Konfessionelles Denken der Deutschböhmen im 19. und frühen 20. Jahrhundert]. Úvaly u Prahy 2003, 5-7, 79-114, 158-161. — *Marek*, Pavel: Český katolicismus 1891-1914 [Tschechischer Katholizismus 1891-1914]. Rosice u Brna 2003, besonders 417-485. — *Ders.*: K problematice církevního rozkolu v Československu v roce 1920 [Zur Problematik der Kirchenspaltung in der Tschechoslowakei im Jahre 1920]. In: ČČH 99/1 (2001) 85-120. — *Marek*, Pavel/*Červený*, Vladimír/*Lach*, Jiří: Od katolické moderny k českému církevnímu rozkolu [Von der katholischen Moderne zur tschechischen Kirchenspaltung]. Rosice u Brna 2000. — *Tonzar*, David: Vznik a vývoj novodobé husitské teologie a Církev československá husitská [Entstehung und Entwicklung der neuzeitlichen hussitischen Theologie und die Tschechoslowakische Hussitische Kirche]. Praha 2002, 36-55. — *Trapl*, Miloš: Hnutí „Pryč od Říma" („Los von Rom") [Die „Los-von-Rom"-Bewegung]. In: *Koucká*, Ivana/*Papajík*, David (Hgg.): Politický katolicismus v nástupnických státech Rakousko-uherské monarchie v letech 1918-1938 [Politischer Katholizismus in den Nachfolgestaaten Österreich-Ungarns in den Jahren 1918-1939]. Olomouc 2001, 13-29.

10 Národní archiv Praha [Nationalarchiv Prag, künftig NA], fond Ministerstvo školství a národní osvěty [Ministerium für Schulwesen und Volksbildung, MŠNO] 47 I, Kněží [Priester], kart. 3812. Zitiert nach *Schulze Wessel:* Loyalität als geschichtlicher Grundbegriff 19.

Reichskanzler" (und zwar im Verlauf von nur 20 Jahren des Bestehens der eigenständigen Tschechoslowakischen Republik!) lässt sich, wenn auch in diesem Fall „sub conditione", in eben dieser Dekanatskirche von Mies unmittelbar nach dem „Münchener Abkommen" 1938 belegen. Nach der Annexion des Grenzlandes der Tschechoslowakei durch das Deutsche Reich im Oktober 1938 zelebrierte der damalige Dekan von Mies Dr. Wilhelm Riehl einen feierlichen Dankgottesdienst, zu dem er seine Gemeinde mit folgenden Worten einlud: „Wir wollen Gott, dem Allmächtigen, der den Führer Großdeutschlands und Befreier unserer Heimat Adolf Hitler bei seinem Befreiungs- und Friedenswerk sichtbar gesegnet hat, danken." Der ergriffene Korrespondent der deutschen Zeitung „Westdeutscher Beobachter", der damals dienstlich in Mies weilte, enthielt es seinen Lesern nicht vor, zu seiner farbenfrohen Beschreibung der ganzen Feier auch Riehls Predigt beizufügen, um so – unter anderem – den vermeintlich himmelweiten Unterschied zwischen der „gesinnungslosen" katholischen Geistlichkeit im katholischen Rheinland und der „vorbildlichen" deutschen Haltung der katholischen Geistlichkeit im Sudetenland darzulegen:

> Was ich hier erlebt habe, steht einzigartig in der Geschichte der römisch-katholischen Kirche da: Quer über den Altar gespannt ein Transparent mit der Aufschrift „Gott schütze unseren Befreier". Links und rechts vom Altar hing ein Hakenkreuz von einem Meter Durchmesser. Die Sitzbänke vor dem Altar waren mit den Hakenkreuz- und Stadtfahnen ausgeschlagen. In der Predigt bezeichnete der Pfarrer den Führer als von Gott gesandt. Am Schluss des feierlichen Gottesdienstes, an dem acht Geistliche teilnahmen, wurde für den Führer gebetet. Anschliessend wurden die deutschen Nationalhymnen gesungen, wobei die Geistlichen mit erhobener Hand vor dem Altar standen und mitsangen. Das war ein Akt, an dem sich die Geistlichkeit im Altreich ein Beispiel nehmen kann [...].[11]

Martin Schulze Wessel analysiert in einer anderen Studie das Problem der vertikalen Loyalität gegenüber dem tschechoslowakischen Staat auf Grundlage von Statistiken, die vorzugsweise Delikte gegen das „Gesetz zum Schutz der Republik" (Gesetz Nr. 50/1923 Sb.) erfassen. Besonders bei den schwerwiegenden Vergehen stellt er einen höheren Anteil an Nichtkatholiken bzw. konfessionslosen Bürgern fest. Dies gilt für Bürger deutscher Nationalität, aber auch für andere Minderheiten. Bei den Tschechen dagegen waren die Mitglieder der Tschechoslowakischen Kirche am loyalsten, was nicht weiter überrascht. Bei geistlichen Personen waren diese Delikte – zugegebenermaßen vereinzelt – in der älteren Generation (bei den in den sechziger Jahren des 19. Jahrhunderts geborenen Personen) zwischen Tschechen und Deutschen proportional ausgewogen. Insgesamt hingen sie mit dem Ausdruck von Ehrerbietung und Loyalität gegenüber der Habsburgerdynastie zusammen. Bei der jüngeren, nach 1870 geborenen Generation ist eine breitere Skala von Verfehlungen zu beobachten, die sich oft gegen den tschechoslowakischen Staat als solchen richteten und

---

11 „Festgottesdienst mit Nationalhymnen". In: Westdeutscher Beobachter vom 1.11.1938, Bundesarchiv Berlin (künftig Barch), fond R 5101 (Reichskirchenministerium), Archivsign. 22209 – Acta betreffend: die sudetendeutschen Gebiete nach ihrer Loslösung von der Tschechoslowakei, ihre Vereinigung mit dem Reich und die Regelung der katholischen kirchlichen Verhältnisse (1938-1941).

eher – aus Sicht der Beschuldigten – in die Kategorie „Nationalitätenkampf" oder „Volkstumskampf" fallen. Zwar überwiegt hier logischerweise die Zahl der Deutschen, aber auch dabei handelt es sich um Einzelfälle.[12] Der skizzierte Grundriss der Loyalitäten (bzw. ihres Fehlens) genügt höchstens zur Illustration von Rádls freudloser Feststellung, dass das plötzliche Zerbrechen elementarer Loyalitäten gegenüber dem österreichischen Staat und das zarte Gespinst anderer, mit ihm zusammenhängender horizontaler gesellschaftlicher Loyalitäten, größtenteils nicht individuell moralisch begründet waren. Er stellt deshalb fest:

Die große Aufgabe für die Zukunft ist es, das Volk dahingehend zu erziehen, dass es sieht, dass Loyalität gegenüber dem Staat eine höhere Verpflichtung ist als elementare Gefühle und dass die Loyalität dadurch das starke Band wird, das die verschiedenen Stämme des Landes vereint.[13]

Es ist sicher kein Zufall, dass das Studium kollektiver Identitäten gerade in den neunziger Jahren eine ungewöhnliche Renaissance erlebte, in einer Zeit also, in der außer der Geschichtsschreibung auch andere Disziplinen die Notwendigkeit der Interpretation des „beschleunigten Pulses der Geschichte" nach 1989 erkannten, in unserem Kontext z.B. die wieder aktuelle Theorie des „freezing" von Sten Rokkan, die Identifikation altneuer Spaltungen (Spaltungslinien, cleavages) in der modernen und postmodernen Gesellschaft; kurzum in einer Zeit, in der die Überzeugung von der historischen Verankerung von aktuellen politischen, sozialen, religiösen bzw. kulturell-zivilisatorischen Konflikten zusehends allgemein geteilt wird.[14] In der relativierenden Atmosphäre des poststrukturalistischen Denkens wird das dynamische Element der Bildung und Entwicklung kollektiver Identitäten betont, also auch der Unterschied zwischen kompakter (defensiver) Identität einerseits (die sich z.B. in den defensiven, „antiassimilativen" Argumenten von Angehörigen nationaler Minderheiten zeigt), und der agressiven Identität, die elastisch und differenzierend ist. Das Antonym der statisch verstandenen Identität, also die Differenz, „schiebt sich in den Kern der Identität" – der Begriff der Identität verliert dann seine problematische Konnotation von Homogenität, Totalität, Substanz und Organizität (in diesem Sinne: Aleida Assmann, Heidrun Friese, Rogers Brubaker u.a.).[15] In der Anwendung auf den Komplex der drei von uns untersuchten Identitäten, d.h. der sudetendeutschen Identität, der katholischen Identität und der aus ihnen abgeleiteten „sudetendeutschen katholischen Identität" muss der Akzent auf Differenzie-

---

12 Ebenso *Schulze Wessel*, Martin: Katholik und Staatsbürger. Zur republikanischen Loyalität der Katholiken in der Ersten Tschechoslowakischen Republik. In: *Ders.* (Hg.): Loyalitäten in der Tschechoslowakischen Republik 179-191.

13 *Rádl:* Válka Čechů s Němci 107.

14 *Dvořáková*, Vladimíra/*Kunc*, Jiří: Rozštěp historika a politologa [Spagat eines Historikers und Politologen]. Praha 1996 (Acta Universitatis Carolinae – Philosophica et historica 3, Studia historica XLIV), hier 133-145.

15 *Assmann*, Aleida/*Friese*, Heidrun: Einleitung. In: *Dies.* (Hgg.): Erinnerung, Geschichte, Identität. Bd. 3: Identitäten. Frankfurt a. M. 1998, 11-23, hier 23. — Ein weit strukturierteres Paradigma der „Identität" (und eine weitere Skala ihrer „dynamischen" kollektiven Typen und Formen) bringt z.B. *Brubaker*, Rogers: Ethnicity without Groups. Cambrigde/Massachusetts 2004, 28-63, insbesondere 33-41.

rungsfaktoren und Interaktionen mit anderen kollektiven Identitäten der Moderne und der modernen Gesellschaft besonders stark sein.

Während die Krise der vertikalen Loyalitäten (vor allem gegenüber den „alten Obrigkeiten", d.h. gegenüber dem österreichischen Staat und anfangs auch noch der austrokatholischen Hierarchie) bei den tschechischen Katholiken als Teil einer tieferen Krise verlief, die in der Übertrittsbewegung mit Gründung der Tschechoslowakischen Kirche mündete, zeigte sich bei den sudetendeutschen Katholiken in der Beziehung zu dieser Hierarchie – die nach 1918 übrigens (mit Ausnahme des Bistums Leitmeritz/Litoměřice) tschechischer Nationalität war – zunehmend Raum für die Individualisierung des Glaubens; ein Raum zwischen der offiziell verkündeten Orthodoxie römischer Prägung und der individuellen Heterodoxie, die es den konkreten Individuen erleichterte, eine „hybridisierende" Haltung in Bezug auf den „Volkskampf" oder später auch zur „Henlein-Bewegung" einzunehmen. Dieser größere individuelle Raum reichte auch mitten in das Zentrum der privaten und öffentlichen Gottesverehrung hinein – in die Liturgie. Bei den katholischen Tschechen flaute in dieser Hinsicht dagegen – nach dem Übertritt eines bedeutenden Teils der liberal oder reformiert eingestellten Katholiken zur Tschechoslowakischen Kirche (mit ihrer lautstarken Betonung der Liturgie in der Nationalsprache) – der Ruf nach liturgischen Reformen ab, bzw. er zeigte sich erst unter (sudeten-)deutschem Einfluss wieder, ohne allerdings jemals den Charakter einer breiteren liturgischen Bewegung zu erhalten. Ebenso war auch die Bindung an die neuen Bischöfe tschechischer Nationalität stärker. Den „heiligen Rest" der tschechischen Katholiken störte so auch deren konservatives theologisches Profil nicht. Der Rigorismus und die defensive Verkrampftheit des tschechischen Katholizismus der Zwischenkriegszeit kontrastierte so mit der größeren inneren Pluralität des sudetendeutschen Katholizismus, der sich immer schneller „entösterreichte" und seine Strukturen – einschließlich der laizistischen – immer mehr mit den Strukturen der katholischen Kirche in Deutschland verflocht.[16] Entgegengesetzte Bemühungen (in der Mitte der dreißiger Jahre z.B. des Wiener Erzbischofs Kardinal Theodor Innitzer), den sudetendeutschen Katholizismus mehr unter Kuratel der österreichischen Kirche und die sudetendeutsche Bewegung unter stärkeren Einfluss Österreichs zu stellen, waren völlig unrealistisch; trotzdem waren der nationalsozialistischen Propaganda aus Berlin bereits ihre Andeutungen ein „Dorn im Auge".[17]

---

16 In der bisherigen tschechischen Historiographie der modernen Kirchengeschichte wird dieser Unterschied praktisch nicht berücksichtigt, Andeutungen formulierte überzeugend in der umfangreichen Einleitung zu seiner Münchener Dissertation der Exilhistoriker *Frei,* Bohumil Jiří: Staat und Kirche in der Tschechoslowakei 1948-1968. München 1991, 1-112.

17 So legte z.B. der „Völkische Beobachter" vom 14.7.1935 in Zusammenhang mit der Berichterstattung über den Gesamtstaatlichen Katholikentag in Prag 1935 Kardinal Innitzer folgenden Ausspruch in den Mund (vermittelt durch „gut informierte Wiener Kreise"): „[...] wäre es vom katholischen und auch vom tschechoslowakischen Standpunkt ratsamer, den Versuch zu unternehmen, die sudetendeutsche Bevölkerung der C.S.R. unter Aufsicht des österreichischen Katholizismus zu stellen. [...] Die katholische Kirche müs-

Einen interessanten und vielfältigen Blick auf den sudetendeutschen Katholizismus 15 Jahre nach Gründung der Tschechoslowakei brachte der 1934 erschienene Sammelband „Die deutschen Katholiken in der Tschechoslowakischen Republik", herausgegeben vom Professor am Leitmeritzer Bischöflichen Seminar Heinrich Donat in Zusammenarbeit mit dem Senator und Professor der Prager Theologischen Fakultät Karl Hilgenreiner.[18] Die Absenz des Attributs „sudetendeutsch" lässt sich nicht nur durch die Aufnahme einer eigenständigen Studie über die Situation deutscher Katholiken in der Slowakei und der Karpato-Ukraine erklären, sondern vor allem auch durch das klar formulierte Postulat, zu einer Neubesinnung des „deutschen katholischen Volkes in der Tschechoslowakei" beizutragen. Dieses katholische Volk wird hier nicht mehr in der zweisprachigen Einheit der (überwiegend tschechischen) Bischöfe und ihrer Diözesen in den historischen rechtlichen Einheiten der böhmischen und mährischen Kirchenprovinzen dargestellt, sondern vielmehr als Bestandteil der deutschen katholischen Kirche. Diese Darstellung erfolgt in einer Art und Weise, die die Autoren explizit von Bischof Alois Hudal übernommen haben, dem Rektor des römischen Kollegs „Santa Maria dell'Anima" (der bekannt war für seine offenen Sympathien für den Nationalsozialismus und nach dem Krieg auch wegen seiner Hilfe für prominente Nationalsozialisten bei der Flucht nach Lateinamerika), und zwar auf der Grundlage seiner Arbeiten über den Katholizismus in Österreich und vor allem über den „deutschen Katholizismus" in Italien.[19] Der Leitmeritzer Bischof Anton Weber – der einzige damalige Residenz-

se zwar ihre scharfe Kampfstellung gegenüber dem Nationalsozialismus bewahren, sie dürfe doch keineswegs den Fehler begehen, einen Kampf gegen Deutschland und das deutsche Volk zu führen. Unter den Katholiken Österreichs und insbesondere unter den Sudetendeutschen bleibe die ‚natürliche Empfindung' nach wie vor bestehen, dass das deutsche Volk eine Einheit darstelle. [...] Es wäre aber ein großer Fehler, dem Katholizismus die Aufgabe zu stellen, grundsätzlich gegen eine Bewegung Stellung zu nehmen, die außerhalb der Grenzen des Deutschen Reiches für einen Zusammenschluss aller deutschen Stämme eintrete." — Vergleiche auch Barch, R 4902–DAW, Archivsign. 10875, Pressemappe Regierung-Vatikan.

18 *Donat,* Heinrich (Hg.): Die deutschen Katholiken in der Tschechoslowakischen Republik. Eine Sammlung von Beiträgen zur geistigen und religiösen Lage des Katholizismus und des Deutschtums. Warnsdorf 1934.

19 *Ders.:* Vorwort. In: *Ebenda* 9. — Der von Donat redigierte Sammelband erinnert in Struktur, Umfang und dem optimistischen Grundtenor vor allem an die erste genannte Arbeit Hudals, vergleiche *Hudal,* Alois: Katholizismus in Österreich. Wien 1931. — Auf Hudals österreichischen und Donats sudetendeutschen Überblick beziehen sich freilich die Worte der prophetischen Rezension von Florian Schlagenlaufer aus dem Jahre 1931: „Alle Referate sind von einem hoffnungsfreudigen Optimismus getragen. Trotzdem zeigen sie nur zu deutlich, daß der Katholizismus vielfach in einer Defensivstellung ist." Zitiert nach *Rinnhofer,* Friedrich: Grazer Theologische Fakultät vom Studienjahr 1827/28 bis 1938/39. Das literarische Schaffen aller Lehrenden und die Entwicklung der einzelnen Disziplinen. Bd. 1. Graz 1991, 19-48, hier 27. — Eine eigenständige Analyse verdiente auch die Frage der Rezeption jener Arbeiten Hudals, die versuchten, den Widerspruch zwischen Nationalsozialismus und Katholizismus bei den Sudetendeutschen zu überbrücken. Es handelt sich vorrangig um „Die Grundlagen des Nationalsozialismus. Eine ideen-

bischof deutscher Nationalität – überging in seinem Vorwort stillschweigend die angesprochene Klippe und präsentierte das Buch eher als erfolgreiche Bilanz des sudetendeutschen Katholizismus, den vor dem Ersten Weltkrieg viele für völlig „religiös verloren" hielten und der – im Unterschied zum tschechischen Katholizismus – auch in den Nachkriegsjahren relativ günstige statistische Daten aufweisen konnte. So gab es in der Mehrzahl der Gerichtskreise mit deutscher Bevölkerungsmehrheit in den Jahren 1921 bis 1930 über 90 Prozent Katholiken, mancherorts bis zu 99 Prozent; unter 70 Prozent lag der katholische Bevölkerungsanteil nur in den Bezirken Oberleutensdorf (Horní Litvínov), Brüx (Most), Dux (Duchcov) und Tannwald (Tanvald). Einen leichten Anstieg verzeichnete in dieser Zeit auch die Zahl der Priesterberufungen bei den Sudetendeutschen; steigend bzw. stagnierend war ebenfalls die Quote der neu aufgenommenen Mitglieder von Orden und Kongregationen (auch wenn bei einigen Orden und Kongregationen die nationale Zusammensetzung nicht ganz genau festgestellt werden konnte, deckte sie sich mit der „seelsorgerischen Sprache" ihrer einzelnen Angehörigen, was allerdings auch für die Diözesanpriester galt). Eine Stärkung des sudetendeutschen katholischen „Pfeilers" bedeuteten auch Verbände, Frauen- und Jugendorganisationen (einige von ihnen, besonders der „Staffelstein", wurden zur erfolgreichen Brutstätte des künftigen Priesterberufs), die katholische Lehrerschaft, die christlichen Gewerkschaften u.ä.[20] Diese quantitativ günstigeren Daten werden an verschiedenen Stellen des Sammelbandes immer mit der weniger günstigen Situation bei den Tschechen verglichen. Das Vergleichen wird so zu einer Identifikationsfigur, um die nun (wieder) frommen Sudetendeutschen von den „gottlosen Tschechen" zu unterscheiden bzw. negativ abzugrenzen, die die Kirche in Massen verlassen hatten, sei es im Rahmen der so genannten Übertrittsbewegung oder einer völligen Apostase vom Christentum. Karl Hilgenreiner und Heinrich Donat stellen in ihren Beiträgen eine stärkere Neigung der Tschechen zum Freidenkertum fest,

---

geschichtliche Untersuchung" (1936), in der Tschechoslowakei zuletzt verboten, jedoch – nicht nur auf den ersten Blick paradox – 1938 auch auf Scheiterhaufen in Österreich verbrannt. Großen Anklang fanden allerdings auch die „vorbereitenden Studien" des Autors zu diesen Arbeiten, die nach und nach in den Jahren 1933 bis 1935 erschienen. Ihrer Grundthese vom Dualismus der nationalsozialistischen Bewegung, in der unter einem Dach der „feindliche" radikale und rassistische Flügel und gleichzeitig auch der „positive" nationale und konservative Flügel wirkten, der den Prinzipien des Christentums offen gegenüberstehe, widersprach auch Papst Pius XI. scharf. Umso hervorstechender war die Tatsache, dass ein Jahr später (1937) der Wiener Erzbischof Kardinal Innitzer diesem ursprünglich kirchlich nicht approbierten Buch sein Imprimatur gab.

20 *Albrecht,* Alfred: Statistik der deutschen Katholiken in Böhmen und Mähren-Schlesien. In: *Donat* (Hg.): Die deutschen Katholiken 39-73. — *Scherzer,* Augustin: Das Wirken der religiösen Orden und Kongregationen unter den Sudetendeutschen. In: *Ebenda* 123-139. — *Stahl,* Anton: Der deutsche Priester- und Ordensnachwuchs in der Tschechoslowakei. In: *Ebenda* 140-148. — Zahlreiche statistische Daten, die das katholische Schulwesen und sudetendeutsche kirchliche Verbände und Organisationen betreffen sind auch in weiteren Beiträgen des Sammelbandes verstreut.

und zwar besonders bei der tschechischen Lehrerschaft, wo sie eine geradezu „entsetzliche" Situation vorfinden (50 Prozent der tschechischen Lehrer waren ohne Bekenntnis, bei den sudetendeutschen knapp 2 Prozent).[21]

Publikationen dieser Art verhüllen in der Regel die Probleme und Widersprüche, in diesem Falle innerhalb des sudetendeutschen Katholizismus, d.h. den sich vertiefenden Streit zwischen Tradition und Moderne, zwischen traditionellen Formen des volkstümlichen Katholizismus und dem eher intellektuell verstandenen Christentum, zwischen „altösterreichischem" und „reichsdeutschem" Katholizismus (und seinen Erscheinungen und Auswüchsen), zwischen der stärker werdenden pronationalen Orientierung unter der Losung „Volk und Glaube" (wenn auch noch lange nicht im Sinne von „pro Henlein" oder „pro nationalsozialistisch") und prorömischer Gehorsamkeit, die symbolisiert wurde durch die Beziehung zur Hierarchie und die größere Loyalität gegenüber den tschechischen kirchlichen Vorgesetzten. So glättet auch der kürzlich verstorbene Mitbegründer der „Ackermann-Gemeinde", der Augustiner Paulus Sladek, der selbst mit großem Einsatz im akademisch ausgerichteten, etwas elitären und in Vielem entschlossen reformorientierten Staffelstein wirkte, in einem Beitrag über die katholischen Jugendorganisationen diese oft grundlegenden Widersprüche mit einer trostreichen, auf Zahlen und Statistiken basierenden Rede, obgleich es sich vielfach gerade in diesem Bereich um Differenzen handelte, die sich kurz vor dem Münchener Abkommen zu einer offenen Konfrontation auswachsen sollten.[22]

In ähnlich unkritischem Geist stellt der Braunauer Abt Benedikt Prokop auch den sudetendeutschen Zweig der „Liturgischen Bewegung" dar – einer Bewegung, die insbesondere nach dem Zweiten Weltkrieg sehr vereinfachend als Vorhut der liturgischen Reformen des Zweiten Vatikanischen Konzils präsentiert wurde.[23] Auf seine innere Widersprüchlichkeit wies indirekt erst in den achtziger Jahren Kurt A. Huber in einer seiner zu Recht neu „entdeckten" und jetzt wieder veröffentlichten Studien hin.[24] Nicht immer jedoch wurden seine zwei Grundlinien unterschieden. Die erste, im Wesentlichen „archäologische"

---

21 *Hilgenreiner*, Karl: Die deutschen Katholiken in der Tschechoslowakei. Ihre Geschichte und ihre Gegenwartslage. In: *Ebenda* 17-28, hier 20 f. — *Donat*, Heinrich: Um Schule und Erziehung. In: *Ebenda* 178-180.

22 *Sladek*, Paulus: Katholische Jugendbünde. In: *Ebenda* 258-266. — Mit der allmählichen Instrumentalisierung der Religion und der katholischen Kirche für „den Dienst der Nation" im Milieu der katholischen sudetendeutschen Jugend (insbesondere nach den Wahlerfolgen der Henlein-Partei im Jahre 1935) befasst sich auch *Šebek*, Jaroslav: Náboženství ve službě národa? [Religion im Dienst der Nation?]. In: Perspektivy (příloha Katolického týdeníku) [Perspektiven (Beilage zum Katholischen Wochenblatt)] 2 (2003) 5.

23 *Prokop*, Dominik: Die Liturgische Bewegung. In: *Donat* (Hg.): Die deutschen Katholiken 215-217.

24 *Huber*, Kurt Augustin: Die Liturgische Bewegung bei den Sudetendeutschen. In: *Ders.*: Katholische Kirche und Kultur in Böhmen. Ausgewählte Abhandlungen. Herausgegeben von Joachim *Bahlcke* und Rudolf *Grulich*. Münster 2005 (Religions- und Kulturgeschichte in Ostmittel- und Südosteuropa 5), 369-385.

Linie der Liturgischen Bewegung, die im tschechischen Milieu vor allem durch die Emaus-Benediktiner und einige Domscholaren repräsentiert wurde, wollte die Liturgie durch das Studium der alten liturgischen Quellen und die Einbindung von Laien in das aktive (gemeinsame) Feiern des Gottesdienstes erneuern, und zwar auf Grundlage des Verstehens – vor allem durch die Übersetzung des Missale aus dem Lateinischen in die Nationalsprache für den privaten Gebrauch und die Ersetzung traditioneller lateinischer Messgesänge durch volkstümliche Lieder, wenn auch anfangs nur durch einen vereinfachten Chorgesang der unveränderlichen Teile der Messe. Die zweite Linie bemühte sich primär um eine irgendwie „zivilere" und verständlichere Zeremonie, d.h. sie richtete sich mehr auf den eigentlichen Kern der Liturgie und interpretierte ihn auf ihre Art neu, mit starkem äußeren Akzent auf die schrittweise Einführung der Nationalsprache in allen Teilen der Liturgie. Diese zweite Linie richtete sich sogar auch auf die entscheidende und bisher beispiellose Veränderung im Altarraum selbst – insbesondere dank dem Zelebrieren der Messe „coram populo" (mit dem Gesicht zum Volk) bei der einfachen Mensa oder gar dem gewöhnlichen Abendmahl. Es ist kein Zufall, dass ähnliche Neuerungen – inspiriert vor allem durch den Klosterneuburger Augustiner P. Pius Parsch – in den böhmischen Ländern Priester aus dem Kreis Staffelstein unter der Losung „Näher zu den Menschen, näher zum Volk" einführten, insbesondere ein enger Mitarbeiter Eduard Winters und Dogmatik-Supplent an der Prager Deutschen Theologischen Fakultät, Paulus Sladek, und zwar bei studentischen Messen in der Universitätskirche St. Salvator. Obwohl diese Linie der Liturgischen Bewegung auch unter Tschechen ihre Anhänger hatte, besonders in der „Legio angelica" von P. Method Klement, wurde sie von tschechischen Kirchenvertretern und der tschechischen katholischen Presse nicht nur unter dem Gesichtspunkt der katholischen Orthodoxie kritisiert (Kardinal Karel Kašpar drohte Sladek damals mit Suspendierung, wobei er die Liturgische Bewegung eine „Sekte an der Grenze zwischen Katholizismus und Protestantismus" nannte), sondern auch unter dem Gesichtspunkt des angeblichen Sympathisierens der Liturgischen Bewegung mit nationalsozialistischen Trends in Kirche und Gesellschaft. Dieser Meinung waren nicht nur einige konsequent „prorömische" und integralistische deutsche Katholiken, sondern zum Beispiel auch der der jungkatholischen Bewegung ansonsten sehr zugeneigte P. Beda Menzel OSB oder „Christianus", der Autor einer anonymen Polemik gegen die „Totengräber des sudetendeutschen Katholizismus" besonders aus dem Kreis Staffelstein. Laut Menzel wiesen die Liturgische Bewegung und die damalige Verworrenheit in der sudetendeutschen Gesellschaft die gleichen Züge auf und wurden „[...] von verwandten Impulsen getragen und in ähnlicher Struktur ausgeformt". Christianus sah in ihnen ein Sympathisieren mit dem Nationalsozialismus und seinen Ritualen.[25]

[25] *Menzel*, Beda: Volksliturgie und Volksgemeinschaft. In: Volk und Glaube 1 (1936) 184-186. — *Christianus* (Anonym): Die Totengräber des sudetendeutschen Katholizismus. Eine Studie. Prag 1938, 132-149. — Ähnlichkeiten zwischen Protagonisten der Liturgischen Bewegung und den Nationalsozialisten sieht er u.a. auch im angeblichen Fehlen eines

Die Schrift des anonymen Autors ist einer der wichtigsten Texte des sudetendeutschen Katholizismus, der in dieser Form publiziert wurde – einer Form, die in der hierarchisch aufgebauten, auf der Autorität des Papstes, der Bischöfe und der kirchlichen Jurisdiktion gegründeten Kirche im 19. Jahrhundert und der ersten Hälfte des 20. Jahrhunderts für die Artikulation von weniger konventionellen oder reformorientierten Gedanken gebräuchlich wurde. So verwendete der spätere Prager Weihbischof Wenzel Frind diese Form bereits 1884, um – wider die entgegengesetzte Ansicht von Kardinal Friedrich Schwarzenberg bzw. seinem Berater Jan H. Loewe – den Gedanken der Teilung der bis dahin gemeinsamen, national utraquistischen Prager Theologischen Fakultät in zwei eigenständige Institutionen zu unterstützen.[26] Bis heute ist nicht ganz klar, wer sich hinter dem Pseudonym „Christianus" versteckte – laut dem fundierten Kenner dieser Materie Kurt A. Huber war es Franz Glaser, laut Hubers Schüler Rudolf Grulich jedoch eher Emanuel Reichenberger, dem allerdings auch die Autorenschaft an einem anderen anonymen Pamphlet aus dem bewegten Jahr 1938 zugeschrieben wird, das sich speziell gegen Prälat Karl Hilgenreiner als Führer der „Deutschen Christlichsozialen Volkspartei" (DCV) und seinen angeblichen grenzenlosen Opportunismus und Nationalismus richtet.[27] Obschon man einige Behauptungen mit Vorsicht genießen muss, beinhaltet Christianus eine bemerkenswerte, insgesamt gut belegte Sammlung von Zitaten aus Zeitschriften, programmatischen Texten und anderen Publikationen, die die allmähliche Kontaminierung einer Reihe katholischer Bewegungen durch die nationalistische bzw. tribalistische Terminologie belegen, stellenweise auch den Übergang vom traditionellen katholischen, religiös motivierten Antisemitismus zum rassistischen Antisemitismus. Es fehlte auch nicht die Ersetzung des katholischen Kalenders durch den altgermanischen Kalender, synkretische Versuche

---

Bewusstseins für die menschliche Sündhaftigkeit und Schwäche, im Ersetzen des Kultes des Gekreuzigten durch das Ideal Christi als Held, im Missbrauch des Begriffs des so genannten positiven Christentums usw.

26 *Frind,* Wenzel (erschien zwar anonym, aber mit Kenntnis der Professorenschaft der Prager theologischen Fakultät): Eine eventuelle Teilung (Verdoppelung) der Prager theologischen Fakultät ist mit dem Prinzipe und der Aufgabe der Kirche vereinbar. Zugleich als Studie über das Verhältnis der Kirche zur Nationalität. Prag–Warnsdorf 1884.

27 Anonym (*Reichenberger,* Emanuel): Judas über Sudetenland. Prag 1938. Die kritische Haltung Reichenbergers als Motor der Organisation „Volksbund deutscher Katholiken" (die für sich eine Monopolstellung unter den sudetendeutschen katholischen Organisationen in Anspruch nahm, die jedoch niemals respektiert wurde) gegenüber der Politik der DCV und Teilen des so genannten Jungkatholizismus war lange Zeit bekannt. Reichenberger reagierte so im Sommer 1938 vor allem auf die defätistische Stimmung und den unabgeklärten Automatismus in der Selbstauflösung katholischer Verbände und Organisationen. Zur Autorschaft beider Pamphlete *Huber,* Kurt A.: Das religiös-kirchliche Leben der Sudetendeutschen (1918-1938). In: *Ders.:* Katholische Kirche und Kultur in Böhmen 330, Anm. 54. — Vergleiche auch *Němec,* Jiří: Cesta Eduarda Wintera mezi oficiální historiky Třetí říše (1939-1941) [Der Weg Eduard Winters zwischen den offiziellen Historikern des Dritten Reiches]. Brno 2001 (Sborník prací Filozofické fakulty Brněnské univerzity C 48) 175-177.

zu einer Verbindung des germanischen Heidentums mit dem „neuen deutschen Christentum". Christianus identifizierte den häufigen Ruf nach der fehlenden „Lebenswirklichkeit" der katholischen Kirche, die sich angeblich zur Genüge – laut dem von ihm kritisierten Paulus Sladek – gerade in der nationalsozialistischen Weltsicht finden würde:

Versteht ihr nun Kameraden, was der Glaube an das ewige Deutschland bedeutet? Ein Ewiges offenbart sich in unserem Deutschland und in seiner Geschichte, ein göttliches Werden [...]. Die Wirklichkeit gewinnt wieder den Glanz des „Heiligen", des Wunderbaren [...].[28]

Es ist bezeichnend, dass eine ruhigere und ausgewogenere Diskussion über die sudetendeutsche katholische Identität in einer differenzierten, eher essayistischen Haltung erst eingeleitet wurde, nachdem die sudetendeutsche Identität an sich durch einen starken exogenen Anstoß – nämlich die Vertreibung und Aussiedlung der Sudetendeutschen aus der Tschechoslowakei – auf ihre Art ihren Höhepunkt erreichte: Einerseits wurde sie „bereichert" um die massenhaft geteilte kollektive Erfahrung der Vertreibung, andererseits ihrer unentbehrlichen existenziellen Grundlage beraubt, d.h. der Möglichkeit des Aufenthalts und der Entwicklung in ihren ursprünglichen Siedlungsgebieten. Identitätsstiftende Kraft hatte insbesondere das neu durchdachte und formulierte „Recht auf Heimat" – in Abstimmung mit ähnlichen Aktivitäten aller deutschen Vertriebenen.[29] In der christlichen und katholischen Reflexion war jedoch die Entdeckung des „Rechts auf Heimat" um einige neue Elemente erweitert: Man beschränkte sich nicht nur auf die verlorene Heimat im konkreten territorialen Sinne, die sich vor allem auf die enge Verbindung von Ort, Menschen, Umwelt und Landschaft gründet, sondern verwies auch auf die „Heimat unterwegs", die auch deren Negation und Verlust beinhaltet und somit auch den potenziellen religiösen Sinn des Nachkriegs-Exodus als „Befolgung des Auftrags Gottes" auf Abra(ha)ms Spuren bezeichnet: „Verlasse dein Land, deinen Geburtsort und das Haus deiner Väter in das Land, das ich dir zeige" (Buch Genesis 12,1).[30] Eine Reihe von Texten artikulierte gerade auch die Probleme der sude-

---

28 *Sladek*, Paulus: Was heisst eigentlich Glauben? In: Stimmen der Jugend 33 (1938). Zitiert nach *Christianus:* Die Totengräber des sudetendeutschen Katholizismus 13.

29 *Rabl*, Kurt (Hg .): Das Recht auf die Heimat. Vorträge und Aussprachen. 4 Bde. München 1958-1962. — Die Ergebnisse der diesbezüglichen Diskussion – in den fünfziger Jahren vor allem innerhalb der Ackermann-Gemeinde formuliert, im Fall des genannten Bandes jedoch auch auf repräsentativer ökumenischer Ebene – versuchten die sudetendeutschen Katholiken den auf dem Zweiten Vatikanischen Konzil versammelten Bischöfen als Inspiratorium zu senden, jedoch ohne unmittelbare Resonanz in deren Abschlussdokumenten. Vergleiche *Grulich*, Rudolf: Andersartigkeit als europäische Herausforderung – ethnische Probleme. In: *Křížek*, Petr (Hg.): Mariánskolázeňské rozhovory – Marienbader Gespräche 1999-2000. Praha 2001, 108 f. und Anm. 17.

30 *Gründel*, Johannes: Heimat als Lebensbedingung. Heimatverlust – Heimatsuche – Heimatliebe. In: *Křížek*, Petr (Hg.): Mariánskolázeňské rozhovory – Marienbader Gespräche (1990-1997). Praha 1998, 27-45. — *Ders.:* Volk Gottes – unterwegs mit einer Verheißung. Zum Wegcharakter der theologischen Ethik. In: *Langer*, Michael (Hg.): Weite des Herzens

tendeutschen Katholiken in einem neuen geistigen Kontext – im unterschiedlich aufgestellten bayerischen oder westdeutschen Katholizismus oder in der überwiegend protestantischen Diaspora im Norden Deutschlands. Die damit verbundenen Gefühle der Gefährdung und neue Definitionen der eigenen Identität führten nicht nur zur Suche der historischen Wurzeln (wie war eigentlich der „sudetendeutsche Katholizismus"?), sondern auch zur Formulierung von Aufgaben und Strategien für die Zukunft. Besonders gegen Ende der vierziger Jahre kamen Überlegungen auf, die noch nicht von der schwerfälligen politischen und terminologischen „correctness" des Vertriebenen-Mainstreams gekennzeichnet waren, sondern zu einer tieferen – auch historisch – forschenden Reflexion aufriefen (z.B. im kompakten Essay von Rudolf Quoika über den sudetendeutschen Katholizismus aus dem Jahr 1949).[31]

Als zeitlichen und qualitativen Scheidepunkt in dieser Diskussion kann man den Essay „Der sudetendeutsche Katholizismus: Kräfte, Strukturen und Probleme" (1967) des früheren Tepler Prämonstratensers Kurt Augustin Huber betrachten. Dieser Text zieht bereits Bilanz – in einer Zeit, als die grundlegende Integration der Sudetendeutschen in die deutsche Gesellschaft bereits mehr oder weniger erfolgreich abgeschlossen war, und man dasselbe über die Integration des sudetendeutschen Katholizismus in den deutschen Katholizismus sagen konnte.[32] In einigen überwiegend protestantischen Gegenden verlief diese Integration mit erstaunlicher Dynamik, als die großen Kommunitäten katholischer Vertriebener ihre geistige Physiognomie auch dem heimischen Katholizismus in bisherigen Diasporen aufdrückten – so z.B. in einigen Teilen der Diözesen Hildesheim, Osnabrück, Münster, Rottenburg/Stuttgart, Limburg/Lahn und anderen.[33] Hubers Bild des sudetendeutschen Katholizismus ist sehr viel-

– Weite des Lebens. Beiträge zum Christsein in moderner Gesellschaft (Festschrift für Abt Odilo Lechner). Bd. 1. Regensburg 1989, 469-487.

31 *Quoika*, Rudolf: Über die sudetendeutsche Kirche. Gräfelfing/München 1949, insbesondere 66-77.

32 *Huber*, Kurt Augustinus: Der sudetendeutsche Katholizismus. Kräfte, Strukturen und Probleme. In: Archiv für Kirchengeschichte von Böhmen-Mähren-Schlesien (künftig AKBMS) 1 (1967) 41-61. — Die retrospektive Betrachtung des Autors über den sudetendeutschen Katholizismus wird allerdings nur verständlich mit der Kenntnis seiner früher formulierten, oft polemischen Ansichten über die aktuelle Mission der sudetendeutschen Katholiken in der Gesellschaft Nachkriegsdeutschlands, vergleiche z.B. *Huber*, Augustin Kurt: Sudetendeutscher und Westdeutscher Katholizismus im Lichte von „Glauben, Danken, Dienen" (Ansprache, gehalten vor der Ackermanngemeinde am Katholikentag in Hannover 1962). Sonderdruck aus: Christ Unterwegs 10 (1962) 1-14.

33 Vergleiche z.B. *Bendel*, Rainer (Hg.): Vertriebene Katholiken – Impulse für Umbrüche in Kirche und Gesellschaft. Münster 2003. — *Hirschfeld*, Michael: Katholisches Milieu und Vertriebene. Eine Fallstudie am Beispiel des Oldenburger Landes 1945-1965. Köln–Weimar 2002. — *Köhler*, Joachim: Alfons Maria Härtel und die Anfänge der Flüchtlings- und Vertriebenenseelsorge im Bistum Rottenburg. In: Rottenburger Jahrbuch für Kirchengeschichte 7 (1988) 11-125. — *Nahm*, Peter Paul: Wirkungen der Vertreibung und Flucht auf die katholische Kirche im Rheinland. Neuss 1966. — *Berger*, Friedrich A./*Grulich*, Rudolf (Hgg.): Sie kamen aus großer Bedrängnis. Königstein/Taunus 1990.

schichtig. Er stellt ihn als religiös-kirchlichen Raum des „Berührens und Ringens" mit kulturellen und religiösen Motiven dar, die nicht nur vom deutschen Sprachgebiet ausgehen, sondern auch von den Tschechen – als Katholizismus, der nach dem Ersten Vatikanischen Konzil und besonders dem Ende des 19. Jahrhunderts offener für die Reformanstöße des so genannten Modernismus und nicht zuletzt auch der so genannten „Liturgischen Erneuerung" bzw. „Liturgischen Bewegung" war (in Gestalt der Rezeption des Klosterneuburgers Pius Parsch und seiner reform-liturgischen Versuche bzw. der Bemühungen der Beuroner Benediktinerkongregation, die Kirchengemeinde in die lateinische Liturgie einzubeziehen). Gleichzeitig stellt Huber ihn jedoch als Katholizismus dar, der verwundbarer ist gegen Versuche, die nationale Bewegung und den so genannten Volkstumskampf mit der katholischen Kirche zu „hybridisieren".[34] Allerdings scheint besonders im Umfeld des so genannten „Milieukatholizismus", mit tiefverwurzelten Traditionen der barocken Volksfrömmigkeit, Huber eher ein Zwilling des tschechischen Katholizismus zu sein, wenn er auch offenbar immer mehr und fester an die Strukturen des so genannten politischen „Verbandskatholizismus" gekoppelt war, d.h. an analoge Gruppierungen in Deutschland, die in Organisation und Bezeichnung ähnliche Strukturen aufwiesen. Es ist offensichtlich, dass bis zum Ende der Ersten Republik der sudetendeutsche Katholizismus daher spezifischer, eigentümlicher Zeichen „endogener Pluralität" nicht entbehrte – also den Wesenszug kollektiver Identität (Identitäten), die nach Moritz Csáky so typisch für Mitteleuropa bis ins 20. Jahrhundert war.[35]

Hubers Essay erschien in einer Zeit, als der vermeintlich stabilisierte sudetendeutsche Katholizismus und seine Nachkriegsstrukturen in beängstigender Weise zu erodieren begannen: Im Jahre 1977, lediglich drei Jahre nach Adolf Kindermanns Tod, mussten das Königsteiner Priesterseminar und die mit ihm verbundene Theologisch-Philosophische Hochschule schließen. Die Seelsorge für die Vertriebenen – nun materiell schon lange versorgt – begann sich zu reduzieren auf Gedenkgottesdienste zu Jahrestagen mit Landsmannschaftstreffen und die vermeintlich unumgängliche Sakralisierung der Hauptversammlungen einiger sudetendeutscher Organisationen (einschließlich der obligatori-

---

34 *Czermak*, Theodor: Der sudetendeutsche Katholizismus und die nationale Frage. In: *Donat* (Hg.): Die deutschen Katholiken 290-298. — *Ders.*: Über die deutsche nationale Bewegung aus katholischer Sicht (Kritische Ausgabe einer unveröffentlichten Gedenkschrift aus dem Jahre 1938, mit einem Vorwort von Kurt A. Huber). In: AKBMS 8 (1987) 95-105. — *Huber*, Kurt Augustin: Das Jahr 1938 in den Priesterseminarien von Böhmen-Mähren. In: AKBMS 7 (1985) 152-188. — *Winter*, Eduard: Mein Leben im Dienst des Völkerverständnisses. Nach Tagebuchaufzeichnungen, Briefen, Dokumenten und Erinnerungen. Bd. 1. Berlin (Ost) 1981, 71-110 u.a. — Zur Liturgischen Bewegung siehe insbesondere *Huber*, Kurt A.: Die Liturgische Bewegung bei den Sudetendeutschen. In: AKBMS 9 (1988) 51-65. Neu erschienen in: *Ders.*: Katholische Kirche und Kultur in Böhmen 369-385.

35 *Csáky*, Moritz: Úvod [Einleitung]. In: *Ders./Mannová*, Elena (Hgg.): Kolektívne identity v strednej Európe v období moderny [Kollektive Identitäten im modernen Mitteleuropa]. Bratislava 1999, 11-13.

schen Eröffnungsmesse im Rahmen der alljährlichen „Sudetendeutschen Tage“). Die Aktivitäten der sudetendeutschen katholischen Organisationen und Verbände – soweit sie nicht untergegangen waren – erlangten immer mehr säkulare und kulturelle Dimensionen, was auch für die größte unter ihnen galt – die sudetendeutsche Ackermann-Gemeinde. Der Beginn des 21. Jahrhunderts brachte auch den Verkauf des größten Teils des weitläufigen Areals der „Königsteiner Anstalten“ mit sich, die in den schwierigsten Nachkriegszeiten aus den Sammlungen von Vertriebenen entstanden waren. Nur noch gelegentlich wird die ehemalige Kolleg-Kirche genutzt, ehemals Schauplatz gewaltiger Marien-Wallfahrten zu Ehren der „Mutter der deutschen Heimatvertriebenen“. All das ist der äußere Ausdruck einer allmählichen Erosion und „Entleerung“ der katholischen Vertriebeninstitutionen der Nachkriegszeit.[36] Die verwaiste Königsteiner Kirche steht allerdings nicht nur für aktuelle Säkularisierungsprozesse: Rückblickend zeigt sie auch die damalige politische Dimension der dortigen Wallfahrten auf. Dies gilt besonders in den fünfziger und sechziger Jahren; danach wurden die Wallfahrten in diesem Sinne auch – bei Betrachtung der gegenwärtigen sudetendeutschen Wallfahrtskarte – in beachtlichem Umfang durch landsmannschaftliche Exkursionen zu Wallfahrtsorten in der früheren Heimat in Böhmen, Mähren und Schlesien ersetzt. Dazu kamen weitere Aktivitäten, die sich – heute schon als geistiger und liturgischer Reexport des sudetendeutschen Katholizismus – z.B. auf das religiöse Profil der spärlichen Grenzlandpfarreien in der Tschechischen Republik auswirken, ja sie begründen eine neuzeitliche Tradition und Gestaltung gemeinsamer deutsch-tschechischer Gottesdienste mit zweisprachigen Liederbüchern, Gebetbüchern u.ä. In diesen spiegelt sich – im Unterschied zu den einheitlichen Publikationen wie dem gesamtdeutschen Gotteslob oder dem „Kancionál“, dem gemeinsamen Gesangbuch der böhmischen und mährischen Diözesen – erst eindrucksvoll die Nähe von tschechischem und deutschem Liedschatz wider (einschließlich den ursprünglich zweisprachigen Texten auch zu Liedern zu Ehren des heiligen Kyrill und des heiligen Method, dem in der tschechischen Fassung deutlich slawophilen Messgesang „Ejhle, oltář Hospodinův září“/Himmelsleuchten liegt auf dem Altare).[37]

Hubers Text von 1967 wurde kontinuierlich ergänzt durch eine Reihe von Studien und Büchern zu den verschiedensten Problemen des sudetendeutschen

---

36 Einen Überblick der Chronologie der Königsteiner Anstalten bringt z.B. *Grycz*, Wolfgang: 40 Jahre Königstein – eine Antwort auf die Vertreibung. In: Königsteiner Rufe 37 (1986) 83-95. — *Braunstein*, Karl: Die Philosophisch-Theologische Hochschule Königstein. In: *Ebenda* 99-104. — *Janko*, Anton: 25 Jahre Hochschule und Priesterseminar Königstein. In: Königsteiner Studien/Königsteiner Blätter 20 (1974) 3-6 u.a. — Insgesamt bereitete die Königsteiner Philosophisch-Theologische Hochschule 417 Kandidaten auf die Priesterlaufbahn vor, womit sie – gemäß dem letzten Jahresbericht des Rektors – „die Aufgabe erfüllte, die ihr im Laufe der Jahre gestellt war“.

37 In Gottes Namen fahren wir. Gebete und Lieder zur deutsch-tschechischen Wallfahrt. Herausgegeben von Rudolf *Grulich* und Norbert *Schlegel*. Königstein/Taunus 1993. — *Dies.*: Heilige verbinden Völker. Patrone und Heilige der alten Heimat im heimatlichen Liedgut. Königstein/Taunus 1995.

Katholizismus, z.B. aus der Feder von Paulus Sladek, Barbara und Hans Schmid-Egger, Ernst Nittner, Rudolf Grulich, Ernst Valasek und anderen.[38] Nichtsdestotrotz wird der Bogen zwischen ihm und der aktuellen Forschung erst durch die unlängst publizierte Tübinger Habilitationsschrift von Rainer Bendel über die katholischen Vertriebenen in den gesellschaftlichen Transformationen der Nachkriegsjahre 1945 bis 1965 gespannt.[39] Das Thema dieser Arbeit ist zwar breiter gefasst – wie schon der Titel selbst zu verstehen gibt – dem sudetendeutschen Katholizismus ist jedoch der umfangreichste Teil gewidmet (165 Seiten). Die Wurzeln der Stabilisierung und Profilierung in der Nachkriegszeit sieht Bendel in Kompromissen, aber auch im Widerstreit zweier Grundströmungen – der Reformströmung (aus heutiger Sicht), hervorgegangen aus den Vorkriegstraditionen des sudetendeutschen Jungkatholizismus mit seiner Offenheit gegenüber gesellschaftlichen Fragen, ja auch gegenüber der alltäglichen Politik (leider einschließlich ihren nationalistischen Segmenten), aber auch gegenüber modernen Impulsen und der so genannten Liturgischen Bewegung. Auf der anderen Seite sieht Bendel die konservative Strömung, die allmählich München 1938, Krieg oder Vertreibung als außerordentliche, von Gott eingeführte und zugelassene Seelsorge-, ja Missionsangelegenheit verstand, als Chance für die Stärkung der Hierarchie, Roms und einer dem Papst vorbehaltlos loyale Amtskirche. Manchmal verlief quer durch diese Strömungen, meist jedoch in mit ihnen übereinstimmender Polarisierung eine zweite grundlegende Konfliktlinie: ob es nämlich Aufgabe der Kirche ist, die Integration der Vertriebenen in die deutsche Gesellschaft zu erleichtern und zu beschleunigen, oder ob die Elemente überwiegen sollen, die die Rückkehr in die alte Heimat vorbereiten (d.h. die Illusion, die sich Vielen zu Beginn des Kalten Krieges nicht als völlige Chimäre darstellte).

Bei grober und ungenauer Personifizierung dieser zwei Grundströmungen können wir sie mit den Namen P. Paulus Sladek OSA und der Ackermann-Gemeinde auf der einen Seite, mit Prof. Adolf Kindermann und seinem „Vaterhaus der Vertriebenen“ in Königstein/Taunus auf der anderen Seite identifizieren. In Exkursen konnte Bendel auch Randfiguren, die für die sudetendeutsche katholische Identität von Bedeutung waren, nicht umgehen – den kontroversen P. Emanuel Reichenberger („Father Reichenberger“) und den Redemptoristen P. Augustin Reimann, einen bekannten Karlsbader Volksmissionar – beide als eigentümliche und populäre Männer „zwischen den Strömen“ (manchmal auch – bildlich gesprochen – zwischen den Mühlsteinen). Bendel

---

38 Siehe insbesondere die Bibliographie zur Religions- und Kirchengeschichte der böhmischen Länder (zusammengestellt von Benita Berning), zugänglich unter www.collegium-carolinum.de.

39 *Bendel,* Rainer: Aufbruch aus dem Glauben? Katholische Heimatvertriebene in den gesellschaftlichen Transformationen der Nachkriegsjahre 1945-1965. Köln u.a. 2003 (Forschungen und Quellen zur Kirchen- und Kulturgeschichte Ostdeutschlands 34), insbesondere 59-204.

analysiert hier erstmals auf umfangreiche Weise die katholischen „sudetendeutschen Erfahrungsräume", teilweise auch in die Nachkriegssituation in Deutschland transponiert: die Kontroverse um den Charakter des in den Kreisen der Ackermann-Gemeinde geschätzten Staffelstein, und der sudetendeutschen jungkatholischen Bewegung insgesamt – neben Staffelstein auch Romano Guardinis „Quickborn" bzw. auch die Massenorganisation „Reichsbund der deutschen katholischen Jugend", dem hier allerdings die ihm nicht zustehende Aureole genommen wird, die 1990 in der entsprechenden Monographie von Daniel Langhans geschaffen worden ist.[40]

Bendel bilanziert auch das politische und gesellschaftliche Engagement der sudetendeutschen Katholiken, die Programmatik und Politik der Deutschen Christlichsozialen Volkspartei in der ČSR, der christlichen Gewerkschaften und anderer Organisationen – mit Umgrenzung klarer Limits, die durch die Säulenkonstruktion und -struktur (Versäulung) und die praktisch unmögliche Kommunikation mit dem Milieu „außerhalb der Säule" gegeben ist. Als Beispiel der eingeschränkten, ja schon beinahe nicht existierenden Kommunikation nach außen, und zwar auch in das andere nationale Lager, zeigt und analysiert er auch den Verlauf des Gesamtstaatlichen Katholikentags 1935 in Prag. Wenn er zu einer deutlichen Verbesserung der Beziehungen zwischen der Tschechoslowakei und dem Heiligen Stuhl beitrug (und diese demonstrierte), so trug er entschieden nicht zur Verbesserung der Kommunikation zwischen tschechischen und sudetendeutschen Katholiken und Tschechen und Deutschen überhaupt bei (und demonstrierte sie auch nicht). Und so bemerkten nur Eingeweihte einen offensichtlichen Unterschied: den Kontrast zwischen der reformorientierten deutschen Volksmesse, mit Gesängen und Gebeten in der Nationalsprache, und der konservativ, ja triumphalistisch konzipierten „mše národů" (Völkermesse) im Strahover Stadion – einer lateinischen Messe, „voll barocker Pracht", zelebriert vom päpstlichen Legaten Jean Verdier. Sie war die letzte gemeinsame „demonstratio catholica", die kaum für die Zukunft garantieren konnte, was sie in Strahov effektvoll vor 250 000 Teilnehmern suggerierte.[41]

Trotz der relativ respektablen Zahl von Titeln zur Geschichte des sudetendeutschen Katholizismus vor und nach dem Zweiten Weltkrieg bleibt bei diesem Thema eine Reihe von Feldern „unbeackert" – thematisch zum Beispiel die

---

40 *Langhans,* Daniel: Der Reichsbund der deutschen katholischen Jugend in der Tschechoslowakei 1918-1938. Bonn 1990. — *Schmid-Egger,* Hans/*Nittner,* Ernst: Staffelstein. Jugendbewegung und katholische Erneuerung bei den Sudetendeutschen zwischen den großen Kriegen. München 1983.

41 *Bendel:* Aufbruch aus dem Glauben? 220-224. — *Nittner,* Ernst: Gesamtstaatlicher Katholikentag Prag 1935. Ein fast unbeachtetes Jubiläum. In: Bohemia 26 (1985) 331-346. — *Ders.:* Ein spätes Signal guten Willens: Der Gesamtstaatliche Katholikentag in Prag 1935. In: *Klötzl,* Walter (Hg.): Begegnung und Entfremdung im Spannungsfeld von Volk und Glauben. München 1988 (Beiträge – Kleine Reihe des Institutum Bohemicum 9), 29-56. — *Winter:* Mein Leben im Dienst des Völkerverständnisses 79-82.

Geschichte der Caritas.[42] Methodologisch bietet hier auch besonders die Erforschung von Identitäten und Loyalitäten neue Impulse – diese kann auch Stoffe und Themen neu „beleuchten", die bisher eher deskriptiv oder völlig fragmentarisch bearbeitet wurden. Hierzu gehört auch der sudetendeutsche katholische Widerstand gegen den Nationalsozialismus – hier ist tatsächlich das Wort „Widerstand" am Platze, der manchmal von sudetendeutscher Seite als heroisierte Geschichte einer verfolgten Kirche (Leopold Grünwald, Emil Valasek, Rudolf Grulich) gebraucht wird. Dieser Widerstand wird jedoch von tschechischer Seite meist ignoriert oder marginalisiert – de facto im Geiste der Kriterien der so genannten Beneš-Dekrete – infolge von Elementen fehlender oder mangelnder Loyalität gegenüber der Tschechoslowakischen Republik (mit der rühmlichen Ausnahme der Arbeiten des Leitmeritzer Historikers Jaroslav Macek).[43]

---

42 Aus den gegenwärtigen Titeln hat vor allem die bereits erwähnte Publikation von Heinrich Donat Bedeutung, an der fast alle der bedeutendsten Vertreter des sudetendeutschen Katholizismus der Zwischenkriegszeit beteiligt waren. Siehe *Donat* (Hg.): Die deutschen Katholiken. — Als weitere Arbeiten zu diesem Thema siehe z.B.: *Dietl,* Werner: Die deutsche Christlich-soziale Volkspartei in der ersten Tschechoslowakischen Republik (1918-1929). Benediktbeuern 1991. — *Machunze,* Erwin: Die christlichen Gewerkschaften. In: *Glassl,* Horst/*Pustejovsky,* Otfrid (Hgg.): Ein Leben – drei Epochen. Festschrift für Hans Schütz zum 70. Geburtstag. München 1971, 324-340. — *Schmid-Egger/Nittner:* Staffelstein. — Von den neuesten tschechischen Arbeiten siehe z.B. *Šebek,* Jaroslav: Sudetoněmecký politický katolicismus mezi Hitlerem a Henleinem. Německá křesťanskosociální strana v politickém systému první republiky v roce 1933 [Der sudetendeutsche politische Katholizismus zwischen Hitler und Henlein. Die Deutsche Christlichsoziale Volkspartei im politischen System der Ersten Republik im Jahre 1933]. In: *Koucká/Papajík* (Hgg.): Politický katolicismus v nástupnických státech Rakousko-Uherské monarchie 179-194. — *Šebek,* Jaroslav: Sudetoněmecký katolicismus na křižovatce mezi Henleinem a podporou československé demokracii. Německá křesťanskosociální strana v letech 1935-36 [Der sudetendeutsche Katholizismus am Scheideweg zwischen Henlein und Unterstützung für die tschechoslowakische Demokratie. Die Deutsche Christlichsoziale Volkspartei in den Jahren 1935-36]. In: *Jančík,* Drahomír (Hg.): Pocta profesoru Zdeňku Kárníkovi [Festschrift für Professor Zdeněk Kárník]. Praha 2003, 209-220. — *Ders.:* Antisemitismus v sudetoněmeckém katolickém prostředí 1918-1938 [Der Antisemitismus im sudetendeutschen katholischen Milieu 1918-1938]. In: *Otte,* Anton/*Křížek,* Petr (Hgg.): Židé v Sudetech – Juden im Sudetenland. Praha 2000, 87-99. — *Ders.:* Ideové a politické peripetie sudetoněmeckého katolicismu v Československu 30. let [Weltanschauliche und politische Peripetien des sudetendeutschen Katholizismus in der Tschechoslowakei der dreißiger Jahre]. In: *Malíř,* Jiří (Hg.): Andros probabilis. Sborník prací k 70. narozeninám prof. PhDr. Miloše Trapla [Sammelband zum 70. Geburtstag von Prof. PhDr. Miloš Trapl]. Brno 2005, 157-176. — Ganz aktuell *Ders.:* Mezi křížem a národem. Politické prostředí sudetoněmeckého katolicismu v meziválečném Československu [Zwischen Kreuz und Nation. Das politische Milieu des sudetendeutschen Katholizismus in der Tschechoslowakei der Zwischenkriegszeit]. Brno 2006.

43 *Grünwald,* Leopold: Sudetendeutscher Widerstand gegen Hitler. München 1978, insbesondere 36-42. — *Valasek,* Emil: Der Kampf gegen die Priester im Sudetenland 1938 bis 1945. Eine Dokumentation. Königstein/Taunus 2003 (AKBMS XVI). — *Grulich,* Rudolf: Sudetendeutsche Katholiken als Opfer des Nationalsozialismus. Brannenburg 1999. — *Macek,* Jaroslav: Pronásledování a odpor katolické církve v letech 1938-1945 [Verfolgung

Es besteht kein Zweifel, dass der grundsätzliche und unüberbrückbare Widerspruch zwischen Nationalsozialismus und Christentum und der daraus resultierende Widerstand und Kampf einer Reihe von deutschen (und auch sudetendeutschen) Katholiken in der verworrenen Nachkriegszeit die Rolle des willkommenen Identifikationsfaktors spielte – mutige Handlungen Einzelner konnten so das Versagen vieler „aufwiegen". Diesen Effekt konnte man in der ganzen deutschen Nachkriegsgesellschaft feststellen, bei den vertriebenen Sudetendeutschen natürlich ebenso: Wenn z.B. mehr als 650 sudetendeutsche katholische Priester in irgendeiner Form von nationalsozialistischer Verfolgung betroffen waren, wurde die offensichtliche Folge dieser zweifellosen „Aufrechnungsopfer" auch in Umfang und Formen der Auffassung der eigenen Vergangenheit übertragen – unlängst z.B. in der Würdigung des Schicksals der vom Nationalsozialismus verfolgten sudetendeutschen Priester aus der Feder von Kardinal Leo Scheffczyk, in der er etwas ahistorisch deren Leiden während des Krieges mit dem Nachkriegsschicksal aller Sudetendeutschen verbindet: „Die aufgeführten Priesterschicksale repräsentieren die Leidensgeschichte einer ganzen Volksgruppe, die zur Kultur des Abendlandes einen höchst beachtlichen Beitrag leistete [...]."[44] Dabei ist anzunehmen, dass auch die aktiven Versuche der Vorkriegszeit um mehr oder weniger große Formen der Hybridisierung von Katholizismus und verschiedenen Formen und Zielen des „nationalen Kampfes" (und letztendlich auch von „Henleinismus" und Nationalsozialismus) rückwirkend geradezu als antinationalsozialistische Aktivitäten oder Versuche, der sich ausbreitenden nationalsozialistischen Demagogie „den Wind aus den Segeln zu nehmen", gedeutet wurden.

Zweierlei Interpretationen ermöglicht so z.B. der bekannte Text des Prager Professors für Fundamentaltheologie Theodor Czermak „Über die deutsche nationale Bewegung aus katholischer Sicht" (1938). Ursprünglich entstand dieser Text als Entwurf für ein Memorandum der Prager Deutschen Theologischen Fakultät in Zusammenhang mit dem Skandal im Erzbischöflichen Seminar nach dem gemeinsamen Eintritt der deutschen Seminaristen in Henleins „Sudetendeutsche Partei" (am 3. Mai 1938). Die hier erwähnten Vorbehalte gegen den Nationalsozialismus (Verabsolutierung des nationalen Prinzips, Systematisierung des irrigen weltanschaulichen Systems, Zügellosigkeit und Grobheit) konnten laut dem Autor auch nicht die vermeintlich positiven Seiten des nationalsozialistischen Programms überschatten, die angeblich im Falle der Bestrebungen noch der „Vereinigung aller Deutschen" – wenn auch nicht explizit – der vermeintlichen Sehnsucht des deutschen Volkes nach rückwirkender Christianisierung entsprangen:

---

und Widerstand der katholischen Kirche in den Jahren 1938-1945]. In: *Kural,* Václav/*Radvanovský,* Zdeněk (Hgg.): „Sudety" pod hákovým křížem. K dějinám Říšské župy Sudety 1938-1945 [Das „Sudetenland" unter dem Hakenkreuz. Zur Geschichte des Reichsgaues Sudetenland 1938-1945]. Ústí nad Labem 2002, 427-454.

44 Zitiert nach *Valasek:* Der Kampf gegen die Priester im Sudetenland 9.

Der Drang dieser Sehnsucht ist so unüberwindlich, stark, daß er nur entweder in dem Eingehen des ganzen deutschen Volkes in die eine, heilige, katholische Kirche seine Erfüllung finden kann oder, bleibt ihr diese Erfüllung versagt, sich mit Notwendigkeit in einer völligen Abkehr vom Christentum, einer zweiten, ungleich unheilvolleren Reformation verlieren müßte.[45]

Zu den weiteren Forschungsprioritäten kann in diesem Zusammenhang – als weiterer Referenzhorizont oder -rahmen – auch eine breiter angelegte Erforschung so genannter religiöser Kulturen gehören, die unschwer die Übergriffe und Schnittmengen der einzelnen mitteleuropäischen religiösen Identitäten kartieren könnte, besonders aber die fortschreitende und schnelle Erosion ihrer endogenen Pluralität, die zwar ohne größere Störung – im Sinne von Béla Bartóks „crossing and recrossing of melodies" – wohl nur in der mitteleuropäischen Musik erhalten ist (wesentlich weniger in den anderen Formen der Kunst).[46] Der Begriff der „religiösen Kulturen", allgemein nicht allzu oft verwendet, zeichnet sich durch konfessionelle Merkmallosigkeit bzw. transnationale und transkonfessionelle Perspektiven aus, die nach menschlichem Ermessen für die Erforschung des Verhältnisses zwischen Religion und Moderne auf allgemeinster (wenn auch immer noch eurozentrischer) Ebene geeignet sind.[47]

Zum Abschluss dieses Beitrags sei – als vielsagende Illustration der schicksalhaften Verschiebung innerhalb des bereits erwähnten Paradigmas „kompakte Identität/elastische Identität" bei den katholischen Sudetendeutschen – noch eine bemerkenswerte Widmung erwähnt, mit der eine der Schlüsselfiguren unseres Themas – der Professor der Prager Deutschen Theologischen Fakultät und bedeutende Organisator des sudetendeutschen Nachkriegskatholizismus Adolf Kindermann – die damals gerade begonnene Chronik des sudetendeutschen Konvikts in Prag-Žižkov (als Inzipit) einleitete. Der Eintrag ist datiert vom 10. Januar 1939, die späteren Einträge gingen jedoch zum altgermanischen Kalender (sic!) über:

In Gottes Namen ward das Werk begonnen.
In jener grossen Zeit, da unsere Heimat heim sich fand zum Muttervolke. Flammenden Glaubensgeist und echte Volkstreue in gottgewollte Harmonie zu stellen ist unsere Aufgabe. Und dann dafür Apostel zu sein in unserer Heimat ist das Ziel. In heiliger Gemeinschaft lasst es uns erkämpfen [...] und erreichen.[48]

---

45 *Czermak:* Über die deutsche nationale Bewegung aus katholischer Sicht. 95-105. — *Grulich:* Sudetendeutsche Katholiken als Opfer des Nationalsozialismus 9-14.

46 *Bartók,* Béla: Race and Purity in Music (1942). In: *Ders.:* Essays. Herausgegeben von Benjamin *Suchoff.* London 1976, 29-32.

47 Zusammenfassend dazu der bisher nicht publizierte einleitende und methodologische Text zu einem gemeinsamen Doktorandenprojekt der Universitäten Prag und München: *Schulze Wessel,* Martin und Koll.: Religiöse und sekuläre Kulturen in Europa im 19. und 20. Jahrhundert. München 2005, 6-33.

48 Institut für Kirchengeschichte für Böhmen-Mähren-Schlesien (IKBMS), Königstein/Taunus, fond Theologenkonvikt Žižkov, handschriftliche Abschrift Chronik des sudet. Theologen-Konvikts in Prag-Žižkov von Anf. 1939 bis 1941, geschrieben von den Theologen, pag. 1.

Sollte es sich also um eine Verflechtung einer Identität mit der anderen handeln, oder gar mehrerer Identitäten – in reichsdeutscher oder vielleicht auch „gottgewollter" Harmonie? Falls ja, dann erklingt hier allerdings überraschend, wenn nicht „verstörend" auch der Aufruf zum Kampf „in der heiligen Gesellschaft" der neuzeitlichen sudetendeutschen katholischen Gesellschaft. Im Text kann man bereits die Anspannung zwischen der anfänglichen Freude über den Münchener „Anschluss der Heimat ans Muttervolk" und der Ahnung der künftigen Kämpfe für die „gottgewollte Harmonie zwischen dem planenden Geist des Glaubens und der wahren Liebe zu seinem Volk" spüren: War auch das Ziel noch nicht erreicht, die einmalige Gelegenheit muss jedoch genutzt werden. Adolf Kindermann, an dessen wenig inniger Beziehung zur Tschechoslowakischen Republik kein Zweifel besteht, wird allerdings nach den erhaltenen Aufzeichnungen der Prager „Gestapo" bald darauf zu „einem der raffiniertesten Reichsfeinde", der sich sogar nicht scheute, in seinen Vorlesungen Hitlers „Mein Kampf" zu kritisieren. In der Logik seines vorangegangenen Verhaltens zog Kindermann mit bemerkenswerter Energie auch nach dem Krieg in den „heiligen Krieg", in dem er Kommunismus und Vertreibung als zwei Seiten derselben Medaille darstellte – als Ergebnis der Säkularisierung des christlichen Westens. Für die organisierten Sudetendeutschen waren nach 1945 diese Thesen ausgesprochen angenehm, selbstverständlich auch exkulpierend. Die Frage der massenhaften, manchmal natürlich nur äußerlichen „Rekatholisierung" der sudetendeutschen Vertriebenen ist allerdings eine weit kompliziertere und bisher nur in Ansätzen skizzierte Problematik.[49] Überzeugender wurde der gerade entgegengesetzte Trend beschrieben – das heißt die Identifizierung der Vertriebenen als (nicht immer bewusste) Betreiber von Dechristianisierung und Modernisierung.[50] Der Bedarf einer gründlicheren Analyse der sudetendeutschen Identitäten, sich neu überlappend und durchdringend bzw. sich wandelnd und vergehend, – ganz allgemein gesprochen – in den komplizierten und widerspruchsvollen Transformationen der deutschen Nachkriegsgesellschaft, bleibt auch weiterhin eine wichtige Aufgabe für die künftige interdisziplinäre Forschung.

Aus dem Tschechischen von Martin Wegele-Dippold

49 Vergleiche z.B. den Beitrag von *Weger*, Tobias: Die katholische Rhetorik bei den vertriebenen Sudetendeutschen in der Nachkriegszeit. In: Bohemia 45/2 (2004) 454-469.

50 *Bendel:* Aufbruch aus dem Glauben? 559-567. — Arbeitskreis für kirchliche Zeitgeschichte Münster (AKKGM): Katholiken zwischen Tradition und Moderne. Das katholische Milieu als Forschungsaufgabe. In: Westfälische Forschungen 43 (1993) 588-654.

ZWISCHEN ANPASSUNG UND WIDERSTAND: KIRCHLICHES UND RELIGIÖSES LEBEN IN DER NATIONALSOZIALISTISCHEN DIKTATUR

Christoph Kösters

KATHOLISCHE KIRCHE IM ZWEITEN WELTKRIEG
Quellen, Ergebnisse und Perspektiven der deutschen Katholizismusforschung

Bei der Vielzahl von Studien, die 60 Jahre nach dem Ende der nationalsozialistischen Diktatur und des Zweiten Weltkrieges erschienen sind, fällt auf, dass den christlichen Kirchen kaum Aufmerksamkeit geschenkt wird. Das grundlegende Standardwerk „Die deutsche Kriegsgesellschaft 1939 bis 1945" berücksichtigt die christlichen Kirchen als gesellschaftliche Großgruppen und Orte religiöser Sinnstiftung kaum mehr als am Rande.[1] Dabei gehörten in diesen Jahren über 90 Prozent der deutschen Bevölkerung den beiden großen christlichen Kirchen an.

Das offenkundige Defizit verweist auch auf einen Nachholbedarf der kirchlichen Zeitgeschichtsforschung. Die Kriegsjahre wurden noch bis vor wenigen Jahren in Form eines Ausblicks und unter den Vorzeichen von Kirchenkampf und christlichem Widerstand abgehandelt. Als eigenständiges Forschungsfeld wird der Zweite Weltkrieg in der kirchlichen Zeitgeschichtsforschung erst seit kurzem entdeckt und systematisch erschlossen.[2] Das Interesse richtet sich auf die Akteure nationalsozialistischer Religions- und Kirchenpolitik, das kirchliche Verhalten gegenüber den jüdischen Opfern, auf die gesellschaftsgeschichtlich bedeutsamen Transformationsprozesse des katholischen Milieus und die Bedeutung religiöser Sinnstiftung für die individuelle Bewältigung der Kriegserfahrung an Front und Heimatfront. Damit knüpft die kirchliche Zeitgeschichtsforschung an Forschungsentwicklungen an, die den Krieg insbesondere auch gesellschafts- und kulturgeschichtlich erforschen wollen.[3] Kirchen und Christen

---

1 *Echternkamp,* Jörg (Hg.): Die deutsche Kriegsgesellschaft 1939-1945. 1. Halbband: Politisierung, Vernichtung, Überleben. 2. Halbband: Ausbeutung, Deutungen, Ausgrenzungen (Das Deutsche Reich und der Zweite Weltkrieg 9/1-2). Stuttgart 2004-2005.

2 Vergleiche *Hey,* Bernd (Hg.): Kirche in der Kriegszeit 1939-1945. Bielefeld 2005. — *Düringer,* Hermann/*Kaiser,* Jochen-Christoph (Hgg.): Kirchliches Leben im Zweiten Weltkrieg. Frankfurt a. M. 2005 (Arnoldshainer Texte 126). — *Hummel,* Karl-Joseph (Hg.): Zeitgeschichtliche Katholizismusforschung. Tatsachen, Deutungen, Fragen. Eine Zwischenbilanz. 2. Aufl. Paderborn 2004. — *Bendel,* Rainer (Hg.): Die katholische Schuld? Katholizismus im Dritten Reich zwischen Arrangement und Widerstand. 2., durchges. und erw. Aufl. Münster 2004.

3 Vergleiche *Hummel,* Karl-Joseph/*Kösters,* Christoph: Zur Einführung. In: *Dies.* (Hgg.): Kirchen im Krieg. Europa 1939-1945. Paderborn 2007 (Veröffentlichungen der Kommission für Zeitgeschichte. Reihe B: Forschungen 109) 9-21. — Vergleiche auch *Kösters,* Christoph: Katholische Kirche im nationalsozialistischen Deutschland. Aktuelle Forschungsergebnisse, Kontroversen und Fragen. In: *Bendel* (Hg.): Die katholische Schuld? 25-46, hier 41-43.

standen – so die Grundeinsicht – nicht außerhalb der Kriegsgesellschaft, sondern waren vielfältig mit ihr verwoben. Das Wechselverhältnis zwischen herrschendem Regime und katholischer Kirche im Krieg war nicht nur von Konflikten, sondern auch von vielfältigen Kooperationen bestimmt.

Ein wichtiger Impuls für die erweiterte Forschungsperspektive ging im August 2000 von der Zwangsarbeiter-Debatte aus. Eine aufgeheizte öffentliche Auseinandersetzung über den Einsatz von ausländischen Zivilarbeitern und Kriegsgefangenen in kirchlichen Einrichtungen deckte auch schonungslos die Lücken in der Erforschung der Kriegsjahre auf. Sie zog eine Reihe von Einzelstudien über Zwangsarbeit in kirchlichen und karitativen Einrichtungen nach sich, führte aber darüber hinaus auch dazu, dass das Forschungsfeld insgesamt vermessen und laufende bzw. neu begonnene Initiativen gebündelt wurden.[4]

Im Folgenden soll ein Überblick über den inzwischen erreichten Forschungsstand in drei Schritten gegeben werden: Zunächst wird über neu zugängliche Quellen berichtet, anschließend werden neue Ergebnisse der kirchlichen Zeitgeschichtsforschung skizziert und abschließend einige Forschungsdesiderate benannt.

Quellen

An kirchenpolitischen Quellen zur katholischen Kirche im Zweiten Weltkrieg besteht kein Mangel. Wie sich der Heilige Stuhl und die deutschen Bischöfe nach 1939 verhielten, ist schon seit 25 Jahren in gründlichen Akteneditionen dokumentiert. Bereits in den achtziger Jahren legten vom Vatikan beauftragte Historiker eine bislang nur unzureichend ausgewertete elfbändige Edition der „Akten und Dokumente des Heiligen Stuhls im Zweiten Weltkrieg" vor.[5] An dieser umfassenden wissenschaftlichen Quellenpublikation, die keineswegs so selektiv ist, wie ihr mitunter vorgeworfen wird, führt noch auf Jahre kein Weg vorbei, wenn es um die vatikanische Diplomatie vor und insbesondere während des Zweiten Weltkrieges geht. Die Einführungen in die einzelnen Dokumentenbände liegen inzwischen in verschiedenen Übersetzungen vor und eröffnen die „universalhistorische Perspektive" (Thomas Brechenmacher), mit der das Thema „Katholische Kirche im Zweiten Weltkrieg" angegangen werden muss.[6]

Die „Akten deutscher Bischöfe zur Lage der Kirche 1933-1945" dokumentieren in gut 600 ausgewählten und kommentierten Quellen die kirchenpolitischen Entscheidungsprozesse der Fuldaer Bischofskonferenz im Deutschen

---

[4] Vergleiche *Hummel/Kösters* (Hgg.): Kirchen im Krieg.

[5] Vergleiche *Blet,* Pierre/*Graham,* Robert A./*Martini,* Angelo/*Schneider,* Burkhart (Hgg.): Actes et Documents du Saint Siège relatifs à la Seconde Guerre mondiale (Im Folgenden: ADSS). 11 Bde. Città del Vaticano 1965-1981.

[6] *Blet,* Pierre: Papst Pius XII. und der Zweite Weltkrieg. Aus den Akten des Vatikans. Paderborn 2000. — *Brechenmacher,* Thomas: Pius XII. und der Zweite Weltkrieg. In: *Hummel* (Hg.): Zeitgeschichtliche Katholizismusforschung 83-99, hier 95.

Reich während der Kriegsjahre. Diese Zeugnisse werden ergänzt durch die Editionen der Korrespondenzen des Münchener Kardinals Michael von Faulhaber und des Münsterischen Bischofs Clemens August Graf von Galen.[7] Analog bieten die seit 1971 veröffentlichten „Dokumente zur Kirchenpolitik des Dritten Reiches" die wichtigsten kirchenpolitischen Schriftwechsel und Bestimmungen der nationalsozialistischen Führung. Der fünfte Band, der die Kriegsjahre umfassen wird, wird gegenwärtig vorbereitet.[8] Schließlich ist die für das kirchenpolitische Verhalten der katholischen Bischöfe bedeutsame Arbeit des 1941 eingerichteten Ordensausschusses im Spiegel der Tagebuchaufzeichnungen des Kirchenjuristen Georg Angermaier greifbar.[9]

Die Öffnung und Erschließung neuer Archivbestände hat dieses Quellenfundament in den letzten Jahren erheblich erweitert. Seit 2003 kann die Forschung aus den Deutschland betreffenden Akten aus dem Pontifikat Papst Pius XI. (1922-1939) „einigen Nutzen ziehen".[10] Für die Jahre zwischen 1933 und 1939 lässt sich nunmehr eingehender untersuchen, wie die voranschreitende Militarisierung der deutschen Politik und Gesellschaft eingeschätzt und die im Konkordat garantierte katholische Militärseelsorge sichergestellt wurde.[11] Freigegeben wurden im Vatikanischen Geheimarchiv die Bestände der Nuntiaturen München (bis 1934) und Berlin (bis ca. 1930, danach zum größten Teil im Bombenkrieg zerstört) sowie die korrespondierende Überlieferung des vatikanischen Staatssekretariats, das Archiv der „Kongregation für die außerordentlichen kirchlichen Angelegenheiten", Bestand „Germania". Diese Reihe wiederum wird ergänzt durch die Handakten Kardinal Pacellis aus den Jahren 1930 bis 1939. Vor allem diesen und den Akten des Staatssekretariats kommt hohe Be-

---

7 *Volk*, Ludwig (Hg.): Akten deutscher Bischöfe über die Lage der Kirche 1933-1945. Bd. 5: 1940-1942. Mainz 1983. Bd. 6: 1943-1945. Mainz 1985. — *Ders.*: (Hg.): Akten Kardinal Michael von Faulhabers 1917-1945. Bd. 2: 1935-1945. 2. Aufl. Mainz 1984. — *Löffler*, Peter (Hg.): Bischof Clemens August Graf von Galen. Akten, Briefe und Predigten 1933-1946. 2., durchges. und erw. Aufl. Paderborn 1996. — Eine Auswahl für die gesamte nationalsozialistische Zeit bietet *Gruber*, Hubert: Katholische Kirche und Nationalsozialismus 1930-1945. Ein Bericht in Quellen. Paderborn 2005.

8 Dokumente zur Kirchenpolitik des Dritten Reiches. Herausgegeben von der *Evangelischen Arbeitsgemeinschaft für kirchliche Zeitgeschichte*. Bde 1-4. Gütersloh 1971-2000.

9 Georg Angermaier 1913-1945. Katholischer Jurist zwischen nationalsozialistischem Regime und Kirche. Lebensbild und Tagebücher. Bearbeitet von Anja *Leugers*. Mainz 1994.

10 Zum Folgenden vergleiche *Brechenmacher*: Pius XII. und der Zweite Weltkrieg 93. — *Ders.*: Der Heilige Stuhl und die europäischen Mächte im Vorfeld und während des Zweiten Weltkriegs. In: *Hummel/Kösters* (Hgg.): Kirchen im Krieg 25-46. — Zur Vorgeschichte der Freigabe vergleiche *Repgen*, Konrad: Im Haus des Geheimarchivs sind viele Wohnungen. Neue Hintergründe eines Zerwürfnisses: Zum Scheitern der jüdisch-katholischen Historikerkommission über die Rolle von Papst Pius XII. In: Frankfurter Allgemeine Zeitung Nr. 224 vom 27.9.2001, 52 f.

11 Gegenwärtig wird eine Auswahledition vorbereitet: Berichte des Apostolischen Nuntius Cesare Orsenigo aus Deutschland 1930 bis 1939. Siehe dazu: www.kfzg.de/Forschung/forschung.html. — www.dhi-roma.it/projekt_brechenm.html (Zugriff am: 7.11.2006).

deutung zu, finden sich unter ihnen doch die bisher nicht zugänglichen ca. 1 500 Berichte, die der Nuntius des Heiligen Stuhls in Berlin, Cesare Orsenigo, zwischen 1930 und 1939 an das vatikanische Staatssekretariat unter Kardinal Pacelli sandte. Zusammen mit den Instruktionen Pacellis an Orsenigo bieten die Berichte ein dichtes Bild der politischen und kirchlichen Situation im Deutschen Reich aus dem Blickwinkel der spezifischen Interessen und Wahrnehmungen eines kurialen Diplomaten.

Ein zentrales, auch für die Beurteilung der Rolle des Heiligen Stuhls während des Zweiten Weltkriegs wichtiges Thema reißt die Frage nach der grundsätzlichen Haltung der römischen Kirchenzentrale zum Nationalsozialismus an. Auch hierzu liegt seit den Archivöffnungen des Jahres 2003 wichtiges neues Quellenmaterial vor. Ergänzend zur tagespolitischen Auseinandersetzung mit dem nationalsozialistischen Regime, wie sie etwa in den Akten des Staatssekretariats und im Briefwechsel Pacelli-Orsenigo dokumentiert ist,[12] lässt sich die dogmatische Auseinandersetzung mit dem Nationalsozialismus jetzt anhand der gleichfalls freigegebenen Akten der Kongregation für die Glaubenslehre (vormals: Heiliges Offizium) rekonstruieren.[13]

Im Jahr 2007 werden voraussichtlich auch die restlichen Überlieferungen des Pontifikats Pius' XI. geöffnet werden. Hierzu zählen die Archive sämtlicher Nuntiaturen, beispielsweise der römischen, der Warschauer und der Wiener Nuntiatur, einschließlich wiederum der korrespondierenden Überlieferungen des vatikanischen Staatssekretariates. In diesen Beständen ist eine Fülle von bisher unbekanntem Quellenmaterial zur Politik des Heiligen Stuhls und zur Rolle des Papstes im Vorfeld des Zweiten Weltkrieges zu erwarten.[14]

Für die Kriegsjahre ermöglichen die ebenfalls seit 2004 zugänglichen Akten und Daten des 1939 beim vatikanischen Staatssekretariat eingerichteten Informationsbüros für Kriegsgefangene einen spezifischen Einblick in das Selbstverständnis und die Arbeit des Heiligen Stuhls. Vier Millionen Datenblätter sowie die dazugehörige Korrespondenz dokumentieren in ganzer Breite eine bislang

---

12 Vergleiche als erste Bestandsaufnahme *Brechenmacher*, Thomas: Teufelspakt, Selbsterhaltung, universale Mission? Leitlinien und Spielräume der Diplomatie des Heiligen Stuhls gegenüber dem nationalsozialistischen Deutschland (1933-1939) im Lichte neu zugänglicher vatikanischer Akten. In: HZ 280 (2005) 591-645. — *Besier*, Gerhard/*Piombo*, Francesca: Der Heilige Stuhl und Hitler-Deutschland. Die Faszination des Totalitären. Stuttgart 2004. — Abdruck wichtiger Orsenigo-Berichte bei *Sale*, Giovanni: Hitler, la Santa Sede e gli Ebrei. Con Documenti dell'Archivio Segreto Vaticano [Hitler, der Heilige Stuhl und die Juden. Mit Dokumenten aus dem geheimen Archiv des Vatikans]. Milano 2004.

13 Vergleiche hierzu bisher *Godman*, Peter: Der Vatikan und Hitler. Die geheimen Archive. München 2004 (mit Teilabdruck einiger wichtiger Dokumente). — *Brechenmacher*, Thomas: Der Vatikan und die Juden. Geschichte einer unheiligen Beziehung vom 16. Jahrhundert bis zur Gegenwart. München 2005, 177-190. — *Wolf*, Hubert: Pius XI. und die „Zeitirrtümer". Die Initiativen der römischen Inquisition gegen Rassismus und Nationalsozialismus. In: Vierteljahrshefte für Zeitgeschichte 53 (2005) 1-42.

14 Die Hinweise verdanke ich Thomas Brechenmacher.

nur unzureichend beleuchtete humanitäre Hilfstätigkeit unter Papst Pius XII.[15] Allerdings werden Bemühungen dieses von Monsignore Giovanni Battista Montini – dem späteren Papst Paul VI. – geleiteten Informationsbüros letztlich erst angemessen zu verorten und historisch zu gewichten sein, wenn die übrigen Provenienzen aus dem Pontifikat Pacellis öffentlich sind.

Darüber hinaus wird die kirchliche Quellenbasis für die Kriegsjahre erweitert durch die noch erhaltenen Nachlässe der deutschen Bischöfe, die nach Ende der grundsätzlich sechzigjährigen Sperrfrist sukzessiv und in immer größerer Zahl zugänglich werden. Das gilt beispielsweise für das „Archiv Kardinal von Faulhabers" und den Nachlass des Kölner Kardinals Frings, die beide inzwischen auch vorzüglich verzeichnet sind.[16] Das bislang durch Akteneditionen dokumentierte, kirchenpolitisch bestimmte Bild wird auf diese Weise um die diözesanbezogene, der zeitgenössischen Wahrnehmung der Bischöfe eher entsprechende Perspektive ergänzt. Das trifft unter anderen Vorzeichen auch auf die „Sammlung Werthmann" zu, die jene Akten zur katholischen Militärseelsorge vereinigt, die Kriegs- und Nachkriegsverluste überstanden haben. Allerdings ist die Überlieferungsgeschichte der Sammlung Werthmann zugleich ein Beleg dafür, dass trotz neu erschlossener Provenienzen stets die kriegsbedingten, in diesem Fall zum Teil auch beabsichtigten Aktenverluste quellenkritisch einkalkuliert werden müssen.[17]

Neue Aufschlüsse über die nationalsozialistische Kirchenpolitik und ihre Akteure ermöglicht die Freigabe von Akten aus ostdeutschen und sowjetischen Archiven.[18] Es handelt sich vor allem um Bestände, die bis 1990 im „Zentralen Staatsarchiv der DDR", im „Archiv des Ministeriums für Staatssicherheit" (MfS) bzw. „Sonderarchiv" in Moskau unter Verschluss gehalten wurden. Das ehemalige „NS-Archiv" des MfS umfasste unter anderem Bestände des „Sicherheitsdienstes" (SD) und des Reichsjustizministeriums, die kurz nach

---

15 Inter Arma Caritas. L'Ufficio Informazioni Vaticano per i prigioneri di guerra istituito da Pio XII (1939-1947). Bd. 1: Inventario. Bd. 2: Documenti. [Inter Arma Caritas. Das von Pius XII. eingerichtete Informationsbüro für Kriegsgefangene. Bd. 1: Inventar. Bd. 2: Dokumente.] DVD-Edition des Karteikartenarchivs. Città del Vaticano 2004 (Collectanea Archivi Vaticani 52). Zur Hilfstätigkeit für jüdische Kriegsopfer vergleiche hier insbesondere Bd. 2, 643-716. — Vergleiche auch *Fink*, Urban: Die Berner Nuntiatur: Informationszentrum und Brücke zwischen zwei Kleinstaaten in Bedrängnis. In: *Conzemius*, Victor (Hg.): Schweizer Katholizismus 1933-1945. Eine Konfessionskultur zwischen Abkapselung und Solidarität. Zürich 2001, 553-596.

16 Vergleiche *Pfister*, Peter (Hg.): Michael Kardinal von Faulhaber (1869-1952). Beiträge zum 50. Todestag und zur Öffnung des Kardinal-Faulhaber-Archivs. Regensburg 2003.

17 Vergleiche *Sinderhauf*, Monica: Katholische Wehrmachtseelsorge im Krieg. In: *Hummel/Kösters* (Hgg.): Kirchen im Krieg 265-292.

18 Vergleiche *Kreutzer*, Heike: Das Reichskirchenministerium im Gefüge der nationalsozialistischen Herrschaft. Düsseldorf 2000 (Schriften des Bundesarchivs 56). — *Dierker*, Wolf gang: Himmlers Glaubenskrieger. Der Sicherheitsdienst der SS und seine Religionspolitik 1933-1941. Paderborn 2002 (Veröffentlichungen der Kommission für Zeitgeschichte. Reihe B: Forschungen 92).

Kriegsende von den sowjetischen Besatzungstruppen beschlagnahmt und 1953 an die DDR mit dem Zweck politischer Instrumentalisierung abgegeben wurden.[19] Kirchenpolitisch bedeutsam sind die Akten der Kirchenreferate des Reichsführers SS (SD) zur „Verfolgung der Kirchen und anderer weltanschaulicher Gegner durch das NS-Regime“[20] und mindestens 2 000 fragmentarische, hauptsächlich aus der Provenienz des Reichsjustizministeriums stammende Verfahrensakten, die Ermittlungs- und Strafsachen gegen katholische und evangelische Geistliche enthalten.[21] Relativ vollständig überliefert sind auch die Akten des „Reichskirchenministeriums“, das kirchenpolitisch eher einflusslos war, aber doch als wichtiger Adressat für kirchliche Eingaben fungierte.

Wie die „Geheime Staatspolizei“ (Gestapo) im Reich und in den besetzten Gebieten die kirchlichen Aktivitäten wahrnahm, nachdem sie im Frühjahr 1941 die Aufgabe der Überwachung der Kirchen- und Religionsgemeinschaften vom SD übernommen hatte, spiegelt sich in der umfassenden Sammlung der „Meldungen und Berichte aus dem Geheimen Staatspolizeiamt, dem SD-Hauptamt der SS und dem Reichssicherheitshauptamt 1933-1944“ wider, die Heinz Boberach zusammengestellt hat.[22] Mit den entsprechenden quellenkritischen Vorbehalten lässt sich für die Kriegsjahre ein spezifisches Bild kirchlichen Verhaltens in den okkupierten und annektierten Staaten Europas gewinnen.[23]

---

19 Vergleiche *Unverhau,* Dagmar: Das NS-Archiv des Ministeriums für Staatssicherheit. Stationen einer Entwicklung. Münster 1998.

20 Die Akten wurden im Rahmen eines von der „Volkswagen-Stiftung“ finanzierten und von der „Kommission für Zeitgeschichte“ gemeinsam mit der Evangelischen Arbeitsgemeinschaft für kirchliche Zeitgeschichte durchgeführten Projektes verzeichnet. Vergleiche *Dierker:* Himmlers Glaubenskrieger 26-28.

21 Der ehemalige Bestand „ZB I (Sicherheitsdienst)“ ist inzwischen in den Bestand des Bundesarchivs „R 58 – Reichssicherheitshauptamt“ überführt. Die Integration des „ZC-Bestands“ (Verfahrensakten VGH und andere Gerichte, Reichsjustizministerium, Staatsanwaltschaften) in die fraglichen Provenienzen wird vorbereitet. — Vergleiche auch *Dumschat,* Sabine: Aufarbeitung des „NS-Archivs“ des Ministeriums für Staatssicherheit der DDR im Bundesarchiv. Vortrag auf dem 75. Deutschen Archivtag in Stuttgart am 28.9.2005. In: www.bundesarchiv.de/imperia/md/content/abteilungen/abtr/8.pdf (Zugriff am: 7.11.2006).

22 Regimekritik, Widerstand und Verfolgung in Deutschland und den besetzten Gebieten. Meldungen und Berichte aus dem Geheimen Staatspolizeiamt, dem SD-Hauptamt der SS und dem Reichssicherheitshauptamt 1933-1944. Mikrofiche-Edition in 2 Teilen. Teil 1: Reichsgebiet mit an- und eingegliederten Gebieten. Teil 2: Besetzte und angegliederte Gebiete (1939-1945). Supplement-Band: Meldungen aus den Niederlanden: 1940 bis 1945. Erschließungsband. Herausgegeben von Heinz *Boberach.* München 1999-2003. — Vergleiche auch *Paul,* Gerhard/*Mallmann,* Klaus-Michael (Hgg.): Die Gestapo im Zweiten Weltkrieg. „Heimatfront“ und besetztes Europa. Darmstadt 2000.

23 „Von den Sachakten und Lageberichten des SD sollte grundsätzlich keine historisch angemessene Bewertung des Verhaltens überwachter und verfolgter Einzelpersonen oder Gruppen erwartet werden, wie es in der Geschichtsschreibung des Nationalsozialismus zumeist der Fall ist. In dieser Hinsicht kann das Material lediglich eine ergänzende und korrigierende Funktion haben, gibt es doch vor allem darüber Auskunft, was die Verantwortlichen im Sicherheitsdienst selbst dachten, wollten und taten.“ *Dierker:* Himmlers Glaubenskrieger 29.

Die gesellschafts- und kulturgeschichtlichen Fragestellungen schließlich haben die Aufmerksamkeit für jene Quellengruppen geschärft, die über religiöse Erfahrungen qualitativ Auskunft geben können. Die noch erhalten gebliebenen Feldpostbriefe, Gebetstexte, -bildchen und Devotionalien gewähren Einblick in die individuelle Soldatenreligiosität und geistige Auseinandersetzung mit den Schrecken des Krieges.[24] Die „Dokumentationsstelle Kirchliche Jugendarbeit" in Hardehausen bewahrt allein ca. 1 000 solcher Briefe auf, die zu einem Teil in die Auswahldokumentation „Aus Feldpostbriefen junger Christen 1939-1945" eingegangen sind.[25]

Aus den (Erz-)Bistümern München und Freising, Würzburg, Passau und Freiburg liegen – in großer Dichte und inzwischen zum Teil ediert – Berichte von Pfarrern über das Kriegsende 1945 in ihren Gemeinden vor.[26] Diese so genannten „Kriegs- und Einmarschberichte" katholischer Geistlicher geben Aufschluss über den politischen und gesellschaftlichen Alltag der „Niemandszeit" (Walter Ziegler) in Süddeutschland, vor allem aber auch über die Wahrnehmung des Geschehens durch die geistliche Elite.[27]

Forschungsergebnisse

Die nachholende Bewegung, mit der sich die Katholizismusforschung dem Zweiten Weltkrieg als eigenständigem Forschungsfeld zuwandte, hat inzwischen zu ersten Ergebnissen geführt. Sie lassen sich im Großen und Ganzen vier Themenkomplexen zuordnen: Nationalsozialistische Religionspolitik; Kirche und Katholiken in der Kriegsgesellschaft; Antisemitismus, rasseideologischer Vernichtungskrieg und Kirche; Widerstand von Christen.

---

24 Vergleiche auch *Sinderhauf*, Monica: Katholische Militärgebet- und Gesangbücher seit dem 19. Jahrhundert. In: Militärseelsorge (Pastoral) 41 (2003) 65-86.

25 *Schleicher*, Karl Theodor/*Walle*, Heinrich (Hgg.): Aus Feldpostbriefen junger Christen 1939-1945. Ein Beitrag zur Geschichte der katholischen Jugend im Felde. Stuttgart 2005. Es handelt sich im Wesentlichen um Feldpostbriefe aus den Nachlässen des Münchener Diözesanjugendseelsorgers Stefan Wellenhofer (in der Dokumentationsstelle Hardehausen) und des Religionslehrers und Kölner Diözesangeistlichen Msgr. Hans Böhner (im Archiv der deutschen Jugendbewegung. Burg Ludwigstein).

26 Vergleiche *Pfister*, Peter (Hg.): Das Ende des Zweiten Weltkriegs im Erzbistum München und Freising. Die Kriegs- und Einmarschberichte im Archiv des Erzbistums München und Freising. 2 Bde. München 2005. — *Wiczlinski*, Verena von (Hg.): Kirche in Trümmern? Krieg und Zusammenbruch 1945 in der Berichterstattung von Pfarrern des Bistums Würzburg. Würzburg 2005.

27 Vergleiche *Ziegler*, Walter: Kriegsende 1945 und Neubeginn im Licht neuer Quellen. Die „Einmarschberichte" der Seelsorgestellen der Erzdiözese München-Freising. In: Historisches Jahrbuch 125 (2005) 273-299. — Vergleiche auch *Forstner*, Thomas: Zu Entstehung und Einordnung der Berichte katholischer Geistlicher über das Kriegsende 1945 und den Einmarsch der Amerikaner. In: *Pfister* (Hg.): Das Ende des Zweiten Weltkriegs im Erzbistum München und Freising. Bd. 1, 105-139.

Nationalsozialistische Religionspolitik

Bekanntlich waren die staatlichen Verhandlungen mit den Kirchen, die schikanöse Verwaltungspraxis, die Verhaftungsaktionen und gewaltsame Zerschlagung kirchlicher Organisationen das Resultat nationalsozialistischer Polykratie auch in der Kirchenpolitik. Entfalten konnte sie sich deshalb, weil Hitler das Kirchenproblem nach misslungenen Lösungsversuchen seinen machtpolitischen Opportunitätsinteressen unterordnete und vor einer endgültigen Ausschaltung der Kirchen zurückschreckte. Er verhinderte allerdings nicht, dass die Überwachungs- und Sicherheitsorgane von Partei und Staat das entstehende Vakuum für ein weiteres, radikaleres Vorgehen gegen die Kirchen nutzten.

Im kirchenpolitischen Kompetenzstreit zwischen den mit kirchlichen Angelegenheiten befassten Reichsministerien, der Bormannschen Parteikanzlei und dem Reichssicherheitshauptamt, kam Letzterem unter Himmlers Führung eine sehr viel größere Bedeutung zu, als bislang angenommen. „Während Bormann [...] in erster Linie durch die Verbreitung des tatsächlichen oder vermeintlichen Führerwillens Politik betrieb, vermochte Himmler durch aktive politische Maßnahmen Fakten zu schaffen.“[28]

Der so genannte „Klostersturm“ war keineswegs eine von Martin Bormann initiierte, punktuelle Gestapo-Aktion des Jahres 1941/1942. Himmler und die von ihm angeleitete „Volksdeutsche Mittelstelle“ nutzten vielmehr die erste Phase des Krieges, um bereits seit 1940 gezielt gegen die katholischen Einrichtungen vorzugehen. Das war nicht nur ein „verweigerter Burgfrieden“, sondern vielmehr ein „umgekehrter Burgfrieden“ (Annette Mertens). Die Enteignungen gingen trotz Hitlers Stopp-Befehl vom 30. Juli 1941 auf dem Verwaltungswege weiter; durch Gestapo und Volksdeutsche Mittelstelle wurden insgesamt 306 Klöster widerrechtlich („total“) beschlagnahmt[29] und zum großen Teil auch enteignet.

Vor allem die Akteure im SD der SS besaßen ein klares weltanschauliches, gegen die „Katholische Aktion“ gerichtetes Feindbild, zu dem auch und gerade die Orden und Klöster gehörten.[30] Der Krieg zwang „Himmlers Glaubenskriegern“ (Wolfgang Dierker) allerdings eine kirchenpolitische Doppelstrategie aus repressiver Nadelstichpolitik und taktischer Zurückhaltung auf, welche die geplante „Endlösung der Kirchenfrage“ auf die Zeit nach einem erfolgreich bestandenen Krieg verschob.

---

28 *Mertens*, Annette: Himmlers Klostersturm. Der Angriff auf katholische Einrichtungen im Zweiten Weltkrieg und die Wiedergutmachung nach 1945. Paderborn 2006.

29 Das Reichsleistungsgesetz sah stets nur eine Teilbeschlagnahme vor.

30 Vergleiche *Dierker*: Himmlers Glaubenskrieger 145-162.

Kirche und Katholiken in der Kriegsgesellschaft

Überblickt man die breite zeitgeschichtliche Katholizismusforschung zum Nationalsozialismus, so tritt „Kirche" in unterschiedlichen Untersuchungsdimensionen hervor[31]: als institutionalisierte Religionsgestalt mit einer Vielzahl von Amtsträgern und einer Fülle von Einrichtungen, als Inbegriff religiöser Lehren und Normen, somit als kollektives Deutungssystem, in dessen Dienst diese Einrichtungen und Amtsträger stehen, weiterhin als Vergesellschaftungskerne mit Verbänden, Gemeinden, Milieus und Teilmilieus und nicht zuletzt auch als Ort subjektiver Religiosität.

Die Frage nach den Beziehungen zwischen „Kirche" und „Krieg" eröffnet somit ein breites Forschungsfeld, zumal sich die Perspektiven sowohl im Blick auf die spezifischen konfessionellen und nationalen Ausprägungen von „Kirche"[32] als auch im Blick auf die Unterschiedlichkeit der Kriegsumstände vervielfältigen. Gegenwärtig lassen sich folgende Schnittstellen zwischen „Kirche" und „Krieg" ausmachen, die eingehender untersucht werden: a) der Beitrag der Kirchen zur „geistigen Kriegsbewältigung" und Kriegserfahrung, b) das katholische Milieu und innerkirchliche Leben in der deutschen Kriegsgesellschaft und c) die materielle und personelle Bedeutung kirchlicher Einrichtungen und Organisationen für den Krieg.[33]

a) Religion und Kriegserfahrung

Für die individuelle Kriegserfahrung und -deutung lieferten Religion und Kirche wichtige, bisher nur wenig beachtete Bausteine. Bekannt ist, dass sich die katholischen Bischöfe anders als noch während des Ersten Weltkrieges in ihren Hirtenschreiben politisch zurückhielten. Um so deutlicher traten Bestandteile traditioneller Theologie des Krieges in den Vordergrund, die den Krieg als heilsame Leidensschule, als Strafe Gottes, als Sühneopfer und dergleichen verstanden und mit denen zugleich die Hoffnung auf eine Rückbesinnung der Katholiken auf ihren Glauben verbunden war. Patriotische Pflichterfüllung und ein – keineswegs als bedingungslos verstandener – obrigkeitlicher Gehorsam galten für die Bischöfe selbst dann weiterhin, als sie – wie der Berliner Bischof Konrad Graf von Preysing – die Totalität der nationalsozialistischen Diktatur durchschaut hatten und nachdrücklich für die Verteidigung allgemeiner menschlicher Rechte eintraten.[34]

---

31 Vergleiche *Hummel/Kösters:* Zur Einführung 10 f.

32 Erste Untersuchungen in deutscher Sprache liegen inzwischen auch für die christlichen Kirchen griechischer und russischer Tradition vor. Vergleiche dazu *Shkarovskij,* Michail: Die Kirchenpolitik des Dritten Reiches gegenüber den orthodoxen Kirchen in Osteuropa (1939-1945). Münster 2004.

33 Zu den folgenden Ausführungen vergleiche *Hummel/Kösters:* Zur Einführung 14-18.

34 Vergleiche *Leugers,* Antonia: Die deutschen Bischöfe und der Nationalsozialismus. In: *Scherzberg,* Lucia (Hg.): Theologie und Vergangenheitsbewältigung. Eine kritische Bestand-

Dass diese traditionellen Muster religiös-kirchlicher Sinnstiftung in verschiedenen Verschränkungen und Brechungen mit anderen Identitäten für Soldaten an der Front und Gläubige an der „Heimatfront" bedeutsam waren, ist inzwischen unbestritten.[35] Die Feldpostbriefe, die zu zigtausenden zwischen Soldaten und ihren Angehörigen hin- und hergingen, belegen dies eindeutig.

Sie bieten aber auch Aufschlüsse über die Reichweite der theologischen Deutung des Krieges; denn zwischen dieser Deutung und der realen Kriegserfahrung vor allem an der Ostfront entwickelte sich offenbar seit 1942/1943 eine merkliche Divergenz: Die Brutalität des Krieges ruinierte die Überzeugungskraft traditioneller Deutungen so sehr, dass vielen Soldaten als Sinn stiftendes Motiv anscheinend nur noch die Abwehr des Bolschewismus blieb.[36]

Eine vergleichbare Distanz zwischen religiös-kirchlicher Sinnstiftung und ihrer Akzeptanz bei den Gläubigen lässt sich auch für die so genannte „Heimatfront" beobachten. Die Auswirkungen der umfassenden Mobilisierung und der erstmals massiven Betroffenheit von einem Luftkrieg stellten auch in der deutschen Kriegsgesellschaft die traditionellen, Sinn stiftenden Plausibilitäten der Kirche in Frage. In den Aufzeichnungen und Berichten katholischer Geistlicher über das Leben in ihren Gemeinden während bzw. nach Ende des Krieges spiegeln sich diese Veränderungen in den Klagen darüber wider, dass der kirchliche Aufruf zur religiösen Umkehr ungehört verhalle. Die Hoffnungen, mit Krieg und „Verkirchlichung" werde es zu einer Rückbesinnung breiter Bevölkerungskreise auf den Kirchenglauben kommen („Not lehrt beten"), erfüllten sich offenbar nicht. Der Krieg hinterließ im Glaubensbewusstsein der deutschen Katholiken tiefere Spuren als es der kirchengebundene Traditionskatholizismus nach außen erkennen ließ. Und als 1945 das ganze Ausmaß der Katastrophe deutlich wurde, stand zusammen mit den traditionellen Mustern religiöser Sinnstiftung auch die moraltheologische Begründung von Krieg als bedingt erlaubtem Mittel zur zwischenstaatlichen Konfliktlösung erneut – wie schon nach dem Ersten Weltkrieg – in Frage.

---

aufnahme im interdisziplinären Vergleich. Paderborn 2005, 32-55, hier 46. Auch Mitglieder des Ordensausschusses fanden aus dem Dilemma zwischen der Ablehnung des kirchenfeindlichen Staates und der Verteidigung des Vaterlandes nicht heraus. Vergleiche *ebenda* 43.

35 Vergleiche die Dokumentation der Tagung „Christentum und Krieg" (Weingarten 2004) in: Rottenburger Jahrbuch für Kirchengeschichte 25 (2006) 4. — Siehe auch das Themenheft „Krieg und Religion" der Tübinger Theologischen Quartalschrift 182 (2002) 277-372.

36 Vergleiche *Schleicher/Walle* (Hgg.): Aus Feldpostbriefen junger Christen. — *Damberg*, Wilhelm: Kriegserfahrung und Kriegstheologie 1939-1945. In: Tübinger Theologische Quartalschrift 182 (2002) 321-341. — *Eilers*, Rolf: Konfession und Lebenswelt. 75 Jahre Neudeutschland 1919-1994. Mainz 1998, 205-217.

b) Katholisches Milieu und deutsche Kriegsgesellschaft

Man kann die erwähnten Befunde auch als Indiz dafür sehen, dass bei aller Resistenz des pfarrgemeindlich organisierten „Sakristeichristentums" der Krieg den langfristigen Prozess der Erosion und Transformation des katholischen Milieus beschleunigte. In den zwanziger und frühen dreißiger Jahren noch hatte sich ein religiöser Aufbruch angekündigt, der zuletzt sogar Züge politischer Demonstration gegen die Kirchenfeindlichkeit des NS-Regimes getragen hatte. Nun setzten Einberufungen, Dienstverpflichtungen, Evakuierungen, Rückführungen, Flucht und Vertreibungen die Glaubens- und Sozialstrukturen unter Druck.[37] Mit dem einsetzenden Luftkrieg erreichten die Veränderungen des Kriegsalltags eine neue Qualität. Die Bombardements deutscher Städte seit 1942 lösten eine Fluchtbewegung in das nähere und fernere dörfliche Umland aus, die insbesondere während der letzten zwölf Kriegsmonate rapide anschwoll. Die Stadt kam auf das Land, die „Entprovinzialisierung des Dorfes" (Martin Broszat)[38] veränderte das soziale, bis dahin geschlossene Gefüge des katholischen Milieus bei gleichzeitig enger werdenden wirtschaftlichen und seelsorgerischen Verteilungsspielräumen. Die Einrichtung der „Wandernden Kirche", gleichsam ein innerkirchlich organisiertes Meldesystem, konnte die Bruchstellen der konfessionell segmentierten deutschen Gesellschaft nicht abdichten. Das Ausmaß der Zerstörung bestimmte Umfang und Intensität des kirchlichen Lebens. Notseelsorge in den Städten stand neben „beschränkter Normalität" auf dem Lande.[39]

Andererseits blieben kirchliche Liturgie und individuelle Glaubenspraxis zumal für die kirchengebundenen Katholiken Fluchtpunkte im Kriegsalltag. Rekrutenexerzitien, Kriegsandachten, Gedenkfeiern für Vermisste und Gefallene, aber auch Generalabsolutionen in Bunkern und Luftschutzkellern boten religiösen Sinn und seelsorgerischen Trost. Sie bestritten den unverhohlen angemeldeten Anspruch der NSDAP auf kultische Deutungshoheit über den Krieg und seine Opfer.[40] Der nationalsozialistische Maßnahmenstaat griff immer tiefer in das kirchliche Pfarrleben ein und beschränkte es letztlich auf den kirchlich-liturgischen Binnenraum.

---

37 Zu den folgenden Ausführungen vergleiche *Kösters*, Christoph: Kirche und Glaube an der „Heimatfront": Katholische Lebenswelt und Kriegserfahrungen 1939-1945. In: *Hummel/Kösters* (Hgg.): Kirchen im Krieg 363-398. — *Flammer*, Thomas: Migration und Milieu. Die Auswirkungen von Migration auf Kirche und Gläubige am Beispiel der Arbeit des „Katholischen Seelsorgsdienstes für die Wandernde Kirche" (1934-1943). In: *Ebenda* 399-417.

38 Vergleiche *Broszat*, Martin/*Henke*, Klaus-Dietmar/*Woller*, Hans (Hgg.): Von Stalingrad zur Währungsreform. Zur Sozialgeschichte des Umbruchs in Deutschland. München 1989, hier: XXXVIII.

39 Vergleiche *Blessing*, Werner K.: „Deutschland in Not, wir im Glauben..." Kirche und Kirchenvolk in einer katholischen Region. In: *Ebenda* 3-111, hier 54. — Vergleiche auch *Blank*, Ralf: Kriegsalltag und Luftkrieg an der „Heimatfront". In: *Echternkamp* (Hg.): Die deutsche Kriegsgesellschaft. Bd. 9/1, 357-461.

40 Vergleiche *Nolzen*, Armin: Die NSDAP, der Krieg und die deutsche Gesellschaft. In: *Ebenda* 99-193, hier 139 f.

c) Kirchliche Ressourcen für den Krieg

Die genannten Entwicklungen standen in einer spannungsreichen Einheit mit der Mobilisierung materieller und institutioneller kirchlicher Ressourcen für den Krieg. In Zeiten des Krieges, in denen es um Verwundungen und Tod geht, ist das Gesundheitswesen ein Schlüsselsektor.[41] Diesem Bedürfnis kamen die katholischen Einrichtungsträger nicht nur gezwungenermaßen, sondern durchaus mit patriotischem Pflichtbewusstsein nach. Im Mai 1943 waren einer innerkirchlichen Statistik zufolge reichsweit mehr als 3 400 katholische Einrichtungen – 1 469 kirchliche und 1 942 klösterliche – für Reichsaufgaben „in Anspruch genommen".

Damit ging eine Auszehrung auch der personellen Ressourcen einher: Priester und mehr noch Ordenskleriker wurden in die Wehrmacht eingezogen, zwei von drei Ordensfrauen waren Anfang 1944 zu kriegsrelevanten Aufgaben, insbesondere der Krankenpflege eingesetzt. Diesen karitativ begründeten Kriegsdienst zu verweigern stand trotz stärkster Anspannung aller Kräfte und kirchenfeindlicher Übergriffe durch das nationalsozialistische Regime außer Frage. Die Motive lassen sich nur schwer verallgemeinern. Patriotismus und karitative, als Lazaretthilfe auch traditionsbestimmte Identität wirkten zusammen mit ökonomischen Interessen und dem Selbstbehauptungswillen gegenüber gewaltsamen Übergriffen des Regimes.

Zu den Ambivalenzen kirchlicher Unterstützung für den Krieg zählt der Arbeitseinsatz von nachweislich fast 6 000 Zivilarbeitern und Kriegsgefangenen in Einrichtungen der katholischen Kirche. Der mittlerweile für beide christlichen Kirchen intensiv erforschte Einsatz von Zwangsarbeitern gehörte zum Alltag zahlreicher kirchlicher Einrichtungen, ohne jedoch ein Massenphänomen zu sein, das – wie in der Kriegsindustrie – auf eine rigorose Ausbeutung der Arbeitskräfte hinauslief. Der Umgang mit den fast ausschließlich in Land- und Hauswirtschaft eingesetzten fremden Arbeitskräften zeigt die ganze Bandbreite menschlichen Verhaltens von wohlwollender Fürsorge bis zur überharten Strenge; er unterschied sich kaum von nichtkirchlichen Einrichtungen in Land- und Hauswirtschaft, weil er von denselben äußeren Zwängen bestimmt war.[42] Die als heilsnotwendig betrachtete Seelsorge an Angehörigen desselben katholischen Glaubens schloss allerdings die Achtung der allgemeinen menschlichen Würde ein und markierte eine Grenze zum propagierten nationalsozialistischen Volkstums- und Rassengedanken.

---

[41] Vergleiche *Süß*, Winfried: Der „Volkskörper" im Krieg. Gesundheitspolitik, Gesundheitsverhältnisse und Krankenmord im nationalsozialistischen Deutschland 1939-1945. München 2003.

[42] Vergleiche *Kaiser*, Jochen-Christoph (Hg.): Zwangsarbeit in Diakonie und Kirche 1939-45. Stuttgart 2005 (Konfession und Gesellschaft 32). — *Hummel*, Karl-Joseph/*Kösters*, Christoph (Hgg.): Zwangsarbeit und katholische Kirche 1939-1945. Geschichte und Erinnerung, Entschädigung und Versöhnung. Eine Dokumentation. Paderborn u.a. 2007 (Veröffentlichungen der Kommission für Zeitgeschichte, Reihe B: Forschungen 110).

Die Ambivalenzen im Arrangement zwischen Kirche und Regime lassen sich auf den Begriff der „antagonistischen Kooperation"[43] bringen. Je nach Blickwinkel werden unterschiedliche und doch zusammengehörige Facetten kirchlichen Verhaltens im Krieg deutlich. Die Kirchen haben die Kriegsführung personell, materiell, finanziell und ideell unterstützt. Einerseits haben sie dies zwar mit christlicher Sinngebung getan, die aber wirkungsgeschichtlich eben doch auf eine Unterstützung hinauslief. Wird andererseits die spezifisch christliche Art der Sinngebung betont, die intentional auf Abstand zum rassistischen Raub- und Vernichtungskrieg achtete, so wird jener Zwischenraum deutlicher sichtbar, der auch im Krieg Identitätswahrung jenseits der nationalsozialistischen Ideologie und unbeschadet aller patriotisch gelagerter Unterstützung ermöglichte.

Zur Dialektik „antagonistischer Kooperation" gehört, dass die katholische Kirche zwar Bestandteil der deutschen Kriegsgesellschaft war, aber gerade als solche auch Ziel einer fortgesetzt repressiven nationalsozialistischen Religionspolitik war. Auf kirchlicher Seite entsprach dem die begründete Zukunftserwartung, es werde nach dem Ende des Krieges zu einer Christenverfolgung kommen. Nicht nur der katholische Bischof von Trier, Franz Rudolf Bornewasser befürchtete, die Nationalsozialisten würden ihren fertigen „Vernichtungsplan für Christentum und Kirche" brutal durchführen, sobald sie dazu in der Lage seien.[44] Möglicherweise schließt sich hier der Kreis zur vielfältigen kirchlichen Unterstützung des Krieges: Man sah die Erfüllung der vaterländischen Pflicht an der Front auch als Palliativ an, um die eigene Position in der künftigen „Generalabrechnung" (Goebbels) weniger angreifbar zu machen.

Antisemitismus, rasseideologischer Vernichtungskrieg und Kirche

Der nationalsozialistische Krieg war von Beginn an ein Weltanschauungs- und Rassekrieg. Innere Triebfeder und letztes Ziel war es, durch die Vernichtung allen „minderwertigen" Lebens und die „Endlösung" der Judenfrage in Europa die rasseideologischen Visionen des Nationalsozialismus zu verwirklichen. Die radikale und gewaltsame Umsetzung dieses Zieles wirft vor dem Hintergrund der skizzierten „antagonistischen Kooperation" nachdrücklich die Frage auf, wie sich die katholische Kirche angesichts von Verfolgung und Diskriminierung, Unterdrückung, Ausbeutung und Isolierung und schließlich der massenhaften Ermordung und systematischen Vernichtung der Juden in Europa verhalten hat.

Die ernste wissenschaftliche Diskussion über Antisemitismus, Holocaust und die Päpste Pius XI. bzw. Pius XII. hat mittlerweile die von großem Medieninteresse begleiteten, aber ohne Quellen- und Sachkenntnis publizierten Debattenbeiträge dazu überholt. Die moralische Entrüstung über das viel zitierte

43 Vergleiche *Süß:* Der „Volkskörper" im Krieg 317-341.

44 Vergleiche *Gruber:* Katholische Kirche Nr. 236.

„Schweigen" des Papstes weicht erklärenden Handlungszusammenhängen und Handlungsmotiven auf der Grundlage eines breiteren Quellenfundaments.[45] Entgegen dem Anschein inszenierter Geschichtsbilder und feststehender Urteile sind das Auftreten des Heiligen Stuhls und die damit im Zusammenhang zu sehenden Verhaltensweisen der Bischöfe und Gläubigen bisher keineswegs ausreichend untersucht. Dazu bedarf es einer räumlich und methodisch erweiterten Perspektive, die die unterschiedlichen Verschränkungen antisemitischer mit nationalen und ethnischen Mentalitäten sowie die jeweiligen politischen Handlungsräume der katholischen Kirche nicht nur Deutschlands, sondern auch des okkupierten (Ost-)Europas in den Blick nimmt.

Eindeutig war die kompromisslose Ablehnung der nationalsozialistischen Rassenlehre durch den Heiligen Stuhl. Die Indizierung von Rosenbergs „Mythus des 20. Jahrhunderts", die Enzyklika „Mit brennender Sorge" und die Verurteilung des Nationalsozialismus durch das bekannte Reskript der römischen Studienkongregation belegen dies ebenso eindeutig wie jene vom Heiligen Offizium ausgehenden Initiativen, die unveröffentlicht blieben, wie der 1934 geplante „Syllabus" gegen die Irrlehren des 20. Jahrhunderts und die im Herbst 1937 geplante internationale Kampagne gegen den Nationalsozialismus als „antichristliche Bewegung".[46] Diese fundamentale Kritik am Rassismus, die vergleichbar auch von den deutschen Bischöfen geäußert wurde,[47] antwortete auf die Gefährdungen zentraler kirchlicher Glaubenslehren. Auch wenn sie deshalb nicht in erster Linie die Juden im Blick hatte, zielte sie doch ins Zentrum der nationalsozialistischen Ideologie und entzog dem Antisemitismus die theoretische Grundlage. Andererseits war und blieb das Verhältnis der katholischen Kirche zum Judentum von Ambivalenzen bestimmt.[48]

Dass sich an dieser Positionsbestimmung während des Krieges grundsätzlich etwas änderte, ist weder anzunehmen noch bislang nachgewiesen. Thomas Brechenmacher, gegenwärtig einer der besten Kenner auch der seit kurzem neu zugänglichen römischen Akten, sieht in Pius XI. denjenigen, der unter den euro-

---

45 *Sánchez*, José M.: Pius XII. und der Holocaust. Anatomie einer Debatte. Paderborn 2002. — Vergleiche zusammenfassend zuletzt *Becker*, Winfried: Papst Pius XII. und sein „Schweigen" über den Holocaust. In: Kirchliche Zeitgeschichte 18 (2005) 40-67. — *Burkard*, Dominik: Papst Pius XII. und die Juden. Zum Stand der Debatte. In: *Schuller*, Florian/*Veltri*, Giuseppe/*Wolf*, Hubert (Hgg.): Katholizismus und Judentum. Gemeinsamkeiten und Verwerfungen vom 16. bis zum 20. Jahrhundert. Regensburg 2005, 282-296.

46 Zitiert nach *Brechenmacher*, Thomas: Der Heilige Stuhl und die europäischen Mächte. In: *Hummel*/*Kösters* (Hgg.): Kirchen im Krieg, 25-46, hier 37.

47 Das signifikanteste Beispiel ist der Münsteraner Bischof Clemens August Graf von Galen. Zum Forschungsstand vergleiche *Wolf*, Hubert/*Flammer*, Thomas/*Schüler*, Barbara (Hgg.): Clemens August Kardinal von Galen. Kirchenfürst im Nationalsozialismus. Darmstadt 2007. — Vergleiche auch *Wolf*, Hubert/*Lueb*, Ingrid: Clemens August Graf von Galen. Gehorsam und Gewissen. Freiburg i. Br. 2006.

48 Vergleiche *Wolf*, Hubert: Gegen Rassismus und Antisemitismus? Der Heilige Stuhl und die NS-Ideologie im Spiegel der neu zugänglichen Quellen. In: Theologie der Gegenwart 48 (2005) 82-100.

päischen Staatsmännern am deutlichsten für das jüdische Volk eingetreten ist. Sein Nachfolger, Pius XII. scheiterte mit seiner Politik diplomatischer „Unparteilichkeit" in einem Krieg, der sämtliche bis dahin gültigen Maßstäbe außer Kraft setzte. Die allen Kriegsopfern geltende „universale Mission" für Recht und Gerechtigkeit kollidierte mit der päpstlichen Schutz- und Fürsorgepflicht gegenüber den katholischen Kirchen in den einzelnen Ländern. Im Falle der Juden wirkten langfristige antijudaistische Deutungsmuster zusammen mit Reflexen auf die „doppelte Schutzherrschaft" des 1870 untergegangenen Kirchenstaates. Die Frage der politischen Opportunität spielte für Entscheidungen des Heiligen Stuhls stets eine zentrale Rolle, was aktive Einzelhilfen nicht aus-, sondern im Gegenteil notwendigerweise einschloss. Brechenmacher schätzt, dass mittels des weltweit agierenden Nuntiatur-Netzwerkes etwa 100 000 Juden vor der Deportation bewahrt wurden, wobei zu berücksichtigen ist, dass vor allem in das Generalgouvernement nach 1939 keine geregelten Kontakte mehr bestanden.[49]

Der deutsche Episkopat war während des Krieges bekanntlich durch interne Auseinandersetzungen über die richtige kirchenpolitische Strategie gekennzeichnet, die das Bischofsgremium seit dem Sommer 1940 lähmten. Die Klärung dieses kircheninternen Strategiekonflikts führte im Ergebnis zum befreienden „Dekalog-Hirtenbrief" vom August 1943, der die katholischen Milieugrenzen sprengte. Der öffentliche Protest der deutschen Bischöfe verteidigte nicht mehr nur die kirchlichen Rechte, sondern klagte öffentlich die allgemeinen menschlichen Rechte als Ausfluss göttlichen Naturrechts ein. Der innerkirchliche Entscheidungsprozess wurde nicht nur von dem hinter den kirchlichen Kulissen agierenden, von den Bischöfen eingesetzten „Ausschuss für Ordensangelegenheiten" forciert.[50] Auch die Ausweitung der nationalsozialistischen Judendeportationen auf die so genannten „katholischen Nichtarier", also jene zum katholischen Glauben konvertierten Juden, einschließlich ihrer aus „Mischehen" mit „arischen" Katholiken hervorgegangenen Kinder, verstärkte den Handlungsdruck auf die deutschen Bischöfe. Ähnlich wie die Mitglieder des Ausschusses für Ordensangelegenheiten suchte die von Bischof Preysing zur Leiterin des Berliner Hilfswerks für „katholische Nichtarier" berufene Caritasfürsorgerin, Margarethe Sommer, die Bischöfe zu einem offensiveren Eintreten für die verfolgten Juden zu bewegen. Sommer besaß exzellente interne Informationen über die „Entfesselung der ‚Endlösung'" (Christopher Browning), namentlich auch über die bei der „Wannsee-Konferenz" im Februar 1942 getroffenen Absprachen, die sie an einzelne Bischöfe weitergab.[51]

---

49 Vergleiche *Brechenmacher:* Der Vatikan und die Juden 214, 218.

50 Zur Bedeutung des Ordensausschusses vergleiche *Leugers,* Antonia: Gegen eine Mauer des bischöflichen Schweigens. Der Ausschuß für Ordensangelegenheiten und seine Widerstandskonzeption 1941 bis 1945. Frankfurt/M. 1996.

51 Vergleiche *Leichsenring,* Jana: Wurde der Protest in der Rosenstraße Ende Februar/Anfang März 1943 organisiert? In: *Leugers,* Antonia (Hg.): Berlin, Rosenstraße 2-4: Protest in der NS-Diktatur. Neue Forschungen zum Frauenprotest in der Rosenstraße 1943. Annweiler o. J. [2005], 81-114, hier 91-93.

Auf die weitgehend konfessionell getrennt organisierte, in Kooperation mit den deutschen Reichsbehörden organisierte Hilfe der christlichen Kirchen für verfolgte Juden und „Nichtarier" im Krieg fällt zusätzliches Licht durch das ambivalente Verhältnis der Kirchen zum Antisemitismus.[52] Entsprechend gehen auch die historischen Interpretationen weit auseinander. Ob ein traditioneller Antijudaismus und soziokultureller Antisemitismus trotz einer unmissverständlichen kirchlichen Ablehnung des nationalsozialistischen Rassismus einer Zurückhaltung der Bischöfe Vorschub wider besseren Wissens geleistet hat, ist allein schon für die 35 Mitglieder der Fuldaer Bischofskonferenz nur unzureichend erforscht. Zu beachten ist, dass vor allem auch institutionell bestimmte Handlungskontexte einer konfessionell segmentierten deutschen Gesellschaft das Verhalten der Bischöfe maßgeblich beeinflussten.[53] Der These, die rein fürsorgerisch-seelsorgerische Hilfe für die der Deportation entgegensehenden „katholischen Nichtarier" habe nolens volens zu einer „Perfektionierung des nationalsozialistischen Vernichtungsapparats"[54] beigetragen, ist entgegenhalten worden:

> Wegen dieser zentralen Bedeutung des Antisemitismus im nationalsozialistischen Rassismus [...] ist jegliche Stellungnahme gegen den Rassismus im allgemeinen und gegen den Antisemitismus im besonderen und ist jede humane Hilfe für verfolgte, bald todesbedrohte jüdische Menschen als wesentliche Widerstandshandlung unter dem nationalsozialistischen Totalitarismus zu sehen.[55]

Widerstand von Christen im Krieg

Ohne auf die kaum noch zu überschauende Widerstandsliteratur eingehen zu können, ist zunächst festzuhalten: Widerstand von Christen in der Zeit der nationalsozialistischen Herrschaft ist nicht nur ein Phänomen der Kriegsjahre. Die zunächst auf die Phase der Machtergreifung 1933/1934 konzentrierte Katholizismusforschung hat beispielsweise den frühen Widerstand von Katholiken

---

[52] Zur Kontroverse über das ambivalente bzw. immanente Verhältnis von Katholizismus und Antisemitismus zwischen Urs Altermatt („ambivalent") und Olaf Blaschke („immanent" im Sinne eines „katholischen Antisemitismus") vergleiche *Kösters,* Christoph: Katholische Kirche im nationalsozialistischen Deutschland. Aktuelle Forschungsergebnisse, Kontroversen und Fragen. In: *Bendel* (Hg.): Die katholische Schuld? 25-46, hier 36-38.

[53] In diesen Zusammenhang gehört auch die Untersuchung der wechselseitigen Wahrnehmung konkurrierender Milieus. Jana Leichsenring hat gezeigt, wie sehr diese Milieuschranken selbst unter den in Theresienstadt auf engstem Raum zusammenlebenden Juden und „Nichtariern" konstitutiv waren. Vergleiche *Leichsenring,* Jana: Die katholische Gemeinde in Theresienstadt und die Berliner Katholiken. In: Theresienstädter Studien und Dokumente 2004. Prag 2004, 178-222.

[54] So *Leugers:* Die deutschen Bischöfe und der Nationalsozialismus 52.

[55] *Altgeld,* Wolfgang/*Kißener,* Michael: Judenverfolgung und Widerstand. Zur Einführung. In: *Kißener,* Michael (Hg.): Widerstand gegen die Judenverfolgung. Konstanz 1996, 9-40, hier 29.

im Exil hervorgehoben.[56] Und um ein weiteres Beispiel zu nennen: Der Perspektivwechsel in der Widerstandsforschung, den Martin Broszat Ende der siebziger Jahre mit dem wirkungsgeschichtlich argumentierenden Widerstandsbegriff beförderte, führte zu dem Nachweis breiter katholischer Milieuresistenz während der etablierten nationalsozialistischen Herrschaft bis 1939. Die Auseinandersetzungen über Begriffe und historische Befunde gingen in ein Stufenmodell ein, das weithin anerkannt worden ist. Es unterscheidet Widerstand von der „punktuellen Nonkonformität", über „Verweigerung" hin zu öffentlichem „Protest" bis zum „Widerstand im engeren Sinne". Die Unterschiede bemessen sich am Risikocharakter des Verhaltens in einer totalitären Diktatur.[57]

Mit der zeitgeschichtlichen Erforschung der Kriegszeit richtet sich das Interesse von neuem auf jene Personen und Gruppen, für die Gewalt und Unrecht des Nationalsozialismus zum Impuls ihres Widerstands gegen das Regime wurden.[58] Damit fällt neues Licht auf die in den letzten 20 Jahren gewonnenen Einsichten über die katholische Milieuresistenz. Hans Günter Hockerts hat darauf verwiesen, dass die Standards des Milieus nicht unmittelbar Widerstand, sondern lediglich Abstand zum Nationalsozialismus bewirkten. Umgekehrt konnte die Abstand haltende Resistenz kirchen- und gemeindenaher Milieus durchaus eine Voraussetzung für Widerstand von Christen sein. Um jedoch „Abstand" zu Verhaltensweisen des Widerstandes zu vertiefen, also Teilopposition zur Fundamentalopposition auszuweiten, bedurfte es stets der persönlichen Entscheidung, sei es von einzelnen allein, in Freundeskreisen oder im Zusammenhalt besonderer Gruppen.[59] Diese Unterscheidung ist auch deshalb zu betonen, weil sie einer von Klaus-Michael Mallmann, Gerhard Paul und anderen vertretenen Auffassung entgegensteht, die katholischen Widerstand auf eine „nur religiöse", das herrschende Regime nicht gefährdende Selbstbehauptung verkürzt.[60]

---

56 Vergleiche *Hürten,* Heinz: Deutsche Briefe. 1934-1938. Ein Blatt der katholischen Emigration. Bd. 1: 1934-1935. Bd. 2: 1936-1938. Mainz 1969. — *Gruber,* Hubert (Hg.): Friedrich Muckermann S.J. 1883-1946. Ein katholischer Publizist in der Auseinandersetzung mit dem Zeitgeist. Mainz 1993.

57 Vergleiche *Gotto,* Klaus/*Hockerts,* Hans Günter/*Repgen,* Konrad: Nationalsozialistische Herausforderung und kirchliche Antwort. Eine Bilanz. In: *Gotto,* Klaus/*Repgen,* Konrad (Hgg.): Die Katholiken und das Dritte Reich. 3., überarb. und erw. Aufl. Mainz 1990, 173-190.

58 Vergleiche *Becker,* Winfried: Christen und der Widerstand – Forschungsstand und Forschungsperspektiven. In: *Hummel/Kösters* (Hgg.): Kirchen im Krieg 473-491. — *Stickler,* Matthias (Hg.): Portraits zur Geschichte des deutschen Widerstands. Leidorf 2005. — *Hockerts,* Hans Günter/*Maier,* Hans (Hgg.): Christlicher Widerstand im Dritten Reich. Annweiler 2003. — *Benz,* Wolfgang (Hg.): Selbstbehauptung und Opposition: Kirche als Ort des Widerstandes gegen staatliche Diktatur. Berlin 2003. — *Leugers,* Antonia: Deutscher Widerstand gegen den Nationalsozialismus. In: Neue politische Literatur 47 (2002) 249-276.

59 Vergleiche *Hockerts,* Hans Günter: Vielfalt christlichen Widerstandes. Das Beispiel München. In: *Hockerts/Maier* (Hgg.): Christlicher Widerstand 17-40, hier 39.

60 Vergleiche *Paul,* Gerhard/*Mallmann,* Klaus-Michael: Milieus und Widerstand. Eine Verhaltensgeschichte der Gesellschaft im Nationalsozialismus. Bonn 1995 (Bd. 3: Widerstand und Verweigerung im Saarland 1935-1945).

Methodisch bedeutet dies, dass christlicher Widerstand nur hinreichend durch Einzel- oder Gruppenbiographien erschlossen werden kann. Die Studie Bernhard Höpfls über den Widerstand katholischer Laien in Bayern während der NS-Zeit verfolgt einen solchen Ansatz. Der direkte Schluss von den Standards des katholischen Milieus auf ein widerständiges Verhalten wird diesem Ansatz jedoch nicht gerecht und greift zu kurz.[61] Wie komplex der Zusammenhang zwischen christlicher Prägung und Widerstand sein konnte, haben beispielsweise die Studien über die „Weiße Rose" deutlich gemacht.[62]

Damit stellt sich auch die Frage nach der Motivation des Widerstandes und seinen Berührungspunkten mit dem spezifisch „Christlichen".[63] Sie trägt der Tatsache Rechnung, dass Widerstand von Christen mit politischen Kategorien allein nicht hinreichend erfasst werden kann. Diese Frage historisch zu beantworten, fällt allerdings nicht leicht: Denn sowohl der Widerstand einzelner Katholiken bzw. Protestanten oder christlicher Gruppen selbst, als auch dessen nach 1945 einsetzende Dokumentation und Erforschung waren von Beginn an immer auch theologisch (ekklesiologisch) konnotiert.[64] Wenn aber das Selbstverständnis der Widerständler religiös motiviert war und/oder ihr Widerstandsverhalten durch die zeitgeschichtliche Deutung nach 1945 auf diese Weise interpretiert wurde,[65] ergibt sich die Schwierigkeit, angemessene historisch-kritische Bewertungsmaßstäbe zu entwickeln. Heinz Hürten hat zuletzt im Anschluss an Klaus Scholder unterstrichen, die Kirche könne, wo sie als Kirche gefordert sei, „nie anders handeln, als es ihrer Qualität als Kirche ent-

---

61 *Höpfl,* Bernhard: Katholische Laien im nationalsozialistischen Bayern. Verweigerung und Widerstand zwischen 1933 und 1945. Paderborn–München 1997.

62 Vergleiche *Schüler,* Barbara: „Im Geiste der Gemordeten...": Die „Weiße Rose" und ihre Wirkung in der Nachkriegszeit. Paderborn 2000. — *Kißener,* Michael (Hg.): „Weitertragen". Studien zur „Weißen Rose". Festschrift für Anneliese Knoop-Graf zum 80. Geburtstag. Konstanz 2001.

63 Vergleiche *Maier,* Hans: Einführung zum Symposion „Christlicher Widerstand im Dritten Reich". In: *Hockerts/Maier* (Hgg.): Christlicher Widerstand 7-16, hier 10 f.

64 *Leiner,* Martin (Hg.): Gott mehr gehorchen als den Menschen: christliche Wurzeln, Zeitgeschichte und Gegenwart des Widerstands. Göttingen 2005. Darin die Beiträge von *Maier,* Hans: Politische Religionen und christlich motivierter Widerstand. In: *Ebenda* 171-189. — *Leiner,* Martin: Zur theologischen Motivation im evangelischen und katholischen Widerstand gegen das „Dritte Reich". In: *Ebenda* 191-202. — *Ramm,* Hans-Joachim: Christlicher Widerstand im NS-Staat. In: *Ebenda* 203-216. — *Strohm,* Theodor: Obrigkeit und Widerstand – Bonhoeffers Verständnis von Römer 13. In: *Ebenda* 217-230. — *Maier,* Hans/*Nicolaisen,* Carsten (Hgg.): Martyrium im 20. Jahrhundert. Annweiler 2004. Darin u.a. der Beitrag von *Hummel,* Karl-Joseph: Erinnerung, Verlust und Wiederkehr. Zum Umgang mit katholischen Glaubenszeugen des Dritten Reiches 1945-2000. In: *Ebenda* 45-87.

65 Zu denken ist beispielsweise an die Bereitschaft zum Martyrium bzw. die Deutung des Todesopfers der Widerständler als Martyrium. Vergleiche die zeitgenössische Reflexion von *Peterson,* Erik: Zeuge der Wahrheit. Leipzig 1937.

spricht."[66] Der von Hürten vorgeschlagene Begriff des „Zeugnisses" ist bezeichnenderweise von der Kirchengeschichts-, nicht aber in der Profangeschichtsschreibung aufgenommen worden.[67]

Historisch greifbar ist, dass für den Schritt zum aktiven Widerstand die katholische Naturrechtslehre eine Legitimation bereithielt.[68] Bekannt ist das Beispiel der gut erforschten katholischen Arbeiterbewegung, bei der sozialpolitisches Handeln identitätsstiftend war.[69] Die Bedeutung des Naturrechts ist inzwischen auch für die Mitglieder des „Kreisauer Kreises" belegt.[70] Im Falle des Münsterischen Bischofs von Galen wirkten sozialkatholische Traditionen, das Staats-, Rechts- und Freiheitsverständnis seines Großonkels und Vorbildes, des Mainzer Bischofs Wilhelm Emmanuel von Ketteler, mit dem Bewusstsein zusammen, unter den katholischen Gläubigen seiner Diözese einen starken Rückhalt zu haben.[71] Nur für wenige Widerständler, wie Pater Alfred Delp oder Dietrich Bonhoeffer, lässt sich zeigen, dass sie aus tiefer religiöser Glaubensspiritualität handelten.[72] Erwuchs in den genannten Beispielen politische Opposition aus christlichen Glaubenskontexten, so ist für einzelne Mitglieder der Weißen Rose umgekehrt zu beobachten, dass Widerstandsaktivitäten auch zu einer Hinwendung zum christlichen Glauben führen konnten.[73]

Auch zeigen sich ganz verschiedene Brechungen der religiösen Motivation. Die christlichen Widerständler handelten nicht nur als Katholiken oder Protestanten. Christliche Handlungsmotive waren vielmehr individuell bzw. gruppenbezogen mit solchen anderer Art verbunden, z.B. mit förderalistischen, monar-

---

66 *Hürten,* Heinz: Widerstehen aus katholischem Glauben. In: *Steinbach,* Peter/*Tuchel,* Johannes (Hgg.): Widerstand gegen die nationalsozialistische Diktatur 1933-1945. Bonn 2004, 130-147, hier 132.

67 Vergleiche *Hürten,* Heinz: Verfolgung, Widerstand und Zeugnis. Kirche im Nationalsozialismus. Fragen eines Historikers. Mainz 1987.

68 Zum Folgenden *Hockerts:* Vielfalt 38 f.

69 Vergleiche *Buchstab,* Günter/*Kaff,* Brigitte/*Kleinmann,* Hans-Otto (Hgg.): Christliche Demokraten gegen Hitler. Aus Verfolgung und Widerstand zur Union. Freiburg i. Br. 2004. — *Leugers,* Antonia: „Märtyrer aus Gewissensüberzeugung". Die Bedeutung der Kirchlichen Hauptstelle für Männerseelsorge und Männerarbeit in Fulda (1941-1944). In: *Maier/Nicolaisen* (Hgg.): Martyrium im 20. Jahrhundert 123-137.

70 *Ellmann,* Michaela: Hans Lukaschek im Kreisauer Kreis. Verfassungsrechtliche und verfassungspolitische Beiträge zu den Plänen des Kreisauer Kreises für einen Neuaufbau Deutschlands. Paderborn 2000. — *Trott zu Solz,* Levin von: Hans Peters und der Kreisauer Kreis. Staatslehre im Widerstand. Paderborn 1997. — *Schindler,* Frank: Paulus van Husen im Kreisauer Kreis. Verfassungsrechtliche und verfassungspolitische Beiträge zu den Plänen der Kreisauer für einen Neuaufbau Deutschlands. Paderborn 1996.

71 Vergleiche *Damberg,* Wilhelm: Clemens August Graf von Galen. In: Westfalen 83 (2005) (erscheint voraussichtlich 2007). — *Kösters,* Christoph: Clemens August Graf von Galen und der Zweite Weltkrieg. Kriegstheologie und Kriegserfahrungen des Bischofs von Münster (1939-1945). In: *Wolf/Flammer/Schüler* (Hgg.): Clemens August von Galen 159-188.

72 *Hürten:* Widerstehen aus katholischem Glauben 143.

73 Vergleiche *Zankel,* Sönke: Das Verhältnis von Religion und Politik im Widerstand des Scholl-Schmorell-Kreises. In: *Maier/Nicolaisen* (Hgg.): Martyrium im 20. Jahrhundert 139-147.

chischen, seltener explizit demokratischen. Im Vergleich zu den Résistance-Bewegungen der besetzten Staaten, wo sich der Widerstand gegen eine Okkupationsmacht mehr auf national motivierte Werte und Ideen stützte, ist das Gewicht des Christlichen im deutschen Widerstand stärker ausgeprägt gewesen.[74]

Wer sich zur Teil- oder Fundamentalopposition entschloss, „ging über die Linie hinaus, die das Verhalten des katholischen Milieus begrenzte, aber er blieb doch in der Gemeinschaft der Kirche".[75] Die Persönlichkeiten und Gruppen des christlichen Widerstands, die Katholiken zumal, waren in der Regel davon überzeugt, dass ihr Denken und Handeln im Einklang mit ihrer Kirche stand. Dies spricht gegen eine generelle Behauptung, erst der Bruch mit zentralen Tugenden des katholischen Milieus habe nennenswerten Widerstand ermöglicht. In den evangelischen Kirchen konnte sich dies durchaus anders verhalten. Das protestantische Kirchenbild und die innere Spaltung führten dazu, dass Widerstand sich erst im Widerspruch zur eigenen Kirche entwickelte.[76]

Ob und in welcher Weise religiöse Motivation im Sinne einer Gewissensentscheidung tatsächlich handlungsrelevant wurde, war nicht zuletzt situationsabhängig. Der Entfesselung der Gewalt im nationalsozialistischen Krieg sowohl nach außen wie auch nach innen kam dafür offenbar katalytische Bedeutung zu. Die These, dass umgekehrt christliche Motive gegen ihren Sinn wirksam wurden und dadurch dieser entfesselten Gewalt dienten, wie dies für die karitative Seelsorge an katholischen bzw. protestantischen „Nichtariern" behauptet wird,[77] verweist hinter ihrer historiographischen Zuspitzung darauf, dass weniger einfache Stereotypen, als vielmehr Ambivalenzen der historischen Wirklichkeit von widerständigem bzw. kollaborativem Verhalten während des Krieges gerecht werden.

Lässt sich der Widerstand von Christen nicht allein mit politischen Kategorien fassen, bleibt doch die Frage nach seiner politischen Wirksamkeit. Der Versuch, die Erscheinungsformen christlichen Widerstands („Kirchen", „Weiße Rose", „Kreisauer Kreis") entlang sozialer Klassifizierungen den „alten Eliten" zuzuordnen und somit politisch als „konservativ" einzustufen, wird der Vielschichtigkeit nur bedingt gerecht.[78] Aber auch die Bewertungsmaßstäbe, die an das Widerstandsverhalten angelegt werden, sind unterschiedlich, was zu entsprechend divergierenden Urteilen über die politische Wirksamkeit führt. Die

---

[74] Vergleiche *Hockerts/Maier* (Hgg.): Christlicher Widerstand 76. — Vergleiche auch *Gilzmer*, Mechthild (Hg.): Widerstand und Kollaboration in Europa. Münster 2004. Im Generalgouvernement freilich, wo die katholische Kirche einen mit dem polnischen Untergrundstaat verflochtenen Abwehrkampf leistete, griffen katholische und nationale Identität ineinander.

[75] *Hürten:* Widerstehen aus katholischem Glauben 143.

[76] Vergleiche beispielsweise *Groß*, Alexander: Gehorsame Kirche – ungehorsame Christen im Nationalsozialismus. 2. Aufl. Mainz 2000. — Zur evangelischen Kirche vergleiche *Becker:* Christen und der Widerstand.

[77] Vergleiche Anmerkung 54.

[78] Vergleiche *Mehringer*, Hartmut: Widerstand und Emigration. Das NS-Regime und seine Gegner. München 1997.

Vorschläge reichen von kirchlich-theologischen Kategorien („Martyrium“) und einem am totalitären Weltanschauungsanspruch des Regimes gemessenen Verhalten, über „wirkungsgeschichtlich“ argumentierende, auf resistente Milieus verweisende Parameter bis zum Holocaust als dem eigentlichen Kriterium, an dem sich insbesondere das Verhalten der Christen zu messen habe.

Weitgehender Konsens besteht wohl in der Einschätzung, dass christlicher Widerstand dem Grund nach zwar nicht politisch gewesen ist, aber doch politisch gewirkt hat, weil er „dem Gestaltungsanspruch des Nationalsozialismus Grenzen setzte.“[79] Dies geschah auch seitens der katholischen Bischöfe, aber zu selten und zu spät durch öffentlichen Protest. Heinz Hürten hat im Anschluss an Miklós Tomka auf einen noch wenig bedachten Aspekt aufmerksam gemacht: Das katholische Sozialmilieu und die aus ihm hervorgehenden Verhaltensweisen von Teil- und Fundamentalopposition bildeten „‚Networks der selbständigen Regeneration der Gesellschaft‘“, die wirksam wurden, „sobald durch die Veränderung der Machtverhältnisse die Chance dazu gegeben war.“[80]

Forschungsdesiderate

Die inhaltliche und methodische Erweiterung um das eigenständige Forschungsfeld des Zweiten Weltkrieges hat in der zeitgeschichtlichen Katholizismusforschung das bekannte Bild der Konfliktgeschichte zwischen totalitärer nationalsozialistischer Diktatur und katholischer Kirche um das Bild der „antagonistischen Kooperation“ erweitert. Die inzwischen vorliegenden Ergebnisse verweisen zugleich auf Themenfelder, die noch näher erforscht werden müssen.

Das gilt zunächst für die mit der Rolle des Heiligen Stuhls angesprochene internationale Perspektive. Als „global-player“ der Diplomatie wie auch als kirchliches Oberhaupt der Katholiken und ihrer Kirche sind die Aktivitäten Pius' XII. und seiner Nuntien zwischen 1939 und 1945 in den entsprechenden internationalen Kontext einzubetten und auszuleuchten. Da abgesehen von den editierten Akten[81] die Überlieferungen aus dem Pontifikat Pius' XII. der Forschung noch länger verschlossen bleiben werden, ist dafür der – allerdings aufwändige – Umweg über die Gegenüberlieferungen in den einzelnen Staaten zu beschreiten. Darüber hinaus eröffnet sich mit der Frage nach der Orientierung des Heiligen Stuhls im Zeitalter totalitärer Ideologien eine universalhistorische Perspektive auf das 20. Jahrhundert, die das Teilthema „Pius XII. und der Zweite Weltkrieg“ in zeitlich übergreifende Wirkungszusammenhänge einfügt.[82]

Der Zweite Weltkrieg war vornehmlich ein europäischer Krieg. Das lenkt den Blick auf die katholische Kirche in den einzelnen Staaten Europas mit ihren sehr verschiedenen nationalen Handlungsräumen. Nur wenig untersucht ist

---

79 Zitiert nach: *Hürten:* Widerstehen aus katholischem Glauben 144.

80 *Ebenda* 142.

81 Vergleiche Anm. 54.

82 Vergleiche *Brechenmacher:* Pius XII. und der Zweite Weltkrieg 89-95.

die Religionspolitik der deutschen Besatzer, die der unterschiedlich harten Okkupationspraxis[83] entsprechende Akzente trug: Vom Werben um kollaborierende Unterstützung über eine auch gegen die Kirchen als nationale Kulturträger gerichtete „Volkstumspolitik" bis hin zur Zerstörung und Vernichtung religiöser Strukturen.

Je nach der Art der nationalsozialistischen Herausforderung, aber auch im Maße der eigenen historischen Voraussetzungen in der vielgestaltig strukturierten religiös-konfessionellen Landkarte Europas fielen die Reaktionsweisen der Kirchen unterschiedlich aus.[84] Erkennbar ist jener breite Strom der „grauen Kompromisse", für den Begriffe wie „attentisme" und „Akkommodation" geläufig geworden sind.[85] In den konfessionell gemischten Niederlanden reihte sich die katholische Kirche in eine konfessionsübergreifende gemeinsame Abwehrfront gegen die deutschen Besatzer ein, während sie im katholischen Belgien an der Seite des Königshauses einen klaren Trennungsstrich vor allem zu den national-radikalen Bewegungen im eigenen Land zog. Im laizistischen Frankreich galten die Sympathien der katholischen Bischöfe bis zuletzt der Vichy-Regierung, die ihnen als Träger moralischer Erneuerung erschien. Die protestantische Kirche Norwegens leistete unter Bischof Eivind Berggrav Widerstand gegen die mit der deutschen Besatzung sympathisierende Herrschaft Vidkun Quislings, während sich die dänische Kirche merklich zurückhielt. Im Generalgouvernement unterstützte die Kirche, verflochten mit dem polnischen Untergrundstaat, einen breit verzweigten Abwehrkampf. Weit weniger untersucht im deutschsprachigen Raum sind bisher beispielsweise die polnisch-ukrainischen Konflikte, die sich unter der Oberfläche des Besatzungsregimes abspielten und ebenfalls eine religiöse bzw. konfessionelle Dimensionen besaßen. In der Slowakei band sich die Kirche mit einer Verknüpfung katholischer und patriotisch-staatsnationaler Ziele an das kollaborierende Tiso-Regime, wobei sie freilich auf Abstände zwischen dem slowakischen Doppelkreuz und dem

---

83 Vergleiche *Röhr*, Werner (Hg.): Europa unterm Hakenkreuz. Okkupation und Kollaboration (1938-1945). Beiträge zu Konzepten und Praxis der Kollaboration in der deutschen Okkupationspolitik. Berlin–Heidelberg 1994. — *Müller*, Rolf-Dieter: Der Zweite Weltkrieg 1939-1945. 10., völlig neu bearb. Aufl. Stuttgart 2004 (Gebhardt Handbuch der deutschen Geschichte 21).

84 Vergleiche die ältere, aber bereits ganz Europa in den Blick nehmende Tagungsdokumentation der „Commission Internationale d'Histoire Ecclésiastique Comparée", veröffentlicht in: Miscellanea Historiae Ecclesiasticae. Bd. IX: Congrès de Varsovie 25 juin – 1er juillet 1978. Section IV: Les Églises chrétiennes dans l'Europe dominée par le IIIe Reich, Bruxelles u.a. 1984 (Revue d'histoire ecclésiastique/Bibliothèque de la Revue d'histoire ecclèsiastique 70). — Einen neueren, kirchengeschichtlichen Überblick, der die Auswirkungen deutscher Okkupation auf die einzelnen nationalen Kirchen allerdings unterschiedlich dicht abhandelt, bietet *Mayeur*, Jean-Marie (Hg.): Erster und Zweiter Weltkrieg. Demokratien und totalitäre Systeme (1914-1958). Freiburg i. Br. 1992 (Die Geschichte des Christentums 12).

85 Vergleiche *Gilzmer* (Hg.): Widerstand und Kollaboration. — *Röhr* (Hg.): Europa unterm Hakenkreuz.

Hakenkreuz achtete. In weiterführenden vergleichenden Studien wäre nicht nur das kirchliche Verhalten in Einzelstaaten zu untersuchen, sondern – entlang des Kriegsverlaufs – auch die Frage nach übergreifenden kirchenpolitischen Reaktionsmustern zu beantworten.

Werden auf diese Weise die kirchlichen Handlungsräume auf Unterschiede und Gemeinsamkeiten hin ausgeleuchtet, so ist inhaltlich nach übergreifenden Motiven zu fragen, die das kirchliche Verhalten gegenüber dem Nationalsozialismus mitbestimmten. Ein Schlüssel zu einer Antwort liegt in der Bestimmung des Verhältnisses von Religion und Nation, von Konfession und Ethnie. Das „Nationale" entfaltete in allen europäischen Staaten eine starke Bindewirkung bis in die Kirchen hinein. In den okkupierten Ländern war diese Bindewirkung mit der Abwehr des Nationalsozialismus identisch. Im Unterschied dazu bot das „Nationale" der katholischen Kirche in Deutschland eine Brücke zum Nationalsozialismus. Quer zum jeweiligen nationalen Grundtenor konnten konfessionell und ethnisch bestimmtes Denken und Handeln der ethnischen Minderheiten liegen. Diese Konfliktlagen reichten bekanntlich bis in das Entstehungszeitalter der modernen Nationalstaaten zurück, wurden im Ersten wie auch im Zweiten Weltkrieg besonders virulent und wirkten nach 1945 unter der Oberfläche des Kalten Krieges fort.[86] Die Gemengelagen aus Feindbildern, Abgrenzungen und Fremdwahrnehmungen in ihren Auswirkungen auf die katholische Kirche zu untersuchen, zählt zu den Kernaufgaben einer kirchen- und kulturgeschichtlichen Erforschung des Zweiten Weltkrieges.[87]

Weitere bedeutsame Motive kirchlichen Handelns, wie etwa die wirtschaftlichen Interessen, sollten gleichwohl nicht aus dem Blickfeld geraten. Die Wirtschafts- und Finanzgeschichte kirchlicher Ordenseinrichtungen, Verbände und Verlage ist immer noch weitgehend terra incognita kirchlicher Zeitgeschichtsforschung.[88]

„Kollaboration" und „Akkommodation" sowie „Religion und Nation" können in ihrer Bedeutung für das Handeln der katholischen Kirche im Zweiten Weltkrieg allerdings nicht losgelöst von der Frage nach „Antisemitismus" und „Holocaust" erforscht werden. Die rasseideologisch begründete Ermordung von annähernd sechs Millionen Juden zwischen 1939 und 1945 ist trotz aller gewaltsamen Massenverbrechen in der Geschichte des 20. Jahrhunderts ohne Beispiel. Der „Absturz der Zivilisation"[89] in Deutschland korrespondierte mit einem europaweit erschreckend geringen Widerstand gegen dieses Großverbrechen.

---

86 Vergleiche *Naimark,* Norman: Flammender Hass. Ethnische Säuberung im 20. Jahrhundert. München 2004.

87 Vergleiche *Schulze Wessel,* Martin: Religion – Gesellschaft – Nation. Anmerkungen zu Arbeitsfeldern und Perspektiven moderner Religionsgeschichte Osteuropas. In: Nordost-Archiv 7/2 (1998) 353-364.

88 Vergleiche *Gatz,* Erwin (Hg.): Die Kirchenfinanzen. Freiburg i. Br. 2000 (Geschichte des kirchlichen Lebens 6).

89 *Pohl,* Dieter: Holocaust. Die Ursachen, das Geschehen, die Folgen. 2. Aufl. Freiburg i. Br. 2001, 183.

Die Auseinandersetzungen der letzten Jahre blieben in eigentümlicher Weise auf die Person des Papstes Pius XII. fokussiert. Eine solche verkürzte Perspektive blendet die protestantischen und auch die orthodoxen Kirchen in Europa aus, deren Reaktionen auf die Judenverfolgungen in Europa bislang nur unzureichend untersucht sind. Sie überschätzt außerdem die tatsächlichen Wirkungsmöglichkeiten des Heiligen Stuhls, der zwar völkerrechtlich anerkannt, aber machtpolitisch ohne Einfluss war. Die europäische Dimension des Holocaust bedarf einer korrespondierenden Perspektive, die neben dem Heiligen Stuhl in Rom das Verhalten der katholischen Kirche in den okkupierten und annektierten, den neutralen sowie den mit Hitler kollaborierenden Staaten angemessen einbezieht.

Quellen, Forschungsergebnisse und -desiderate zur Geschichte der katholischen Kirche im Zweiten Weltkrieg weisen insgesamt ein breites Arbeitsfeld aus, das in doppelter Weise bestimmt ist: Religion und Kirchen sollten künftig einen festen Platz in der Politik-, Sozial- und Kulturgeschichte des Zweiten Weltkrieges einnehmen. Die bislang bekannten Bilder von der katholischen Kirche gewinnen darüber hinaus an Tiefenschärfe, wenn sie in einen dem Kriegsgeschehen entsprechenden europäischen Zusammenhang eingeordnet werden.

Emilia Hrabovec

DER HEILIGE STUHL UND DIE BÖHMISCHEN LÄNDER 1938-1945

Diplomatische Beziehungsgeschichten haben manchmal den Ruf, ein anspruchsloser, weil anhand geschlossener Bestände leicht zu bearbeitender Forschungsgegenstand zu sein. Für die Geschichte der Beziehungen des Oberhaupts der katholischen Kirche zu den böhmischen Ländern vom Vorabend bis zum Ausklang des Zweiten Weltkrieges gilt diese in ihrem Pauschalanspruch ohnehin zweifelhafte Feststellung jedoch nicht. Das „Protektorat Böhmen und Mähren" führte keine selbstständige Außenpolitik, die anhand eines geschlossenen Quellenbestands erfassbar wäre. Das Deutsche Reich sah nur eine bedingte und nach 1941 überhaupt keine Zuständigkeit der in Berlin akkreditierten päpstlichen Diplomaten für die angeschlossenen und besetzten Territorien inklusive Sudetengebiete und Protektorat und führte mit dem Heiligen Stuhl darüber auch keine Verhandlungen. Die tschechoslowakische Exilregierung in London wurde vom Heiligen Stuhl, der reguläre diplomatische Beziehungen mit der Slowakei unterhielt, nicht anerkannt, und der gegenseitige Austausch beschränkte sich auf wenige Einzelschriftstücke. All dies spiegelt sich auch an der eher bescheidenen Quantität der relevanten Quellen in den edierten Sammlungen diplomatischer Dokumente einschließlich der großen vatikanischen Edition „Actes et Documents" wider,[1] die darüber hinaus zeitlich erst mit der unmittelbaren diplomatischen Vorgeschichte des Polenfeldzugs einsetzt. Die Haltung des Heiligen Stuhls gegenüber den Entwicklungen in den böhmischen Ländern bzw. in Ostmitteleuropa in der geschichtsträchtigen Zeit vom Sommer 1938 bis Februar 1939 blieb dagegen lange Zeit lediglich indirekt, anhand nichtvatikanischer Quellen rekonstruierbar. Dies änderte sich, als am 18. September 2006 die Archivalien des Pontifikats Pius' XI. (1922-1939) freigegeben wurden,

---

1 *Blet,* Pierre/*Graham,* Robert/*Martini,* Angelo/*Schneider,* Burkhard (Hgg.): Actes et documentes du Saint Siège relatifs à la seconde guerre mondiale (ADSS). 11 Bde. Città del Vaticano 1967-1981. — *Němeček,* Jan (Hg.): Dokumenty československé zahraniční politiky. Od rozpadu Česko-Slovenska do uznání československé prozatímní vlády 1939-1940 (1. březen 1939-15. červen 1940) [Dokumente zur tschechoslowakischen Außenpolitik. Vom Zerfall der Tschecho-Slowakei bis zur Anerkennung der tschechoslowakischen provisorischen Regierung 1939-1940 (16. März 1939-15. Juni 1940)]. Praha 2002. — *Otáhalová,* Libuše/*Červinková,* Milada (Hgg.): Dokumenty z historie československé politiky 1939-1943 [Dokumente aus der Geschichte der tschechoslowakischen Politik 1939-1943]. 2 Bde. Praha 1966. — Akten zur deutschen auswärtigen Politik, Serie D (1937-1941). Baden-Baden–Bonn–Göttingen 1950-1970. — Akten zur deutschen auswärtigen Politik, Serie E (1942-1945). Göttingen 1969-1979. Künftig ADAP.

und der historischen Forschung somit eine wahre Fundgrube zur Verfügung gestellt wurde, deren Erforschung allerdings noch ein langes und profundes Studium erfordern wird.

Die magere bzw. erschwert zugängliche Quellenbasis stellte freilich weder den einzigen noch den ausschlaggebenden Grund für das weitgehende Fehlen von Studien über das Verhältnis des Heiligen Stuhls zu den böhmischen Ländern 1938 bis 1945 dar. Die tiefere Ursache wäre vielmehr in der – lange Zeit ideologisch mitbedingten – thematischen Ausrichtung und interpretatorischen Perspektive der tschechischen Historiographie zu suchen, die an selbstständigen kirchenhistorischen Fragestellungen selten interessiert war und kirchenhistorische Dimensionen auch kaum in allgemeine Untersuchungen integrierte. Letzteres gilt auch für viele nichttschechische bohemistische zeithistorische Werke.[2] Sofern die Zeit zwischen 1938 und 1945 unter kirchengeschichtlichen Aspekten untersucht wurde, standen vor allem die nationalsozialistische Kirchenpolitik, die Verfolgungsmaßnahmen des Regimes und der kirchliche Widerstand im Vordergrund,[3] während die Beziehungen der böhmischen Länder zum Heiligen Stuhl sowie die innerkirchlichen Entwicklungen und die vorherrschenden geistigen Strömungen im tschechischen Katholizismus erst allmählich als Themen entdeckt werden.

Die allgemeine kirchengeschichtliche Forschung schließlich, die insbesondere in den letzten Jahren eine Fülle von umfassenden Untersuchungen über die Beziehungen des Heiligen Stuhls zu den Staaten bzw. den Ortskirchen Europas in den Jahren 1933 bis 1945 vorgelegt hat, konzentriert sich auf Westeuropa, das Verhältnis des Heiligen Stuhls zu den Großmächten, den Krieg und die „Rassenfrage", während die böhmischen Länder und die Slowakei, wohl auch auf Grund der fehlenden Vorarbeiten und Sprachkenntnisse, praktisch ignoriert werden. Selbst die material- und kenntnisreichsten Monographien der jüngsten Zeit integrieren weder die Münchener Ereignisse, noch den „Ersten Wiener Schiedsspruch" oder den Zerfall der Zweiten Tschecho-Slowakischen Republik in ihre Darstellungen.[4] Für die nachfolgenden Kriegsjahre wird Ostmitteleuropa

---

2 Zum Beispiel das ansonsten in vielerlei Hinsicht bis heute unübertroffene Standardwerk von *Brandes*, Detlef: Die Tschechen unter deutschem Protektorat. 2 Bde. München–Wien 1969-1975. — Vergleiche auch die Studie von *Gebel*, Ralf: „Heim ins Reich!" Konrad Henlein und der Reichsgau Sudetenland (1938-1945). München 1999 (VCC 83).

3 *Macek*, Jaroslav: Pronásledování a odpor katolické církve v letech 1938-1945 [Die Verfolgung und der Widerstand der katholischen Kirche in den Jahren 1938-1945]. In: *Kural*, Václav/*Radvanovský*, Zdeněk (Hgg.): „Sudety" pod hákovým křížem [Das Sudetenland unter dem Hakenkreuz]. Ústí nad Labem 2002, 427-453. — *Zimmermann*, Volker: Die Sudetendeutschen im NS-Staat. Politik und Stimmung im Reichsgau Sudetenland (1938-1945). Essen 1999 (Veröffentlichungen der Deutsch-Tschechischen und Deutsch-Slowakischen Historikerkommission 9; zugleich: Veröffentlichungen des Instituts für Kultur und Geschichte der Deutschen im östlichen Europa 16), 382-387, 412-414, hier 421 f.

4 Vergleiche zum Beispiel *Chenaux*, Philippe: Pio XII. Diplomatico e pastore [Pius XII. Diplomat und Pastor]. Cinisello Balsamo 2004. — *Sale*, Giovanni: Hitler, la Santa Sede e gli ebrei. Con documenti dell'Archivio Segreto Vaticano [Hitler, der Heilige Stuhl und die

in der Regel höchstens in Bezug auf die Ereignisse in Polen und marginal auch in Ungarn beachtet, während die Slowakei meist nur im Zusammenhang mit der Judenverfolgung, die böhmischen Länder bzw. die tschechoslowakische Exilregierung in London dagegen überhaupt nicht berücksichtigt werden.

München 1938

Das Verhältnis zwischen der Tschechoslowakei und dem Heiligen Stuhl erfuhr im Laufe der Existenz der Ersten Republik eine deutlich sichtbare Veränderung. Die im revolutionären Überschwang der Anfangszeit nach 1918 in der tschechischen Gesellschaft erhobenen Maximalforderungen nach einem laizistischen Staat oder der Schaffung einer Nationalkirche als Vervollständigung der nationalen Staatlichkeit wurden schrittweise zurückgenommen und von der Politik eines „Modus vivendi“ mit der katholischen Kirche abgelöst. Dahinter stand die Rücksichtnahme auf die notwendige Konsolidierung des jungen Staates sowie die Tatsache, dass die Mehrzahl der Tschechen für ein aktives nationalkirchliches Engagement nicht mobilisierbar war, weil sie zur religiösen Indifferenz neigte und mit dem Hussitentum lediglich oberflächliche nationalpolitische Sympathien verband.[5] Obgleich der tschechische Katholizismus in der Folgezeit die gesellschaftliche Marginalisierung zum Teil zu überwinden und seine angezweifelte staatsnationale Gesinnung unter Beweis zu stellen vermochte, konnten selbst die unter staatlicher Schirmherrschaft abgehaltenen St. Wenzels-Feiern 1929 und der monumentale „Eucharistische Kongress“ 1935 nicht darüber hinweg täuschen, dass die Integration sich weitgehend auf die formale politisch-institutionelle Ebene beschränkte. Die Religion erfüllte für die Masse der Tschechen keine universell sinnstiftende und orientierende Rolle mehr, und das betont staatsnationale Denken der tschechischen Kirche erschwerte den Brückenschlag zu den nichttschechischen Katholiken der Republik und im Bedarfsfalle auch eine klare Distanzierung von den Positionen der Regierung.[6] Päpstli-

---

Juden. Mit Dokumenten aus dem geheimen Archiv des Vatikans]. Roma 2004. — *Besier,* Gerhard: Der Heilige Stuhl und Hitler-Deutschland. Die Faszination des Totalitären. München 2004. — *Godman,* Peter: Der Vatikan und Hitler. Die geheimen Archive. München 2004. — Der einzige, der in wenigen Worten die Konferenz von München erwähnt: *Chiron,* Yves: Pio XI. Il papa dei Patti Lateranensi e dell'opposizione ai totalitarismi [Pius XI. Der Papst der Lateranverträge und der Opposition gegen die Totalitarismen]. Cinisello Balsamo 2006, 457.

5 *Hrabovec,* Emilia: Der Heilige Stuhl und die Slowakei 1918-1922 im Kontext internationaler Beziehungen. Frankfurt a. M. u.a. 2002 (Wiener Osteuropa-Studien 15), 32-46, 107-121, 223-260, 326-342. — *Schulze Wessel,* Martin: Historismus und konkurrierende kirchliche und konfessionelle Geschichtsdeutungen in Ostmittel- und Osteuropa zwischen den Weltkriegen. In: ZfG 50 (2002) 141-154 — *Marek,* Pavel: K problematice církevního rozkolu v Československu v roce 1920 [Zur Problematik des kirchlichen Schismas in der Tschechoslowakei im Jahre 1920]. In: ČČH 99 (2001) 85-118.

6 Zu nationalen Spannungen während des Katholikentages und danach vergleiche zum Beispiel die Berichte des österreichischen Gesandten in Prag, Ferdinand Marek. Österreichi-

che Diplomaten in Prag beobachteten die Passivität des tschechischen Episkopats argwöhnisch, der es wegen seiner Uneinheitlichkeit, einer allzu großen Nähe zur Regierung und aus Furcht vor öffentlichen politischen Reaktionen nicht wagte, mit einem gemeinsamen Hirtenbrief energisch gegen den Bolschewismus aufzutreten und die sowjetfreundliche Außenpolitik Prags zu verurteilen.[7] Die „Československá strana lidová" (Tschechoslowakische Volkspartei, ČSL) beteiligte sich zwar an der Regierung, konnte aber weder bis zum Kern der politischen Macht gelangen, noch etwas am überwiegend linksliberalen und säkularen, manchmal gar säkularistischen Charakter der staatstragenden Eliten ändern. Ihre Teilhabe an der politischen Macht erzeugte darüber hinaus Spannungen im Verhältnis zum tschechischen Episkopat, der sich gegen tendenzielle Vereinnahmungsansprüche von Seiten der dominanten Partei wehrte, und erfolgte um den Preis eines deutlichen, vom Heiligen Stuhl unumwunden kritisierten Linksrucks in der Partei[8] sowie des Verzichts auf einen Teil der traditionellen katholischen Postulate, insbesondere im Bereich der Ausgestaltung des öffentlichen Raumes nach katholischen Vorstellungen, und die übernationale katholische Solidarität.

Ambivalent blieb auch das Verhältnis der Republik zum Heiligen Stuhl. Während der Anfangsjahre wurde er von den tonangebenden Eliten als legitimistische und um die Einkreisung und Vernichtung der freiheitlichen Tschechoslowakei bemühte feindliche Macht dargestellt; etwaige diplomatische Beziehungen mit ihm wurden im besten Falle als „hinausgeschmissenes Geld" abgelehnt. Pragmatischere Politiker dagegen erkannten rasch die Bedeutung der diplomatischen Beziehungen mit dem ältesten Souverän Europas für die innen- und außenpolitische Festigung des Staates.[9] Diese „lauwarme Disponibilität",

---

sches Staatsarchiv, Archiv der Republik (ÖStA, AdR), Auswärtiges Amt, Neues Politisches Archiv (AA, NPA), Karton 757, Marek an den Außenminister vom 4.7.1935, 5.10.1935, 22.11.1935 und 8.10.1936.

7 ÖStA, AdR, AA, NPA, Karton 757, Marek an Außenminister Schmidt vom 15.9.1936 und 5.10.1936.

8 Der Auditor der Prager Nuntiatur, Giuseppe Burzio, meinte im Gespräch mit dem österreichischen Gesandten Marek, es sei „durchaus nicht von der Hand zu weisen, daß, falls ein tschechoslowakischer Bischof in einem Hirtenbriefe antikommunistische Töne anschlüge, er deswegen möglicherweise sogar von einem katholischen Abgeordneten [...] im offenen Parlament angegriffen werden würde". ÖStA, AdR, AA, NPA, Karton 757, Marek an Außenminister Schmidt 15.9.1936. Zur kurialen Kritik des Linksrucks bzw. der prosowjetischen Sympathien im tschechischen Katholizismus vergleiche auch ASV, AAEESS Cecoslovacchia, pos. 141 P.O. fasc. 179, Ritter an Pizzardo 27.10.1936. — *Šebek,* Jaroslav: Der tschechische Katholizismus im Spannungsfeld von Kirche, Staat und Gesellschaft zwischen den Weltkriegen. In: *Maner,* Hans-Christian/*Schulze Wessel,* Martin (Hgg.): Religion im Nationalstaat zwischen den Weltkriegen 1918-1939. Polen–Tschechoslowakei–Ungarn–Rumänien. Stuttgart 2002 (Forschungen zur Geschichte und Kultur des östlichen Mitteleuropa 16), 145-156, hier 150 f.

9 Archivio Segreto Vaticano, Città del Vaticano, ASV [Geheimes Archiv des Vatikan, Vatikanstaat], AAEESS, Austria 1919, pos. 1332, fasc. 527, Micara an Gasparri 27.10.1919.

die nicht einer authentischen religiösen Neigung entsprang, sondern primär pragmatische politische Vorteile suchte, hatte allerdings zur Folge, dass die gegenseitigen Beziehungen fragil und krisenanfällig blieben und mehrere Male am Rande des Bruchs balancierten. Eine wirkliche Stabilisierung erreichten sie erst in der zweiten Hälfte der dreißiger Jahre, als es gelang, langwierige, mit wirtschaftlichen und völkerrechtlichen Aspekten verbundene Fragen der neuen Delimitation der Diözesen zu lösen, und mit der Konstitution „Ad Ecclesiastici regiminis incrementum" die Staatsgrenzen der Republik auch kirchlich festzuschreiben.[10]

Der Besserung des vatikanisch-tschechoslowakischen Verhältnisses kam indirekt auch die Verschlechterung der internationalen Beziehungen zugute, da die spürbare äußere Bedrohung und das Anwachsen der inneren Spannungen die Bereitschaft der Prager Politik erhöhten, durch Entgegenkommen den Ausgleich mit der Kirche und die potentielle politische und moralische Unterstützung des Heiligen Stuhls zu suchen.

Die Destabilisierung der internationalen Situation, der wachsende Einfluss von antikatholischen politischen und ideologischen Extremismen und die immer deutlicher spürbaren Folgen nationalsozialistischer Religionspolitik in Deutschland nährten die Sorge von Pius XI. um die Zukunft Ostmitteleuropas, das zwischen der auf Expansion ausgerichteten kommunistischen Sowjetunion im Osten und dem nationalsozialistischen Deutschland im Westen eingekeilt war. Diese Faktoren stärkten auch die Überzeugung des Papstes, dass ein stabiler tschechoslowakischer Staat ein zusätzliches Element des mitteleuropäischen Gleichgewichts und ein Hindernis im Ausgreifen der totalitären Mächte werden könnte. Als Voraussetzungen dafür sah er, dass dieser Staat im Einklang mit den gerechten Forderungen seiner Völker[11] strukturell reformiert, durch die

---

Vergleiche dazu *Hrabovec:* Der Heilige Stuhl und die Slowakei 223-260. — Siehe auch *Peroutka,* Ferdinand: Budování státu [Der Aufbau des Staates]. Bd. 2. Praha 1934, hier 1477.

10 Acta Apostolicae Sedis (AAS) 29/11 (1937) 366-369.

11 Zur Haltung des Heiligen Stuhls zum Selbstbestimmungsrecht der Völker vergleiche *Hrabovec:* Der Heilige Stuhl und die Slowakei im Kontext internationaler Beziehungen 23-28. — An dieser Stelle sei nur darauf hingewiesen, dass die Päpste des 20. Jahrhunderts durchaus den Wert der Nation als Form der Gemeinschaft und das nationale Gefühl als stabilitätsstiftendes Fundament von Staaten anerkannten. Dies freilich nur, soweit es sich in die christlich gedeutete Dialektik des Einzelnen und des Ganzen einfügte und nicht zum übersteigerten Nationalismus entartete, der den universellen Charakter der Menschheit aus dem Blickfeld verlor. Dieser egoistische Nationalismus wurde als der katholischen Lehre konträr verurteilt. Das Maß der Gerechtigkeit der Ansprüche wurde am primär religiös definierten „allgemeinen Wohl" des Volkes und dem Grad der Respektierung der Ansprüche der Nachbarn gemessen. Die Realität der Nationen wurde also anerkannt, genauso ihre „gerechten Aspirationen", ohne sie zu verabsolutieren oder ipso facto mit der politischen Unabhängigkeit gleichzusetzen, aber auch ohne diese aus Rücksicht auf traditionelle Staatsgebilde auszuschließen. Seinen Respekt für die Würde und die Rechte der Völker drückte Pius XI. in einer spontanen Reaktion auf die Ereignisse in München am 9.10.1938 mit den zu Domenico Tardini gesprochenen Worten aus: „Früher gab man die Völker den Bräuten als Mitgift, heute handelt man mit ihnen wie mit Kühen und Bul-

übernationale Zusammenarbeit der Katholiken ideell im katholischen Sinne gefestigt und durch Garantien der Großmächte international abgestützt werde.

Die Jahre 1937/1938 zeichneten sich durch eine gewisse „antitotalitäre Versteifung“[12] des alternden Papstes aus, dem die von den totalitären Ideologien ausgehende Gefahr für den äußeren und den inneren Frieden der Menschen immer deutlicher bewusst wurde und der sie mit zunehmender Deutlichkeit brandmarkte. Nach der Enzyklika „Mit brennender Sorge“, die nicht nur die wiederholten Verletzungen des Konkordats beklagte, sondern klar die doktrinären Grundlagen des Nationalsozialismus zurückwies, erreichte auch das Verhältnis des Papstes zu Deutschland einen negativen Höhepunkt.[13] Die weihnachtliche Konsistorialansprache 1937 widmete Pius XI. zur Gänze der Lage der Katholiken in Deutschland, die er offen als „schwere religiöse Persekution“ verurteilte.[14] Es folgte der Schock des „Anschlusses“. Zwei Monate später wurde der vorläufige Tiefpunkt in den Beziehungen zu Berlin erreicht, der durch die demonstrative Weigerung Hitlers verursacht wurde, während der offiziellen Romvisite auch dem Papst einen Besuch abzustatten.[15] Der Papst, vom immer offensichtlicher werdenden Hineinschlittern Italiens in das Achsenbündnis enttäuscht, nahm kein Blatt vor den Mund, um in öffentlichen Ansprachen die „heidnischen Irrtümer“ der Zeit zu kritisieren. Zwischen dem Pontifex und seinem Kardinalstaatssekretär bestanden diesbezüglich keine grundsätzlichen Meinungsverschiedenheiten. Pacelli bemühte sich zwar, mit dem Wort behutsamer umzugehen und die Wogen der offenen Kampfansagen etwas zu glätten, um nicht den letzten Kontaktfaden zu einem Staat abreißen zu lassen, in dessen Grenzen Millionen von Katholiken lebten. Dennoch machte er sich aber keinerlei Illusionen über die Möglichkeiten eines Ausgleichs mit dem Deutschen Reich und über die realen Absichten Hitlers gegenüber der katholischen Kirche. Der Apostolische Nuntius in Wien, Gaetano Cicognani, berichtete im April 1937 dem Staatssekretär über ein Gespräch des österreichischen Innenministers Edmund Glaise-Horstenau mit Hitler, in dessen Verlauf Hitler in scharfen

---

len.“ („Prima i popoli si davano come dote alle spose: ora si mercanteggiano come vacche e buoi.“ In: ASV, AES Stati Ecclesiastici, pos. 560 P.O., fasc. 592, Diario di Domenico Tardini.

12 *Chenaux:* Pio XII. Diplomatico e pastore 190.

13 ASV, AAEESS Germania, pos. 720, fasc. 329, der italienische Botschafter beim Heiligen Stuhl, Pignatti, an den Kardinalstaatssekretär Pacelli, 24.4.1937. — *Sale:* Hitler, la Santa Sede e gli Ebrei 138-150.

14 Archiv Ministerstva zahraničních věcí České republiky Praha [Archiv des Ministeriums für Auswärtige Angelegenheiten der Tschechischen Republik Prag, AMZV], Politické zprávy [Politische Mitteilungen, PZ] Vatikán 1937, Bericht des Gesandten Radimský vom 27.12.1937.

15 *Casella,* Mario: La crisi del 1938 fra Stato e Chiesa nella documentazione dell'Archivio Storico del Ministerro degli Affari Esteri [Die Krise von 1938 zwischen Staat und Kirche in der Dokumentation des Historischen Archivs des Ministeriums des Äußeren]. In: Rivista di storia della Chiesa in Italia 54 (2000) 91-186. — *Sale:* Hitler, la Santa Sede e gli Ebrei 167-183.

Tönen die katholische Kirche attackiert hatte. Cicognani sah darin einen weiteren Beweis dafür, dass die in einigen österreichischen Kreisen verbreitete Meinung, wonach der Hass auf die Kirche nicht von Hitler selbst, sondern lediglich von dessen Gefolgsleuten komme, nicht zutreffe. Pacelli zeigte sich keineswegs überrascht: „Um die Wahrheit zu sagen, die Gefühle der heftigen Feindschaft und des Hasses von Seiten des heutigen Reichskanzlers gegen die katholische Kirche, nun durch Rachegefühle zusätzlich verstärkt, waren hier seit langer Zeit gut bekannt."[16]

Nach dem „Anschluss" Österreichs wurde der vatikanischen Diplomatie bewusst, dass mit einem Ausgreifen Deutschlands auf die Tschechoslowakei in irgendeiner Form gerechnet werden musste.[17] Als entscheidend für das weitere Schicksal der Tschechoslowakei wurde die Art und Weise der Lösung der sudetendeutschen Frage angesehen. Ihre Entwicklung wurde daher von der vatikanischen Diplomatie in den nachfolgenden Monaten mit größter Aufmerksamkeit verfolgt. Der Kardinalstaatssekretär sowie der Prager Nuntius erkannten klar, dass der Hauptprotagonist dieses Dramas Hitler war und dass der deutsche Reichskanzler die Frage der Sudetendeutschen durchaus instrumentalisierte, um eigene machtpolitische Ziele zu erreichen. Einige Monate vor dem „Anschluss" stimmte Pacelli der Bemerkung des tschechoslowakischen Gesandten Vladimír Radimský zu, es sei symptomatisch, dass Hitler zwar von zehn Millionen Deutschen in zwei Nachbarstaaten spreche, die sonstigen Millionen Volksdeutscher und insbesondere die Deutschen in Südtirol jedoch nicht unter seinen Schutz nehme.[18] In Nuntiaturberichten, vertraulichen diplomatischen Gesprächen, aber auch auf den Seiten des „L'Osservatore Romano" (Der Römische Beobachter) wurde in den folgenden Monaten wiederholt der große äußere Druck Deutschlands auf die Tschechoslowakei gebrandmarkt.[19] Dies bedeutete freilich keineswegs, dass der Heilige Stuhl die reale Existenz von offenen nationalen Fragen in der Tschechoslowakei und die Notwendigkeit, sie rasch einer Lösung zuzuführen, verkannt hätte.

---

16 ASV, AAEESS Germania, pos. 720, fasc. 329, Cicognani an Pacelli, 24.4.1937 und Pacelli an Cicognani, 28.4.1937. — Zu Pacelli in den Jahren 1937-1938 vergleiche auch *Chenaux,* Pio XII. Diplomatico e pastore 199 f. — *Martina,* Giacomo: I segretari di Stato della S. Sede. Metodi e risultati di una ricerca [Das Staatssekretariat des Heiligen Stuhls. Methoden und Ergebnisse einer Untersuchung]. In: Mélange de l'École française de Rome. Italie et Méditerranée 110/2 (1998) 553-568, hier 556 f.

17 In diesem Sinne lauteten auch viele vertrauliche Meldungen, die den Heiligen Stuhl erreichten. Vergleiche ASV, AAEESS Germania, pos. 738, fasc. 354, vertraulicher Bericht des „Istituto Cattolico per la Stampa", Milano [„Katholisches Institut für Presse", Mailand] vom 29.3.1938.

18 AMZV, PZ Vatikán 1937, Bericht Radimskýs vom 5.3.1937.

19 ASV, AAEESS Cecoslovacchia, pos. 144 P.O. fasc. 181, Ritter an Pacelli vom 8.5.1938. — *Ebenda:* Burzio an Pacelli vom 26.5.1938. Vergleiche auch *Sandmann,* Fritz: Die Haltung des Vatikans zum Nationalsozialismus im Spiegel des „Osservatore Romano" (von 1929 bis zum Kriegsausbruch). Phil.Diss. Mainz 1965, 258-261.

In den ausführlichen Situationsberichten, die der Apostolische Nuntius in Prag Saverio Ritter im Laufe des Frühjahrs und des Sommers 1938 an den Staatssekretär sandte, dominierte vor allem die Unsicherheit darüber, welche Position die einzelnen Partner im komplizierten innen- und außenpolitischen Beziehungsgeflecht Ostmitteleuropas einnehmen würden, zumal in einer Zeit, in welcher, so Ritter, „die Logik eine längst aus dem Gebrauch geratene Münze" und eine politische Vorhersage „vollkommen überflüssig und nutzlos" geworden zu sein schienen. Mit dem wohl größten Fragezeichen schien dem Nuntius das Verhalten Hitlers versehen zu sein: Werde er sich mit einem „local government", das wohl auch Prag zu konzedieren bereit wäre, zufrieden geben, oder gemäß den Postulaten Henleins ein „self government" fordern? Werden die Verhandlungen

> mit der wirklichen Absicht geführt, eine Übereinkunft zu finden, oder sind sie vielmehr ein Palliativ, um Zeit zu gewinnen und den Bruch bis zu einem geeigneteren Zeitpunkt hinauszuschieben? Wird dieser Bruch schließlich zu einem „Anschluß" nach österreichischem Muster führen, oder wird Deutschland auch mit stärkeren Methoden agieren?[20]

Ein diplomatischer Kollege, von ähnlichen Fragen geplagt, berichtete Ritter über eine Äußerung des deutschen Gesandten in Prag, Deutschland wolle keine Tschechen in das Deutsche Reich inkorporieren. „Berlin denkt also vielleicht an ein unabhängiges, jedoch an Deutschland gebundenes Böhmen: eine Art Protektorat oder Kolonie [...]", resümierte Ritter im Mai 1938 pessimistisch.[21]

Als weitere Unbekannte auf dem internationalen politischen Parkett Ostmitteleuropas präsentierte sich für Ritter Ungarn. Der Nuntius war überzeugt, dass das Land immer deutlicher in die Abhängigkeit von Deutschland hineinschlitterte, innenpolitisch mit deutscher Unterstützung immer klarer nationalsozialistischen Vorbildern nacheiferte und mit deutscher Rückendeckung bald zur entscheidenden Revision des Trianoner Vertrages ausholen und die ganze Slowakei inkorporieren könnte. In der machtpolitischen Expansion des nationalsozialistischen Deutschlands über Ungarn nach dem europäischen Südosten sah Ritter zwar auch eine mögliche außenpolitische Alternative zur Konzentration des deutschen Interesses auf die Tschechoslowakei; er fürchtete allerdings, dass sie der Republik, die dadurch in eine völlige Einkreisung geriete, nur einen zweifelhaften Vorteil bringen würde.[22]

Obwohl Ritter unbestritten emotional eng mit der Tschechoslowakei verbunden war und im Vergleich zu seinen Vorgängern ungewöhnliche Sympathie für manche Persönlichkeiten der tschechischen politischen Eliten hegte, sah er auch die innenpolitischen Defizite und hausgemachten Ursachen der Krise des tschechoslowakischen Staates, die lange angestauten und ungelösten Probleme und die Intransigenz der tschechischen politischen Führung. Die größte Konzessionsbereitschaft und Konzilianz attestierte Ritter im Frühsommer 1938 der

---

20 ASV, AAEESS Cecoslovacchia, pos. 144 P.O. fasc. 181, Ritter an Pacelli 8.5.1938.
21 *Ebenda.*
22 *Ebenda.* Ritter an Pacelli 16.5.1938.

„Agrární strana" (Partei der Agrarier), auch wenn er sie durchaus pragmatisch deutete: „Die Agrarier sind Patrioten und [...] fette Bürger. Es versteht sich daher, dass sie Ideen und [...] Eigentum zu verteidigen haben".[23] Unnachgiebigkeit hielt Ritter dagegen den beiden tschechischen sozialistischen Parteien sowie der tschechischen katholischen Volkspartei vor, welche den Nationalstaat retten wolle, die Agrarier des Verrats an der Heimat beschuldige und in den tschechisch-deutschen Verhandlungen sich an die Maxime „so wenig wie möglich nachgeben" halte. Die Mitglieder der tschechischen katholischen Volkspartei – und mit ihnen mancher tschechischer katholischer Würdenträger – ernteten für ihre der Sowjetunion freundlich gesonnene außenpolitische Orientierung, oder zumindest für ihr naives Vertrauen in die potentielle sowjetische Hilfe und die Unterschätzung der drohenden bolschewistischen Gefahr, die bitterste Kritik Ritters: „Die peinliche Seite dieser Intransigenz der tschechischen Katholiken besteht darin, dass sie ihre Zuversicht und ihr Vertrauen auf die Sowjets gründen."[24] Dem Parteiführer Msgr. Jan Šrámek attestierte der Nuntius zwar durchaus staatsmännische Qualitäten, gleichzeitig erschien er ihm aber zweifelhaft, weil dessen „prononcierter Nationalismus ihm zeitweise die klare Sicht der Realität verstellen kann".[25]

Auf sudetendeutscher Seite beobachtete Ritter ein stetes Anwachsen der Zustimmung für die „Sudetendeutsche Partei", die Anfang Mai 1938 bereits fast allgemein geworden sei. In der Bevölkerung herrsche überall „Enthusiasmus, Hoffnungen", „von einem Moment zum anderen werde Hitler erwartet". Schonungslos ging Ritter mit der Intransigenz der sudetendeutschen politischen Führung und den Folgen des nationalistischen Rausches in den sudetendeutschen Gebieten ins Gericht. Die Bevölkerung von Karlsbad (Karlovy Vary) und Umgebung – damit war die Hochburg der Sudetendeutschen Partei gemeint – scheine „wahnsinniger denn je [...]: überall Hitlergruß, Boykott der Juden mit dem beginnenden Exodus [...]",[26] es komme zu Zusammenstößen und Zwischenfällen mit der Polizei, die sicher nicht dazu beitrügen, die erregten Gemüter zu beruhigen.[27] Ab Juli berichtete er, dass Henlein und seine Getreuen Hilfe und Unterstützung aus Deutschland erhalten und „zwischen hier und Berlin und Berchtesgaden hin- und herfahren, um Bericht zu erstatten und Befehle entgegen zu nehmen".[28]

Mit Besorgnis registrierte Ritter, dass die Euphorie der „nationalen Revolution" und die Anziehungskraft der Sudetendeutschen Partei und ihrer Organisationen auch aktive katholische Laien und Priester in ihren Bann zog und im Laufe des Frühjahrs sudetendeutsche katholische Vereine und Assoziationen

---

23 *Ebenda.* Ritter an Pacelli 8.5.1938: „Gli agrari sono patrioti e [...] grassi borghesi. Si capisce quindi che hanno da difendere idee e [...] roba."

24 *Ebenda.* Ritter an Pacelli 8.5.1938.

25 *Ebenda.* fasc. 182, Ritter an Pacelli 31.7.1938: „Ma mi pare altrettanto innegabile che il pronunciato suo nazionalismo possa talvolta impedirgli la netta visione della realtà."

26 *Ebenda.* fasc. 181, Ritter an Pacelli vom 16.5.1938.

27 *Ebenda.* Ritter an Pacelli 8.5.1938.

28 *Ebenda.* fasc. 182, Ritter an Pacelli vom 31.7.1938.

dazu bewog, ihren Beitritt zur Partei bzw. deren Organisationen anzumelden. Der „Sekretär für außerordentliche kirchliche Angelegenheiten" Domenico Tardini appellierte nach solchen Berichten an Ritter, die kompetenten Ordinare

> auf die religiösen Gefahren aufmerksam zu machen, welche sich aus dem bedingungslosen Beitritt der katholischen Vereine, der Priester [...] zu einer Bewegung, die weder frei von nationalsozialistischem Einfluss ist noch sich offen von der Ideologie distanziert, welche von der Enzyklika „Mit brennender Sorge" verurteilt worden ist, ergeben können.[29]

Trotz Besorgnis über die „nationale Euphorie" der sudetendeutschen Katholiken scheint Ritter in vertraulichen Nachrichten eher zu vorsichtigem Vorgehen geneigt gewesen zu sein. Unter den vatikanischen Quellen aus dieser Zeit befindet sich eine Aufzeichnung über die Gedankengänge, die der in Prag lebende und der Familie Waldstein nahe stehende sudetendeutsche Priester und Gelehrte P. Alfons Maria Mitnacht OSA, Vizepostulator der Augustianereremiten für die Tschechoslowakei, Deutschland und Polen, anlässlich einer Audienz am 3. Mai 1938 dem Staatssekretär Pacelli vortrug. P. Mitnacht trat gegen die Aussprache eines offenen bischöflichen Verbotes ein, weil auf dieses ein offener Kampf folgen würde. Die katholische Kirche als Ganzes und die Bischöfe besonders würden öffentlich als Feinde des sudetendeutschen Volkstums bekämpft, die wenigen, die weiterhin die Treue hielten, in der Presse, in der Schule, am Arbeitsplatz auf das Schärfste angegriffen werden und es sei nicht damit zu rechnen, dass sie diesen Druck aushalten würden. P. Mitnacht berichtete schließlich, der Prager Nuntius habe ihn bevollmächtigt, dem Staatssekretär „als private Meinung des Nuntius" mitzuteilen: Der Nuntius könne und wolle nicht dem Urteile Seiner Eminenz und der Diözesanbischöfe vorgreifen, aber persönlich sei er, auch auf Grund der in der Kirchenpolitik Italiens gemachten Erfahrungen, der Überzeugung, es sei nicht im Interesse der Kirche eine Frontstellung „hie katholisch – hie national" entstehen zu lassen." In einem Kampfe dieser Art erleide die Kirche heute großen Schaden. Freilich dürfe man nichts von dem opfern, was die Kirche niemals opfern könne; aber wenn man durch das Opfer der nicht rein katholischen Jugendorganisationen eine derart scharfe Kampffrontstellung vermeiden könne, „so könnte das für die hochwst. Herren Diözesanbischöfe wohl ein Grund sein um die Entwicklung schweigend zu dulden".[30]

Unter all diesen Umständen hielt Ritter den politischen und psychologischen Raum für erfolgreiche tschechisch-sudetendeutsche Verhandlungen, die auf der Grundlage der strikten Gerechtigkeit gegenüber allen legitimen Wünschen der Völker zu einem innerlich reformierten, aber stabilisierten tschechoslowakischen Staatsgebilde führen sollten, für sehr eng. Auf tschechischer Seite bemängelte er eine Diskrepanz zwischen verbalen Versprechungen und fakti-

---

[29] *Ebenda*. fasc. 181, Tardini an Ritter vom 24.5.1938.

[30] *Ebenda*. „Nachträgliche Aufzeichnung vom 12. Mai 1938 zu den am 3. Mai Sr. Eminenz vorgetragenen Gedankengängen" von P. Alfons M. Mitnacht.

scher Intransigenz[31] und eine „für die Psychologie dieser Völker typische" Neigung zu emotionalen Extremen: Der „Anschluss" Österreichs habe einen lähmenden Schock und Verzweiflung provoziert, die später durch eine unbegründete Zuversicht abgelöst worden sei, die in blinder Hoffnung insbesondere auf sowjetische Hilfe und unter dem Eindruck verschiedener Massenveranstaltungen wie dem Treffen der Sokol-Bewegung im Juli 1938 den Sinn für die reale Lage verloren habe.[32] Die Sudetendeutschen wiederum, so Ritter, hätten spätestens bei den Gemeindewahlen im Mai/Juni 1938 gezeigt, dass sie praktisch geschlossen hinter der Sudetendeutschen Partei stünden[33] und, wie auch viele deutsche Priester und Ordensleute berichteten, aus nationaler Überzeugung „*überall alle* [Hervorhebung im Original, E.H.] für den ‚Anschluss' an Deutschland" seien. Selbst die guten gläubigen Katholiken dächten nicht daran, „etwas gegen den Glauben zu tun". Sie würden zwar sehen, dass in religiöser Hinsicht „Deutschland das ist, was es ist", zugleich aber hoffen, dass diese Situation sich einmal ändern würde.[34]

In den Monaten vor München setzte die vatikanische Diplomatie ihre Hoffnungen in ein funktionsfähiges Zusammenwirken der europäischen Großmächte, was das Überhandnehmen der deutschen machtpolitischen Ambitionen verhindern und zugleich wirksame Garantien für kleinere Staaten und friedliche Konfliktlösungen gewähren würde. Der Heilige Stuhl begrüßte die sich in den ersten Monaten des Jahres 1938 abzeichnende Annäherung zwischen Großbritannien und Italien sehr. Man glaubte, dass sie nicht nur Rom vor der Anbindung an das einseitige Achsenbündnis bewahren, sondern darüber hinaus zur Besserung der gegenseitigen Beziehungen zwischen den vier Großmächten, und somit letztlich auch dazu beitragen könnte, einen Ausweg aus der tschechoslowakischen Krise zu finden.[35] Mit Anerkennung wurden die Vermittlungsversuche des britischen Premierministers Neville Chamberlain und die Entsendung des britischen Unterhändlers in die Tschechoslowakei quittiert.

---

[31] So schrieb Ritter an Pacelli, dass „die Tschechen alles konzedieren" würden, „solange es sich um Worte handelt [...] wenn es zu den Taten kommt, konzedieren sie nichts mehr; oder zumindest nur soviel, wie viel sie nachzugeben gezwungen sind..." Siehe: *Ebenda.* Ritter an Pacelli 8.5.1938.

[32] *Ebenda.* fasc. 181, Ritter an Pacelli 8.5.1938. — *Ebenda:* fasc. 182, Ritter an Pacelli 31.7.1938.

[33] *Ebenda.* fasc. 181, Burzio an Pacelli 26.5.1938.

[34] *Ebenda.* fasc. 182, Ritter an Pacelli 31.7.1938.

[35] Gesandter Osborne an Außenminister Halifax, Annual Report 1938. In: *Hachey,* Thomas E. (Hg.): Anglo-Vatican Relations 1914-1939. Confidential annual Reports of the British Minister to the Holy See. Boston 1972, 385-390. — *Martini,* Angelo: L'ultima udienza ufficiale di Pio XI. Neville Chamberlain in Vaticano [Die letzte offizielle Audienz von Pius XI. Neville Chamberlain im Vatikan]. In: La Civiltà Cattolica 127/I (1976) 526-543. — *Chadwick,* Owen: Britain and the Vatican during the Second World War. Cambridge 1986, 17-26. — *Kent,* Peter C.: A Tale of Two Popes. Pius XI, Pius XII and the Rome-Berlin Axis. In: Journal of Contemporary History 23 (1988) 589-608. — Der britische Botschafter in Rom, Perth, an Außenminister Halifax am 16.11.1938. In: Documents on British Foreign Policy III. Vol. 3. London 1950, 458 f.

Pacelli betonte gegenüber dem tschechoslowakischen Gesandten Radimský mehrmals den Wunsch, die Mission Walter Runcimans möge erfolgreich die anstehenden Schwierigkeiten lösen und den Frieden in Europa retten.[36]

Dennoch überschätzte der Vatikan die Möglichkeiten einer diplomatischen Vermittlungsaktion nicht. Während der sehr beherrschte Kardinalstaatssekretär Pacelli allerdings mit Kommentaren nach außen spärlich umging und gegenüber dem britischen Gesandten Sir Francis d´Arcy Osborne lediglich darauf hinwies, dass die Masse der Sudetendeutschen wohl nicht die Umgestaltung der Tschechoslowakei, sondern die nationale Verbindung mit Deutschland anstrebe, gab der für seine scharfzüngige Direktheit bekannte Sekretär für die außerordentlichen kirchlichen Angelegenheiten, Domenico Tardini, gegenüber dem britischen Gesprächspartner seine Bedenken ob des Ausgangs der Runciman-Mission im Spätsommer 1938 unverhüllt zu. Er zweifelte an der Bereitschaft der tschechoslowakischen Seite, rasch einem Ausgleich zuzustimmen, und erinnerte den britischen Diplomaten an die schlechten Erfahrungen, die der Heilige Stuhl in Verhandlungen mit den „langsamen und schwerfälligen" tschechoslowakischen Politikern gemacht habe.[37] Tardini ging in seinen Bedenken noch weiter und berührte die grundsätzliche Frage der Raison d'être und der Zukunftsaussichten des tschechoslowakischen Staates. Denn diesem fehle „das natürliche Prinzip der Einheit", und seine Grenzen seien nicht zu verteidigen, während es rundherum Nachbarn gebe, die Ansprüche auf sein Territorium erheben.[38]

Trotz der Skepsis über die Erfolgsaussichten der Verhandlungen, die durch laufende Berichte Ritters nur bestätigt zu werden schienen, verfolgte die vatikanische Diplomatie während des Sommers 1938 mit großer Aufmerksamkeit die diplomatischen Ereignisse und versuchte, zumindest auf jene Akteure still einzuwirken, zu denen sie noch einen Zugang besaß, und sie dazu zu bewegen, durch Entgegenkommen und Kompromissbereitschaft eine beiderseits akzeptable Lösung zu finden. In diesem Sinne argumentierten Pacelli und Tardini gegenüber dem Gesandten Radimský, wie auch Ritter in Prag nicht nur gegenüber dem Außenministerium, sondern im Auftrag seiner Vorgesetzten, „an der Entspannung zu wirken", auch gegenüber der „Christlichsozialen Volkspartei" (DCV) um Karl Hilgenreiner. Diese sollte nicht zuletzt mit Hilfe religiöser Argumente zur größeren Distanz gegenüber der Führung der sudetendeutschen Sammelpartei und zu mehr Versöhnungsbereitschaft gegenüber Prag bewegt werden.[39]

---

36 AMZV, PZ Vatikán 1938, geheimer Bericht Radimskýs vom 19.8.1938.

37 Gesandter Osborne an Außenminister Halifax, Annual Report 1938. In: *Hachey* (Hg.): Anglo-Vatican Relations 394. — Zur Persönlichkeit Tardinis vergleiche *Casula,* Carlo Felice: Domenico Tardini (1888-1961). L'azione della Santa Sede nella crisi fra le due guerre [Domenico Tradini (1888-1961). Das Handeln des Heiligen Stuhls in der Krise zwischen den beiden Kriegen]. Roma 1988, hier insbesondere Tardinis Tagebuch, 291-388.

38 Osborne an Halifax, Annual Report 1938. In: *Hachey* (Hg.): Anglo-Vatican Relations 394.

39 AMZV, PZ Vatikán 1938, geheimer Bericht Radimskýs vom 19.8.1938. Die von der Verfasserin bis dato eingesehenen vatikanischen Quellen erwähnen allerdings solche Interventionen nicht.

Am 21. August 1938 besuchte der in Castel Gandolfo weilende Pius XI. überraschend die dortige Sommervilla des Kollegs der „Propaganda Fide" und hielt vor den Alumnen eine Ansprache, die am darauffolgenden Tag im L'Osservatore Romano abgedruckt wurde. Der Papst warnte die zukünftigen Missionare vor einem „übertriebenen Nationalismus", der im Unterschied zum katholisch aufgefassten natürlichen Nationalgefühl einen „wahren Fluch" darstelle und „Teilungen, Gegensätze, mit Gefahren von Kriegen" mit sich bringe.[40]

Ende August 1938 griff der Vatikan dem in der radikalen reichsdeutschen Presse attackierten Prager Kardinal Karel Kašpar unter die Arme. Kašpar, der von der Zeitung der „Deutschen Arbeitsfront" „Der Angriff" beschuldigt wurde, seine deutschen Theologiestudenten und Gläubigen wegen ihrer nationalen Zugehörigkeit zu diskriminieren, wies in einem langen lateinisch abgefassten Schreiben an Kardinal Pacelli die Anschuldigungen zurück und bat den Heiligen Stuhl, den L'Osservatore Romano anzuweisen, in der Bericherstattung auch die tschechischen Argumente zu berücksichtigen. Kardinal Pacelli, der von derselben radikalen nationalsozialistischen Zeitung nicht wenige Beleidigungen zu ertragen hatte, zeigte sich ob deren Vorgehens, welches „nichts anderes als Symptom der äußerst traurigen religiösen Situation in Deutschland" sei, nicht überrascht, bedauerte es aber sehr, dass die Zeitung trotz aller vom Heiligen Stuhl unternommenen Schritte nach wie vor ungestraft Verleumdungen gegen hochstehende kirchliche Persönlichkeiten und Institutionen schleudere. Der L'Osservatore Romano druckte in gekürzter Form die Verteidigung Kašpars ab, die der Kardinal zuvor in Prag hatte veröffentlichen lassen.[41]

Die tschechoslowakische Politik bemühte sich im Laufe der Krise stark darum, den Heiligen Stuhl für sich zu gewinnen. Präsident Edvard Beneš wie Außenminister Kamil Krofta nutzten dabei die im Vorjahr abgeschlossenen Verhandlungen um die Verwirklichung des Modus vivendi, um bei jeder sich bietenden Gelegenheit demonstrativ die guten Beziehungen der Tschechoslowakei zum Heiligen Stuhl hervorzuheben.[42] So sehr es auch diplomatisch üblich war, den erfolgreichen Abschluss von langwierigen Verhandlungen mit gegenseitigen Auszeichnungen zu honorieren, so sehr versuchte Prag nun, die Verleihung der Republikorden an vatikanische Diplomaten als Zeichen einer besonderen Harmonie zu deuten.[43] Die tschechoslowakische Gesandtschaft beim Heiligen Stuhl überhäufte das päpstliche Staatssekretariat mit unzähligen Informationen, die den offiziellen Prager Standpunkt verteidigen und die deutschen und slowakischen katholischen Politiker belasten sollten,[44] die Redaktion

---

40 *Bertetto,* Domenico (Hg.): Discorsi di Pio XI [Reden von Pius XI.]. Bd. 3. Torino 1961, 785 f.

41 ASV, AAEESS Germania, pos. 730, fasc. 345, Kašpar an Pacelli 25.8.1938 und Pacelli an Kašpar 9.9.1938.

42 So zum Beispiel Kamil Krofta im außenpolitischen Exposé. Vergleiche AMZV, II/3, Karton 29.

43 AMZV, PZ Vatikán 1938, Bericht Radimskýs vom 1.7.1938.

44 ASV, AAEESS Cecoslovacchia, pos. 144 P.O. fasc. 180 und 181.

des L'Osservatore Romano erhielt unzählige Unterlagen und Ausschnitte aus der tschechischen Presse, das Außenministerium bot dem Chefredakteur eine private Reise in die Tschechoslowakei an und unterstützte finanziell den tschechischen Korrespondenten der kirchlichen Presse in Rom.[45]

Anfang August lud Staatspräsident Beneš den Nuntius zu einem längeren Gespräch auf der Prager Burg ein, um ihm den tschechoslowakischen Standpunkt zu erläutern. Gekonnt begann Beneš mit grundsätzlichen Überlegungen zu Themen, die an päpstliche Äußerungen anknüpften. Er meinte, vor zehn Jahren sei die größte Gefahr der Bolschewismus gewesen, heute sei er besiegt und könnte lediglich durch einen allgemeinen Konflikt wiedererstehen. Die größte Gefahr von heute sei der Supernationalismus, welcher mit dem Bolschewismus die philosophischen, wirtschaftlichen und sozialen Prinzipien teile und in einen absoluten Materialismus münde. Er, Beneš, sei immer gegen einen übertriebenen Nationalismus gewesen. Ritter, der Beneš als überzeugten Sozialisten und Mitglied der betont nationalen tschechischen national-sozialistischen Partei kannte, wurde misstrauisch und fragte sich, „ob er [der Präsident, E.H.] in der Orthodoxie mit den Überzeugungen *ad captandam benevolentiam* nicht ein wenig übertrieb". Beneš gab zu, dass in der Behandlung der sudetendeutschen Bevölkerung Fehler und Ungerechtigkeiten geschehen seien, entschuldigte sie aber mit dem Fehlen der Zeit und versicherte seinem Gesprächspartner, dass die Regierung bereit sei, Abhilfe zu schaffen und soweit wie nur möglich zu gehen, den Staat in vier historische Einheiten zu gliedern und jede von ihnen mit einer umfassenden administrativen Autonomie auszustatten. Ritter fiel bei diesen Ausführungen der Unterschied zwischen den betont unnachgiebigen Positionen des katholischen Ministers Šrámek, mit dem er wenige Tage zuvor konferiert hatte, und dem verbal entgegenkommenden Präsidenten Beneš auf. Diesen Unterschied führte er aber nicht auf substantielle politische Differenzen zurück, sondern glaubte, dass Beneš, „obgleich innerlich intransigent, sich aus taktischen Gründen verbal konziliant zeigt".[46]

Trotz aller Bedenken war Ritter überzeugt, dass ein kriegerischer Konflikt wegen der sudetendeutschen Frage in jedem Falle vermieden werden musste. Im Bericht nach Rom schrieb er:

> Und es tauchte vor mir plötzlich die monströse Eventualität auf, dass, um einen Fehler wieder gut zu machen, der tatsächlich begangen worden war, jedoch von einem kleinen Volk und zum Schaden von ebenfalls kleinen Teilen anderer Völker, nun alle Völker Europas, wenn nicht der ganzen Welt, große und kleine, schuldige oder schuldlose, sich in einen sehr viel größeren Irrtum des allgemeinen Krieges verwickelt sähen.[47]

---

45 AMZV, PZ Vatikán 1938, Bericht Radimskýs vom 1.7.1938. *Ebenda* II/3, Karton 28.

46 ASV, AAEESS Cecoslovacchia, pos. 144 P.O. fasc. 182, Ritter an Pacelli 9.8.1938: „[...] che Beneš, pur essendo intimamente intransigente, si mostri, per tattica, conciliante a parole [...]". Hervorhebung im Original unterstrichen.

47 *Ebenda.*

Dieses Grundanliegen – eine friedliche Lösung zu finden – teilten im Vatikan alle, zumal ein Krieg nicht nur unsagbares menschliches Leid zu bringen, sondern in letzter Konsequenz, so war man überzeugt, in einer allgemeinen Revolution und Bolschewisierung Europas zu enden drohte. Dennoch weigerte sich zuerst der Papst, dem Drängen des französischen Generalmeisters der Dominikaner Martin Gillet und des französischen Botschafters François Charles-Roux nachzugeben und einen öffentlichen Friedensappell zu erlassen, den er unter den gegebenen Umständen für „weder nützlich noch opportun" hielt.[48] Der Papst, stets auf Unparteilichkeit bedacht, wollte wohl vermeiden, mit einer öffentlichen Initiative aufzutreten, die angesichts des offensichtlichen französischen Unwillens, sich für den tschechoslowakischen Bündnispartner militärisch zu engagieren, im profranzösischen Sinne interpretierbar gewesen wäre. Diese Befürchtung wog umso mehr, da ein Teil der deutschen und der italienischen faschistischen Presse dem Papst ohnehin vorwarf, mit den „westlichen Liberalen und Freimaurern" gemeinsame Sache zu machen.[49] Pius XI. dürfte auch klar gewesen sein, dass die französische Diplomatie keine allgemeine, gegen totalitäre Ideologien oder die nationalistische Unduldsamkeit gerichtete und zur friedlichen Beilegung des Konfliktes auffordernde Kundgebung verlesen wollte, wie sie päpstlicherseits bereits unzählige Male erlassen worden war. Vielmehr ging er davon aus, dass sie eine konkret adressierte politische Enuntiation wünschte, wohl vergleichbar mit jenem öffentlichen Schreiben, das Präsident Franklin D. Roosevelt einige Monate später auf dem Höhepunkt der polnischen Krise an Hitler und Mussolini richten sollte.[50] Eine derartige Initiative musste in den Augen der päpstlichen Diplomaten kontraproduktiv erscheinen, da sie die Unparteilichkeit des Papstes kompromittiert und Hitler provoziert hätte, ohne von ihm irgend etwas zu erreichen.[51] Die Zurückhaltung der vatikanischen Diplo-

---

48 ASV, Stati Ecclesiastici pos. 430b P.O. fasc. 364, Aufzeichnung Pacellis über die diplomatische Audienz an Charles-Roux am 14.9.1938. Vergleiche auch *Ebenda:* AAEESS Cecoslovacchia, pos. 144 P.O. fasc. 183, Gillet an Pacelli vom 12.9.1938. — *Ebenda:* fasc. 184, Charles-Roux an Pacelli vom 17.9.1938. — *Charles-Roux,* François: Huit ans au Vatican 1932-1940. Paris 1947, 127-129.

49 *De Felice,* Renzo: Mussolini il duce. Vol. 2: Lo Stato totalitario, 1936-1940 [Der Führer Mussolini. Bd. 2: Der totalitäre Staat, 1936-1940]. Torino 1981, 136-143. — *Kent:* A Tale of Two Popes 602.

50 ADAP, Serie D, Bd. 6, Baden-Baden 1956, Dok. Nr. 200, 202-204, Roosevelt an Hitler, und Dok. Nr. 240, 249 f., Botschafter Bergen an das Auswärtige Amt. Diego von Bergen berichtete, dass die Kundgebung des amerikanischen Präsidenten in kurialen Kreisen kritisiert werde, weil sie sich an zwei bestimmte Regierungschefs (Hitler und Mussolini) gewendet und dies noch dazu öffentlich getan habe.

51 Um seine Unparteilichkeit zu wahren, lehnte Pius XI. auch die Anregung des Apostolischen Delegaten in Washington Amleto Cicognani ab, er möge in einer etwaigen Friedensäußerung das Schreiben des amerikanischen Präsidenten Roosevelt an Hitler vom 27. September loben. Siehe ASV, AAEESS Cecoslovacchia pos. 144 P.O. fasc. 185 Cicognani an Pacelli, Telegramm, eingegangen am 28.9.1938. Auf dem Schriftstück steht die handgeschriebene Anmerkung: „Seine Heiligkeit glaubt nicht, die vorgeschlagene Äußerung machen zu sollen."

matie dürfte auch von dem französischen Wunsch bestärkt worden sein, der Papst möge zur Respektierung der Friedensverträge aufrufen. Es erschien sinnlos, Staaten, die eben diese Verträge als ungerecht empfanden und deren Revision auf ihre politischen Fahnen geschrieben hatten, zu ihrer Beachtung aufzufordern.[52] Dies umso mehr, da der Heilige Stuhl selbst gegenüber der Pariser Friedenskonferenz von Anfang an eine gewisse Distanz wahrte, sie als „Zusammenstoß von entgegengesetzten Interessen und rivalisierenden Hegemonieversuchen" und ihr Resultat als „auferlegt und nicht verhandelt" bewertete.[53] Auch wollte man im Vatikan wohl zuerst ohne spektakuläre öffentliche Gesten den Ausgang der Mission Chamberlains in Berchtesgaden abwarten, an die man hohe Erwartungen knüpfte. Der L'Osservatore Romano veröffentlichte allerdings im Laufe des Septembers eine Artikelserie, die die Gültigkeit der bestehenden vertraglichen Bindungen der Tschechoslowakei gegenüber Frankreich (Bündnisvertrag) und Deutschland (Schiedsvertrag) nachzuweisen suchte.[54]

Es ist schwierig zu beurteilen, wie hoch der Papst in jenen Tagen das unmittelbar drohende Kriegsrisiko einschätzte, zumal vorhandene Berichte von zeitgenössischen Diplomaten sehr widersprüchlich sind.[55] Auch die Telegramme,

---

52 *Martini,* Angelo: Pio XI, la pace e gli accordi di Monaco [Pius XI., der Friede und das Münchener Abkommen]. In: La Civiltà Cattolica 126/3 (1975) 457-472, hier 461. Der Jesuitenpater und Gelehrte Martini durfte im Zuge der Vorbereitung der Dokumentenedition ADSS bereits damals die relevanten vatikanischen Dokumente einsehen.

53 Il processo al Kaiser [Der Prozess gegen den Kaiser]. In: L'Osservatore Romano vom 25.6.1919. — Siehe auch: *Hrabovec:* Der Heilige Stuhl und die Slowakei im Kontext internationaler Beziehungen 20. — Benedikt XV. hat seine kritische Haltung zur Friedensordnung in der Enzyklika Pacem Dei munus vom 23.5.1920 ausgesprochen. In: AAS 12 (1920) 209-218. — Vergleiche auch die Äußerungen Kardinal Gasparris gegenüber dem österreichischen Gesandten Pastor. In: ÖSTA, AdR, AA, Rom-Vatikan, Karton 4, Gespräch vom 12.3.1920. — Siehe auch *Pollard,* John F.: Il papa sconosciuto. Benedetto XV (1914-1922) e la ricerca della pace [Der missverstandene Papst. Benedikt XV (1914-1922) und die Suche nach Frieden]. Cinisello Balsamo 2001, hier 162-169.

54 AMZV, II/3, Karton 29, Berichte Messánys vom 10.9.1938, 13.9.1938 und 15.9.1938.

55 Der britische Gesandte Osborne berichtete über ein am Vorabend der Münchener Konferenz stattgefundenes Gespräch mit Pius XI.: „His Holiness said that until recently he had been resolutely hopeful of peace, but that his hope had weakened during the past two days." Osborne an Halifax, Annual Report 1938. In: *Hachey* (Hg.): Anglo-Vatican Relations 395. — Der rumänische Gesandte beim Heiligen Stuhl, Aurel Ioan Vassiliu, der am 4.10.1938 vom Papst in Audienz empfangen worden war, berichtete wiederum von einem tief religiös verankerten Optimismus des Papstes („Ich habe niemals an die Möglichkeit eines Krieges geglaubt, in keinem Augenblick habe ich daran geglaubt, und deshalb habe ich das Gebet empfohlen [...]. Das Gebet ist die Hoffnung selbst."); gleichzeitig beschrieb Vassiliu aber auch dessen Befürchtungen, dass das angesammelte materielle und psychologische Gewaltpotential zum kriegerischen Ausbruch führen könnte. Vergleiche das Telegramm von Aurel Ion Vassiliu an den rumänischen Außenminister, 4.10.1938. In: *Mazzoni*, Bruno (Koordinator): La Romania e la Santa Sede. Documenti diplomatici [Rumänien und der Heilige Stuhl. Diplomatische Dokumente]. Città del Vaticano 2000, 115. — Ein ähnliches Spannungsverhältnis zwischen Hoffnung einerseits und Wahrnehmung einer realen Gefahr andererseits konstatierte bei Pius XI. auch der Nach-

die Ritter fast täglich nach Rom sandte, wechselten in Ton und Gemüt zwischen Beruhigung und Befürchtung eines Kriegsausbruchs.[56] Spätestens nachdem Hitler in Bad Godesberg die eine Woche zuvor mit Chamberlain ausgehandelte Anerkennung des Selbstbestimmungsrechtes der Sudetendeutschen plötzlich um neue Forderungen erweitert und Ritter aus Prag gemeldet hatte, die Situation sei „extrem ernst" („estremamente grave"),[57] dürfte jedoch Pius XI. die Zeit für reif gehalten haben, um mit einer öffentlichen Friedensbotschaft aufzutreten. Am 27. September schlug Tardini im Namen des auf Urlaub in der Schweiz weilenden Staatssekretärs Pacelli dem Papst vor, die Gläubigen in aller Welt zum Gebet für den Frieden aufzurufen. Nach einer durchwachten Nacht änderte der kranke, vom Gedanken an den Krieg auf das Äußerste geplagte Papst seine Meinung und entschied, sich mit einem Friedensappell an die Menschheit zu wenden. Den von Tardini vorgelegten Telegrammentwurf ergänzte er um eigene, in der schlaflosen Nacht formulierte Passagen, die er aus dem Gedächtnis diktierte „als würde er lesen".[58] Am Abend des 29. Septembers forderte Pius XI. im „Radio Vatikan" mit bewegter Stimme die ganze Welt auf, für die Bewahrung des Friedens auf der Grundlage der Gerechtigkeit, des Rechts und des Respekts für die Lehre des Evangeliums zu beten. Er erinnerte die Regierungschefs an ihre Verantwortung gegenüber Millionen von Menschen, die in Angst und Schrecken vor dem Krieg erzitterten. Auf dem Höhepunkt der Rede bot der offensichtlich gerührte Papst Gott das eigene Leben als Sühneopfer für den Frieden an.[59]

---

folger Vassilius, der Gesandte Nicolae Petrescu-Comnen. Der Papst sei einerseits überzeugt, dass sich „diese totalitären Regimes, ob sie sich nun bolschewistisch oder faschistisch oder nationalsozialistisch nennen [...] in ihrer Ideologie ähneln, da die einzige Ideologie, die sie akzeptieren, der Primat der Gewalt ist" und dass die Methoden der deutschen oder der italienischen Regierung und deren internationale Haltung „nur zu einem Desaster führen können". Gleichzeitig habe er aber die Hoffnung, dass die Staatschefs dennoch verstehen würden, dass ein Konflikt „das Ende Europas, das Ende der Zivilisation" und auch das Ende ihrer eigenen Diktaturen bedeuten würde, und dass sie am Rande des Abgrunds doch innehalten würden. Nicolae Petrescu-Comnen an Grigore Gafencu, 4.2.1939. In: *Ebenda* 116 f. — Der Vielschichtigkeit der Lage nicht ganz gerecht zu werden scheint dagegen das Urteil des französischen Botschafters und ansonsten guten Kenners der vatikanischen Diplomatie, François Charles-Roux, zu sein, welcher – durch die Weigerung des Papstes, eine französisch inspirierte öffentliche Kundgebung zu erlassen, enttäuscht – behauptete, Pius XI. sei überzeugt gewesen, dass Deutschland und Italien in einem abgekarteten Spiel nur „geblufft" hätten. Vergleiche *Charles-Roux:* Huit ans au Vatican 129.

56 ASV, AAEESS Cecoslovacchia, pos. 144 P.O. fasc. 185, Telegramme von Ritter an das Staatssekretariat von 17.9. bis 29.9.1938.

57 *Ebenda.* fasc. 186, Telegramm Ritters an das Staatssekretariat vom 26.10.1938.

58 ASV, AAEESS Stati Ecclesiastici, pos. 560 P.O. fasc. 592, Diario di Domenico Tardini (Tagebuch von Domenico Tardini), Eintragungen vom 27.9. und 28.9.1938.

59 AAS 30 (1938) 309 f.

Pius XI. vermied es peinlich, irgendeine beteiligte Macht namentlich zu nennen, doch sein Aufruf, die Verantwortlichen mögen nun den Friedensworten Taten folgen lassen, war unzweifelhaft vor allem an Hitler gerichtet. Und die Tatsache, dass er ausdrücklich daran erinnerte, sein Opfer am Tage des „milden und heroischen Märtyrers", des heiligen Wenzels darzubringen, wurde von der tschechischen Bevölkerung, die sich gleich auch eine Übersetzung der Botschaft auf Tschechisch anhören konnte, durchaus als besonderes Zeichen der päpstlichen Sorge verstanden.[60] In diesem Sinne interpretierte auch der Prager Erzbischof Kardinal Kašpar die Botschaft – sowohl in seinem Hirtenbrief vom 1. Oktober als auch im Schreiben an Pius XI. vom 18. Oktober, in welchem er hervorhob, dass es einzig der Papst gewesen sei, „qui *unicus* gravissimis illis temporibus nos protegere dignatus est".[61]

Pius XI. unternahm in der Septemberkrise 1938 keine diplomatisch-politische Vermittlungsaktion. Sie wäre mit der Gefahr verbunden gewesen, seine streng gewahrte, aber von Deutschland und einem Teil der faschistischen Presse in Italien (aber auch in Großbritannien und anderen Ländern) in Frage gestellte Unparteilichkeit zusätzlichen Angriffen auszusetzen und von den beteiligten Staaten demütigend zurückgewiesen zu werden. Selbst zu dem Zeitpunkt, als sich der Papst zu einer öffentlichen Intervention entschloss, verließ er den religiösen Rahmen nicht. Eine Rolle dürfte dabei auch die Tatsache gespielt haben, dass das Verhältnis des todkranken Papstes zum nationalsozialistischen Deutschland bereits irreparabel schlecht war und keine wie auch immer geartete Anknüpfungsmöglichkeit zuließ. Schritte im Hintergrund, die Pius XI. unternommen haben mochte, blieben selbst für informierte Zeitgenossen unsichtbar. Radimský erfuhr später von der Existenz einer vertraulichen Botschaft des Papstes an den nach München abfahrenden Mussolini, die an den Duce appellierte, am Konferenztisch nicht nur Hitler zu sekundieren, sondern sich für eine gerechte Lösung zu engagieren.[62]

---

60 Die große Resonanz, die die päpstliche Rede bei der tschechischen Bevölkerung fand, wurde sowohl von Kardinal Kašpar in dessen Schreiben an den Papst vom 18.12.1938, als auch von der zeitgenössischen tschechischen Publizistik hervorgehoben (Das Schreiben in: ASV, AES Cecoslovacchia, pos. 144 P.O., fasc. 189, Kašpar an Pacelli vom 18.10.1938). Die in Pilsen (Plzeň) erscheinende sozialdemokratische Zeitung „Nová doba" (Neue Zeit) veröffentlichte zum Beispiel am 11. November 1938 einen Artikel mit dem bezeichnenden, noch kurz zuvor undenkbaren Titel: Vatikán, spojenec náš nejvěrnější (Der Vatikan, unser getreuester Verbündeter). Der Artikel wurde von zahlreichen anderen tschechischen Blättern übernommen. Vergleiche dazu ASV, AES Cecoslovacchia, pos. 144 P.O., fasc. 189, Ritter an Pacelli vom 15.11.1938.

61 ASV, AAEESS Cecoslovacchia pos. 144 P.O. fasc. 189, Kašpar an Pacelli vom 18.10.1938. Kardinal Kašpar übermittelte seine Dankgefühle dem Papst auch persönlich, als er im November 1938 Rom besuchte und von Pius XI. am 16.11.1938 in einer Audienz empfangen wurde. AMZV, II/3, Karton 34, Bericht Radimskýs vom 28.11.1938. Hervorhebung im Original unterstrichen.

62 AMZV, PZ Vatikán 1938, Bericht Radimskýs vom 3.10.1938.

Einen Tag nach der Münchener Konferenz sagte Pius XI. zu Domenico Tardini: „Es ist wahr, dass die Tschechoslowakei nicht das Recht hatte, die ganze Welt ihretwegen in den Krieg hineinzuziehen, doch es ist genauso wahr, dass sie jedes Recht hatte, nicht als Minderjährige behandelt zu werden."[63] Dem Gesandten Radimský verriet der Papst wiederum, er habe Chamberlain wissen lassen, dass er es für unerhört halte, „dass eine derartige Amputation durchgeführt wurde, ohne dass die Tschechoslowakei angehört worden wäre".[64] Der Papst war glücklich, dass der Friede gerettet werden konnte, die Art und Weise der Entscheidungsfindung allerdings, jenes „de nobis sine nobis", wies er als politisch und moralisch unvertretbar zurück. Große Besorgnis verursachte ihm auch die manifeste Stärkung Deutschlands, zumal er überzeugt war, dass die Ambitionen Hitlers mit München kein Auslangen finden würden. Während der Papst noch am 28. September dem britischen Gesandten Osborne gegenüber die Bemühungen Chamberlains gelobt hatte,[65] meinte er nun ernüchtert, der britische Premierminister habe seinem Land keinen guten Dienst geleistet, indem er Hitler ein goldenes Piedestal gebaut habe.[66] Der Papst schätzte zwar überaus, dass nicht zuletzt dank der Vermittlungspolitik der Welt der „schreckliche Krieg erspart" geblieben und die „gerechten Wünsche" der Sudetendeutschen friedlich erfüllt worden seien,[67] bremste aber gleichzeitig den manifest zur Schau gestellten Optimismus des Berliner Nuntius Cesare Orsenigo. Als Orsenigo den Entwurf seiner Rede nach Rom schickte, welche er anlässlich des Neujahresempfangs des diplomatischen Korps beim Reichskanzler als dessen Doyen vortragen sollte, und in welcher er in großen Worten das Friedenswerk der vier Staatsmänner in München lobte, wurde er vom Papst belehrt, er möge „die Stimme leiser stellen", „sich an die Substanz halten" und „nicht poetisch werden".[68]

Am 1. Oktober 1938 empfing der Papst auf dessen Wunsch den tschechoslowakischen Gesandten Radimský. Der Papst sagte ihm ohne Scheu, dass sein Land ungerecht behandelt worden sei und beauftragte ihn, dem Volk und der Regierung Worte des Trostes und der Stärkung zu überbringen. Der Papst, der auch politische Fragen in betont religiösem Licht und im Kontext eines religiös gedeuteten Opferdiskurses interpretierte, schätzte die Entscheidung der tschechoslowakischen Regierung, das Ultimatum anzunehmen und nicht zu kämpfen, als besonderes Opfer für den Frieden und die Menschheit. Der alte und kranke Papst, der gerade dank seiner religiösen Deutungsweisen auch in der Po-

63 ASV, AAEESS Stati Ecclesiastici, pos. 560 P.O. fasc. 592, Diario di Domenico Tardini, Eintragung vom 30.9.1938.

64 AMZV, PZ-Vatikán 1938, Bericht Radimskýs vom 3.10.1938.

65 Osborne an Halifax, Annual Report 1938. In: *Hachey* (Hg.): Anglo-Vatican relations 395.

66 *Martini:* L'ultima udienza 532.

67 *Ebenda* 537.

68 ASV, AAEESS, Germania, pos. 604, fasc. 115, Orsenigo an Pacelli 24.11.1938 und Pacelli an Orsenigo 30.11.1938.

litik den langen Atem zu behalten vermochte, riet dazu, Geduld und Hoffnung auf eine bessere Zukunft zu bewahren, und versuchte, Radimský mit seiner damals beliebten und häufig wiederholten Reminiszenz aufzumuntern, er habe noch Napoleon III., den eisernen Kanzler Bismarck und den allmächtigen Kaiser Wilhelm gesehen, deren Glanz und Macht längst vergangen seien.[69]

Die Erwähnung des heiligen Wenzels in der dramatischen Rundfunkrede des Papstes und die Radimský anvertraute Botschaft von Pius XI. „an das Volk und die Regierung" (von Beneš später als eine Botschaft an den Präsidenten, also an ihn, zitiert),[70] wurde von der tschechoslowakischen Diplomatie und in der Folge insbesondere von Exilpräsident Beneš gezielt im pro-tschechoslowakischen Sinne gedeutet. Sie wurde als eine Art „captatio benevolentiae" genutzt, um vom Nachfolger Pius' XI. die Anerkennung seiner Exilregierung zu erreichen.[71] Die demonstrative Hervorhebung dieser Interpretation konnte freilich nicht darüber hinwegtäuschen, dass im Hintergrund bei einem Teil der tschechischen Politiker eine gewisse Enttäuschung darüber vorherrschte, dass der Papst in seinen Äußerungen auf der streng religiösen Ebene geblieben war, und keine politisch konkrete und als offene Parteinahme zu Gunsten Prags interpretierbare Kundgebung erlassen hatte. In den sechziger Jahren, als die Erinnerung an die Botschaften des Papstes in der Münchener Zeit keine politische Bedeutung mehr zu haben schienen, wurde die entsprechende Passage gar nachträglich aus den Memoiren Edvard Benešs gestrichen.[72]

Die Beziehungen zur Zweiten Republik

Die ungeliebte Zweite Republik, die nicht nur schmerzliche territoriale Einbußen, sondern auch eine innere Krise und die Suche nach einer neuen Orientierung gebracht hatte, blieb lange Zeit ein Stiefkind der Geschichtsschreibung.[73] Der Zusammenbruch der Ersten Tschechoslowakischen Republik, der mit dem Rückzug der liberal-sozialistischen Eliten verbunden war, bewirkte in weiten Teilen der tschechischen Gesellschaft eine zumindest vorübergehende Abwendung von den staatsideologischen Konzepten eines betont säkularen Staates und dem liberalen parlamentarisch-demokratischen politischen Establishment

---

69 AMZV, PZ Vatikán 1938, Bericht Radimskýs vom 3.10.1938.

70 *Beneš*, Edvard: Paměti – Od Mnichova k nové válce a k novému vítězství [Memoiren – Von München zum neuen Krieg und zum neuen Sieg]. Praha 1947, hier 494.

71 ADSS IV., Dok. Nr. 244, 360-363, der Apostolische Delegat in London, Godfrey, an Kardinalstaatssekretär Maglione am 21.1.1941.

72 Aus der tschechischen Ausgabe: *Beneš*, Edvard: Mnichovské dny. Paměti [Die Münchener Tage. Memoiren]. Praha 1968. — Ebenso in der französischen Version: Munich par Edouard Benès. Paris 1969.

73 Zuletzt erschienen ist: *Gebhart*, Jan/*Kuklík*, Jan: Druhá republika. Svár demokracie a totality v politickém, společenském a kulturním životě [Die Zweite Republik. Der Kampf zwischen Demokratie und Totalitarismus im politischen, gesellschaftlichen und kulturellen Leben]. Praha 2004.

der vorausgegangenen Jahrzehnte. Deren Antikatholizismus bzw. Irreligiosität sowie institutioneller, partei- und interessenspolitischer Partikularismus wurden nun vielfach als Zeichen des moralischen Verfalls und letzte Ursache des politischen Scheiterns wahrgenommen. In der neuen geistigen Atmosphäre machten sich nicht nur die Suche nach neuen politischen Ordnungskonzepten, sondern in nicht wenigen Kreisen auch Bestrebungen bemerkbar, die katholische Religion der in ihrer Werteorientierung erschütterten Bevölkerung als Stütze anzubieten. Die geistig-kulturelle und institutionelle Neuausrichtung des Staates sollte in Anlehnung an den Gedanken einer auch ideell geschlossenen nationalen Gemeinschaft, an ständestaatliche Vorstellungen und in der Rückbesinnung auf katholische historische Vorbilder verankert werden. Die neu belebte St.-Wenzels-Tradition sollte das seit dem 19. Jahrhundert dominante liberale und hussitisch-protestantische Geschichtsbild ersetzen. So wollte man eine geistige Erneuerung auf dem Fundament der katholischen Weltanschauung veranlassen, das angeschlagene nationale Selbstbewusstsein konsolidieren und die Idee der nationalen Staatlichkeit auf katholischer Grundlage wach halten. Symptomatisch war der lange Hirtenbrief des Prager Erzbischofs Karel Kašpar vom 11. Oktober 1938, in dem der Primas der böhmischen Länder die Katastrophe von München im moralischen Sinne als Konsequenz des Abfalls des tschechischen Volkes vom katholischen Glauben und der antikatholischen Haltungen und Taten der Ersten Republik interpretierte:

> Aber suchen wir nicht die Schuld bei anderen. [...] suchen wir lieber bei uns selbst, ob wir nicht doch irgendwie unser Unglück verschuldet haben [...]. Was geschah bei uns alles nach dem Umsturz? Wie wurde Gott beleidigt, angefangen mit dem Sturze der Gedenksäule der Jungfrau Maria in der Mitte des Hauptplatzes von Prag [...]. Der Glaube des hl. Wenzel hat schon so oft unser Volk geeinigt, während der Hussitismus ihm Lipan brachte, der Protestantismus den Weißen Berg, die neuzeitige Gottlosigkeit aber die jetzige Katastrophe [...]. Deshalb erwarten wir von denen, welche das Steuer unseres neu aufgebauten Staates führen werden, dass sie Lehren aus den bitteren Erfahrungen der vergangenen Jahre ziehen und die unseligen Fehler, die geschahen, verbessern und mit Hilfe des allmächtigen Gottes, von dem alle Macht ausgeht, unser Volk einer glücklicheren Zukunft entgegenführen.[74]

Der neue Staatspräsident Emil Hácha, ein gläubiger Katholik, begann Anfang Dezember 1938 seine Amtsperiode mit dem vorher unvorstellbaren feierlichen Te Deum im St.-Veits-Dom. Nach der heiligen Messe begab er sich in die St.-Wenzels-Kapelle, wo er den Schrein mit den Reliquien des heiligen Wenzels

---

[74] ASV, AES Cecoslovacchia, pos. 144 P.O. fasc. 189, Hirtenbrief von Karl Kašpar vom 11.10.1938, deutsche Fassung. — Vergleiche auch *Ebenda:* pos. 147 P.O. fasc. 198, Ritter an Pacelli 11.11.1938. — Vergleiche dazu auch zahlreiche Beiträge in der tschechischen Presse, so in der sozialdemokratischen Zeitung „Nová doba" (Neue Zeit) vom 11.11.1938, Artikel „Vatikán, spojenec nejvěrnější" (Der Vatikan, der treueste Verbündete), im agrarischen Wochenblatt „Brázda" (Die Furche) vom 11.1.1939, Artikel „Nové pojítko Čechov a Slovákov" (Das neue Bindemittel der Tschechen und Slowaken), oder in der katholischen Zeitschrift „Národní obnova" (Nationale Erneuerung), Nr. 49 vom 10.12.1938 (Artikel des katholischen Schriftstellers Jan Čep).

küsste. Kardinal Karel Kašpar hob in einer kurzen Ansprache die Notwendigkeit hervor, in neuen Zeiten mit Gott beginnen und im Geiste des heiligen Wenzels handeln zu wollen.[75]

Der Heilige Stuhl quittierte mit großer Anerkennung die Veränderungen, die er als Bemühungen um eine „christliche Wiedergeburt des Staates" wahrnahm und die sich wohl in jenes Zukunftsbild einfügten, welches Pius XI. im Sinne gehabt haben durfte, als er unmittelbar nach dem „Münchener Abkommen" Radimský gegenüber meinte, manchmal sei eine Operation notwendig, um den Körper zu retten.[76] Mit Genugtuung wurden im Vatikan die Nachrichten über die Wahl des neuen Staatspräsidenten, die Schulreform, die Wiederanbringung der Kreuze in den Klassenzimmern und die Auflösung der „Komunistická strana Československa" (Kommunistische Partei der Tschechoslowakei, KSČ) aufgenommen und mit einer relativ breiten Publizität auf den Seiten des L'Osservatore Romano honoriert.[77]

Mit unverhüllter Sympathie wurde auch der konstitutionelle Umbau des Staates begrüßt, mit dem die Autonomie der Slowakei verwirklicht wurde. Auch wenn der Heilige Stuhl in solchen politischen Fragen nach außen hin Zurückhaltung übte, wurde die Frage der slowakischen Autonomie in internen Meinungsaustauschen und Lageberichten seit 1919 diskutiert und für eine gute Lösung gehalten, um den gerechten nationalen Wünschen entgegenzukommen und eine Barriere gegenüber dem Vordringen säkularisierender Einflüsse aus dem westlichen Teil der Republik aufzustellen.[78] Bereits drei Tage nach der Autonomieerklärung in Sillein (Žilina) meldete Ritter nach Rom:

> Die Art und Weise, in der die slowakische Frage gelöst worden ist, wird, so scheint mir, als die beste, die man hätte finden können, angesehen. Jetzt wird die Tschechoslowakei ähnlich regiert werden, wie die alte österreichisch-ungarische Doppelmonarchie.

Der Nuntius hob hervor, dass die Slowakei fortan eine eigene Regierung mit den Portefeuilles für Kultus, Schulwesen und Justiz haben werde, und

---

75 ASV, Archivio della Segreteria di Stato II. Sezione Anno 1938 Stati 153 Kašpar an Pacelli 2.12.1938. — Der Geschäftsträger in Prag Andor Hencke an das Auswärtige Amt, 2.12.1938. In: ADAP, Serie D, Bd. 4. Baden-Baden 1951, Dok. Nr. 143, 153-156. — *Feierabend,* Ladislav Karel: Politické vzpomínky I [Politische Erinnerungen I]. Brno 1994, 68. — *Černý,* Bohumil: Die Kirche im Protektorat 1939-1945. In: *Seibt,* Ferdinand (Hg.): Bohemia sacra. Das Christentum in Böhmen 973-1973. Düsseldorf 1974, 345-354, hier 346 f. Die Wirksamkeit der Wenzelsidee war freilich potentiell mehrdeutig, da sie neben der tschechisch-nationalen auch eine im prodeutschen Sinne interpretierbare politische Dimension besaß, welche die historische deutsch-tschechische Symbiose im böhmischen Raum betonte.

76 AMZV, PZ Vatikán 1938, politischer Bericht Radimskýs vom 3.10.1938.

77 ASV, AES Cecoslovacchia, pos. 147 P.O. fasc. 198, Ritter an Pacelli 11.11.1938. — AMZV, PZ Vatikán 1939, politischer Bericht Radimskýs vom 2.1.1939.

78 *Hrabovec:* Der Heilige Stuhl und die Slowakei 110-113.

so ihre fundamental katholischen Traditionen wiederaufnehmen, entfalten und verbessern [werde] können; etwas, was sie nicht nur nicht tun konnte, sondern woran sie leider während der letzten zwanzig Jahre der Abhängigkeit von Prag stark gehindert wurde.[79]

In positivem Licht beschrieb der Nuntius den neuen Ministerpräsidenten der autonomen slowakischen Regierung, den katholischen Priester Jozef Tiso, der ein „guter Pfarrer der Diözese Nitra" sei, und in der „Hlinkova slovenská ľudová strana" (Hlinkas Slowakische Volkspartei, HSĽS) „das Haupt des gemäßigten Flügels" gewesen sei. Er habe die Rechte der Slowaken einschließlich Autonomie eingefordert, doch „im Rahmen der Legalität und ohne notwendigerweise zur Separation der Slowaken von den Tschechen zu gelangen". Besonders schätzte der päpstliche Diplomat, dass Tiso bereits am Tage der Ernennung seiner Regierung in die Nuntiatur gekommen war, um im Namen seiner Regierung dem Heilgen Stuhl seine Reverenz zu machen, die Treue der Slowaken zum katholischen Glauben und zum Magisterium der Kirche zu demonstrieren und für sich, die Regierung und das Volk den Segen des Papstes zu erbitten.[80] Postwendend antwortete Domenico Tardini, Seine Heiligkeit habe die lobenswerte Geste „sehr geschätzt und gerne entgegengenommen" („vivamente apprezzato e gradito") und erteile seinen besonderen apostolischen Segen.[81] Die positive Einstellung des Heiligen Stuhls gegenüber der Ausrufung der slowakischen Autonomie entging auch der französischen Diplomatie nicht. Mitte Oktober 1938 meldete der französische Chargé d'affaires beim Heiligen Stuhl, Jean Rivière, an Außenminister Georges Étienne Bonnet: „[...] Msgr. Tardini zeigte Einverständnis mit der Errichtung der slowakischen Autonomie unter dem Vorsitz des Msgr. Tiso, eines Priesters, den der Vatikan sehr lobt."[82]

Grundsätzlicher Respekt für bestehende Staaten, wie er für die päpstliche Diplomatie aller Zeiten charakteristisch war, und Sympathien für den föderalisierten und, so hoffte man, ideell zukünftig im Christentum neu fundierten tschecho-slowakischen Staat implizierten, dass der Heilige Stuhl vorerst vom Fortbestand dieses Staates ausging, nicht zuletzt in Funktion einer Barriere gegen das Ausgreifen Deutschlands. In diesem Sinne berichtete Anfang März 1939 der deutsche Geschäftsträger in Prag, Andor Hencke, an das Berliner Auswärtige Amt, die damals geführten tschechisch-slowakischen Verhandlungen könnten entweder mit einem Abbruch und einer sofortigen Unabhängigkeitserklärung der Slowakei oder mit deren Hinauszögerung um einige Wochen enden; einige Kenner der Situation würden aber auch auf die dritte Möglichkeit hinweisen, dass „unter etwaigem Druck Vatikans slowakische Regierung schließlich doch noch zu Einigung mit Prag gelangt".[83]

79 ASV, AES Cecoslovacchia, pos. 144 P.O. fasc. 188, Ritter an Pacelli 9.10.1938.

80 *Ebenda.*

81 ASV, AES Cecoslovacchia, pos. 144 P.O. fasc. 188, Tardini an Ritter 19.10.1938.

82 Der Chargé d'affaires beim Heiligen Stuhl Jean Rivière an den Außenminister Georges Bonnet, 15.10.1938. In: Documents diplomatiques français 1932-1939. 2ème Série (1936-1939), tome XII (3 octobre-30 novembre 1938). Paris 1978, Dok. Nr. 137, 239.

83 Der Geschäftsträger in Prag Hencke an das Auswärtige Amt, 7.3.1939. In: ADAP IV, Dok. Nr. 180, 197.

Das „Trauma von München", die schmerzlichen Gebietsabtretungen, innenpolitischen Umwälzungen und das offensichtliche Hineinschlittern in die Einflusszone des Deutschen Reiches machten schließlich die versuchte gesellschaftliche Neupositionierung des tschechischen Katholizismus in der Zweiten Republik unmöglich. Sie war von einem Teil der konservativeren katholischen Eliten mit dem Prager Kardinal Kašpar an der Spitze versucht worden, und wäre mit einer ehrlich gemeinten Annäherung an den Heiligen Stuhl verbunden gewesen. Antikatholische bzw. antipäpstliche Ressentiments lebten in einem Teil der tschechischen politischen Eliten fort und erfuhren durch die nun dominante prodeutsche Orientierung der Politik und deren Anpassungen an manche nationalsozialistische Vorbilder unter neuem Vorzeichen eine zusätzliche Stärkung. So betonte Außenminister František Chvalkovský im Gespräch mit dem deutschen Geschäftsträger in Prag, dass er „in den stark katholischen Tendenzen der Slowakei gewisse internationale Gefahren für den Gesamtstaat" erblicken müsse. Dies könne sich auch „auf das Verhältnis zwischen Berlin und Prag ungünstig auswirken." Er könne sich denken, dass „die Reichsregierung die tschecho-slowakische Regierung einmal für politische Handlungen der Slowaken verantwortlich machen könnte, die von Rom diktiert" seien. Es sei nun einmal so, dass „der Einfluß des Heiligen Stuhls auf die Slowakei letzten Endes stärker" sei, als alles andere.[84]

Nach dem baldigen Verlust der Eigenstaatlichkeit, der Errichtung des deutschen Protektoratsregimes und dem Beginn des Zweiten Weltkrieges schien dann die Wiedererlangung der nationalen Freiheit nur mehr durch die Unterordnung nicht nur unter das politische, sondern auch das ideologische Konzept des tschechoslowakischen Exils unter der Führung von Edvard Beneš möglich.

Die Neuordnung der kirchlichen Verwaltung in den abgetretenen Sudetengebieten und mögliche Verhandlungen mit dem Deutschen Reich

Die Ereignisse von München stellten auch für das kirchlich-religiöse Leben der betroffenen Gebiete einen tiefen Einschnitt dar. Die hoch emotionalisierte und betont national geprägte Stimmung hatte längst auch Katholiken in ihren Bann gezogen und viele in der Überzeugung gestärkt, dass nach der politischen Trennung von den Tschechen nun auch die kirchlich-jurisdiktionelle folgen müsse. Die neue Grenzziehung, die alle böhmisch-mährischen Diözesen durchschnitt, brachte auch ernsthafte praktische Probleme in der Seelsorge und der Kirchenverwaltung mit sich. Die abgetrennten Gebiete litten nach dem Weggang zahlreicher tschechischer, aber zuvor auch deutscher Priester unter einem

[84] Vergleiche die Aufzeichnung des deutschen Geschäftsträgers in Prag Hencke vom 13. Dezember 1938. Abgedruckt in: *Ďurica,* Milan S.: La Slovacchia e le sue relazioni politiche con la Germania – 1938/1945. I: Dagli accordi di Monaco all'inizio della seconda guerra mondiale (ottobre 1938-settembre 1939) [Die Slowakei und ihre politischen Beziehungen zu Deutschland – 1938/1945. I: Vom Münchner Abkommen bis zum Beginn des Zweiten Weltkriegs (Oktober 1938-September 1939)]. Padova 1964, 142-148, Zitat 148.

dramatischen Priestermangel, den Pfarrern der angrenzenden deutschen Bezirke fehlte zunächst die Jurisdiktion, um die seelsorgerische Aushilfe zu leisten, sodass zahlreiche sudetendeutsche Pfarren wochenlang ohne Priester blieben. Einer dringenden Lösung harrte auch das Problem des Studienfortgangs von Priesteramtskandidaten aus den Sudetengebieten, die früher an der Prager Universität bzw. in den Priesterseminaren im tschechischen Teil ihrer Diözesen studiert hatten, sowie die nötige finanzielle Absicherung der Kirche in den abgetrennten Gebieten. Die dort wirkenden Priester bezogen nach dem Verlust der tschechoslowakischen Kongrua-Zahlung zum Teil monatelang kein Gehalt oder keine Pension und lebten in bitterer Not.[85]

Am schnellsten und engagiertesten reagierte auf diese Situation Bischof Michael Buchberger, dessen Regensburger Diözese an die abgetretenen Gebietsteile der tschechischen Diözesen Budweis (České Budějovice) und Prag angrenzte. Mit dramatischen Hilferufen von sudetendeutschen Grenzpfarrern konfrontiert, wandte sich Buchberger bereits am 4. Oktober 1938 an den päpstlichen Nuntius in Berlin, Cesare Orsenigo. Buchberger fürchtete, dass die ausgeprägt national gesinnten, aber wenig glaubenseifrigen sudetendeutschen Katholiken von einer möglichen raschen Initiative der Deutschkatholischen, Altkatholischen oder Deutschgläubigen Bewegung erfasst werden und der katholischen Kirche verloren gehen könnten, und bat den Heiligen Stuhl, den Pfarrern seiner Grenzbezirke die seelsorgerische Tätigkeit in den benachbarten sudetendeutschen Pfarren zu ermöglichen und dazu die Vollmacht eines vicarius oeconomus zu erteilen.[86] Orsenigo telegrafierte die Bitte sofort nach Rom und fügte hinzu, der Heilige Stuhl möge auf behutsame Weise den tschechischen Bischöfen die Notwendigkeit der Maßnahme erklären.[87] Die Antwort aus Rom kam postwendend: Am 6. Oktober wurde Orsenigo telegrafisch mitgeteilt, der Heilige Vater erteile ihm nicht nur alle nötigen Vollmachten, sondern wünsche ausdrücklich, dass der Nuntius alles unternehme, was zur Linderung der spirituellen Not der betroffenen Gläubigen nötig sei.[88] Orsenigo brach daraufhin sofort zu einer Rundreise auf, um den betroffenen deutschen Bischöfen in Breslau, Meissen, Bamberg, Passau, Linz und Wien die vom Papst erteilte Fakultät meist persönlich zu überbringen. Er war allerdings zu vorsichtig, um sich den ihm als zu weitgehend erscheinenden Vorschlag Bischof Buchbergers zu

---

85 ASV, AAEESS Cecoslovacchia, pos. 145 P.O. fasc. 190, Orsenigo an das Staatssekretariat vom 5.10.1938. — *Ebenda:* Orsenigo an Pacelli vom 12.10.1938. — Vergleiche auch *Hüttl*, Josef: Bischof Michael Buchberger und der neue Administaturbezirk in Westböhmen 1939-1946. In: *Schwaiger*, Georg/*Staber*, Josef (Hgg.): Regensburg und Böhmen. Festschrift zur Tausendjahrfeier des Regierungsantrittes Bischof Wolfgangs von Regensburg und der Errichtung des Bistums Prag. Regensburg 1972, 322-325. — *Paleczek*, Rudolf: Die kirchliche Administration des deutschen Anteils der Diözese Budweis von 1938 bis 1946. In: AKBMS 7 (1985) 111-136, hier 112-114.

86 ASV, AAEESS Cecoslovacchia, pos. 145 P.O. fasc. 190, Anlage zum Bericht Orsenigos an Kardinal Pacelli vom 12.10.1938, Bischof Buchberger an Orsenigo vom 4.10.1938.

87 *Ebenda.* Telegramm Orsenigos vom 5.10.1938.

88 *Ebenda.* Telegramm Montinis an Orsenigo vom 6.10.1938.

eigen zu machen und die deutschen Pfarrer mit der Fakultät eines vicarius oeconomus zu nominieren. Auch erinnerte er die Ordinarien daran, dass die Betrauung von geeigneten Priestern mit der seelsorgerischen Aushilfe in den benachbarten Sudetengebieten lediglich eine karitative und provisorische Maßnahme sei, die „mit Rücksicht auf die augenblickliche necessitas spiritualis geschieht", „mit Zurückhaltung und Diskretion", und nur dort, wo sie unbedingt notwendig sei, ausgeübt werden solle und Predigten oder öffentliche Ansprachen ausschließe.[89]

Nachrichten aus Deutschland, die von der dramatischen seelsorgerischen Situation in den Sudetengebieten berichteten, riefen im tschechischen Episkopat eine Welle des Unmuts hervor. Selbst Orsenigos Prager Kollege Ritter scheint die Meinung des Prager Erzbischofs Kašpar geteilt zu haben, wonach sie höchst übertrieben und lediglich ein taktisches Manöver der deutschen Regierung wären, um dem Heiligen Stuhl so rasch wie möglich die definitive Abtrennung dieser Gebiete von den böhmisch-mährischen Diözesen abzuringen. Kašpar bat den Heiligen Stuhl darum, keine reichsdeutschen Priester in die Sudetengebiete zu entsenden, und den Berliner Nuntius zu mehr Misstrauen gegenüber manchen Berichterstattern anzuhalten.[90] Orsenigo hielt solche Befürchtungen für unberechtigt und bat den Kardinalstaatssekretär Pacelli, Kardinal Kašpar und dem Budweiser Bischof Šimon Bárta ausdrücklich mitzuteilen, dass die provisorische Maßnahme lediglich in Pfarren in Betracht komme, die bereits definitiv an das Deutsche Reich angegliedert worden seien, und in denen kein einziger Priester geblieben sei.[91]

Nachdem die militärische Besetzung der Sudetengebiete durch die deutschen Truppen und somit die politische Abtrennung von der Tschecho-Slowakei im Wesentlichen vollzogen worden war, regte Nuntius Orsenigo in Rom an, die tschechischen Bischöfe mögen aus den Reihen des deutschen Klerus für die nun an Deutschland gefallenen Gebietsteile ihre Generalvikare bestellen. Ihre Ernennung sollte die Situation konsolidieren, die Aufregung unter Priestern und Gläubigen beruhigen und eine geordnete Seelsorge sowie Verhandlungen mit der reichsdeutschen Regierung insbesondere in den dringenden Fragen der finanziellen Absicherung des Klerus und der Kirchenpatronate ermöglichen, ohne vorerst die bestehende kirchliche Struktur anzutasten.[92] Der Heilige Stuhl hielt diese in allen ähnlichen Situationen übliche Maßnahme für richtig und instruierte den Prager Nuntius telegrafisch, die betroffenen tschechischen Bischöfe zu ihrer Umsetzung zu bewegen.[93]

---

89 *Ebenda.* Orsenigo an Kardinal Pacelli vom 12.10.1938.

90 *Ebenda.* Telegramm Ritters an das Staatssekretariat vom 7.10.1938, Telegramm Tardinis an Orsenigo vom 8.10.1938 und Bericht Ritters an Montini vom 7.10.1938.

91 *Ebenda.* Telegramm Orsenigos an das Staatssekretariat vom 11.10.1938 und sein Bericht an Pacelli vom 12.10.1938.

92 *Ebenda.* Bericht Orsenigos an Pacelli vom 12.10.1938.

93 *Ebenda.* Telegramm Tardinis an Ritter vom 16.10.1938.

Am schnellsten reagierte auf diese Notsituation der Erzbischof von Olmütz (Olomouc) Leopold Prečan, dessen Diözese schon vor dem Münchener Abkommen einen reichsdeutschen Anteil umfasste und der den Jurisdiktionsbereich seines dortigen deutschen Generalvikars, des Prälaten Joseph Nathan, nun auch auf die neu zu Deutschland gekommenen Diözesanteile ausdehnte. Prečan wartete nicht auf die kirchliche Aufforderung, sondern handelte aus eigener Initiative und erbat sich dazu bereits am 4. Oktober die nötige Zustimmung des Heiligen Stuhls, die ihm umgehend gewährt wurde. Am 7. Oktober forderte er mit einem Rundschreiben seinen Diözesanklerus auf, trotz Grenzverschiebungen an Ort und Stelle zu bleiben. Das rasche Handeln Prečans sollte die geordnete Seelsorge sicherstellen, wohl aber auch nach außen hin demonstrieren, dass die Situation konsolidiert sei und etwaige Hilfsinitiativen reichsdeutscher Ordinarien überflüssig wären.[94] Relativ rasch schritt auch der Prager Erzbischof Karel Kašpar zur Tat, der zwar formal vorerst keinen Generalvikar ernannte, dem Bezirksvikar von Schlackenwerth (Ostrov) bei Karlsbad jedoch die entsprechenden Vollmachten erteilte.[95] Erst nach wiederholtem Insistieren Ritters während der Jahreskonferenz der böhmischen und mährischen Bischöfe Ende Oktober 1938 entschloss sich der Bischof von Königgrätz (Hradec Králové) Mořic Pícha, Richard Popp zum Kommissar für die abgetrennten Gebiete mit Sitz in Trautenau (Trutnov) zu ernennen, während sein Brünner Kollege Josef Kupka den Propst des Kollegiatskapitels zu Nikolsburg (Mikulov) Franz Linke zu seinem Generalvikar erhob.[96] Mit umgekehrten Vorzeichen präsentierte sich die Lage für den deutschen Bischof von Leitmeritz (Litoměřice) Anton Weber, dessen Sitz sich nun im Deutschen Reich befand. Weber war offensichtlich von Anfang an peinlich bemüht, keinen falschen Schritt zu tun und keinen Vorwand für spätere kirchliche Kritik zu bieten. Anfang Oktober 1938, als ihm die weitere staatsrechtliche Zukunft seiner Residenzstadt noch unklar war, wandte er sich mit einem langen Schreiben an den Prager Erzbischof, in dem er um Instruktionen bat. Weber schrieb darin ausdrücklich, dass er es vermeiden wolle, in eine ähnliche Situation zu geraten, in welcher sich nach dem „Anschluss" Österreichs der Wiener Erzbischof Theodor Innitzer befunden habe.[97] Die Unsicherheit Webers wurde auch aus seinen häufigen telegrafischen Anfragen in Rom klar.[98] Mit einiger Verspätung, zum 1. Januar 1939, ernannte auch er dann für den tschechischen Teil seiner Diözese einen Generalvikar.[99]

---

94 Bezeichnenderweise kommentierte Ritter das Gesuch Prečans vom 4.10.1938 mit den Worten, bereits sein Schreiben widerlege die Authentizität der Nachrichten aus Deutschland über die pastorale Notsituation in den Sudetengebieten. *Ebenda.* Telegramm Ritters an Montini vom 7.10.1938 mit dem angeschlossenen Gesuch Prečans vom 4.10.1938. Vergleiche auch *Ebenda:* Bericht Ritters an das Staatssekretariat vom 14.10.1938.

95 *Ebenda.* Telegramm Ritters an das Staatssekretariat vom 17.10.1938.

96 *Ebenda.* Telegramm Ritters an das Staatssekretariat vom 4.11.1938. — *Ebenda:* Aufzeichnung der 1. Sektion des Staatssekretariats vom 24.11.1938.

97 *Ebenda.* Ritter an das Staatssekretariat vom 14.10.1938.

98 So fragte er z.B. nach, welches Verhalten von ihm gegenüber dem bald eintreffenden deutschen Staatsoberhaupt erwartet werde. Siehe ASV, AAEESS Cecoslovacchia pos. 144

Am schwierigsten gestaltete sich die Lage in der Diözese Budweis, deren tschechischer Bischof Šimon Bárta sich von allen tschechischen Bischöfen am längsten weigerte, durch die Ernennung eines deutschen Kommissars oder Generalvikars die neue Situation auch kirchlich zu bestätigen. Die Lage in Budweis wurde auch dadurch erschwert, dass die besetzten Gebiete auf verschiedene politische Verwaltungsgebiete aufgeteilt wurden, deren kirchliche Jurisdiktion vier deutschen bzw. österreichischen Bischöfen unterstand. Einer davon war der überaus agile Regensburger Ordinarius Michael Buchberger, der überzeugt war, dass unter den gegebenen Umständen die Ernennung von Generalvikaren oder bischöflichen Kommissaren zwar eine formalrechtliche, aber keine faktische Lösung der Situation bedeutete, da diese wohl die jurisdiktionellen Vollmachten, aber keine materiellen und personellen Ressourcen, und in manchen Fällen auch nicht die Führungsqualität besaßen, um den angehäuften Problemen Herr zu werden. Bereits ab Mitte Oktober erhielt Buchberger verschiedene Zuschriften, in denen sudetendeutsche Priester von der national hoch aufgepeitschten Atmosphäre in den Grenzbezirken sowie davon berichteten, dass es ihre Gläubigen für „untragbar" hielten, „Prag" als kirchliche Autorität zu tolerieren. Sie malten das Gespenst einer Abfallbewegung an die Wand, „wenn die kirchlichen Verhältnisse nicht augenblicklich in nationalen Belangen befriedigend gelöst werden", und forderten mit Appellen und Unterschriftenaktionen den „Anschluss" ihrer Gebiete an die benachbarten reichsdeutschen Diözesen oder die Errichtung einer selbstständigen kirchlichen Behörde für Sudetendeutschland.[100]

Ende Oktober 1938 begab sich Bischof Buchberger zu einem ad-limina-Besuch nach Rom, im Zuge dessen er dem Kardinalstaatssekretär Pacelli einen Vorschlag zur Umgestaltung der kirchlichen Verwaltung in den Sudetengebieten unterbreitete. Buchberger hielt es für ausgeschlossen, dass diese Gebiete weiterhin von Bischöfen tschechischer Nationalität verwaltet werden könnten. Ein solches Übergreifen nichtdeutscher Bischöfe in deutsches Gebiet würde, so meinte er, nicht nur die deutsche Reichsregierung nicht dulden, sondern „auch die katholische Bevölkerung wäre, wie berichtet wird, so sehr dagegen eingenommen, dass die meisten Katholiken sich lieber von ihrer Kirche trennen als tschechischen Bischöfen unterstehen würden". Das Glaubensleben sei schwach, und die Gefahr des Abfalls umso bedrohlicher, da bald eine starke Propaganda für ein „romfreies Kirchentum" einsetzen werde. Eine sofortige, zumindest innerkirchliche Regelung, die keine Verhandlung mit dem Staat erfordere, sei daher notwendig. Sie müsse verschieden sein für die umfangreichen sudetendeutschen Gebiete im Norden und jenen im Westen und Süden, die einen schmalen Grenzstreifen entlang der bayerischen und österreichischen Grenze darstellen.

P.O. fasc. 188, Telegrammwechsel zwischen Weber, Ritter, Pacelli und Orsenigo vom 7.-9.10.1938.

99 AMZV, PZ Vatikán 1939, Bericht Radimskýs vom 2.1.1939.

100 ASV, AAEESS Cecoslovacchia, pos. 145 P.O. fasc. 192, Schreiben des Pfarrers Franz Thomas in Hals und des erzbischöflichen Generalvikars in Heiligenkreuz bei Plan Karl Schnarnagl an Bischof Buchberger vom 17.10.1938.

Buchberger schlug vor, die letzteren vom Verband ihrer bisherigen Bistümer loszulösen und den angrenzenden deutschen Bistümern zur vorläufigen Verwaltung anzuvertrauen. Detaillierter wandte er sich den abgetretenen Teilen der Diözesen Prag und Budweis zu, die den Bischöfen von Regensburg und Passau als Apostolischen Administratoren mit vollen bischöflichen Vollmachten anvertraut werden sollten.[101]

Um zumindest die Einheit der abgetretenen Gebiete zu wahren, ernannte schließlich der Budweiser Bischof Bárta auf Vorschlag der Nuntiatur den Zisterzienserabt von Hohenfurth (Vyšší Brod), Tezelin Jaksch, zum bischöflichen Kommissar, der allerdings gleich danach verhaftet wurde und durch seinen Ordensbruder Dominik Kaindl ersetzt werden musste.[102]

Bischof Buchberger hatte nicht Unrecht, als er immer wieder daran erinnerte, dass die Ernennung eines Generalvikars oder Kommissars alleine noch nicht den pastoralen Notstand beheben konnte, dem tiefe historisch bedingte Ursachen zugrunde lagen und dessen Linderung auch mangelhafte personelle und materielle Ressourcen der Neuernannten im Wege standen. Doch die sofortige Überstellung der Sudetengebiete unter die Jurisdiktion der reichsdeutschen Bischöfe als Apostolische Adminstratoren hielt der Heilige Stuhl für politisch wie psychologisch verfrüht. Man glaubte, dass selbst die deutsche Regierung eine solche Lösung nicht wünschte und dies demonstrierte, als sie die sofortige Entfernung der sudetendeutschen Priesteramtskandidaten aus den reichsdeutschen Diözesanseminaren anordnete. Nach Informationen vertraulicher Berichterstatter aus Deutschland interpretierte man im Vatikan diese Maßnahme als Zeichen der Angst, die Erziehung durch die Kirche im Altreich könnte in den sudetendeutschen Klerikern ihre „Gefühle des Wohlwollens gegenüber dem gegenwärtigen Regime ändern".[103] Als der eifrige Regensburger Bischof den Berliner Nuntius noch im Dezember mit dramatischen Briefen überschüttete und mit Hinweis auf die scharf einsetzende neue „Los-von-Rom-Bewegung" „schnelle Abhilfe" und Kompetenzen für die reichsdeutschen Bischöfe forderte, beschloss der Nuntius, bei aller Anerkennung der guten Intentionen Buchbergers einfach nicht mehr zu antworten.[104]

Sorgen bereiteten dem Heiligen Stuhl auch Nachrichten über national motivierte Zwischenfälle und Verfolgungsmaßnahmen gegenüber tschechischen katholischen Priestern und Gläubigen im sudetendeutschen Gebiet sowie über Verhaftungen sudetendeutscher Priester, die gegen die Eingliederung der Sudetengebiete in das Deutsche Reich aufgetreten waren. Nuntius Ritter berichtete, dass der Prälat Joseph Nathan sich gar veranlasst gesehen habe, an den Reichskommissar für den Sudetengau Konrad Henlein über die Verbitterung zu

---

101 *Ebenda.* fasc. 191, Michael Buchberger Bischof von Regensburg an Kardinalstaatssekretär Pacelli, Rom 2.11.1938.

102 *Ebenda.* fasc. 193, Telegramm Pacellis an Ritter vom 3.12.1938 und an Orsenigo vom 9.12.1938.

103 *Ebenda.* Pacelli an Orsenigo 30.12.1938.

104 *Ebenda.* Orsenigo an Pacelli vom 3.12.1938 und Bischof Buchberger an Orsenigo vom 22.11.1938.

schreiben, die in den national gemischten Pfarren des Troppauer Gebiets dadurch hervorgerufen worden war, dass Vertreter des deutschen Volksteils beim Pfarramt erschienen waren und kategorisch verlangten, dass fortan kein tschechischer Gottesdienst mehr gehalten werden dürfe.[105] Die Generalvikare und Kommissare der an Deutschland gefallenen Diözesanteile hielten solche Vorfälle für ernsthaft genug, um sie auf die Tagesordnung ihrer Versammlung am 14. November 1938 in Breslau zu setzen. Sie beschlossen, den Reichskirchenminister aufzufordern, er möge alle unbefugten Versuche, tschechische Priester aus sudetendeutschen Pfarren zu entfernen, unterdrücken. Einig waren sie sich auch darin, dass es mit Rücksicht auf die tschechischen Minderheiten auch für die Zukunft notwendig sein werde, tschechische Priester zu haben und Priesteramtskandidaten zweisprachig zu erziehen.[106]

Das im Herbst 1938 geschaffene Provisorium in der sudetendeutschen Kirchenverwaltung erwies sich im Laufe des Jahres 1939 als unhaltbar, und es tauchte erneut die Frage der Übernahme der Jurisdiktion durch die benachbarten deutschen Bischöfe auf, zumal nach dem Scheitern des vom neuen Papst signalisierten Verhandlungsangebots an die deutsche Regierung und dem Kriegsausbruch eine selbstständige Neuordnung der sudetendeutschen Diözesanfrage in absehbarer Zeit nicht mehr in Frage kam. Auf Vermittlung der Nuntiatur kam es im Herbst 1939 zu diesbezüglichen Gesprächen zwischen den Vertretern der Diözesen Regensburg, Passau und Linz. Während noch ein Jahr zuvor der Regensburger Bischof diese Lösung selbst vorgeschlagen hatte, wurden nun die deutschen Bischöfe in Anbetracht der Schwierigkeiten zurückhaltender und verlangten zuerst die Klärung von grundlegenden Rechtsfragen, vor allem der Gültigkeit des reichsdeutschen bzw. österreichischen Konkordats und der böhmischen Kirchenpatronate sowie der finanziellen Sustentation des Klerus, da die bayerischen Kirchensteuergesetze im Sudetengebiet keine Gültigkeit besaßen. Nach mehrmaligem Hinausschieben des Übernahmetermins kam es im Dezember 1939 bzw. Januar 1940 in den an Deutschland gefallenen Gebieten der Budweiser Diözese zur Jurisdiktionsergreifung durch die Bischöfe von Regensburg, Passau, Linz und St. Pölten.[107]

Die territorialen Veränderungen vom Herbst 1938 belebten auch die alte, seit der Jahrhundertwende mit unterschiedlicher Intensität geführte Diskussion um die Neuabgrenzung der böhmisch-mährischen Bistümer und die Errichtung einer selbstständigen sudetendeutschen Kirchenprovinz neu. Für eine neue Delimitation sprachen von Anfang an auch praktische, seelsorgerische Gründe, die eine Teilung der viel zu großen traditionellen Bistümer, allen voran der sehr ausgedehnten Prager und Olmützer Erzdiözesen, verlangten. Die mächtigsten Impulse schien der Diskussion allerdings vor allem das Diktat der nationalpolitischen Interessen zu verleihen. In ihrem Licht erschien die Teilung der Bistü-

---

105 *Ebenda.* fasc. 192, Ritter an Pacelli vom 16.11.1938.

106 *Ebenda.* fasc. 193, Ritter an Pacelli vom 4.12.1938.

107 *Hüttl:* Bischof Michael Buchberger 329.

mer als Vorbote oder Vervollständigung der von den Deutschen angestrebten Teilung der böhmischen Länder nach ethnischen Kriterien. Von den Tschechen wurde sie wiederum im Interesse der Wahrung der Einheit der historischen Länder von Anfang an abgelehnt. Selbst in der Zwischenkriegszeit, als im Zusammenhang mit der Verwirklichung des Modus vivendi mit dem Heiligen Stuhl über die neue Delimitation und Dotation der tschechoslowakischen Bistümer diskutiert wurde, ging es in den Gesprächen primär um die äußere Delimitation, also die Beseitigung der grenzübergreifenden Jurisdiktion. Aus Furcht vor der Entstehung eines überwiegend deutschen Bistums wurden die Verhandlungen in Bezug auf die innere Neuabgrenzung jedoch eher vorsichtig angegangen. Diese Linie der Aufrechterhaltung des Status quo wurde von tschechischer Seite auch nach München beibehalten. Auch der Heilige Stuhl zeigte die in Umbruchszeiten übliche Zurückhaltung, und die tschechischen Bischöfe, die im Oktober 1938 Rom besuchten, konnten im Staatssekretariat die Zusage erhalten, dass die Frage der definitiven Neuabgrenzung der Diözesen über die notwendigen provisorischen Maßnahmen zur Sicherstellung der regulären Seelsorge und Verwaltung hinaus „vorerst nicht eile".[108]

Je deutlicher die tschechische Seite bemüht war, die Rückwirkungen des Münchener Abkommens auf die kirchliche Struktur der böhmischen Länder zu begrenzen, desto intensiver wurde auf der sudetendeutschen katholischen Seite nach Möglichkeiten gesucht, die territorialpolitische Neuordnung auch kirchlich zu verankern. Auf reichsdeutscher Seite war es insbesondere der Breslauer Bischof Kardinal Adolf Bertram, der an der Lösung der sudetendeutschen Bistumsfrage eminent interessiert war und diesbezüglich rege Initiative entwickelte. Das Breslauer Bistum besaß auf dem tschechoslowakischen Gebiet zwei große, voneinander territorial getrennte Enklaven: Das deutsch besiedelte Westschlesien und das überwiegend tschechisch-polnische Ostschlesien, wo sich auch der Großteil der Besitzungen des Bistums befand. Im Laufe der dreißiger Jahre verhandelte Kardinal Bertram intensiv mit der tschechoslowakischen Regierung über Möglichkeiten und Wege der Anpassung der Diözesangrenzen an die Staatsgrenzen, die Bodenreform und über seine finanzielle Entschädigung; die Umsetzung der Bestimmungen des Modus vivendi scheiterte aber schließlich am Unwillen der deutschen Regierung, sodass die päpstliche Konstitution „Ad ecclesiastici regiminis incrementum" vom September 1937 die Neuabgrenzung der tschechoslowakischen Bistümer gegenüber Deutschland unberührt ließ.

Kardinal Bertram begrüßte gleich nach dem Münchener Abkommen die Tatsache, dass der Modus vivendi zwischen der Tschechoslowakei und dem Heiligen Stuhl nun hinfällig geworden war, und er insbesondere auf das ihm teuere Westschlesien nicht zu verzichten brauchte. Der Breslauer Bischof beeilte sich, dem Heiligen Stuhl einen Alternativvorschlag zur Lösung der kirchlichen Verwaltung in den Sudetengebieten zu unterbreiten. Die Gelegenheit dazu bot sich ihm während seines ad-limina-Besuchs in Rom Ende Oktober 1938.

[108] AMZV, PZ Vatikán 1939, Bericht Radimskýs vom 2.1.1939.

Der erste und dringendste Wunsch seines im Vatikan unterbreiteten Pro-Memoria vom 31. Oktober 1938 bestand darin, dass das seit Jahrhunderten mit Breslau verbundene Westschlesien für immer als essentieller Teil dieses Bistums bestätigt werde. Kardinal Bertram war dagegen bereit, auf das ihm nach Nationalität und Sprache fremde Ostschlesien zu verzichten und schlug vor, es im Einklang mit den politischen Teilungen vom Herbst 1938 halb zur polnischen Diözese Kattowitz (Katowice) und halb zum tschechischen Olomouc zu legen. Für Breslau forderte Bertram dagegen die Eingliederung der Grafschaft Glatz von der Erzdiözese Prag sowie von einigen Randstücken der Diözesen Leitmeritz und Königgrätz als Kompensation für territoriale und finanzielle Verluste in Ostschlesien und in der Provinz Brandenburg, die er an die Diözese Berlin abzutreten bereit war.[109] Papst Pius XI. war mit den Vorschlägen bezüglich West- und Ostschlesiens einverstanden, wünschte aber ausdrücklich, dass keine Diözesangrenzen berührt werden, auf die sich das Konkordat mit Preußen oder das Reichskonkordat beziehen, um in der Zeit der äußerst angespannten Beziehungen zu Deutschland der deutschen Regierung keinen Vorwand zu bieten, das Konkordat zu kündigen bzw. eigenwillige Eingriffe in die Kirchenverwaltung vorzunehmen. Sollte die deutsche Regierung Veränderungen in der Diözesanzirkumskription wünschen, so möge sie mit dem Heiligen Stuhl in Verhandlungen treten, hieß es im Fazit des Berichts, den Kardinalstaatssekretär Pacelli dem Berliner Nuntius darüber abstattete.[110]

Mitte November 1938 schickte der Prager Nuntius ein umfangreiches Exposé mit dem Titel „Autonomieforderungen des Sudetendeutschtums auf kirchlichem Gebiet“ nach Rom.[111] Autor der anonymen, noch vor dem Münchener Abkommen verfassten Schrift, die Ritter damals unbekannt war, war der Professor für Kirchenrecht an der Deutschen Universität Prag, Adolf Kindermann, dessen Gedankengänge wenig später auch in einer gedruckten anonymen Publikation erschienen. In der Einleitung der „Autonomieforderungen“ hieß es:

> Zur sudetendeutschen Autonomie gehört auch die Autonomie in kirchlichen Angelegenheiten. Es ist mit dem Selbstbewußtsein unserer Volksgruppe schlechthin unvereinbar, weiterhin unter tschechischen geistlichen Obrigkeiten zu stehen, es ist dies auch für die Erhaltung der religiösen Kräfte in unserem Volk schädlich.

Das Elaborat forderte die Teilung der bestehenden böhmisch-mährischen Bistümer nach streng nationalen Kriterien und die Errichtung einer selbstständigen sudetendeutschen Kirchenorganisation.[112] Die nationale Trennung auf

---

109 ASV, AAEESS Cecoslovacchia, pos. 145 P.O. fasc. 191, Vorschläge Bertrams vom 24.11.1938, vorgelegt am 31.10.1938.

110 *Ebenda.* Pacelli an Orsenigo vom 2.11.1938.

111 *Ebenda.* fasc. 193, Ritter an Pacelli vom 16.11.1938 mitsamt Anlage „Autonomieforderungen des Sudetendeutschtums auf kirchlichem Gebiet“.

112 So sollten die tschechischen Teile der einzigen überwiegend deutschen Diözese Leitmeritz zu einer eigenen Diözese konstituiert, die deutschen Bezirke der Erzdiözese Prag wiederum von dieser abgetrennt und zu einem deutschen Bistum mit dem Sitz in Eger (Cheb) vereinigt werden. Aus den deutschen Bezirken der Diözese Königgrätz war eine

kirchlichem Gebiet war im Elaborat streng und konsequent bis ins letzte Detail durchdacht und rechnete mit der nationalen Abgrenzung aller Vikariate und Pfarren, mit der Schaffung von Personalpfarren für die andersnationalen Minderheiten, mit dem Einsatz ausschließlich deutscher Priester in der deutschen Seelsorge, der Trennung aller Ordensprovinzen, der Ausübung der Patronatsrechte nur gegenüber eigenen Konnationalen sowie mit der Zusammenfassung aller Priesteramtskandidaten in eigenen nationalen Priesterseminaren. Als Vorstufe zur Errichtung einer neuen Bistumsstruktur, die erst mit dem Heiligen Stuhl ausgehandelt werden müsste, sollten als Sofortmaßnahme deutsche bzw. tschechische Generalvikariate und Vizeprovinzen gebildet werden.[113]

Noch vor Kindermanns gedrucktem Vorschlag[114] nahm sich sein guter Bekannter und Korrespondenzpartner, der österreichische Bischof und Rektor des deutschen Päpstlichen Instituts „Santa Maria dell'Anima" in Rom, Alois Hudal, der Sache an, auch wenn er sie nicht separat, sondern als Bestandteil seiner Gesamtvorschläge zur Lösung der Frage der katholischen Kirche in Deutschland auffasste. Anfang Oktober 1938 richtete Hudal an Papst Pius XI. und an den Kardinalstaatssekretär Pacelli zwei umfassende Memoranden.[115] Er ging darin von der damals auch im Staatssekretariat gängigen Auffassung aus, wonach innerhalb der nationalsozialistischen Bewegung zwei große Strömungen existierten: Eine linke sozialrevolutionäre und ausgeprägt antichristliche, die sich um den Parteiideologen Alfred Rosenberg und die Radikalen aus den Reihen der SS und der Polizei scharte und die Vernichtung der katholischen Kirche bzw. des

---

deutsche ostböhmische Diözese mit Zentrum in Trautenau (Trutnov) zu errichten oder ein eigenes Generalvikariat der Diözese Leitmeritz zu bilden. Das deutsche Gebiet der Diözese Budweis sollte entweder zu einem deutschen Böhmerwaldbistum mit Sitz in Krumau (Český Krumlov) zusammengefasst, oder an das Bistum Eger angegliedert werden. Aus den deutsch besiedelten Teilen der wohlhabenden Olmützer Erzdiözese sollte in Anlehnung an die Tradition des Deutschen Ordens und unter Hinzuziehung der Breslauer Enklaven ein deutschschlesisches Bistum Troppau (Opava) und aus den kleinen deutschen Teilen der Diözese Brünn ein kleines Bistum Nikolsburg (Mikulov) entstehen. Die Erhebung des Bistums Leitmeritz zum Erzbistum und die Errichtung einer sudetendeutschen Kirchenprovinz sollte die Selbstständigkeit der sudetendeutschen Kirchenorganisation vervollständigen.

113 *Ebenda.*

114 Der ursprüngliche Entwurf Kindermanns erfuhr nach den staatsrechtlichen Veränderungen im Herbst 1938 einige kleinere Veränderungen und die 1939 publizierte Fassung rechnete damit, dass die neue Kirchenprovinz Leitmeritz fünf Suffraganbistümer – Eger, Reichenberg (Liberec), Krumau, Troppau und Nikolsburg – oder drei Bistümer und zwei freie Prälaturen (Hohenfurth und Nikolsburg) umfassen sollte. Kindermanns Schrift: „Kirche im Sudetenland" aus dem Jahre 1939 ist abgedruckt in: *Huber,* Kurt Augustin: Adolf Kindermann – Studium, akademische Laufbahn und Wissenschaft. In: Weihbischof Dr. Adolf Kindermann. Leben, Werk und Wirken. Dargestellt von Mitbrüdern, Mitarbeitern und Freunden. Königstein/Taunus 1976 (Schriftenreihe des sudentendeutschen Priesterwerks Königstein/Taunus 22), 25-30, hier 29.

115 ASV, AAEESS Germania 1938, pos. 720, fasc. 336, fogli 39-53 und 55-69, Memoranden von Alois Hudal an Papst Pius XI. vom 2.10.1938 und 4.10.1938.

Christentums beabsichtigte; diese musste daher entschieden bekämpft werden. Die Zweite sei eine rechte, konservativere Strömung um Göring und Heß, welche nicht zuletzt aus nationalen Gründen bzw. im Interesse der innenpolitischen Konsolidierung bereit gewesen wäre, mit der Kirche über einen Modus vivendi zu verhandeln. Hudal war überzeugt, dass die Kirche zwar aus dogmatischen Erwägungen heraus die „moderne Staatsform [...] des Totalitätsstaates" ablehnen, praktisch jedoch damit als eine gegebene geschichtliche Erscheinung, die noch lange dauern werde, rechnen müsse. Aufgabe könne es daher nur sein, „wie der Sauerteig im Evangelium allmählich die breiten Massen zu durchsäuern, sie in entsagungsvoller Arbeit wieder für Christus zurückzuerobern" und „die Führer des kommenden Geschlechtes in stiller Kleinarbeit heran[zu]bilden, die dann später einmal diese Totalitätsstaaten ablösen werden". Ein offener Kampf hingegen würde lediglich eine wesentliche Verstärkung der religionsfeindlichen radikalen Richtung innerhalb des Nationalsozialismus bedeuten. Um die Plattform für ein derartiges kirchliches Wirken aufrechtzuerhalten, müsse allerdings die Kirche ihre „rein negative" Haltung verlassen und eine „aktive Kirchenpolitik" betreiben, bevor es zu spät sei und der Katholizismus im deutschen Volke jede Position verloren habe. Nach den großen außenpolitischen Erfolgen sei die Partei jedoch heute weniger denn je auf die Mitarbeit der Kirche angewiesen, sodass die Eingliederung der sudetendeutschen Gebiete mit ihren drei Millionen Katholiken nun die letzte günstige Gelegenheit für die Kirche darstelle, einen Ausgleich zu erreichen. Die deutsche Regierung werde nach der Durchsetzung der außenpolitischen Aspirationen zu einer innenpolitischen Integration der Territorialgewinne schreiten und genötigt sein, in diesen Grenzgebieten dringende kirchenpolitische Fragen zu regeln, die ein Verhandeln mit dem Heiligen Stuhl notwendig machen würden. Der Heilige Stuhl müsse diese Gelegenheit nutzen, um „durch ein großes Entgegenkommen gegenüber der deutschen Reichsregierung langsam eine Gesamtbereinigung der kirchenpolitischen Fragen anzubahnen". Die Eingliederung der Sudetengebiete schien Hudal nicht nur einen günstigen Augenblick für die Inangriffnahme von Verhandlungen zu bieten, sondern diese geradezu zu erzwingen, da der sudetendeutsche Katholizismus infolge der langen Einwirkungen der Los-von-Rom-Bewegung und der staatskirchlichen Einflüsse schwach sei und einen Kulturkampf nicht überstehen würde. Gleichzeitig glaubte Hudal jedoch, in der ausgeprägt nationalen Einstellung der sudetendeutschen Priester und Theologiestudenten, die sich zu „fast 80%" aktiv in der Heinlein-Bewegung engagiert und von dieser wiederum gewisse Zusagen für die seelsorgerische Betreuung der Jugend erhalten hätten, auch eine Garantie zu sehen, dass die radikale Richtung hier nicht so rasch eindringen werde.[116]

Hudal trat für eine „großdeutsche" Lösung ein, plädierte für die Schaffung einer gesamtdeutschen Primatialwürde und einer gemeinsamen großdeutschen Bischofskonferenz. Außerdem schlug er die Ernennung eines apostolischen Le-

---

116 *Ebenda.* Memorandum von Alois Hudal an Papst Pius XI. vom 4.10.1938, fogli 55-65.

gaten nach kanonischem Recht für die Sudetengebiete (und eines anderen für Österreich) vor, dessen rein religiöse – also mit keiner diplomatischen Beglaubigung verbundene – Aufgabe darin zu bestehen hatte, dank seiner ortsspezifischen Kenntnisse und seiner räumlichen Nähe, die der Berliner Nuntiatur fehlten, als Beobachter des Heiligen Stuhls die Lage besser zu verfolgen, gleichzeitig aber auch die Einheitsfront mit dem Episkopat des Altreichs rascher herzustellen. Für diese Aufgabe schlug Hudal den ihm gut bekannten Theologen an der Prager Deutschen Universität, Adolf Kindermann, vor, der ihm auch wegen seiner ausgezeichneten Tschechischkenntnisse besonders gut geeignet erschien.[117]

Im zweiten Memorandum arbeitete Hudal auch die Grundlagen des von ihm anvisierten, dem Staat entgegenkommend gestalteten katholischen Mindestprogramms aus, welches auf einer deutlichen kirchlichen Anspruchsminderung und Disziplinierung politisch aktiver Priester durch die Kirche selbst basierte. Im Gegenzug dazu sollten der Kirche die Rechtspersönlichkeit, die Freiheit in der Verteidigung der rein religiösen Belange, der Religionsunterricht in den staatlichen Volks- und Mittelschulen und die Existenz von konfessionellen Privatschulen, die allerdings ausschließlich zur Erziehung von Geistlichen dienen sollten, zugesichert werden. Die wichtigste auf die Sudetengebiete bezogene Forderung des Hudalschen Mindestprogramms sah die Errichtung eines neuen Bistums mit Sitz in Eger (Cheb) und die Gründung eines neuen, rein deutschen Priesterseminars vor, das die bis dahin im Prager Seminar mit den Tschechen gemeinsam organisierte Erziehung des jungen deutschen Klerus übernehmen sollte.[118]

Die beiden Memoranden Hudals wurden drei in Rom anwesenden deutschen kirchlichen Persönlichkeiten zur Stellungnahme vorgelegt. Während der Kölner Erzbischof Kardinal Karl Joseph Schulte und der Trierer Bischof Franz Rudolf Bornewasser sie als zu optimistisch zurückwiesen,[119] reagierte der im Vatikan lebende ehemalige Vorsitzende der „Zentrumspartei" Ludwig Kaas mit einer differenzierteren Antwort. Ähnlich wie Hudal räumte er ein, dass mit Rücksicht auf das prioritäre Interesse des „salus animae" ein Modus vivendi mit dem Staat selbst um den Preis von Opfern erstrebenswert wäre. Er warnte jedoch davor, dass die Nationalsozialisten, solange sie noch stark seien, etwaige Verhandlungen lediglich aus taktischen Gründen führen würden, während Hitler selbst einen derart unbändigen Hass gegen die Kirche und insbesondere gegen die Person des Papstes nähre, dass manche Beobachter meinten, „unter dem gegenwärtig regierenden Papste seien irgendwelche Verhandlungen wegen

---

117 *Ebenda:* fogli 65, 67, 69. — Vergleiche auch *Ebenda:* Memorandum Hudals vom 2.10.1938, fogli 48-52.

118 *Ebenda.* Memorandum von Alois Hudal an Papst Pius XI. vom 4.10.1938, fogli 66-69.

119 *Ebenda.* fogli 70r und 71rv, Stellungnahme des Erzbischofs von Köln vom 31.10.1938 und des Bischofs von Trier vom 4.11.1938. — Auch Kardinal Bertram, vom Kardinalstaatssekretär während der Audienz am 31.10.1938 darauf angesprochen, meinte zu den Memoranden Hudals, „im Moment kann nichts getan werden". ASV, AAEESS Stati Ecclesiastici pos. 430b fasc. 364, Aufzeichnung über Audienzen Pacellis am 31.10.1938.

der Abneigung des Führers gegen ihn ausgeschlossen".[120] Zu den von Hudal aufgeworfenen sudetendeutschen Belangen, die den reichsdeutschen Kirchenmännern wohl zu fremd waren, äußerte sich keines der drei Gutachten.

Kardinalstaatssekretär Pacelli antwortete Hudal mit einem Brief, der sprachlich gewiss zu den Meisterwerken der diplomatischen Korrespondenz gehört, dessen stilistisch fein ausgefeilte Formulierungen jedoch nicht darüber hinwegtäuschen konnten, dass die Antwort „Nein" hieß.[121] Die von Hudal angestrebte Audienz beim Papst fand nicht statt, und seine Vorschläge wurden nicht verwirklicht. Für Pius XI. kamen zu diesem Zeitpunkt, als selbst der früher so rege diplomatische Notenverkehr mit dem Deutschen Reich praktisch zum Stillstand gekommen war,[122] Verhandlungen mit dem deutschen Staat – noch dazu derart konziliant konzipiert – genauso wenig in Frage wie umgekehrt für die Deutschen eine Kontaktaufnahme mit Pius XI. Die von Hudal angeregte Ernennung eines „legatus apostolicus" für das Sudetenland, die er in leicht veränderter Form in einem Pro-Memoria vom 30. März 1939 nochmals wiederholte,[123] scheiterte wohl auch an der Befürchtung, durch die besondere Behandlung einiger Gebiete die ohnehin nicht sehr starke Position des Berliner Nuntius und die begrenzten kirchenpolitischen Einwirkungsmöglichkeiten der Nuntiatur noch zusätzlich zu schwächen bzw. ihre Kompetenz in den neu eingegliederten Gebieten überhaupt in Frage zu stellen. Realistischer erschien daher der im Januar 1939 vom in Rom weilenden Münchener Domherrn Johannes Neuhäusler gemachte Vorschlag, der Berliner Nuntiatur selbst einen mit den spezifischen rechtlichen und historischen Verhältnissen gut vertrauten „Sonderreferenten für die neuangegliederten Reichsteile" zuzuweisen.[124] Dieser Vorschlag wurde aber nach dem baldigen Zerfall der Tschecho-Slowakei ebenfalls nicht verwirklicht.

Die Perspektive möglicher Verhandlungen zum Zwecke einer Befriedung der Beziehungen eröffnete sich nach dem Anfang März 1939 erfolgten Pontifikatswechsel, als der neue Papst Pius XII. versuchte, durch äußerste Zurückhaltung gegenüber dem nationalsozialistischen Deutschland und durch verschie-

---

120 ASV, AAEESS Germania 1938, pos. 720, fasc. 336, fogli 72-73rv, Stellungnahme von Ludwig Kaas vom 12.11.1938.

121 Archiv des deutschen Kollegs Santa Maria dell'Anima, Nachlass Alois Hudal, Karton 29, Korrespondenz 1938, Pacelli an Hudal vom 15.11.1938.

122 *Albrecht*, Dieter (Hg.): Der Notenwechsel zwischen dem Heiligen Stuhl und der deutschen Reichsregierung. Bd. 2 : 1937-1945. Mainz 1969, XVII.

123 Archiv des deutschen Kollegs Santa Maria dell'Anima, Nachlass Alois Hudal, Karton 29, Korrespondenz 1939, Promemoria zur kirchenpolitischen Lage im Sudetenraume vom 30.3.1939. Hier wurde die Entsendung eines „delegatus apostolicus" nach can. 267 für den Sudetenraum mit Sitz in Prag gefordert: „Dem politischen Protektorat wäre dadurch bereits eine kirchliche Oberinstanz gegenübergestellt, da der Herr Kardinal von Prag unmöglich diese ganze Sache lösen kann."

124 ASV, AAEESS Germania, pos. „scatole", fasc. 50, Osservazioni e proposte del Can. Mons. Neuhäusler vom 23.1.1939.

dene Gesten wie das Verbot von antideutscher Pressepolemik im L'Osservatore Romano eine freundlichere Atmosphäre zu schaffen. So sollte eine Erörterung von sich in der Schwebe befindenden Fragen, und letztlich eine Normalisierung des für ihn so wichtigen Verhältnisses zwischen Kirche und Staat in Deutschland und der deutsch-vatikanischen Beziehungen möglich werden. Während der Beratungen, zu denen der neue Papst unmittelbar nach seiner Wahl die in Rom anwesenden deutschen Kardinäle einlud, tauchte auch die Frage der kirchlichen Verhältnisse im Sudetengebiet auf, die in die Verhandlungen der anvisierten Kommission aus Vertretern des deutschen Episkopats und der Nuntiatur miteinbezogen werden sollten.[125] Insbesondere der Breslauer Erzbischof Kardinal Bertram, der diese Frage auch in seinem Arbeitspapier vom 4. März 1939 erörterte,[126] drängte auf die rasche Lösung der sudetendeutschen kirchenpolitischen Angelegenheiten. Er forderte die baldige Verwirklichung einer neuen Diözesanzirkumskription im Einklang mit den neuen Reichsgrenzen, die Lösung der Frage der Ausbildung und Besoldung des sudetendeutschen Klerus und der organisatorischen und institutionellen Anpassung der sudetendeutschen Ortskirche an die kirchlichen Verhältnisse im Deutschen Reich.[127] Der neue Papst war der kirchenpolitischen Ordnung der Sudetenfrage nicht abgeneigt,[128] zumal seine unmittelbaren Berater es für opportun hielten, die kirchenpolitischen Fragen der „Ostmark" und des Sudetenlandes ganz an den Anfang der möglichen Verhandlungen mit dem Staat zu stellen. So wollte man der Gefahr ausweichen, dass die deutsche Regierung die Frage unter Ausschluss des Heiligen Stuhls selbstständig zu regeln versuchen würde.[129] Es gibt freilich keinen Hinweis darauf, dass Pius XII. bereit gewesen wäre, unter Umgehung der üblichen Zwischenschritte von Apostolischen Administratoren u.ä. sofort zu einer definitiven neuen Zirkumskription zu schreiten, also einen Weg zu wählen, der im Widerspruch zur traditionell vorsichtigen vatikanischen Vorgehensweise gestanden wäre. Dies war umso weniger wahrscheinlich, da es sich nicht um eine Rückkehr zum Status quo ante, sondern um die Schaffung einer völlig neuen Situation handelte. Das Scheitern der Hoffnungen auf gangbare Verhandlungen mit der deutschen Regierung, der Ausbruch des Krieges, die Sedisvakanz im zentral tangierten Prager Erzbistum und die im Laufe der Kriegsentwicklung immer größere Ungewissheit über die territoriale und politische Ausgestaltung Ostmitteleuropas nach dem Krieg bewirkten schließlich, dass der Heilige Stuhl von allen weiteren Schritten absah, und das Provisorium der Generalvikare bis 1945 beibehielt.

---

125 *Ebenda.* Abgedruckt auch in: *Schneider,* Burkhart/*Blet,* Pierre/*Martini,* Angelo (Hgg.): Die Briefe Pius' XII. an die deutschen Bischöfe 1939-1944. Mainz 1966, Dok. Nr. 6, Niederschrift über die Konferenz am 6.3.1939, 318 f, 321.

126 *Ebenda:* Dok. Nr. 2, Denkschrift des Kardinals Bertram vom 4.3.1939, 305 f.

127 *Ebenda:* Dok. Nr. 6, Niederschrift über die erste Konferenz am 6.3.1939, 318 f., 321.

128 Er sagte dazu: „Wenn Eminenzen mir genauere Richtlinien über die Sudetenfrage übergeben, würde ich sie zur schnellsten Erledigung an die Berliner Nuntiatur weiterleiten." Vergleiche: *Ebenda* 327.

129 *Ebenda:* Dok. Nr. 5, 315, Aufzeichnung des Privat-Sekretariats von Pius XII. vom 5. oder 6.3.1939.

Der Heilige Stuhl wurde in dieser abwartenden Position auch durch die große Uneinheitlichkeit der Meinungen auf deutscher Seite bestärkt. Im Auswärtigen Amt wurde die Neugestaltung der Diözesangrenzen im Sudetenland im Frühjahr 1939 zu den wichtigsten Aufgaben des deutschen Vatikan-Botschafters gerechnet, welche die Existenz dieses innenpolitisch umstrittenen Diplomatenpostens vorerst rechtfertigen sollten.[130] Auch das zum Teil noch traditionell jurisdiktionalistisch gesinnte Reichskirchenministerium drängte anfangs auf eine rasche Neuordnung der sudetendeutschen Diözesaneinteilung, und Ministerialrat Roth drohte gar damit, die Frage andernfalls in staatlicher Eigenregie „zu erledigen".[131] Doch die Kompetenzen des Reichskirchenministeriums wurden schrittweise beschnitten und schließlich ausdrücklich auf das Altreich beschränkt, während Hitler selbst und auch die in allen Fragen der eingegliederten Gebiete dominanten Parteistellen aus grundsätzlichen politischen und ideologischen Gründen einer territorialen Neuordnung der sudetendeutschen Kirche zurückhaltend bis ablehnend gegenüberstanden; nicht zuletzt, um durch die Abtrennung der deutschen Teile die Entstehung von überwiegend tschechischen Bistümern im Protektorat zu verhindern. Bereits im Jahre 1939 wies die deutsche Regierung alle involvierten Stellen an, die Verwaltung der sudetendeutschen Pfarreien durch die reichsdeutschen Bischöfe möge „ohne äußere Betonung" durchgeführt werden. Zudem müsse stets klar ausgesprochen werden, dass die rechtliche Zugehörigkeit dieser Gebiete zu ihren böhmisch-mährischen Diözesen davon unberührt sei.[132]

Schwerer wog, dass selbst in deutschen kirchlichen Reihen Uneinigkeit bestand. In den sudetendeutschen katholischen Kreisen wurde die Neugestaltung der Diözesanverhältnisse als Verwirklichung der historischen nationalpolitischen Ziele und Vervollständigung der nationalen Emanzipation von den Tschechen angesehen. Zugleich galt sie aber auch als Grundlage zur Bewahrung der eigenständigen Identität gegenüber dem reichsdeutschen Katholizismus, der nicht nur historisch anders geprägt war, sondern, wie einige sudetendeutsche Katholiken meinten, „für die positiven Ziele des Nationalsozialismus kein Verständnis gezeigt" habe.[133]

Diese aus nationaler Begeisterung erfolgte Verkennung oder Unterschätzung des wahren religionsfeindlichen Charakters des Nationalsozialismus, und die zu optimistisch-konziliante, oder umgekehrt zu ängstliche Einstellung eines Teils der im Kirchenkampf nicht erprobten österreichischen und sudetendeutschen Katholiken bewirkten wiederum, dass die deutschen Bischöfe ihnen gegenüber

[130] ADAP Serie D, Bd. 4, 518, Aufzeichnung des Leiters der Politischen Abteilung über die Aufgaben des deutschen Botschafters beim Vatikan.

[131] *Schneider/Blet/Martini* (Hgg.): Die Briefe Pius' XII. an die deutschen Bischöfe, Dok. Nr. 6, 321.

[132] In diesem Sinne erläuterte die Position der Regierung auch der Nuntiaturrat Colli während der Besprechung mit den involvierten deutschen und österreichischen Bischöfen in Wien am 28.12.1939. Vergleiche *Hüttl:* Bischof Michael Buchberger 332.

[133] *Paleczek:* Die kirchliche Administration 115.

ein gewisses Misstrauen nährten. Die Bischöfe befürchteten, dass sie die bis dahin nicht immer in der Wahl der Mittel, sehr wohl aber in der Sache selbst einheitliche Abwehrfront des deutschen Episkopats gegenüber dem Druck des nationalsozialistischen Staates schwächen könnten.[134] Die unterschiedliche Rechtslage in den einzelnen Gebieten dagegen stellte einen zwar ebenfalls diskutierten,[135] letztlich aber nicht ausschlaggebenden Grund dar. Dies bezeugt auch die Tatsache, dass ab August 1939, nachdem auch die neuen Gebiete schon die volle Wucht des Kirchenkampfes zu spüren bekommen hatten, nunmehr alle deutschen Ordinarien einschließlich der Österreicher, des Bischofs von Leitmeritz und der Generalvikare für die deutschen Teile der böhmisch-mährischen Bistümer an den Zusammenkünften der Fuldaer Bischofskonferenzen teilnahmen.

Das Protektorat

Der Zerfall der Tschecho-Slowakei konfrontierte den Heiligen Stuhl mit einer Situation voller Ungewissheiten über die Zukunft und die Dauerhaftigkeit der neuen Ausgestaltung des mitteleuropäischen Raumes. Unsicher erschien, ob der neue slowakische Staat stabil sein, oder bald ebenfalls in ein deutsches Protektorat umgewandelt, bzw. den territorialen Gelüsten der Nachbarn zum Opfer fallen werde.[136] Im Laufe der vertraulichen Fühlungnahmen, die die päpstliche Diplomatie im Mai 1939 initiierte, um in den deutsch-polnischen Spannungen zu vermitteln, die Großmächte und Polen an den Verhandlungstisch zu bringen, und so den Ausbruch des Krieges zu verhindern, berichtete der Nuntius in Paris Valerio Valeri gar davon, dass eine Strömung in der französischen Politik die Wiederherstellung der Tschechoslowakei als Bestandteil einer breiteren Ausgleichslösung fordere.[137] Trotz aller Fragezeichen entschloss sich jedoch Pius XII., den in Friedenszeit und durch den ordentlich gewählten und einberufenen slowakischen Landtag proklamierten Slowakischen Staat (ab Juli 1939

---

[134] Diese Gründe motivierten auch die anfängliche Ablehnung der Aufnahme der österreichischen Ordinarien in die Fuldaer Bischofskonferenz. „Was wird sich das katholische Volk denken, wenn, was wohl im Bereich der Wahrscheinlichkeit liegt, der österreichische Episkopat von Fulda zum Parteitag in Nürnberg geht!", brachte der Bischof von Berlin von Preysing im Schreiben an den ihm eng vertrauten Kardinalstaatssekretär Pacelli die Stimmung auf den Punkt. ASV, AAEESS Germania, pos. 725, fasc. 340, Preysing an Pacelli 25.4.1938.

[135] Dieses Argument warf z.B. Kardinal Michael von Faulhaber auf. Vergleiche *Schneider/Blet/Martini* (Hgg.): Die Briefe Pius' XII. an die deutschen Bischöfe, Dok. Nr. 6, 320.

[136] Diese Unsicherheit spiegelt auch der Bericht des päpstlichen Diplomaten Raffaele Forni an den Staatssekretär Luigi Maglione vom 14.4.1939 wider, abgedruckt im italienischen Original und in der deutschen Übersetzung im Anhang des Buches von *Brandmüller,* Walter: Holocaust in der Slowakei und katholische Kirche. Neustadt an der Aisch 2003, 116-131.

[137] ADSS vol. 1, Dok. Nr. 59, 174.

Republik) bereits elf Tage nach seiner Entstehung anzuerkennen[138] und mit ihm diplomatische Kontakte aufzunehmen. Gleichzeitig sollte aber nichts getan werden, was dem Heiligen Stuhl im Falle einer erneuten Veränderung der Verhältnisse die Hände binden und eine Neupositionierung verschließen würde. In dieser Überlegung ist der Grund für die mehrdeutige Formulierung der Note des Staatssekretariats an das slowakische Außenministerium vom 5. Juni 1939 zu suchen, in der es hieß, dass „der Heilige Stuhl seinerseits S.E. Msgr. Saverio Ritter, der die Funktion des Nuntius in der Tschecho-Slowakei inne hatte, für jenen Mann hält, der in der Erfüllung derselben Funktionen in der Slowakei fortfährt".[139] Die Reaktion des slowakischen Außenministeriums auf die Note, deren Wortlaut als mit der Eigenständigkeit des Staates unvereinbare Hervorhebung der Kontinuität zum Status quo ante angefochten wurde,[140] führte zu einer vorübergehenden Trübung des Verhältnisses, welches sich erst 1940 stabilisierte. Die regulären slowakisch-vatikanischen diplomatischen Beziehungen blieben über das Kriegsende hinaus bis zum 30. Mai 1945 bestehen. An diesem Tag erklärte der Sekretär für außerordentliche kirchliche Angelegenheiten Domenico Tardini dem slowakischen Gesandten Karol Sidor, dass der Heilige Stuhl die Slowakische Republik als nicht mehr existent und die diplomatischen Beziehungen als erloschen betrachtete. Er begründete diese Vorgehensweise nicht mit der Wiedererrichtung der Tschechoslowakei, sondern mit der bedingungslosen Kapitulation der slowakischen Regierung in Kremsmünster.[141]

Mit dem Untergang der Tschecho-Slowakei im März 1939 hörten auch ihre diplomatischen Beziehungen zum Heiligen Stuhl auf. Der tschecho-slowakische Gesandte Radimský übergab die Gesandtschaft dem Deutschen Reich, der Nuntius Ritter reiste sofort nach Italien ab. Dennoch bemühte sich der Heilige Stuhl in Prag, ähnlich wie im Frühjahr 1938 in Wien,[142] das Gebäude der Nuntiatur, und darin zumindest faktisch einen Diplomaten zu halten. Dieser hätte die Verbindung zwischen der Berliner Nuntiatur und dem tschechischen und vorerst auch dem slowakischen Episkopat aufrechterhalten und dem Heiligen Stuhl die dringend benötigten zuverlässigen Informationen liefern sollen. Am 23. März nahm der Berliner Nuntius Orsenigo die Prager Nuntiatur unter seinen Schutz,[143] und der ortskundige ehemalige Sekretär der Prager Nuntiatur Raffaele Forni wurde beauftragt, das Protektorat und die Slowakei zu bereisen und Erkundigungen anzustellen, was er bereits im April tat, und worüber er ei-

---

[138] Slovenský národný archív Bratislava [Slowakisches Nationalarchiv Bratislava, SNA], fond MZV, Karton 112, Staatssekretär Luigi Maglione an Außenminister Ferdinand Ďurčanský 25.3.1939.

[139] *Sidor,* Karol: Šesť rokov pri Vatikáne [Sechs Jahre im Vatikan]. Scranton/Pennsylvania 1947, hier 5.

[140] SNA, fond MZV, Karton 209.

[141] *Sidor:* Šesť rokov pri Vatikáne 280 f.

[142] ASV, AAEESS Germania, pos. „scatole", fasc. 22a, Nuntius Orsenigo an Staatssekretär Pacelli 26.3.1938.

[143] ADSS IV, Dok. 24, Anm. 3, 84.

nen ausführlichen Bericht an den Staatssekretär erstattete.[144] Im Juni 1939 wurde Forni gemeinsam mit dem Nuntius Ritter an die neu errichtete Nuntiatur in Bratislava entsandt. Nachdem Ritter zur Klärung der durch die Zurückweisung der vatikanischen Note vom 5. Juni entstandenen Situation nach Rom abgereist war, wurde Forni offiziell der Berliner Nuntiatur zugeteilt und mit der Aufgabe betraut, den Kontakt zwischen der tschechischen Partikularkirche und der Nuntiatur in Berlin aufrechtzuerhalten. Seine häufigen Reisen zwischen Berlin und Prag erregten bald den Unmut der deutschen Behörden und wurden untersagt. Forni wurde 1940 als Sekretär an die Nuntiatur Bratislava versetzt, wo er offiziell bis 1945 verblieb.[145]

Nach dem Zerfall der Tschecho-Slowakei wurde auch die völkerrechtliche Grundlage ihrer Beziehungen mit dem Heiligen Stuhl in Gestalt des Modus vivendi vom 2. Februar 1928 nicht nur von den deutschen Juristen, sondern im Sinne der Konsistorialansprache Benedikts XV. vom November 1921 auch vom Heiligen Stuhl stillschweigend als erloschen angesehen. Da das Reichskonkordat von 1933 weder auf die 1938 eingegliederten Sudetengebiete noch auf das Protektorat ausgedehnt wurde, galten nun beide als vertragsfreie Räume.[146] Dadurch blieben sie selbst des bescheidenen Schutzes des Reichskonkordats und ab 1941 auch des Interventionsrechts der Berliner Nuntiatur beraubt. Andererseits fühlte sich hier der Heilige Stuhl frei, ohne vorherige Rücksprachen mit der Reichsregierung kirchliche Würdenträger zu ernennen.

Die Gelegenheit dazu präsentierte sich im Frühjahr 1940, als der Papst den tschechischen Prälaten Antonín Eltschkner als Nachfolger des im Mai 1940 verstorbenen Budweiser Bischofs Šimon Bárta ernannte. Die deutsche Regierung forderte jedoch für Budweis einen deutschen Bischof. Botschafter Bergen wurde am 24. Juli 1940 im Staatssekretariat vorstellig und versuchte, mit Hinweis auf die angeblichen Präzedenzfälle in Straßburg und Metz, wo der Heilige Stuhl 1919 neue französische Bischöfe ernannt habe, den Standpunkt seiner Regierung zu untermauern. Er musste sich allerdings von Domenico Tardini die Entgegnung anhören, dass die genannten Nominationen erst erfolgt waren, nachdem das Elsass durch den Friedensvertrag völkerrechtlich zu Frankreich gekommen war. In Budweis sei die Situation eine andere, da es sich um eine überwiegend tschechische und nicht im Deutschen Reich, sondern im Protektorat gelegene Diözese handle. Der Heilige Stuhl halte sich an den Grundsatz, wonach Bischöfe die Nationalität ihrer Gläubigen teilen sollten. Diego von Bergen, damals bereits seit zwei Jahrzehnten Botschafter beim Heiligen Stuhl und Doyen des dortigen diplomatischen Korps, wusste und gab auch zu, dass die deutsche Regierung kein Recht besaß, ihre Kandidaten zu präsentieren, deutete aber an, dass seine Regierung den deutschen Weihbischof von Prag, Jo-

---

144 *Brandmüller:* Holocaust in der Slowakei und katholische Kirche, Anhang, Forni an Kardinalstaatssekretär Maglione vom 14.4.1939, 116-131.

145 Annuario Pontificio 1940 und 1945.

146 *Hoyer,* Ernst: Das Schicksal des tschechoslowakischen Modus vivendi. In: *Grabmann,* Martin/*Hofmann,* Karl (Hgg.): Festschrift Eduard Eichmann zum 70. Geburtstag. Paderborn 1940, 1-28. — *Albrecht* (Hg.): Der Notenwechsel 212-215 und 224-229.

hann Remiger, für einen ausgezeichneten Kandidaten hielt.[147] Zwei Tage später wurde der Nuntius Orsenigo beauftragt, in Berlin mitzuteilen, dass die Ernennung bereits erfolgt sei, und der Heilige Stuhl immer Bischöfe der Nationalität ihrer Gläubigen wähle.[148] Im ähnlichen Sinne wurde auch der deutsche Botschafter gebeten, in der Budweiser Causa nicht mehr zu insistieren. Bergen beharrte jedoch nach wie vor auf dem vorherigen Mitwirkungsrecht der deutschen Regierung bei allen Nominationen in den dem Deutschen Reich unterworfenen Gebieten und wies darauf hin, dass seine Regierung daran interessiert sei, dass auch im Protektorat und in den besetzten Gebieten die kirchlichen Würdenträger Deutsche seien. In besonderem Maße gelte dies für Budweis, welches im Grenzgebiet liege. Die deutsche Regierung werde Eltschkner nicht anerkennen, sodass der Bischof keinen Kontakt zu den zivilen Autoritäten haben werde.[149] Etwa einen Monat später bot Botschaftsrat Fritz Menshausen dem Staatssekretariat einen Kompromiss an: Seine Regierung wäre bereit, diesmal einen ihr vorgeschlagenen tschechischen Kandidaten nicht abzulehnen, wenn sich der Heilige Stuhl verpflichten würde, bei der in der nächsten Zeit absehbaren Besetzung des Prager erzbischöflichen Stuhls einen Deutschen zu nominieren.[150] Maglione und Tardini ließen sich auf einen solchen „Tauschhandel" nicht ein und instruierten den Nuntius, auf dem Standpunkt der einmal erfolgten Wahl zu beharren.

Orsenigo meldete jedoch aus Berlin, dass die deutsche Regierung die ohne vorherige Fühlungnahme mit ihr erfolgte Ernennung für ein Fait accompli und einen feindlichen Akt halte und behaupte, dass ihre Nachforschungen ergeben hätten, dass die Prozedur der vorherigen Mitteilung bei allen Staaten gängig sei, mit welchen der Heilige Stuhl diplomatische Beziehungen unterhalte. Der Nuntius riet davon ab, in einer Zeit, in der die deutsche Regierung stärker sei denn je und nach den militärischen Erfolgen mit einer breiten Unterstützung des Volkes rechnen könne, den Konflikt auf die Spitze zu treiben.[151] Der Papst und die abermals zusammengetretene Kongregation für die außerordentlichen kirchlichen Angelegenheiten wiesen die deutschen Argumente mit aller Entschiedenheit zurück: Die Regierung sei nicht vor vollzogene Tatsachen gestellt worden, da ihr die Ernennung noch vor der Veröffentlichung im L'Osservatore Romano mitgeteilt worden sei. Die Tatsache des Bestehens diplomatischer Beziehungen allein habe keinen Einfluss auf etwaige Mitwirkungsrechte der Regierung, die lediglich durch einen in diesem Falle nicht vorhandenen völkerrechtlichen Vertrag geregelt werden könnten. Das prioritäre Interesse der Seelsorge erfordere außerdem, dass für die tschechische Bevölkerung ein tschechischer Bischof ernannt werde.[152]

---

147 ADSS, vol. IV, Dok. Nr. 30, 90 f., Aufzeichnung von Domenico Tardini vom 24.7.1940.

148 *Ebenda* 91, Aufzeichnung vom 26.7.1940.

149 *Ebenda.* Dok. Nr. 57, 123 f., Kardinal Maglione an Nuntius Orsenigo vom 24.9.1940.

150 *Ebenda.* Dok. Nr. 57, 125, Kardinal Maglione an Nuntius Orsenigo vom 24.9.1940.

151 *Ebenda.* Dok. Nr. 41, 103, Orsenigo an Maglione vom 9.8.1940 und Dok. Nr. 92, 156-159, Orsenigo an Maglione vom 21.9.1940.

152 *Ebenda.* Dok. Nr. 92, 156-159, Orsenigo an Maglione vom 21.9.1940. — *Ebenda:* Dok. Nr. 117, 186-188, Maglione an Orsenigo vom 16.10.1940.

So entstand eine Pattsituation: Die deutsche Regierung verweigerte dem ernannten Bischof ihre Anerkennung, während der Heilige Stuhl nicht bereit war, die Ernennung zurückzunehmen. Einen stillen Ausweg deutete bereits im August Staatssekretär Ernst von Weizsäcker an, als er dazu riet, die Frage dilatorisch zu behandeln und vorerst den Kapitularvikar amtieren zu lassen. In diesem Sinne entschied auch die Kongregation: Sollte die Regierung den Bischof daran hindern, sein Amt zu ergreifen, werde die Diözese bis zu glücklicheren Zeiten unter der provisorischen Leitung belassen. Um einen weiteren, in Anbetracht der Relevanz der Frage wohl noch schärferen Konflikt mit der deutschen Regierung, in dem politischer Druck auf Zugeständnisse drohte, zu vermeiden, ließ der Heilige Stuhl den im darauf folgenden Jahr 1941 vakant gewordenen Prager erzbischöflichen Stuhl für die ganze Kriegszeit unbesetzt.[153]

Die missglückte Bischofsernennung stellte bei weitem nicht den einzigen vatikanischen Beschwerdepunkt in Bezug auf die böhmischen Länder dar. Seit dem Winter 1938/1939 beobachtete der Heilige Stuhl sehr aufmerksam die dortige Situation der katholischen Kirche und die vielfachen Einschränkungen und Verfolgungen, denen sie ausgesetzt war. Man versuchte, auf dem diplomatischen Wege zu ihren Gunsten zu intervenieren. Im langen Aide-mémoire des päpstlichen Staatssekretariats an die deutsche Reichsregierung vom 10. Juli 1939, mit welchem in einem bestimmten Sinne die nach dem Pontifikatswechsel initiierte Politik der Ausgleichsversuche mit Deutschland ihren ergebnislosen Abschluss fand, wurde unter den dort aufgezählten Punkten auch die Einführung des die Kirche diskriminierenden und belastenden Kirchenbeitrags in den Sudetengebieten erwähnt.[154] Die Aufzeichnung, die in Vorbereitung des Besuchs des deutschen Außenministers Joachim von Ribbentrop im Vatikan am 11. März 1940 vom Staatssekretariat ausgearbeitet und dem deutschen Staatsmann zum Schluss übergeben wurde, beinhaltete in der langen Liste der Gravamina und Wünsche auch den Hinweis auf wiederholte Verhaftungen von Priestern und Ordensleuten im Protektorat Böhmen und Mähren.[155] Eine Durchsicht der verfügbaren diplomatischen Dokumente und Aufzeichnungen über die Sendungen des Radio Vatikan zeigt dennoch deutlich, dass die Lage der Kirche in den böhmischen Ländern ein wenig im Schatten zuerst der Ereignisse in Österreich und ab September 1939 vor allem der tatsächlich viel dramatischeren und tragischeren Situation der Kirche im besetzten Polen stand. Aus den eben genannten Gründen galt Polen unter den eingegliederten und besetzten Gebieten auch der Großteil der vatikanischen diplomatischen Noten und Interventionen. Stille Interventionen und Rettungsaktionen zu Gunsten von tschechischen Katholiken, die im Hintergrund und unter Umgehung der

---

153 Vergleiche dazu *ebenda*. Dok. Nr. 41, 103 f., Nuntius Orsenigo an Kardinal Maglione vom 9.8.1940. — ADSS 7, Nr. 93, 196-198, Nuntius Orsenigo an Kardinal Maglione vom 22.1.1943.

154 *Albrecht* (Hg.): Der Notenwechsel 90.

155 *Ebenda* 99.

regulären diplomatischen Kanäle liefen – wie zum Beispiel im Zusammenhang mit der Rettung des Prager Domherrn Otto Stanovský vor der Todesstrafe während der Repressalien nach dem Attentat auf Reinhard Heydrich – sind zu vermuten, können aber in Ermangelung der Quellen vorerst nicht dokumentiert werden.

Bemühungen der Londoner Exilregierung um eine Annäherung zum Heiligen Stuhl

Es war ein durchaus berechneter Schritt des damals international noch nicht anerkannten und auch innertschechisch mit nicht wenigen Widerständen ringenden ehemaligen Präsidenten Edvard Beneš, an die Spitze seiner Exilregierung den katholischen Prälaten und bewährten Mitträger der Koalitionsregierungen der Ersten Republik, Jan Šrámek, zu setzen. Dadurch wollte er in den Augen der französischen und britischen Regierung sein sozialistisch-prosowjetisches Image aufpolieren und mit Hilfe der liberal gesinnten französischen Katholiken die Unterstützung Frankreichs gewinnen. Ohne programmatische Einbußen zu erleiden, sollte so auch seiner tschechischen und slowakischen Opposition im Ausland sowie seinen katholischen Gegnern in den böhmischen Ländern Wind aus den Segeln genommen werden.[156] Die Nominierung Šrámeks an der Spitze der Exilregierung war durchaus auch als Seitenhieb gegen die slowakische Staatlichkeit und deren christlich-staatliche Ambitionen intendiert sowie als Versuch, dem katholischen Priester Tiso den katholischen Priester Šrámek entgegenzusetzen, und die angebliche Unterstützung der katholischen Kirche für die tschechoslowakische Staatlichkeit zu demonstrieren.

Das tschechoslowakische Exil in London bemühte sich seit 1940 um die Aufnahme von Kontakten zum Heiligen Stuhl. Edvard Beneš war sich nur allzu deutlich der Vorteile bewusst, welche die Anerkennung durch den mit hohem internationalen Prestige ausgestatteten ältesten Souverän Europas für ihn gebracht hätte; vor allem in einer Situation, in der ihn selbst die britischen Gastgeber lediglich als Haupt der provisorischen Exilregierung – nicht als Präsidenten der Tschechoslowakei – anerkannten. Besonderes Unbehagen verursachte Beneš vor allem das Bestehen von diplomatischen Beziehungen zwischen dem Heiligen Stuhl und der Slowakei sowie die Absenz von jeglichen vatikanischen Äußerungen, die im „tschechoslowakischen" Sinne interpretierbar wären. Der

---

[156] Der später emigrierende Minister der Protektoratsregierung Ladislav Feierabend erwähnte in seinen Memoiren, Šrámek und dessen enger Parteifreund František Hála seien auf ausdrückliche Einladung von Benešs Mitarbeiter Hubert Ripka ins Exil gegangen und unter anderem mit der Aufgabe betraut worden, die politischen Bemühungen der benešfeindlichen Opposition zu konterkarieren. Sie sollten außerdem mit Hilfe des protschechoslowakisch gesinnten Pariser Kardinals Verdier und der liberal gesinnten französischen katholischen Kreise die französische Unterstützung für die sich formierende tschechoslowakische Exilregierung gewinnen. Vergleiche *Feierabend:* Politické vzpomínky 206, 324 f. — *Černý:* Die Kirche im Protektorat 349 f.

vatikanischen Diplomatie hielt sein Exilkreis auch die ihrer Meinung nach zu starke Konzentration auf den großen Leidensweg der polnischen Katholiken und eine ungenügende Beachtung der Verfolgung der katholischen Kirche im Protektorat vor.[157]

Aus all diesen Gründen bot Beneš im Januar 1941 über den Apostolischen Delegaten in London William Godfrey dem Heiligen Stuhl die Anknüpfung von zumindest inoffiziellen Kontakten an.[158] Der Heilige Stuhl wies das Angebot diplomatisch, aber entschieden zurück. Er betrachtete es als unzulässig, sich über die bestehenden diplomatischen Beziehungen mit der Slowakei hinwegzusetzen und Entscheidungen für die Nachkriegszeit zu treffen. Er hielt Beneš für einen selbsternannten Privatmann, der keine verfassungsrechtliche Kontinuität seines Präsidentenamtes und kein legitimes Mandat vorweisen konnte. Dementsprechend wurde er einfach als „Herr Beneš" tituliert.[159]

Zwei Jahre später versuchte es Beneš in einem zweiten Anlauf, die Anerkennung des Heiligen Stuhls zu gewinnen, nicht zuletzt, um die Reputation seiner Exilregierung im Westen wieder auszugleichen, die durch die Annäherung an Stalin und das Zerwürfnis mit den Polen angeschlagen war. Außerdem sollte die Position Bratislavas weiter geschwächt und die slowakischen Katholiken psychologisch erschüttert werden. Mit neuem Selbstbewusstsein, das seiner dank der Kriegsentwicklung konsolidierten Position entsprang, holte sein zweites Memorandum zu einer gezielten Drohgebärde aus, die als Konsequenz der Anerkennung der Slowakischen Republik durch den Heiligen Stuhl für die Zukunft schwere Probleme in den tschechoslowakisch-vatikanischen Beziehungen voraussagte. Außerdem sollten die Unterbrechung der Beziehungen zur Slowakei und die Anerkennung aller Änderungen in den gegenseitigen Beziehungen seit 1938 „ex tunc" als null und nichtig erklärt werden. Das Staatssekretariat, das kurz zuvor die britische Regierung gewarnt hatte, „den Exulanten nicht zu sehr zu trauen",[160] stellte es Godfrey zwar frei, zu „Herrn Beneš" nach eigenem Ermessen vertrauliche Kontakte zu knüpfen, betrachtete jedoch ansonsten die nach wie vor als illegitim angesehene Exilregierung nicht zuletzt wegen deren Nähe zu Moskau mit großem Misstrauen. Ende 1943 ließ man auch in Washington durchblicken, dass man die zu erneuernde Tschechoslowakei bereits als einen sowjetischen Satelliten und Ursache für die Besorgnisse der Polen an-

157 Schreiben des ehemaligen tschechoslowakischen Gesandten in Dänemark, Ihla, an den Vorsitzenden des Tschechoslowakischen Nationalausschusses in London, Beneš, vom 27.3.1940. In: *Němeček*, Jan (Hg.): Dokumenty československé zahraniční politiky 426-428

158 ADSS, vol. 4, Dok. Nr. 244, 360. — Vergleiche auch *Hrabovec*, Emilia: Die Tschechoslowakei und der Heilige Stuhl 1945-1948. In: *Müller*, Wolfgang/*Portmann*, Michael (Hgg.): Osteuropa vom Weltkrieg zur Wende. Wien 2007 (Zentraleuropa-Studien der Österreichischen Akademie der Wissenschaften 10), 99-130, hier 99-101.

159 ADSS, vol. 4, Dok. Nr. 297, 425.

160 ADSS, vol. 7, Dok. Nr. 153, 281-282.

sah.[161] Und Godfrey, der den Heiligen Stuhl auch bei der polnischen Exilregierung repräsentierte, nahm bis März 1945 von jedem Initiativschritt gegenüber Beneš Abstand.[162]

Seit dem Winter 1943/1944 blickte der Heilige Stuhl mit immer größerer Besorgnis in die Zukunft nach dem Kriege und befürchtete die Eingliederung ganz Ostmitteleuropas in die Einflusssphäre der UdSSR und die Sowjetisierung der gesamten Großregion. Dieses Schicksal schien lediglich im Falle eines Kompromissfriedens mit Deutschland ohne Sieger und Besiegte vermeidbar. Um die politische Eigenständigkeit und geistig-religiöse Freiheit der ostmitteleuropäischen Länder für die Zukunft zu bewahren, wurden in deren katholischen politischen Eliten verschiedene katholische Konföderationsprojekte eingehend erörtert, an denen neben polnischen und ungarischen Politikern mit großem Engagement auch der Kreis um den polonofilen slowakischen Gesandten beim Heiligen Stuhl, Karol Sidor, beteiligt war, und die im Laufe der Jahre 1943 und 1944 mehrfach auch dem päpstlichen Staatssekretariat vorgelegt wurden.[163] All diese Alternativen scheiterten freilich an der Entschlossenheit der Großmächte, von Deutschland die bedingungslose Kapitulation zu fordern und die Nachkriegsordnung gemäß ihren Teheraner und Moskauer Absprachen zu gestalten. Beneš und seine Londoner Exilregierung verfolgten die verschiedenen katholisch-konservativen Konföderationspläne mit großem Unbehagen, weil sie darin, aus ihrer Sicht nicht unberechtigt, eine Infragestellung der Wiederherstellung der tschechoslowakischen Staatlichkeit sahen. Ein besonderer Dorn im Auge war Beneš die slowakische Gesandtschaft beim Heiligen Stuhl und ihr aktiver Chef, der durch seine Distanz zur Regierung in Bratislava und seine guten Kontakte insbesondere zu den Polen sowie den italienischen Christdemokraten politisch nicht leicht angreifbarer war. Vor allem die Monate nach der Befreiung Roms von der deutschen Besatzung im Juni 1944 und der Übersiedlung Sidors in den Vatikan waren von emsigen Bemühungen des Lon-

---

161 *Ebenda.* Dok. Nr. 505, 737-738.

162 Zum Memorandum vom Mai 1943 siehe *ebenda.* Dok. Nr. 237, 408 f. — *Ebenda.* Dok. Nr. 344, 553 f. — *Ebenda.* Dok. Nr. 388, 612. — Vergleiche auch *Machula,* Jaromír: Vatikán a Československo (1938-1948). Paměti [Der Vatikan und die Tschechoslowakei (1938-1945). Memoiren]. Praha 1998, 65-70, 103.

163 Vergleiche z.B. Bundesarchiv Berlin (Barch), R 70/112, Agentenbericht Nr. 2197 an den SD-LA Wien vom 6. September 1943. Zu diesbezüglichen politischen Aktivitäten von Karol Sidor vergleiche *Otáhalová/Červinková* (Hgg.): Dokumenty z historie československé politiky, Bd. 1, 338 f, 355. — *Sidor:* Šesť rokov pri Vatikáne 259-261. — *Vnuk,* František: Slovenská národná rada v Londýne a v zahraničí (1943-1948) [Der Slowakische Nationalrat in London und im Ausland (1943-1948)]. In: *Polakovič,* Štefan/*Vnuk,* František (Hgg.): Zahraničné akcie na záchranu a obnovenie slovenskej samostatnosti (1943-1948) [Die Auslandsaktionen zur Rettung und Erneuerung der slowakischen Selbstständigkeit (1943-1948)]. Lakewood-Hamilton 1988, 13 und 20. — Zu den ungarischen Ausgleichsbemühungen mit den Westmächten vergleiche *Lombardi,* Lapo: La Santa Sede e i cattolici dell'Europa orientale agli albori della guerra fredda [Der Heilige Stuhl, die Katholiken Osteuropas und die Anfänge des Kalten Krieges]. Roma–Budapest 1997, 10-12.

doner tschechoslowakischen Exils und dessen römischen Repräsentanten erfüllt, vom Heiligen Stuhl die Desavouierung Sidors und die Liquidierung der slowakischen Gesandtschaft zu erreichen. Der Heilige Stuhl hielt sich jedoch an die Sidor im März 1944 von Kardinalstaatssekretär Luigi Maglione gegebene Zusage, dass der Vatikan nicht die Absicht habe, die diplomatischen Beziehungen mit der Slowakei zu unterbrechen, und dass eine solche Eventualität nur eintreten könnte, wenn die Slowakei aus eigenem Willen oder im Sinne von Bestimmungen der Friedenskonferenz als Staat liquidiert werden sollte.[164]

Erst im Winter 1944/1945 hielt der Heilige Stuhl, nicht zuletzt mit Rücksicht auf den bereits absehbaren Kriegsausgang und die bedrohliche Situation im Osten Europas, wo allein noch die zu erneuernde Tschechoslowakei gewisse Garantien auf eine freiere Entwicklung zu bieten schien, die Zeit für gekommen, um mit der tschechoslowakischen Exilregierung erste Kontakte zu knüpfen (die freilich bis zum Kriegsende und der völkerrechtlich wirksamen Änderung des Status quo in Mittel- und Ostmitteleuropa lediglich inoffiziell sein sollten). Auf vorsichtige Annäherungsversuche reagierte nun die Exilregierung dilatorisch und machte alle weiteren Gespräche von der sofortigen Ausweisung Sidors und der Unterbrechung der Beziehungen zu Bratislava abhängig. Die letztere Vorbedingung wurde vom Heiligen Stuhl während der Existenz der Slowakischen Republik als nicht akzeptabel angesehen, die erstere auch über den Mai 1945 hinaus, als Sidor im Vatikan Asyl gewährt wurde, strikt abgelehnt.[165] Exilministerpräsident Šrámek überging alle indirekten Einladungen zu einem Rombesuch mit beharrlichem Schweigen. Das bestätigte das Bild von ihm, nachdem die päpstliche Diplomatie und der Kardinalstaatssekretär ihm bereits seit 1921 seine allzu große Kompromissbereitschaft gegenüber liberal-sozialistischen Regierungen und seine Intransigenz gegenüber den nationalen Forderungen der Nichttschechen vorgehalten hatten.[166] Während des Krieges wurde er außerdem von angesehenen katholischen Persönlichkeiten in London wegen seiner kühlen Distanz zum Vatikan kritisiert.[167] Als Msgr. Godfrey im März 1945 Beneš ein persönliches Gespräch anbot, bekam er von der Präsi-

164 *Sidor:* Šesť rokov pri Vatikáne 231.

165 Zu den erfolglosen Bemühungen der tschechoslowakischen Diplomatie nach 1945, vom Vatikan die Ausweisung Sidors zu erzwingen, vergleiche die Berichte des Chargé d'affaires der tschechoslowakischen Gesandtschaft beim Heiligen Stuhl, František Schwarzenberg. In: Schwarzenbergische Archive Murau, Nachlass Franz Schwarzenberg, Karton Vatikan, politische Berichte Schwarzenbergs an Außenminister Masaryk vom 21.2.1946, 3.4.1946 und 4.5.1946.

166 ASV, AAEESS, Rapporti Sessioni S.C. AA.EE.SS., fasc. 74, Sessione 1244, 18.12.1921. — AAEESS Cecoslovacchia 1920-1922, pos. 2, fasc. 2, Gasparri an Micara 28.12.1921 und 29.12.1921. — Vergleiche dazu *Hrabovec,* Emilia: Der tschechische Katholizismus nach dem Ersten Weltkrieg aus der Sicht des Heiligen Stuhls. In: Bohemia 45 (2004) 396-429, hier 425-429.

167 *Otáhalová/Červinková* (Hgg.): Dokumenty z historie československé politiky, Bd. 1, 339.

dentschaftskanzlei nicht einmal eine Antwort.[168] Das Interesse an den Beziehungen zum Vatikan, einst vom politischen Selbsterhaltungstrieb diktiert, schien in der Stunde des sicheren Sieges nicht mehr sehr groß. Es wich der neu belebten traditionellen antikatholischen Stimmung in den tschechischen Linksparteien und dem ideologischen Druck der Kommunisten, die seit der Regierungsumbildung in Moskau im März 1945 in allen Bereichen des politischen Lebens einen Siegeszug feierten.

---

168 *Machula:* Vatikán a Československo 103 f.

Jan Stříbrný

DIE ROLLE DER KIRCHEN IM „PROTEKTORAT"

Ausgewählte Forschungsprobleme

Auf Grund der derzeitigen Forschungslage kann es nicht das Ziel dieses Beitrags sein, einen umfassenden Überblick über die Rolle der Kirchen in der Protektoratszeit zu bieten.[1] Stattdessen sollen zwei thematische Schwerpunkte vor allem aus der Perspektive der großen christlichen Kirchen betrachtet werden. Zunächst werden Fragen des Verhältnisses von religiöser Identität, Konfession und Nation behandelt, darauf folgt die Beschäftigung mit zwei miteinander korrespondierenden Begriffen: Resistenz und Widerstand – Anpassung und Kollaboration. Abschließend werden einige Perspektiven zur weiteren Erforschung der Problematik der Kirchen und der religiösen Verhältnisse in den böhmischen Ländern während des Zweiten Weltkrieges skizziert.

Es ist zur Orientierung zunächst sicher sinnvoll, die allgemeinen statistischen Angaben über die Verbreitung der wichtigsten Konfessionen in den böhmischen Ländern zum Zeitpunkt der Entstehung des „Protektorats Böhmen und Mähren" anzuführen. Basierend auf der Volkszählung des Jahres 1930 erarbeitete das Zentrale Amt für Statistik in Prag folgende Projektion: Bei einer Gesamtzahl von 6 806 788 Einwohnern (davon 249 153 Deutsche) dominierte eindeutig das römisch-katholische Bekenntnis mit 5 040 058 Gläubigen (davon 210 649 Deutsche), gefolgt von der Tschechoslowakischen Kirche (seit 1940 Böhmisch-Mährische Kirche) mit 719 288 Angehörigen, der Evangelischen Kirche der Böhmischen Brüder mit 266 454 Angehörigen, der orthodoxen Kirche mit 22 486 Gläubigen und der Deutschen Evangelischen Kirche mit 15 728 Angehörigen (davon 3 078 Personen mit tschechischer oder slowakischer Nationalität). Von den kleineren Kirchen sind noch die griechisch-katholische Kirche mit 9 851 Angehörigen (davon 6 875 mit russischer oder ukrainischer Nationalität), die Methodisten mit 6 326 Angehörigen, die Böhmische Brüderunität (bis zum Jahr 1919 Freie Reformierte Kirche) mit 6 324 Angehörigen, die Brüderunität mit 4 501 Angehörigen und die Altkatholische Kirche mit 1 179 Angehörigen (davon 627 Deutsche) zu erwähnen. Zum israelitischen Glauben gehörten

---

1 Zum Stand der Erforschung der katholischen Kirche in der Protektoratszeit vergleiche *Stříbrný*, Jan: Katolická církev v českých zemích v čase dvou totalit [Die katholische Kirche in den böhmischen Ländern in der Zeit zweier Totalitarismen]. In: *Jan*, Libor (Hg.): České církevní dějiny ve druhé polovině 20. století [Tschechische Kirchengeschichte in der zweiten Hälfte des 20. Jahrhunderts]. Brno 2000 (Historia ecclesiastica 5), 78-115, vor allem 80 f. und 88-102.

in dieser Zeit 86 712 Personen (davon 19 158 deutscher Nationalität) und als konfessionslos (eventuell auch zu einer unbekannten Konfession gehörend) bezeichneten sich damals 613 566 Einwohner (davon nur 4 983 Deutsche).[2]

Nationalität, Konfession und religiöse Identität

Infolge des modernen Nationalismus wandelten sich die langjährige Begegnung und Auseinandersetzung von Tschechen und Deutschen in den böhmischen Ländern im 20. Jahrhundert zu einem Konflikt. Die Amplituden der nationalen Hoffnungen und ihre Erfüllungen verfehlten sich nicht nur, sondern sie entwickelten sich auch zu einem Gegensatz. Wenn sich die Tschechen im Jahr 1918 als Sieger fühlten, so erlebte ein großer Teil der böhmischen Deutschen seit dem Herbst 1938 eine nationale Euphorie, ohne dass sie sich zu Beginn voll bewusst waren, dass sie zum Werkzeug und Bürgen der aggressiven Politik des nationalsozialistischen Deutschlands wurden. Wie die Mehrheit der sozialen Gruppen und Meinungsströme identifizierten sich auch die Kirchen und ihre Gläubigen überwiegend mit ihrer nationalen Gemeinschaft. Vor vielen von ihnen stand jedoch die Prüfung, ob und inwiefern sie den Ansprüchen des christlichen Universalismus gerecht werden würden.

Dies betraf besonders die römisch-katholische Kirche, nachdem die Grenze zwischen dem abgetrennten Grenzland und der Tschechoslowakei, später des Protektorats Böhmen und Mähren, alle ihre sechs Diözesen durchschnitt. Aus der Perspektive des Kanonischen Rechts unterlagen diese Teile, die von Generalvikaren verwaltet wurden, ihrem residierenden Bischof (außer der Leitmeritzer Diözese hatten alle ihren Sitz im Protektorat), aber das praktische Leben der Gläubigen verlief getrennt.[3]

---

2 Statistická ročenka Protektorátu Čechy a Morava [Statistisches Jahrbuch für das Protektorat Böhmen und Mähren] I (1941) 288.

3 Jede der insgesamt sechs böhmischen und mährischen (Erz-)Diözesen verlor einen Teil ihres Gebietes (insgesamt 1 276 Pfarreien, etwa 40% aller Pfarreien in den böhmischen Ländern), der Geistlichkeit (2 253 Diözesan- und Ordenspriester) und Gläubigen (3 176 014, 37,9%). Für die abgetrennten Gebiete wurde eine vorübergehende Kirchenverwaltung errichtet, an deren Spitze Generalvikare standen: In Schlackenwerth (Ostrov) für das abgetrennte Gebiet der Erzdiözese Prag, in Libochowitz (Libochovice), später in Kowan (Kováň), für die Diözese Leitmeritz (Litoměřice), in Trautenau (Trutnov) für die Diözese Königgrätz (Hradec Králové), in Nikolsburg (Mikulov) für die Brünner Diözese, in Branitz (Branice) für die Olmützer Erzdiözese. Die abgetrennten Regionen der Budweiser und Brünner Diözese wurden als Apostolische Administraturen in die Verwaltung der benachbarten bayerischen Diözesen Regensburg und Passau sowie der österreichischen Diözesen Linz und Sankt Pölten übernommen. Beide schlesischen Kommissariate der Breslauer Erzdiözese kamen unter die direkte Verwaltung des Breslauer Erzbischofs. Vergleiche *Macek*, Jaroslav: Pronásledování a odpor katolické církve v letech 1938-1945 [Verfolgung und Widerstand der katholischen Kirche in den Jahren 1938-1945]. In: *Kural*, Václav/*Radvanovský*, Zdeněk (Hgg.): „Sudety" pod hakovým křižem [Das Sudetenland unter dem Hakenkreuz]. Ústí nad Labem 2002, Exkurs C, 427-454. — *Boháč*, Zdeněk: Atlas církevních

Viele tschechische Katholiken hatten ambivalente Erfahrungen in der Ersten Tschechoslowakischen Republik gemacht, ein Teil der katholischen Intellektuellen verfiel der Versuchung, die offizielle Staatsideologie der Zweiten Republik mitzuprägen. An der Schwelle zur Okkupation durchlebten sie jedoch sämtlich eine neue Erfahrung – sie wurden nicht nur subjektiv, sondern auch objektiv Teil der nationalen Gemeinschaft.

Die evangelischen Christen und die Mitglieder der Tschechoslowakischen Kirche standen in den böhmischen Ländern vor anderen Voraussetzungen; denn in der Tschechoslowakischen Republik war die Tradition der Hussiten und der Böhmischen Brüder Bestandteil der Staatsidee, die demgegenüber während der Zweiten Republik in den Hintergrund geriet.[4]

In der Zeit der Bedrohung der Republik kam es im Verlauf des Jahres 1938 in einigen dieser Kirchen und ihnen nahe stehenden Gruppen zu einer radikalen ideellen und geistigen Verschiebung, bei der sich patriotische und spirituelle Motive kreuzten. Besonders deutlich wurde dies im Umfeld der „Christlichen Vereinigung junger Männer" (respektive Frauen, YMCA und YWCA), in dem man vom Pazifismus zu einer eindeutigen Position der Verteidigung der Republik gelangte. Mit einem klaren christlichen Programm, das der Position der deutschen „Bekennenden Kirche" sehr nahe stand, trat die Akademie YMCA im Herbst 1938 auf:

> Den Nazismus nicht im Namen des Nationalismus und des Patriotismus bekämpfen, sondern im Namen des Glaubens an Gott, der der einzige Bürge der Wahrheit und der Gerechtigkeit ist und der in Jesus Christus Garant der rechten Menschheit ist.[5]

Die Kirchen hatten nach dem 15. März 1939 eine relativ eigenständige Grundlage, auf der sowohl Gläubige als auch Menschen, die zuvor keinem Glauben nahe gestanden hatten, außerhalb des religiösen Erlebens allmählich ihren Patriotismus zeigen konnten. In der ersten Phase der Okkupation (1939 bis 1940, teilweise 1941) boten öffentliche religiöse Bekundungen den größten Spielraum, vor allem die Wallfahrten zu traditionellen Pilgerorten (Zur Wallfahrt des heiligen Laurentius bei Taus/Domažlice kamen am 13. August 1939 120 000 Menschen, es predigte der Vyšehrader Domherr Msgr. Bohumil Stašek[6]) oder

---

dějin českých zemí 1918-1999 [Atlas zur Kirchengeschichte der böhmischen Länder]. Kostelní Vydří 1999.

4 Vergleiche *Gebhart*, Jan/*Kuklík*, Jan: Druhá republika 1938-1939. Svár demokracie a totality v politickém, společenském a kulturním životě [Die Zweite Republik. Die Auseinandersetzung zwischen Demokratie und Totalität im politischen, gesellschaftlichen und kulturellen Leben]. Praha 2004.

5 *Šimsová*, Milena (Hg.): Prošli jsme v jeho síle. Evangelíci v čase druhé světové války [Wir kamen durch in seiner Kraft. Die Protestanten in der Zeit des Zweiten Weltkrieges]. Praha 2003, 237.

6 Msgr. Bohumil Stašek (1886-1948), tschechischer katholischer Priester, Politiker und Publizist. Nach seiner Priesterweihe im Jahr 1909 wirkte er in der Kirchenverwaltung (unter anderem in Pilsen), seit 1932 Domherr auf dem Prager Vyšehrad; 1918-1938 führender Vertreter der „Československá strana lidová" (Tschechoslowakischen Volkspartei, ČSL); 1930-1938 Landesvorsitzender in Böhmen, 1925-1939 Abgeordneter der Nationalversammlung; im Jahr 1938 Anhänger der Republikverteidigung und Gegner des „Mün-

Begräbnisse bedeutender Persönlichkeiten (beispielsweise die Beisetzung der Gebeine Karel Hynek Máchas[7] am 7. Mai 1939 auf dem Vyšehrader Slavín, oder das Begräbnis des Literaturhistorikers Arne Novák[8] am 29. November 1939 in Brünn/Brno). Nach der ersten Kriegsphase übernahmen diese Rolle die Sonn- und Feiertagsgottesdienste (besonders die Predigten und das Erleben von Gemeinschaft), die über ihre geistige und religiöse Botschaft hinaus zugleich Quelle der Stärkung individueller Hoffnung und Mutes, nationalen Bewusstseins und des Willens zur Resistenz waren.

Mit der religiösen Erziehung (Bibelstunden, abendliche Treffen der Jugend, Pfadfinder-Veranstaltungen, geistliche Exerzitien) wurde die Erziehung zum Patriotismus verbunden. Große Bedeutung hatte der schulische Religionsunterricht, besonders nachdem der Geschichtsunterricht stark eingeschränkt wur-

---

chener Abkommens". In der Zweiten Republik wurde er Mitglied im Vorstand der „Strana národní jednoty" (Partei der Nationalen Einheit). Seit dem Beginn der deutschen Okkupation im Jahr 1939 beteiligte er sich an der Organisation patriotischer und auf die nationale Verteidigung ausgerichteter Aktivitäten (am 13. August 1939 hielt er eine antinationalsozialistische Predigt bei der Wallfahrt zum heiligen Laurentius/Vavřinec bei Taus). Im Rahmen der Protektoratsaktion „Albrecht I." wurde er am 1. September 1939 verhaftet; er kam zunächst in das Gefängnis Prag-Pankrác, später wurde er in die Konzentrationslager Sachsenhausen (1940) und Dachau (1940-1945) deportiert. Nach der Befreiung war er Funktionär des Verbandes der befreiten politischen Gefangenen. Seit 1947 Probst des Königlichen Kolegiatskapitels auf dem Prager Vyšehrad. *Vejvar,* Stanislav: Monsignore Bohumil Stašek – vůdčí osobnost protišrámkovské opozice v ČSL [Monsignore Bohumil Stašek – führende Persönlichkeit der Opposition gegen Šrámek in der Tschechoslowakischen Volkspartei]. In: *Marek,* Pavel (Hg.): Jan Šrámek – kněz, státník, politik [Jan Šrámek – Priester, Staatsmann, Politiker]. Olomouc 2004, 157-173.

7 Karel Hynek Mácha (1810-1836), tschechischer Dichter und Prosaiker, der auf Tschechisch und Deutsch schrieb; bekanntester Vertreter der Romantik in der tschechischen Literatur, Autor der außergewöhnlichen lyrisch-epischen Gedichtsschöpfung Máj (Mai). Er studierte an der Prager Universität Philosophie (1830-1832) und Rechtswissenschaften (1832-1836). Im August 1836 ging er als Rechtsanwaltspraktikant nach Leitmeritz, wo er kurz darauf starb. Nach dem Anschluss des tschechischen Grenzlandes an Deutschland wurden seine sterblichen Überreste exhumiert und im Herbst 1938 aus dem okkupierten Leitmeritz nach Prag überführt. Als Ausdruck nationalen Protests gegen die nationalsozialistische Besetzung wurden sie am 6. und 7. Mai 1939 feierlich auf dem Nationalfriedhof auf dem Prager Vyšehrad beigesetzt (beim Gottesdienst predigte Msgr. Stašek). Vergleiche *Maidl,* Václav: Karel Hynek Mácha. Sein Leben, sein Tod und seine zwei Begräbnisse als Metapher der tschechischen nationalen Erneuerung. In: *Fendl,* Elisabeth (Hg.): Das Gedächtnis der Orte. Sinnstiftung und Erinnerung. Freiburg 2006 (Schriftenreihe des Johannes-Künzig-Instituts 8), 215-237.

8 Arne Novák (1880-1939), tschechischer Literaturhistoriker und Kritiker. Er studierte 1898-1902 Bohemistik und Germanistik in Prag und Berlin. Mittelschulprofessor (1903-1920), in den Jahren 1906 und 1910 habilitierte er sich für Geschichte der deutschen und tschechischen Literatur an der tschechischen Universität in Prag. Seit 1920 ordentlicher Professor für tschechische Literatur an der Philosophischen Fakultät der Masaryk-Universität in Brünn, 1937-1939 (bis zur Schließung der tschechischen Hochschulen am 17. November 1939) Rektor der Universität. 1921-1939 Literaturkritiker und Leiter des Kulturteils der „Lidové noviny" (Volkszeitung). Autor des monumentalen Überblickwerks „Přehledné dějiny literatury české" (Überblicksgeschichte der tschechischen Literatur).

de. Die Katechese blieb häufig die einzige Gelegenheit, um den Kindern die tschechische Geschichte, Personen und Traditionen nahe zu bringen.

Die im Protektorat lebenden Deutschen erhielten die deutsche Staatsangehörigkeit. Sie gerieten, wenn sie gläubig waren, in eine nicht einfache Situation. Die nationale Euphorie der Jahre 1938 bis 1939 verflog allmählich, und das nationalsozialistische Regime begann seine kirchenfeindliche Politik umzusetzen, die ihren Höhepunkt in den Jahren 1941 und 1942 erreichte. Die deutschen nichtkatholischen Kirchen bildeten im Protektorat isolierte Enklaven. Die Deutsche Evangelische Kirche in Böhmen, Mähren und Schlesien hatte nur elf Gemeinden, die von der Zentrale in Gablonz (Jablonec nad Nisou) im Sudetenland aus verwaltet wurden.[9] Zur Altkatholischen Kirche, deren Zentrum in Warnsdorf (Varnsdorf) verblieb, bekannten sich im Protektorat außer Tschechen nur einige hundert Gläubige deutscher Nationalität.[10]

Genauso wie in der tschechischen Bevölkerung war auch unter den Deutschen im Protektorat die römisch-katholische Kirche dominierend. Die deutschen Pfarreien verblieben in der Verwaltungsstruktur der zugehörigen Vikariate, doch wurde für sie eine spezielle geistige Verwaltung eingerichtet. Weil unter den deutschen Katholiken in dieser Zeit die Spannung zwischen nationaler Identität und der Religion besonders deutlich spürbar war, erscheint eine Typologie anhand des Beispiels einiger Persönlichkeiten sinnvoll:

a) Die religiöse Identität ist dauerhaft der nationalen Identität übergeordnet: Dr. Anton Alois Weber, der Leitmeritzer Bischof[11]

---

9 *Brož*, Miroslav: Německá evangelická církev v Čechách, na Moravě a ve Slezsku [Die Deutsche Evangelische Kirche in Böhmen, Mähren und Schlesien]. In: *Šimsová* (Hg.): Prošli jsme v jeho síle 225-227.

10 In Österreich-Ungarn fand die Altkatholische Kirche vor allem unter der deutschen Bevölkerung Verbreitung, zum Zentrum wurde Warnsdorf (Varnsdorf), seit 1897 Bischofssitz für die gesamte Monarchie. Seine Bedeutung blieb auch nach der Gründung der Tschechoslowakei erhalten. Im Jahr 1930 bekannten sich 22 544 Gläubige (darunter 21 177 Deutsche) zu dieser Kirche. Nach der Abtrennung der tschechischen Grenzregionen verblieben im Protektorat 1 179 Mitglieder der Kirche (davon 627 Deutsche). Ihr Einfluss im Protektorat war marginal. Vergleiche Starokatolická církev [Die Altkatholische Kirche]. Herausgegeben vom *Biskupský ordinariát a synodní rada Starokatolické církve v ČR*. Praha 1999.

11 Anton Alois Weber (1877-1948), katholischer Priester (1901 in Rom geweiht), Theologe deutscher Nationalität, Bischof von Leitmeritz 1931-1947. Nach dem Anschluss des tschechischen Grenzlandes an das Deutsche Reich geriet er – unter anderem auf Grund der Beschlagnahmung kirchlichen Besitzes, der Beschränkung pastoraler Betreuung und des Religionsunterrichts – in Konflikt mit der nationalsozialistischen Herrschaft. Wegen seiner guten Tschechischkenntnisse genoss er auch in dem im Protektorat gelegenen Teil der Diözese volles Vertrauen. Die Nationalsozialisten betrachteten ihn als „stark tschechophil". Nach der Beschlagnahme der Bischofsresidenz im Jahr 1941 lebte er bis zum Kriegsende im Dominikaner-Kloster in Leitmeritz. Im Jahr 1947 war er gezwungen, auf sein Amt zu verzichten; er starb in Leitmeritz. *Rabas*, Josef: Bischof Dr. Anton Alois Weber: der letzte deutsche Oberhirt von Leitmeritz; ein Lebensbild. Königstein/Taunus [ca. 1980] (Schriftenreihe des sudetendeutschen Priesterwerks 23).

b) Die religiöse Identität verband sich mit der nationalen Identität:
Dr. Adolf Kindermann[12], Professor an der Theologischen Fakultät der Deutschen Universität in Prag; Dr. Paulus Friedrich Sladek[13] OSA, Augustiner bei Sankt Thomas in Prag.
c) National gemischte Identität (Abstammung aus einer gemischtnationalen Ehe), Typ I – im Dienste der spirituell-religiösen Identität:
František Augustin Schubert[14] OSA, Prior des Augustiner-Klosters bei Sankt Thomas in Prag;

---

12 Adolf Kindermann (1899-1974), katholischer Priester (1924 in Rom geweiht) und Theologe deutscher Nationalität; Doktor der Theologie, der Philosophie und des Rechts. Seit 1937 außerordentlicher Professor für Kirchenrecht an der Theologischen Fakultät der Deutschen Universität in Prag, 1940-1945 Prodekan. Im Jahr 1938 setzte er die Teilung des Prager Priesterseminars nach der Nationalität der Theologen durch, seit 1939 Leiter des deutschen Priesterseminars in Prag. Seine Tätigkeit wurde von der Gestapo beobachtet (im Jahr 1944 erfolgte ein Verbot öffentlicher Pastoral und der Beichtabnahme). Seit dem Jahr 1946 war er Organisator und Geistlicher Leiter der Kirchlichen Anstalten in Königstein/Taunus. Im Jahr 1966 wurde er Weihbischof von Hildesheim. Siehe beispielsweise: Weihbischof Dr. Adolf Kindermann. Leben, Werk und Wirken. Dargestellt von Mitbrüdern, Mitarbeitern und Freunden. Königstein/Taunus 1976 (Schriftenreihe des Sudentendeutschen Priesterwerks 22).

13 Paulus Friedrich Sladek (1908-2002), Augustinermönch (OSA) im Kloster St. Thomas in Prag, Priesterweihe 1932, Promotion 1933, Dr. theol. In den Jahren 1934-1941 Vertreter des Lehrstuhls für Dogmatik an der Theologischen Fakultät der Deutschen Universität Prag, Habilitation 1939. Geistlicher Beirat des Bundes Staffelstein, Hochschulseelsorger, seit 1934 akademischer Prediger für die deutsche Studentenschaft an der Prager Salvatorkirche. Nach dem Anschluss der Grenzregionen an Deutschland gehörte er zum Konvent in Böhmisch-Leipa (Česká Lípa). Er galt als ideologischer Gegner des Nationalsozialismus und wurde von der Gestapo verfolgt. Zwischen März 1943 und dem Kriegsende 1945 war er beim Sanitätsdienst der Deutschen Wehrmacht. In den Jahren 1945-1950 war er Geistlicher Leiter der „Kirchlichen Hilfsstelle" in München; am 13. Januar 1946 Mitbegründer der „Ackermann-Gemeinde"; in den Jahren 1946-1980 geistlicher Bundesbeirat der Ackermann-Gemeinde. Nach der Auflösung der Kirchlichen Hilfsstelle zwischen 1951 und 1981 Leiter der „Katholischen Arbeitsstelle für Heimatvertriebene/Süd". Im Jahr 1955 sprach er bei der Messe in Haidmühle ein Schuldbekenntnis der Sudetendeutschen gegenüber dem tschechischen Volk. Träger des Karlspreises der Sudetendeutschen Landsmannschaft (1979), Preisträger des „Hans-Schütz-Preises" der Ackermann-Gemeinde (1986). Siehe beispielsweise *Sladek*, Paulus: Not ist Anruf Gottes. Aus Veröffentlichungen, Rundschreiben, Predigten und Briefen. Dokumente zur Geschichte der Vertriebenenseelsorge. Festgabe zum sechzigjährigen Priesterjubiläum. Herausgegeben von Rudolf *Ohlbaum*. München 1991.

14 Augustin František Schubert (1902-1942), Augustinermönch (OSA) im Kloster St. Thomas in Prag, 1929 zum Priester geweiht, deutsch-tschechischer Herkunft; Promotion 1924, PhDr.; seit dem Jahr 1932 Prior des Konvents und Pfarrer bei St. Thomas in Prag. Er studierte Theologie und Slavistik an der Deutschen Universität in Prag und in Würzburg. Seit dem Jahr 1922 war er als Gründungsmitglied in der Führung des Bundes Staffelstein tätig. Er engagierte sich außerdem auch in der tschechischen katholischen Turnorganisation „Orel" (Adler); berühmter Prediger und gefragter Beichtvater. Seit der Krise im Herbst 1938 identifizierte er sich mit der tschechischen Nation; er war jedoch

Tecelin Josef Jaksch[15], Ocist, Abt des Zisterzienser Klosters in Hohenfurth (Vyšší Brod).
Typ II – karrieristisch, kirchlich-institutionelle Identität:
Franz Werner Bobe[16] OMelit, Prior des Malteser-Konvents in Prag.

Resistenz und Widerstand – Anpassung und Kollaboration

Auch wenn sie in der Mehrheit legal wirken konnten, standen die Kirchen und religiösen Gemeinschaften von Beginn an unter der Beobachtung der Okkupa-

---

kein Nationalist, die böhmischen Länder waren für ihn die Heimat zweier Völker. Im Protektorat hat er sich dem antinationalsozialistischen Widerstand angeschlossen. Wegen seiner Predigten wurde er von der Gestapo beobachtet. Im August 1940 wurde er festgenommen und in das Konzentrationslager Sachsenhausen gebracht, anschließend in das Gefängnis nach Prag-Pankrác und schließlich in das Konzentrationslager Dachau, wo er nach entbehrungsreichem Aufenthalt am 28.7.1942 starb. Vergleiche *Valasek*, Emil: Der Kampf gegen die Priester im Sudetenland 1938 bis 1945. Eine Dokumentation. In: AKBMS XVI (2003) 11-236, hier 181.

15 Tecelin Josef Jaksch (1885-1954), Zisterziensermönch im Kloster in Hohenfurth (Vyšší Brod), 1908 zum Priester geweiht, aus deutsch-tschechischer Ehe stammend. Seit 1925 war er Abt im Kloster Hohenfurth. Am 15.11.1938 ernannte ihn der Budweiser Bischof Šimon Bárta zum Kommissar für den abgetrennten Teil der Diözese. Wegen seiner loyalen Haltung zum tschechoslowakischen Staat (von den Nationalsozialisten wurde er als „tschechophil" bezeichnet) wurde er schon am 21.11.1938 von der Gestapo verhaftet und für ein halbes Jahr in Linz und Krumau (Český Krumlov) inhaftiert. Nach seiner Entlassung wurde er bis zum Ende des Krieges aus der Diözese ausgewiesen; er lebte in dieser Zeit im Frauenzisterzienserkloster in Himmelspforten bei Tischnowitz (Předklášteří u Tišnova) auf dem Gebiet des Protektorats. Bei Kriegsende im Mai 1945 rettete er das Leben tschechischer Geiseln, die von zurückweichenden SS-Einheiten festgehalten wurden. In den Jahren 1945-1948 war er erneut Abt in Hohenfurth. Im Juli 1948 wurde er zur Ausreise nach Österreich gezwungen. 1949 wurde er zum Abt-Administrator von Rein in der Steiermark ernannt. *Valasek:* Der Kampf gegen die Priester 89. — *Feldmann*, Vladimír: Kněží českobudějovické diecéze vězněni nacistickým režimem 1938-1945 [Priester der Budweiser Diözese in Gefangenschaft des nationalsozialistischen Regimes 1938-1945]. In: Výběr. Časopis pro historii a vlastivědu jižních Čech 38/2 (2001) 103-118, hier 104 f.

16 Franz Werner Bobe (1902-1947), katholischer Priester (geweiht 1932), aus deutsch-tschechischer Ehe stammend. Nach dem Studium der Philosophie und Theologie in Halle, Würzburg, Rom und Wien begann er 1930 das Noviziat bei den Maltesern in Prag. In den Jahren 1933-1937 war er Kaplan in Prag. Im September 1939 wurde er Prior des Prager Konvents, wurde aber nach dem Protest von Erzbischof Kardinal Karel Kašpar in Rom, wo er Bobe der Intriganz beschuldigte, abberufen. Nach dem Tod Kašpars (21.4.1941) wurde Bobe jedoch erneut als Prior bestätigt. Er arbeitete mit der Gestapo und dem SD zusammen, war V-Mann des Leiters des Kirchenreferats der Prager Gestapo Kurt Oberhauser und erarbeitete Expertisen zu Kirchenfragen; er verschuldete den Tod einer Reihe von Personen. Nach dem Krieg wurde er vom Außerordentlichen Volksgericht in Prag zum Tod verurteilt und am 16.4.1947 hingerichtet. Vergleiche *Čvančara*, Jaroslav: Někomu život, někomu smrt. Československý odboj a nacistická okupační moc 1941-1943 [Das Leben dem einen, den Tod dem anderen. Der tschechoslowakische Widerstand und die nationalsozialistische Besatzungsmacht 1941-1943]. Praha 1997, 138.

tionsorgane, der Verwaltungs- und besonders der Sicherheitsbehörden, die zu den Belangen der kirchlichen Vertreter und der inneren Ordnung der Kirchen vorzudringen versuchten. Ziel war es, ihren öffentlichen Einfluss und ihre Aktivitäten zu begrenzen, mit dem Zweck, festgestellte Übertritte zu erfassen und vor allem gegen allgemeine Äußerungen des Widerstands vorzugehen.[17]

Die Kirchen stellten einen besonderen Raum dar, in dem sich die geistliche, moralische und nationale Resistenz festigen konnte. Außer den öffentlichen religiösen Veranstaltungen, die Bekenntnischarakter hatten, verstärkte sich in der gegebenen Situation eine weitere Dimension des Christentums – das Bewusstsein der Solidarität mit den Verfolgten, mit den Familien von Gefangenen und mit den Hinterbliebenen (durch moralische Unterstützung, finanzielle Hilfe sowie Lebensmittel-, Kleider- und Medikamentenspenden).

Ein eigener kirchlicher Widerstand existierte nicht, aber viele Christen unterschiedlicher Konfession (Geistliche und Laien) beteiligten sich an verschiedenen Formen von Widerstandsaktivitäten (Hilfe bei illegalen Grenzübertritten, Ausstellen von gefälschten Dokumenten und Taufscheinen, Verstecken von in der Illegalität lebenden Personen, Unterstützung von Partisanen usw.). Die Christen waren sowohl in den Reihen der politischen Auslandsrepräsentation (Msgr. Jan Šrámek[18] als Vorsitzender der tschechoslowakischen Exil-Regierung, 1940 bis 1945) als auch in der Armee und speziellen Kampfverbänden vertreten (einen besonderen Anteil hatten unter ihnen die Mitglieder der Fallschirmspringer-Verbände, einschließlich des Kreises um die Attentäter auf Reinhard Heydrich). In der Führung der heimischen Widerstandsorganisationen traten vor allem evangelische Christen aus dem Kreis der Akademie YMCA hervor. Einen

---

[17] Vergleiche *Brandes*, Detlef: Češi pod německým protektorátem. Okupační politika, kolaborace a odboj 1939-1945 [Die Tschechen unter deutschem Protektorat. Besatzungspolitik, Kollaboration und Widerstand 1939-1945]. Praha 1999, hier 347 und 393. Zuerst auf Deutsch erschienen: *Ders.*: Die Tschechen unter deutschem Protektorat. 2 Bde. München–Wien 1969-1975. — *Chvatík*, Jan: Perzekuce katolických duchovních na Moravě od počátku okupace do konce II. stanného práva [Die Verfolgung katholischer Geistlicher in Mähren vom Beginn der Besatzung bis zum Ende des Zweiten Ausnahmezustands]. In: *Fiala*, Petr/*Hanuš*, Jiří (Hgg.): Katolická církev a totalitarismus v českých zemích [Die katholische Kirche und der Totalitarismus in den böhmischen Ländern]. Brno 2001, 55-84.

[18] Jan Šrámek (1870-1956), katholischer Priester (geweiht 1892), tschechischer Politiker. In den Jahren 1919-1938 Vorsitzender der Tschechoslowakischen Volkspartei, seit 1921 Minister in unterschiedlichen Regierungen. Im Juli 1939 ging er nach Großbritannien ins Exil und beteiligte sich als loyaler Anhänger von Präsident Edvard Beneš an der tschechoslowakischen Auslandsaktion. Im September 1939 wurde er nach Frankreich gesandt; dort führte er die komplizierten Verhandlungen mit Vertretern der französischen Regierung über die Gründung und Anerkennung des zentralen Organs der tschechoslowakischen Emigration. Von November 1939 bis Juni 1940 war er stellvertretender Ministerpräsident des Nationalausschusses der Tschechoslowakei in Paris, von Juli 1940 bis April 1945 Vorsitzender der tschechoslowakischen Exilregierungen in London. In den Jahren 1945-1948 war er wieder Vorsitzender der Tschechoslowakischen Volkspartei und stellvertretender Vorsitzender der Regierung. Am 20.2.1948 reichte er zusammen mit den anderen Ministern der demokratischen Parteien seine Demission ein. Im März 1948 wurde er bei dem Versuch, ins Ausland zu fliehen, festgenommen. Von 1950 bis zu seinem Tod blieb er interniert. Vergleiche *Marek* (Hg.): Jan Šrámek.

hohen Preis bezahlte die orthodoxe Kirche für das Verstecken der Fallschirmspringer in der Krypta ihrer Kathedrale in Prag; ihre Vorsteher wurden hingerichtet, die Kirche wurde aufgelöst.[19]

Wenn es zwischen dem Inhalt der Ausdrücke Resistenz und Widerstand in der Praxis der Protektoratszeit einen sehr fließenden Übergang gibt, so ist die Grenze zwischen den Begriffen Anpassung und Kollaboration genauso unklar und durchlässig. Diese Situation spürten am intensivsten die Verantwortlichen der Behörden und die Vorsteher aller Kirchen und religiösen Gemeinschaften. Unter ständiger Beobachtung, unter Drohungen und Erpressungen versuchten sie, die Grundlagen der kirchlichen Strukturen zu schützen und ein stabiles religiöses Leben zu erhalten. Viele sahen sich gezwungen, einen erträglichen Kompromiss zwischen der Loyalität gegenüber dem neuen Regime und dem Erhalt ihrer religiösen und nationalen Glaubwürdigkeit und persönlichen Autorität zu suchen.

Die Tschechoslowakische Kirche wurde zum 22. April 1940 gezwungen, die neue Bezeichnung „Böhmisch-Mährische Kirche“ anzunehmen (seit Juni 1940 war die bisherige Bezeichnung „Tschechoslowakisch“ verboten).[20] Die Okkupationsorgane versuchten sie in den Jahren 1940 und 1941 gegen die römisch-katholische Kirche zu instrumentalisieren und sie für eine Zusammenarbeit mit der Kollaborantenbewegung der „Deutschen Christen“ im Reich zu gewinnen – jedoch ohne Erfolg. Die Führung der Evangelischen Kirche der Böhmischen Brüder lehnte es ab, sich im Jahr 1943 an einer Propagandakampagne gegen den Bolschewismus zu beteiligen und im Januar 1944 ein Manifest der „Česká liga proti bolševismu“ (Tschechische Liga gegen den Bolschewismus) zu unterschreiben sowie Delegierte zu einer konstituierenden Versammlung zu senden. Kurz nach der Okkupation bot der „Verband deutscher Freikirchen“ der Böhmischen Brüderunität an, sich mit ihm zu verbinden und seinen organisatorischen Strukturen beizutreten. Die Führung der Kirche lehnte den Entwurf ab.[21]

Die katholischen Bischöfe und Verwalter der (Erz-)Diözesen waren zu öffentlichen Äußerungen ihrer Loyalität gezwungen, die die Propaganda der Nationalsozialisten und des Protektorats später massiv missbrauchte, vor allem seit dem Jahr 1943. Im Juli 1943 gaben sie eine gemeinsame Erklärung „zur

---

19 Nach der Entdeckung des Verstecks der tschechoslowakischen Fallschirmspringer in der Krypta der orthodoxen Kirche „Cyril und Method“ in Prag und deren Erstürmung am 18.6.1942 (bei der alle sieben Fallschirmspringer starben) wurden Bischof Gorazd, Pfarrer Václav Čikl, Kaplan Vladimír Petřek und der Vorsitzende des Ältestenrats Jan Sonnevend verhaftet. Von einem Standgericht wurden sie am 3.9.1942 zum Tode verurteilt und anschließend hingerichtet. Die Kirche wurde aufgelöst, ihre Tätigkeit verboten und der Besitz beschlagnahmt. Vergleiche *Šuvarský*, Jaroslav: Biskup Gorazd [Bischof Gorazd]. Praha 1979. — *Marek*, Pavel: Pravoslavní v Československu v letech 1918-1942. Příspěvek k dějinám Pravoslavné církve v českých zemích a na Slovensku [Die Orthodoxen in der Tschechoslowakei in den Jahren 1918-1942. Ein Beitrag zur Geschichte der orthodoxen Kirche in den böhmischen Ländern und der Slowakei]. Brno 2004.

20 Vergleiche *Urban*, Rudolf: Die Tschechoslowakische Hussitische Kirche. Marburg/Lahn 1973.

21 *Šimsová* (Hg.): Prošli jsme v jeho síle 216.

zerstörerischen Bombardierung katholischer Kirchen" und einen Monat später (am 15. August 1943) einen Hirtenbrief gegen die „Gottlosigkeit aus dem Osten" heraus. Im Januar 1944 nahm der Domherr von Sankt Veit, Josef Čihák, die Mitgliedschaft im Ausschuss der Tschechischen Liga gegen den Bolschewismus an.[22] Mit einem Ansuchen Karl Hermann Franks vom März 1945, die Kirche möge die Versorgung der deutschen Flüchtlinge aus dem Osten sichern, nahmen sich die Ordinarien im christlichen Geist der Hilfe für Menschen in Not an.[23]

Für die Typologisierung von Kollaboration im Protektorat bietet sich folgende Unterscheidung an: Kollaboration aus ideologischer Überzeugung, Kollaboration aus pragmatischer Anpassung und Kollaboration als erzwungene Konformität. Mit Blick auf die Kirchen ist es möglich, die zweite und dritte Variante auf das kirchliche Umfeld zu beziehen. Kollaboration in der Form pragmatischer Anpassung hing stark mit persönlichen Ambitionen und Konjunkturen zusammen, verbunden mit persönlichen Vorteilen (zum Beispiel der Malteser-Prior Franz Werner Bobe, der Jesuit litauischer Herkunft Stanislav Barzda). Fallweise betraf dies Personen von fragwürdiger Moral (der falsche Novize František Kříž, der sich als Prämonstratenser in Neureisch/Nová Říše bei Teltsch/Telč ausgab). Ihre Ambitionen oder Schwächen wurden häufig von den Sicherheitsverbänden, der „Geheimen Staatspolizei" (Gestapo) und dem Sicherheitsdienst (SD) missbraucht, die sie als Agenten gewannen. Die Zusammenarbeit auf der Basis erzwungener Konformität betraf vor allem die Vorsteher der Kirchen und Träger der Behörden.[24]

Perspektiven der Forschung

Der Stand der Forschung und der Bearbeitung der Geschichte der Kirchen in den böhmischen Ländern während der Jahre 1939 bis 1945 war ähnlich wie eine Reihe weiterer Themen stark durch die Diskontinuität der neuzeitlichen tschechischen Geschichte gekennzeichnet. In 40 Jahren kommunistischer Herrschaft gehörte die kirchliche Problematik zu den tabuisierten Themen. Die Folge ist ein Verlust des historischen Bewusstseins der heutigen Generation, in der bisher viele antikirchliche ideologische Vorurteile überwogen. Auch wenn nach dem Jahr 1989 mehrere monographische oder dokumentierende Arbeiten, Sammelbände und Memoiren erschienen sind, stellen diese weiterhin nur isolierte Inseln dar.[25] Es fehlt bisher eine systematische Bearbeitung der tschechi-

---

22 Vergleiche *Brandes:* Češi pod německým protektorátem 348-350.

23 Archiv ministerstva vnitra [Archiv des Innenministeriums], Praha. složka 305-473, 2 listy – Protokoll des Gesprächs K. H. Franks mit 5 Ordinarien der böhmischen und mährischen Diözesen vom 6.3.1945.

24 Vergleiche *Chvatík:* Perzekuce katolických duchovních na Moravě, hier 60 f., 66 und 71. — *Brandes:* Češi pod německým protektorátem 347-350.

25 Außer auf die bereits in den Anmerkungen aufgeführten Publikationen der tschechischen Kirchengeschichtsschreibung ist noch auf einige weitere wichtige Arbeiten zu verweisen:

schen Kirchengeschichte – und das nicht nur für die Jahre des Zweiten Weltkrieges; es gibt keine Enzyklopädie oder Übersicht, die auf der Grundlage von Quellenstudien basieren würde. Erst auf dieser Grundlage können monographische Arbeiten entstehen, die sich strukturell mit dem Thema beschäftigen, in einer inneren Komparation und im internationalen Vergleich.

Die Forscher werden jedoch mit ernsthaften Disproportionen bei den Quellengrundlagen rechnen müssen. Grundlegende Quelle der Erkenntnis sind bisher Bestände, die auf Grund der Ermittlung des außerordentlichen Gerichtswesens gegen Angehörige des Okkupationsapparates und der Kollaboranten in der Nachkriegszeit entstanden. Mit ihnen lassen sich teilweise die Strukturen, die Strategie und die konkrete Tätigkeit der zuständigen Kirchenreferate der Gestapo, des SD und des „Amtes des Reichsprotektors" (seit dem Jahr 1943 des deutschen Staatsministers) erschließen, deren eigene Bestände bloß Torsi sind.[26] Nicht ausreichend benutzt wurden bisher Archivalien der Abteilungen

---

Opasek, Anastáz: Dvanáct zastavení. Vzpomínky opata břevnovského kláštera [Zwölf Stationen. Die Erinnerungen des Abtes des Klosters Břevnov]. Praha 1992. — *Tyl,* Heřman J.: Psancem [Der Geächtete]. Třebíč 1995. — *Čížek,* Jan/*Peřka,* Felix/*Janoušek,* Hroznata: Aby národ žil. Světlá památka kněze Josefa Jílka, MUDr. Karla Hradeckého, npor. četnictva Felixe Peřky a Jaroslava Hrnečka, kteří položili svůj život v boji proti nacismu [Damit die Nation lebt. Leuchtende Erinnerungen an Priester Josef Jílek, Dr. Karel Hradecký, Oberstleutnant der Gendarmerie Felix Peřka und Jaroslav Hrneček, die ihr Leben im Kampf gegen den Nazismus gelassen haben]. Třebíč 1996. — *Machula,* Jaromír: Vatikán a Československo (1938-1948). Paměti [Der Vatikan und die Tschechoslowakei (1938-1948). Erinnerungen]. Praha 1998. — *Vašek,* František/*Štěpánek,* Zdeněk: Trnitá cesta moravského duchovenstva (1939-1945) [Der dornige Weg der mährischen Geistlichkeit (1939-1945)]. Brno 2003. — *Halas,* František X.: Fenomén Vatikán: idea, dějiny a současnost papežství, diplomacie Svatého stolce, České země a Vatikán [Phänomen Vatikan: Idee, Geschichte und Gegenwart des Papsttums, die Diplomatie des Heiligen Stuhls, die böhmischen Länder und der Vatikan]. Brno 2004. — *Hanuš,* Jiří: Malý slovník osobností českého katolicismu 20. století s antologií textů [Kleines Lexikon der Persönlichkeiten des tschechischen Katholizismus des 20. Jahrhunderts mit einer Anthologie von Texten]. Brno 2005. — *Šimsová,* Milena: V šat bílý odění – Zápasy a oběti Akademické Ymky 1938-1945. Vzpomínky, svědectví a záznamy vyprávění [In weißes Gewand gekleidet – Kämpfe und Opfer der Akademischen YMCA 1938-1945. Erinnerungen, Zeugnisse und Aufzeichnungen aus Gesprächen]. Benešov 2005.

26 Grundlegende Archivdokumente befinden sich in den zuständigen staatlichen Archiven, besonders im „Národní archiv" (Nationalarchiv) in Prag. Vergleiche das publizierte Bestandsverzeichnis: Katolická církev v českých zemích 1939-1989 [Die katholische Kirche in den böhmischen Ländern 1939-1989]. Herausgegeben vom *Státní ústřední archiv v Praze.* Praha 1998 (Retroinformace 13). — Zu verweisen ist zudem auf Bestände im „Moravský zemský archiv" (Mährisches Landesarchiv) in Brno, im „Zemský archiv" (Landesarchiv) in Opava und in den staatlichen Gebietsarchiven in den Bezirken. Wichtige Archivalien bewahrt auch das Archiv des Innenministeriums auf. Auf der Grundlage von Deposita-Verträgen wird die Mehrheit der Bestände aus der Kriegszeit der einzelnen (Erz-)Bistümer und Klöster von staatlichen Archiven verwaltet. Vergleiche *Tůma,* Oldřich/*Svobodová,* Jitka/*Mählert,* Ulrich (Hgg.): Vademecum soudobých dějin Česká republika. Průvodce po archivech, badatelských institucích, knihovnách, sdruženích, muzeích a památnících [Vademecum der Zeitgeschichte der Tschechischen Republik. Führer zu Archiven, Forschungseinrichtungen, Bibliotheken, Organisationen, Museen und Gedenkorten]. Praha–

für Kirchen und Kultangelegenheiten des Ministeriums für Schulwesen und Nationalkultur im Protektorat sowie Bohemika in den zuständigen Reichsbehörden und den Archiven des Vatikans. Nach meinen bisherigen Erfahrungen mit der Überlieferung der Archivbestände des Prager Erzbistums aus den vierziger und fünfziger Jahren des 20. Jahrhunderts sind ernsthafte Lücken für diese Zeit auch in anderen kirchlichen Archiven zu vermuten.

Die Erforschung der Kirchengeschichte des 20. Jahrhunderts hat jedoch grundsätzlich aussichtsreiche Perspektiven. Nach Jahrzehnten bestehen nun keine Hindernisse für die freie Forschung mehr, es liegt nur an der Initiative, der Findigkeit und der Arbeitslust der Forscher, und selbstverständlich der Schirmherrschaft der Institute. Es existiert eine Reihe historischer Arbeitsstellen auf universitärer und akademischer Ebene, an die sich junge, sehr gut vorbereitete Fachleute wenden, die sich der neuzeitlichen Kirchengeschichte widmen wollen und können. Einen wichtigen Einsatz dazu leisten auch bürgerliche Vereinigungen, wie das „Centrum pro studium demokracie a kultury" (Zentrum für das Studium der Demokratie und Kultur) in Brünn oder die „Česká křesťanská akademie" (Tschechische Christliche Akademie) in Prag, die für die nächsten zwei Jahre ausführende Institution des Projektes „Martyrologium katolické církve v českých zemích ve 20. století" (Martyrologium der katholischen Kirche in den böhmischen Ländern im 20. Jahrhundert)[27] sein wird. Es ist besonders notwendig, dass zwischen diesen Arbeitsstellen eine gegenseitige Kooperation besteht, die den Raum für anspruchvolle Forschungsvorhaben öffnet. In dieser Hinsicht sind Projekte zur Religions- und Kirchengeschichte der böhmischen Länder wie dieses besonders wertvoll.

Aus dem Tschechischen von Martin Zückert

Berlin 2005. — Große Bedeutung haben zudem die Bestandsverzeichnisse in den Zentren der einzelnen Kirchen, respektive Pfarreien. Die systematische Erforschung der kirchlichen Bohemika aus den Jahren 1938-1945 wird auch in den entsprechenden Archiven in Deutschland, in ausländischen Zentren der einzelnen Orden und in den vatikanischen Archiven durchzuführen sein. Wichtig wird hierbei der Zugang zu den Archivalien aus der Zeit des Pontifikats von Pius XII.

27 Antragsteller des Projektes „Martyrologium der katholischen Kirche in den böhmischen Ländern im 20. Jahrhundert" ist die Tschechische Bischofskonferenz; finanziert wird es von „Renovabis", der Solidaritätsaktion der deutschen Katholiken; bearbeitet wird es von der Tschechischen Christlichen Akademie. Das Projekt beschäftigt sich mit Blutzeugen aus den Reihen der katholischen Gläubigen (Kleriker, Ordensmänner und -frauen, Laien) aller Nationalitäten, die im vergangenen Jahrhundert in den böhmischen Ländern lebten und die wegen ihrer Treue zum Glauben bzw. zur Kirche als Gegner oder Opfer von Verfolgung vor allem während des Nationalsozialismus und des Kommunismus, aber auch bei der Vertreibung und Aussiedlung der Deutschen, eventuell auch in den Missionen, umkamen. Grundlegende Quellenforschungen und die Zusammenstellung von Zeitzeugenberichten sollen die Erarbeitung genauer und zutreffender Profile dieser Personen ermöglichen und als Grundlage für verschiedene Präsentationsformen (Buchpublikationen, Ausstellungen, Artikel in der Presse, Sendungen im Rundfunk und im Fernsehen usw.) dienen.

René Küpper

ZUR INSTRUMENTALISIERUNG DER KATHOLISCHEN KIRCHE FÜR DIE NATIONALSOZIALISTISCHE PROTEKTORATSPOLITIK

Im Folgenden soll anhand von Dokumenten aus dem „Amt des Reichsprotektors" bzw. dem „Deutschen Staatsministerium für Böhmen und Mähren" aufgezeigt werden, weshalb und in welchem Umfang es der deutschen Verwaltung gelungen ist, die katholische Hierarchie des Protektorates für die nationalsozialistische Propaganda zu instrumentalisieren. Vorab jedoch einige Bemerkungen zu den historischen Rahmenbedingungen. Die Stellung der katholischen Kirche kann im Vergleich zu ihrer Rolle in der Habsburgermonarchie für die Zeit der Ersten Tschechoslowakischen Republik als problematisch beschrieben werden. Vor 1918 war der Katholizismus eine der Klammern des Habsburger Vielvölkerreiches gewesen. Nach dem Ersten Weltkrieg ging die Führung der neu gegründeten Tschechoslowakei dagegen auf Distanz; Mitte der zwanziger Jahre wurden zum Beispiel die diplomatischen Beziehungen zwischen der nach westeuropäischem Vorbild liberal-demokratischen und laizistisch ausgerichteten Republik und dem Vatikan zeitweise eingefroren. Schon deshalb stand die katholische Hierarchie in Böhmen und Mähren der Ersten Republik überwiegend kritisch gegenüber.[1] In der nach dem „Münchener Abkommen" entstandenen Zweiten Republik gewannen dann wiederum Anhänger des so genannten integralen Katholizismus erheblichen Einfluss auf die Kulturpolitik der regierenden „Partei der nationalen Einheit", deren Politiker im Protektorat einen erheblichen Teil der angeblich autonomen Protektoratsregierung stellten.[2] Nicht zufällig war im Anfang 1940 entstandenen Programm der von Staatspräsident Dr. Emil Hácha ins Leben gerufenen „Národní souručenství" (Nationale Gemeinschaft) zu lesen: „Die älteste geistliche und sittliche Kraft des Volkes stellt das Christentum dar [...]."[3] Die Tatsache, dass es im katholischen Milieu in der

---

[1] Zur katholischen Kirche in der Ersten Tschechoslowakischen Republik siehe *Mauritz*, Markus: Tschechien. Regensburg 2002, 95 f. — *Schulze Wessel*, Martin: Tschechische Nation und katholische Konfession vor und nach der Gründung des tschechoslowakischen Nationalstaats. In: Bohemia 38 (1997) 311-327.

[2] *Gebhart*, Jan/*Kuklík*, Jan: Druhá republika 1938-1939. Svár demokracie a totality v politickém, společenském a kulturním životě [Die Zweite Republik. Die Auseinandersetzung zwischen Demokratie und Totalität im politischen, gesellschaftlichen und kulturellen Leben]. Praha–Litomyšl 2004, 183-188.

[3] *Brandes*, Detlef: Die Tschechen unter deutschem Protektorat. Bd. 1. München–Wien 1969, 105. Tschechische Version: *Brandes*, Detlef: Češi pod německým protektorátem. Okupační politika, kolaborace a odboj 1939-1945 [Die Tschechen unter deutschem Protektorat. Besatzungspolitik, Kollaboration und Widerstand 1939-1945]. Praha 1999.

Zwischenkriegszeit zu einer positiven Auseinandersetzung mit Denktraditionen gekommen war, welche eine gewisse Nähe zu autoritären Tendenzen aufwiesen, zog jedoch nicht automatisch eine Hinwendung zur nationalsozialistischen Ideologie nach sich.

Katholisch geprägter Ständestaat und Sankt-Wenzels-Tradition als Spielmaterial der deutschen Protektoratspropaganda

Einige Thesen tschechischer integraler Katholiken spielten jedoch der nationalsozialistischen „Kulturpolitik" und Propaganda im Protektorat in die Hände,[4] so etwa die Behauptung, das Münchener Abkommen sei gewissermaßen die Strafe Gottes für den Irrweg der Tschechoslowakischen Republik gewesen, mit der man sich versündigt habe.[5] Damit wurde von tschechischer Seite die deutsche „geschichts"-politische Begründung für die Eingliederung in das Deutsche Reich, nämlich dass die Tschechoslowakei ein künstliches, nicht lebensfähiges Gebilde gewesen sei,[6] vorauseilend unterstützt. Schuld am Elend der Tschechoslowakei seien die Juden, die tschechischen Demokraten und Linken. Es wurde sogar gefordert, Juden aus staatlichen und öffentlichen Diensten, von den Universitäten und aus den freien Berufen zu entfernen,[7] sodass die entsprechenden Maßnahmen der Besatzer zumindest bei einem Teil der integralen Katholiken auf Zustimmung gestoßen sein dürften. Das war jedoch keineswegs die Ansicht aller tschechischen Katholiken. Im Jahr 1939 wandte sich der Prager Erzbischof Kardinal Karel Kašpar sehr entschieden gegen die projektierte Verab-

---

4 So auch *Maršálek*, Pavel: Protektorát Čechy a Morava. Státoprávní a politické aspekty nacistického okupačního režimu v českých zemích 1939-1945 [Protektorat Böhmen und Mähren. Staatsrechtliche und politische Aspekte des nationalsozialistischen Besatzungsregimes in den böhmischen Ländern 1939-1945]. Praha 2002, 149.

5 Zitiert nach *Kural*, Václav: Místo společenství konflikt! Češi a Němci ve velkoněmecké říši a cesta k odsunu (1938-1945) [Statt Gemeinschaft Konflikt! Tschechen und Deutsche im Großdeutschen Reich und der Weg zum Abschub (1938-1945)]. Praha 1994, 17.

6 Vergleiche die Präambel von Hitlers „Erlaß des Führers und Reichskanzlers über das Protektorat Böhmen und Mähren" vom 16.3.1939: „Ein Jahrtausend lang gehörten zum Lebensraum des deutschen Volkes die böhmisch-mährischen Länder. Gewalt und Unverstand haben sie aus ihrer alten, historischen Umgebung gerissen und schließlich durch ihre Einfügung in das künstliche Gebilde der Tschecho-Slowakei den Herd einer ständigen Unruhe geschaffen. [...] Denn dem tschecho-slowakischen Staat war es nicht gelungen, das Zusammenleben der in ihm willkürlich vereinten Völkergruppen vernünftig zu organisieren und damit das Interesse aller Beteiligten an der Aufrechterhaltung ihres gemeinsamen Staates zu erwecken und zu erhalten. Er hat aber dadurch seine innere Lebensunfähigkeit erwiesen und ist deshalb nunmehr auch der tatsächlichen Auflösung verfallen. [...] Es entspricht daher dem Gebot der Selbsterhaltung, wenn das Deutsche Reich entschlossen ist, zur Wiederherstellung der Grundlagen einer vernünftigen mitteleuropäischen Ordnung entscheidend einzugreifen und die sich daraus ergebenden Anordnungen zu treffen." Reichsgesetzblatt 1939, Teil I, Nr. 47 vom 16.3.1939, 485-488, hier 485.

7 *Kural:* Místo společenství 21.

schiedung antijüdischer Gesetze durch die Protektoratsregierung.[8] Auch in späteren Jahren setzten sich einzelne katholische Amtsträger für jüdische Mitbürger ein, obwohl sie ihr Engagement die Freiheit oder sogar das Leben kosten konnte.[9]

Weitere Versatzstücke, die dann später auch zum Inventar der deutschen Propaganda gehörten, waren die Ablehnung der hussitisch-reformatorischen Tradition eines Großteils der Tschechen, die Herausstellung der Barock-Epoche als vermeintliche kulturelle und ökonomische Blütezeit für Böhmen und Mähren sowie vor allem die Umdeutung der Sankt-Wenzels-Tradition. In einer Denkschrift der Kulturkommission der „Strana národní jednoty" (Partei der Nationalen Einheit), an deren Spitze der Prager Kanoniker Bohumil Stašek[10] stand, über „Kulturpolitische Grundlagen der Partei der Nationalen Einheit" vom November 1938, wurde der Vasallenstatus Böhmen und Mährens gegenüber dem Reich als Folge der „weisen und diplomatischen Umsichtigkeit des heiligen Wenzel, welche Ruhe im Lande und eine vorteilhafte Stellung des Staates in Mitteleuropa gesichert"[11] habe, interpretiert.

Daran konnten die Besatzer, wenn auch teilweise in grotesker Übersteigerung, anknüpfen. In einem Rundschreiben des Reichspropagandaministeriums vom 1. November 1941 stand unter anderem: „Historisch sind immer diejenigen Zeiten und Persönlichkeiten herauszustellen, in denen die Tschechen den Anschluss an die deutsche Kultur suchten und fanden – Wenzel der Heilige, [...] Böhmisches Barock usw."[12] Als der Stellvertretende Reichsprotektor Reinhard Heydrich dem Chef der Parteikanzlei Martin Bormann am 30. Dezember 1941 mitteilte, er versuche „die Geschichte Böhmen und Mährens im Sinne des Reiches zu interpretieren und unter dem Schlagwort ‚Wenzelstradition' ein für alle Mal auszulegen",[13] hat er gewiss auf die katholische Geistlichkeit als Multiplikator seiner Auslegung spekuliert. Den planmäßigen Missbrauch der Sankt-Wenzels-Tradition für die deutsche Propaganda hatte Heydrich bereits im Vormonat eingeleitet, wie er in einem Bericht an Bormann vom 16. November 1941 ausführte:

---

8 *Brandes:* Češi 142.

9 Siehe zum Beispiel die bei Čelovský zitierte Meldung des Reichsicherheitshauptamtes der SS vom 2.7.1943. *Čelovský,* Boris: So oder so. Řešení české otázky podle německých dokumentů 1933-1945 [Die Lösung der tschechischen Frage nach deutschen Dokumenten 1933-1945]. Šenov 1997, 402.

10 Zu Staseks Biographie siehe *Churaň,* Milan u.a. (Hgg.): Kdo byl kdo v našich dějinách v 20. století [Wer war wer in unserer Geschichte im 20. Jahrhundert]. Praha 1994, 491.

11 *Gebhart/Kuklík:* Druhá republika 188.

12 Rundschreiben des Reichspropagandaministeriums vom 1.11.1941. Abgedruckt in: *Kárný,* Miroslav/*Milotová,* Jaroslava/*Kárná,* Margita (Hgg.): Deutsche Politik im „Protektorat Böhmen und Mähren" unter Reinhard Heydrich 1941-1942. Eine Dokumentation. Berlin 1997, 166 f.

13 Bericht Heydrichs an Bormann vom 30.12.1941. In: *Ebenda* 201-208, hier 203.

Am [...] 19.11.1941 [...] findet eine feierliche *Besichtigung der Wenzelskrone und Insignien* durch den Stellv. Reichsprotektor und den Staatspräsidenten Dr. Hácha statt. Die 7 Schlüssel zu diesem Wenzelsschrein, die bisher in den verschiedensten Händen waren, werden feierlich vom Stellvertretenden Reichsprotektor übernommen unter symbolischer Übernahme der Wenzelstradition in seiner Treue zum Reichsgedanken. Anschließend werden von den 7 Schlüsseln drei dem Staatspräsidenten als dem Oberhaupt des autonomen Protektorates mit der Verpflichtung der Wahrung der gleichen Reichstradition übergeben [...].[14]

Die Instrumentalisierung der Sankt-Wenzels-Tradition durch die Besatzer, die vor allem auf die Beeinflussung der tschechischen Katholiken zielte, blieb bis zum Kriegsende eine Konstante der deutschen Protektoratspropaganda. Als der Deutsche Staatsminister für Böhmen und Mähren, Karl Hermann Frank, am 4. Juni 1944 einen besonderen Verdienstorden für Protektoratsangehörige stiftete, bemühte er ebenfalls die deutsche Interpretation der Sankt-Wenzels-Tradition:

So knüpft auch die Ausführung des neugeschaffenen Ehrenschildes bewußt an die politische Tradition an, die seit tausend Jahren im tschechischen Volke verwurzelt ist und die Geschicke der Länder Böhmen und Mähren stets günstig beeinflußt hat: Die Idee des Herzogs Wenzel, der als treuer Lehensträger des Reiches in die Geschichte seines Volkes eingegangen ist. Der Ehrenschild zeigt auf silbernem Grunde den schwarzen rotgeflammten Wenzelsadler. Die vom Reichsadler abgeleiteten Adler sind als älteste Lehenszeichen des Reiches auch für Böhmen und Mähren bekannt und werden von Deutschen und Tschechen als Sinnbild der Verbundenheit dieser Länder mit dem Reiche verstanden. In der heraldischen Gestaltung des schwarzen geflammten Adlers ist dieses Reichslehenszeichen seit der Zeit der Primisliden [Přemysliden, R. K.] auf dem Schild des Herzogs Wenzel dargestellt und damit immer auch die Reichstreue und das staatsrechtliche Vermächtnis dieses Herzogs versinnbildlicht worden.[15]

Als die Besatzer kurz vor Kriegsende „aus Mitgliedern des ‚Kuratoriums für Jugenderziehung in Böhmen und Mähren', die am Schutz ihrer Heimat aktiv teilnehmen wollen, eine bewaffnete Freiwilligeneinheit" aufstellen lassen wollten, geschah dies „unter dem Namen ‚Freiwilliger St. Wenzels-Sturm'".[16]

Ein weiteres Beispiel für das Aufgreifen einiger Thesen der tschechischen integralen Katholiken beziehungsweise anderer so genannter „politischer Katholiken" in abgewandelter Form stellt Heydrichs Absicht dar, katholische ständestaatliche Vorstellungen in den Dienst der von den Besatzern angestrebten „Entpolitisierung" der Tschechen zu stellen. Im Protokoll einer Planungsbesprechung bei Heydrich am 17. Oktober 1941 heißt es:

Obergruppenführer [Heydrich, R. K.] betonte, daß er Wert darauf legt, die Steuerung des Volkes nicht bei der [autonomen] Regierung zu belassen [...]. Als ungefähres Beispiel hierfür erwähnte Obergruppenführer den Ständegedanken Othmar Spanns, – dessen Versuche, auf das Reich Einfluß zu nehmen, brutal bekämpft wurden, aber hier wegen ihrer Einfluß-

14 Bericht Heydrichs an Bormann vom 16.11.1941. In: *Ebenda* 187 f., hier 188 (Hervorhebung im Original unterstrichen).

15 Ansprache anlässlich der ersten Verleihung des Ehrenschildes des Protektorats Böhmen und Mähren am 17.6.1944. Abgedruckt in: *Frank,* Karl Hermann: Reden und Aufsätze 1939-1944. Prag 1945, 152 f.

16 Erlass Karl Hermann Franks vom 28.3.1945 „Betr.: Freiwilliger St. Wenzels-Sturm". Národní archiv v Praze [Nationalarchiv in Prag, künftig NA] 110-10-61, 133.

möglichkeiten auf das tschechische Volk gar nicht so fehl am Platze wären: Aufgliederung der Bevölkerung in unpolitische Stände, die das Interesse des kleinen Mannes völlig aufgehen lassen in seinen materiellen sachlichen Berufsgedanken. Das bringt eine Stärkung der Kirche mit sich, denn ein Ständestaat ist nur in Verbindung mit einem Kirchenstaat denkbar. Alles, was gefühlsbetont, gemütsbedingt ist, kann nur geschehen im glaubensmäßigen Sektor der Kirche. Dadurch werden alle politischen Bestrebungen neutralisiert und auf das Religiöse und Kirchliche konzentriert. Damit wird zwar die Kraft der Kirche gestärkt, es bedeutet aber auch den Tod für ein Reich.[17]

Das war selbstverständlich nicht Heydrichs Absicht, er gedachte zu kopieren, was er für die Methoden der katholischen Kirche hielt.

Partielle Indienstnahme des katholischen Klerus im Protektorat durch die Besatzer

Den Besatzern war bereits damit gedient, wenn der katholische Klerus im Protektorat seine Gläubigen zu Gehorsam auch gegenüber der neuen Obrigkeit aufrief. Dies war durch geringfügige Konzessionen und eine scheinbare Besserstellung der katholischen Kirche im Vergleich zu den Bedingungen in der Ersten Tschechoslowakischen Republik zu erreichen. Dass diese Vorgehensweise bei Teilen des katholischen Klerus durchaus Anklang fand, geht aus einem Bericht des SD-Leitabschnitts Prag vom 24. März 1945 hervor:

Der Kanonikus Dr. Čihák äußerte sich dem Gewährsmann gegenüber sehr erfreut über seine Auszeichnung mit dem Ehrenschild. [...] Auch andere Angehörige des Prager Kapitels brachten ihre Befriedigung über diese Auszeichnung zum Ausdruck, durch die der Beweis erbracht sei, daß der geistliche Stand heute von Seiten des Regimes als gleichberechtigt geachtet werde, was während der Republik nicht immer der Fall gewesen sei.[18]

Ein Beispiel für die Instrumentalisierung von öffentlichen Äußerungen katholischer Kleriker: Am 8. April 1940 führte Karl Hermann Frank, Staatssekretär beim Reichsprotektor in Berlin auf einem Presseempfang aus:

---

[17] Planungsbesprechung hoher Besatzungsfunktionäre bei Heydrich am 17.10.1941. Abgedruckt in: *Kárný/Milotová/Kárná* (Hgg.): Deutsche Politik 147-157, hier 156 f. — In seiner Geheimrede am 4.2.1942 kam Heydrich auf diese Gedanken zurück: „Hier möchte ich kurz einen Moment die Frage dieser ständischen Gliederung streifen. Sie wissen, ich bin der schärfste Gegner eines ständischen Aufbaues im Reich. Ich bin der schärfste Gegner der Spannschen Theorien, der ganzen ständischen Gliederung. Denn die ständische Idee von Othmar Spann [...] bezweckt stets eine Entpolitisierung des deutschen Menschen oder des Menschen schlechthin, um nämlich der Kirche dann die Chance zu geben, diesen unpolitischen, nur ständisch seinem Fach, seinem Beruf lebenden Menschen seine gemütsmäßige Beschäftigung, seine das Gemüt bewegenden Dinge auf dem Boden der Kirche freien Lauf lassen zu können. Infolgedessen bin ich für alles Deutsche der Todfeind einer ständischen Gliederung im Sinne Othmar Spanns. Für den tschechischen Raum halte ich deswegen aber den ständischen Aufbau [für] recht gut. Wir entpolitisieren damit den Tschechen und schaffen uns die Ansatzpunkte, hier nun den Tschechen an uns heranzuziehen." Zitiert nach *ebenda* 230 f. — Zu Spann siehe *Weiß*, Hermann (Hg.): Biographisches Lexikon zum Dritten Reich. Frankfurt a. M. 1999, 431 f.

[18] Bericht von SS-Sturmbannführer Walter Jacobi (Leiter des SD-Leitabschnitts Prag) an Karl Hermann Frank vom 24.3.1945 über den „Empfang der Spitzen der katholischen Hierarchie im Protektorat durch den Staatsminister". NA 110-10-61, 141 f.

Ein katholischer Geistlicher hat vor wenigen Tagen festgestellt, daß seit dem Sturz des Benesch-Systems der tschechische Rundfunk in weitaus breiterem Rahmen und regelmäßig katholische Sendungen eingeführt hat und daß die tschechische Katholische Aktion, der die Gestaltung des Programms vollkommen überlassen ist, seit Errichtung des Protektorates eine ganze Anzahl neu eingelegter katholischer Rundfunksendungen veranstaltet.[19]

Hier wurde ein politisch ungefährliches Zugeständnis an die katholische Kirche ausgenutzt, um der internationalen Öffentlichkeit wie der tschechischen Protektoratsbevölkerung glaubhaft zu machen, die angebliche kulturelle Autonomie der Tschechen sei real. In Wirklichkeit war das generell kirchenfeindliche Dritte Reich keineswegs geneigt, der katholischen Kirche im Protektorat substanzielle Zugeständnisse zu machen. Hitler hatte bewusst, wie er im Tischgespräch am 4. Juli 1942 ausführte,

den Bemühungen des Vatikans gegenüber, das Konkordat auch auf die neuen Reichsgebiete auszudehnen, keinerlei Entgegenkommen gezeigt. Das [...] Sudetenland, Böhmen und Mähren [...] hätten heute zur römisch-katholischen Kirche keinerlei staatsvertraglich geregeltes Verhältnis. In ihnen müßten die Kirchenangelegenheiten also rein gebietlich geordnet werden.[20]

Infolge der fehlenden staatsvertraglichen Regelung blieben das Erzbistum Prag und die Bistümer Budweis (České Budějovice) und Brünn (Brno) nach dem Tod der jeweiligen Amtsinhaber in den Jahren 1940 und 1941 vakant.[21] Wenn im Folgenden vom Episkopat im Protektorat die Rede ist, dann bezieht sich dies auf den Olmützer Erzbischof Leopold Prečan und den Königgrätzer Bischof Mořic Pícha. Diese empfing der nunmehrige Deutsche Staatsminister Karl Hermann Frank erstmals im März 1945, und dem vorhin zitierten SD-Bericht zufolge war „die Tatsache des Empfangs der Kirchenoberen beim Staatsminister [...] der erste Schritt zur Anknüpfung tragfähiger Beziehungen zwischen Kirche und Regime“,[22] was ja bedeutet, dass solche Beziehungen vorher nicht bestanden. Als nach Heydrichs Tod im Juni 1942 der Episkopat Böhmen und Mährens um Hitlers Zustimmung ersuchte, „für [...] Heydrich ein Glockengeläut veranstalten und ein Requiem lesen zu dürfen,“ erwiderte Hitler, „daß es besser gewesen wäre, sie hätten beizeiten für die Erhaltung des Lebens des Stellvertretenden Reichsprotektors gebetet.“[23] Es dürfte sich ohnehin um einen Versuch gehandelt haben, die Rachsucht des Diktators gegenüber den Tschechen zu dämpfen.[24] Von tragfähigen Beziehungen zwischen katholischer

---

19 Presseempfang der Zeitschrift „Böhmen und Mähren“ in Berlin. Rede des Herausgebers Staatssekretär SS-Gruppenführer Karl Hermann Frank vor der in- und ausländischen Presse. In: Böhmen und Mähren. Blatt des Reichsprotektors in Böhmen und Mähren 1 (1940) 62-65, hier 64 f.

20 *Picker*, Henry (Hg.): Hitlers Tischgespräche im Führerhauptquartier. 3. Aufl. Berlin 1999, 592.

21 Der Budweiser Bischof Šimon Bárta war am 2.5.1940 verstorben, der Prager Erzbischof Kardinal Karel Kašpar am 21.4.1941, der Brünner Bischof Josef Kupka am 20.6.1941. *Churaň* (Hg.): Kdo byl kdo 681-684.

22 Bericht Jacobis an Frank vom 24.3.1945. NA 110-10-61, 141 f.

23 *Picker* (Hg.): Hitlers Tischgespräche 520.

24 *Deschner*, Günther: Reinhard Heydrich. Statthalter der totalen Macht. Frankfurt a. M.–Berlin 1987, 298.

Kirche und Besatzungsverwaltung im Protektorat konnte schon deshalb keine Rede sein, weil die nationalsozialistischen Repräsentanten in Prag, vielleicht mit Ausnahme Konstantin von Neuraths, der katholischen Kirche ebenso feindlich gegenüberstanden wie der Diktator. Von Heydrichs Anschauungen war bereits die Rede.[25] SS-Oberstgruppenführer Kurt Daluege, der Nachfolger Heydrichs, war ebenso kirchenfeindlich wie sein Vorgänger, wie sein Bericht an den Reichsführer-SS Heinrich Himmler über das „Attentat auf den Chef der Sicherheitspolizei und des SD, SS-Obergruppenführer Heydrich" vom Juli 1942 belegt:

> Die reichsfeindliche Einstellung der Kirche, die von der Verschweigung des Attentates bis zur Unterbringung und Unterstützung der Attentäter führte, ist erneut unter Beweis gestellt worden. Die Tatsache allein, daß [...] katholische Priester ihre Mithilfe gewähren wollten und darin nun eine „Unterlassungssünde" erblickt haben, beweist die Bereitschaft auch für die Zukunft.[26]

Karl Hermann Frank, seit 1939 Höherer SS- und Polizeiführer im Protektorat und somit von Anfang an Himmlers Mann in Prag, geriet nur einmal in Konflikt mit dem Reichsführer-SS: Franks Frau hatte ohne sein Wissen einen neugeborenen Sohn katholisch taufen lassen, was Himmler hinterbracht und auch in Prag bekannt wurde. Frank trat daraufhin aus der katholischen Kirche aus und erklärte den Austritt des gerade getauften Sohnes, um das Prestige der SS zu wahren.[27] Aus dem Mund eines solchen Mannes, der 1942 den katholischen Turnverband „Orel" (Adler) behördlich aufgelöst hatte,[28] musste es eigentlich für tschechische Katholiken unglaubwürdig klingen, wenn er dazu aufforderte, „das Reich in seinem Kampf gegen die anbrandenden Horden des Bolschewismus zu unterstützen und damit Ihrer Heimat den Frieden und alle kulturellen und religiösen Werte zu erhalten."[29] Dennoch fanden solche Aufrufe, wie noch zu zeigen ist, bei Teilen des tschechischen katholischen Klerus Zustimmung.

In den Jahren zuvor hatten die Besatzer auch im Protektorat Kirchenland enteignet;[30] der so genannte „politische Katholizismus" war von der Gestapo brutal verfolgt worden. In den ersten anderthalb Jahren der Besatzungszeit wa-

---

25 Zu Heydrichs ausgeprägter Kirchenfeindlichkeit vergleiche *ebenda* 105-118.

26 Bericht Dalueges an Himmler vom Juli 1942 (Abschrift). NA 114-10-32, 111-116.

27 Vergleiche das Schreiben Franks an Himmler vom 13.10.1942. Bundesarchiv (künftig Barch) BDC, SS-O Karl Hermann Frank. In Franks SS-Personalakte befindet sich noch weitere einschlägige Korrespondenz dazu. Himmler ermahnte Frank in einem Schreiben vom 19.12.1942: „Sie müssen sich aber darüber klar sein, dass diese Angelegenheit niemals verborgen geblieben wäre. Die katholische Kirche hätte doch diesen Triumph bestimmt nicht für sich behalten."

28 *Moulis,* Milan/*Tomášek,* Dušan: Život plní nenávisti [Ein Leben voller Hass]. Praha 1977, 166.

29 Ansprache Franks an die umgebildete Protektoratsregierung am 19.1.1945. Abgedruckt in: Böhmen und Mähren 5 (1945) 50 f.

30 Einem Bericht des SS-Obersturmbannführers Ferdinand Fischer (Leiter des Bodenamtes Prag) an Frank vom 19.11.1942 zufolge machten zum 30.6.1942 Kirchengüter mit 33 783 ha 13,4 Prozent des im Protektorat unter deutscher Zwangsverwaltung stehenden Bodens aus. Leider ist nicht angegeben, wie viel davon auf vormals katholische Kirchengüter entfiel. NA 110-4-368, 38-43.

ren kirchliche Wallfahrten und Kirchenfeste zu Demonstrationen gegen die Besatzer genutzt worden.[31] In einem SD-Bericht vom 29. Oktober 1939 heißt es dazu:

Die tschechischen Klerikalen haben in den ersten Monaten des Protektorates stark an Popularität gewonnen, weil die Kirche eine Gelegenheit zur Versammlung größerer Menschengruppen unter dem Mantel kirchlicher Zeremonien bietet, was ihnen die Aufrechterhaltung der tschechischen Volksgemeinschaft ermöglicht.[32]

Auch im Jahresbericht für 1940 konstatierte der SD, die Geistlichkeit aller Konfessionen habe eine chauvinistische Haltung an den Tag gelegt.[33] Auch später kam das „Reichssicherheits-Hauptamt" (RSHA) zu ähnlichen Einschätzungen.[34] Nicht wenige exponierte katholische Geistliche wurden in Konzentrationslagern oder Gefängnissen inhaftiert,[35] darunter unter anderem der bereits erwähnte Prager Kanoniker Stašek, der spätere Prager Erzbischof Josef Beran[36] und der spätere Leitmeritzer Bischof Štěpán Trochta[37]. Noch am 19. Januar 1945 wurde in Prag ein katholischer Priester wegen „reichsfeindlicher Äußerungen" hingerichtet.[38] Insgesamt wurden während der Besatzungszeit 371 katholische Geistliche inhaftiert, von denen 53 hingerichtet wurden, in Haft oder an den Folgen der Haft verstarben.[39] Auch für die katholische Kirche galt, wie Heydrich Bormann am 16. November 1941 berichtete,

daß der Unterricht in der Kirchengeschichte bis auf weiteres einzustellen ist und daß die Religionslehrer sich lediglich auf die Glaubens- und Sittenlehre der jeweiligen Religionsgemeinschaft zu beschränken haben, bis die neuen Richtlinien über die Behandlung der Kirchengeschichte – insbesondere wegen ihrer Verquickung mit der tschechischen Geschichte – erlassen [sind].[40]

Angesichts dieser Realität erscheint es unglaubhaft, wenn in dem vorhin erwähnten SD-Bericht vom 24. März 1945 eine der Quellen äußerte, dass es zwar „gewiß eine Reihe von Priestern [gäbe], die einen unversöhnlichen Standpunkt dem Reich gegenüber einnähmen – sei es aus nationaltschechischen oder allge-

31 *Brandes:* Češi 99 und 236.

32 Rückübersetzung nach *Čelovský:* So oder so 230. — Angaben zur hohen zahlenmäßigen Beteiligung an Wallfahrten in der ersten Jahreshälfte 1939, bei denen patriotische Predigten gehalten wurden, finden sich bei *Frajdl,* Jiří: Protektorát Čechy a Morava 1939-1945 [Das Protektorat Böhmen und Mähren 1939-1945]. Praha 1993, 31. — *Brandes:* Češi 99.

33 *Ebenda* 239.

34 Vergleiche die Meldungen des RSHA, Abteilung IV vom 28.1. und 9.2.1942. In tschechischer Übersetzung abgedruckt in *Čelovský:* So oder so 227 und 230.

35 Von zwölf Kanonikern des erzbischöflichen Prager Domkapitels wurden vier inhaftiert. *Brandes:* Češi 393.

36 Zu Beran vergleiche *Churaň* (Hg.): Kdo byl kdo 29.

37 Zu Trochta vergleiche *Ebenda* 555.

38 *MacDonald,* Callum/*Kaplan,* Karel: Prague in the Shadow of the Swastika. A History of the German Occupation 1939-1945. Prague 1995, 96.

39 *Brandes:* Češi 393.

40 Bericht Heydrichs an Bormann vom 16.11.1941. In: *Kárný/Milotová/Kárná* (Hgg.): Deutsche Politik 190.

meinen weltanschaulichen Gründen", aber „daß ein Großteil der tschechischen Priesterschaft heute begriffen habe, daß eine Verbindung des Protektorates mit dem Reich weder das tschechische Volk noch die Kirche bedrohe." Der SD-Berichterstatter fügte in Klammern die Einschränkung hinzu: „Der genannte Pater ist allerdings wegen seiner Deutschfreundlichkeit bekannt; seine Wertung dürfte daher etwas zu optimistisch gegriffen sein."[41]

Der Nutzen der katholischen Kirche für die deutsche Propaganda im Protektorat bestand nicht darin, dass diese die Welt- und Geschichtssicht der Nationalsozialisten bejaht und propagiert hätte, sondern darin, dass sie in Teilbereichen diese Propaganda unterstützte. Das gilt vor allem für die zweite Kriegshälfte, als mit den zunehmenden Niederlagen der Wehrmacht in Russland die Bedrohung Europas durch den so genannten „Bolschewismus" in den Mittelpunkt der deutschen Propaganda rückte. Dieses Feindbild pflegte im Protektorat offenbar auch ein Teil des katholischen Klerus.[42] Einen Monat nach dem Untergang der Sechsten Armee in Stalingrad und wenige Tage nach Karl Hermann Franks Rede im Prager Lucernasaal, die als Protektoratsgegenstück zu Goebbels' Sportpalastrede vom 18. Februar 1943 anzusehen ist, hieß es im Pressebericht der Abteilung Kulturpolitik des Reichsprotektors vom 1. März 1943: „Zu erwähnen ist ein Interview in den Lidové Listy [Volksblätter] mit dem Erzbischof von Königgrätz Dr. M. Pícha über den Bolschewismus."[43]

Karl Hermann Frank erkannte offenbar genau den potentiellen Nutzen derartiger Verlautbarungen für die deutsche Propaganda, denn er setzte sich am 24. Mai 1943 erfolgreich bei Bormann für die Aufschiebung der Vollstreckung des Todesurteils gegen den Prager Domherrn und Prälaten Dr. Otto Stanovský ein, weil die Vollstreckung „die ungünstigsten Auswirkungen auf solche Teile der Bevölkerung [...], die sich bislang jedenfalls praktisch nicht völlig ablehnend der Reichspolitik gegenüber verhalten haben", zur Folge haben würde. Hierzu zählte Frank offenbar auch einen Teil der tschechischen Katholiken, und betonte daher ausdrücklich „die bei einer Begnadigung gegebene Möglichkeit günstiger Beeinflussung der dem Bolschewismus ablehnend gegenüber stehenden tschechischen kirchlichen Kreise".[44]

Diese Rechnung ging auf. Am 15. August 1943 verurteilte der Protektoratsepiskopat in einem Hirtenbrief die „Gottlosigkeit aus dem Osten" und unterstrich, ähnlich wie die deutsche Propaganda, die absolute Gegnerschaft des Kommunismus zu tradierten Werten:

---

41 Bericht von SS-Sturmbannführer Walter Jacobi (Leiter des SD-Leitabschnitts Prag) an Karl Hermann Frank vom 24.3.1945 über den „Empfang der Spitzen der katholischen Hierarchie im Protektorat durch den Staatsminister". NA 110-10-61.

42 Bereits zum Zeitpunkt des deutschen Überfalls auf die Sowjetunion am 22.6.1941 sahen katholische Kreise im Protektorat die Sowjetunion als das größere Übel an und waren insofern bereit, das Dritte Reich in diesem Konflikt zu unterstützen. *Brandes:* Češi 175 f.

43 Pressebericht der Abteilung Kulturpolitik des Reichsprotektors vom 1.3.1943. Barch R 30-3a, 1.

44 Schreiben Franks an Bormann vom 24.5.1943. NA 109-13-6, 6 f.

> Die kommunistische Lehre beraubt den Menschen der Freiheit, der geistigen Grundlage eines sittlichen Lebens, nimmt der menschlichen Persönlichkeit jegliche Würde, jeglichen sittlichen Halt gegen die Auflehnung blinder Triebe. Der Einzelne hat im Verhältnis zur Gesellschaft kein natürliches Recht auf menschliche Persönlichkeit, die Menschen sind sich durchaus gleich, es wird eine Unterordnung und Überordnung nicht anerkannt, auch keine von Gott gewollte Autorität, auch nicht die Autorität der Eltern.[45]

Über das Zustandekommen des Hirtenbriefes und die deutsche Einflussnahme gibt ein Schreiben Franks an den Vertreter des Auswärtigen Amtes beim Reichsprotektor vom 31. Dezember 1943 Auskunft:

> Die Veranlassung zu dem Hirtenbrief gaben bei der katholischen Hierarchie des Protektorates erstmalig gewisse antibolschewistische Erwägungen, welche zu Beginn des vergangenen Jahres zu Beginn der Winterschlacht im Osten und der alsdann folgenden Katyn-Propaganda in Form starker Existenzbefürchtungen der Kirche für den Fall einer bolschewistischen Invasion aufkamen. Katholische Laien- und Priesterkreise befaßten sich damals eingehend mit dem Verhältnis der katholischen Kirche zum Bolschewismus. Diese Diskussionen fanden auch wiederholt in der tschechischen Presse ihren Widerhall. In verschiedenen Artikeln wurde der katholischen Hierarchie aus Laienkreisen nahegelegt, bezüglich ihrer Einstellung zum Bolschewismus Farbe zu bekennen. [...] Im Zuge dieser zwischen interessierten katholischen Laienkreisen und Vertretern der Hierarchie geführten Gespräche reifte der Plan eines antibolschewistisch gehaltenen Hirtenbriefes. Obwohl ohne Zweifel für das Zustandekommen dieses Hirtenbriefes auf katholischer Seite das Bestreben mitbestimmend war, sich dadurch politisch wieder ins Spiel zu bringen, habe ich diese mir bekannten innerkirchlichen Vorgänge über inoffizielle Mittelmänner bewußt fördern lassen. Ein „offizieller Einfluß" wurde bezüglich des Hirtenbriefes nicht ausgeübt, so dass dieser als spontanes, auf Grund eigener kirchenpolitischer Erwägungen entstandenes Dokument bezeichnet werden kann.[46]

Der Hirtenbrief fand offenbar beim katholischen Klerus im Protektorat Anklang, denn am 24. August 1943 berichtete die Parteiverbindungsstelle der NSDAP an die Münchener Parteikanzlei:

> Interessant ist in diesem Zusammenhange auch die Haltung der katholischen Kirche, die sich auf den Boden der Tatsachen stellt und es vermeidet, mit deutschen Dienststellen in Reibung zu geraten und sich zu exponieren. Eine wachsende Angst vor dem Bolschewismus macht sich bemerkbar, sodaß zahlreiche Pfarrer offen gegen den Bolschewismus predigen.[47]

Gegen die westlichen Alliierten hat der Protektoratsepiskopat nur einmal Stellung bezogen, nämlich, wie Frank in dem bereits zitierten Schreiben vom 31. Dezember 1943[48] dem Auswärtigen Amt berichtete, „nach der ersten Bombardierung Roms" mit „einer am 18.7. d. Js. erlassenen Erklärung der Bischöfe des Protektorats gegen den Bombenterror". Diese Erklärung sei auf „Bemü-

---

45 Zitiert nach *Brandes*, Detlef: Die Tschechen unter deutschem Protektorat. Bd. 2. München–Wien 1975, 30.

46 Schreiben Franks an den Gesandten von Luckwald vom 31.12.1943 (Abschrift). Politisches Archiv des Auswärtigen Amtes R 98816, F. 4771. Ebendort befindet sich eine deutsche Übersetzung des Hirtenbriefes.

47 Wochenbericht der NSDAP-Parteiverbindungsstelle beim Reichsprotektor in Böhmen und Mähren vom 24.8.1943. NA 110-6-12, 25.

48 Siehe Anmerkung 46.

hungen tschechischer katholischer Journalistenkreise" zurückzuführen. Die tschechoslowakische Exilregierung ließ daraufhin den Justizminister Jaroslav Stránský am 25. Juli 1943 in der tschechischen Sendung der BBC erwidern, wobei Stránský annahm, die Bischöfe seien zu der Erklärung gezwungen worden:

Reden wir heute über diese Kirchenzerstörung noch etwas über das hinaus, was Euch dazu, offenbar auf deutschen Befehl, unsere katholischen Bischöfe gesagt haben, die Euch nichts zu sagen hatten oder nichts sagen durften, als polnische, englische und schottische Kirchengewölbe einstürzten.[49]

Neben antikommunistischen Stellungnahmen diente die katholische Hierarchie vor allem dazu, durch ihre Teilnahme an Staatsakten nach außen hin die Legitimität der Protektoratsregierung und des Staatspräsidenten Hácha zu unterstreichen. So berichtete die Parteiverbindungsstelle der NSDAP zum Beispiel am 3. Dezember 1943 an die Parteikanzlei:

Im Vordergrund des öffentlichen Interesses stehen die seit Sonntag laufenden Feiern zum 5. Jahrestag der Wahl des Staatspräsidenten Dr. Emil Hácha. [...] Das vom Königgrätzer Bischof im St. Veitsdom in Anwesenheit aller Regierungsmitglieder zelebrierte feierliche Pontifikalamt erscheint im Mittelpunkt der umfangreichen Veranstaltungsfolge. In katholischen Kreisen wird die Einbeziehung der Kirche begrüßt und als taktisch und politisch erfolgversprechend angesehen.[50]

In einem Schreiben an das „Reichsministerium für Wissenschaft, Erziehung und Volksbildung" vom 10. Oktober 1944 hat Staatsminister Frank, der sich gegen die im Rahmen des „totalen Kriegseinsatzes" beabsichtigte Einstellung des Lehrbetriebs der Katholisch-theologischen Fakultät der Prager Karlsuniversität aussprach, den bisherigen und künftigen Nutzen der katholischen Kirche für die Protektoratspolitik folgendermaßen zusammengefasst:

Die katholische Kirche im Protektorat stellt einen Faktor dar, mit dem bei der Einflußnahme auf die tschechische Bevölkerung gerechnet werden muß und der von mir wiederholt politisch im positiven Sinne ausgespielt werden konnte. Ich darf insoweit nur an die bekannte Erklärung der Bischöfe des Protektorats vom 15.8. v. Js. „Der Völkerapostel Paulus" sowie daran erinnern, daß die Autorität des Staatspräsidenten Dr. Hácha mehrfach durch kirchliche Feiern unterstrichen worden ist und die katholische Kirche auch wesentlichen Anteil an dem evtl. Staatsbegräbnis Dr. Háchas nehmen wird. Unter diesen Umständen scheint es mir bedenklich, Schwierigkeiten in der Zusammenarbeit dadurch hervorzurufen, daß die Katholisch-theologische Fakultät der Deutschen Karlsuniversität – mit übrigens nur drei Professoren und zwanzig Studierenden – geschlossen wird. Daß der Klerus im Protektorat diese Maßnahme einhellig als einen Schlag gegen die katholische Kirche ansehen und entsprechend negativ reagieren würde, bedarf keiner Erörterung.[51]

---

49 *Stránský,* Jaroslav: Hovory k domovou [Reden zur Heimat]. Praha 1946, 399. — In ähnlichem Sinn hatte Prokop Drtina bereits am 18.7.1943 in der BBC gesprochen. *Drtina,* Prokop: A nyní promluví Pavel Svatý… Londýnské rozhlasové epištoly z let 1940-1945 [Und jetzt spricht Pavel Svatý… Londoner Rundfunkepisteln aus den Jahren 1940-1945]. Praha 1945, 333-336.

50 Wochenbericht der NSDAP-Parteiverbindungsstelle in Böhmen und Mähren vom 3.12.1943. NA 110-6-12, 16 f.

51 Schreiben Franks an Ministerialdirektor Professor Dr. Mentzel (Reichsministerium für Wissenschaft, Erziehung und Volksbildung) vom 10.10.1944. NA 110-3-19, 31.

Aus ähnlichen Erwägungen wurden Angehörige von Priesterseminaren vom so genannten „Totaleinsatz“ im Reich ausgenommen.

Wie bereits erwähnt, empfing Frank erstmalig im März 1945 den Protektoratsepiskopat, um diesen zu bitten, durch einen Hirtenbrief die Katholiken im Protektorat zu tätlicher Hilfe für Hunderttausende Flüchtlinge, die aus den damaligen deutschen Ostgebieten ins Protektorat strömten, aufzurufen. Die Bischöfe entsprachen dieser Bitte. Dem bereits zitierten SD-Bericht vom 24. März 1945 zufolge herrschte Erleichterung darüber, nicht mit politischen Forderungen konfrontiert worden zu sein:

> Der Staatsminister stelle den Priestern ja auch keine andere Aufgabe, als ihnen ohnehin durch die Nächstenliebe geboten werde. Der niedere Klerus empfinde im allgemeinen Freude darüber, daß der Staatsminister die Kirche nicht mit einer politischen Maßnahme betraute, sondern ihr im Rahmen ihres Arbeitsgebietes einen Auftrag gab.[52]

Anscheinend wollte der Klerus sich nicht offen in den Dienst der Besatzer nehmen lassen:

> Die niedere Geistlichkeit zeige heute das Bestreben, nach außen hin den Standpunkt politischer Neutralität zu erwecken [!]. Sie selbst sei sich zwar bewußt, daß ihr Kanzelwort heute für das Reich sehr viel bedeuten könne, zumal gegenwärtig viele Tschechen in die Kirchen gingen, die man früher dort nie gesehen hätte, aber die Priesterschaft müsse mit allen politischen Anspielungen von der Kanzel her sehr vorsichtig sein.[53]

Einen Monat später bediente sich Frank der Vermittlung Bischof Píchas, um, wie Frank nach dem Krieg aussagte, über den Vatikan Kontakte zu den Westmächten zu knüpfen, um die Besetzung des Protektorates durch die Rote Armee zu verhindern. Pícha schrieb nach einer Unterredung mit Frank einen Brief an den päpstlichen Nuntius Cesare Orsenigo, den Frank diesem zustellen ließ; eine Antwort erhielt er jedoch nicht.[54] Zudem ist der genaue Inhalt des Briefes nicht bekannt, sodass man nicht sagen kann, ob Pícha tatsächlich Franks Spiel gespielt hat.

***

Auf Grund der relativ schmalen Quellenbasis und der Beschränkung auf die Perspektive der Besatzer lassen diese Anmerkungen zur Instrumentalisierung der katholischen Kirche im Protektorat noch keine fundierte und umfassende Einschätzung zu. Man kann aber wohl sagen, dass der katholische Klerus im Protektorat den Besatzern propagandistisch partiell von Nutzen war, ohne aus

---

52 Bericht von SS-Sturmbannführer Walter Jacobi (Leiter des SD-Leitabschnitts Prag) an Karl Hermann Frank vom 24.3.1945 über den „Empfang der Spitzen der katholischen Hierarchie im Protektorat durch den Staatsminister“. NA 110-10-61.

53 Siehe Anmerkung 18.

54 Vergleiche das Protokoll über die Einvernahme von Karl Hermann Frank durch das Kreisgericht Prag-Pankratz. Übersetzung im Auftrag des Collegium Carolinum. München 1965, 21 f. und 215.

innerer Überzeugung zu kollaborieren. Möglicherweise – das wäre noch eingehender zu untersuchen – entsprach das Verhalten des katholischen Klerus in etwa dem Bild der gesamten tschechischen Bevölkerung, die sich nach Einschätzung des Befehlshabers der Sicherheitspolizei und des SD im Protektorat, SS-Standartenführer Dr. Erwin Weinmann „in eine dünne Schicht loyaler Tschechen, in eine größere Schicht von unentschlossenen ‚Alibisten' [...] und in die weit überwiegende Schicht der dem Reich und allem Deutschen ablehnend und feindlich gegenüberstehenden Tschechen",[55] die jedoch wenig aktiven Widerstand leisteten, gliederte. In diese Richtung deuten auch die der tschechoslowakischen Exilregierung in London von Tschechen aus dem Protektorat übermittelten Informationen:

> In der gegenwärtigen schweren Zeit gingen die Menschen häufiger in die Kirche als vor dem Kriege. Die Priester hielten sich im ganzen zurück, doch werde auch über Fälle standhaften Verhaltens berichtet. Bei jeder Gelegenheit werde nach dem Gottesdienst die Nationalhymne und „Heiliger Wenzel" gesungen.[56]

---

55 Protokoll der Dienstbesprechung der Oberlandräte-Inspekteure beim Deutschen Staatsminister für Böhmen und Mähren am 14.7.1944. NA 110-10-17, 21-36.

56 *Brandes*, Detlef: Deutsche Propaganda und Stimmung der tschechischen Bevölkerung im Protektorat Böhmen und Mähren 1939-1945. In: *Anděl*, Michal (Hg.): Propaganda, (Selbst-)Zensur, Sensation. Grenzen von Presse- und Wissenschaftsfreiheit in Deutschland und Tschechien seit 1871. Essen 2005 (Veröffentlichungen zur Kultur und Geschichte im östlichen Europa 27), 149-178, hier 175.

Martin Zückert

RELIGION UND NATIONALSOZIALISTISCHE HERRSCHAFT IN DEN BÖHMISCH-MÄHRISCHEN GRENZREGIONEN

Kirchliches Leben und religiöser Wandel 1938-1945

Vier Monate nach dem „Münchener Abkommen" vom September 1938 nahm ein politischer Lagebericht für den neu eingerichteten „Regierungsbezirk Aussig" auch eine Einschätzung zur bisherigen und zukünftigen Rolle der Kirchen vor. Die Aussagen haben allgemeinen Charakter und dürften trotz regionaler Unterschiede über den Bezirk hinaus auf die Situation in den im Oktober 1938 an das Deutsche Reich angegliederten Gebieten übertragbar sein. Im erwähnten Bericht heißt es:

> Die Kirchen sind bisher im Sudetenlande kaum in Erscheinung getreten. Es kann wohl auch, ohne dabei in einen Irrtum zu verfallen, gesagt werden, dass eine Kirchenfrage in dem Sinne, wie sie im Altreich eine überaus grosse politische Bedeutung gewonnen hat, im Sudetenland kaum entstehen wird, da der jahrelange Kampf um die Erhaltung des Volkstums auch die Geistlichen in die gemeinsame Abwehrfront gegen das Tschechentum gestellt hat. Es ist zu erwarten, dass das Erlebnis dieses gemeinsamen Kampfes um das Volkstum den Ausbruch eines Streites um Religionsformen verhindern wird.[1]

Im zitierten Bericht kommt eine Einschätzung zum Ausdruck, die sich nach 1945 auch in nachträglichen Beurteilungen von Zeitzeugen wiederfindet: Auf Grund des großen Stellenwerts, der den nationalen Zugehörigkeiten und Zuschreibungen in der Tschechoslowakei der Zwischenkriegszeit zukam, und den dadurch bedingten nationalen Auseinandersetzungen und Mobilisierungen hätten in der zweiten Hälfte der dreißiger Jahre religiöse Fragen und konfessionelle Zugehörigkeiten nur eine untergeordnete Bedeutung innegehabt.[2] Diese Ansicht spiegelt sich auch in einer zeitgenössischen Selbstdarstellung deutscher Priester aus den böhmischen Ländern wider. Der „Reichsverband der deutschen

---

1 Archiv města Ústí nad Labem [Archiv der Stadt Aussig an der Elbe, künftig AM Ústí nad Labem]. Bestand: Landrat Aussig (1938-1945). Karton 166, Sign. Pol 1001/7. „Zprávy o politické situaci 1939-1944". „Lagebericht für den Regierungsbezirk Aussig" vom 31.1.1939, 8.

2 Vergleiche *Huber,* Kurt A.: Der sudetendeutsche Katholizismus. Kräfte, Strukturen und Probleme. In: Archiv für Kirchengeschichte von Böhmen-Mähren-Schlesien (künftig AKBMS) 1 (1967) 41-61, hier 60 f. Zuletzt neu abgedruckt in *Ders.:* Katholische Kirche und Kultur in Böhmen. Ausgewählte Abhandlungen. Herausgegeben von Joachim *Bahlcke* und Rudolf *Grulich.* Münster 2005 (Religions- und Kulturgeschichte in Ostmittel- und Südosteuropa 5), 285-309.

Priestervereine" mit Sitz in Franzensbad (Františkovy Lázně) stellte am 11. Oktober 1938 gegenüber den neuen Machthabern fest: „Wir sudetendeutschen Priester /rund 1 500/ haben stets mit unserem geliebten deutschen Volke gefühlt, gearbeitet und gelitten und werden in alle Zukunft mit ihm in guten und bösen Tagen treu ausharren."[3]

Die Folgen des Münchener Abkommens sorgten in den böhmischen Ländern für einen Wandel in den kirchlichen Strukturen, für eine veränderte Wahrnehmung der Kirchen sowie für Veränderungen des religiösen Lebens. Um diesen Transformationsprozess und seine Folgen für die Kirchen und ihre Gläubigen in den an das Deutsche Reich angeschlossenen Territorien – also für den „Reichsgau Sudetenland" sowie die an andere Gaue angeschlossenen Gebiete Südböhmens und Südmährens – erfassen zu können, erscheint es zunächst sinnvoll, Forschungsergebnisse zum kirchlichen Leben unter der nationalsozialistischen Diktatur in Deutschland als Ausgangsbasis und vergleichende Folie heranzuziehen. Die Intentionen nationalsozialistischer Religionspolitik waren in der behandelten Region mit denjenigen im „Altreich" vergleichbar. Die in religiösen Fragen feststellbare Polykratie des Regimes machte sich vor allem auf allgemeiner Ebene und weniger in einer regionalen Differenzierung bemerkbar.[4] Das Agieren von Staat und Partei wie auch der Krieg und die dadurch bedingten Folgen veränderten das kirchliche Leben in allen betroffenen Regionen und gaben religiösen Sinnfragen eine neue Bedeutung.[5]

Zugleich müssen jedoch ideelle und strukturelle Besonderheiten der böhmischen Länder berücksichtigt werden. Dazu zählte vor allem die Bedeutung nationaler „Vergemeinschaftung", wie sie in den oben erwähnten Beispielen deutlich wird. In Form einer sich radikalisierenden nationalistischen Bewegung kam

---

3 Bundesarchiv Berlin (künftig Barch). Reichsministerium für die kirchlichen Angelegenheiten (R 5101). Schreiben des Reichsverbandes der deutschen Priestervereine an die „Hauptstelle der SdP in Reichenberg" vom 11.10.1938, Nr. 21689, 9. Im erwähnten Schreiben schlug der Reichsverband die Anpassung der kirchlichen Verhältnisse an die neuen staatlichen Bedingungen vor, so zum Beispiel die Errichtung neuer Bistümer in Eger (Cheb) und Freudenthal (Bruntál). Zudem wurde die Weiterbezahlung der Kongrua – der bis 1938 in der Tschechoslowakei üblichen staatlichen Priesterbesoldung – erbeten.

4 Vergleiche die Darstellung bei *Dierker,* Wolfgang: Himmlers Glaubenskrieger. Der Sicherheitsdienst der SS und seine Religionspolitik 1933-1941. Paderborn u.a. 2002 (Veröffentlichungen der Kommission für Zeitgeschichte. Reihe B: Forschungen 92), 139 f. — *Hürten,* Heinz: Die Kirchenpolitik des „Dritten Reiches". In: *Luks,* Leonid (Hg.): Das Christentum und die totalitären Herausforderungen des 20. Jahrhunderts. Rußland, Deutschland, Italien und Polen im Vergleich. Köln u.a. 2002 (Schriften des Zentralinstituts für Mittel- und Osteuropastudien 5), 217-225.

5 Als aktuellen Überblick vergleiche *Kösters,* Christoph: Katholische Kirche im nationalsozialistischen Deutschland – Aktuelle Forschungsergebnisse, Kontroversen und Fragen. In: *Bendel,* Rainer (Hg.): Die katholische Schuld? Katholizismus im Dritten Reich – Zwischen Arrangement und Widerstand. Münster u.a. 2002, 21-42. Vergleiche auch den Beitrag von Christoph *Kösters* in diesem Band. — *Düringer,* Hermann/*Kaiser,* Jochen-Christoph (Hgg.): Kirchliches Leben im Zweiten Weltkrieg. Frankfurt a. M. 2005 (Arnoldshainer Texte 126).

es in der zweiten Hälfte der dreißiger Jahre unter den Deutschen der böhmischen Länder zu einem Vereinigungsprozess, der von der „Sudetendeutschen Partei" (SdP) getragen wurde und seit dem Frühjahr 1938 in eine weitgehende „Selbstgleichschaltung" unter nationalsozialistischen Vorzeichen mündete.[6] Für diese Phase ist das Verhältnis des katholischen Milieus zum Umfeld der Sudetendeutschen Partei als ambivalent zu bezeichnen. Trotz einer gewissen Skepsis bemühten sich insbesondere Angehörige der Jugendvereine (vor allem des „Staffelsteins") um eine Annäherung an die sudetendeutsche Bewegung Konrad Henleins, während diese darauf abzielte, die katholischen Gläubigen deutscher Nationalität für ihre Ziele zu gewinnen. Letzteres gelang weitgehend und führte zu „einer schrittweisen Instrumentalisierung des Glaubens für nationale Ziele".[7] Ein gutes Beispiel für den skizzierten Prozess ist das Agieren des „Hilfsverbands der deutschen katholischen Erziehungs- und Bildungsanstalten in der ČSR", der nach Gesprächen mit Vertretern der Sudetendeutschen Partei am 3. Juni 1938 den deutschen Lehrern katholischer Schulen nahe legte, die SdP zu wählen, da „es keine kath. Partei mehr gibt". Zudem seien keine „Rückschlüsse von der nationalsozialistischen Partei Deutschlands auf die hiesige SdP" zu ziehen.[8] Wie der anfangs zitierte Lagebericht zeigt, gingen die regionalen Dienststellen im neu errichteten „Reichsgau Sudetenland" im Herbst 1938 davon aus, dass die nationale Legierung des kirchlichen Lebens bei den Deutschen der böhmischen Länder potentielle Spannungen zwischen dem Regime und den Kirchen reduzieren würde. Es stellt sich somit die grundlegende Frage, in wel-

6 *Gebel,* Ralf: „Heim ins Reich". Konrad Henlein und der Reichsgau Sudetenland (1938-1945). München 1999 (VCC 83), 51-60. — *Zimmermann,* Volker: Die Sudetendeutschen im NS-Staat. Politik und Stimmung der Bevölkerung im Reichsgau Sudetenland (1938-1945). Essen 1999 (Veröffentlichungen der Deutsch-Tschechischen und Deutsch-Slowakischen Historikerkommission 9; zugleich: Veröffentlichungen zur Kultur und Geschichte im östlichen Europa 16), 57-67. — *Zückert,* Martin: Vom Aktivismus zur Staatsnegation? Die Sudetendeutschen zwischen Staatsakzeptanz, regional-nationalistischer Bewegung und dem nationalsozialistischen Deutschland. In: *Haslinger,* Peter/*Puttkamer,* Joachim von (Hgg.): Staat, Loyalität und Minderheit in Ostmittel- und Südosteuropa 1918-1941 (Im Druck).

7 *Šebek,* Jaroslav: Die Beziehung zwischen dem tschechischen und dem deutschen katholischen Milieu in der Zeit der Ersten Republik (1918-1938). In: Bohemia 45 (2004) 430-453, hier 445 f. — Zum Verhältnis von „Nation" und „Religion" in der Ersten Tschechoslowakischen Republik vergleiche den Beitrag von Jaroslav *Šebek* in diesem Band sowie *Ders.:* Der Tschechische Katholizismus im Spannungsfeld von Kirche, Staat und Gesellschaft zwischen den Weltkriegen. In: *Maner,* Hans-Christian/*Schulze Wessel,* Martin (Hgg.): Religion im Nationalstaat zwischen den Weltkriegen 1918-1939. Stuttgart 2002 (Forschungen zur Geschichte und Kultur des östlichen Mitteleuropa 16), 145-156.

8 Státní oblastní archiv v Litoměřicích [Staatliches Gebietsarchiv Leitmeritz, künftig SOA Litoměřice]. Bestand: Biskupství Litoměřice, Ordinariát. Karton 35, Sign. 1092. Vertrauliche Mitteilungen der Hauptleitung des Hilfsverbands vom 3.6.1938, unterschrieben von Heinrich Donat. — Zum „Hilfsverband der katholischen Erziehungs- und Bildungsanstalten in der ČSR" vergleiche *Donat,* Heinrich: Um Schule und Erziehung. In: *Ders.* (Hg.): Die deutschen Katholiken in der Tschechoslowakischen Republik. Eine Sammlung von Beiträgen zur geistigen und religiösen Lage des Katholizismus und des Deutschtums. Warnsdorf 1934, 170-190, hier 185.

chem Maße diese Legierung das Verhältnis zwischen dem nationalsozialistischen Herrschaftssystem auf der einen Seite und den Kirchen sowie ihren Gläubigen auf der anderen Seite unter den Bedingungen von Krieg und diktatorischer Herrschaft beeinflusste.

Für die untersuchte Region sind im Vergleich zu Deutschland zudem historische Unterschiede im Verhältnis zwischen dem Staat und den Kirchen zu berücksichtigen. Der Katholizismus kann für die böhmischen Länder auch für die erste Hälfte des zwanzigsten Jahrhunderts als Mehrheitskonfession gelten.[9] Dies war jedoch nicht gleichbedeutend mit einer entsprechenden gesellschaftlichen Rolle. Nachdem die katholische Kirche bis 1918 in der Habsburgermonarchie eine quasi staatstragende Bedeutung innehatte, verlor sie in der nach dem Ersten Weltkrieg gegründeten Tschechoslowakei an Stellenwert, was nach 1918 zu einer partiellen Stärkung anderer Konfessionen beitrug. Feststellbar ist deswegen eine Segmentierung des Katholizismus in einer polyethnisch und multikonfessionell geprägten Gesellschaft.[10] Anders als im Protestantismus im Deutschen Kaiserreich oder im polnischen Katholizismus kam es in den böhmischen Ländern weder bei Deutschen noch bei Tschechen zu einer eindeutigen Vermengung konfessioneller Strukturen mit nationalen Bewegungen, auch wenn es Ansätze dazu gegeben hat.[11]

---

[9] In Böhmen gehörten im Jahr 1930 74,78 Prozent der Bevölkerung der römisch-katholischen Kirche an, in Mähren-Schlesien 85,88 Prozent. Von den Angehörigen der deutschen Nationalität bekannten sich in Böhmen 90,6 Prozent, in Mähren-Schlesien 94 Prozent zur römisch-katholischen Kirche. Bei den Angehörigen der tschechoslowakischen Nationalität war der Anteil der Katholiken insbesondere auf Grund der Übertrittsbewegung zur Tschechoslowakischen Kirche vor allem in Böhmen mit 67,6 Prozent (Mähren-Schlesien 85,14 Prozent) niedriger. Die Zahlen wurden errechnet gemäß den Angaben bei *Albrecht,* Alfred: Statistik der deutschen Katholiken in Böhmen und Mähren-Schlesien. In: *Donat,* Heinrich (Hg.): Die deutschen Katholiken in der Tschechoslowakischen Republik. Eine Sammlung von Beiträgen zur geistigen und religiösen Lage des Katholizismus und des Deutschtums. Unveränderter Nachdruck. München 1970 (Originalausgabe: Warnsdorf 1934), 39-73, hier 43 f. und 53.

[10] *Schulze Wessel,* Martin: Die Konfessionalisierung der tschechischen Nation. In: *Haupt,* Heinz-Gerhard/*Langewiesche,* Dieter (Hgg.): Nation und Religion in Europa. Mehrkonfessionelle Gesellschaften im 19. und 20. Jahrhundert. Frankfurt a. M.–New York 2004, 135-149, hier 137 und 148.

[11] Vergleiche hierzu die Ansätze in der „Los-von-Rom-Bewegung" seit der zweiten Hälfte des 19. Jahrhunderts. *Kaiserová,* Kristina: Konfesní myšlení českých Němců v 19. a počátkem 20. století [Das konfessionelle Denken der böhmischen Deutschen im 19. und zu Beginn des 20. Jahrhunderts]. Úvaly u Prahy 2003, 79-103. — *Trauner,* Karl-Reinhart: Die Los-von-Rom-Bewegung. Gesellschaftspolitische und kirchliche Strömung in der ausgehenden Habsburgermonarchie. Szentendre 1999. — Eine 1957 von ehemaligen Vertretern der „Deutschen Evangelischen Kirche in Böhmen, Mähren, Schlesien" herausgegebene Darstellung führt das Fehlen einer neuen „Los-von-Rom-Bewegung" bei den Deutschen der böhmischen Länder nach 1918 auf den „konfessionellen Burgfrieden im Dienste der völkischen Selbsterhaltung" und die hohen Kirchensteuern der evangelischen Gemeinden zurück. *Lehmann,* Ernst/*Piesch,* Hugo/*Zahradnik,* Paul: Um Glaube und Heimat. Evangelische Bausteine zum sudetendeutschen Geschichtsbild. Melsungen 1957

Nach 1938 fand sich die katholische Kirche in einem „konkordatsfreien Raum" wieder, in dem der 1928 zwischen der Tschechoslowakei und dem Heiligen Stuhl vereinbarte „Modus vivendi"[12] nicht mehr, aber eben auch nicht das deutsche Reichskonkordat von 1933 galt. Für die Politik des nationalsozialistischen Regimes gegenüber der katholischen Kirche ergaben sich dadurch entsprechende Interventionsmöglichkeiten. Innerkirchlich bekam die Frage, wie das nationale Verhältnis zwischen Tschechen und Deutschen in einer per se übernational ausgerichteten Institution zukünftig ausgestaltet werden sollte, unter den veränderten Bedingungen und dem damit in Zusammenhang zu sehenden öffentlichen Druck in Richtung der nationalen Segregation eine neue Dimension.

Die Deutsche Evangelische Kirche in Böhmen, Mähren, Schlesien war erst nach 1918 auf nationaler Grundlage konstituiert worden und kam nur allmählich zu einer institutionellen Konsolidierung. Ihre Gläubigen empfanden sich im tschechoslowakischen Staat als Angehörige einer „doppelten Diaspora", da sie sich sowohl als nationale wie auch als konfessionelle Minderheit verstanden.[13] Führende Kirchenvertreter bekannten sich im Herbst 1938 rasch zu den neuen staatlichen Bedingungen und suchten die Anbindung an die evangelische Kirche im Deutschen Reich.[14] Die staatlichen Veränderungen und der institutionelle Anschluss an die Kirche im „Altreich" bedeuteten für die deutschen Protestanten der böhmisch-mährischen Grenzregionen somit – bezogen auf ihre Selbstwahrnehmung – das Ende der doppelten Minderheitensituation. Das Agieren der Kirchen nach der Zerstörung der Tschechoslowakei ist auch vor dem geschilderten Erfahrungshintergrund zu betrachten.

(Schriften der Gemeinschaft evangelischer Sudetendeutscher e.V. 3/4), 121. — Ein Ansatz, konfessionelle Bindung und tschechische Nation in Einklang zu bringen, war die Gründung der Tschechoslowakischen Kirche im Jahr 1920. Vergleiche *Urban*, Rudolf: Die Tschechoslowakische Hussitische Kirche. Marburg/Lahn 1973 (Marburger Ostforschungen 34).

12 Zum Modus vivendi und seiner Bewertung vergleiche *Tretera*, Jiří Rajmund: Stát a církve v České republice [Staat und Kirchen in der Tschechischen Republik]. Kostelní Vydří 2002, 39. — *Halas*, František X.: Fenomén Vatikán. Idea, dějiny a současnost papežství – diplomacie Svatého stolce – České země a Vatikán [Idee, Geschichte und Gegenwart des Papsttums – die Diplomatie des Heiligen Stuhls – die böhmischen Länder und der Vatikan]. Brno 2004, 554-561.

13 Der langjährige Kirchenpräsident fasste diese Selbstwahrnehmung in folgende Worte: „Aufgabe unserer Kirche ist es, das Evangelium festzuhalten und zu bezeugen in doppelter Diaspora als evangelische und deutsche Minderheit im Staate und aus dieser Kraftquelle die Weisheit zu finden, ihren Weg zu gehen, mitten unter der großen Mehrheit katholischer deutscher Volksgenossen und den andersnationalen Kirchen dieses Landes [...]." Zitiert nach: *Lehmann*, Ernst: Die evangelischen Sudetendeutschen. Düsseldorf 1970 (Die Unverlierbarkeit evangelischen Kirchtums aus dem Osten 2/1), 23.

14 Vergleiche die Ausführungen evangelischer Pfarrer in *Endesfelder*, Walter: Evangelische Pfarrer im völkischen Freiheitskampf der Ostmark und des Sudetenlandes. Berlin 1939. — Die Eingliederung in die deutsche evangelische Kirche erfolgte formal im Rahmen des Kirchentags in Gablonz (Jablonec nad Nisou) am 30./31.8.1940. Siehe: *Wehrenfennig*, Erich: Mein Leben und Wirken. Melsungen 1956 (Beihefte zu „Glaube und Heimat" 2), 22.

Zur kirchlichen Entwicklung in den Grenzregionen zwischen 1938 und 1945 liegen mehrere Publikationen vor. Neben Studien zu den Veränderungen und Schwierigkeiten katholischer Organisationen in den auf Grund der Grenzänderung eingerichteten Generalvikariaten und Administraturbezirken[15] sowie Dokumentationen zur Verfolgung von katholischen Priestern[16] ist hier vor allem auf die ausgewogenen Darstellungen von Jaroslav Macek zu verweisen.[17] Ein Blick auf das Vorhandene zeigt aber auch Defizite auf, zumal es bisher nur ansatzweise Versuche gab, religions- und kirchengeschichtliche Fragen in übergreifende Studien zum „Reichsgau Sudetenland" zu integrieren.[18] Das betrifft Fragen zum tschechisch-deutschen Verhältnis auf kirchlichem Gebiet, vor allem aber nach dem Wandel religiöser Vorstellungen und Praktiken und nach

---

15 *Hüttl,* Josef: Kirche und Nationalsozialismus. Der Budweiser Administraturbezirk der Diözese St. Pölten 1940-1946. Wien–Salzburg 1979 (Veröffentlichungen des Instituts für kirchliche Zeitgeschichte 9). — *Ders.:* Die sudetendeutsche Administratur Passau 1939-1946. In: AKBMS 4 (1976) 61-106. — *Ders.:* Bischof Michael Buchberger und der neue Administraturbezirk in Westböhmen 1939-1946. In: *Schwaiger,* Georg/*Staber,* Josef (Hgg.): Regensburg und Böhmen. Festschrift zur Tausendjahrfeier des Regierungsantrittes Bischof Wolfgangs von Regensburg und der Errichtung des Bistums Prag. Regensburg 1972 (Beiträge zur Geschichte des Bistums Regensburg 6), 309-357. — *Ders.:* Das Generalvikariat Hohenfurth als Verwaltungsbereich der Diözese Linz (1940-1946). In: 73. Jahresbericht des Bischöflichen Gymnasiums und Diözesanseminars am Kollegium Petrinum 1976/77, 3-38. — *Paleczek,* Rudolf: Die kirchliche Administration des deutschen Anteils der Diözese Budweis 1938-1946. In: AKBMS 7 (1985) 111-136. — *Reiß,* Karl: Das deutsche Generalvikariat in Westböhmen 1938-1945. In: Kirche, Recht und Land. Festschrift, Weihbischof Prof. Dr. Adolf Kindermann dargeboten zum 70. Lebensjahre im Auftrage des Sudetendeutschen Priesterwerkes und der Ackermann-Gemeinde von Mons. Dr. Karl Reiß und Staatsminister a.D. Hans Schütz. Königstein/Taunus–München 1969, 228-239. — *Janko,* Anton: Das deutsche Generalvikariat Trautenau 1938-1945. In: AKBMS 8 (1987) 49-92. — *Kretschmer,* Ernst: Das Generalvikariat für den sudetendeutschen Anteil der Erzdiözese Olmütz in Branitz O/S 1938-1945. In: AKBMS 5 (1978) 392-406. — *Zabel,* Johann: Das Generalvikariat Nikolsburg 1938-1945. In: AKBMS 5 (1978) 407-421. — *Mai,* Paul: Das Bistum Regensburg und die Vikariate Bischofteinitz, Hostau und Deschenitz (1939-1945). In: Setkání na hranici/Treffen an der Grenze. 2. Böhmisch-Oberpfälzer Archivsymposium 1994. Ústí nad Labem 1997, 141-145.

16 Zum Sudetengau vergleiche *Valasek,* Emil: Der Kampf gegen die Priester im Sudetenland 1938 bis 1945. Eine Dokumentation. In: AKBMS 16 (2003) 1-240. — *Grulich,* Rudolf: Sudetendeutsche Katholiken als Opfer des Nationalsozialismus. Brannenburg 1999.

17 U.a. *Macek,* Jaroslav: Pronásledování a odpor katolické církve v letech 1938-1945 [Verfolgung und Widerstand der katholischen Kirche in den Jahren 1938-1945]. In: *Kural,* Václav/*Radvanovský,* Zdeněk (Hgg.): „Sudety" pod hákovým křížem [Das „Sudetenland" unter dem Hakenkreuz]. Ústí nad Labem 2002, 427-452. — *Kocourek,* Ludomír: Příspěvek k dějinám církve a jejího hnutí odporu v okupovaném pohraničí českých zemí 1938-1945 [Ein Beitrag zur Geschichte der Kirche und ihrer Widerstandsbewegung im besetzten Grenzgebiet der böhmischen Länder 1938-1945]. In: *Radvanovský,* Zdeněk (Hg.): Historie okupovaného pohraničí 1938-1945 [Geschichte des besetzten Grenzlandes 1938-1945]. Bd. 5. Ústí nad Labem 2000, 69-82.

18 Dies zeigt sich u.a. am Umfang kirchengeschichtlicher Thematik in zwei neueren, insgesamt sehr ausgewogenen Überblicksdarstellungen *Zimmermann:* Die Sudetendeutschen im NS-Staat. — *Gebel:* „Heim ins Reich!"

der Bedeutung von Religion für Identitätsbildungsprozesse sowie im Alltag unter den Bedingungen diktatorischer Herrschaft. Auffällig ist zudem der weitgehende Mangel an Studien über die in ihrem Selbstverständnis national konstituierten Glaubensgemeinschaften.[19] Um diesen Aspekten nachgehen zu können, ist es notwendig, Religion nicht als abgeschlossenen Bereich, sondern als gesellschaftliches Teilsystem aufzufassen, das Veränderungen begleitet oder mitprägt und zugleich selbst Transformationen unterworfen ist. Dies betrifft das Agieren der Glaubensgemeinschaften und ihre gegenseitige Abgrenzung ebenso wie Formen und Veränderungen von Sinnstiftung.

Im Folgenden soll der Versuch unternommen werden, unter Einbeziehung neuerer Forschungen Themenfelder zu skizzieren, die für die Untersuchung religiösen Lebens in den Grenzregionen der böhmischen Länder unter den Bedingungen der nationalsozialistischen Diktatur bedeutsam sind und als Basis für weitere Untersuchungen dienen können. Dabei ist vor allem danach zu fragen, wie sich Spezifika im Verhältnis zwischen der nationalsozialistischen Herrschaft und den Kirchen in der untersuchten Region niederschlugen und inwieweit regionale Besonderheiten eine Rolle spielten. Dazu werden im Folgenden die Bereiche Religion und Nation, die Wahrnehmung des Verhältnisses von Staat und Kirchen, Fragen konfessionellen Wandels sowie Alltag und Kriegserleben in den Blick genommen.

Religion und Nation

Die im Herbst 1938 festgelegte Grenze zwischen den an Deutschland gefallenen Grenzregionen und der Tschechoslowakei durchschnitt nicht nur gewachsene Verbindungen, sondern zerteilte auch alle Diözesen der katholischen Kirche in den böhmischen Ländern. Unmittelbar nach dem politischen Wandel drängten die nationalsozialistischen Behörden auch auf eine rasche Neugliederung der kirchlichen Gebietseinteilung, die vor allem mit der nationalen Problematik begründet wurde. So sprach die „Geheime Staatspolizei" (Gestapo) Anfang Januar 1939 von „Unerträglichkeiten", die sich durch den Einfluss tschechischer Bischöfe auf die deutschen Gläubigen im „Sudetenland" ergeben würden. Besonders das Vorgehen des Olmützer Erzbischofs Leopold Prečan würde sich „sehr nachteilig für das Deutschtum" auswirken.[20] Die Abtrennung

---

19 Ein Band zu den evangelischen Kirchen in den böhmischen Ländern während des Zweiten Weltkrieges bietet lediglich eine Kurzdarstellung zur Deutschen Evangelischen Kirche. Die Geschichte der anderen evangelischen Kirchen in den an Deutschland angeschlossenen Territorien wird nicht dargestellt. Siehe *Šimsová,* Milena (Uspoř.): Prošli jsme v jeho síle. Evangelíci v čase druhé světové války [Wir kamen durch in seiner Kraft. Die Evangelischen in der Zeit des Zweiten Weltkriegs]. Praha 2003. — Vergleiche die knappen, apologetischen Schilderungen zur Deutschen Evangelischen Kirche bei *Lehmann/Piesch/Zahradnik:* Um Glaube und Heimat 124 f. und 131-135.

20 Barch. R 5101. Sig.: 21689. Schreiben der Geheimen Staatspolizei Berlin an den Reichsminister für kirchliche Angelegenheiten vom 10.1.1939 betr. der „Notwendigkeit der Abtrennung der sudetendeutschen Bezirke von tschechischen Diözesen".

der Grenzgebiete von den Diözesen Prag, Olmütz (Olomouc), Brünn (Brno), Königgrätz (Hradec Králové) und Budweis (České Budějovice) musste freilich von den nationalsozialistischen Behörden nur angestoßen werden, die Initiativen dazu kamen aus dem deutschen katholischen Milieu selbst. In einem Gespräch zwischen dem zukünftigen Reichsstatthalter Konrad Henlein und Reichskirchenminister Hans Kerrl wurde am 21. Oktober 1938 festgestellt, dass die Planungen dazu durch „die sudetendeutsche Geistlichkeit, die entsprechende Forderungen an ihre Bischöfe stellt", ausgelöst werden sollten.[21]

Dass es sich bei der Bildung von Generalvikariaten, die als Vorstufe für die Gründung von zwei oder mehreren deutschen Bistümern angesehen wurde, auch für die Beteiligten der Kirche nicht nur um die Angleichung kirchlicher an staatliche Grenzen, sondern um die Durchsetzung nationaler Zielsetzungen handelte, wird anhand der zeitgenössischen Argumentation deutlich. Der Prager Theologieprofessor Karl Hilgenreiner, der im Oktober 1938 in der von ihm herausgegebenen „Katholiken-Korrespondenz" als Konsequenz des Münchener Abkommens von den deutschen Katholiken der böhmischen Länder ein „Bekenntnis zur religiösen Weltgemeinschaft der katholischen Kirche und enge[n] Anschluß an die deutsche Volksgemeinschaft!" forderte, druckte im selben Heft einen Artikel ab, in dem eine Neuregelung der Diözesangrenzen „schon wegen der nationalen Schwierigkeiten" als notwendig erachtet wurde.[22] Noch weiter ging Adolf Kindermann, 1939 Gründer des Theologenkonvikts in Prag, in seiner im selben Jahr anonym veröffentlichten Schrift „Kirche im Sudetenland", in der er im Trend der Zeit, aber entgegen der polyethnischen Realitäten der böhmischen Länder, feststellte: „Seelsorgerisch gesehen sind die Volksgrenzen auch die besten Kirchengrenzen. Das ist die Auffassung von Kirche und Staat in der neuen Zeit; denn die Seelsorge muß volksverbunden sein."[23] Mit den anvisierten Neuregelungen sahen viele deutsche Vertreter der katholischen Kirche eine Diskussion wieder aufgenommen, in der bereits um 1900 aus nationalen Motiven eine Neugliederung der Bistumsgrenzen eingefordert worden war.[24]

---

[21] Barch. R 5101. Sig.: 22209. Besprechung Henlein-Kerrl vom 21.10.1938.

[22] Katholiken-Korrespondenz. Ein Zeitenwächter für gebildete Katholiken. 32 [19]/10 (1938) 210 f.

[23] Zitiert nach *Sladek*, Paulus: Adolf Kindermann – Rektor des Prager Theologenkonvikts. In: Weihbischof Dr. Adolf Kindermann. Leben, Werk und Wirken. Dargestellt von Mitbrüdern, Mitarbeitern und Freunden. Königstein/Taunus 1976 (Schriftenreihe des sudetendeutschen Priesterwerks Königstein/Taunus 22), 38-47, hier 43.

[24] So argumentierte zum Beispiel Karl Hilgenreiner in der bereits erwähnten Ausgabe der „Katholiken-Korrespondenz". Dort verwies er unter anderem auf die zu diesem Thema bereits 1901 veröffentlichte Schrift „Zur Frage deutscher Bistümer in Böhmen". Vergleiche Anmerkung 22. — In einem Brief an den Regensburger Bischof Michael Buchberger hatte Hilgenreiner am 22. Oktober 1939 geäußert: „Wenn alles gut geordnet wird, kann es für die Deutschböhmen in kirchlicher Hinsicht ein Segen sein. Und darum bete ich. So wird es bei uns doch noch deutsche Bistümer geben, wie ich es 1901 verfochten hatte." Der Brief ist abgedruckt im Anhang von *Hüttl:* Die sudetendeutsche Administratur Passau 102-105, hier 105.

Auch Kardinal Adolf Bertram, der Vorsitzende der Deutschen Bischofskonferenz, deutete den Wandel nicht primär territorial, sondern vor allem national. So nahm er den einzigen deutschen Bischof in den böhmischen Ländern, Anton Alois Weber, dessen Sitz mit Leitmeritz (Litoměřice) im „Reichsgau Sudetenland" lag, in die Bischofskonferenz auf, da er „in ihm den Vertreter der rund 3 Millionen Sudetendeutschen" sah.[25]

In der Phase der provisorischen kirchlichen Neugliederung ist für das deutsche katholische Milieu eine nationale Euphorie zu konstatieren, die sich an einigen Orten in Dankgottesdiensten und Gebeten für den „Führer" infolge der Angliederung der Grenzregionen manifestierte.[26] Auch wenn ein psychologi-

---

25 Akten deutscher Bischöfe über die Lage der Kirche 1933-1945. Bd. 4 (1936-1939). Bearbeitet von Ludwig *Volk*. Mainz 1981 (Veröffentlichungen der Kommission für Zeitgeschichte. Reihe A: Quellen 30). Nr. 508: „Bertram an die deutschen Metropoliten". Schreiben vom 16.7.1939, 651. — Erwähnenswert ist in diesem Zusammenhang die Tatsache, dass Bischof Weber am 16. Juni 1939 mit Verweis auf die Zugehörigkeit seines Bistums zur Prager Kirchenprovinz bei Kardinal Karel Kašpar um Erlaubnis angefragt hatte, an den Sitzungen der Deutschen Bischofskonferenz teilzunehmen, und zugleich darum bat, weiterhin an den Prager Konferenzen teilnehmen zu dürfen. Zumindest für die Konferenz der böhmischen und mährischen Bischöfe am 15. Februar 1940 ist Webers Teilnahme belegt. Auf Webers Anfrage hatte Kardinal Kašpar wiederum bereits am 25. Juni 1939 geantwortet: „[...] Es ist doch selbstverständlich, daß Exzellenz an den Bischofskonferenzen in Fulda sich beteiligen müssen. Der liebe Gott schütze die Beratungen. [...]". SOA Litoměřice. Bestand: Biskupství Litoměřice, Ordinariát. Karton 2, Sig. 15 und 18. Karton 3 (Bischofskonferenzen). — Da Weber bei Aufenthalten im zum Protektorat gehörenden Teil seiner Diözese auf tschechisch gepredigt hatte, wurde ihm die Einreise in das Protektorat in der Folgezeit verboten. Vergleiche *Macek:* Pronásledování a odpor katolické církve 442.

26 Im westböhmischen Mies (Stříbro) lud der Dechant Wilhelm Riehl mit folgenden Worten zu einem Dankgottesdienst, bei dem laut Zeitungsbericht quer über den Altar ein Transparent mit der Aufschrift „Gott schütze unseren Führer" hing: „Wir wollen Gott, dem Allmächtigen, der den Führer Großdeutschlands und Befreier unserer Heimat Adolf Hitler bei seinem Befreiungs- und Friedenswerk sichtbar gesegnet hat, danken." Vergleiche „Festgottesdienst mit Nationalhymnen". In: Westdeutscher Beobachter vom 1.11.1938. Barch. Reichsministerium für die kirchlichen Angelegenheiten (R 5101). Sign. 22209, 49. — Im nordböhmischen Teplitz (Teplice) sprach Dechant Johannes Herkner bei einem feierlichen Dankgottesdienst, an dem die „führenden Männer von Partei, Stadt und Wehrmacht" teilnahmen: „Gott schütze unseren Führer, unsere Wehrmacht, unser Volk." Zitiert nach *Renner,* Ernst: Befreite Heimat. Bad Teplitz-Schönau im Kampf und Jubel großer Tage. Teplitz-Schönau 1939, 50 f. — Wie zahlreich solche Dankgottesdienste waren, konnte bisher nicht abschließend geklärt werden. In diesem Zusammenhang ist auf ein vom Leitmeritzer Bischof Weber unterzeichnetes, an alle „Vikariatsämter im deutschen Teile der Leitmeritzer Diözese" gerichtetes Schreiben zu verweisen, in dem allen Seelsorgern nahegelegt wurde, am Sonntag, den 16. Oktober 1938 „eine rein kirchliche Feier" zum Dank für den Erhalt des „Weltfriedens" abzuhalten. Zur Gestaltung erging folgende Anweisung: „Wo die Feier stattfindet, hat sie aus heiliger Messe, Ambrosianischem Lobgesange und einem Bittgebete für Kirche, Land, Volk und Vorsteher derselben zu bestehen." SOA Litoměřice. Bestand: Biskupství Litoměřice, Ordinariát. Karton 11 (pokyny za kněze). Schreiben des Bischöflichen Ordinariats Leitmeritz vom 11.10.1938.

scher Faktor mit berücksichtigt werden muss – in den Dankgottesdiensten wurde Gott nach der Erfahrung eines drohenden Krieges für den Erhalt des Friedens gedankt –, standen offensichtlich nationale Deutungen im Zentrum. Teile des Klerus scheinen zudem deswegen für „nationale Argumente" und ihre konkrete Umsetzung zugänglich gewesen zu sein, weil sie bei einer kirchlichen Distanz zur staatlich-politischen Entwicklung einen weitreichenden Einflussverlust bei ihren Gläubigen befürchteten. Genau in diese Richtung argumentierten zum Beispiel Pfarrer Franz Thomas aus Hals (Halže) und der Bezirksvikar Karl Scharnagl aus Heiligenkreuz (Svatý Kříž) bei Plan (Planá) in einem Brief an den Regensburger Bischof Michael Buchberger vom 17. Oktober 1938 hinsichtlich der geplanten kirchlichen Neugliederung:

> [...] 1. Die Unterzeichneten haben die Überzeugung, daß sie im Namen von mindestens 95 % aller Priester sprechen.
> 2. Wir haben die begründete Befürchtung, daß eine Abfallbewegung beginnt, wenn die kirchlichen Verhältnisse nicht augenblicklich in nationalen Belangen befriedigend gelöst werden. Dazu gehört vor allem der Anschluß oder die Errichtung einer deutschen kirchlichen Behörde für Sudetendeutschland. Schon jetzt erklärten Eltern, Lehrer u.s.f., daß es untragbar ist, daß „Prag" zu den deutschen Katholiken spricht oder gar zur canonischen Visitation erscheinen kann. Und wie notwendig werden hier Bischofsworte werden.[27]

Im selben Zeitraum ist auch der Umgang des Regimes mit den Kirchen noch eher als angewandte Nationalitätenpolitik zu bezeichnen und weniger als aktive Religionspolitik. Ein Bericht über die „religiösen Belange" der tschechischen Bevölkerung im Bezirk Aussig (Ústí nad Labem) vom 15. August 1939 bewertet zum Beispiel 26 dort tätige tschechische Priester ausschließlich nach ihrer nationalen Haltung und fordert, tschechisch gesinnte Priester durch „neutrale Tschechen oder geeignete deutsche Priester zu ersetzen". Argumentativ wurde auf frühere Aktionen des Prager Erzbischofs Karel Kašpar verwiesen, der „in die deutschen Gemeinden tschechische Priester setzte."[28] Das genannte Beispiel verdeutlicht, wie sehr die nationalsozialistische Politik gegenüber der katholischen Kirche zunächst durch nationale Zielsetzungen geprägt war. Statt von einer antikirchlichen Eindimensionalität der nationalsozialistischen Religionspolitik auszugehen, sollten deshalb in Zukunft verstärkt konkurrierende Formen von Religionspolitik im „Reichsgau Sudetenland" analysiert werden, wobei es in diesem Kontext erwähnenswert erscheint, dass es sich beim Verfasser des letztgenannten Berichts mit Hans Krebs um einen Sudetendeutschen handelte.[29]

---

27 Bischöfliches Zentralarchiv Regensburg. O/A Adm. Böhmen. Sign.: 4. Schreiben an den Regensburger Bischof vom 17.10.1938.

28 Barch. Reichsministerium für die kirchlichen Angelegenheiten (R 5101). Sig. 21772. „Kirchliche und Religiöse Belange der tschechischen Volksgruppe im Regierungsbezirk Aussig" vom 15.8.1939.

29 Dass es keinen klaren Kurs für die nationalsozialistische Religionspolitik im neu errichteten Gau gab, wird auch an einem Besprechungsergebnis zwischen Reichskirchenminister Hans Kerrl und Konrad Henlein am 21. Oktober 1938 in Reichenberg (Liberec) deutlich,

Ein Blick auf den staatlichen Umgang mit anderen Konfessionen bestätigt die bisherige Annahme. Gegen Vertreter der „Církev československá" (Tschechoslowakische Kirche)[30], die auf Druck deutscher Stellen 1940 in „böhmisch-mährische Kirche" umbenannt wurde, wurde offensichtlich vor allem auf Grund ihrer nationalen Ausrichtung vorgegangen. In dem bereits zitierten Bericht des Regierungspräsidenten von Aussig, Hans Krebs, wurde sie als „Tarnorganisation" bezeichnet, „in der sich nationaldenkende Tschechen zusammenfinden."[31] Gegen Pfarrvikar Chlebniček, der 1941 das Pfarramt der „Českobratrská církev evangelická" (Evangelische Kirche der Böhmischen Brüder) in Teplitz-Schönau (Teplice-Šanov) übernommen hatte und zudem tschechische Gläubige in der Region Leitmeritz betreute, wurden 1943 auf Grund seines Verhaltens „gegenüber Deutschen" Ermittlungen aufgenommen. Der Landrat von Leitmeritz sah zudem die Gefahr, dass Bibelstunden „zu politisch unerwünschten Zusammenkünften von Tschechen" ausgebaut werden könnten.[32] Die untersuchten Fälle stützen eine Annahme von František X. Hálas zum nationalsozialistischen Vorgehen gegen tschechische Angehörige der katholischen Kirche in den böhmischen Ländern insgesamt: Seiner Ansicht nach wurden tschechische Priester und Laien eher als Tschechen und weniger als Katholiken verfolgt.[33] Kann ein solches Vorgehen als in der „Logik" des nationalsozialistischen Denkens stehend bezeichnet werden, so müsste zukünftig geklärt werden, welche Zielsetzungen die nationalsozialistische Religionspolitik im „Reichsgau Sudetenland" insgesamt bis zum Jahr 1945 prägten.

Die nationale Aufladung des kirchlichen Lebens in der Phase nach dem Münchener Abkommen evoziert zugleich Fragen nach dem Verhältnis von Tschechen und Deutschen innerhalb der katholischen Kirche. Hier ist einerseits auf eine Konfliktlinie aus der Zeit vor 1938 zu verweisen, als etwa die Zahl von Priesteramtskandidaten einer Nationalität zum Politikum werden konnte. Andererseits ist noch zu wenig erforscht, wie sich dieses Verhältnis unter den Bedingungen der nationalsozialistischen Diktatur entwickelte: Im religiösen Alltag von Gemeinden mit tschechischen und deutschen Gläubigen oder

---

das zunächst einen offensichtlich moderaten Kurs vorsah. Unter Punkt vier wurde vereinbart: „Gegen irgendwelche Bilderstürmerei radikaler Elemente, die nur der Verkirchlichung der Bevölkerung Vorschub leisten könnte, wird energisch eingeschritten werden." Barch. Reichsministerium für die kirchlichen Angelegenheiten (R 5101). Sign. 22209. „Niederschrift über die Besprechung des Herrn Reichsminister Kerrl mit dem Herrn Reichskommissar Henlein am 21. Oktober 1938 in Reichenberg", 2.

30 *Helan,* Pavel: Církev československá (CČS). In: *Šimsová* (Usp.): Prošli jsme v jeho síle 212-215, hier 213.

31 Barch. Reichsministerium für die kirchlichen Angelegenheiten (R 5101). Sig. 21772. „Kirchliche und Religiöse Belange der tschechischen Volksgruppe im Regierungsbezirk Aussig" vom 15.8.19339, 12.

32 SOA Litoměřice. Bestand: Úřad vládního presidenta Ústí nad Labem 1938-1945. Schreiben des Aussiger Regierungspräsidenten an den Reichsstatthalter vom 21.6.1943.

33 *Halas:* Fenomén Vatikán 579.

im Leben tschechischer Geistlicher in einem deutsch dominierten Umfeld.[34] Auch wenn viele tschechische Katholiken das Grenzland nach 1938 verlassen mussten, blieb doch eine große Zahl von ihnen in der Region – darunter auch Priester.

Es ist bekannt, dass in den folgenden Jahren mehrere deutsche katholische Pfarrer in Konflikt mit dem Regime gerieten, weil sie auch gegenüber tschechischen Gläubigen ihre pastoralen Pflichten erfüllen wollten.[35] Zugleich setzten sich nationale Konfliktlinien fort. Zwischen der nationalsozialistischen Herrschaft und einigen Vertretern des deutschen katholischen Milieus ist in dieser Hinsicht zwar keine Interessenskongruenz, aber doch eine Nähe der Zielsetzungen festzustellen. Der Budweiser Domherr Josef Neubauer versuchte zum Beispiel 1939, die Abtrennung einiger an Deutschland angegliederter Böhmerwald-Dekanate von der Diözese Budweis und die Anbindung an die Diözesen Passau und Regensburg zu verhindern, da „den deutschen Katholiken ein unermesslicher Schaden erwachsen [würde], da dann Budweis als čechischer Bischofsitz eine Hochburg des intransigenten unduldsamen Čechentums" werden würde.[36] Allerdings finden sich bei deutschen kirchlichen Entscheidungsträgern auch pragmatische Haltungen, die darin mündeten, im Interesse des kirchlichen Auftrags tschechische Priester zu halten und die pastorale Betreuung der tsche-

---

34 In der im Protektorat gelegenen St. Jakobs-Pfarrei in Brünn versuchten zum Beispiel die deutschen Pfarreiangehörigen, die eine Unterschriftensammlung für die Einsetzung eines deutschen Pfarrers durchführten, zusammen mit Regierungskommissar Oskar Judex in den Jahren 1939 und 1940 den tschechischen Pfarrer aus dem Amt zu drängen, wobei die vorhandenen Akten offen lassen, ob Judex eine unterstützende oder eine initiierende Rolle einnahm. Offensichtlich gelang dies auf Grund der Haltung des Brünner Ordinariats jedoch nicht. Inwieweit hier „atmosphärische" Mikrofaktoren im Verhältnis Pfarrer – Gemeinde oder antitschechische Ressentiments den Stein des Anstoßes bildeten, geht aus den vorhandenen Dokumenten leider nicht hervor. Archiv města Brno. Městský národní výbor, církevní oddělení. Karton 19, Sig. 112.

35 Als Beispiel kann Josef Stingl genannt werden, der in Albrechtsried (Albrechtice u Sušice) gelegentlich die tschechische Sprache im Gottesdienst verwendete und tschechischen Kindern Religionsunterricht erteilte. *Valasek:* Der Kampf gegen die Priester 195. — Die kirchliche Lage in Bayern nach den Regierungspräsidentenberichten 1933-1943. Bd. 4: Regierungsbezirk Niederbayern und Oberpfalz. Bearbeitet von Walter *Ziegler.* Mainz 1973 (Veröffentlichungen der Kommission für Zeitgeschichte. Reihe A: Quellen 16), Dokument Nr. 104: Monatsbericht der Regierung (November 1939), 249. In dieser Lagebeschreibung wird konkret von einem Vorfall am Allerheiligentag 1939 berichtet. Pfarrer Stingl soll „eine Anzahl Vaterunser deutsch und anschließend eine Anzahl tschechisch" gebetet haben.

36 Barch – R 5101, Nr. 21689, 135. Pamphlet Neubauers vom September 1939. — Nach dem Tod des Budweiser Bischofs Šimon Bárta im Jahr 1940 blieb der Bischofsstuhl bis zum Jahr 1945 unbesetzt, da kein Nachfolger gefunden werden konnte, der von der Protektoratsverwaltung in Prag akzeptiert wurde. Diese forderte einen möglichst konformen Nachfolger deutscher Nationalität. Vergleiche *Pecha,* Miloslav/*Vondra,* Václav: Českobudějovicko v době nacistické okupace a osvobození 1939-1945 [Die Region Budweis in der Zeit der nationalsozialistischen Besetzung und der Befreiung 1939-1945]. České Budějovice 2004, 143.

chischen Katholiken in den Grenzregionen zu gewährleisten. Schon am 14. November 1938 hatten sich die Vertreter von den „nach Deutschland gefallenen Diözesanteilen von čsl. Diözesen" in Breslau (Wrocław) versammelt, um die Folgen des staatlich-politischen Wandels zu erörtern. Laut Protokoll wollten die Anwesenden den „Kirchenminister" bitten, sich dafür einzusetzen, dass zukünftig keine „Geistliche[n] tschechischer Nationalität unter irgendeinem Vorwand aus ihrem Wirkungskreis" entfernt würden. Auf Grund des bereits „großen Mangels an Geistlichen" würde der Verlust der tschechischen Priester die pastorale Versorgung zum Teil unmöglich machen. Mit dem Verweis auf die erhebliche Zahl tschechischer Katholiken wurde vereinbart, sich auch weiterhin um die Ausbildung von Priestern zu kümmern, die die tschechische Sprache beherrschen.[37] Bei einer weiteren Zusammenkunft am 3. Mai 1939 wurde das an tschechische Priester erteilte staatliche Verbot kritisiert „an deutsche Kinder in deutschen Schulen Religionsunterricht zu erteilen." Bei der „großen Zahl von tschechischen Geistlichen" würde dieses Verbot „eine Katastrophe" darstellen.[38]

An den genannten Beispielen werden die Ambivalenzen im Umgang des katholischen Milieus mit ethnischer Differenz deutlich. Insbesondere im ersten Jahr nationalsozialistischer Herrschaft nahmen „nationale" Argumente für viele deutsche Kirchenvertreter und Gläubige einen großen Raum ein. Noch weitgehend ungeklärt ist, welchen Stellenwert solche Sichtweisen nach der erfolgten Regelung territorialer Zuständigkeiten und dem Abebben der „nationalen" Euphorie bei den Deutschen der böhmisch-mährischen Grenzregionen im kirchlichen Leben in der Folgezeit hatten. Um hierfür zu einem differenzierten Gesamtbild zu kommen, sind weiterführende Forschungen nötig, die die Entwicklung bis zum Jahr 1945 in der Breite analysieren und dabei auch das Verhältnis Priester – Gemeinde einbeziehen.

Zur Wahrnehmung des Verhältnisses von nationalsozialistischem Staat und Kirchen

Die katholische, die evangelische und die Altkatholische Kirche im „Sudetenland" traten institutionell nach 1938 zunehmend mit den Kirchen im „Altreich" in Verbindung, ohne über die Erfahrungen zu verfügen, die die Kirchen in Deutschland zwischen 1933 und 1938 in der Auseinandersetzung mit dem Nationalsozialismus gemacht hatten. Stattdessen hatten sie und ihre Gläubigen in der Tschechoslowakei eine zwanzigjährige Entwicklung hinter sich, in der vom Staat eine insgesamt als tolerant zu kennzeichnende Politik gegenüber den Konfessionen gekoppelt mit der langfristigen Zielsetzung, Staat und Kirche zu

37 SOA Litoměřice. Bestand: Biskupství Litoměřice, Ordinariát. Karton 2, Sign. 18. „Niederschrift über die Verhandlung der Kommissare der nach Deutschland gefallenen Diözesanteilen von čsl. Diözesen" vom 14.11.1938, 5 f.

38 *Ebenda.* „Niederschrift über die Konferenz der Bischöflichen Kommissare im Sudetenland" vom 3.5.1939, 6.

trennen, betrieben worden war.[39] Für die katholische Kirche brachte diese Politik nach 1918 einen Autoritätsverlust im politischen und gesellschaftlichen Leben, doch konnte sie ihre Stellung als bei weitem größte Glaubensgemeinschaft behaupten. Die anderen Kirchen konnten sich unter den erwähnten Bedingungen organisatorisch stabilisieren und ihren gesellschaftlichen Stellenwert erhöhen. Für das Verständnis der Entwicklung seit dem Herbst 1938 ist es wichtig, die Ausgangsbedingungen, die sich aus dem Verhältnis zwischen Staat, Gesellschaft und Kirchen bis zum Münchener Abkommen ergeben hatten, bei der Untersuchung der Beziehungen zwischen Staat und Kirchen nach 1938 mit zu berücksichtigen.

Die nationalsozialistische Kirchenpolitik zielte auf eine Privatisierung des Kirchlichen, auf eine Zurückdrängung aus gesellschaftlich relevanten Bereichen, und war vor allem gegen die katholische Kirche als Institution gerichtet. Die Nichtgültigkeit des Reichskonkordats ermöglichte es, den Status des Religionsunterrichts in den Schulen zu schwächen. Dieser kam meist nur noch zustande, wenn Eltern ihre Kinder in genügender Zahl freiwillig anmeldeten.[40] Die Kongrua, die seit der josephinischen Zeit übliche und auch in der Tschechoslowakei noch praktizierte Bezahlung der Geistlichen aus einem staatlich verwalteten Kirchenfonds,[41] wurden eingestellt. Stattdessen mussten die katholische, die Deutsche Evangelische sowie die Altkatholische Kirche von ihren Angehörigen Beiträge erheben, wodurch die Motivation, aus der Kirche auszutreten, erhöht werden sollte.[42]

Das staatliche Handeln gegenüber den Kirchen, das neben den erwähnten Maßnahmen auch restriktive Regelungen zu kirchlichen Feiertagen, Eingriffe in Friedhofsordnungen, die Schließung kirchlicher Einrichtungen sowie – insbesondere gegen die katholische Kirche – ein aggressives Vorgehen gegen Priester umfasste, erforderte von den Kirchen und ihren Vertretern eine Neuorientierung. Sie erfuhren in der alltäglichen Praxis eine Veränderung ihres gesellschaftlichen Einflusses, was wiederum auch auf die Wahrnehmung der Gläubigen zurückgewirkt haben dürfte.

Die erwähnte Einführung der Kirchenbeiträge im Jahr 1939 deutete Konrad Henlein in einem Schreiben an die Regierungspräsidenten von Karlsbad (Karlovy Vary), Aussig und Troppau (Opava) als etwas „vollkommen Neues" und als „eine Neuregelung des Staatskirchenrechtes im nationalsozialistischen Sinne". Ihre Erhebung sei „keine staatliche, sondern eine kirchliche Angelegenheit, die der Staatsaufsicht unterliegt."[43] An der im selben Brief geäußerten Zurückweisung von Gerüchten, wonach eine „Kultsteuer" für Konfessionslose bzw.

---

39 *Halas:* Fenomén Vatikán 527-536. — *Tretera:* Stát a církve v České republice 35-39.

40 *Macek:* Pronásledování a odpor katolické církve 433.

41 Vergleiche dazu *Tretera:* Stát a církve v České republice 38.

42 *Slapnicka,* Helmut: Die Kirchenbeiträge in den sudetendeutschen Gebieten 1939-1945. In: AKBMS 6 (1982) 206-256, hier 206 f.

43 AM Ústí nad Labem. Bestand: Landrat Aussig 1938-1945. Karton 209, Sign. 201/3. Schreiben des Reichstatthalters an die Regierungspräsidenten vom 21.12.1939.

„Gottgläubige" geplant sei, wird deutlich, dass durch die Beiträge eine Abkehr der Bevölkerung von den Kirchen unterstützt werden sollte. Zugleich wurde damit eine Vereinfachung kirchlicher Finanzierung angestrebt, die bis zu diesem Zeitpunkt auf Patronaten, staatlichen Zuschüssen und Eigeneinnahmen basierte. Dies veränderte das Beziehungsgeflecht Staat – Kirchen grundlegend und sollte zugleich für Vertreter der nationalsozialistischen Verwaltung Einflussmöglichkeiten eröffnen, was sich etwa bei der Kontrolle der Pfarrkirchenräte zeigte, die für die Abwicklung der Finanzen in den Pfarrgemeinden geschaffen wurden.[44]

Die Veränderungen der finanziellen Strukturen stellten vor allem für die katholische Kirche einen tiefen Einschnitt dar. Sie bedeuteten im europäischen Vergleich oder auch in der Traditionslinie der tschechoslowakischen Kirchenpolitik nach 1918 jedoch eher eine weitere Anpassung des Staat-Kirche-Verhältnisses an die Bedingungen moderner Staaten, auch wenn die konkrete Intention eindeutig kirchenfeindlich konnotiert war. Umgekehrt bot die Frage der Kirchenfinanzierung die Möglichkeit, die Gläubigen neu zu mobilisieren. Dies wird an einem Schreiben des Leitmeritzer Bischofs Anton Weber an die Katholiken seiner Diözese deutlich:

> Geliebte Katholiken deutschen Stammes in der Diözese Leitmeritz!
> Während der Bischof gewohnt ist, als Lehrer des Volkes und als Spender des hl. Sakramentes der Firmung in Eurer Mitte zu erscheinen, kommt er diesmal in der Rolle eines Bittstellers zu Euch. Nicht für seine Person erbittet er Euer Wohlwollen, wohl aber für Eure Gotteshäuser und für seine Mitarbeiter im Dienste des Heiligtums, für die aktiven Geistlichen und die geistlichen Ruheständler.
> [...] Mit der Entrichtung dieser Beiträge habt Ihr, geliebte deutsche Diözesanen, eine schöne Gelegenheit, an einem der edelsten Werke mitzuarbeiten, das sich denken läßt: an der Erhaltung und Entfaltung des katholischen Glaubens in unserem geliebten Heimatlande. Im katholischen Glauben haben Eure Väter und Vorfahren gelebt und sind als Kinder der katholischen Kirche in das bessere Jenseits hinüber geschlummert; dieser Glaube war ihnen ein Leuchtturm auf dem Lebenswege, eine Stütze in bewegten Zeiten, eine Quelle des Trostes in den Stunden der Leiden. Dem katholischen Glauben hat speziell das deutsche Volk seinen staunenswerten Aufstieg in jeder Art der Kulturentwicklung zu verdanken. Diesen Glauben sollt Ihr, geliebte Brüder und Schwestern im Herrn, als das kostbarste Erbgut an Eure Kinder und Kindeskinder weitergeben.
> [...] Euer Bischof gibt sich der sicheren Erwartung hin, daß er sich in seinen Katholiken nicht täuschen wird.[45]

Hier finden sich, ausgelöst durch die Einführung der Kirchenbeiträge, Ansätze eines neuen Selbstverständnisses. Über die Breitenwirksamkeit einer dadurch bedingten Aktivierung der Gläubigen lässt sich allenfalls spekulieren, doch steht zu vermuten, dass es Ansätze zu einem veränderten Kirchenzugehörigkeitsbewusstsein, parallel zu finanziell motivierten Austrittswellen, zu denen es

---

44 *Slapnicka:* Die Kirchenbeiträge 214-217.

45 SOA Litoměřice. Bestand: Biskupství Litoměřice, Ordinariát. Karton 6, Sign. 51. Korrespondenz von Bischof Weber. Undatierter Druck (ca. 1939).

insbesondere in den ersten Jahren der Neuregelung kam, durchaus gab. Die Umdeutung der gesetzlichen Maßnahme baute zudem auf Ideen einer autonom geregelten kirchlichen Beitrags- und Steuerordnung auf, die Karl Hilgenreiner Ende der zwanziger Jahre in Form einer „Actio catholika" ins Gespräch gebracht hatte.[46]

Trotz der genannten Maßnahmen verlor die katholische Kirche nur partiell an Akzeptanz. Auch nach der Erhebung von Kirchenbeiträgen blieb es bei einer flächendeckenden formalen Bindung an die Kirche. Zwischen 1939 und 1942 traten zum Beispiel im Regierungsbezirk Aussig etwas mehr als 47 000 Katholiken aus der Kirche aus, wobei die Mehrzahl der Austritte in die Jahre 1940 und 1941 fiel.[47] Die Marginalisierung des Religionsunterrichtes führte zu klaren Einschnitten, aber nicht zu seinem Ende. Gegen bestimmte Maßnahmen wie die Entfernung der Kreuze aus den Schulgebäuden kam es vereinzelt zu Widerspruch, doch gibt es keine Anzeichen für eine vollständige Ablehnung staatlicher Eingriffe und Regelungen im kirchlichen Bereich. Offensichtlich reagierten die Gläubigen sehr differenziert auf kirchenpolitische Maßnahmen. Punktueller Widerspruch und weitgehende Akzeptanz veränderter Bedingungen konnten durchaus nebeneinander stehen.

Die vorhandenen Erkenntnisse zu den Reaktionen der kirchlichen Milieus auf das kirchenpolitische Agieren von Staats- und Parteistellen lassen darauf schließen, dass für die an Deutschland angegliederten Territorien Böhmen und Mähren ähnliche Verhaltensweisen zu konstatieren sind, wie sie für kirchliche Milieus im „Altreich" festgestellt worden sind. Viele Formen der Resistenz zielten demnach darauf ab, den Besitzstand der Kirchen zu bewahren und das dazugehörige Milieu zu schützen, darüber hinaus aber die bestehenden Verhältnisse und Vorgänge nicht in Frage zu stellen.[48] So erwähnt ein Situationsbericht

---

46 *Slapnicka:* Die Kirchenbeiträge 209.

47 Der Sudetengau in Zahlen. Statistische Kurznachrichten. 3. Folge. Bearbeitet beim Reichsstatthalter im Sudetengau, Unterabteilung Ib. Reichenberg-Oberrosental 1943, 25. Während in dieser Zeit im Stadtkreis Reichenberg 9,7 Prozent der Katholiken austraten, waren es zum Beispiel im Kreis Leitmeritz lediglich 2,1 Prozent und im Kreis Schluckenau (Šluknov) nur 1 Prozent. Zu beachten ist zudem, dass im genannten Zeitraum knapp 2 800 Neu- oder Wiedereintritte in die katholische Kirche gezählt wurden. — Es erscheint allerdings als problematisch, die Zahl der Kirchenaustritte als zentralen Indikator für die Akzeptanz des nationalsozialistischen Regimes anzusehen, wie dies zuletzt von Sven Granzow, Bettina Müller-Sidibé und Andrea Simml für Deutschland insgesamt angedeutet wurde. Gerade für die Deutung der zunächst ansteigenden, dann allmählich abfallenden Zahl der Kirchenaustritte in der untersuchten Region sind zunächst einmal die Bedingungen eines staatlichen und politischen Wandels und die damit verbundenen finanzpolitischen Umstellungen in Betracht zu ziehen. Vergleiche *Granzow,* Sven/*Müller-Sidibé,* Bettina/*Simml,* Andrea: Gottvertrauen und Führerglaube. In: *Aly,* Götz (Hg.): Volkes Stimme. Skepsis und Führervertrauen im Nationalsozialismus. Frankfurt a. M. 2006, 38-58.

48 Zur Frage einer katholischen Milieuresistenz gegen den Nationalsozialismus vergleiche *Paul,* Gerhard/*Mallmann,* Klaus-Michael: Milieus und Widerstand. Eine Verhaltensgeschichte der Gesellschaft im Nationalsozialismus. Bonn 1995 (Widerstand und Verweigerung im Saarland 3), 530-534. — Mit Blick auf Verhaltensweisen im katholischen Milieu

vom Oktober 1941, dass es in Nordmähren vereinzelt zu Protesten kam, als in Schulgebäuden Kreuze entfernt werden sollten. Dies hatte aber offensichtlich nicht zur Folge, dass die Protestierenden das Handeln von Staat und Partei insgesamt in Frage stellten.[49] Zugleich konnte die Bindung an nationalsozialistische Strukturen vor Ort offensichtlich mit der Zugehörigkeit zum kirchlichen Milieu vereinbart werden. In den Kreisen Freudenthal (Bruntál) und Bärn (Moravský Beroun) bekundeten Parteivertreter, Bürgermeister und Ortsbauernführer durch Gottesdienstbesuch, Aktivitäten als Chorsänger oder andere religiös motivierte Verhaltensweisen ihre Kirchenbindung – von den höheren Parteistellen kritisch beobachtet, aber toleriert.[50] Die getroffene Annahme schließt die Existenz von Handlungen und Haltungen fundamentaler Opposition nicht aus, ermöglicht aber einen besser greifbaren Zugang zum Verhältnis zwischen milieubedingten Prägungen, den Auswirkungen tradierter Staat-Kirche-Beziehungen und alltäglichen Konfliktsituationen.

Diktatur, nationale Bewegung und konfessioneller Wandel

Der tiefe Einschnitt vom Herbst 1938 brachte auch Veränderungen im konfessionellen Bereich mit sich. Bisher fanden in diesem Zusammenhang lediglich die ideologisch oder finanziell motivierten Austritte aus der katholischen Kirche Erwähnung.[51] Auch für das nationalsozialistische Deutschland insgesamt wird anhand regionaler Beispiele bisher nur auf die Bindekraft der großen Kirchen und das weitgehende Scheitern der nationalsozialistischen „Gottgläubigenbewegung" verwiesen. Dies wird zumindest anhand der Zahlen nationalsozialistischer „Lebensfeiern", die kirchliche Taufen, Trauungen und Beerdigungen ersetzen sollten, deutlich.[52] Ein konfessionell vergleichender Blick, der in zukünftigen Forschungen zugleich in Bezug zu den konfessionellen Veränderungen in den böhmischen Ländern seit dem Ende des 19. Jahrhunderts gestellt werden müsste, könnte hierbei jedoch neue Erkenntnisse erbringen. Dies be-

---

spricht sich Christoph Kösters gegen den Begriff des „Milieuegoismus" aus und verweist dagegen auf „tief verwurzelte, mentale Verhaltensdispositionen", die während des Nationalsozialismus im Verhältnis von Katholiken zu Nicht-Katholiken zum Tragen gekommen wären. *Kösters:* Katholische Kirche im nationalsozialistischen Deutschland, hier 30-32.

49 Opavsko a severní Morava za okupace. Z tajných zpráv okupačních úřadů z let 1940-1943 [Die Region Troppau und Nordmähren während der Okkupation. Aus den geheimen Berichten der Okkupationsbehörden aus den Jahren 1940-1943]. Bearbeitet von Josef *Orlík.* Ostrava 1961, 74. Situationsbericht vom Oktober 1941.

50 Situační zprávy bývalého okresního vedení NSDAP v Bruntále z let 1941-1943 [Situationsberichte der ehemaligen Bezirksleitung der NSDAP in Freudenthal aus den Jahren 1941-1943]. Herausgegeben von Václav *Štěpán.* Bruntál 2001, 105 und 125 f. Situationsbericht für den Kreis Freudenthal (Jänner-Februar 1943) und Situationsbericht für die Kreise Freudenthal und Bärn (März-April 1943).

51 *Macek:* Pronásledování a odpor katolické církve 434.

52 Vergleiche *Vondung,* Klaus: Magie und Manipulation. Ideologischer Kult und politische Religion des Nationalsozialismus. Göttingen 1971, 104-112.

trifft zunächst die Frage, was der politische und staatliche Wandel für Angehörige national ausgerichteter Kirchen wie der tschechischen evangelischen Brüderkirche und der Tschechoslowakischen Kirche bedeutete. Nach einer vermutlich Anfang Dezember 1938 erstellten Auflistung ging der Synodalrat der Böhmischen Brüder von einer Zahl von 18 000 Gläubigen in den Grenzgebieten aus, die sich gemäß einer hinzugefügten Schätzung durch Abwanderung auf etwa 10 000 Gläubige reduzieren würde. Genannt werden neun Pfarrgemeinden sowie mehrere dazugehörige Predigtstationen.[53] Die Tschechoslowakische Kirche verlor laut eigenen Angaben vom November 1938 etwa 28 000 Mitglieder in den Grenzgebieten, wobei davon ausgegangen wurde, dass viele von ihnen auf Dauer in das Landesinnere ziehen würden. In den abgetretenen Grenzgebieten Böhmens büßte die Kirche in sieben Orten gemeindliche Strukturen ein.[54]

Nur in Einzelfällen lässt sich feststellen, inwieweit diese Gemeinden weiter aktiv blieben oder unter welchen Bedingungen sich „Kryptostrukturen" bildeten, bzw. wie sich Gläubige verhielten, deren Gemeinde unterging.[55] Offensichtlich wurde zum Teil der Kontakt zur Deutschen Evangelischen Kirche gesucht, die vereinzelt auch tschechische Kinder für den Religionsunterricht aufnahm.[56] Der politische Wandel infolge der deutschen Besetzung der Grenz-

---

53 Ústřední archiv Českobratrské církve evangelické, Praha [Zentrales Archiv der Evangelischen Kirche der Böhmischen Brüder, Prag]. Bestand: Deutsche evangelische Kirche in Böhmen, Mähren und Schlesien – Kirchenleitung Gablonz (1918-1946). DEK I/B/4 R 902. „Übersicht der Gemeinden der Evangelischen Kirche der Böhmischen Brüder in dem an Deutschland abgetretenen Gebiete." In der Übersicht werden Pfarrgemeinden in folgenden Orten aufgelistet: Teplitz-Schönau, Brüx (Most), Starkenbach (Křížlice u Jilemnice), Waltersdorf (Valteřice), Böhmisch Rotwasser (Čermná), Raabe (Hrabová) bei Hohenstadt (Zábřeh), Lundenburg (Břeclav), Mißlitz (Miroslav), Auspitz (Hustopeče). Neben den zu diesen Gemeinden gehörenden Predigtstationen werden weitere Predigtstationen erwähnt, die zu Pfarrgemeinden, die auf dem Territorium der Tschechoslowakei verblieben, gehörten, so zum Beispiel in Lobositz-Sulowitz (Lovosice-Sulejovice), Leitmeritz, Kaaden (Kadaň), Saaz (Žatec) und Troppau.

54 Vergleiche Přehled o náboženské situaci v nynějších Čechách [Übersicht über die religiöse Situation im gegenwärtigen Böhmen]. In: Český zápas [Tschechischer Kampf] Nr. 45 vom 10.11.1938, 349. An seit Herbst 1938 im abgetretenen Gebiet liegenden untergegangenen Gemeinden wurden folgende Orte genannt: Brüx, Teplitz-Schönau, Eger (Cheb), Aussig, Reichenberg, Gablonz und Prachatitz (Prachatice).

55 Rudolf Urban geht davon aus, dass der „Verlust" in den Grenzregionen für die Tschechoslowakische Kirche gering war, da es sich bei der Mehrheit der dortigen Gemeindemitglieder um Beamte und Militärs sowie ihre Familien gehandelt hätte, die vor oder unmittelbar nach dem Münchener Abkommen das Grenzland verlassen hätten. Nur drei Gemeinden in überwiegend von Tschechen bewohnten Orten wären 1938 in Nord- und Ostböhmen unter deutsche Herrschaft gekommen: Böhmisch Aicha (Český Dub), Großhammer (Velké Hamry) und Nawarower Wolschenitz (Návrarovská Zlatá Olesnice). *Urban:* Die Tschechoslowakische Hussitische Kirche 146.

56 Am 7. Dezember 1939 wandte sich das Pfarramt der Deutschen Evangelischen Kirche in Pilsen (Plzeň) an die Kirchenleitung in Gablonz, um in Erfahrung zu bringen, gemäß welcher Regelungen tschechische Kinder deutschsprachigen Religionsunterricht besuchen

regionen sorgte im Herbst 1938 aber auch für konfessionelle Veränderungen in der Zweiten Tschecho-Slowakischen Republik sowie für eine veränderte Wahrnehmung der eigenen Glaubensgemeinschaft. Gegen den gestiegenen gesellschaftspolitischen Stellenwert der katholischen Kirche[57] stellte die Wochenzeitung der Tschechoslowakischen Kirche, der „Český zápas" (Tschechischer Kampf), den Verweis auf die nichtkatholischen Glaubenstraditionen des Landes,[58] vor allem aber die Tatsache, dass die Tschechoslowakische Kirche – bedingt durch die veränderte Zusammensetzung der geringer gewordenen Staatsbevölkerung – vor der Evangelischen Kirche der Böhmischen Brüder zur zweitgrößten Konfession des Landes geworden sei.[59]

Kleinere Glaubensgemeinschaften, die vor 1938 nicht staatlich anerkannt waren, erlebten zahlreiche Einschränkungen oder wurden von den Nationalsozialisten verboten. Den radikalsten Einschnitt erfuhr allerdings die jüdische Glaubensgemeinschaft: Viele der Synagogen in den Grenzgebieten wurden bereits im November 1938 zerstört. Das nationalsozialistische Vorgehen zielte auf die Verfolgung und Ermordung der jüdischen Bevölkerung.[60] Umgekehrt sorgten die neuen politischen und staatlichen Bedingungen bei den etablierten Kirchen für eine Neuprofilierung und in Teilen für ein neues Selbstverständnis. Noch 1937 hatte der Kirchenpräsident der Deutschen Evangelischen Kirche, Erich Wehrenfennig, anlässlich der „Kirchlichen Woche" in Karlsbad folgendes Bild für die deutschen Protestanten in den böhmischen Ländern skizziert:

---

sollten. Aus dem Schreiben geht hervor, dass dies in der Praxis schon der Fall war. Bereits am 12. Juni 1939 hatte sich Pfarrer Ceh von der Tschechoslowakischen Kirche in dieser Frage an die Deutsche Evangelische Kirche gewandt. Auf Grund der Situation im Grenzland schlug er folgendes Vorgehen vor: „In diesem Fall würden wir selbstverständlich die religiöse Erziehung [von] Kinder[n] unserer Konfession einer reformierten, unter keinem Fall aber der kath. Kirche anvertrauen." Ústřední archiv Českobratrské církve evangelické, Praha. Bestand: Deutsche evangelische Kirche in Böhmen, Mähren und Schlesien – Kirchenleitung Gablonz (1918-1946). DEK I/B/1 R 846 (Allgemeines zu Religionsunterricht).

57 *Gebhart,* Jan/*Kuklík,* Jan: Druhá republika 1938-1939. Svár demokracie a totality v politickém, společenském a kulturním životě [Die Zweite Republik 1938-1939. Die Auseinandersetzung zwischen Demokratie und Totalität im politischen, gesellschaftlichen und kulturellen Leben]. Praha 2004. Vergleiche vor allem das Kapitel zum gesellschaftlichen und kulturellen Klima 180-209.

58 Svatováclavská tradice [Die Sankt-Wenzels-Tradition]. In: Český zápas Nr. 52 vom 29.12.1938, 405.

59 Český zápas Nr. 45 vom 10.11.1938, 349, und Nr. 46 vom 17.11.1938, 361. Nach einer Schätzung gehörten im Herbst 1938 im um die Grenzregionen reduzierten böhmischen Landesteil 13,25 Prozent der Bevölkerung der Tschechoslowakischen Kirche an, wohingegen es bei den Böhmischen Brüdern nur 4,75 Prozent waren. Für Mähren und Schlesien wurden 4,25 Prozent für die Böhmischen Brüder und etwas mehr als 5 Prozent für die Tschechoslowakische Kirche genannt.

60 *Rothkirchen,* Livia: The Jews of Bohemia and Moravia. Facing the Holocaust. Lincoln 2005, 80. — Vergleiche auch *Osterloh,* Jörg: Nationalsozialistische Judenverfolgung im Reichsgau Sudetenland 1938-1945. München 2006 (VCC 105).

Und wenn wir hier auf verlorenem Posten stehen sollten und unsere Kirche mit dem Schicksal der Sudetendeutschen keine besondere Zukunft hätte, vielleicht einen Rückschlag erleben müßte, nun, dann wird auch bei uns [...], wenn wir treu zu Gott stehen und zu seinem Christus als Kreuzträger – jene urchristliche Eschatologie lebendig werden, die durch menschliche Zusammenbrüche hindurch Gottes Reich kommen sieht in Kraft und Herrlichkeit. Dann gilt es ausharren auf schwerem Posten, eine Gemeinschaft der Gläubigen, weil auch solche Diaspora eine Aussaat ist auf den Erntetag Gottes. Nicht auf den Erfolg kommt es schließlich an vor Gott, sondern auf die Treue.[61]

Ein gutes Jahr später, Ende 1938, nahm er dagegen folgende Deutung vor:

Unsere Kirche hat sich der Kirche des Reiches angegliedert und steht in ständiger Verbindung mit der Deutschen Evangelischen Kirche. Wir wollen Kirche sein und immer mehr aus Diaspora Kirche werden, und es gilt die Würde, die in diesem Begriff liegt, zu betonen.[62]

Die Altkatholische Kirche benannte ihr Mitteilungsblatt zum 1. Januar 1939 von „Alt-katholische Kirchen-Zeitung" in „Die Volkskirche" um, womit zugleich eine neue Selbstdeutung verbunden war. Die Schriftleitung fasste diese in der ersten Ausgabe unter neuem Titel folgendermaßen zusammen:

Nun ist es so weit: Aus der Alt-kathol. Kirchenzeitung ist das Blatt „Die Volkskirche" geworden! Damit will dieses Blatt zum Ausdrucke bringen, daß die Kirche, der es dient, deren Sprachrohr es sein will, eben eine Kirche ist, die mitten in unserem Volke steht, die aus diesem unseren Volke herauswächst, die von diesem Volke getragen wird. Das ist aber keine Neuentdeckung, das ist nicht etwa Ausdruck eines gewiß verwerflichen Konjunkturpatriotismus! Wir Alt-Katholiken haben es gar nicht nötig, mit schreiender Reklamekunst zu verkünden, wir seien eine deutsche Kirche! Die kirchliche Bewegung des Alt-Katholizismus ist herausgewachsen aus deutschem Wesen. Deutsche waren es gewesen, die dem Ungeheuer des ultramontanen Internationalismus die Stirne zeigten.[63]

Die Führungen beider Glaubensgemeinschaften betonten infolge der politischen Veränderungen nach dem Münchener Abkommen die nationale Bedeutung ihrer Konfession und einen veränderten, vor allem größeren gesellschaftlichen Stellenwert auf Grund ihrer Einbindung in kirchliche Strukturen innerhalb des Deutschen Reiches. Diese Wahrnehmung war insofern paradox, als beide

---

[61] Zitiert nach *Sakrausky,* Oskar: Die Deutsche Evangelische Kirche in Böhmen, Mähren und Schlesien 1919-1921. Heidelberg 1990, 12.

[62] *Wehrenfennig,* Erich: Wir sind Brüder. In: *Endesfelder,* Walter (Hg.): Evangelische Pfarrer im völkischen Freiheitskampf der Ostmark und des Sudetenlandes. Berlin 1939, 123 f., hier 124.

[63] „Zum Neuen Jahr". In: Die Volkskirche. Organ der Alt-katholiken des Sudetengaues Nr. 1 vom 20.1.1939. — Die Leitung der Altkatholischen Kirche in Warnsdorf war allerdings ebenso wie die Leitungen der anderen Konfessionen mit dem Problem der neuen territorialen Gliederung konfrontiert. Für die tschechischen und deutschen Altkatholiken im Protektorat musste ein eigenes Generalvikariat errichtet werden, das jedoch formal an die Warnsdorfer Kirchenführung gebunden blieb. Die Gemeinde in Brünn wurde jedoch während des Krieges dem altkatholischen Bischof in Wien unterstellt. Vergleiche *Lášek,* Jan B.: K dějinám starokatolictví ve Varnsdorfu [Geschichte des Altkatholizismus in Warnsdorf]. In: Kruh přátel muzea Varnsdorf (Hg.): Almanach ke 130. výročí povýšení Varnsdorfu na město [Almanach zum 130. Jahrestag der Erhebung Warnsdorfs zur Stadt]. Varnsdorf 1998, 17-23, hier 22.

Konfessionen zwar organisatorisch gesehen als regionale Gruppen in größeren kirchlichen Strukturen aufgingen, Deutschland jedoch durch den „Anschluss" Österreichs und des Sudetenlands quantitativ gesehen de facto „katholischer" wurde, auch wenn sich dies in der unmittelbaren Wahrnehmung und auf Grund der vorherrschenden politischen Bedingungen zunächst nicht niederschlug.

Allerdings konnte das konfessionelle Feld mit Blick auf konkrete Geschehnisse und Veränderungen seit der Mitte der dreißiger Jahre von Zeitgenossen in den böhmischen Ländern durchaus als „im Fluss" wahrgenommen werden. Insbesondere seit 1937 traten in einzelnen Gemeinden mehrere deutsche Gläubige gemeinsam aus der katholischen Kirche aus und in die deutsche evangelische Kirche ein. Überprüfungen staatlicher Stellen ergaben jedoch im Sommer 1938, dass die Zahlen sich insgesamt in Grenzen hielten. So gab zum Beispiel ein Bericht der Prager Landesbehörde am 16. August 1938 für den Bezirk Karlsbad für das Jahr 1937 insgesamt 127 Übertritte an, für Eger (Cheb) „in letzter Zeit" 250 Übertritte. Aufgeführt wurden zudem für Fischern (Rybaře) für 1937 und die ersten vier Monate des Jahres 1938 insgesamt 156 Übertritte.[64] Im erwähnten Bericht wurde von keinen unmittelbaren Zusammenhängen zu den politischen Verhältnissen ausgegangen. Übertritte zur evangelischen Kirche in Westböhmen und dem Böhmerwald wurden allerdings mit der Tatsache in Verbindung gebracht, dass Pfarreien unbesetzt blieben und später tschechischen Geistlichen übertragen wurden. Dennoch sorgten die Übertritte bzw. die damit in Zusammenhang stehenden Begleitumstände für Aufsehen. Dies hing zum einen mit der Berichterstattung in der Presse zusammen, die über „Massenaustritte aus der katholischen Kirche" berichtete.[65] Zum anderen sorgten Vorkommnisse in einzelnen Pfarreien für besonderes Aufsehen. In Deutsch Brodek (Brodek u Konice) seien laut dem Organ der Sudetendeutschen Partei „Die Zeit" seit dem Sommer 1937 mehr als hundert Gläubige zur Deutschen Evangelischen Kirche übergetreten, weil der tschechische Priester vor Ort sich geweigert hätte, „deutschen Gottesdienst abzuhalten".[66] Auch wenn es im Kern lediglich darum ging, dass einmal im Monat zwischen den „deutschen" Sonntagsgottesdiensten ein „tschechischer" Gottesdienst stattfinden sollte, sorgte der Vorfall für Aufsehen. Die Sudetendeutsche Partei organisierte vor Ort Widerstand gegen „tschechische" Gottesdienste und sorgte auch für Störungen bei der traditionellen Sankt-Anna-Prozession am 26. Juli.[67] Für die zur Deutschen Evangelischen Kirche Konvertierten – laut Brünner Landesbehörde handelte es

64 NA Praha. MV-Prezidium, Nr. 225-997-10. „Massenaustritte von Deutschen aus der katholischen Kirche". Schreiben des Präsidiums der Prager Landesbehörde an das Innenministerium vom 16.8.1938.

65 NA Praha. MV-Prezidium, Nr. 225-997-10. „Massenaustritte aus der katholischen Kirche". Bericht des Prager Illustrierten Montag vom 28.3.1938.

66 NA Praha. MV-Prezidium, Nr. 225-997-10. „Massenaustritte aus der Kirche wegen tschechischen Gottesdienstes". Die Zeit vom 3.2.1938.

67 NA Praha. MV-Prezidium, Nr. 225-997-10. Schreiben der Brünner Landesbehörde an das Innenministerium in Prag vom 7.9.1937.

sich dabei nur um 43 Personen – kam alle 14 Tage ein evangelischer Pastor aus Mährisch Trübau (Moravská Třebová) in das nahe gelegene Oehlhütten (Lhota u Konice) und hielt in einer Gaststätte einen Gottesdienst. Die Konvertierten organisierten zudem einen Bus zu Gottesdiensten nach Mährisch Trübau und forderten evangelischen Religionsunterricht in der örtlichen Schule.[68]

Es ist unklar, wie sich solche Vorkommnisse, die im Kontext der zunehmenden Radikalisierung der sudetendeutschen Bewegung zu sehen sind, in der Wahrnehmung und im Selbstbild der Kirchen niederschlugen. Gerade ältere Menschen dürften die Auswirkungen der „Los-von-Rom-Bewegung" sowie den konfessionellen Wandel nach 1918 noch in Erinnerung gehabt haben. Bedingt durch die politische Entwicklung waren jedenfalls auch konfessionelle Zusammenhänge in Bewegung geraten, was sich auch in Argumentationen kirchlicher Vertreter niederschlug. Norbert Kocholaty vom katholischen Jugendamt der Diözese Leitmeritz warnte Anfang April 1938 auf Grund der „jetzigen Stimmung unter der ganzen sudetendeutschen Jugend!" davor, dass eine Weigerung der katholischen Jugendverbände, sich der nationalen Einigung der Jugendverbände anzuschließen, Boykottmaßnahmen zur Folge haben könnte. Dem dadurch drohenden „Kampf" gegen die katholische Kirche könnte seiner Meinung nach folgendes Szenario auslösen:

> Aus diesem [antikatholischen Kampf, M.Z.] würden nach den jetzigen Verhältnissen nur die Protestanten einen Nutzen ziehen, als die christliche Kirche, welche die Einigung des deutschen Volkes nicht nur nicht hindert, sondern fördert.[69]

Die oben erwähnten, von Vertretern der Deutschen Evangelischen und der Altkatholischen Kirche vorgenommenen Selbstpositionierungen aus der Zeit nach dem Münchener Abkommen müssen somit auch im Zusammenhang mit den geschilderten Entwicklungen vor dem Herbst 1938 gesehen werden. Anschließend veränderte sich das „konfessionelle Feld" auch durch den Zuzug von evangelischen Beamten und Militärs sowie ihrer Familien. Hinzu kam die bereits erwähnte Austrittsbewegung aus der katholischen Kirche. Ein Blick auf die Konfessionswechsel, zu denen es in den Jahren 1938 bis 1945 im Landkreis Aussig kam, verdeutlicht aber auch, wenn auch in quantitativ begrenztem Maße, die Bewegung, die es bei konfessionellen Bindungen insgesamt gab. Neben Rückkehrern zur katholischen Kirche, fand auch die Deutsche Evangelische Kirche Zulauf. Einzelne Gläubige tschechischer Nationalität, deren national ausgerichtete Kirche vor Ort nicht mehr existent war, schlossen sich wiederum offensichtlich anderen Gemeinschaften an.[70] Eine solche Stichprobe ermöglicht

---

68 NA Praha. MV-Prezidium, Nr. 225-997-10. Schreiben der Brünner Landesbehörde an das Innenministerium in Prag vom 3.12.1937. „Terroristische Aktion der SdP gegen tschechische Gottesdienste.

69 SOA Litoměřice. Bestand: Biskupství Litoměřice, Ordinariát. Karton 35, Sign. 1092. Schreiben von Norbert Kocholaty an den Leitmeritzer Bischof Weber vom 4.4.1938.

70 AM Ústí nad Labem. Bestand: Landrat Aussig (1938-1945). Karton 210, 211, 212, 213, 214. Sign. 205 und 205/1. — Vergleiche auch Der Sudetengau in Zahlen. Statistische Kurznachrichten. 3. Folge. Bearbeitet beim Reichsstatthalter im Sudetengau, Unterabteilung Ib. Reichenberg-Oberrosental 1943, 25.

jedoch nur in begrenztem Rahmen Schlussfolgerungen, zumal das Phänomen mehrfachen Konfessionswechsels zu berücksichtigen ist. In Zukunft ist verstärkt danach zu fragen, inwieweit es zu Konflikten, zu Anpassungen oder anderen Veränderungen gekommen ist, die sich nicht in absoluten Mitgliederzahlen, dafür aber in Organisationsversuchen vor Ort ergaben. Zudem ist zu klären, inwieweit sich ein verändertes konfessionelles Selbstverständnis der Kirchen in einer geänderten gesellschaftlichen Präsenz manifestierte.

Religion, Alltag und Kriegserleben

Die Errichtung der nationalsozialistischen Herrschaft und die Auswirkungen des Zweiten Weltkrieges beeinflussten auch den religiösen Alltag der Menschen in den böhmisch-mährischen Grenzregionen. Religiöse Deutungen und Einstellungen konnten genauso einem Wandel unterliegen wie konkrete Glaubens- und Frömmigkeitsformen. Ein solcher Wandel sollte idealerweise in einer Langzeitperspektive betrachtet werden, die über politische, staatliche und gesellschaftliche Veränderungen, wie sie sich zum Beispiel 1945 ergaben, hinausweist.[71] Im Folgenden kann es deswegen lediglich darum gehen, einige Bereiche zu skizzieren, in denen Verhaltensweisen oder formale Aspekte auf Veränderungen religiösen Denkens oder religiöser Praxis hindeuten.

Unter den katholischen Deutschen der böhmischen Länder hatte es in der Zwischenkriegszeit mehrere Ansätze für eine religiöse Erneuerung gegeben. Dies betraf nicht zuletzt die Liturgiegestaltung, zu der zahlreiche Anregungen aus Österreich und Deutschland aufgenommen wurden.[72] Kurt Huber sieht die anschließende Zeit der nationalsozialistischen Herrschaft als Phase der Bewährung für die „volksliturgische Gestaltung", die bei den vertriebenen Sudetendeutschen nach 1945 in der „Ackermann-Gemeinde" weiter vertieft worden sei.[73] Bedingt durch den Zuzug aus Deutschland, Kriegseinflüsse und die insgesamt engere Anbindung an die kirchlichen Strukturen im Deutschen Reich unterlagen jedoch die Formen und Inhalte der Liturgie womöglich auch zwischen 1938 und 1945 starken Veränderungen. Darauf deutet zum Beispiel ein Schreiben von Vikariatsverweser Josef Tittel aus Hennersdorf (Dubnice) an den Leitmeritzer Bischof Weber aus dem Jahr 1943 hin, in dem er ihn auf die Problematik der unreflektierten Übernahme volkskirchlicher Gepflogenheiten hinwies:

> Und bei alldem dürfte nach meinen Erfahrungen unsere Diözese gegenüber vielen Diözesen des Reiches immerhin nicht voranstehen, denn erst durch den Anschluß ans Reich kamen auch die volksliturgischen Gepflogenheiten zu uns immer mehr herüber.[74]

---

71 Bezogen auf die langfristigen Veränderungen im tschechischen Katholizismus vergleiche *Hanuš*, Jiří: Tradice českého katolicismu ve 20. století [Die Tradition des tschechischen Katholizismus im 20. Jahrhundert]. Brno 2005.

72 Vergleiche *Huber*, Kurt A.: Die Liturgische Bewegung bei den Sudetendeutschen. In: *Ders.:* Katholische Kirche und Kultur in Böhmen 369-384.

73 *Ebenda* 381.

74 SOA Litoměřice. Bestand: Biskupství Litoměřice, Ordinariát. Karton 10, Sign. 111. Schreiben von Vikariatsverweser Josef Tittel an Bischof Weber vom 4.10.1943.

In dem Brief wird schließlich die Frage gestellt, welche liturgischen Formen eigentlich erlaubt seien und wie eine Einheitlichkeit gewahrt bleiben könne. Wie relevant solche Fragen tatsächlich waren, lässt sich auf Grund der derzeitigen Forschungslage nicht sagen. Sie verweisen jedoch auf innere Prozesse, die womöglich wegen des geänderten äußeren Stellenwerts der katholischen Kirche sowie gewandelter Kommunikationsabläufe wichtige Erkenntnisse über das innere kirchliche Leben bieten könnten.

Nach außen, auf die öffentliche Wahrnehmung gerichtet, waren dagegen kirchliche Traditionen und Veranstaltungen, die potentiell in Konflikt zu Brauchformen standen, die die Nationalsozialisten zur Durchsetzung ihres weltanschaulichen Anspruches neu einführen wollten. Dies betraf Prozessionen wie an Fronleichnam, die aus dem öffentlichen Raum verbannt werden sollten,[75] oder andere religiöse Traditionen wie etwa zu Erntedank.[76] Ein Monatsbericht der NSDAP aus dem schlesischen Freudenthal schildert für das Jahr 1943, wie durch Brauchformen wie dem „Saatreiten", die in einen ideologischen Zusammenhang gestellt wurden, kirchliche Feiern der Fasten- und Osterzeit verdrängt werden sollten. Klingt der erste Bericht noch positiv und erwähnt, dass dies der beste Weg sei, „ohne Kulturkampf die alte Welt abzulösen", so heißt es im folgenden Bericht:

> Als der Ritt begann, kam noch ein Wehrmachtsangehöriger, der den Tag vorher auf Urlaub gewesen war, mit seinem Pferd, um an dem Ritt teilzunehmen, doch hatte dieser sich vom Pfarrer ein Kreuz aufdrängen lassen, wodurch der ganze Osterritt hinfällig wurde. Daraus ist ersichtlich, dass sich einzelne Pfarrer absolut nicht verdrängen lassen, dass die Kirche nach wie vor den Menschenführungsanspruch stellt.[77]

Zunächst ist zu konstatieren, dass hier offensichtlich Vertreter der Kirche mit Protagonisten des Regimes in Konflikt gerieten. Darüber hinaus ist jedoch zu fragen, inwieweit Teile der Bevölkerung bei solchen Vorgängen überhaupt eine Konfrontation wahrnahmen oder ob sie nicht einfach von einem Ineinandergreifen neuer und alter Riten bzw. religiöser und nationaler Elemente ausgingen. Dies wäre auch für den Umgang mit der im Laufe des Krieges drastisch zunehmenden Zahl an Gefallenen zu hinterfragen. In SD-Berichten zur Situation in Deutschland wird konstatiert, dass die Kirchen ihren Einfluss während des Krieges durch ihr Engagement in der religiösen Begleitung von Angehörigen wieder ausweiten konnten, da sie anders als die NS-„Heldenfeiern" Trost spenden konnten.[78] Auch hier ist zu hinterfragen, ob Betroffene einen Konflikt wahrnahmen oder nicht vielmehr neben der religiösen Form der Sinnstiftung

---

75 *Macek:* Pronásledování a odpor katolické církve 438.

76 Vergleiche etwa zu Erntedank oder zur Wintersonnenwende *Vondung:* Magie und Manipulation 83-87.

77 Situační zprávy bývalého Okresního vedení NSDAP Bruntále z let 1941-1943 [Situationsberichte der ehemaligen Bezirksleitung der NSDAP Freudenthal aus den Jahren 1941-1943]. Bearbeitet von Václav *Štěpán.* Bruntál 2002. Bericht für die Monate März-April 1943, 127.

78 Barch. R 58/176. Meldungen aus dem Reich Nr. 325 vom 12.10.1942, 87-92.

auch Aspekte nationaler oder ideologischer Sinngebung aufnahmen. Dies konnte sich womöglich auch dadurch ergeben, dass diese Ebenen nicht zuletzt im Bereich der Sprache ineinander griffen. So bezeichnete ein Priester in einer Predigt in der Teplitzer Stadtkirche laut eines SD-Berichtes anlässlich einer Primiz die Priester als „Leibstandarte des Herrgotts".[79]

Insgesamt klärungsbedürftig ist die Frage, inwieweit die Entwicklung des religiösen Lebens und die dadurch bedingten Auseinandersetzungen zwischen nationalsozialistischem Regime und katholischer Kirche sowie der Wahrnehmung und dem Verhalten der Bevölkerung in der zu untersuchenden Region mit denen in Deutschland insgesamt vergleichbar sind, oder ob indigene Faktoren zu anderen Dimensionen von Veränderung, Akzeptanz oder Auseinandersetzung führten. Dies betrifft auch die Frage, wie sich das Verhältnis der Bevölkerung zu den Kirchen in der in Forschungen meist zu wenig berücksichtigten zweiten Kriegshälfte entwickelte. Zu Recht hat Martin Greschat darauf hingewiesen, dass der partielle Bedeutungsgewinn, den zum Beispiel die Gestapo in ihren Berichten für diese Kriegsphase konstatierte, nicht für eine allgemeine Rückkehr zur Kirche, sondern eher für eine „selektive Kirchlichkeit" stand. Meist wurden dabei kirchliche Selbstdeutungen, wonach die Menschen in Krisenzeiten religiös-sittlichen Halt suchen würden, als allgemeine Deutung übernommen.[80]

Ausblick

Die Prognose im eingangs zitierten Bericht aus dem Jahr 1939 bestätigte sich nicht. Trotz starker nationaler Prägungen entstanden zwischen dem nationalsozialistischen Regime und dem kirchlichen Milieu im „Sudetenland" Konfliktlinien. Insbesondere die katholische Kirche als Institution geriet unter starken Druck und versuchte, ihren Einfluss zu verteidigen. Eine große Zahl von Geistlichen hatte unter Verfolgung zu leiden. Allerdings zeigte sich auch, dass die Entwicklung in der Zeit vor dem Jahr 1938 das Verhältnis zwischen Diktatur und Religion nach 1938 stark beeinflusste. Um die dadurch bedingten Konsequenzen in Zukunft verstärkt analysieren zu können, bedarf es folgender Herangehensweise: Der Fokus ist nicht, wie bisher vorherrschend, allein auf die Kirchen und ihre Vertreter als „geschlossenes System" zu richten. Stattdessen muss das gesamte religiöse Feld in seiner Beziehung zu anderen politischen und gesellschaftlichen Kontexten betrachtet werden. Dies schließt auch eine konfessionsvergleichende und -übergreifende Perspektive mit ein.

---

79 Berichte des SD und der Gestapo über Kirchen und Kirchenvolk in Deutschland 1934-1944. Bearbeitet von Heinz *Boberach*. Mainz 1971 (Veröffentlichungen der Kommission für Zeitgeschichte. Reihe A: Quellen 12), Meldungen aus dem Reich Nr. 202 vom 14.7.1941, 530.

80 *Greschat*, Martin: Religiöse und theologische Stimmen zum Kriegsalltag. In: *Düringer/Kaiser* (Hgg.): Kirchliches Leben im Zweiten Weltkrieg 89-107, hier 101 f.

Voraussetzung zur Kontextualisierung ist es, die breite Gruppe der Gläubigen in ihrem unterschiedlich engen Verhältnis zur kirchlichen Institution in den Blick zu nehmen. Auf diese Weise böte sich die Chance, die Aneignung religiöser Vorstellungen, nationaler Denkweisen und ideologischer Versatzstücke sowie potentielle Verbindungen zwischen diesen Elementen zu erforschen. Am Ende könnten somit nicht nur neue Sichtweisen auf das religiöse Leben unter der nationalsozialistischen Diktatur, sondern auch auf Denk- und Verhaltensformen in den böhmisch-mährischen Grenzregionen insgesamt stehen.

Johann Großruck

DAS PRÄMONSTRATENSER-CHORHERRENSTIFT SCHLÄGL
und die von ihm betreuten Pfarreien in Südböhmen (1938-1945)

Die Motivation, mich bereits vor etwa 30 Jahren mit der Böhmerwaldregion in der Zeit des Nationalsozialismus zu befassen, war zunächst keineswegs geschichtswissenschaftlicher Natur. Es waren vielmehr persönliche Kontakte mit der Generation von Zeitzeugen, die ich im Prämonstratenser-Chorherrenstift Schlägl und seinen Pfarreien kennen und schätzen gelernt habe. Ihre Erinnerungen haben mich zutiefst bewegt und schließlich dazu bewogen, mich intensiver mit ihren Zeit- und Lebensumständen zu befassen. Diese waren großteils so eng mit dem Schicksal des Stiftes und seiner Pfarreien verwoben, dass es mir zu einem Anliegen wurde, die mündlich tradierten Erinnerungen meiner inzwischen verstorbenen Gesprächspartner in ihren historischen Kontext zu stellen.[1]

Für das grundsätzliche Verständnis der sensiblen mikrohistorischen Thematik, die hier darzulegen ist, scheint der Hinweis auf die Geschichte und Tradition des Stiftes Schlägl sinnvoll.[2] Im Einzugsbereich des alten Böhmerwaldklos-

---

1 Der Autor war als Prämonstratenser von Schlägl (1964-1981) unter dem Ordensnamen Thomas (Johann Großruck) ab 1970 Pfarr- und Auxiliarseelsorger in den diversen vom Stift Schlägl betreuten Grenzpfarren des Oberen Mühlviertels (Oberösterreich). Bei allen im laufenden Text angeführten Prämonstratensern ist der (erste) angeführte Vorname der beim Eintritt in das Kloster verliehene Ordensname, während der allenfalls angeführte zweite Vorname der Taufname des Betreffenden ist.

2 Die erste Klostergründung um 1204 durch Zisterzienser aus Langheim im Bistum Bamberg hatte keinen Bestand. 1218 berief der Passauer Ministeriale Kalhoch von Falkenstein Prämonstratenser nach Schlägl. Ab der zweiten Hälfte des 13. Jahrhunderts zählten die Witigonen zu den großen Gönnern Schlägls. Aus dieser Epoche datiert auch um 1258 die Schenkung der ältesten inkorporierten Pfarre des Stiftes Schlägl: Lichtenwerden (Světlá), geläufiger als Kirchschlag in Böhmen, durch den Rosenberger Witiko von Krummau (Český Krumlov). Der Oberstkämmerer von Böhmen, Heinrich von Rosenberg (Rožmberk nad Vltavou), schenkte dem Stift um 1305 auch noch die große Nachbarpfarrei Friedburg oder Friedberg an der Moldau (Frymburk) mit der Intention, dass die Pfarrei „immer beim Lande Böhmen, bei der Prager Diöcese und unter der Herrschaft der Rosenberger verbleiben solle." Die stiftungskonforme Bindung an Prag hat sich durch die Jahrhunderte hindurch vor allem auf Ordensebene bis heute zu einer emotionalen Verbundenheit entwickelt, zumal der Ordensgründer Norbert von Xanten nach seinem Tod als Erzbischof von Magdeburg im Prämonstratenserstift Strahov am Prager Hradschin seine letzte Ruhestätte gefunden hat und am 21. April 1627 zum Landespatron von Böhmen erklärt worden war. In Zeiten kriegerischer Auseinandersetzungen sind die Gebeine des Heiligen sogar vorübergehend von Prag nach Schlägl in Sicherheit gebracht

ters hatte sich in vielen Jahrhunderten ein homogener, grenzüberschreitender Seelsorge-, Kultur- und Wirtschaftsraum entwickelt. Daher war auch für die inkorporierten Pfarreien in Schicksalsgemeinschaft mit ihrem Mutterstift der Böhmerwaldkamm nie als Grenze erlebt und empfunden worden, sondern immer als Brücke im Dreiländereck Böhmen, Bayern und Oberösterreich.

Im Laufe seiner bewegten Geschichte ist das Stift Schlägl wiederholt geplündert, gebrandschatzt und zerstört worden; „aufgehoben"[3] – respektive beschlagnahmt und enteignet – wurde es jedoch nur ein einziges Mal: zur Zeit des Nationalsozialismus. Es mutet wie Zynismus des Schicksals an, dass jahrhundertelanges Bemühen um die infrastrukturelle Entwicklung der Region nördlich (im südlichen Böhmen) und südlich (im nördlichen Oberösterreich) des Böhmerwaldhauptkammes zur „Staatsfeindlichkeit" mit allen daraus resultierenden Konsequenzen deklariert werden konnte.

Im Jahr 1938 zählte das Stift Schlägl insgesamt 41 Angehörige,[4] ein Personalstand, der sich entgegen dem Trend der Zeit bis heute kaum geändert hat.[5] Dem Stift waren neun Pfarren inkorporiert: Aigen-Schlägl, Haslach an der Mühl, Oepping, St. Oswald bei Haslach, Rohrbach, Schwarzenberg und Ulrichsberg (alle in der Diözese Linz), sowie Friedberg an der Moldau (Frymburk) und Kirchschlag (Světlík) in Böhmen (beide in der Diözese Budweis).[6] Außerdem wurde die zur Diözese Budweis gehörige Weltpriesterpfarre Lagau in Böhmen (Slavkov) vom Stift Schlägl seelsorgerisch betreut, wozu ab 1939 noch Untermoldau (Dolní Vltavíce) und ab 1941 Oberplan (Horní Plana) kamen. In Deutsch-Reichenau (Německý Rychnov) und Glöckelberg (Zvonková) waren Schlägler Chorherren als temporäre Auxiliar-Seelsorger tätig.[7]

Die Pfarrseelsorger im Grenzbereich auf tschechoslowakischer Seite sahen sich im Vorfeld des Jahres 1938 mit anders gelagerten Problemen konfrontiert als die Geistlichen in den Stiftspfarreien auf österreichischer Seite, wo die parteipolitischen Wirren im eigenen Land und die politischen Umwälzungen im unmittelbar benachbarten nationalsozialistischen Deutschland Unsicherheit und

---

worden. Ausführlicher nachzulesen ist die Geschichte des Stifts in *Pröll,* Laurenz: Geschichte des Prämonstratenserstiftes Schlägl im oberen Mühlviertel. Linz 1877, 17-23. — *Pichler,* Isfried Hermann: Professbuch des Stiftes Schlägl (Schlägler Schriften 10). Schlägl 1992.

3 Beschlagnahme und Enteignung sind nicht de jure als „Aufhebung" zu verstehen, werden aber in den meisten Publikationen als solche bezeichnet, weil sie mit den überfallartigen Gestapoeinsätzen und der Vertreibung aus dem Kloster von den Betroffenen de facto wie eine Aufhebung empfunden wurden.

4 *Lang,* Cajetan Josef: Catalogus Canonicorum Regularium Ordinis Praemonstratensis Sancti Patris Norberti Canoniae Plagensis (Schlägl in Austria Superiore). Lincii 1957. Präzedenz-Nummern 421-492.

5 Vergleiche Personalschematismus Prämonstratenser Stift Schlägl. In: Jahrbuch der Diözese Linz 2006, 138. Herausgegeben vom *Bischöflichen Ordinariat Linz/Pastoralamt.* Hier sind 39 Konventangehörige angeführt (Stand 2005).

6 Schematismus der Geistlichkeit der Diözese Linz für das Jahr 1941. Linz 1941, 172.

7 *Ebenda* 282-292.

Angst schürten und für die Pfarrseelsorger durchaus pastorale Themen waren.[8] „Gott schütze Österreich!" – der letzte offizielle Satz von Bundeskanzler Dr. Kurt Schuschnigg, mit welchem er am 11. März 1938 seine Abschiedsrede im Rundfunk beendete, war wohl der finalisierte Ausdruck dieser Angst vor den politischen Perspektiven und vor allem vor den Konsequenzen der „Operation Otto".[9]

Auch in den Grenzpfarren auf böhmischer Seite wurde die brisante politische Situation thematisiert, hier jedoch weitgehend als Resonanz der aufgewühlten Stimmung in der deutschsprachigen Pfarrbevölkerung, für die das benachbarte Deutschland im Konflikt mit der tschechoslowakischen Administration immer mehr zum Hoffnungsträger deutsch-nationaler Sehnsucht geworden war. Nicht alleine die in Jahrhunderten ausgeprägte deutschböhmische Identität schien massiv bedroht. Priester wie Gläubige wähnten auch die als deutsch-katholischer Glaube empfundene römisch-katholische Glaubenstradition in der Tschechoslowakei gefährdet. Dies mag erklären, warum in den Böhmerwaldpfarreien nicht wenige deutschsprachige Seelsorger die Ereignisse des Jahres 1938 ähnlich positiv bewerteten wie die Mehrheit der Gläubigen.[10] Selbst die von der „Sudetendeutschen Partei" (SdP) propagierte Reinerhaltung des deutschen Volkstums konnte als Manifest für den seit alters her verwurzelten Glauben des Volkes interpretiert werden. Die plakative Forderung Konrad Henleins nach voller „Freiheit des Bekenntnisses zum deutschen Volkstum und zur deutschen Weltanschauung"[11] musste für einen volksverbundenen Seelsorger nicht a priori ein pastoral-theologischer Widerspruch zur christlich-katholischen Weltanschauung sein.

Dies mag wohl auch für einige Schlägler Pfarrseelsorger zugetroffen haben, die sich aus christlich-sozialen Motivationen heraus vehement gegen aufkeimende nationalsozialistische Strömungen engagierten, solange sie in den Grenzpfarreien auf österreichischer Seite tätig waren. Sobald sie jedoch im Rahmen der routinemäßigen innerstiftlichen Personalrochade auf eine böhmische Pfarre verpflichtet worden sind, identifizierten sie sich mit den bodenständigen deutschen Wertvorstellungen, ohne explizit darüber zu reflektieren, dass diese auch als Gedankengut des Nationalsozialismus instrumentalisiert werden konnten. Die nationalsozialistische Propaganda des „uneingeschränkten

8 *Großruck*, Johann: Das Stift Schlägl und seine Pfarren im Dritten Reich. 3. Aufl. Linz 2000. In dieser Publikation wird auf den Seiten 13 bis 40 die stifts- und pfarrgeschichtliche Situation im Vorfeld der Ereignisse des Jahres 1938 ausführlicher als im vorliegenden Beitrag möglich erhellt. — Vergleiche auch: *Ders.*: Das Stift Schlägl und seine Pfarren im Dritten Reich. In: EuroJournal Mühlviertel-Böhmerwald [ursprünglich: Mühlviertler Heimatblätter] 6/1 (2000) 18-22, hier 18 f.

9 Zum „Anschluss" Österreichs siehe *Benz*, Wolfgang/*Graml*, Hermann/*Weiß*, Hermann (Hgg.): Enzyklopädie des Nationalsozialismus. Stuttgart 1997, hier 362-364.

10 *Großruck*: Stift Schlägl 32-35.

11 Stiftsarchiv Schlägl. Schachtel 1018 [Nachlass von Ludolf Zauner]: Zeitungsartikel: [Autor unbekannt]: Jetzt hat Prag das Wort. In: Linzer Volksblatt Nr. 96 vom 26.4.1938 (Morgenausgabe) 2.

Deutschtums" dürfte auch bei manchem Seelsorger die trügerische Hoffnung geweckt haben, dass durch die Ideologisierung des Deutschtums auch die traditionsreiche Identität ihrer deutsch-böhmischen Pfarrangehörigen als deutschsprachige Katholiken bewahrt bleiben werde. Diesen Geistlichen deshalb jedoch eine nationalsozialistische Gesinnung unterstellen zu wollen, erschiene kaum gerechtfertigt.

Während der Stiftschronist im März 1938 den „Anschluss" Österreichs an das Deutsche Reich lapidar mit der Eintragung: „Finis Austriae, Hitler in Linz"[12] kommentierte, war der Pfarrklerus in Böhmen wohl einem Wechselbad der Gefühle ausgesetzt – wie der Dechant[13] und Pfarrer von Friedberg, Petrus Dolzer[14], der besorgt die Frage stellte:

> Wie wird es den Geistlichen, die das Hakenkreuz stets scharf bekämpft haben, gehen? Wie dem Linzer Bischof Johannes M[aria, J.G.] Gföllner, der in einem Hirtenbrief „bewiesen" hat, daß der Nationalsozialismus eine gefährliche Irrlehre sei?[15]

Mit dem Einmarsch deutscher Truppen in Österreich begannen überfallartige Polizeiaktionen gegen kirchliche Einrichtungen, auch gegen das Stift Schlägl und seine Pfarren. Vor der Bevölkerung begründete die nationalsozialistische Propaganda die Hausdurchsuchungen mit dem Verdacht auf versteckte Maschinengewehre und Geheimsender. Die Suche blieb in Schlägl wie anderswo negativ, trotzdem mussten die deutschen „Schupos" (Schutzpolizisten) unter der Assistenz lokaler Nationalsozialisten nicht unverrichteter Dinge abziehen: Sie konnten den Landeshauptmann von Oberösterreich, Dr. Heinrich Gleißner, festnehmen, der von Gauleiter August Eigruber seines Amtes enthoben worden war und sich von den turbulenten politischen Umwälzungen im Stift Schlägl erholen wollte. Bei der Leibesvisite im kalten Stiftshof wurde er wegen seines Rosenkranzes verhöhnt, er wurde in einer Klosterzelle isoliert und musste mit anderen Regimegegnern aus der Region im Gemeindegefängnis von Aigen einsitzen, bevor er nach Linz überstellt wurde.[16]

Es folgten weitere kirchen- und klerusfeindliche Aktivitäten der Nationalsozialisten: Im Stift wurde der einzige Novize verhaftet, weitere Haftandrohungen verunsicherten die Mitbrüder. Die katholischen Vereine wurden aufgelöst; das Stifts-Untergymnasium und Sängerknabeninstitut wurde aufgehoben; die Barmherzigen Schwestern wurden aus ihrem Schuldienst in der Stiftsvolks-

---

12 Stiftsarchiv Schlägl. Memorabilia Canoniae Plagensis 1853-1957 [Stiftschronik]. Eintragungen März 1938.

13 Andere Bezeichnung für Dekan.

14 Petrus Alois Dolzer (1873-1948), geboren in Wadetstift 2 (Pfarre Friedberg), Prämonstratenser von Schlägl, letzter Schlägler Pfarrer und Personaldechant von Friedberg in Böhmen (1918-1946), Heimatschriftsteller und Autor der hier zitierten Chronik II der Pfarre Friedberg in Böhmen, Prior des Stiftes Schlägl (1946-1948). *Lang:* Catalogus. Präzedenz-Nummer 436.

15 Stiftsarchiv Schlägl: Chronik II der Pfarre Friedberg in Böhmen 1877-1945, 225.

16 *Bredl,* Klemens Franz: Erinnerungen an die Zeit der Aufhebung des Stiftes. Manuskript im Stiftsarchiv Schlägl (39 Seiten), Schachtel 1016. Aigen März 1965, 3.

schule entlassen; die landwirtschaftliche Winterschule wurde Quartier für die nationalsozialistischen „Arbeitsmaiden"; das so genannte „Schwesternstöckl" des Stiftes musste an die Gemeinde Schlägl zwangsverkauft werden.[17]

Die dem „Anschluss" folgende „Volksabstimmung" mit dem überwältigenden Votum für die „Wiedervereinigung Österreichs mit dem Deutschen Reich" hatte für die deutsche Bevölkerung in Böhmen Signalwirkung. Ausgerechnet jedoch die zwei späteren Kooperatoren von Friedberg, Florian Pröll[18] und Theodor Griedl[19], wurden dabei beobachtet, wie sie und ihr Konfrater Konrad Karl Kaiser[20] mit „Nein" stimmten. Damals kursierte der bekannte Flüsterwitz: Den großen Kreis (Ja) kreuzten die „Kurzsichtigen", den kleinen Kreis (Nein) die „Weitsichtigen" an.[21] Dieser Weitblick fehlte offenbar den österreichischen Bischöfen, auf denen ebenso die Hypothek der „JA"-Empfehlung („Feierliche Erklärung")[22] lastet, wie auf dem Sozialisten und ersten Bundespräsidenten der Zweiten Republik, Dr. Karl Renner, der seine persönliche „JA"-Empfehlung im „Wiener Tagblatt" publizieren ließ.[23] Aus oberösterreichischer Sicht ist die Unterzeichnung der oberhirtlichen Empfehlung durch Diözesanbischof Dr. Johannes Maria Gföllner kaum nachvollziehbar, weil gerade er schon 1933 in seinem Hirtenbrief „Über wahren und falschen Nationalismus" auf das Schärfste den Nationalsozialismus verurteilt hatte.[24]

---

17 *Großruck:* Stift Schlägl 65-74.

18 Florian Josef Pröll (1913-1993), Prämonstratenser von Schlägl, Kooperator von Friedberg in Böhmen (1940-1941), Einberufung zur Deutschen Wehrmacht, amerikanische Kriegsgefangenschaft, Diplomingenieur (Forstwirtschaft), 18. Abt von Schlägl (1958-1989). *Lang:* Catalogus. Präzedenz-Nummer 486. — *Pichler:* Professbuch 514-517 (Schematismus-Nummer 577).

19 Theodor Franz Griedl (1913-1989), Prämonstratenser von Schlägl, Kooperator in Friedberg in Böhmen (1939-1946), Einberufung zur Deutschen Wehrmacht, nach dem Krieg als Seelsorger in diversen Stifts- und Diözesanpfarren tätig. *Lang:* Catalogus. Präzedenz-Nummer 483. — *Pichler:* Professbuch 490 (Schematismus-Nummer 574).

20 Konrad Karl Kaiser (1914-1991), Eintritt in das Stift Schlägl (1934), vor der feierlichen Profess Austritt aus dem Stift (1939), Deutsche Wehrmacht, russische Kriegsgefangenschaft (Stalingrad), Heimkehr 1948, Volksschuldirektor in Schlägl, mitbrüderliche Verbundenheit mit dem Schlägler Konvent bis zum Lebensende. *Lang:* Catalogus. Präzedenz-Nummer 487. — *Pichler:* Professbuch 492 (Schematismus-Nummer 578).

21 *Baumgartner,* Johann: Peilstein im Mühlviertel (Heimatbuch der Marktgemeinde Peilstein im Mühlviertel). Ried 1999, 85.

22 *Großruck:* Stift Schlägl 57. Faksimile eines Originalhektogramms der von sechs österreichischen Bischöfen (darunter der Linzer Diözesanbischof Dr. Johannes Maria Gföllner) unterzeichneten „Feierlichen Erklärung" vom 18. März 1938 aus dem Fundus der Familie Großruck, Grieskirchen.

23 *Hagspiel,* Hermann: Die Ostmark. Österreich im Großdeutschen Reich 1938-1945. Wien 1995, 40.

24 Dr. theol. et phil. Johannes Maria Gföllner (1867-1941), neunter Bischof von Linz (1915-1941), Hirtenbrief „Über wahren und falschen Nationalismus" (1933). Siehe *Slapnicka,* Harry: Oberösterreich – Die politische Führungsschicht (1918-1938). Linz 1976, 90-93.

Die Friedberger Bevölkerung zeigte sich nach den Märzereignissen in Österreich zuversichtlich, „daß Hitler in drei Wochen die Cechen bis über Budweis hineingejagt haben werde", wie Pfarrer Petrus Dolzer drastisch schildert. Er illustriert diese Hitler-„Adventstimmung" in seiner Pfarrchronik mit einer Episode aus dem Dorfalltag:

Der kleine, 11-jährige Willi, Sohn des hiesigen Hutmachers, ist auf dem Marktplatz und ist sehr aufgeregt. Immer wieder schreit er: „Der verdammte Hitler! Der verdammte Hitler!" Ein cechischer Gendarm, der gerade vorbeikommt, ist ganz entzückt. Er bleibt stehen, klopft dem Knaben auf die Schulter und sagt: „Das ist brav! Schimpf nur auf Hitler! Komm, sag, warum schimpfst du auf den Hitler?" Darauf der Knabe: „Weil er so lange nicht kommt!"[25]

Obwohl Hitler nach der Annexion Österreichs laut einer Tagebucheintragung von Alfred Jodl erwähnt hat, „daß es mit der Lösung der tschechischen Frage keine Eile habe, weil Österreich zuerst verdaut werden müsse"[26], begannen doch schon die Vorbereitungen für den „Fall Grün", der Code für das Vorgehen gegen die Tschechoslowakei.[27] Die Sudetendeutsche Partei trieb das „deutsch-nationale Stimmungsbarometer" in die Höhe. So wurden die administrativen Probleme des Kooperators von Friedberg, Gilbert Hötzendorfer[28], mit den tschechoslowakischen Behörden von der SdP zum propagandistischen Anlass genommen, sich energisch für seine Rechte einzusetzen. Für die Verlängerung seiner Aufenthaltsbewilligung durch die tschechoslowakischen Behörden wurden 1 400 Unterschriften gesammelt, und „alle jungen Leute grüßten ihn offen und heimlich mit dem deutschen Gruß."[29] Trotzdem musste er am 4. Juni 1938 die Tschechoslowakei verlassen. Spontan rottete sich die Pfarrbevölkerung zusammen und verabschiedete ihren Kaplan mit demonstrativen „Heil"-Rufen, als er in der Pfarrkutsche abfuhr.[30]

Bei der Ausstellung der für die seelsorgerische Arbeit notwendigen tschechoslowakischen Staatsbürgerschaft kam es verstärkt zu Schwierigkeiten. An die Stelle von Gilbert Hötzendorfer trat in Friedberg zunächst der bisherige Kooperator von Kirchschlag in Böhmen, Norbert Pühringer[31], der auch nicht

---

[25] Stiftsarchiv Schlägl. Chronik II der Pfarre Friedberg in Böhmen 1877-1945, 226.

[26] *Leithäuser*, Joachim: Der Fall Österreichs. Sonderabdruck aus dem „Wiener Kurier" vom 22. November 1952, XII.

[27] *Ebenda.*

[28] Gilbert Joseph Hötzendorfer (1902-1970), Prämonstratenser von Schlägl, Kooperator in Friedberg in Böhmen (1935-1938), am 11. Juni 1938 Ausweisung aus der Tschechoslowakei, Beginn eines lebenslangen Leidensweges durch eine schon damals diagnostizierte progrediente multiple Sklerose, lebte wegen seiner Körperbehinderung während der nationalsozialistischen Zeit in permanenter Angst vor eventuellen Euthanasiemaßnahmen, die letzten Jahrzehnte seines Lebens verbrachte er unter der aufopfernden Pflege der Barmherzigen Schwestern im Stift. *Lang:* Catalogus. Präzedenz-Nummer 472. — *Pichler:* Professbuch 479 f. (Schematismus-Nummer 563).

[29] Stiftsarchiv Schlägl. Chronik II der Pfarre Friedberg in Böhmen 1877-1945, 226.

[30] *Ebenda* 229.

[31] Norbert Johann Pühringer (1908-1989), Prämonstratenser von Schlägl, Kooperator in Kirchschlag in Böhmen (1936-1938), als Nachfolger von Gilbert Hötzendorfer kurzfristig Kooperator von Friedberg in Böhmen, Entzug der Aufenthaltsbewilligung am 2. August

lange bleiben konnte und von Adrian Raab[32] abgelöst wurde. Schließlich kam Alfred Ernst Schott, ein junger Prämonstratenser aus dem böhmischen Kloster Tepl (Teplá) als zweiter Kooperator nach Friedberg in Böhmen.[33] Sein greiser Abt Dr. Gilbert Helmer, eine der legendären Abtfiguren des Prämonstratenserordens, besuchte persönlich Friedberg, um seinem jungen Mitbruder den Segen für seine Aufgabe zu erteilen.[34]

Wachsende Unruhe machte sich im September 1938 im Gau „Oberdonau" breit, als immer mehr deutsche Flüchtlinge aus der Tschechoslowakei in die Mühlviertler Grenzpfarreien kamen und in der Bevölkerung eine richtiggehende Kriegsangst entfachten.[35] In den böhmischen Stiftspfarren hingegen war die Stimmung eher von einer wachsenden „Anschlusseuphorie" geprägt. Die SdP organisierte Umzüge, und Pfarrer Petrus Dolzer registrierte in der Pfarrchronik, dass die Leute in Friedberg begeistert das Deutschland- und das Horst-Wessel-Lied sangen und in Sprechchören brüllten: „Lieber Adolf, mach uns frei – von der Tschechoslowakei!" Nicht von ungefähr wurde Friedberg in Böhmen als die „Wiege der nationalsozialistischen Bewegung für Südböhmen" bezeichnet.[36]

1938, Kooperator in Ulrichsberg (1938-1955), zugleich ab 1. November 1941 „exponierter Lokalkaplan" der Kaplanei Klaffer („geschützter" Seelsorgeposten), Pfarrer der neu errichteten Pfarre Klaffer (1958-1979). *Lang:* Catalogus. Präzedenz-Nummer 478. — *Pichler:* Professbuch 487 f. (Schematismus-Nummer 569).

32 Adrian Joseph Raab (1892-1961), Prämonstratenser von Schlägl, Kooperator von Friedberg (1923-1939), Pfarrprovisor von Untermoldau (1939-1946). Sein Pfarrhof wurde am 7. Mai 1945 von amerikanischen Truppen in Brand geschossen, Ausweisung aus der Tschechoslowakei (Juli 1946), Sprengung der Pfarrkirche Untermoldau (1959), Pfarrer von Arnreit (1946-1960), Benefiziat in Götzendorf (1960-1961). *Lang:* Catalogus. Präzedenz-Nummer 459. — *Pichler:* Professbuch 465 f. (Schematismus-Nummer 550).

33 Alfred Ernst Schott (1911-1983), Prämonstratenser von Tepl (Einkleidung 1932), zweiter Kooperator von Friedberg in Böhmen (1938-1940), Ausweisung aus der Tschechoslowakei (1945), Pfarrer in Schönau (1967-1972), Prior in Villingen (1975-1983), Provisor (1983). — Catalogus Ordinis Praemonstratensis. Herausgegeben vom *Secretariatus permanens Definitorii Ordinis Praemonstratensis.* Tongerlo-Westerlo 1972, 36. — *Pichler:* Professbuch 551 f.

34 Stiftsarchiv Schlägl. Chronik II der Pfarre Friedberg in Böhmen 1877-1945, 231. Dr. Gilbert Johann Helmer war der 49. Abt von Stift Tepl, infulierter Prälat, Vater-Abt und Apostolischer Administrator von Speinshart/Bayern, von Papst Pius XI. ausgezeichnet mit dem Pileolus violaceus, ehemaliger Professor am Gymnasium der Prämonstratenser in Pilsen, aktives Mitglied der „Deutschen Gesellschaft der Wissenschaften und Künste in der Tschechoslowakischen Republik", Ehrenbürger von Tepl, Marienbad, Weseritz etc. Geboren am 2. Januar 1864 in Schrikowitz, eingekleidet am 28. September 1884, Priesterweihe am 28. Juli 1889, zum Abt gewählt am 27. Oktober 1900. Er konnte im Jahre 1940 sein 40-jähriges Abtjubiläum feiern und starb am 4. März 1944, bevor er nach dem Zusammenbruch des Dritten Reiches die Aufhebung der Abtei Tepl und die Zerstreuung des Konventes erleben musste. Vergleiche Mitgliederverzeichnis der Prämonstratenserstifte Tepl, Wilten, Geras, Schlägl, Speinshart. Marienbad 1940, 69. — *Ludwig,* Vinzenz Oskar: Abt Gilbert Helmer. Ein Lebensbild aus unseren Tagen. Stuttgart 1954 (Bücher der Egerländer 8).

35 Pfarrarchiv Ulrichsberg. Chronik (III) der Pfarre Ulrichsberg (1924-1944), 180.

36 Stiftsarchiv Schlägl. Chronik II der Pfarre Friedberg in Böhmen 1877-1945, 232.

Die unterschiedliche Reaktion der drei Pfarrseelsorger war geradezu symptomatisch für den differierenden Umgang mit der Hitler-Euphorie. Der Bogen reichte von Begeisterung über Indifferenz bis zur strikten Ablehnung: Während der junge Kooperator Alfred Ernst Schott begeistert im Zuge mitmarschierte, stand der alte Dechant und Pfarrer Petrus Dolzer distanziert beim Pfarrhof, hob aber, wie er freimütig eingesteht, „wiederholt die Hand zum deutschen Gruß". Der erste Kooperator Adrian Raab äußerte hingegen „offen sein Missfallen an dem Geschrei" und zog sich „murrend auf sein Zimmer zurück".[37]

Auf Anordnung des Bürgermeisters waren im ganzen Markt Friedberg, am Rathaus und auch am Pfarrhaus – gegen die Intention des Pfarrers – Hakenkreuzfahnen gehisst worden. Diese illegale Beflaggung provozierte das Einschreiten der tschechoslowakischen Exekutive. Die Situation drohte zu eskalieren. Erst nach Aushändigung der Fahne durfte die Pfarrgeistlichkeit am nächsten Tag die Messe zelebrieren. Der Bürgermeister von Friedberg konnte sich nur durch Flucht einer Festnahme entziehen, ebenso andere maßgebliche SdP-Leute, von denen sich einer auf dem Heuboden im Wirtschaftsgebäude des Friedberger Pfarrhofs versteckte.[38] Noch am 24. September 1938 musste der Pfarrer den Radioapparat an die tschechische Gendarmerie abliefern, um keine Propaganda aus dem Deutschen Reich mehr hören zu können.[39]

Für tschechische Priester in Pfarreien mit vorwiegend deutscher Bevölkerung wurde die Situation immer unerträglicher. So fand der Pfarrer und Dechant von Deutsch-Reichenau bei Friedberg, ein Tscheche namens Unger,[40] kurzfristig Unterschlupf im Pfarrhof von Friedberg, bevor er nach Budweis weiterfahren konnte. Er hielt es in der aufgeheizten Atmosphäre als Nicht-Deutscher einfach nicht mehr aus. Mitglieder des „sudetendeutschen Freikorps" waren von Deutsch-Reichenau in die benachbarte Schlägler Grenzpfarre St. Oswald bei Haslach geflüchtet. In der Nacht kehrten sie nach Deutsch-Reichenau zurück, um zum Teil mit Waffengewalt die restlichen Tschechen zu vertreiben. Die Schießerei war so bedrohlich, dass sich Dechant, Kaplan und Köchin an eine geschützte Stelle im Vorhaus des Pfarrhofes setzten und den Rosenkranz beteten.[41] Diese in der Friedberger Pfarrchronik festgehaltenen Ereignisse haben auch in der St. Oswalder Pfarrchronik ihren Niederschlag gefunden und es entbehrt nicht einer gewissen Situationskomik, wie der Pfarrer von St. Oswald bei Haslach, Gregor Zach[42], als Grenznachbar die erwähnte Nacht erlebt hat:

---

37 *Ebenda.*

38 *Ebenda* 239.

39 *Ebenda* 240.

40 Beim genannten Pfarrer von Deutsch-Reichenau dürfte es sich um Jan Unger handeln, der 1945 als Pfarrer von Ševětín im Auftrag des Bischöflichen Ordinariates Budweis die deutschen Pfarren wieder in den Verband der Diözese Budweis übernehmen sollte. *Rödhammer,* Hans: Das Generalvikariat Hohenfurth 1940-1946. In: *Zinnhobler,* Rudolf (Hg.): Das Bistum Linz im Dritten Reich. Linz 1979 (Linzer Philosophisch-theologische Reihe 11), 29-60, hier 59.

41 Stiftsarchiv Schlägl. Chronik II der Pfarre Friedberg in Böhmen 1877-1945, 242.

42 Gregor Franz Xaver Zach (1886-1950), Prämonstratenser von Schlägl, Pfarrer von St. Oswald bei Haslach (1928-1948), verpflichtet zum „Volkssturm" (1945); riskierte sein

Eierköpfe unter den Flüchtlingen fangen Schießereien an zum Ärgernis der anderen, Rachegesinnung gegen Tschechen, gegen Priester der verlassenen Heimat, die kurzerhand der Tschechenfreundlichkeit beschuldigt werden – sicher vielfach mit Unrecht.[43]

Als der „Fall Grün", die Annexion der böhmischen Länder, im Herbst 1938 tatsächlich anrollte, war im Stift Schlägl die militärische Schaltzentrale installiert. Von hier aus operierte der Divisionskommandostab der Deutschen Wehrmacht unter General Eugen Ritter von Schobert. In Stiftsnähe wurde sogar ein eigener Behelfsflughafen errichtet. Schließlich bezog Generalmajor Wilhelm Ritter von Leeb mit seinem Führungsstab im Stift Schlägl Quartier, wo am 16. Oktober 1938 im kleinen Tafelzimmer die Übergabe der Bezirke Krummau (Český Krumlov) und Kaplitz (Kaplice) durch das Militärkommando an die Zivilverwaltung des Gaus „Oberdonau" feierlich besiegelt wurde. Vom damaligen Stiftschronisten und Gastmeister Klemens Bredl[44], einem gebürtigen Friedberger, wurde den Militärs ein sehr gutes Zeugnis ausgestellt; ganz offen sei über die Verfolgung der Kirche geschimpft worden, „auch über Rosenberg [Alfred Rosenberg, J.G.] und seinen Kampf gegen die Juden, ganz besonders aber über die SS und die SA und über die Hitlerjugend."[45] Selbst in Gegenwart von hohen SS-Offizieren sei er von den Wehrmachtsoffizieren mit einem freundlichen „Guten Morgen, Hochwürden" und nicht mit dem obligaten Hitlergruß angesprochen worden.[46]

Die Gerüchte verdichteten sich in den nächsten Tagen immer mehr, dass Hitler persönlich nach Schlägl kommen werde, bis zumindest sein Besuch in Krummau als sicher angenommen werden konnte, zumal von Schlägl aus bereits Offiziere dorthin gesandt worden waren, „die alles für seinen Empfang, der jedoch nicht öffentlichen Charakter haben sollte, vorzubereiten hätten."[47] Klemens Bredl schreibt in seinen Erinnerungen, dass „man [...] sogar das Mineralwasser, das er trank, von weit her holen [musste]."[48] Am 19. Oktober 1938 kam Hitler überraschend nach Linz und besuchte von dort aus die südböhmischen Gebiete, jedoch nicht via Schlägl, obwohl sich in seiner Begleitung neben Arthur von Seyß-Inquart, Konrad Henlein, Martin Bormann, Gauleiter August Eigruber und Ernst Kaltenbrunner auch der von Schlägl aus operierende Generalmajor Ritter von Leeb befand.[49]

Leben, als er 1945 die weiße Fahne auf dem Kirchturm hisste; Prior des Stiftes Schlägl (1948-1950). *Lang:* Catalogus. Präzedenz-Nummer 453. — *Pichler:* Professbuch 462 (Schematismus-Nummer 544).

43 Pfarrarchiv St. Oswald bei Haslach: Chronik der Pfarre St. Oswald bei Haslach, Eintrag 1938.

44 Klemens Franz Seraph Bredl (1899-1965), gebürtiger Friedberger, Prämonstratenser von Schlägl, Präfekt und Lehrer am Schlägler Sängerknabeninstitut und Untergymnasium, Gastmeister (1938-1941), Pfarrvikar in Oepping (1940), Kooperator (ab 1941) und Pfarrer (ab 1946) in Aigen im Mühlkreis. *Lang:* Catalogus. Präzedenz-Nummer 468. — *Pichler:* Professbuch 473 f. (Schematismus-Nummer 559).

45 *Bredl:* Erinnerungen 6-8.

46 *Ebenda.*

47 *Ebenda* 9.

48 *Ebenda.*

49 *Slapnicka:* Oberdonau 352.

Das wahre Gesicht der „deutschen Weltanschauung" wurde immer transparenter: Mit populistischen Diffamierungen versuchten die Nationalsozialisten, die katholische Bevölkerung gegen ihre Priester und Ordensleute einzunehmen; tragisches Opfer dieser Machenschaften war der stiftliche Forstinspektor Altmann Mager[50]. Wegen angeblicher homosexueller Beziehungen wurde er von der „Geheimen Staatspolizei" (Gestapo) verhaftet, zu schwerem Kerker verurteilt und nach Verbüßung dieser Strafe in das Konzentrationslager Dachau gebracht. Als Häftling Nr. 21 070 überlebte er und wurde beim berüchtigten Todesmarsch am 26. April 1945 gerettet.[51]

Auch der junge Priester Johannes Felhofer[52], Onkel des derzeitigen Abtes von Schlägl, Prälat Martin Felhofer[53], wurde als Kooperator von Kirchschlag „wegen seiner freien Predigten" denunziert,[54] von der Gestapo verhaftet und nach seiner Haftentlassung mit Orts- und Kreisverbot belegt.[55] Später wurde er als Sanitäter zur Deutschen Wehrmacht eingezogen. Erst 1947 kam er aus amerikanischer Kriegsgefangenschaft im Teillager „J" bei Mons in Belgien (Kohlebergwerk) nach Schlägl zurück.[56] Wahrscheinlich sollte seine Inhaftierung indirekt den Pfarrer Siegmund Auer von Kirchschlag treffen, der durch die Gestapo verhört worden war,[57] und der sich folgenden Verweis des kommissarischen Ortsgruppenleiters der NSDAP von Kirchschlag eingehandelt hat:

> Habe die Beobachtung gemacht, dass Sie, seit ich hier die Ortsgruppe der NSDAP leite, noch keine öffentliche Veranstaltung oder Versammlung derselben besucht haben. Es ist meine Pflicht, Sie darüber zu ermahnen, und ihre Pflicht ist es, dieser Mahnung Folge zu leisten; ich will nicht annehmen, dass Sie sich als Deutscher abseits stellen wollen! Heil Hitler![58]

---

50 Altmann Johann Mager (1890-1973), Prämonstratenser von Schlägl, Forstinspektor (1933-1939), Verhaftung (1939), KZ Dachau (1940-1945), Pfarrer in Haslach (ab 1949), Prior (ab 1952), Benefiziat am Maria-Trost-Berg (ab 1960). *Lang:* Catalogus. Präzedenz-Nummer 456. — *Pichler:* Professbuch 464 f. (Schematismus-Nummer 547).

51 *Pichler:* Professbuch 465. Als Retter von Altmann Mager ist der Jesuitenpater Otto Pies (1901-1960) genannt.

52 Johannes Rudolf Felhofer (1914-1971), Prämonstratenser von Schlägl, Kooperator in Kirchschlag (1939), Verhaftung durch Gestapo, Untersuchungshaft, Kreisverbot für Krummau, Sanitätssoldat in der Deutschen Wehrmacht (ab 1941), Kriegsgefangenschaft in einem belgischen Gefangenenlager (1945-1947), Pfarrer in Ulrichsberg (ab 1952), Pfarrer in St. Oswald bei Haslach (ab 1954), Pfarrer in Rohrbach und Dechant im Dekanat Altenfelden (1961-1964). *Lang:* Catalogus. Präzedenz-Nummer 484 und: *Pichler:* Professbuch 491 (Schematismus-Nummer 575).

53 Mag. Martin Josef Felhofer (geboren 1947), Prämonstratenser von Schlägl, 19. Abt von Schlägl nach Abt Florian Pröll (1989 bis dato), Neffe von Johannes Felhofer. *Pichler:* Professbuch 424 (Schematismus-Nummer 639).

54 Familienchronik Felhofer, Schlägl-Winkl, Manuskript zum Jahre 1939.

55 Memorabilia 111.

56 *Großruck:* Stift Schlägl 337 f.

57 Stiftsarchiv Schlägl. Schachtel 989: Aufzeichnungen zur Chronik der Pfarre Kirchschlag in Böhmen.

58 Stiftsarchiv Schlägl. Schachtel 988: NSDAP, Ortsgruppe Kirchschlag in Böhmen, Mahnschreiben an Pfarrer Siegmund Auer, Kirchschlag in Böhmen, den 4. Mai 1939, Z. 11A/39.

Immer intensiver wurden die Übergriffe der neuen Herrscher vor allem auf die nicht unbeträchtlichen Raumressourcen des Stiftes Schlägl, das Anfang 1940 zum „Umsiedlerlager 37" für die Südtiroler Optantenfamilien wurde, die laut des „Reichskommissars für die Festigung des deutschen Volkstums" Heinrich Himmler als „Kulturdünger" für die eroberten Ostgebiete vorgesehen waren. Er könne sich vorstellen, so Himmler in seinem Memorandum,

daß im böhmisch-mährischen Raum [...] ein solches Gebiet geschaffen werden könnte, das den Vorteil hätte, daß Mähren, das wieder voll und ganz deutsch werden muß, einen wertvollen Zuwachs von 200 000 gut-rassigen, sehr bewußt deutschen und kämpferischen Volkselementen bekäme.[59]

In weiterer Folge kamen volksdeutsche Umsiedler aus Bessarabien und der Bukowina in das Stift, das aus allen Nähten zu platzen drohte, weil etwa 580 Personen in dieser Zeit einzuquartieren waren. Dazu kamen im Juli 1940 noch 22 belgische Kriegsgefangene, die im Refektorium untergebracht wurden.[60]

Auf diözesaner Ebene kam es mit der Jahreswende 1939/1940 zur Errichtung des Generalvikariates Hohenfurth (Vyšší Brod), zu dessen Generalvikar Dr. Dominik Kaindl SOCist, Abt-Koadjutor des Zisterzienserstiftes Hohenfurth und bereits bisheriger „Bischöflicher Kommissar für die deutschen Gebiete der Diözese Budweis", bestellt wurde. Die damit verbundene Übernahme der Vikariate bzw. Dekanate Hohenfurth, Kaplitz, Oberplan und Krummau – später auch noch Gratzen (Nové Hrady) – in den Verwaltungsbereich der Diözese Linz machte diese zum zweitgrößten Bistum der „Ostmark" (943 000 Katholiken). Für die in diesem Bereich gelegenen Schlägler Pfarreien gab es keine wesentliche Auswirkung bezüglich der pfarrlichen Situation, weil der Kontakt zu Linz durch das Stift Schlägl auch bisher schon gegeben war.[61] Es wurde jedoch der seelsorgerische Aufgabenbereich für den Schlägler Konvent durch die Verwaisung einiger im neuen Generalvikariat Hohenfurth liegenden Pfarreien umfangreicher.

Noch vor der Eingliederung des Generalvikariates übernahm das Stift die Betreuung der Weltpriesterpfarre Untermoldau mit dem Friedberger Kooperator Adrian Raab als Pfarrprovisor (3. Juli 1939).[62] Neben Friedberg in Böhmen, Kirchschlag in Böhmen, Lagau und Untermoldau, stellte in weiterer Folge die Klosterkommunität mit Prior Cajetan Lang einen Pfarrvikar für die Weltpriesterpfarre Oberplan zur Verfügung (13. Mai 1941) und betreute vorübergehend

59 Zitiert nach *Greber,* Gebhard: Die Südtiroler Umsiedler in Vorarlberg. In: Montfort, Vierteljahresschrift für Geschichte und Gegenwart Vorarlbergs. 31/4 (1979) 259-294, hier 267.

60 *Bredl:* Erinnerungen 14. — Vergleiche auch *Großruck:* Stift Schlägl 114-119.

61 Dominik Kaindl, Dr. theol., Zisterzienser von Hohenfurth, geboren 28. November 1891 in Sacherles, ordiniert 30. Mai 1915, von 1938 bis 1945 Abt-Koadjutor von Hohenfurth, Leiter des Generalvikariates Hohenfurth, nach dem Krieg Ausweisung aus der Tschechoslowakei, seit 1950 Lehrtätigkeit an der Ordenslehranstalt der Zisterzienser im Stift Heiligenkreuz. Gestorben 1973. Vergleiche *Rödhammer:* Das Generalvikariat Hohenfurth 36-39. — Vergleiche auch *Slapnicka:* Oberdonau 466 und Personalschematismus der Diözese Linz (Anhang) 1941, 293.

62 Stiftsarchiv Schlägl. Chronik II der Pfarre Friedberg in Böhmen 1877-1945, 248.

Deutsch-Reichenau und Glöckelberg.[63] Damit befand sich Schlägl in Gesellschaft mit anderen Ordensgemeinschaften, die sich ebenfalls um die seelsorgerische Betreuung verwaister Pfarren kümmerten, wie das Benediktinerstift Kremsmünster und das Zisterzienserstift Hohenfurth, die Missionare von Mariannhill in Riedegg bei Gallneukirchen, die Oblaten von Gojau (Kájov), die Redemptoristen von Maria Schnee (Svatý Kámen) und die Serviten von Gratzen.[64]

Am 29. April 1941 kulminierten die Repressalien gegen das Stift Schlägl. Es wurde von der Gestapo überfallsartig „auf Grund der Verordnung des Reichspräsidenten zum Schutze von Volk und Staat" beschlagnahmt,[65] der Abt und die Konventualen wurden peinlich genau durchsucht, verhört und sodann des Stiftes verwiesen. Schlägl befand sich mit diesem Gestapo-Klostersturm in tragischer Schicksalsgemeinschaft mit den anderen alten Stiften in Oberdonau: Mit den Trappisten von Engelszell, mit den Zisterziensern von Wilhering und Hohenfurth, mit den Augustiner-Chorherren von St. Florian und mit den Benediktinern von Kremsmünster, die alle zugunsten des „Reichsgaues Oberdonau" beschlagnahmt wurden. Das Benediktinerstift Lambach wurde zugunsten des Deutschen Reiches beschlagnahmt, weil es als Sitz einer zentralen nationalsozialistischen Bildungsanstalt (Napola) vorgesehen war. Das Zisterzienserstift Schlierbach und das Augustiner-Chorherrenstift Reichersberg am Inn blieben zwar nicht vor den gängigen Repressalien, immerhin jedoch vor der Beschlagnahme und Einziehung des Gesamtvermögens verschont: Schlierbach, weil es für den Gau zu wenig wirtschaftliches Potential hatte, Reichersberg, weil sich schon vorzeitig die Deutsche Luftwaffe mit einer Fliegerschule eingemietet hatte und daher das Stift auch Dank sehr konzilianter Luftwaffenkommandeure dem Gauzugriff entzogen war.[66]

Der Gestapoüberfall wurde von den Betroffenen de facto als Aufhebung des Stiftes empfunden. Abt Benedikt Sobotka[67] musste im Pfarrhof von Kirchschlag in Böhmen Quartier beziehen, Prior Cajetan Lang wurde Pfarrer von

63 Stiftsarchiv Schlägl. Schachtel 65: Bischöfliches Ordinariat Linz (künftig: BOL), Linz, am 13. Mai 1941, Ernennungsdekret, ZI. 3269. Cajetan Joseph Lang (1898-1958), Prämonstratenser von Schlägl, Prior (1938-1946), Auxiliarius in Glöckelberg, Pfarrvikar in Oberplan (1941-1945), 17. Abt des Stiftes Schlägl (1946-1958). *Lang:* Catalogus. Präzedenz-Nummer 467. — *Pichler:* Professbuch 472, 497-499 (Schematismus-Nummer 558).

64 *Rödhammer:* Das Generalvikariat Hohenfurth 34.

65 *Großruck:* Stift Schlägl 140. Faksimile der (hektographierten) Verfügung der Geheimen Staatspolizei, Staatspolizeistelle Linz vom 29. April 1941.

66 *Großruck,* Johann: Vermögensentzug und Restitution betreffend die oberösterreichischen Stifte mit den inkorporierten Pfarren. Wien–München 2004 (Veröffentlichungen der Österreichischen Historikerkommission. Vermögensentzug während der NS-Zeit sowie Rückstellungen und Entschädigungen seit 1945 in Österreich 22/4). In dieser Publikation ist die hier kurz dargelegte Situation der genannten Stifte während der nationalsozialistischen Zeit ausführlich nachgewiesen.

67 Benedikt Leopold Sobotka (1866-1948), Prämonstratenser von Schlägl, 16. Abt des Stiftes Schlägl (1925-1946), nach der Beschlagnahme des Stiftes durch die Gestapo seit 1. Mai 1941 im Pfarrhof Kirchschlag in Böhmen wohnhaft, ab 20. Oktober 1942 im Pfarrhof Oepping, 1946 Rückkehr ins Stift und freie Resignation. *Lang:* Catalogus. Präzedenz-Nummer 427. — *Pichler:* Professbuch 445, 482-485 (Schematismus-Nummer 518).

Oberplan. Klemens Bredl wurde vorübergehend nach Untermoldau ausgewiesen. Das Stift mit seinen Betrieben wurde der Gauselbstverwaltung unterstellt, die einen kommissarischen Verwalter einsetzte. Sukzessive begannen die Maßnahmen zur „Sicherstellung und Verwertung" der stiftlichen Kultur- und Wirtschaftsgüter, wobei man sich des Eindruckes nicht erwehren kann, dass sich hierbei für Parteigrößen ein lukrativer Selbstbedienungsladen aufgetan haben dürfte. Bei dieser Gelegenheit wurde auch ernsthaft erwogen, die barocke Pfarrkirche Rohrbach in eine „Kreishalle" umzubauen.

Bezüglich der inkorporierten Pfarreien gab es unterschiedliche Rechtsauffassungen, inwieweit pfarreigene Immobilien dem beschlagnahmten Stiftsvermögen zuzuordnen und daher dem „Reichsgau Oberdonau" einzuverleiben seien. Pfarreien, die als stiftliches Eigentum nachgewiesen werden konnten, mussten unter diesem Titel in den folgenden Jahren für ihre eigenen Seelsorgeeinrichtungen an die Gauselbstverwaltung einen Mietzins entrichten. Bevor jedoch die diesbezügliche Rechtssituation für Kirchschlag und Friedberg in Böhmen geklärt werden konnte, war der Krieg schon zu Ende.[68]

Die nationalsozialistischen Machthaber gingen daran, die Kirche personell immer mehr auszubluten. In dieser Phase bemühte sich der Linzer Weihbischof Josef Calasanz Fließer[69] intensiv um die Freistellung „wehrtauglicher Priester", wobei die Installation von so genannten „geschützten Seelsorgsposten" eine wirksame Möglichkeit war, Priester an diese Dienstposten zu binden und dadurch von militärischer Dienstverpflichtung zu entbinden. So wurde etwa in Oberplan zu Gunsten des Kaplans Evermod Groß ein Rektorat für die „Kirche zur Schmerzhaften Muttergottes" am Gutwasserberg (Dobrá Voda) installiert.[70]

---

68 Die Pfarre Kirchschlag in Böhmen blieb letztlich aus formaljuridischen Gründen von der Entrichtung eines Mietzinses verschont, weil in den betreffenden Grundbesitzbögen der Zusatz „des Stiftes Schlägl" fehlte. Vergleiche Pfarrarchiv St. Oswald bei Haslach, Pfarrchronik Eintrag 1942. — Die Pfarre Friedberg in Böhmen sollte für den Pfarrhof einen monatlichen Mietzins in der Höhe von 65.- RM entrichten. Doch ausgerechnet an dem Tag, als der kommissarische Verwalter der Gauselbstverwaltung in dieser Angelegenheit nach Friedberg kam (18. Januar 1943), war Pfarrer Petrus Dolzer zur Gestapo nach Linz vorgeladen, weil er die Kinderandachten „gesetzwidrig" in der Sakristei der Pfarrkirche gefeiert habe. So kam der vorgesehene Vertrag bis zum Kriegsende nicht mehr zustande. Stiftsarchiv Schlägl. Chronik II der Pfarre Friedberg in Böhmen 1877-1945, 251.

69 Josef Calasanz Fließer (1896-1960), Kapitelvikar und (erster) Weihbischof der Diözese Linz (1941-1946), zehnter Diözesanbischof von Linz (1946-1955), krankheitsbedingte freie Resignation, Wahlspruch: „Vince in bono malum" [Überwinde das Böse durch das Gute]. Vergleiche *Naderer,* Anton: Josef Calasanz Fließer. In: *Zinnhobler,* Rudolf (Hg.): Die Bischöfe von Linz. Linz 1985, 289-318.

70 Stiftsarchiv Schlägl. Schachtel 1025: Bestätigung des BOL, Zl. 2756/1964, Linz, am 17.7.1964 unter Verweis auf das Ernennungsdekret, BOL, Zl. 1506/1942. — Vergleiche auch *Rödhammer:* Das Generalvikariat Hohenfurth 54. — Evermod Friedrich Groß (1906-1975), Prämonstratenser von Schlägl, Lehrer am stiftlichen Sängerknabeninstitut (1932-1938), Lehramtsstudium für Deutsch und Latein Universität Innsbruck, als Ordenspriester keine Zulassung zur Lehramtsprüfung, Kooperator von Oberplan und Kirchenrektor von Gutwasserberg (1942-1945), Kooperator von Friedberg (1945-1946), Pfarrer von Ul-

Bischof Fließers Möglichkeiten, die Priester seines Bistums durch besondere Dienstverwendungen als „unabkömmlich" (u.k.) erklären zu lassen, waren begrenzt. Daher wurden junge Priester, für die kein „u.k.-konformer" Seelsorgeposten geschaffen werden konnte, vermehrt zur Deutschen Wehrmacht eingezogen, wie zum Beispiel der ehemalige Kooperator von Kirchschlag, Johannes Felhofer, oder die Friedberger Kooperatoren Florian Pröll und Theodor Griedl. Trotz der Bemühungen Bischof Fließers wurden aus keiner anderen Diözese in der „Ostmark" so viele Priester zur Wehrmacht einberufen wie aus dem Bistum Linz.[71]

Der Beschlagnahme des Stiftes Schlägl folgte am 22. November 1941 die Enteignung „auf Grund der Verordnung über die Einziehung volks- und staatsfeindlichen Vermögens im Lande Österreich" und im Zuge dessen die Neuorganisation der Verwaltung des Stiftsvermögens.[72] Diverse Gauinstitute mieteten sich im nunmehrigen Eigentum des „Reichsgaues Oberdonau" ein, wobei die zwei interessantesten Mieter die „Reichsforschungsstelle für Landwirtschaft" und die „Reichsforschungsstelle II für Getreide" darstellten. Während erstere sich tatsächlich um landwirtschaftliche Forschung bemühte, glaubte man lange Zeit, dass letztere unter dem Code „Getreide 2" ein getarnter Rüstungsbetrieb gewesen sei, der zu vielen Spekulationen – bis hin zur Entwicklung der „Vergeltungswaffe 2" (V-2) – Anlass gab. In Wirklichkeit diente das Projekt einer Privatfirma zur Elektronikforschung (vorrangig betrieben von tschechischen Technikern) und war kein expliziter Zulieferer für die Rüstungsindustrie. Allerdings gab es damals kaum eine Wirtschaftssparte, die nicht in irgendeiner Weise die Kriegsrüstung tangiert hätte.[73]

Das Schicksal des Konvents in der Zeit von seiner Aufhebung bis zum Zusammenbruch des Dritten Reiches war geprägt von vielen Repressalien, aber auch von der Bewältigung der damit zusammenhängenden Probleme. Die Seelsorger hatten es nicht leicht, sich zwischen pastoraler Klugheit und Nonkon-

---

richsberg (ab 1946), Professor am bischöflichen Knabenseminar Kollegium Petrinum Linz-Urfahr (ab 1956). *Lang:* Catalogus. Präzedenz-Nummer 477. — *Pichler:* Professbuch 486 f. (Schematismus-Nummer 568).

71 *Naderer:* Josef Calasanz Fließer 298.

72 *Großruck:* Stift Schlägl 186. Faksimile der (hektographierten) Verfügung der Geheimen Staatspolizei, Staatspolizeistelle Linz vom 22. November 1941. Es fällt auf, dass in dieser Gestapo-Verfügung hochoffiziell vom „Lande Österreich" und nicht von der „Ostmark" die Rede ist.

73 *Großruck:* Stift Schlägl 205-210. — *Großruck,* Johann: „Geheimer Rüstungsbetrieb" im Stift Schlägl (1944/1945). In: Schlägl Intern (Mitteilungsblatt des Stiftes Schlägl an seine Mitglieder und Freunde) 8 (1982) 302-307. Im Rahmen meiner Recherchen wurde ich mit einem Wiener Diplomingenieur bekannt, der an diesem Forschungsprojekt beteiligt war und mir in einem Schreiben vom 18. Juni 1982 die hier dargelegten Fakten mitteilte, wonach der Code „Getreide 2" auf Weisung der Gauleitung von Oberdonau für das Projekt zu führen war. An die Verwendung dieser Information war die ausdrückliche Bedingung geknüpft, keine Namen zu benennen. Das zitierte Schreiben befindet sich im Archiv des Autors.

formismus zu bewegen. Jeder auch noch so geringe Verdacht der Nichtangepasstheit an das System konnte zu Konflikten und potenziellen Strafen führen.

Einige Beispiele betreffend die Schlägler Priester in den südböhmischen Pfarreien seien angeführt, doch war jeder Schlägler Konventuale von Gestapo-Maßnahmen in unterschiedlicher Intensität tangiert. Nach oftmaligen Drohungen erhielt der Pfarrer von Kirchschlag, Siegmund Auer, Unterrichtsverbot, weil er sich weigerte, einen Vortrag zu halten zum Thema: „Welche Forderungen ergeben sich für den Konfessionsunterricht aus den Grundsätzen der nationalsozialistischen Weltanschauung und den Gesetzen des nationalsozialistischen Staates zur Reinerhaltung des deutschen Blutes?“[74] Parallel dazu lief gegen ihn ein Verfahren „wegen Vergehens gegen § 1 der VO über den Himmelfahrts- und Fronleichnamstag.“[75] Im Amtsgericht Krummau wurde er „zu 100,- RM Geldstrafe, im Falle der Uneinbringlichkeit zu zehn Tagen Gefängnis verurteilt“. Eine Berufung gegen das Urteil wurde „als unbegründet verworfen.“[76]

Auf seine frühere Tätigkeit in Ulrichsberg ging ein Schulverbot zurück, das sich der nunmehrige Kaplan von Friedberg, Hermann Krieg, eingehandelt hatte.[77] Zunächst war man sich über die Gründe im Unklaren, doch dann konnte der bischöfliche Generalsekretär Franz Vieböck die Ursachen aufklären:

> Die Tochter des Bürgermeisters in Ulrichsberg grüßte Sie mit „Heil Hitler!“ Sie hätten geantwortet: „Ich kann dir nicht mit diesem Gruß danken, denn das ist ein politischer Gruß und deshalb uns Geistlichen verboten.“ Außerdem hätten sie sich vor der Machtübernahme in Predigten gegen den NS stark exponiert [...].[78]

Auch der beliebte Dechant und Pfarrer von Friedberg, Petrus Dolzer, war Ende 1944 zu einer Strafe von 1000 Reichsmark verurteilt worden, weil er einen Verstorbenen, der sich als „glaubensfeindlich gezeigt“ habe, „nicht feierlich, sondern nur ganz einfach“ eingesegnet habe.[79]

---

74 Stiftsarchiv Schlägl. Schachtel 988: Unterrichtsentzug für Siegmund Auer laut Dekret des Landrates des Kreises Krummau a.d.M., Schulabteilung. GZ.: Tgb. Nr. 472/41-Kult. 106/7-We/Ja. Krummau, am 4.11.1941. Gez.: Dr. Webinger.

75 Stiftsarchiv Schlägl. Schachtel 988: Beschluss des Landgerichtes Linz, Zweigstelle Krummau (Moldau), am 18. November 1941. Der Landgerichtsdirektor Richard Gaudl.

76 Stiftsarchiv Schlägl. Schachtel 988: Ladung des Angeklagten, Amtsgericht Krummau (Moldau), am 9.10.1941, GZ.: U 324/41. Gez.: Schrottenholzer.

77 Stiftsarchiv Schlägl. Chronik II der Pfarre Friedberg in Böhmen 1877-1945, 250. Hermann Franz Krieg (1897-1967), Prämonstratenser von Schlägl, Kooperator in Ulrichsberg (1929-1941), Kooperator in Friedberg (1941-1945), Dekanatsjugendseelsorger Dekanat Hohenfurth (1943-1945), Subprior von Schlägl (1963-1966). *Lang:* Catalogus. Präzedenz-Nummer 466. — *Pichler:* Professbuch 471 f. (Schematismus-Nummer 557).

78 Ordinariatsarchiv Linz (künftig OAL) [nunmehr im Diözesanarchiv Linz (DAL)]. Mappe: NS-Zeit und Umbruch/Schule (Schwierigkeiten). Schreiben von Gen.Sekr. Vieböck an Hermann F. Krieg, Friedberg, Z. 701, Linz, am 11. Juli 1942. Gez. Vieböck. Franz Vieböck (geboren 12. Mai 1907 in Helfenberg) war zu dieser Zeit Domkurat, Generalsekretär des Seelsorgeamtes der Diözese Linz und Kirchenrektor der Karmelitinnenkirche in Linz. Vergleiche Schematismus Diözese Linz 1941, 91.

79 OAL. Schachtel „Budweiser Pfarren“/6 – Friedberg: Schreiben von Dechant Petrus Dolzer an das Seelsorgeamt in Linz. Z. 1363, Friedberg, 11.12.1944. Gez. Petrus Dolzer.

Prior Cajetan Lang war schon in Schlägl „wegen Äußerungen in einer Predigt zu Neujahr und gegenüber Privaten“ denunziert und vor die Gestapo nach Linz zitiert worden.[80] Er war also vorgewarnt; trotzdem hatte er besonders als Pfarrer von Oberplan laufend Probleme mit den nationalsozialistischen Behörden. Weil er vor dem Kirchenportal und nicht in der Kirche eine Sammlung durchgeführt hatte, kam es zu einem Strafverfahren gegen ihn wegen Übertretung des Sammelgesetzes. Der Sammelbetrag wurde eingezogen und das Strafverfahren eingestellt.[81] Sodann wurde ihm vom Reichsstatthalter in Oberdonau für „das gesamte Gebiet von Oberdonau“ die „Bewilligung zur Erteilung des röm. kath. Konfessionsunterrichtes entzogen“.[82] In den geheimen Sicherheitsdienst-Berichten aus Oberdonau wurde es am 14. Dezember 1942 sogar als verdächtig vermerkt, dass Cajetan Lang mit seinem Kaplan in besonders feierlicher Weise die Einsegnung und Bestattung der Urne des im KZ Auschwitz ums Leben gekommenen Oberplaner Kaufmannes Skrbek vorgenommen habe.[83] Schließlich handelte er sich noch am 8. Februar 1945 eine Verwarnung ein, weil er „die am 30. Dezember 1944 in Oberplan Nr. 61 verstorbene Theresia Hoheneder am 2. Jänner 1945 vor der Eintragung des Sterbefalles in das Sterbebuch beim dortigen Standesamte und ohne ortspolizeiliche Genehmigung bestattet“ habe.[84]

Der seelsorgerische Dienst scheint in Oberplan mit sicherheitsdienstlichen Argusaugen beobachtet worden und daher mit einem nicht zu unterschätzenden Denunziationspotential für die dort tätige Pfarrgeistlichkeit behaftet gewesen zu sein. Schon Pfarrer Johann Höfferl, Vorgänger von Cajetan Lang, war 1940 „von der Gestapo unter widerlichen Beschuldigungen verhaftet, vom Landesgericht verurteilt und in das KZ Sachsenhausen (bei Berlin) überstellt“ worden.[85] Am 29. August 1940 wurde er in das KZ Dachau gebracht, wo er am 21. November 1940 „unter unsäglichen Qualen verstarb“.[86] Auch der Provisor der Oberplaner Nachbarpfarre Glöckelberg, der Mariannhillerpater Engelmar

---

80 Memorabilia 111.

81 Stiftsarchiv Schlägl. Schachtel 65/Cajetan: Beschluss des Amtsgerichtes Oberplan am 21.3.1942, A.Z. Z. 5/42.

82 Stiftsarchiv Schlägl. Schachtel 65/Cajetan: Unterrichtsverbot mit Verfügung vom 7.11.1942, laut Mitteilung des Landrates des Kreises Krummau a.d.M., Schulabteilung, vom 14.11.1942, GZ: Tgb. Nr. 386/42-Kult. 106/7/30-We/Ja.

83 *Stadler*, Karl: Österreich 1938-1945. Im Spiegel der NS-Akten. Bd. 3 der Sammlung: Das einsame Gewissen. Beiträge zur Geschichte Österreichs 1938-1945. Wien 1966, 387. — Der angesehenen Kaufmannsfamilie Skrbek in Oberplan entstammte auch der Schlägler Laienbruder Konrad Wilhelm Skrbek (1896-1959), der 1946 unter Abt Cajetan, seinem ehemaligen Pfarrer in Oberplan, im Stift eingekleidet wurde und wegen seiner kaufmännischen Erfahrung Generalsekretär des stiftlichen Kammeramtes wurde. — *Pichler:* Professbuch 500 f. (Schematismus-Nummer 591). Der im KZ Auschwitz ums Leben gekommene Kaufmann Skrbek dürfte der Bruder von Konrad Skrbek gewesen sein.

84 Stiftsarchiv Schlägl. Schachtel 65/Cajetan: Verwarnung des Landrates Krummau a.d.M., vom 8.2.1945, G.Z. Pol. 1101/3-Dr.L./W.

85 *Rödhammer:* Das Generalvikariat Hohenfurth 54.

86 *Ebenda.*

Hubert Unzeitig, „wurde am 25. April 1941 von der Gestapo verhaftet und in das Polizeigefängnis nach Linz gebracht." Er kam am 3. Juni 1941 in das KZ Dachau. „Dort meldete er sich im Herbst 1944 freiwillig in die Typhusbaracken zur Pflege der Kranken und Sterbenden." Er bekam selber Typhus und starb am 2. März 1945 im Rufe der Heiligkeit als „Engel von Dachau".[87]

In dieser Verfassung hörte man schon Anfang Mai bis Friedberg das Grollen der Geschütze, und es kam die Meldung, dass Aigen besetzt sein soll. Die Lage wurde in diesem Böhmerwaldmarkt äußerst brisant, als der Kreisleiter des Kreises Krummau eine Kurzvisite in Friedberg machte, um die Bevölkerung zum bewaffneten Widerstand gegen die heranrückenden Truppen zu motivieren. Doch die Friedberger Frauen liefen gegen dieses Ansinnen Sturm, sodass der Markt beim tatsächlichen Einmarsch der Amerikaner am 7. Mai 1945 – nachdem am Kirchturm rechtzeitig die weiße Fahne gehisst worden war – doch noch „glimpflich drauskommen konnte", wie Pfarrer Petrus Dolzer erleichtert registrieren konnte.[88] In dieser angespannten Atmosphäre war allein schon der Versuch lebensgefährlich, auf die Ineffizienz derart dilettantischer Verteidigungsmaßnahmen aufmerksam zu machen. Tragisches Beispiel ist das Schicksal von fünf Peilsteiner Bürgern. Gauleiter August Eigruber ließ sie bei einer persönlichen Inspektion in der Böhmerwaldregion verhaften, weil sie „Panzersperren" (einige in die Erde gerammte Baumstämme!) gegen die heranrückenden amerikanischen Truppen als sinnlose und für den Ort durchaus bedrohliche Maßnahme weggeräumt hatten. Mit einem Lastwagen wurden sie nach Treffling bei Linz transportiert und dort von Angehörigen der Hitlerjugend „standrechtlich erschossen".[89] Wahrscheinlich wegen ähnlicher „Verteidigungsmaßnahmen" schossen in der Pfarre Untermoldau die heranrückenden Amerikaner am 7. Mai 1945 – andere Quellen sprechen vom 6. Mai 1945 – den Pfarrhof in Brand, wobei unter anderem das Pfarrarchiv den Flammen zum Opfer fiel.[90]

Nach der Kapitulation des nationalsozialistischen Regimes und dem Ende des Krieges wurden beinahe alle Deutschen aus dem Böhmerwald ausgesiedelt. Obwohl auch im österreichischen Mühlviertel mit Ende Juli 1945 die Militärverwaltung von den Amerikanern auf die Rote Armee überging,[91] blieb es auf

---

87 *Ebenda* 53.

88 Stiftsarchiv Schlägl. Chronik II der Pfarre Friedberg in Böhmen 1877-1945, 257.

89 *Baumgartner*, Johann: Das Kriegsende in Peilstein. In: Mühlviertler Nachrichten (Wochenzeitung) vom 19.6.1980, 50. Die Ereignisse sind in der Pfarrchronik Peilstein (Eintrag 1945) dokumentiert und wurden auch dem Autor von Angehörigen der damaligen Opfer während seiner pastoralen Tätigkeit in Peilstein (1980-1981) mitgeteilt.

90 Stiftsarchiv Schlägl. Chronik II der Pfarre Friedberg in Böhmen 1877-1945, 258. — Bei Röhammer wird der 6. Mai 1945 angeführt. Vergleiche *Rödhammer:* Das Generalvikariat Hohenfurth 56.

91 *Hindinger*, Gabriele: Das Kriegsende und der Wiederaufbau demokratischer Verhältnisse in Oberösterreich im Jahre 1945. Wien 1968 (Publikationen des österreichischen Instituts für Zeitgeschichte der Universität Wien 6), 131. Hier wird auf das Abkommen „über die Besatzungszonen von Österreich und die Verwaltung der Stadt Wien" verwiesen, welches am 9. Juli 1945 vom Beratenden Ausschuss für europäische Angelegenheiten (European

Grund der weiteren politischen Entwicklung in Österreich dem Stift Schlägl erspart, dass es wie das benachbarte Zisterzienserstift Hohenfurth an der Moldau zweimal in einem Jahrzehnt zum Spielball totalitärer Regime wurde. Bereits am 16. Mai 1945 wurden „gemäß Verordnung der amerikanischen Militärregierung die vermögensrechtlichen Bestimmungen, die zur Beschlagnahme des Vermögens des Prämonstratenserstiftes Schlägl geführt haben", aufgehoben, was einer provisorischen Restitution gleich kam.[92] Eine ähnliche vorläufige Rückgabe des von der Gestapo beschlagnahmten (Januar 1939) und eingezogenen (April 1941) Vermögens erfuhr auch das Stift Hohenfurth. Bevor es jedoch dem Konvent überhaupt möglich war, den durch die Nationalsozialisten erlittenen Vermögensraub und die personellen Einbußen ansatzweise kompensieren zu können, wurde das Kloster mit der im Jahr 1948 erfolgten kommunistischen Machtübernahme in der Tschechoslowakei erneut enteignet, und die Konventualen wurden ausgewiesen.[93]

Am 31. Januar 1946 gab der Kapitelvikar und Weihbischof der Diözese Linz, Dr. Joseph Calasanz Fließer, auf Anweisung des päpstlichen Staatssekretariates die Administration und Jurisdiktion über den bisher von Linz verwalteten Anteil des Bistums Budweis, das Generalvikariat Hohenfurth, dem Ordinarius loci von Budweis zurück. Der bisherige Generalvikar Dr. Dominik Kaindl wurde gleichzeitig seiner bisherigen Funktion enthoben.[94] In diesem Zusammenhang sei an eine Eintragung im „Liber memorabilium" der Pfarre Deutsch-Reichenau in Südböhmen vom Jahre 1946 erinnert, worin geschildert wird, wie engagiert sich Evermod Groß in diesen dramatischen Monaten der verwaisten Grenzpfarre angenommen hat. Als berittener Seelsorger kam er alle zwei Wochen zu Pferd von Ulrichsberg nach Deutsch-Reichenau, um den Gläubigen solange wie nur möglich die erforderlichen seelsorgerischen Dienste anbieten zu können. „Er war von kleiner Gestalt, aber groß im Geist, wahrhaft ein Held selbstloser christlicher Liebe."[95]

Um 1946/1947 mussten mit ihren deutschen Pfarrangehörigen auch alle Schlägler Seelsorger die Tschechoslowakei verlassen. Die beiden seit Jahrhunderten inkorporierten Pfarreien Friedberg in Böhmen und Kirchschlag in Böh-

---

Advisory Commission, ECA) unterzeichnet worden war. Dadurch erreichten die Sowjets „im Verhandlungsweg die Ausdehnung ihrer Zone auf das ganze Mühlviertel, mussten dafür aber die Oststeiermark räumen, die der englischen Besatzungszone zugeschlagen wurde."

92 *Großruck:* Stift Schlägl 319. Faksimile der vorläufigen Bestätigung durch den Landrat des Kreises Rohrbach (noch auf einem Vordruck mit „Oberdonau" erstellt), Rohrbach, 16. Mai 1945. Gezeichnet: Der Landrat: Balthasar Gierlinger.

93 *Großruck:* Vermögensentzug und Restitution 303 f. (Kapitel IX. „Zisterzienserstift Hohenfurth in Böhmen – Ein Kloster als Spielball totalitärer Regime").

94 Linzer Diözesanblatt Nr. 1/5 (1946) 2.

95 *Pichler,* Isfried Hermann: Südböhmen 1946. Zur Erinnerung an die Austreibung der deutschsprachigen Böhmen vor 40 Jahren. In: Schlägl Intern (Mitteilungsblatt des Stiftes Schlägl an seine Mitglieder und Freunde) 12 (1986) 220.

men waren für das Stift Schlägl nur mehr Geschichte.[96] Als ich im Jahre 1964 der Kommunität des Prämonstratenserstiftes Schlägl beitrat, waren neun der oben erwähnten Schlägler Chorherren noch am Leben, die während der Zeit des Nationalsozialismus als Seelsorger in den südböhmischen Pfarrgebieten tätig waren: Siegmund Auer, Hermann Krieg, Klemens Bredl, Gilbert Hötzendorfer, Evermod Groß, Norbert Pühringer, Theodor Griedl, Johannes Felhofer und Abt Florian Pröll. Bei vielen Begegnungen und in berührenden Gesprächen konnte ich immer wieder erfahren, wie sich diese inzwischen alle verstorbenen Schlägler Pfarrseelsorger zeit ihres Lebens mit ihren entwurzelten und weit verstreuten ehemaligen Pfarrangehörigen seelsorgerisch verbunden fühlten und von diesen ihrerseits als geistliche Wurzeln zur verlorenen Heimat hochgeachtet wurden.

---

96 Memorabilia 121.

RELIGIÖSER WANDEL ANGESICHTS DER HERAUSFORDERUNGEN DES KRIEGES UND DER NACHKRIEGSZEIT

Árpád von Klimó

RELIGIÖSER WANDEL DURCH KRIEG UND GESELLSCHAFTLICHE TRANSFORMATION IN EUROPA NACH 1945

Obwohl der Weltkrieg mit seinen radikalen politischen, ökonomischen, sozialen und kulturellen Auswirkungen auch die Religion in allen europäischen Gesellschaften tief greifend verändert haben musste, klammert die einschlägige Forschung zum Krieg dieses Thema weitgehend aus.[1] Dies hängt nicht nur mit der starken Spezialisierung der Militär-, Wirtschafts-, Politik- und Sozialgeschichte zusammen, sondern auch mit einer untergründigen Annahme, wonach Religion nur ein Randthema in der Geschichte des weltumspannenden Konflikts war, der fast ganz Europa erfasst hatte.

Wenn man sich mit den Auswirkungen von Krieg und sozialem Wandel auf die Religiosität in Europa nach 1945 beschäftigt, erkennt man bald, dass Religion keineswegs ein Thema ist, das sich nur marginal auf die anderen Bereiche von Politik und Gesellschaft auswirkte, und dass eine moderne Religionsgeschichte durchaus auch Erkenntnisse zum besseren Verständnis zentraler Bereiche des modernen Lebens im Allgemeinen beitragen kann. So haben etwa die politikwissenschaftlichen Versuche, die totalitären Bewegungen und Regime des 20. Jahrhunderts als „Politische Religionen" zu verstehen, zwar zu Recht viel Kritik hervorgerufen, weil sie doch zu sehr von den ideologischen Elaboraten der totalitären Denker und ihren Ambitionen ausgehen; sie haben aber andererseits wichtige Aspekte der totalitären Radikalisierung zum Thema gemacht, die allein aus den ideologischen, politischen, ökonomischen oder sozialen Verhältnissen kaum zu erklären sind.[2] Während diese Arbeiten nach dem „Religiösen"

---

1 Als Beispiel begnüge ich mich mit dem Verweis auf das ausgezeichnete Werk von *Zabecki*, David T.: World War II in Europe. An Encyclopedia. 2 Bde. London 1999. Im Unterschied zu den meisten Weltkriegs-Enzyklopädien, die sich überwiegend auf die Kriegsführung und die materiellen Auswirkungen des Krieges konzentrieren, enthält dieses zweibändige Lexikon einen eigenen Abschnitt über „Social and Political Issues and Events" (Bd. 1, Section I, 1-204), allerdings nur einen Artikel über „Pius XII, Pope (1876-1958)" (451 f.).

2 Vergleiche zuletzt: *Maier*, Hans (Hg.): Totalitarismus und politische Religionen. Konzepte des Diktaturvergleichs. Bd. 3: Deutungsgeschichte und Theorie. Paderborn 2003. — *Wehler*, Hans-Ulrich: Deutsche Gesellschaftsgeschichte 1914-1949. München 2003. — *Ders.*: Nationalismus. Geschichte, Formen, Folgen. München 2001, 27-35. — *Gentile*, Emilio: Die Sakralisierung der Politik. In: *Maier*, Hans (Hg.): Wege in die Gewalt. Die modernen politischen Religionen. Frankfurt a. M. 2000, 166-182. — *Bärsch*, Claus-Ekkehard: Die politische Religion des Nationalsozialismus. München 1998. — Kritisch dazu *Hardtwig*,

an und in den radikalen Ideologien des 20. Jahrhunderts fragen, finden sich in den Standardwerken der Christentums- und Kirchengeschichte zahlreiche Ansätze, die wiederum die Auswirkungen des Krieges auf das Religiöse zu erfassen, zu beschreiben und zu erklären versuchen.[3]

Das Thema „Religiöser Wandel" bezogen auf den Zweiten Weltkrieg in Europa muss demnach Antworten auf zwei Grundfragen suchen:

(1) Welche Bedeutung hatte der Zweite Weltkrieg für die religiösen Verhältnisse in Europa? Wie wirkten sich die aus dem Krieg hervorgehenden politischen, wirtschaftlichen, sozialen Veränderungen – besonders in der Zeit des Ost-West-Konflikts – auf die Religion in Europa aus?

(2) Religion kann aber – wie die Vorstellung von „Politischen Religionen" vermuten lässt – nicht allein als abhängige Variable betrachtet werden: Daher ist auch zu fragen: Wie wirkte sich wiederum Religion auf die Krieg führenden und die „zuschauenden" Gesellschaften in Europa aus?

Im Folgenden wird versucht, sechs Haupttendenzen der Religionsgeschichte in der Epoche des Zweiten Weltkrieges und besonders der unmittelbaren Nachkriegszeit herauszuarbeiten. Dabei werde ich mich auf die großen christlichen Kirchen als sichtbare religiöse Institutionen in Europa konzentrieren, hauptsächlich die katholische Kirche und die größeren protestantischen Kirchen (Lutheraner, Calvinisten, Anglikaner). Das bedeutet, dass wichtige andere religiöse Gruppen, besonders das Judentum, die zahlreichen kleineren christlichen Kirchen sowie die anderen Religionsgemeinschaften, deren Zahl sich erst seit den späten 1960er Jahren merklich vergrößerte, ausgeklammert bleiben müssen, ebenso wie nicht-institutionalisierte oder privatisierte Formen von Religiosität, welche Thomas Luckmann „invisible religion" nannte.[4] Ein weiterer, sehr wichtiger Aspekt einer Religionsgeschichte der Epoche des Weltkrieges kann ebenfalls nicht behandelt werden: die religiösen Auswirkungen von Kolonialismus und Entkolonialisierung, die dem nichteuropäischen Teil des Weltchristentums

---

Wolfgang: Political Religion in Modern Germany: Reflections on Nationalism, Socialism, and National Socialism. In: Bulletin of the German Historical Institute 28 (2001) 3-28. — *Klimó*, Árpád von: Das Ende der Nationalismusforschung? In: Neue Politische Literatur 48 (2003) 271-291.

3 Im Folgenden werde ich mich hauptsächlich auf zwei neuere Werke stützen: *McLeod*, Hugh (Hg.): World Christianities c. 1914-2000. Cambridge u.a. 2006 (The Cambridge History of Christianity 9). — *Mayeur*, Jean-Marie: Erster und Zweiter Weltkrieg. Demokratien und totalitäre Systeme (1914-1958). Freiburg i. Br. u.a. 1992 (Geschichte des Christentums 12). — Interessant auch der Überblick von *Martin*, David: Integration und Fragmentierung. Religionsmuster in Europa. In: Transit 26 (2003/2004) 120-143.

4 *Luckmann*, Thomas: Invisible Religion. New York 1967. — José Casanova hat zuletzt die These einer „de-privatization of religion" aufgestellt: *Casanova*, José: Public Religion in the Modern World. Chicago–London 1994. — Die revidierte Auffasung: *Luckmann*, Thomas: Privatisierung und Individualisierung. Zur Sozialform der Religion in spätindustriellen Gesellschaften. In: *Gabriel*, Karl (Hg.): Religiöse Individualisierung oder Säkularisierung. Biographie und Gruppe als Bezugspunkte moderner Religiosität. Gütersloh 1996, 17-28.

ebenso wie dem Weltislam eine seit 1945 eminent gewachsene Bedeutung gegeben haben.[5] Das 20. Jahrhundert war das Zeitalter der Ent-Europäisierung des Christentums, nachdem es annähernd eineinhalb Jahrtausende lang eine fast ausschließlich in Europa und im Nahen Osten beheimatete Religion war. Trotz dieser Einschränkungen sollen dennoch die wichtigsten Entwicklungen im Verhältnis von Religion und Zweitem Weltkrieg in Form von sechs Thesen skizziert werden.

Die unmittelbaren Auswirkungen des Krieges: Kirchen als lokale Schutz- und Hilfseinrichtungen

Die im Krieg gemachten Erfahrungen von Gewalt, von unermesslichem Leid, von Zerstörungen, Hunger, Not und Mangel, die erzwungenen Wanderungsbewegungen in zuvor nicht gekanntem Ausmaß, aber auch die Propaganda, die nationale Solidarität, die ideologische Mobilisierung und vor allem die Beschleunigung sozialer Veränderungsprozesse, der Industrialisierung, und die zeitweise Integration von Millionen Frauen in die industrielle Arbeitswelt – all dies veränderte die europäischen Gesellschaften grundlegend, was nicht nur für die kriegführenden oder vom Krieg unmittelbar betroffenen Länder gilt. Gerade die Verdichtung und Vermehrung existentieller Erfahrungen von Verlust, Angst und Opfern führten offenbar auch zu einer verstärkten Hinwendung zur Religion. Die Kirchen in ganz Europa, so erschien es vielen Beobachtern, waren deshalb voller als in den Jahrzehnten zuvor. Dies lag wohl auch daran, weil die Menschen die Kriegserfahrungen zu verarbeiten hatten, wozu sie den Rahmen der traditionellen religiösen Angebote nutzten – also Religion verstanden als Teil der kulturellen und sozialen Umwelt. Außerdem waren die Kirchen die wichtigsten Institutionen der Versorgung, des Schutzes und des Trosts in der Kriegs- und unmittelbaren Nachkriegszeit. Dies gilt ganz besonders für Italien und Deutschland nach dem Zusammenbruch der faschistischen bzw. nationalsozialistischen Diktatur und ebenso für die noch verbliebenen oder sich mühsam zusammenfindenden jüdischen Gemeinden nach der Katastrophe des Mordes an den europäischen Juden. Während der Staat in vielen Ländern zusammenbrach, brachte die Kirche – und hier besonders die katholische Kirche mit ihrer größeren Distanz zum Staat als etwa die lutherischen Kirchen in protestantischen Ländern oder der Anglikanismus – sehr häufig als erste direkt zugängliche Hilfseinrichtungen hervor. Dazu gehörten: Informationen über Vermisste und Verstorbene, Verteilung von Nahrungsmitteln und Bereitstellung von Unterkünften und Versorgung von Kranken und Verletzten. Wichtiger

---

[5] So gehört die Frage danach, wann der erste afrikanische Papst gewählt wird, immerhin das Oberhaupt von über einer Milliarde Gläubiger, seit der Wahl von Johannes Paul II. (1978) zum Standardrepertoire der Fragen der interessierten Öffentlichkeit. Sie verweist darauf, dass die Mehrheit der Christen nicht mehr wie noch bis zum Beginn des 20. Jahrhunderts in Europa lebt.

noch waren aber wohl die Hilfe bei moralischen oder psychischen Problemen sowie das Angebot einer klaren und nicht unmittelbar politischen Orientierung in einer Zeit der radikalen Brüche und Infragestellungen.

Aus Neapel berichtete ein amerikanischer Journalist am 25. März 1945 darüber, wie die Neapolitaner auf ihre Weise auf das Chaos der letzten Kriegstage reagierten:

> Der Krieg hat die Neapolitaner ins tiefe Mittelalter zurückgeworfen. Die Kirchen sind plötzlich voll von Standbildern, die sprechen, bluten, schwitzen, mit dem Kopf nicken und heilkräftige Säfte absondern. [...] Eine ängstliche und ekstatische Menge sammelt sich an, um auf diese Wunder zu warten. Jeden Tag berichten die Zeitungen von neuen Mirakeln. [...] Neapel ist so sehr mit den Nerven herunter, dass die Massenpsychosen zum Alltag werden und jeder Glauben mehr gilt als die Realität selbst.[6]

Wenn auch weniger ekstatisch und magisch, blühte auch im zerbombten Deutschland das Christentum auf. Kurt Nowak spricht von einer „lagebedingten Aufwertung, in der sich äußere Faktoren mit inneren religiös-geistlichen Antriebselementen verbanden."[7] Ivo Zeiger, ein vatikanischer Emissär, erlebte Marienfeiern in Würzburg mit 48 000 Teilnehmern, wobei in der zerstörten Stadt nur noch knapp 10 000 Menschen lebten, ähnlich in Limburg, wo die US-Besatzungsbehörden Sonderzüge bereitstellten, um die Masse der Teilnehmer zur Wallfahrt zu transportieren. Auch die evangelischen Kirchen waren nach Ansicht von zeitgenössischen Beobachtern vollbesetzt und kirchliche Jugendstunden gefragt.[8] Ähnlich verhielt es sich in Ungarn, wo etwa die Veranstaltungen des „Marienjahres" 1947/1948, zugleich eine Mobilisierung gegen die bevorstehende Machtergreifung der Kommunisten, von Hunderttausenden Gläubigen besucht wurden.[9]

Der für Deutschland geprägte Begriff der „Zusammenbruchgesellschaft" (Kleßmann) galt für sehr viele europäische Länder, namentlich jene, die zuerst von deutschen Truppen überfallen und zerstört und später von sowjetischen oder Truppen der Westmächte nach langen Kämpfen besetzt worden waren.[10] In dieser Situation waren Religion und die Kirchen allgegenwärtig. 1948 beschrieb der in Amsterdam zusammengetretene „Ökumenische Rat" diese Situation, wobei er auf die inzwischen wieder gestiegenen internationalen Spannungen im Zeichen des Kalten Krieges und die fortbestehende Unsicherheit einging:

---

6 *Lewis,* Norman: Naples' 44. Zitiert nach: Europa in Ruinen. Augenzeugenberichte aus den Jahren 1944-1948. Herausgegeben von Hans Magnus *Enzensberger.* München 1995, 74.

7 *Nowak,* Kurt: Geschichte des Christentums in Deutschland. Religion, Politik und Gesellschaft vom Ende der Aufklärung bis zur Mitte des 20. Jahrhunderts. München 1995, 300.

8 Hinweise bei *ebenda.*

9 *Mészáros,* István: Boldogasszony éve 1947/48. Mindszenty bíboros evangelizációs programja [Marienjahr 1947/48. Das Evangelisierungsprogramm Kardinal Mindszentys]. Budapest 1996.

10 Zum Begriff „Zusammenbruchgesellschaft": *Kleßmann,* Christoph: Die doppelte Staatsgründung. Deutsche Geschichte 1945-1955. Göttingen 1982.

Politische Systeme und wirtschaftliche Systeme nehmen den Menschen jegliche Freiheit. Überall herrschen Erschöpfung und Enttäuschung und damit verbindet sich innere Müdigkeit. So entsteht ein sittliches Vakuum. Und dieses Vakuum wird wieder ausgefüllt werden, entweder durch christlichen Glauben oder durch Verzweiflung und Hass. Voll Furcht und Bestürzung fragen die Menschen: Was will nun werden?[11]

Aufschwung von Religion und Kirchlichkeit in der ersten Hälfte des 20. Jahrhunderts

Wir müssen diesen religiösen Aufschwung gerade des Katholizismus aber auch im Zusammenhang mit einer säkularen Entwicklung sehen, die sich seit der Jahrhundertwende vollzogen hatte. Negativ war dieser mit der Krise des Liberalismus des 19. Jahrhunderts verbunden, positiv mit dem Aufschwung von intellektuellen, sozialen und politischen Impulsen, die von Theologie, Laienbewegungen und Kirchen ausgingen. Während sich Religion und Kirchen noch im 19. Jahrhundert allerorten in der Defensive gegenüber szientistischen und antiklerikalen Strömungen befanden, hatten religiöse Erneuerungsgruppen, aber auch kritische Neuansätze – man denke nur an Karl Barth oder Jacques Maritain –, religiöse Literatur und Musik sowie die zahlreichen sozialen und politischen religiösen Bewegungen zu neuen, sehr modernen Formen religiösen Lebens geführt, wie etwa in der Liturgiebewegung, in der Ökumene oder im Vereinswesen.[12] Zugleich nahm vor allem in den romanischen Ländern besonders während und unmittelbar nach dem Krieg die religiöse Praxis in ihren sehr unterschiedlichen Formen merklich zu. Wallfahrten wie auch die Marienerscheinungen und ähnliches erfreute sich in der Beobachtung vieler Zeitgenossen einer ungewöhnlich starken Resonanz.[13] So gilt auch für andere Länder und andere Konfessionen, was Étienne Fouilloux für Frankreich konstatierte:

Der französische Katholizismus erntete demnach im politischen, sozialen und kulturellen Bereich die reichen Früchte seiner Vitalität seit der Zeit der Befreiung im Jahre 1944/45. Dies gilt auch für die spezifisch religiösen Früchte.[14]

---

11 Zitiert nach: Kirchen- und Theologiegeschichte in Quellen. Bd. 5: Das Zeitalter der Weltkriege und Revolutionen. Herausgegeben von Martin *Greschat* und Hans-Walter *Krumwiede*. Neukirchen-Vluyn 1999, 204.

12 Diesen Aufschwung besonders innerhalb des deutschen Katholizismus unterstreicht auch *Heim*, Manfred: Einführung in die Kirchengeschichte. München 2000, 121. Heim verweist besonders auf die Liturgiebewegung (Guardini), das katholische Vereinswesen und die Ökumene. — Zu Maritain: *Papini*, Roberto: Jacques Maritain e la società contemporanea. [Jacques Maritain und die zeitgenössische Gesellschaft]. Mailand 1978.

13 In Frankreich wurde 1942-1943 die Statue der Notre-Dame de Boulogne durch das ganze Land getragen, was als Zeichen der allgemeinen Reue und des Wunsches zur Rückkehr zu Gott verstanden wurde („Notre Dame du Grand Retour"). Vergleiche *Bédarida*, René: Églises et chrétiens. In: *Azéma*, Jean-Pierre/*Bédarida*, François (Hgg.): La France des années noires. Bd. 2: De l'occupation à la Libération. Paris 1993, 105-128, hier 126. — Das Beispiel der Marienerscheinungen und ihre Konjunkturen im 20. Jahrhundert beschreiben *Perry*, Nicolas/*Echeverría*, Loreto: Under the Heel of Mary. London 1988.

14 *Fouilloux*, Étienne: Bewahrende Kräfte und Neuerfahrungen im Christentum Frankreichs. In: *McLeod* (Hg.): World Christianities 552-631, hier 625.

Die Kirchen waren, egal ob sie stärker konservativ oder mehr progressiv gesinnt waren, im frühen 20. Jahrhundert in die Offensive gegangen und hatten viel Boden gut machen können.[15] Religion war nicht mehr so ohne weiteres mit den „Verlierern" der Modernisierung, den ländlichen Schichten oder den alten Eliten, zu identifizieren wie noch im 19. Jahrhundert, sondern drückte sich nun auch in der modernen Philosophie, Kunst und Architektur oder im konfessionellen Presse- und Verlagswesen aus.[16] Gerade zahlreiche Kirchenbauten der ersten Hälfte des 20. Jahrhunderts verkörpern diesen Aufbruch in die Moderne. Besonders berühmt wurde die 1950 erbaute Kapelle in Ronchamp von Le Corbusier, aber moderne Architektur kennzeichnete bereits zahlreiche Kirchen in Italien, Deutschland und Ungarn in den 1920er Jahren.[17] Ohne diesen von Tausenden kleinen Gruppen und Vereinen, von einzelnen Denkern und Akademikern getragenen religiösen Aufschwung wäre wohl der Erfolg der Kirchen in der Zeit des Krieges und in der Nachkriegszeit kaum vorstellbar. Selbst im laizistischen Frankreich, wo 1905 die Trennung von Kirche und Staat gesetzlich verankert worden war, und wo viele Geistliche eine völlige „Dechristianisierung" festgestellt hatten, wurde für die Zeit des Zweiten Weltkrieges eine positive Bilanz gezogen. So schrieb etwa René Bédarida:

> En définitive, les années de guerre ont été marquées pour l'Eglise de France par une grande créativité. Paradoxalement, comme l'écrit le père Maydieu, le «temps de la grande épreuve» a été pour beaucoup une «grande espérance», source d'un renouvellement inattendu dans biens des domaines.[18]

Es muss aber auch betont werden, dass es sich bei diesen Tendenzen um sehr widersprüchliche, sehr diffuse Entwicklungen handelte. Keineswegs konnten die Kirchen die Säkularisierungstendenzen des 19. Jahrhunderts, wie etwa die

---

15 Besonders die katholischen Organisationen wuchsen: Die Gesamtzahl der Mitglieder katholischer Laienverbände erhöhte sich von ca. 10 000 (1907) auf 118 250 im Jahr 1923. Im Jahr 1946 sollen ca. 1 Million Gläubige organisiert gewesen seien. Auch wenn die Zahl übertrieben erscheint, so ist wohl dennoch ein deutlicher Anstieg zu konstatieren. Allein die katholischen weiblichen Orden wuchsen von 29 Orden mit 4 772 Nonnen 1930/1931 bis 1943 auf 41 Orden mit 10 213 Nonnen; die Zahl der Mönche stieg in demselben Zeitraum von 1 459 auf 2 150. Zahlen nach: *Gergely,* Jenő: A katolikus egyház története Magyarországon 1919-1945 [Geschichte der katholischen Kirche in Ungarn 1919-1945]. Budapest 1997, 130 f., 190-199.

16 *Moro,* Renato: Il "modernismo buono". La "modernizzazione" cattolica fra fascismo e postfascismo come problema storiografico [Der „gute Modernismus". Die katholische „Modernisierung" zwischen Faschismus und Postfaschismus als historiographisches Problem]. In: Storia contemporanea 4 (1988) 625-716.

17 *Stroik,* Duncan: The Roots of Modernist Church Architecture. In: Adoremus Bulletin 3/7 (1997). Vergleiche http://www.adoremus.org/1097-Stroik.html. (Zugriff am 7.10.2006). — *Debuyst,* Frédéric: Chiese, Arte, architettura e liturgia dal 1920 al 2000 [Kirchen, Kunst, Architektur und Liturgie von 1920 bis 2000]. Cinisello Balsamo (Milano) 2003.

18 „Letztendlich waren die Kriegsjahre für die Kirche Frankreichs von einer großen Kreativität gekennzeichnet. Widersprüchlicherweise war, wie Vater Maydieu geschrieben hat, die „Zeit der großen Erprobung" auch für Viele eine Zeit der „großen Hoffnung", eine „Quelle unerwarteter Erneuerung in vielen Bereichen." Vergleiche *Bédarida:* Églises 125.

laizistische Gesetzgebung, gänzlich rückgängig machen. Selbst in den klerikal-nationalen Diktaturen und autoritären Regimen, wo die katholische Hierarchie Einfluss auf Schule, Medien und Gesetzgebung erhielt, konnte man kaum von einer „Restauration" sprechen, da es sich bei diesen eher um moderne autoritäre Gesellschaftsexperimente handelte, deren „Erfolge" in der Regel eher kurzlebig und oberflächlich blieben. Eine „Rechristianisierung" der Gesellschaft fand nirgendwo statt, auch nicht in Irland oder Polen. Vielleicht auch, weil es nie eine völlige „Entchristianisierung" gegeben hatte, sondern nur die Auflösung oder Erosion einzelner religiöser Milieus mit je unterschiedlichen Hintergründen. Der religiöse Aufbruch, der sich seit dem Beginn des 20. Jahrhunderts in vielen europäischen Ländern abzeichnete, war vielmehr eine sehr vielschichtige Erneuerungsbewegung, ein Neuansatz, der sehr viele politische, soziale, theologische und kulturelle Energien freisetzte.

Eine interessante Frage wäre hierbei, ob im böhmischen Teil der Tschechoslowakei auf Grund der national-demokratischen, an Westeuropa orientierten Gründung des Staates im Jahr 1918 dieser Trend zur Erneuerung schwächer ausgeprägt war als in der Slowakei, Polen, Ungarn oder Kroatien. Bekanntermaßen gab es in Böhmen stärkere antikatholische, national-hussitische Tendenzen, die dem allgemeinen Trend der Rekatholisierung entgegen liefen und möglicherweise auch Entkirchlichungstendenzen verstärkten.[19] Dagegen wurde auch für die Weimarer Republik ein religiöser Aufbruch konstatiert, trotz, oder vielleicht gerade wegen der Entlassung der protestantischen Kirchen aus der engen Anbindung an die Monarchien in den einzelnen Teilstaaten des Reiches. Ähnlich anregend auf viele Katholiken wirkte nun wie in Italien die Chance, die von liberaler oder protestantischer Seite vertretende Vorstellung des 19. Jahrhunderts, Katholizismus und Nation seien unvereinbar, nun endgültig zu überwinden. Dabei kam es allerdings auch zur Entstehung oder Stärkung katholisch-nationalistischer Tendenzen.

Politische und ideologische Ambivalenzen des religiösen Aufbruchs in die Moderne: das Verhältnis zu Nationalismus und Faschismus

Gerade die katholische, aber auch die meisten protestantischen Kirchen, die diesen religiösen Aufschwung der ersten Jahrhunderthälfte mit dem Höhepunkt zwischen 1945 und 1955 erlebten, haben lange in einem Spannungsverhältnis zu pluralistischen und demokratischen Gesellschaftsentwürfen gestanden. Religionsfreiheit etwa wurde erst sehr spät von ihnen akzeptiert, es gab eine Hinwendung zu autoritären und kollektivistischen Vorstellungen. Gerade das Moderne an den neuen intellektuellen, sozialen und politischen Strömungen der Kirchen und Religionsgemeinschaften war zutiefst antiliberal geprägt – selbst

---

19 *Maner*, Hans-Christian/*Schulze Wessel*, Martin (Hgg.): Religion im Nationalstaat zwischen den Weltkriegen 1918-1939. Polen – Tschechoslowakei – Ungarn – Rumänien. Stuttgart 2002 (Forschungen zur Geschichte und Kultur des östlichen Mitteleuropa 16).

Karl Barth tat sich als Kritiker des protestantischen Liberalismus hervor.[20] Der politische Katholizismus positionierte sich bis 1939 zwar in Deutschland, Frankreich und der Schweiz auf der Seite demokratischer Koalitionen, aber gerade in den 1920er Jahren gab es doch mehr katholische Politiker, die antidemokratischen Neigungen folgten: Nicht nur in Italien (Ausnahmen sind Luigi Sturzo und Alcide De Gasperi), Spanien und Portugal unterstützten bekennende Katholiken und Kirchenführer autoritäre oder faschistische Regime und ihre Ideologien, sondern auch in Österreich, Ungarn („christlich-nationaler Kurs"), Polen, Litauen, der Slowakei und Kroatien.[21] Noch radikaler schlossen sich besonders deutsche Protestanten nationalistischen und völkischen Bewegungen an, Strömungen, die auch in Skandinavien Anhänger fanden, wenn auch dort in der Minderheit blieben.[22] Die Versöhnung zwischen Religion und Nationalismus, die noch im 19. Jahrhundert so schwierig erschienen war – das gilt allerdings fast ausschließlich für den Katholizismus auf Grund der „römischen Frage" und der konfessionellen Minderheitsposition in Deutschland, der Schweiz oder Ungarn –, begünstigte diesen Hang zum autoritären Antiliberalismus.[23]

Ein Beispiel: Katholische Akademiker in Deutschland bemühten sich seit dem Ersten Weltkrieg, ihre besonders deutsch-nationale Haltung zu beweisen, um den Vorwurf des nationalen Verrats auf Grund der Bindung an die „römische Kirche" zu kompensieren.[24] Die Katholiken blieben aber ambivalent in ihrem Nationalismus, während bei vielen Protestanten die Identifikation von Konfession und Nation, wie sie seit dem frühen 19. Jahrhundert bestand, radikalisiert und oft auch verstärkt ethnisiert wurde.[25] Der religiöse Aufbruch in die Moderne ging häufig mit autoritären, kollektivistischen Vorstellungen, wie jenen der „Volksgemeischaft", der Nation, einer „organischen" „Gemeinschaft" versus einer „mechanischen" „Gesellschaft" einher, die in pluralistischen und

---

20 *Härle*, Wilfried: Der Aufruf der 93 Intellektuellen und Karl Barths Bruch mit der liberalen Theologie. In: Zeitschrift für Theologie und Kirche 72 (1975) 207-224.

21 Stark antikatholisch gefärbt dazu *Besier*, Gerhard: „Berufsständische Ordnung" und autoritäre Diktaturen. Zur politischen Umsetzung einer „klassenfreien" katholischen Gesellschaftsordnung in den 20er und 30er Jahren des 20. Jahrhunderts. In: *Besier*, Gerhard/*Lübbe*, Hermann (Hgg.): Politische Religion und Religionspolitik. Göttingen 2005, 79-110. — Ausgewogener dagegen: *Altermatt*, Urs: Moderne als Problem des Katholizismus. Regensburg 1995. — *Conway*, Martin: Catholic Politics in Europe, 1918-1945. London 1997.

22 Zumindest waren Protestanten offener für völkische Glaubenssysteme: *Schnurbein*, Stephanie/*Ulbricht*, Justus H. (Hgg.): Völkische Religion und Krisen der Moderne. Würzburg 2001.

23 *Clark*, Christopher/*Kaiser*, Wolfram (Hgg.): Culture Wars. Secular-Catholic Conflict in Nineteenth-Century Europe. Cambridge 2003.

24 *Fuchs*, Stephan: „Vom Segen des Krieges". Katholische Gebildete im Ersten Weltkrieg Eine Studie zur Kriegsdeutung im akademischen Katholizismus. Stuttgart 2004.

25 *Smith*, Helmut Walser: German Nationalism and Religious Conflict: Culture, Ideology, Politics, 1870-1914. Princeton 1995. — Zum Vergleich: *Langner*, Albrecht (Hg.): Katholizismus, nationaler Gedanke und Europa seit 1800. Paderborn 1985.

liberalen Gesellschaften Menetekel des Untergangs des „christlichen Abendlands“ erblickten. Daher war der Schritt zu einem sowohl religiös als auch sozial und ideologisch fundierten Antisemitismus nicht weit.[26]

Antibolschewismus, Antifaschismus, Antitotalitarismus: Verwirrung der Fronten 1945-1948

Der Aufstieg des nationalsozialistischen Deutschland und der gewaltsame Versuch einer radikalen, auf rassistischen und imperialen Vorstellungen gegründeten „Neugestaltung Europas“ trieb die ideologische Auseinandersetzung auf die Spitze und machte Neuformulierungen des Spannungsverhältnisses zwischen Religion und Ideologie notwendig. Die Versuche Pius' XII., die katholische Kirche in Europa über die Gräben des Krieges und der ideologischen Kämpfe zusammenzuhalten und zugleich als einzig möglicher Friedensvermittler eine neutrale Position zu behalten, erwies sich als zunehmend schwierig, wenn nicht gar unmöglich.[27] Die Bedingungen, unter denen die katholischen Kirchen und der politische Katholizismus in den einzelnen Ländern in die Konflikte verstrickt waren, unterschieden sich fundamental: Polnische oder französische Bischöfe und Priester kämpften gegen die deutsche Besatzungsmacht, während slowakische und kroatische Priester die Deutschen und ihre Verbündeten offen unterstützten. Während ein Teil der religiösen Erneuerungsbewegungen in autoritäre oder gar faschistische Fahrwasser geraten war, ging ein anderer Teil überzeugt in das Lager des antifaschistischen Widerstands über. Die größte Distanz blieb aber zum Kommunismus, der durch den Widerstand gegen die deutsche Vernichtungs- und Eroberungspolitik enorm an Einfluss und sogar an moralischer Autorität in ganz Europa gewonnen hatte: Die stärksten kommunistischen Parteien Westeuropas waren nicht zufällig in Frankreich und Italien zu finden, wo der politische Neuanfang 1945 auf einem antifaschistischen Gründungsmythos beruhte. Erst ab 1947/1948, als die vor allem antiklerikale Politik der kommunistischen Regime in Mittel- und Osteuropa evident wurde, traten die antifaschistischen Strömungen innerhalb der großen christlichen Kirchen, besonders aber im Katholizismus, in den Hintergrund.[28] Wenn wir etwa Polen, Italien, Frankreich, Ungarn und Deutschland betrachten, wird deutlich,

---

26 *Blaschke*, Olaf/*Mattioli*, Aram (Hgg.): Katholischer Antisemitismus im 19. Jahrhundert. Ursachen und Traditionen im internationalen Vergleich. Zürich 2000.

27 Zur komplexen Frage des Verhaltens Pius XII. während des Zweiten Weltkrieges, die leider allzu oft in simplen polemischen Pamphleten abgehandelt wird: *Becker*, Winfried: Papst Pius XII. und sein „Schweigen“ über den Holocaust. In: Kirchliche Zeitgeschichte 18/1 (2005) 40-67. — *Besier*, Gerhard/*Piombo*, Francesca (Hgg.): Der Heilige Stuhl und Hitler-Deutschland. Die Faszination des Totalitären. München 2004. — *Bottum*, Joseph/*Dalin*, David G.: The Pius War. Responses to the Critics of Pius XII. Lanham 2004. — *Sánchez*, José: Pius XII. und der Holocaust. Anatomie einer Debatte. Paderborn 2003. — Siehe dazu auch den Beitrag von Christoph *Kösters* in diesem Band.

28 *Kirby*, Dianne: The Cold War, the Hegemony of the United States and the Golden Age of Christian Democracy. In: *McLeod* (Hg.): World Christianities 285-303.

wie homogen ab 1947/1948 die Haltung der katholischen Kirche – weniger der Gläubigen – wurde. Obwohl in diesen Ländern die Kirche bzw. der politische Katholizismus eine jeweils sehr unterschiedliche Position während des Krieges und davor eingenommen hatte, richteten sich nun alle zunehmend antikommunistisch und bald auch antitotalitaristisch aus. Nachdenkliche oder selbstkritische Stimmen, wie sie noch 1945 häufiger zu hören gewesen waren, verstummten. Es lässt sich vermuten, dass im Protestantismus mit seiner stärker verinnerlichten und individualisierten Religiosität Schulddebatten oder demütige öffentliche Erklärungen eine größere Rolle spielten. Auf Grund der stärkeren Annahme des Fortschrittsbegriffs des 19. Jahrhunderts war bei den Protestanten auch der Schritt zum Zusammengehen mit Sozialisten oder Kommunisten einfacher. Langfristig nahm mit dem stark gewachsenen Einfluss der USA in Europa auch die Bejahung der Moderne, des Kapitalismus und der Demokratie innerhalb religiöser Kreise zu.[29] Dies war aber 1945 noch kaum abzusehen gewesen, sondern dauerte noch Jahrzehnte.

1945 als Höhepunkt der religiösen Erneuerung: Hoffnung auf die Rechristianisierung Europas

Während Fragen nach dem moralischen Versagen der Kirchen oder des Papstes erst seit den 1960er Jahren verstärkt gestellt wurden, war in der unmittelbaren Nachkriegszeit die Vorstellung verbreitet, die Katastrophe des Krieges und die Bestalität des Mordes an den europäischen Juden seien auf die Entchristlichung Europas zurückzuführen. Nun sei die Stunde der Rechristianisierung gekommen. Auf die Wiederherstellung des „christlichen Abendlandes" hofften sowohl Katholiken wie auch Protestanten, nicht nur, wenn sie Anhänger eines „Kreuzzuges" gegen den „Bolschewismus" waren.[30] Darin drückten sich gerade die neue Erkenntnis und die aktuelle Erfahrung aus, dass die Kirchen enorm an Bedeutung zurückgewonnen hatten. Die neuen christdemokratischen Parteien in West- und im östlichen Mitteleuropa profitierten zunächst enorm von dieser weit verbreiteten Vorstellung: Diese nun meistens überkonfessionellen Parteien verdrängten in zahlreichen Ländern die früheren konservativen und liberalen Parteien und wuchsen zu den stärksten Gegnern der Sozialdemokratie bzw. der Kommunisten heran. In Luxemburg geschah dies ebenso wie in Belgien und den Niederlanden, vorübergehend auch in Frankreich, in Deutschland sowie in Ungarn (dort in Gestalt der „Független Kisgazdapárt" [Kleinlandwirtepartei] als christlich-national-demokratische Sammelbewegung).[31] Die Idee des „christlichen Abendlandes" erleichterte außerdem die Versöhnung zwischen den im

---

29 Vergleiche *Tylor,* Charles: A Catholic Modernity? New York–Oxford 1999.

30 Vergleiche *Greschat,* Martin: „Rechristianisierung" und „Säkularisierung". Anmerkungen zu einem europäischen konfessionellen Interpretationsmodell. In: *Kaiser,* Jochen-Christoph/*Doering-Manteuffel,* Anselm (Hgg.): Christentum und politische Verantwortung. Kirchen im Nachkriegsdeutschland. Stuttgart u.a. 1990, 1-24.

31 *Kaiser,* Wolfram/*Wohnout,* Helmut (Hgg.): Political Catholicism in Europe 1918-1945. 2 Bde. London 2004.

Krieg gegeneinander kämpfenden Ländern wie auch innerhalb der Gesellschaften. Sie trug enorm zur Integration sehr unterschiedlicher politischer und gesellschaftlicher Gruppen bei: In Italien etwa von antifaschistischen Katholiken und ehemaligen Faschisten, in Deutschland von ehemaligen Zentrumspolitikern und ehemaligen Nationalsozialisten. Zugleich leistete die Beschwörung eines christlichen Europa einen erheblichen Beitrag zur (west)europäischen Einigung. Angesichts der so ungemein gestiegenen Bedeutung von Kirchen und Religion um 1945, stellt sich wiederum die Frage nach der Säkularisierung.

Warum ist die zweite Hälfte des 20. Jahrhunderts von Entkirchlichung geprägt?

Während die 1950er Jahre noch von starker Kirchenbindung, häufigem Kirchenbesuch und der Stärke religiöser Verbände geprägt waren – das galt auch für sozialistische Länder wie Ungarn, Polen oder Jugoslawien – ging in den 1960er und 1970er Jahren die messbare „Kirchlichkeit" der Bevölkerung in fast ganz Europa zurück, besonders dramatisch aber in den protestantischen Gebieten Nordwesteuropas.[32] Soziologen haben für diese Entwicklung die Auflösung traditioneller Bindungen (Kirche, Familie, Dorf) im Zuge der Herausbildung der modernen Industriegesellschaft und die Entstehung individualistischer und hedonistischer Konsumgesellschaften herangezogen, um die Auflösung oder Erosion von religiös geprägten Milieus zu erklären. An diese Entwicklung schloss sich eine Pluralisierung und durch Globalisierungsprozesse verstärkte Hybridisierung des Religiösen an, etwa die Übernahme asiatischer religiöser Ideen und deren Europäisierung. Eine solche Betrachtungsweise ist allerdings ahistorisch, da sie die erste Hälfte des 20. Jahrhunderts mit dem beschriebenen Bedeutungsgewinn von Religionsgemeinschaften als „Tradition" aus seinem historischen Kontext herauslöst und vereinfacht, während das 19. Jahrhundert aus der Betrachtung ausgeklammert wird. Wir haben es vielmehr mit strukturellen Veränderungen von Religiosität und Kirchlichkeit zu tun. Ein ganz bestimmtes Modell moderner religiöser und kirchlicher Organisation ist im Laufe des 20. Jahrhunderts zunächst stärker und dann wieder schwächer geworden. Ein genereller Trend lässt sich daraus nicht ablesen.

Der Zweite Weltkrieg hat, zumindest kurzfristig, zu einer Zunahme der Bedeutung von Religion und Kirchen in Europa geführt. Aus diesem Grund spitzten sich kontroverse politische und ideologische Fragen um Religion und Moderne im Zuge des Kalten Krieges radikal zu, um sich in der Zeit der Entspannung und „friedlichen Koexistenz" wieder abzumildern.

32 *Lehmann*, Hartmut: Säkularisierung. Der europäische Sonderweg in Sachen Religion. Göttingen 2004.

Jiří Hanuš

KATHOLISCHE MENTALITÄTEN IM UMBRUCH: 1945-1948

Die moderne Kirchengeschichte wird häufig entlang des Begriffs der „Inkulturation“ diskutiert, der die Anpassungsbereitschaft der katholischen Kirche an verschiedene Kulturen und deren ethnische bzw. nationale Besonderheiten meint. Die Inkulturation stellt jedoch einen tiefer greifenden Prozess dar, der nicht nur die aktive Rolle der sich anpassenden katholischen Kirche und ihrer Institutionen in den Blick nimmt, sondern auch die sie umgebende Kultur. Es handelt sich daher um einen wechselseitigen Prozess, wie es vor allem die Geschichte des 20. Jahrhunderts eindringlich belegt. Die gesellschaftlichen Veränderungen im 20. Jahrhundert beeinflussten die religiösen Lebenswelten ebenso, wie deren Wandel auf die Gesellschaft zurückwirkte.

Obgleich sich die tschechische Geschichtswissenschaft vor allem auf die Erforschung der sozialistischen Epoche von 1948 bis 1989 konzentriert, dürfen die ersten drei Nachkriegsjahre keinesfalls außer Acht gelassen werden. Während dieser Jahre schuf die „Komunistická strana Československa“ (Kommunistische Partei der Tschechoslowakei, KSČ) das Fundament, auf dem sie ihre Macht nach dem Umsturz vom Februar 1948 weiter ausbauen konnte. Damit ist nicht nur die Tatsache gemeint, dass sich die Kommunisten auf ihre Machtergreifung systematisch vorbereitet hatten. Die Kriegsereignisse und die Erfahrungen der deutschen Besatzung hatten auch die Einstellung vieler tschechoslowakischer Bürgerinnen und Bürger zu ihrer Umwelt, ihre Zukunftserwartungen und Vergangenheitswahrnehmung und nicht zuletzt ihr Verhältnis zu Religion und Kirche verändert. Man kann also hier von einem Wandel der Mentalitäten sprechen, der gleich mehrere Fragen aufwirft: Wie veränderte der Krieg die katholischen Mentalitäten? Und wie reagierte die katholische Kirche auf die gesellschaftlichen Umwälzungen? Formulierte sie Gegenentwürfe zum vorherrschenden gesellschaftlichen Wandel oder passte sie sich den Zeitströmungen an? Wie sah ihre Sicht auf die eigenen Traditionen zu jener Zeit aus? Und inwiefern passte sich die Kirche an?

In seiner neuen, auf ganz Ostmitteleuropa angelegten Synthese beschreibt der Historiker Jan Křen die Nachkriegszeit und den mit ihr einhergehenden Mentalitätswandel mit folgenden Worten:

> Eine große Welle von Begeisterung, neuem Glauben und Illusionen erfasste vor allem die Bevölkerung der von der nationalsozialistischen Herrschaft befreiten Länder. Nach außen manifestierte sich diese Welle durch das ungeheuere Aufblühen des öffentlichen Lebens, das sich in zahlreichen Versammlungen, Straßenzügen, Volksfesten und Zusammenkünften abspielte. Kultur und Kunst erlebten ebenfalls einen Aufwind. Idealistische Begeisterung und eindrucksvolle Leistungen beim Nachkriegsaufbau waren jedoch nicht die einzigen Erschei-

nungen dieser Zeit, von denen bedenkliche Tendenzen der Demoralisierung, Verrohung und Entwertung des Menschlichen nicht zu trennen waren. Anarchie und Chaos beförderten Formen der Rache und Denunziation, Plünderungen, Spekulationen und den Schwarzhandel. Die durch Krieg und Besatzung erfolgte Brutalisierung des Alltags lebte fort und beeinflusste die Beziehungen zwischen den Menschen, das gesellschaftliche Handeln und die politische Kultur. Die Mentalitäten in der Nachkriegszeit waren noch lange durch das einseitige und unversöhnliche Freund-Feind-Denken geprägt, das unabsehbare Folgen für das Nachkriegsgeschehen hatte.[1]

Das war jedoch nur ein Teil der Veränderungen: Bevölkerungstransfers und Flüchtlingsströme, eine ganz Europa betreffende soziale und politische Radikalisierung wie auch ein sich wandelndes Bild der Alliierten und ihrer Armeen waren ebenso charakteristisch für die Zeit unmittelbar nach Ende des Zweiten Weltkriegs. In seiner treffenden Charakterisierung jener Zeit fährt Jan Křen fort:

In der Öffentlichkeit spürte man die Unumgänglichkeit von tief greifenden sozialen und politischen Veränderungen. Die national motivierten, sich hauptsächlich gegen Deutsche richtenden Hassgefühle verschmolzen mit sozial motivierten entlang von Schicht- und Klassengrenzen. Der Vorwurf der Kollaboration lastete schwer auf den führenden Wirtschaftskreisen, die sich – häufig allzu eifrig – der nationalsozialistischen Kriegswirtschaft angepasst hatten. Nicht nur das politische Regime der Vorkriegszeit wurde abgelehnt, sondern das gesamte traditionelle Sozialgefüge mit samt seinen Ungleichheiten und Privilegien. Die vorherrschende Meinung war in etwa die: Diejenigen, die oben waren, müssen denen von unten weichen.[2]

In diesen Kontext gehört auch der Versuch, einen homogenen Nationalstaat zu errichten: Die Vertreibung der Deutschen aus der Tschechoslowakei war eine Folge der kriegsbedingten Verrohung, was insbesondere auf die frühe Phase der „wilden" Vertreibung zutrifft. Ein beträchtlicher Teil der aus der Tschechoslowakei vertriebenen Deutschen war katholisch. Ihre führenden Repräsentanten hatten in der Ersten Republik die aus Deutschland kommende religiöse und liturgische Erneuerungsbewegung propagiert.[3]

Die Interpretation der Nachkriegszeit ist keine Erfindung ex post der heutigen Historiker: Eine ganze Reihe von Quellen berichtet über individuelle und gesellschaftliche Situationen, die von Zukunftsängsten geprägt waren. Autoren mit unterschiedlichem ideologischen Hintergrund sprechen übereinstimmend von unerwarteten Veränderungen, von einer Wende oder sogar von einer Revolution. Stellvertretend für viele weitere Autoren sei hier Josef Lukl Hromádka angeführt, ein bekannter Theologe der Kirche der Böhmischen Brüder, der kurz nach dem Krieg schrieb:

---

1 *Křen*, Jan: Dvě století střední Evropy [Zwei Jahrhunderte Mitteleuropa]. Praha 2005, 546.

2 *Ebenda* 548.

3 Vergleiche *Šebek*, Jaroslav: Mezi křížem a národem. Politické prostředí sudetoněmeckého katolicismu v meziválečném Československu [Zwischen Kreuz und Nation. Das politische Milieu des sudetendeutschen Katholizismus in der Tschechoslowakei der Zwischenkriegszeit]. Brno 2006.

[...] die Welt zittert immer noch in ihren Gliedern. Welche ungeheuren historischen Veränderungen haben sich in den letzten sechs oder sieben Jahren vollzogen! Es wird einem fast schwindlig. In kaum einer anderen Epoche hat die Menschheit solch tiefe politische und soziale Einschnitte hinnehmen müssen wie in den letzten sechs oder sieben Jahren – sagen wir, seit ungefähr 1941. [...] Die Welt ist tatsächlich an einem Wendepunkt angelangt. Da diese Feststellung mich jedoch nicht befriedigt, frage ich weiter: Ist dies wirklich ein Wendepunkt der Weltgeschichte? Handelt es sich dabei um einen Neuanfang, oder befinden wir uns am Rande eines Abgrunds?[4]

Während der letzten Jahrzehnte haben sich in der Auseinandersetzung mit dem Zeitraum von 1945 bis 1948 zwei wesentliche Interpretationsmuster herauskristallisiert: Der etwas ältere Ansatz stellt die Nachkriegszeit im Zeichen der Wiederherstellung der demokratischen Verhältnisse von vor 1938 dar, als eine Zeit der Freiheit, die gegenüber der Ersten Republik jedoch auch neue Elemente aufweist. Die Befürworter des jüngeren Interpretationsansatzes halten die drei Jahre zwischen 1945 und 1948 für die „Keimzeit" des kommunistischen Regimes nach sowjetischem Muster.[5] Beide Perspektiven, die eindeutig ihre Entsprechungen in den Wahrnehmungs- und Reaktionsmustern der gesellschaftlichen Akteure der unmittelbaren Nachkriegszeit haben, bieten nützliche Anhaltspunkte. So lassen sich beide Einstellungen auch in den christlichen Kreisen jener Zeit finden: Die Kirchen, die der Demokratie nicht unkritisch gegenüberstanden und ebenfalls von dem allgemeinen Mentalitätswandel erfasst wurden, wollten dennoch am demokratischen Wiederaufbau mitwirken. Es gab jedoch auch Kirchenmitglieder, die denjenigen gesellschaftlichen Strömungen nicht abgeneigt waren, die die demokratische Ordnung unterwanderten und auf ein totalitäres Regime hinarbeiteten. Man darf gleichwohl nicht vergessen, dass die damalige Zeit voll von Spannungen, Wirren und Missverständnissen war, die auch in den christlichen Kreisen ihre Spuren hinterließen.[6]

---

4 *Hromádka,* Josef Lukl: Komunismus a křesťanství. Evangelické dílo [Der Kommunismus und das Christentum. Ein evangelisches Werk]. Hradec Králové 1946, 4 f.

5 Vergleiche *Balík,* Stanislav: Tři roky svobody. Pretotalitní režim v Československu 1945-1948 [Drei Jahre Freiheit. Das prätotalitäre Regime in der Tschechoslowakei 1945-1948]. In: http://www.strat.cz/rexter/page.php?id=13 (Zugriff am 12.1.2007).

6 Die paradoxe Situation der Katholiken in der Nachkriegszeit beschreibt zum Beispiel der Publizist Ladislav Jehlička: „Und nun eine groteske Anekdote aus jenen Jahren: Es war wohl im Herbst 1947, als ich mit dem Minister Procházka, meinem damaligen Chef, im Auto fuhr. (Černý nennt ihn in seinem Buch ‚Die Träne der böhmischen Krone' einen wirkungslosen Statisten des Politischen Zentrums, der ersten Widerstandsorganisation auf unserem Gebiet. Angeblich hatte ihn Šrámek dorthin geschickt anstelle des gewünschten Hála /um Gottes willen!/, den Šrámek nicht gehen ließ...). Ich fuhr also mit diesem Procházka nach Südböhmen, auf die Taufe des Sohnes von irgendeinem kommunistischen Abgeordneten, einem Arzt, der, ich denke, Dr. Bureš hieß. Procházka war Taufpate. Nach der Taufe waren wir bei den Burešs eingeladen – ein schöner großer Haushalt mit vielen Kindern. Am Abend gingen wir zu einer Versammlung der Tschechoslowakischen Volkspartei. Außer Procházka sprach auch Josef Plojhar (damals ebenfalls Abgeordneter der Volkspartei aus Šrámeks Gnade). Seine Rede war dermaßen unverschämt, scharf, demagogisch und antikommunistisch, dass Procházka mich auf der

Die Entwicklung der Einstellungen und Mentalitäten innerhalb der katholischen Kirche zu jener Zeit lassen sich vor allem anhand ihres Selbstverständnisses nachvollziehen, das in einem Vergleich mit denen der anderen Kirchen deutlicher wird.

Während die katholische Kirche in der Nachkriegszeit ein eher traditionelles Selbstverständnis pflegte und sich als Fels in der Brandung sah, der der „liberalen Zersetzung" und der „Häresie" standhalten würde,[7] verbreiteten sich in der Tschechoslowakischen Kirche Vorstellungen, die das „historische" Christentum in Frage stellten, und es als eine vormoderne Last wahrnahmen. Diesen Vorstellungen zufolge sollte die Nationalkirche eine noch stärkere Anbindung an die Nation suchen und anstelle überholter Werte die neuen sozialen Erfahrungen verbreiten. In diesem direkten Vergleich wirkte der Katholizismus unmodern und veraltet.

Die gegenwärtige Forschung konzentriert sich hauptsächlich auf die Beschreibung und Analyse der nichtsozialistischen Nachkriegspublizistik, zu deren Repräsentanten ebenfalls katholische Autoren, sowohl Priester als auch Laien, zählten. Nach 1990 schenkte man insbesondere den Zeitschriften wie „Katolík" (Der Katholik), „Obzory" (Horizonte), „Vývoj" (Die Entwicklung), „Akord" (Der Akkord), „Vyšehrad" und „Lidová demokracie" (Die Volksdemokratie) große Aufmerksamkeit, denn zu ihren Autoren gehörten bekannte Vertreter des Klerus (Adolf Kajpr, Alexander Heidler, František Mikulášek, Metoděj Habáň, Josef Zvěřina) sowie Vertreter der katholischen Laien (Růžena Vacková, Bohdan Chudoba, Helena Koželuhová, Jan Zahradníček, Bedřich Fučík, Zdeněk Kalista, Jan Čep). Dies trifft auch auf die von der „Československá strana lidová" (Tschechoslowakische Volkspartei, ČSL) herausgegebenen bzw. unterstützen Presseorgane zu, die ihren Autoren – wie zum Beispiel Pavel Tigrid, Ivo Ducháček oder Karel Brušák – ein beträchtliches Maß an Unabhängigkeit und Kritik ermöglichten.[8] Auf Grund ihrer kulturellen Ausrichtung, ihrer kritischen

Rückfahrt bat, dem Erzbischof Dr. Beran Bericht zu erstatten. Ich kannte ihn aus der Zeit, als er für die Zeitschrift Obnova schrieb. Procházka bat mich, Herr Erzbischof möge Plojhar klar machen, dass ein katholischer Priester nicht auf diese Art und Weise über Kommunisten sprechen dürfe, denn unter ihnen seien ja schließlich (gerade jetzt!) auch Katholiken. Ich übermittelte es also Beran, und wir sprachen anschließend allgemein über die politischen Aktivitäten der katholischen Priester. Dr. Beran meinte zu mir wörtlich: ‚Šrámek kann ich nicht mehr ändern, aber wenn er – selbstverständlich bildhaft gesprochen – ins Gras beißt, werde ich Hála noch am selben Tag den Hals umdrehen.' Jedoch bekam er dazu keine Gelegenheit mehr." *Jehlička,* Ladislav: Křik koruny svatováclavské [Schrei der Krone des heiligen Wenzel] (6. Teil). In: Akord, revue pro literaturu, umění a život 24/6 (2003) 297-304, hier 299 f.

7 Vergleiche Pastýřský list biskupů a ordinářů československých o Církvi – říjen 1948 [Hirtenbrief der Bischöfe und Ordinarien über die Lage der Kirche – Oktober 1948]. In: Pastýřské listy 1945-2000. Arcidiecéze pražská [Hirtenbriefe von 1945 bis 2000. Die Erzdiözese Prag]. Kostelní Vydří 2003, 54-61.

8 Zu den Zeitschriften „Obzory" und „Vývoj" vergleiche *Drápala,* Milan: Na ztracené vartě Západu. Poznámky k české politické publicistice nesocialistického zaměření v letech

Haltung zu den Problemen der Zeit und ihrer Analysen der Politik und Kultur gehörten diese Zeitschriften zu den besten und vor allem kritischsten Titeln, die der Zeitungsmarkt in der damaligen Tschechoslowakei bot. Auch die wissenschaftliche und künstlerische Produktion der katholischen Autoren muss erwähnt werden. Literaten, Übersetzer, Historiker, Kunsthistoriker und Naturwissenschaftler knüpften an die regen Entwicklungen der 1930er Jahre an und entwickelten diese fort. Die tschechischen und slowakischen Kongregationen (Dominikaner, Franziskaner, Redemptoristen etc.) waren in den Nachkriegsjahren ebenfalls im Presse- und Verlagswesen sehr aktiv und konzentrierten ihre Tätigkeit auf die Verbreitung von Theologie und Seelsorge.

Andererseits vertieften sich zwischen 1945 und 1948 die traditionellen Haltungen und Vorurteile vieler Katholiken, die bereits während der Ersten und Zweiten Republik existierten, und sie gewannen zugleich neue Akzente. Die meisten katholischen Intellektuellen kritisierten wie bisher den Liberalismus als solchen, wobei dennoch einige Autoren um eine differenzierte Kritik bemüht waren. Dennoch blieb die Auffassung einer kulturellen Exklusivität vorherrschend, die sich in Unterscheidungen wie etwa der zwischen einer „niederen" Alltagspolitik und einer „höheren" Politik der „geistigen Werte" widerspiegelte; diese Unterscheidungen sind vor allem in Jaroslav Durychs Vorkriegspublizistik zu finden, die einen großen Einfluss auf die katholische kulturelle Elite ausübte. Doch lassen sich auch neue Tendenzen auf dem Gebiet von Religion, Kultur und Politik feststellen. In erster Linie gab es neue Impulse zur Reorganisation des kirchlichen Lebens, die der „Katholischen Aktion" und ihrer Auffassung von Seelsorge folgten. Als herausragende Vertreter sind hier Tomislav Kolaković sowie seine Nachfolger Josef Zvěřina und Růžena Vacková zu nennen.[9] Kolaković konzentrierte sich in seiner Seelsorgearbeit weniger auf die Pfarrgemeinde, als auf verschiedene soziale Gruppen, die ein christliches Leben in Gemeinden befürworteten und Wert auf Bildung und liturgische Erneuerung legten. In politischer Hinsicht wuchs nach dem Krieg die Kritik an der alten Führung der Tschechoslowakischen Volkspartei, die schließlich in einen offenen Streit überging. Dieser endete mit einem Pyrrhussieg der alten Führung um Jan Šrámek und einer Niederlage des „Neuen Kurses", den vor allem die später aus der Partei ausgeschiedene Helena Koželuhová verfolgte. Die Gruppe um Koželuhová war antisozialistisch eingestellt und übte Kritik an der parteiinternen Disziplin der Volkspartei. Damit stieß sie auf den Widerspruch der Mehrheit der Mitglieder, die Jan Šrámek und František Hála treu blieben.

1945-1948 [Auf verlorenem Posten des Westens. Anmerkungen zur tschechischen nichtsozialistischen politischen Publizistik zwischen 1945 und 1948]. In: Soudobé dějiny 5/1 (1998) 16-24. Drápala erwähnt unter anderem auch die weniger bekannte slowakische Zeitschrift „Nové prúdy" (Neue Strömungen, 1945-1948), in der ebenfalls tschechische Autoren publizierten.

9 Zu den politischen und religiösen Ideen von Růžena Vacková vergleiche *Gjuričová,* Adéla: Uvědomělé kichotiády. Politické myšlení Růženy Vackové [Eine bewusste Donquichotterie. Das politische Denken der Růžena Vacková]. In: Soudobé dějiny 12/2 (2005) 285-308.

Die theoretischen Ansätze zur Reformierung von Politik und Wirtschaft, die sich an der katholischen Soziallehre orientierten, sind aus heutiger Perspektive als interessante Alternativen zur Reformierung von Politik und Wirtschaft anzusehen.[10] Aus nahe liegenden Gründen lassen sich in der katholischen Presse der Nachkriegszeit nur wenige antisemitische Tendenzen beobachten. Viele der katholischen Autoren wie etwa Jakub Deml, Jan Zahradníček und Jan Čep wurden auf Grund ihrer umstrittenen Einstellungen während der Zweiten Republik zunehmend kritisiert und mussten sich zum Teil auch vor Gericht verantworten.[11]

Was den Klerus zwischen 1945 und 1948 angeht, so war er bestrebt, die Kirchenstrukturen zu erneuern. Die Bischofsämter und die Funktionen der anderen kirchlichen Beamten wurden mit Persönlichkeiten besetzt, die ein beträchtliches gesellschaftliches Ansehen genossen. Stellvertretend seien hier der charismatische Prager Erzbischof Josef Beran genannt, der sich durch seinen starken Charakter und Menschlichkeit auszeichnete, sowie der ehemalige KZ-Häftling Štěpán Trochta, der zum Bischof von Litoměřice (Leitmeritz) ernannt wurde. Bei einer Betrachtung des Vorgehens des damaligen tschechoslowakischen Episkopats muss unterschieden werden zwischen Handlungen, die durch Einstellungen aus der Vorkriegszeit geprägt waren, und solchen, die von einer Anpassung an die neuen Verhältnisse zeugten.

---

[10] Vergleiche *Chudoba*, Bohdan: Co je to křesťanská politika? [Was heißt christliche Politik?]. Praha 1947.

[11] Die Literaturhistorikerin Věra Brožová beschreibt die umstrittene Situation der katholischen Autoren in der Nachkriegszeit wie folgt: „Auch einige katholische Autoren – Jaroslav Durych, Jakub Deml, Jan Čep, Jan Zahradníček u.a. – wurden als Sympathisanten des faschistischen Regimes eingestuft. Der Druck auf ihren Ausschluss aus der tschechischen kulturellen Elite gipfelte 1946, als die Ergebnisse der Kommission, die die Schriftstellervereinigung überprüfte, bekannt wurden. Die Artikel von Václava Lacina, Václav Běhounek, Josef Brambora und Karel Josef Beneš in *Kulturní politika* [Die Kulturpolitik, Hervorhebung im Original, J.H.], die bezeichnende Titel wie ‚Větrat, dokud je čas' [Es ist höchste Zeit zum Lüften], ‚Co hledají v české kultuře?' [Was suchen sie in der tschechischen Kultur?], ‚Kolaborant před kolaboranty' [Der Kolaborateur vor Kolaborateuren], ‚Také odhmyzit' [Auch dieses Ungeziefer muss entfernt werden] trugen, wurden ebenfalls von Jindřich Chaloupecký unterstützt. Dieser trat in den *Melantrišské Listy* [Melantrich-Blätter, Hervorhebung im Original, J.H.] gegen ein öffentliches Engagement von Jan Zahradníček, Jan Čep, Josef Kostohryz und Václav Renč auf. [...] Die einseitig geübte Kritik förderte auch der Literaturhistoriker Karel Janský mit seinen Kommentaren in *Kritický měsíčník* [Kritische Monatszeitschrift, Hervorhebung im Original, J.H.]. Eine Verteidigung der Autoren durch Timotheus Vodička erschien erst 1947, als die politischen Auseinandersetzungen zunahmen." Vergleiche *Brožová*, Věra: Od strážců mravních hodnot k inženýrům lidských duší. Literární život mezi květnem 1945 a únorem 1948 [Von Wächtern der sittlichen Werte zu Ingenieuren der menschlichen Seele. Das literarische Leben zwischen Mai 1945 und Februar 1948]. In: Soudobé dějiny 9/3-4 (2002) 429-454, 439 f.

Eines der dringendsten Probleme der Bischöfe war in jener Zeit die zunehmend schwierige Lage des katholischen Schulwesens. Hinzu kam, dass immer mehr die Freiheit des Menschen und damit auch die Freiheit der Kirche in Frage gestellt wurden. Obgleich die Kirchenhierarchie auf ihren alten ideologischen Standpunkten zum Beispiel in Fragen der Ökumene beharrte, häuften sich in den ersten Nachkriegsjahren Anzeichen, die Machtverhältnisse in Bezug auf Menschenrechte verantwortungsbewusst und kritisch zu hinterfragen. Die Kirche zog auf diese Weise ihre Lehre aus den Erfahrungen mit der nationalsozialistischen Herrschaft.

Die Lage der katholischen Gläubigen zwischen 1945 und 1948 lässt sich nur schwer erfassen. Zum einen herrschte eine nationalistische Stimmung, die sich noch immer aus den im Krieg entstandenen Ressentiments speiste, und zum anderen prägten die Erfahrungen mit der Vertreibung der deutschsprachigen Bevölkerung und die Auseinandersetzungen um die „slowakische Frage" das damalige Klima. Im katholischen Milieu äußerte sich der übersteigerte Patriotismus in Form von national aufgeladenen Wallfahrten, religiösen Feiern und anderen traditionellen öffentlichen Frömmigkeitsbekundungen, deren Beliebtheit während des Krieges zunahm. Darüber hinaus beteiligte sich die Kirche am allgemeinen „sozialen Aufbruch", der mitunter zu einem verwirrenden politischen und religiösen Aktivismus führte. Dabei blieb unklar, wie stark sich Christen an der sozialistisch-kommunistischen Bewegung beteiligen durften bzw. sogar sollten. In ihrem Streben, neue Anhänger zu gewinnen, waren die Kommunisten auch in katholischen Kreisen durchaus erfolgreich. So warb die KSČ im Vorfeld der Wahlen von 1946 aktiv um die katholische Wählergunst und bediente sich dabei einer entsprechenden Wahlkampfrhetorik.

Die Suche nach einem „dritten Weg" zwischen Liberalismus und Marxismus gehört zu den wichtigsten Traditionen des katholisch-politischen Denkens im 19. und 20. Jahrhundert. So brachte auch der Zeitraum von 1945 bis 1948 eine Auseinandersetzung mit der marxistischen bzw. sozialistischen Weltanschauung mit sich. Die Katholiken beteiligten sich an den Diskussionen über die Bedeutung des Sozialismus und die Interpretation des Marxismus und seiner wechselvollen Geschichte. Katholische Priester, Ordensbrüder und Laien traten in diesen Diskussionen, die in der Presse und bei öffentlichen Veranstaltungen geführt wurden, meist kompetent und unvoreingenommen auf.[12] Dennoch übten manche – auch demokratische – Intellektuelle, an ihren katholischen Gesprächspartnern scharfe Kritik.[13] Die weltanschauliche Situation in den Pfarrgemeinden war noch komplizierter und unübersichtlicher.

---

12 Vergleiche *Pecka*, Dominik/*Pavelka*, Artur/*Chudoba*, Bohdan: Křesťanský realismus a dialektický materialismus [Der christliche Realismus und der dialektische Materialismus]. Brno 1946.

13 Der bekannte Literaturkritiker Václav Černý beurteilte beispielsweise die Diskussionen über eine Mitgliedschaft katholischer Intellektueller im „Kulturní svaz" (Kulturverband) wie folgt: „Wir, das heißt die Kommission, der außer mir noch Kovárna und der Priester Svatoš angehören, baten die katholischen Intellektuellen vergebens, einzutreten. Sie

Insgesamt lässt sich feststellen, dass der Katholizismus auf die verschiedenen „Zeichen der Zeit" sehr elastisch reagierte und diejenigen Elemente seines traditionellen Weltbildes aktualisierte, die für jene Zeit wesentlich waren. Drei Jahre sind im Hinblick auf eine freie gesellschaftliche Entwicklung nicht viel, zumal wir heute wissen, dass dies Jahre großer Probleme waren. Es gibt historische „Zwischenzeiten", in denen eine Ballung ideologischer Konflikte und Auseinandersetzungen stattfindet. Dies trifft auch für den Zeitraum von 1945 bis 1948 zu, in dem um zwei grundlegende revolutionäre Ideologien gefochten wurde: zum einen um die Idee der Menschenrechte, die sich Ende des 18. Jahrhunderts in der nordamerikanischen und französischen Gesellschaft entfaltete und in der westeuropäischen Verfassungsgeschichte ihre endgültige Gestalt annahm, und zum anderen um die Idee der Russischen Revolution. Diese beanspruchte für die Etablierung ihrer Macht das Recht, in das Handeln der Menschen in all seinen Ausprägungen einzugreifen, ja sogar das Denken zu durchdringen. Mit dem Soziologen und Philosophen Jaroslav Krejčí könnte man sagen, dass es zu einer Gegeneinanderstellung der Zivilisationen par excellence kam, in die auch die Tschechoslowakei hineingeriet.[14] Das Besondere an der tschechischen Geschichte zwischen 1945 und 1948 war die starke Verknüpfung zwischen Kommunismus und Nationalismus. In keinem anderen europäischen Land verzeichneten die Kommunisten in freien Wahlen einen solch großen Erfolg wie in der westlichen Landeshälfte der Tschechoslowakei: Die Wählergunst stieg von zehn Prozent aus der Zeit der Ersten Tschechoslowakischen Republik auf 40 Prozent nach dem Zweiten Weltkrieg.[15]

‚konnten' denjenigen Programmartikel des Verbandes nicht akzeptieren, der den ‚demokratischen *Sozialismus*' [Hervorhebung im Original, J.H.] betraf, obwohl aktive Politiker wie Ms. P. Šrámek und P. Hála Teil der Regierung der Nationalen Front waren, die den Plan zur Umsetzung *dieser* [Hervorhebung im Original, J.H.] Form des Sozialismus beschlossen hatte. Unsere gebildeten Katholiken fahren noch immer mit einer zwanzigjährigen Verspätung und derselben Blind- und Starrheit auf eigene Faust gen Himmel! Mit einem Wort: Es herrscht derselbe Antimasarykismus und dieselbe Schule des Alten Reiches, durchtränkt von Demls Gift!" Vergleiche: *Černý*, Václav: Paměti III. (1945-1972) [Erinnerungen III]. Brno 1992, 132. Černýs subjektive Sicht legt zwar nahe, dass die Katholiken den Einstellungen aus der Zeit der Ersten bzw. Zweiten Republik verhaftet blieben. Seine Beurteilung der katholischen Intellektuellen ist nichtsdestotrotz unbefriedigend. Was die Einschätzung der zukünftigen Entwicklung des Sozialismus anging, waren manche katholische Intellektuelle zu jener Zeit vor-, wenn nicht gar hellsichtig.

14 Vergleiche *Krejčí*, Jaroslav: Tři diagnózy jednoho uchopení moci komunisty. Státní převrat, vývoz revoluce, střet civilizací [Drei Diagnosen der kommunistischen Machtergreifung. Staatsstreich, Revolution und der Zusammenprall der Zivilisationen]. In: Soudobé dějiny 5/2-3 (1998) 203-207.

15 Die tschechische Geschichtswissenschaft hat sich bislang kaum mit der Geschichte der KSČ zwischen 1945 und 1948 befasst. So ist zum Beispiel wenig bekannt über das taktische Vorgehen der KSČ gegenüber den Kirchen während der Wahlkämpfe. Jedoch spricht vieles dafür, dass die Kommunisten mit Hilfe ihrer Rhetorik von sozialer Gerechtigkeit und dem Aufbau einer menschlichen Gesellschaft in manchen Regionen auch bei Christen Erfolg hatten.

Zusammenfassend lässt sich urteilen, dass sich der Katholizismus während dieser schwierigen „Zwischenzeit" in seiner Rolle als Widersacher der kommunistischen Ideologie bewährt hat. Zugleich festigte er sich von innen her, sodass er die Unterdrückung seitens des kommunistischen Regimes überstehen konnte. Nach 1948 sah die KSČ gerade in ihm einen der größten Feinde des neuen Regimes. Nur wenige soziale Gruppen in der ehemaligen Tschechoslowakei können ein ähnliches Urteil für sich beanspruchen.

Aus dem Tschechischen von Ines Koeltzsch

Rainer Bendel

VERTREIBUNG UND KIRCHLICHER NEUANFANG
Religiöser Wandel bei den Sudetendeutschen in den ersten Nachkriegsjahren

Auch wir müssen unsere persönliche Schuld bekennen und den Anteil an der Gesamtschuld unseres Volkes und bereit sein, unser Schicksal als Sühne für eigene und fremde Sünden zu tragen. Wir dürfen dabei auch durchaus nicht auf die Schuld vergessen, die unserer Gemeinschaft anhaften [sic!], auf gewisse falsche Einstellungen, die uns beherrscht haben. Gerade der Verlust unseres Eigentums, von Existenz und Heimat hat bei vielen die Erkenntnis geweckt, daß wir früher doch zu sehr als Akademiker, damit als Angehörige einer bürgerlichen, besitzenden Schicht gelebt haben, einer exklusiven Gesellschaftsschicht, welche sich etwa von der Welt des Arbeiters sehr stark abgeschlossen und gar nicht die Brücke dorthin gesucht hat. Diese Exklusivität war letzten Endes doch Lieblosigkeit. [...] Wie oft haben wir in den letzten Wochen und Monaten unter diesem Gesichtspunkt kritisch die hiesige Religiosität beurteilt und vielleicht vergessen, in diesem Spiegel unser eigenes vergangenes Leben zu prüfen?[1]

Pater Paulus Sladeks erstes Engagement nach der Vertreibung galt der unmittelbaren Sorge um die neu angekommenen Vertriebenen und Flüchtlinge. Wie konnte mit deren Entwurzeltsein, ihrer Notwendigkeit, eine neue, zunächst als vorübergehend gedachte Bleibe zu finden, umgegangen werden? Charakteristisch dafür, wie Sladek diese Notlage anpackte, ist der eingangs in einem kurzen Ausschnitt zitierte Weihnachtsbrief von 1945 an seine Freunde aus der deutschen Jugendbewegung „Staffelstein“ in Böhmen.

Man kam aus dem Aufbruch, in dem man Religion und Volk eng verknüpft hatte – was konnte man davon einbringen im Umbruch? Man kam mit einer ausgeprägten Volksfrömmigkeitspraxis – wie ließ sich die, ortlos geworden, weiter pflegen? Man war mit der eigenen Tradition des böhmischen Katholizismus und mit dem Schicksal als Vertriebene vielfach auf Unverständnis und Ablehnung gestoßen – welche Reaktionen sind zu beobachten? Im Folgenden werden zentrale Initiativen der Vertriebenenseelsorge mit dem Ziel betrachtet, mögliche Antworten auf die erwähnten Fragen zu finden. Behandelt werden die Sammlung des Aufbruchs im Umbruch in der „Kirchlichen Hilfsstelle Süd“, die klerikale Initiative in Königstein und die Diözesanvertriebenenseelsorge sowie die Situation in den Gemeinden.

---

1 P. Paulus Sladek, Weihnachtsbrief an die ehemaligen Staffelsteiner, Advent 1945, Hilfsstelle Süd, I/1, abgedruckt bei *Sladek*, Paulus: Not ist Anruf Gottes, aus Veröffentlichungen, Rundschreiben, Predigten und Briefen. Dokumente zur Geschichte der Vertriebenenseelsorge. Herausgegeben von Rudolf *Ohlbaum*. München–Königstein/Taunus 1991, 103-106, hier 103 f.

Sammeln des Aufbruchs im Umbruch: Pater Paulus Sladek OESA[2] *und die „Kirchliche Hilfsstelle Süd" in München – ein zentraler Ideenpool für die Vertriebenenseelsorge*

Ein Initiator, in dem sich wie in einem Fokus das Ungenügen bisheriger pastoraler Bemühungen um die Vertriebenen in formaler wie auch in inhaltlicher Hinsicht gesammelt hatte, war der Augustinerpater Paulus Sladek. Er beschränkte sich in seinen Initiativen und Forderungen nicht auf den bisherigen eng verstandenen Bereich von Seelsorge, sondern nahm die Not des Menschen im seelischen wie im materiellen Bereich wahr und suchte für beide Bereiche nach neuen Konzepten. Weil Sladek die Einzelschicksale wahrgenommen und sie auch zu sammeln und vom Kreuz des Einen her zu deuten versuchte, kommt ihm unter denen, die sich der Sorge um die Vertriebenen gewidmet haben, ein herausragender Platz zu. Sladek hat nie nur im und aus dem Augenblick heraus gehandelt, wenn er ihn auch immer in seiner vollen Würde ernst genommen hat. Er hat immer Vergangenes und Zukünftiges gleichermaßen im Blick gehabt. So hat er die konzeptionelle vor allem, aber auch die praktische Arbeit der Kirchlichen Hilfsstelle Süd geprägt.

Der Aufbau der Flüchtlingsseelsorge durch die Kirchliche Hilfsstelle Süd verdankt Paulus Sladek wesentliche Initiativen. Diese wurde von ihm auch tatkräftig mit durchgeführt. Die Arbeitsfelder waren sehr breit gefächert. Der Schwerpunkt lag auf der Erziehungs- und Bildungsarbeit und dem sozialen Engagement. Daneben war den Mitarbeitern der Kirchlichen Hilfsstelle von der Bischofskonferenz vor allem die Volksgruppenarbeit für die Sudeten- und Südostdeutschen zugewiesen worden.

Dass eigene Flüchtlingsseelsorger bestellt, dass Flüchtlingsgottesdienste und -wallfahrten veranstaltet wurden, Tagungen der Flüchtlingsseelsorger stattfinden konnten, auf denen Erfahrungen ausgetauscht und Handreichungen für die Vertriebenenseelsorge erarbeitet werden konnten, aber auch Wünsche an die Kirchenleitung und die einheimischen Seelsorger formuliert wurden, war in der Anfangsphase im Wesentlichen Paulus Sladek zu verdanken. Sladek regte die Vertriebenenpriester an, über Pfarrbriefe Kontakt zu den Gläubigen der ehemaligen Pfarrgemeinde zu halten. Dazu war die vertriebene Geistlichkeit zu erfassen und Anschriftenlisten herzustellen und zu verbreiten. Er entwarf 1946 Leitsätze der kirchlichen Flüchtlingsarbeit für die Diözese und war maßgeblich an der Redaktion der Arbeitshilfen „Flüchtlingspriester, Mitteilungen und Skiz-

---

2 Zu Sladek vgl. allgemein und einführend *Ohlbaum,* Rudolf: P. Paulus Sladek – Weg und Wirken. In: *Ohlbaum* (Hg.): Not ist Anruf Gottes 447-534. — *Bendel,* Rainer: Aufbruch aus dem Glauben? Katholikinnen und Katholiken in den gesellschaftlichen Transformationen der Jahre nach dem Zweiten Weltkrieg. Köln–Weimar–Wien 2003 (Forschungen und Quellen zur ostdeutschen Kirchen- und Kulturgeschichte 34). — *Valasek,* Emil: Der Kampf gegen die Priester im Sudetenland 1938 bis 1945. Eine Dokumentation. In: AKBMS 16 (2003) 11-236, hier 189 f. — *Bendel,* Rainer: P. Paulus Sladek OESA menschlich und wissenschaftlich. Impulse der Vertriebenenseelsorge. In: Sudetenland. Europäische Kulturzeitschrift 45 (2003) 386-400.

zen" beteiligt, die die Kirchliche Hilfsstelle in München vom Frühjahr 1946 an herausgab. Diese Arbeitshilfen, auch mit dem Titel „Der Heimatlose in der Pfarrseelsorge. Blätter für den einheimischen Klerus" gingen im Dezember 1946 in der neuen Monatsschrift „Christ unterwegs" auf. Sie darf als die erste Vertriebenenzeitschrift angesehen werden.[3] Der Christ unterwegs diente der Kommunikation zwischen vertriebenen und einheimischen Katholiken; obwohl Sladek noch sehr konfessionell dachte, ist doch der allgemeinere Titel gewählt. Sladek unterstrich sein Anliegen, zu einem gegenseitigen Verstehen beizutragen. Dazu gehörte für ihn notwendigerweise das ehrliche Benennen von Fehlern und Schwächen. Aus einem derart ehrlichen Umgang könne die Bereitschaft, sich gegenseitig zu helfen, erwachsen.

Als im Jahr 1946 immer mehr Deutsche aus der Tschechoslowakei ausgewiesen wurden und regelmäßig Vertriebenentransporte in Bayern eintrafen, mit denen Sladek in erster Linie konfrontiert wurde, wandte er sich sofort direkt an die Ausgewiesenen. Sein Anknüpfungspunkt war die unmittelbare Erfahrung, die aktuelle Situation, die Transporte, die Schicksalsgenossen, die die Heimat verloren haben, der unerträgliche äußere und innere Druck der letzten Jahre, die unsichere, aber deutliche Erwartung und vielfach die folgende Enttäuschung. In dieser Hoffnungslosigkeit helfe nur das Vertrauen auf Gott und die Einsicht, dass es an diesem Punkt notwendig sei, mit dem Christentum endlich ernst zu machen. Diese Situation der Hoffnungslosigkeit sei ein Krisispunkt, der nicht in die Verzweiflung, sondern in das Hören des Rufes Gottes einmünden müsse. Sladek interpretierte diese Situation der Hoffnungslosigkeit wiederum als Teilnahme am Werk der Erlösung. Er mahnte aber, dass die religiöse Haltung nicht auf dieser theologischen Ebene stehen bleiben dürfe, sondern sich auch in einem tätigen Apostolat der Glaubensverbreitung auswirken müsse.

Entsprechend der außergewöhnlichen Situation müssten hier auch außergewöhnliche Mittel eingesetzt werden. Sladek forderte das besondere apostolische Engagement der Laien, wozu sie kraft Taufe und Firmung befähigt und gerade in der Diaspora verpflichtet seien.[4] Er suchte von den Laien, „von unten" her zu denken, indem er sie ermunterte, in diesem Glaubenseinsatz „Sauerteig" und Mittelpunkt zu sein, um den andere sich sammeln zu Gebet, geistlicher Lesung, gegenseitigem Trost, zur Schriftlesung. Sladek verwies auf Hilfestellungen der Hilfsstelle Süd, die aber nur exemplarisch sein könnten. Künftig sei es Aufgabe der Laien, selbst ein geeignetes Buch oder geeignete Schrifttexte zu suchen.

Über das Engagement für eine spirituelle Stärkung hinaus forderte er den praktischen Einsatz vor Ort: die Idee und die zentralen Intentionen der „Ackermann-Gemeinde". Von dieser Gruppe der „Katholischen Aktion" – wie sie Sladek verstanden wissen wollte – gingen vielfältige karitative, sozialpolitische Impulse aus: Hierzu kann man an die Tätigkeit von Martha Krause-Lang im Bereich der Flüchtlingsverwaltung im bayerischen Innenministerium ebenso erin-

---

3 Zu den Publikationsorganen und Medien der Vertriebenenseelsorge siehe ausführlicher weiter unten.

4 Vergleiche *Ohlbaum* (Hg.): Not ist Anruf Gottes 110.

nern wie an das Engagement von Hans Schütz in der „Union der Vertriebenen“ (UdV) oder in der Sozialpolitik. Die UdV ist die älteste Arbeitsgemeinschaft in der „Christlich-Sozialen Union“ (CSU).[5] Diese Arbeitsgemeinschaft ist formell im August 1947 aus dem ein Jahr zuvor gegründeten Flüchtlingsausschuss in der CSU entstanden. Er hat damals den Namen „Union der Ausgewiesenen“ (UdA) erhalten. Formell wurde die Gründung der UdA am 24. Januar 1948 durch die CSU-Landesversammlung bestätigt. 1953 wurde die Bezeichnung UdV angenommen. Hauptinitiator dieser Umwandlung im August 1947 war Hans Schütz, ein Freund und enger Mitarbeiter Sladeks,[6] der zusammen mit anderen vertriebenen Politikern am Anfang des Flüchtlingsausschusses und der Union der Ausgewiesenen stand, in einer Zeit, da es von den Alliierten verboten war, dass Vertriebene sich zusammenschließen und viele Vertriebene nicht an eine politische Mitwirkung im Aufnahmeland dachten, weil sie immer noch fest mit der Rückkehr in ihre angestammte Heimat rechneten.

Diese frühe Initiative für die Vertriebenen innerhalb der CSU darf nicht darüber hinwegtäuschen, dass es in dieser Partei auch heftige Ressentiments gegenüber Vertriebenen und Flüchtlingen gegeben hat, vor allem auf dem traditionsorientierten Flügel um den späteren Fraktionsvorsitzenden Alois Hundhammer. Die Abneigung gegenüber den Vertriebenen, besonders auf dem Land, konnte die Partei und konnten die einheimischen Mitglieder der Partei nicht ignorieren. Aufgeschlossen für die Belange der Vertriebenen und auch für einen gerechten Lastenausgleich war der erste Vorsitzende der CSU, Josef Müller.

1947 war Hans Schütz zum ersten Landesvorsitzenden der Union der Ausgewiesenen gewählt worden. Schütz hat sich dafür eingesetzt, dass der „Union-Flüchtlingsdienst“ eingerichtet wurde, zunächst ein Blatt im Umfang von zwei Seiten für die Wahlen 1946, das sich dann etablierte und auf vier Seiten erweitert wurde. Die Publikation erschien bis Dezember 1949, umfasst also vier Jahrgänge. Sie ist dann in der Wochenzeitung „Union“ aufgegangen. Zu ihren Hochzeiten erreichte sie eine Auflage von etwa 70 000 Exemplaren. Dass der Union-Flüchtlingsdienst, dieses Medium der Information, der Aufklärung, der parteipolitischen Einflussnahme nach dem Dezember 1949 in der Wochenzeitung Union aufging, bedauerten viele Vertriebene.

Inhaltlich weist der Union-Flüchtlingsdienst viele Parallelen zu kirchlich orientierten Vertriebenenzeitschriften auf – deshalb hier exemplarisch: Einen wichtigen Stellenwert nimmt auch hier die Familienzusammenführung ein sowie der Versuch, Arbeitsplätze zu vermitteln und Hinweise auf rechtliche und soziale Hilfen zu geben. Auch hier werden zur Ermunterung Erfolgsmeldungen wie etwa die Gründung von Flüchtlingsbetrieben weitergegeben. Daneben finden sich Aufrufe, das kulturelle Erbe der Vertriebenen zu bewahren und auch

---

5 Vergleiche dazu *Rost*, Sieghart: 50 Jahre Union der Vertriebenen (UdV) in der CSU. Anmerkungen zur Geschichte der ältesten Arbeitsgemeinschaft der CSU. Typoscript München (1997) im Archiv für christlich-soziale Politik der Hanns-Seidel-Stiftung München.

6 Zu Schütz vergleiche *Bendel*, Rainer: Hans Schütz und die Sozialpolitik der Vertriebenen. In: Sudetenland 44 (2002) 296-303 (dort weitere Literatur).

hier wird kontinuierlich für das Heimatrecht und seine Unverletzlichkeit plädiert. Es findet sich die ständige Warnung vor Radikalisierung und die Mahnung zur Partizipation. Wichtige Gesetze, wie das Flüchtlingsgesetz und das Soforthilfegesetz sind dokumentiert und werden in ihren Auswirkungen besprochen. Auch Berichte von Ereignissen der Flüchtlingsseelsorge, wie etwa die Wallfahrt nach Ottobeuren am 31. Juli 1949, kurz vor der ersten Bundestagswahl, werden dokumentiert. Im Union-Flüchtlingsdienst werden die Vertriebenen vor Wahlen auf der Kommunal-, der Landes- und der Bundesebene immer wieder auf die Bedeutung der Teilnahme an der Wahlentscheidung hingewiesen.

Die Initiative in Königstein

Eine zweite zentrale außerordentliche Initiative der katholischen Vertriebenenseelsorge war das später so genannte Vaterhaus der Vertriebenen in Königstein,[7] das Gymnasium mit Konvikt, die „Philosophisch-Theologische" Hochschule mit Sonderinstituten zur Erforschung von „Ostthemen", was auf die Initiative Maximilian Kallers[8], Albert Büttners[9] und vor allem Adolf Kindermanns zurückgeht. Hier wurden auch Priestertagungen und Internationale Konferenzen veranstaltet. Es gab die Möglichkeit zum Austausch mit Christen aus den Ländern des Ostblocks und diverse Publikationsorgane. Dies war aber keine rein sudetendeutsche Einrichtung, auch wenn sie vom vormaligen Prager Professor für Kirchenrecht Adolf Kindermann dominiert wurde. Hier wurde versucht, religiöses Leben und kirchliche Strukturen und Muster der Heimat zu reaktivieren, zu pflegen, um sie, wenn möglich, in der neuen Heimat wieder ausbauen zu können. Königstein wird als Inbegriff und gleichzeitig neue Keimzelle all dessen dargestellt, was Kirche in der Heimat verkörperte und bedeutete. Man wollte vorrangig heimatlichen Priesternachwuchs heranbilden für die Zeit nach der Rückkehr in die Heimat.

Die Diözesanvertriebenenseelsorge

Die diözesane Struktur der Vertriebenenseelsorger war keinesfalls ein Selbstläufer. Alfons Maria Härtel hatte die Notwendigkeit einer diözesanen Vertriebenenseelsorge bereits 1945 während seines Aufenthaltes und Einsatzes in der Flüchtlingsbetreuung in Altötting eingefordert.[10] Die Bereitschaft zur Installie-

---

7 Vergleiche *Bendel:* Aufbruch aus dem Glauben? 113-180.

8 Zu Kaller vergleiche jüngst *Brandt,* Hans Jürgen: Maximilian Kaller (1880-1947). In: Wichmann Jahrbuch 44/45 (2004/2005) 1-12.

9 *Labonté,* Maria: Albert Büttner. Ein Leben für Glaube und Kirche in der Fremde. Mainz 1978.

10 *Bendel,* Rainer: Störung im Milieu. Die kirchliche Betreuung der „Umquartierten" in Altötting als frühes Experiment der Vertriebenenseelsorge. In: *Chrobak,* Werner/*Hausberger,* Karl (Hgg.): Kulturarbeit und Kirche. FS Msgr. Dr. Paul Mai zum 70. Geburtstag. Regensburg 2005, 267-274 (dort weitere Literatur zu Härtel).

rung eines diözesanen Vertriebenenseelsorgers war in den verschiedenen Bistümern sehr unterschiedlich ausgeprägt, wenn auch immer wieder betont wurde, dass das Diözesanprinzip gegen das Zentralprinzip gestärkt werden müsse. Das Bild der diözesanen Vertriebenenseelsorge variierte stark, abhängig von den Personen, die als Vertriebenenseelsorger eingesetzt waren – abhängig auch von der Resonanz, die die Vertriebenenseelsorge in den Ordinariaten fand, ob sich korrespondierend eine zuständige Stelle, im Seelsorgereferat etwa, auch dieses Problems annahm.

Trotz dieser Variabilität lassen sich bestimmte Grundlinien ausmachen, die das Amt und die Aufgabe des Diözesanvertriebenenseelsorgers bestimmten. Diese tauchen in den Rechenschaftsberichten der Diözesanvertriebenenseelsorger von Augsburg, Rudolf Hacker[11], und von Eichstätt, Georg Zischek[12], ebenso auf wie in den Richtlinien für die Vertriebenenseelsorge im Bistum Rottenburg, die der dortige Vertriebenenseelsorger Alfons Maria Härtel 1952 skizziert hat oder in den grundsätzlichen Überlegungen des Hildesheimer Diözesanvertriebenenseelsorger Joseph Engelbert[13], die weit über sein Aufnahmebistum hinaus Resonanz fanden. Sie alle unterstrichen, dass die Sorge um die vertriebenen Glaubensgenossen für die nächsten Jahrzehnte eine dauernde Aufgabe der Diözese sein müsse. Die Vertriebenen dürften nicht in einen eigenen Sektor der außerordentlichen Seelsorge abgeschoben werden; die Vertriebenenseelsorge müsste ein Teil der normalen Hirtensorge des Bischofs werden und bleiben, die sich darum bemüht, das Nebeneinander oder gar Gegeneinander einheimischer und vertriebener Katholiken abzubauen und die verschiedenen Gruppen zu einer neuen, von allen Beteiligten getragenen kirchlichen Gemeinschaft wachsen zu lassen.[14]

Diese Aspekte einer persönlichen Pastoral, eines verstehenden, einführenden, nach- und mitgehenden Seelsorgens sind signifikant für das Bemühen der Vertriebenenseelsorger – gerade im Kontrast zum eher verwaltungstechnisch denkenden Betreuen durch staatliche Behörden, aber auch durch viele einheimische Seelsorger. Nicht zuletzt aus diesem Grund mag es wichtig gewesen

---

11 Rudolf Hacker (1895-1959) Pfarrer in Zettlitz (Sedlec) bei Karlsbad (Karlovy Vary), Generalvikar des Generalvikariats Schlackenwerth (Ostrov), Diözesanvertriebenenseelsorger des Bistums Augsburg. Vergleiche Sudetendeutsches Priesterwerk (Hg.): Unser Pfarrer Hacker. Königstein/Taunus–München 1961.

12 Zu Zischek vergleiche *Kastler*, Martin: Die Integration der Heimatvertriebenen in den fränkischen Diözesen am Beispiel Eichstätts. In: *Bendel*, Rainer/*Janker*, Stephan M. (Hgg.): Vertriebene Katholiken – Impulse für Umbrüche in Kirche und Gesellschaft? Münster 2005, 99-116.

13 *Vogt*, Gabriele: „Die Not ist groß, ist riesengroß." Bischof Dr. Godehard Machens (1934-1956) und die Vertriebenenseelsorge im Bistum Hildesheim 1945-1953. In: *Holzapfel*, Christoph/*Vogt*, Gabriele (Hgg.): Durch den gemeinsamen Glauben eine neue Heimat finden. Münster 2002 (Arbeiten zur schlesischen Kirchengeschichte 13) 115-208, v.a. 143-154.

14 Vergleiche dazu etwa die Richtlinien für die Vertriebenenseelsorge im Bistum Rottenburg von Alfons Maria Härtel vom 15.1.1952 im Diözesanarchiv Rottenburg, Bestand G 1.6-64.

sein, dass für die Betreuung der Vertriebenen in den Diözesen eigens vertriebene Priester bestellt wurden, die die Vertriebenenseelsorge auf Bistumsebene koordinierten und Impulse gaben.[15]

In den Vertriebenengemeinden unterstützte der Diözesanvertriebenenseelsorger den Aufbau der Pfarrcaritas, in Gemeinden mit einheimischem Klerus hielt er Sondergottesdienste für Vertriebene, Vorträge, Arbeitsgemeinschaften und ähnliches. Gegenüber den Vertriebenen war er der Vertrauensmann der bischöflichen Behörde. Er war Mitglied des Diözesanseelsorgeamtes und sollte auch in ständiger Zusammenarbeit mit dem Caritasverband stehen.

Im Verantwortungsbereich des Diözesanvertriebenenseelsorgers lagen die außerordentlichen Seelsorgsveranstaltungen der Vertriebenen, bei Treffen auf Wallfahrten und Glaubenskundgebungen aber auch mit Vorträgen in den Gemeinden – nicht nur an die Adresse der Vertriebenen, sondern auch an die in der Heimat Verbliebenen, um ihnen die Welt der Vertriebenen näher zu bringen, gegenseitiges Verstehen und gegenseitige Achtung aufzubauen und somit den Ausgleich zu schaffen, Spannungen zu beseitigen.

Gegenüber den außerkirchlichen Landsmannschaften versuchte er einen ausgleichenden Einfluss einzubringen, da viele weltliche Vertriebenenorganisationen sich immer wieder sehr radikal gezeigt hatten und damit eher niederrissen als aufbauten. Härtel unterstreicht die Bedeutung der Arbeit des Diözesanvertriebenenseelsorgers mit dem quasi zum Klischee gewordenen Bild, dass die Flüchtlingsfrage nicht zu Unrecht als eine Atombombe mit Zeitzündung gesehen werde. Insofern hielt er die weitsichtige Arbeit des Seelsorgers zur Entschärfung, zum Ausgleich notwendig. Dass dieses Bild nicht nur auf kirchlicher Seite und nicht allein auf Seite der Vertriebenenseelsorger verwendet wurde, zeigt der Blick in die Monatsberichte der Regierung von Oberbayern, wo bereits im Mai 1947 unterstrichen wurde, dass die Agitation der „Kommunistischen Partei Deutschlands“ (KPD) unter den Flüchtlingen ständig zunehme und die Gefahr der Radikalisierung wachse. Diese Gefahr wird in den folgenden Monatsberichten ständig wiederholt und unterstrichen.[16]

Situation in den Gemeinden

Ein Beispiel für eine tief greifende Veränderung ist die Gemeinde Gauting-Stockdorf, südlich von München, deren Bevölkerungszahl sich zwischen 1939 und 1947 von 4 000 auf 8 000 Einwohner verdoppelt hat. Davon waren im Jahr 1947 etwa 2 000 Flüchtlinge. Pentenried entstand als eine Vertriebenensiedlung.

---

15 „Seine Wirksamkeit ist notwendig im Interesse der heimatvertriebenen Priester und Laien aber ebenso im Interesse der Heimatverbliebenen. Er soll der große Brückenbauer sein zwischen Heimatverbliebenen und Heimatvertriebenen und diese in echt katholischer Weitherzigkeit zu heiliger Gemeinschaft zusammenzuführen suchen.“ *Engelbert,* Josef: Die heutigen Aufgaben des Diözesanvertriebenenseelsorgers. Maschinenschriftliches Manuskript im Archiv der Ackermann Gemeinde Augsburg 10.

16 Vergleiche dazu Bayerisches Hauptstaatsarchiv, Ministerium für Arbeit Landesflüchtlingsverwaltung Nr. 2354, Monatsberichte der Regierung von Oberbayern.

In dem zur Pfarrei gehörenden Ortsteil Buchendorf wirkte der vormalige Prager Weihbischof Dr. Johannes Remiger[17] in der Seelsorge mit. Von seiner Tätigkeit wird in den Seelsorgsberichten nichts Außergewöhnliches greifbar. Er wirkte als Hausgeistlicher bei den „Englischen Fräulein", machte Krankenbesuche und feierte die sonntägliche Frühmesse mit einer Kurzansprache. Es lässt sich aus den Berichten nicht nachvollziehen, ob er dabei eine besondere Attraktivität auf die Vertriebenen in Gauting ausüben konnte. Als Gründe für die Schwierigkeiten der Pastoration gibt der Seelsorger 1947 die große räumliche Ausdehnung der Pfarrei an und die soziale Schichtung: Zu den Einheimischen kamen erst die Ausgebombten aus allen möglichen Bezirken, die displaced persons, dann die Flüchtlinge und Ausgewiesenen. Das Durcheinander der letzten Kriegsjahre und der ersten Nachkriegszeit, die religiöse Gleichgültigkeit, die er vor allem bei den Ausgebombten und Vertriebenen feststellte, die der Pfarrer als verbittert bezeichnete, würden die Seelsorge ebenso erschweren wie die Tatsache, dass sie sich wenig am pfarrlichen Leben beteiligten. Diese sehr heterogen strukturierte Bevölkerung, die noch weiter aufgebrochen wurde durch die große Zahl an Pendlern von Gauting nach München, sodass Gauting sich mehr und mehr zur Schlafstadt entwickelte, konnte die Probleme der Seelsorge in den fünfziger Jahren nicht entschärfen. An erster Stelle dieser Problemreihe wurden die konferssionsübergreifenden Ehen und das Familienleben gesehen: „Es ist eine Verwilderung, gerade am Lebensquell des Volkes, die nicht ernst genug genommen werden" könne.[18]

Beschreibungen des örtlichen Friedhofes durchziehen die Seelsorgeberichte der vierziger und fünfziger Jahre für Gauting wie ein roter Faden. Der Friedhof war für den Pfarrer quasi zum Spiegelbild der polyethnischen und multireligiösen Gesellschaft seiner Gemeinde geworden.

Städtisch ist das Nebeneinanderherleben der Menschen, oft ohne Anteilnahme an dem Leben des nächsten Nachbarn. Hier Pfarrfamilienbewußtsein zu wecken, wäre eine wichtige und vielfach auch dankbare Aufgabe. [...] Große Gefahren bringt der unnatürlich gesteigerte Lebensgenuß mit sich, der durch die Nähe der Großstadt immer neue Nahrung erhält.[19]

Gauting – in Stockdorf war nach einiger Zeit eine eigenständige Pfarrei geschaffen worden – ist auch ein Beispiel für eine Gemeinde mit schwierigen Integrationsvoraussetzungen, weil die Zahl der Neubürger in einem überdimensioniert hohen Verhältnis zur Zahl der Alteingesessenen stand. Trotzdem konnte der Seelsorger bereits für 1958 festhalten, dass sich die Flüchtlinge der Gemeinde sehr stark mit der einheimischen Bevölkerung vermischt hätten und nur in der neu herangewachsenen Flüchtlingssiedlung Pentenried stärker in ihrer Eigenart hervor treten würden. Der religiöse Eifer der Siedler sei sehr erfreulich. Die Gemeinde Pentenried freue sich über die Errichtung einer neuen Kirche, die dem Flüchtlingsdorf die neue Mitte geben, also einen Identifikationsmittelpunkt bilden würde.

---

17 *Doskocil*, Walter (Hg.): Johannes Nepomuk Remiger. Der letzte deutsche Weihbischof in Prag. München 1964.

18 Erzbischöfliches Archiv München (EAM), Seelsorgebericht Gauting 1952.

19 *Ebenda* Seelsorgebericht 1954.

Zentrale Initiativen und Situationen – wo ist ein Aufbruch?

Zunächst ist auf die geschärfte Situationswahrnehmung der Vertriebenen und ihrer Seelsorger zu verweisen: So wurden von ihnen nicht nur in religiöser Hinsicht neue Initiativen für notwendig erachtet, sondern es wurden auch die drängenden Probleme deutlicher wahrgenommen. Veränderungen in den unterschiedlichsten Bereichen wurden radikaler eingefordert. Hier waren natürlich die Augen der Vertriebenen besonders geschult. Durch ihre Betroffenheit konnten sie zu Katalysatoren werden. Sie haben erst einmal die Situation bewusst gemacht und die Probleme formuliert.

Ein illustrierendes Beispiel ist der Brief von Karl Hahn, eines Freundes und geistlichen Mitbruders des Augsburger Diözesanseelsorgers Hacker, der im Januar 1947 gegenüber Hacker die Situation in der Aufnahmegemeinde schilderte. Die Gemeinde wird als „stockkatholisch" und streng konservativ bezeichnet, im Gasthaus werde am Sonntag beim Gebetläuten das Kartenspiel unterbrochen und der Angelus gebetet. Die gesamte Bevölkerung des Ortes besuche den Pfarrgottesdienst am Sonntag um neun Uhr. Der Zwang scheine ziemlich hoch zu sein. Es wäre eine Schande, wenn jemand nicht in die Kirche gehe. Auch zum nachmittäglichen Segen um halb zwei Uhr erscheine die Bevölkerung vollzählig. Der häufige Kommunionempfang, der noch keine so lange Tradition aufweisen könne, lässt in den Augen des Vertriebenenpfarrers zu wünschen übrig. Er vermisse die Männerwelt und die Jugend beim Kommunionempfang. Die Gottesdienstgestaltung sage ihm nicht zu. Der Geistliche räsoniert, was in der angestammten Heimat wohl alles an Mühen aufgewendet worden wäre, wenn die Bevölkerung den seelsorgerischen Angeboten in einem solchen Umfang zugesprochen hätte.

> Der Herr Dekan scheint auch sehr konservativ zu sein und für Neuerungen kein Interesse zu haben. So wurde nicht einmal eine Sylvesterandacht gehalten und am Weihnachtsfeiertag keine Frühmesse, sondern nur wie immer am Sonntag um 09.00 Uhr der Pfarrgottesdienst. Von Weihnachten ist nichts ausgegangen. Die Leute, ja auch das Pfarramt, kennt [sic!] nicht den Heiligen Abend nach unserem Sinn. Scheinbar geht alles nach Gewohnheit. Was haben wir uns zu Hause für Mühe gegeben, die Festtage so schön wie nur möglich zu gestalten. Unsere Arbeit war wirklich Arbeit an jeder einzelnen Seele. Jahr für Jahr wurden daher immer mehr Seelen gewonnen und unsere Kirchen füllten sich. Das war Arbeit! Heute in der Fremde sieht man das erst ein und die Briefe von unseren Pfarrkindern legen Beweise ab für unser mühsames und erfolgreiches Arbeiten. Herr Dekan hier hat sich von der Bevölkerung ganz und gar abgeschlossen, er ist eben nur der Herr Dekan.[20]

Solche Wahrnehmungen der Unterschiede im religiösen Leben und in der Mentalität, in der Volksfrömmigkeit, im religiösen Brauchtum und auch im Priesterbild, gab es zuhauf, ebenso wie Vertriebene und Einheimische sich wechselseitig Traditionsverhaftung vorhielten. Diese Wahrnehmung und dieses Aufeinandertreffen bargen Potential für Veränderungen. Dadurch wurden

---

20 Karl Hahn, aus Stophenheim in Mittelfranken, am 14. Januar 1947 an Pfarrer Hacker, Archiv der Ackermann-Gemeinde Augsburg.

Konflikte provoziert, die – und das ist eine zweite Dimension – Handlungsbedarf schufen. Es entstand ein Handlungszwang durch den Zuzug der Vertriebenen, der durch die Vertriebenenseelsorge, vor allem durch die Vertriebenenseelsorger deutlich wahrgenommen und artikuliert wurde. Es genügte nicht der rein verwaltungsmäßige kirchenrechtliche Weg der Eingliederung durch die Wohnsitznahme und das Einfügen in die ordentliche Seelsorge. Weil nun auf Grund der Unterschiede und der ureigenen besonderen Erfahrungen der Vertriebenen ein zusätzlicher, gesonderter spezifischer Bedarf erkennbar wurde, entstand sowohl im geistlichen, wie im geistigen, wie im materiellen Bereich ein Handlungszwang. Am deutlichsten wurde dieser Handlungsdruck und Handlungszwang in der Eigentumsverteilung und im Wohnungsbau artikuliert. Es gab aber auch eine ganze Reihe von anderen Praktiken. Das wäre die dritte der Dimensionen, die innerkirchlich einen Handlungszwang schufen zu einem Umdenken, die zu einer Neuorientierung zwangen, mit Folgen, die sich nicht auf den binnenkirchlichen Raum beschränken ließen. Ein Beispiel dafür ist die Gemischtkonfessionalität, die nicht nur zum Ausbau von Seelsorgestrukturen, zu einer Veränderung des Gesichts vor allem der Bistümer Bamberg, Eichstätt und Augsburg, sondern die auch zum gegenseitigen Kennenlernen führte, die zum Überlassen von Gottesdiensträumen, zu einem gewissen Maß von Toleranz und über die konfessionell gemischten Ehen zunehmend zu Kooperation zwang. In einer Domäne, in der man bislang so stark auf Homogenität geachtet hatte, wie der Konfession, wurde plötzlich Pluralität eingefordert.

Martin Zückert

VERÄNDERUNGEN KIRCHLICHEN LEBENS IN DEN TSCHECHISCHEN GRENZREGIONEN NACH 1945

Die Zwangsumsiedlungen im östlichen Europa Ende der vierziger Jahre veränderten auch die kirchlichen Strukturen und das religiöse Leben der Menschen in den betroffenen Regionen. Nach dem Ende der deutschen Herrschaft, während der es bereits von den Nationalsozialisten geplant oder kriegsbedingt zu Flucht, Vertreibung und gewaltsamen Umsiedlungen gekommen war, stellte sich für die Kirchenführungen in den wieder errichteten Staaten nicht nur die Frage, wie sie die Vertreibung und Aussiedlung deutscher und anderer Bevölkerungsgruppen moralisch bewerten sollten. Sie standen zugleich vor der Aufgabe, die Folgen der Bevölkerungsveränderungen kirchenrechtlich und -organisatorisch zu bewältigen und für den Wandel – nicht selten in Abgrenzung zu anderen Gesellschaftsentwürfen – Deutungsangebote zur Verfügung zu stellen. So kam der katholischen Kirche Polens erhebliche Bedeutung bei der praktischen Aneignung der neuen Westgebiete zu, bei der Priester häufig als Ansprechpartner und Organisatoren vor Ort tätig wurden. Ihre nationale Orientierung konnte die ideologischen Gegensätze gegenüber den Kommunisten zwar nicht überdecken, sie einte sie jedoch in ihrem Interesse der „Polonisierung“ der neu anzueignenden Regionen.[1] In Ungarn dagegen kritisierte Kardinal József Mindszenty den Umgang mit der deutschen Bevölkerung im Land und äußerte sich skeptisch über den ungarisch-slowakischen Bevölkerungsaustausch.[2]

Auch die Kirchen der böhmischen Länder standen auf Grund des Bevölkerungswandels vor großen Herausforderungen. Die Vertreibung und Aussiedlung des Großteils der deutschen Bevölkerung und die parallel und anschließend erfolgte Wiederbesiedlung durch Tschechen aus dem Binnenland, Slowaken und weiterer Gruppen aus dem In- und Ausland sorgten für Veränderungen, die auch neue konfessionelle Verhältnisse mit sich brachten und zu einem wichtigen Faktor für die Veränderungen kirchlichen Lebens wurden. Paral-

1 *Thum,* Gregor: Die fremde Stadt. Breslau 1945. Berlin 2003, 93 und 101. — *Żurek,* Robert: Zwischen Nationalismus und Versöhnung. Die Kirchen und die deutsch-polnischen Beziehungen 1945-1956. Köln–Weimar–Wien 2005 (Forschungen und Quellen zur Kirchen- und Kulturgeschichte Ostdeutschlands 35), 364 und 369. — Für kritische Hinweise zur Thematik möchte ich mich herzlich bei Christiane Brenner (München) und Laura Hölzlwimmer (München) bedanken.

2 *Szabó,* Csaba: Die katholische Kirche Ungarns und der Staat in den Jahren 1945-1965. München 2003 (Studia Hungarica 48), 41-43.

lel dazu erforderten politische, wirtschaftliche und gesellschaftliche Transformationsbestrebungen in der nach dem Zweiten Weltkrieg wieder errichteten Tschechoslowakei von den Glaubensgemeinschaften des Landes, ihre gesellschaftliche Position neu zu definieren bzw. entsprechenden Einfluss sicherzustellen.[3] Im Vergleich zu anderen, von einem intensiven Bevölkerungswandel betroffenen Regionen Ostmitteleuropas gelang es den großen Kirchen in den tschechischen Grenzregionen nur bedingt, ihre Strukturen zu erhalten bzw. neue zu schaffen.

Im Zentrum dieser Studie steht die Frage, inwieweit sich die Position der Kirchen in den Grenzregionen nach 1945 veränderte, und in welcher Weise sich das religiöse Leben der Bevölkerung wandelte. Dazu ist es notwendig, in einem ersten Schritt die kirchlichen Reaktionen auf Vertreibung und Aussiedlung der deutschen Bevölkerung darzustellen. In einem zweiten Schritt ist die Rolle der Glaubensgemeinschaften während der Phase der so genannten Wiederbesiedlung der Grenzgebiete zu untersuchen. Dies betrifft sowohl konkrete Planungen als auch die Deutungen des Vorgangs. Abschließend ist danach zu fragen, inwieweit sich religiöse Praxis durch den stattgefundenen Wandel veränderte. Bevor das Thema in den skizzierten Schritten vermessen werden soll, erscheint es jedoch sinnvoll, einige Prämissen zu erläutern, die für die Erforschung wie auch die inhaltliche Einordnung der parallel ablaufenden politischen und gesellschaftlichen Prozesse von grundlegender Bedeutung sind. Dazu gehört auch ein Blick auf das Verhältnis von „Religion" und „Migration".

Das Grenzland als Missionsland? Zum Verhältnis von Religion und Migration

Auf der Suche nach zeitgenössischen Aussagen, die das kirchliche Leben in den Grenzgebieten der böhmischen Länder nach Kriegsende beschreiben, stößt man rasch auf den Begriff „Missionsland". Bereits am 15. November 1945 sprach der Pilsener Vikar Josef Resl auf der „Außerordentlichen Arbeitstagung der katholischen Priester aus Böhmen und Mähren" davon, dass es nötig sein werde, die geistliche Verwaltung im Grenzland „wie in einem Missionsland" zu führen.[4] Zwei Jahre später, am 19. November 1947, wurde in einem Hirtenbrief der tschechoslowakischen Bischöfe ausgeführt:

---

[3] Zur Situation der Kirchen nach 1945 insgesamt vergleiche *Vaško,* Václav: Neumlčená. Kronika katolické církve v Československu po druhé světové válce, Sv. I [Die nicht zum Schweigen gebrachte Kirche. Chronik der katholischen Kirche in der Tschechoslowakei nach dem Zweiten Weltkrieg, Bd. 1]. Praha 1990. — *Gatz,* Erwin: Tschechien. In: *Ders.* (Hg.): Kirche und Katholizismus seit 1945. Bd. 2: Ostmittel-, Ost-, und Südosteuropa. Paderborn u.a. 1999, 187-222. — *Urban,* Rudolf: Die tschechoslowakische hussitische Kirche. Marburg/Lahn 1973 (Marburger Ostforschungen 34).

[4] *Ludvík,* František (Hg.): České katolické kněžstvo s národem a lidem v boji, utrpení a práci pro lepší zítřek [Die tschechische katholische Priesterschaft mit der Nation und dem Volk im Kampf, im Leiden und in der Arbeit für ein besseres Morgen]. Praha 1946, 65-69.

Wir sind deshalb allen dankbar, die sich im Grenzland mit vielfach übermenschlichen Opfern der Seelsorge für die Zuwandernden widmen, und wir erinnern in Gebeten an erster Stelle an diese Arbeiter in ausgesprochenen Missionsgebieten.[5]

Bei den erwähnten Aussagen bleibt zunächst unklar, ob der Topos „Missionsland" die organisatorisch-pastoralen Strukturen der katholischen Kirche oder aber religiöse Überzeugungen und das Glaubensleben der meist neu zugewanderten Grenzlandbewohner bezeichnete. Eindeutiger Stellung bezogen wurde in dieser Hinsicht in einem Bericht über „die kirchliche Lage in der Leitmeritzer Diözese", der aller Wahrscheinlichkeit nach vom ehemaligen Leitmeritzer Generalvikar, dem Deutschen Franz Wagner, verfasst wurde. Schon im Herbst 1945 konstatierte er:

Dadurch, daß die zugezogene tschechische Bevölkerung meistens religiös vollkommen abgestanden und kirchlich vollkommen uninteressiert ist, besteht die große Gefahr, daß die ehemals deutschen Gebiete Böhmens ein vollkommen religionsloses Gebiet werden.[6]

Dieser Topos, der sich direkt oder in Andeutungen auch in Beiträgen tschechischsprachiger katholischer Zeitschriften wie „Katolík" (Der Katholik) oder „Neděle" (Der Sonntag) in den Nachkriegsjahren wiederfindet,[7] taucht interessanterweise auch vereinzelt in kirchlichen Berichten auf, die in der Nachkriegszeit kirchliche Bindungen und religiöse Praxis ehemaliger Bewohner des Grenzlands, also der vertriebenen Sudetendeutschen, in Deutschland thematisierten. So schrieb der Münchener Kardinal Michael von Faulhaber am 23. Juli 1949 an den Limburger Generalvikar Jakob Rauch: „Die zugewanderten Sudetendeutschen sind religiös so mangelhaft unterrichtet, daß die Volksmissionen für unsere Missionare eine Heidenarbeit sind."[8]

---

5 Gemeinsamer Hirtenbrief aller Ordinarien in der Tschechoslowakei, November 1947. In: Pastýřské listy 1945-2000 [Hirtenbriefe 1945-2000]. Herausgegeben von der *Arcidiecéze pražská.* Kostelní Vydří 2003, 43-47, hier 46. — Vergleiche auch Herder-Korrespondenz 5/6-2 (Februar-März 1948), 239.

6 Bericht über die kirchliche Lage in der Leitmeritzer Diözese. Von einem Geistlichen der Diözese Leitmeritz. In: Die Romberichte des Breslauer Konsistorialrats Dr. Johannes Kaps aus dem Jahre 1945, Anlage 7. In: Archiv für schlesische Kirchengeschichte 38 (1980) 1-91, hier 89-91.

7 So schreibt zum Beispiel Jaroslav Kouřil in seinem Bericht über Nordböhmen unter der Überschrift „Das Grenzland ruft": „Priester müssen hier mehr respektive besser als anderswo befähigt zur pastoralen Arbeit sein – es handelt sich hier sozusagen um Missionsgebiet". *Kouřil,* Jaroslav: Pohraničí volá [Das Grenzland ruft]. In: Neděle [Der Sonntag] Nr. 3 vom 19.1.1947, 21.

8 Akten Kardinal Michael von Faulhabers. Bd. 3 (1945-1952). Bearbeitet von Heinz *Hürten* unter Benutzung der Vorarbeiten von Ludwig *Volk.* Paderborn u.a. 2002 (Veröffentlichungen der Kommission für Zeitgeschichte. Reihe A: Quellen 48), 487-489, hier 488. — Vergleiche in dieser Hinsicht auch die Darstellung Rainer Bendels zur Diagnose des sudetendeutschen Priesters Paulus Sladek. Dieser betrachtete es als Gefahr, dass es bei den Vertriebenen in Deutschland nicht nur zu einer materiellen Unsicherheit, sondern auch zu einer geistigen Armut kommen konne. *Bendel,* Rainer: Aufbruch aus dem Glauben? Katholische Heimatvertriebene in den gesellschaftlichen Transformationen der Nachkriegsjahre 1945-1965. Köln u.a. 2003 (Forschungen und Quellen zur Kirchen- und Kulturgeschichte Ostdeutschlands 34), 85.

In Äußerungen wie diesen kommt zum Ausdruck, dass insbesondere Vertreter der katholischen Kirche durch die Folgen der Zwangsmigrationen und den damit im Zusammenhang stehenden Bevölkerungsveränderungen nach 1945 in den böhmischen Ländern umfangreiche Probleme auf ihre Kirche zukommen sahen. Ihre Befürchtungen richteten sich sowohl auf die mögliche Schwächung kirchlicher Strukturen als auch auf die Lockerung religiöser Bindungen bei den betroffenen Gläubigen und die zu erwartenden Schwierigkeiten, die sich durch das Zusammentreffen religiös unterschiedlich geprägter Menschen ergaben. Mit Blick auf den Topos des Missionslandes finden sich aber, etwa innerhalb der Evangelischen Kirche der Böhmischen Brüder, auch Ansätze, die neuen Bedingungen als Chance zu begreifen, wenn etwa in einer Petition von Pfarreien aus dem nordböhmischen Grenzgebiet an den Synodalrat im Januar 1947 nicht nur auf zahlreiche Probleme in den durch den Bevölkerungswandel geprägten Grenzregionen verwiesen wurde, sondern zugleich folgende Aussage zu finden ist: „Wir behaupten, dass sich hier für unsere Kirche eine große Möglichkeit zur Missionsarbeit nach unserer Art eröffnet."[9]

In gewisser Weise werden in der Mehrheit der aufgeführten Aussagen der Grad der Kirchenbindung wie auch der Grad religiöser Überzeugung und religiöser Praxis an der räumlich und sozial gebundenen Kontinuität religiösen Lebens festgemacht. Das Religiöse als das zunächst „Außeralltägliche" wird in einer solchen Sichtweise durch die alltägliche Praxis manifest und durch geordnete Tradierung in den vorhandenen sozialen Bezügen stabilisiert.[10] Aus einer solchen Perspektive betrachtet bedarf es der Kontinuität kirchlichen Lebens in gesicherten lokalen Strukturen, in relativ überschaubaren und homogenen Gruppen.

Solche Bedingungen hatten sich den Kirchen in der Geschichte Mitteleuropas nur selten geboten; die Veränderungen, die seit dem 19. Jahrhundert durch Arbeitsmigrationen, Urbanisierung und sozialen Wandel einsetzten, nahmen allerdings eine Dimension an, die Konzeptionen stabiler „Gemeinschaften" grundsätzlich in Frage stellte. In idealtypischer Weise hat der Soziologe Ferdinand Tönnies bereits Ende des 19. Jahrhunderts der Kategorie „Gemeinschaft", als sozialer Form mit gewachsenen und eingeübten Strukturen die Ka-

---

9 Ústřední archiv Českobratrské církve evangelické, Praha [Zentralarchiv der Evangelischen Kirche der Böhmischen Brüder, Prag]. Bestand: Synodní rada Českobratrské církve evangelické [Synodalrat der Evangelischen Kirche der Böhmischen Brüder]. Sign: I 6. Petition an den Synodalrat der Evangelischen Kirche der Böhmischen Brüder zu den Verhandlungen auf dem Synod im Januar 1947. undatiert. — Als offene Frage formuliert wurde das Problem auch in Deutschland, wenn etwa der Jesuit Ivo Zeiger auf dem Katholikentag in Mainz 1948 von „Deutschland als Missionsland" sprach. Vergleiche *Hirschfeld,* Michael: Katholisches Milieu und Vertriebene. Eine Fallstudie am Beispiel des Oldenburger Landes 1945-1965. Köln u.a. 2002 (Forschungen und Quellen zur Kirchen- und Kulturgeschichte Ostdeutschlands 33), 11.

10 Als Ansatz in diese Richtung vergleiche *Wiebel-Fanderl,* Oliva: Religion als Heimat? Zur lebensgeschichtlichen Bedeutung katholischer Glaubenstraditionen. Wien–Köln–Weimar 1993 (Kulturstudien 29).

tegorie „Gesellschaft" gegenübergestellt, der vergleichbare Bindekräfte fehlen würden.[11] Wenn die moderne Gesellschaft von vielen Kirchenvertretern als zusammenhangslos und fragmentiert empfunden wurde, ergab sich für sie die Notwendigkeit, Bedingungen für die alltägliche Tradierung des Religiösen und den Aufbau dafür als notwendig angesehener Bindungen zu schaffen. Dies betraf zum Beispiel die Frage der „Arbeiterseelsorge", übergeordnet aber vor allem die Frage nach Reaktionen auf das Phänomen „Migration". Bedingt durch die Veränderungen, die sich etwa im nationalsozialistischen Deutschland durch Arbeitsverpflichtungen, Einberufungen, (Zwangs-)Umsiedlungen, später auch die Anwesenheit von Kriegsgefangenen und Zwangsarbeitern ergaben, entwickelte die katholische Kirche mit dem „Seelsorgedienst für die Wandernde Kirche" ein Modell, um religiöse Bindungen bei den Betroffenen zu erhalten bzw. zu reaktivieren. Während des Krieges wurden der „Wandernden Kirche" ohne Einbeziehung der Kriegsgefangenen über 6,5 Millionen Gläubige zugeordnet, um deren Erfassung sich die katholische Kirche bemühte. Damit verbunden war auch der Beginn einer Reflexion über bisherige Formen religiösen Lebens und Zielsetzungen für eine als notwendig erachtete Neuausrichtung.[12] Maximilian Kaller, seit 1930 Bischof des Ermlands, fasste diese Gedanken im Jahr 1940 in einem Referat vor der deutschen Bischofskonferenz zusammen, als er über die Betroffenen Folgendes äußerte:

> [...] sie verlieren mit der Heimat allen inneren, religiösen Halt. Ihr Glaube war ihnen geläufig als eine Summe von Pflichten und Gebräuchen und Übungen, die sie noch eben „mitmachten", mehr drückendes Gesetz als freimachende Frohbotschaft von dem Sieg, der die Welt überwindet.[13]

Kaller stellt für das deutsche Beispiel zugleich ein Bindeglied dar zwischen den kirchlichen Versuchen, die Folgen von Migrationen vor und während des Zweiten Weltkrieges in den Griff zu bekommen und den Bemühungen, nach 1945 pastoral und organisatorisch auf die Ankunft mehrerer Millionen katholischer Vertriebener in Deutschland zu reagieren. Bis 1945 versuchte er, neue Pastoralkonzepte zu entwickeln, um auf die zunehmende Mobilität von Seiten der Kirche antworten zu können; 1946 wurde er, der selbst aus Ostpreußen vertrieben worden war, vom Papst zum „Sonderbeauftragten für die heimatvertriebenen Deutschen" bestellt.[14]

---

11 *Tönnies,* Ferdinand: Gemeinschaft und Gesellschaft. Grundbegriffe der reinen Soziologie. Neudruck auf Grundlage der 8. Auflage von 1935. Darmstadt 1991.

12 Vergleiche *Flammer,* Thomas: Migration und Milieu. Die Auswirkungen von Migration auf Kirche und Gläubige am Beispiel der Arbeit des „Katholischen Seelsorgedienstes für die Wandernde Kirche" 1934-1943. In: *Hummel,* Karl-Joseph/*Kösters,* Christoph (Hgg.): Kirchen im Krieg. Europa 1939-1945. Paderborn u.a. 2007, 399-417, hier besonders 400 und 405 f.

13 Zitiert nach *ebenda.* — Vergleiche auch: Akten deutscher Bischöfe über die Lage der Kirche 1933-1945. Band f (1940-1942). Bearbeitet von Ludwig *Volk.* Mainz 1983 (Veröffentlichungen der Kommission für Zeitgeschichte. Reihe A: Quellen 34), 138.

14 Vergleiche *Bendel:* Aufbruch aus dem Glauben? 134 und 331.

Es ist bemerkenswert, dass die kirchlichen Bestrebungen, vor und nach 1945 auf das Phänomen „Migration" zu reagieren, zwar oft aneinandergereiht oder anhand von Biographien aufeinander bezogen werden, bisher jedoch kaum aus einer übergeordneten Perspektive betrachtet und mit Blick auf Kontinuitäten und Brüche analysiert worden sind. Dabei ist zu konstatieren, dass es in Europa in der Mitte des 20. Jahrhunderts nicht nur in den Kirchen zu einer intensivierten Debatte über religiöse Folgen von Migration kam, die sich unter anderem auch zunehmend in der theologischen Reflexion über den Begriff „Heimat" niederschlug. Nur ein Indikator dafür ist das „Lexikon für Theologie und Kirche", das in der Ausgabe des Jahres 1932 lediglich den Begriff „Heimatbewegung" aufführt und darunter in erster Linie auf örtliche Kontinuität ausgerichtete „Heimatpflege" und „Heimatkunde" versteht, die auch vom örtlichen Seelsorger ausgehen sollte.[15] Vorherrschend war ein statischer Begriff von „Heimat", um deren Stabilisierung man sich bemühen wollte. Die Ausgabe des Jahres 1960 diskutiert dagegen den Heimatbegriff, spricht unter Bezug auf die deutschen Vertriebenen vom Problem der Verletzung des „Heimatrechts" und schildert die „Atomisierung einer ganzen Gruppe" als Folgeproblem.[16] Die Wahrnehmung der Zusammenhänge zwischen Migration und Religion bzw. religiöser Praxis, Bindung und Vorstellungswelt, so ist festzuhalten, erfährt bedingt durch die Entwicklung im 20. Jahrhundert eine Veränderung. Die Vermutung liegt nahe, dass dieser Wandel erst allmählich Eingang in die pastoralen und organisatorischen Konzepte wie auch in die Beurteilung von Migrationen durch die großen Kirchen fand.[17] Bemerkenswert ist in diesem Zusammenhang, dass Papst Pius XII. – vor dem Hintergrund der damaligen Geschehnisse – bereits im Jahr 1945 davon sprach, dass jeder Mensch ein Recht auf Heimat habe.[18]

Mit Blick auf die Entwicklung kirchlichen Lebens in den westlichen Grenzregionen der Tschechoslowakei in der Nachkriegszeit erscheint die am deutschen Beispiel aufgeworfene Frage nach Veränderungen in Glaubensgemeinschaften und ihren lokalen Gruppen, nach dem Wandel von kirchlicher Organisation und gemeindlicher Selbstwahrnehmung sowie nach der Intensität religiösen Lebens, die durch (Zwangs-)Migrationen bedingt sind, als grundlegend.

---

15 Lexikon für Theologie und Kirche. Bd. 4. Zweite, neubearbeitete Auflage des kirchlichen Handlexikons. Freiburg i. Br. 1932, 902 f.

16 Lexikon für Theologie und Kirche. Bd. 5. Zweite, völlig neu bearbeitete Auflage. Freiburg i. Br. 1960, 169-171.

17 In der gegenwärtigen Forschung stößt das Thema „Religion und Migration" auf deutlich zunehmendes Interesse. Vielfach wird hierbei das stabilisierende Moment von Religion unter Migranten hervorgehoben. Vergleiche zuletzt z.B. *Bendel:* Aufbruch aus dem Glauben? — Aufschlussreich für die tschechische Geschichte ist eine Studie von *Nešpor,* Zdeněk R.: Náboženství a emigrace 20. století. Český případ [Religion und Emigration. Der tschechische Fall]. In: Religio. Revue pro Religionistiku 11/2 (2003) 205-226.

18 *Staněk,* Tomáš: Odsun Němců a křesťané (1945-1948) [Der Abschub der Deutschen und die Christen (1945-1948)]. In: Střední Evropa 7/22 (1992) 121-131 und 7/23 (1992) 37-46, hier 7/23 (1992) 38 f.

Neben dem geschilderten Zugang gilt es, weitere inhaltliche Prämissen zu beachten. In den letzten Jahren wurden in materialreichen Studien die Zusammenhänge der Bevölkerungsveränderungen, zu denen es in der Tschechoslowakei in der Mitte des 20. Jahrhunderts kam, herausgearbeitet.[19] Die Vertreibung der Deutschen und die Wiederbesiedlung der tschechischen Grenzregionen werden zunehmend als komplexer, auf vielen Ebenen aufeinander bezogener Prozess beschrieben, der freilich noch verstärkt in Bezug zu den Umsiedlungs- und Germanisierungsbestrebungen der Nationalsozialisten in Ostmittel- und Osteuropa bis 1945 gesetzt werden müsste. Die vorgenommene Perspektivenerweiterung ist auch für religionsgeschichtliche Ansätze von großem Wert. Dieselben kirchlichen Verantwortungsträger standen vor der Aufgabe, einerseits organisatorisch oder pastoral auf die Konsequenzen der Vertreibung zu reagieren und andererseits zugleich den kirchlichen Einfluss für die Zukunft sicherzustellen. Ein solcher Ansatz, der sich nicht auf einen der beiden Migrationsvorgänge beschränkt, sondern sie im Zusammenhang betrachtet, bietet neues Erkenntnispotential – auch wenn er in der konkreten Umsetzung und der anschließenden Darstellung auf Grund seiner Komplexität mit methodischen Schwierigkeiten verbunden sein kann.

Unabdingbar ist es, die kirchliche Entwicklung in den Grenzregionen in unmittelbaren Bezug zur gesamtstaatlichen Entwicklung nach 1945 zu setzen. Wenn Vertreibung und Wiederbesiedlung für bestimmte Fragen im Zusammenhang gesehen werden sollten, so ist das Geschehen zugleich nicht isoliert, sondern als Teil einer umfassenden gesellschaftlichen Transformation zu verstehen, der durch politische Auseinandersetzungen sowie internationale Ent-

---

19 Vergleiche u.a. *Arburg,* Adrian von: Tak či onak. Nucené přesídlení v komplexním pojetí poválečné sídelní politiky v českých zemích [So oder anders. Zwangsumsiedlung im komplexen Verständnis der Nachkriegssiedlungspolitik in den böhmischen Ländern]. In: Soudobé dějiny 10/3 (2003) 253-292. — *Ders.:* Abschied und Neubeginn. Der Bevölkerungswechsel in den Sudetengebieten nach 1945. In: Als die Deutschen weg waren. Was nach der Vertreibung geschah: Ostpreußen, Schlesien, Sudetenland. Buch zur WDR-Fernsehserie. Herausgegeben von Adrian *von Arburg.* Berlin 2005, 185-217. — *Wiedemann,* Andreas: „Komm mit uns das Grenzland aufbauen!" Ansiedlung und neue Strukturen in den ehemaligen Sudetengebieten 1945-1952. Essen 2007 (Veröffentlichungen der Deutsch-Tschechischen und Deutsch-Slowakischen Historikerkommission 15; zugleich: Veröffentlichungen zur Kultur und Geschichte im östlichen Europa 29). — *Ders.:* „Wir bauen ein glückliches Leben im tschechischen Grenzgebiet auf." Symbiose und Konflikte in der neuen Gesellschaft der ehemaligen Sudetengebiete 1945-1948. In: *Neutatz,* Dietmar/*Zimmermann,* Volker (Hgg.): Die Deutschen und das östliche Europa. Aspekte einer vielfältigen Beziehungsgeschichte. Festschrift für Detlef Brandes zum 65. Geburtstag. Essen 2006, 81-102. — Vergleiche auch die Aufsätze des Themenheftes „Komplex odsunu. Vysídlení Němců a české pohraničí po roce 1945" [Der Komplex der Abschiebung. Die Aussiedlung der Deutschen und das tschechische Grenzland nach dem Jahr 1945]. Soudobé dějiny 12 (2005), Heft 3-4. — *Schulze Wessel,* Martin/*Arburg,* Adrian von (Hgg.): Zwangsumsiedlung und neue Gesellschaft in Ostmitteleuropa nach 1945 (VCC 110) (Im Druck).

wicklungen beeinflusst wurde.[20] Bezogen Kirchenvertreter zur Vertreibung Stellung oder wurden sie im Grenzland organisatorisch tätig, so ist dies nicht vom damaligen Agieren und dem gesellschaftlichen Stellenwert der jeweiligen Glaubensgemeinschaft im Land zu trennen. Bereits die wesentlichen Inhalte der Hirtenbriefe, die von den tschechischen und slowakischen Bischöfen in den ersten Nachkriegsjahren gemeinsam verabschiedet wurden, zeigen Dimension und Vielfalt der aus kirchlicher Sicht zu klärenden Probleme, zu denen neben dem Verhältnis zwischen Staat und Kirche auch die Bewertung der moralischen Kriegsfolgen gehörte.[21]

Gerade um die Reaktionsweisen einzelner Kirchenvertreter einordnen zu können, ist es wichtig, eine konfessionsvergleichende Perspektive einzunehmen. Bisherige Forschungen betrachten vorwiegend die katholische Kirche. Dass ihr auf Grund der damaligen Zahl der Gläubigen wie auch ihres Stellenwerts im Staat in der Forschung große Aufmerksamkeit geschenkt wird, erscheint nachvollziehbar. Allerdings zeigt ein Blick auf die Verhältnisse vor Ort, wie wichtig die konfessionsübergreifend ausgerichtete Betrachtung ist. Denn der Transformationsprozess in den Grenzregionen, von dem auch kirchliche Strukturen betroffen waren, ließ Konkurrenzsituationen entstehen, in denen es um die Präsenz vor Ort und um überzeugende Deutungsangebote ging.

Auch wenn die folgenden Ausführungen im Wesentlichen auf die Phase dichten Wandels in den Jahren 1945 bis 1948 begrenzt bleiben, darf dieser Zeitraum nicht isoliert – ohne die Berücksichtigung von Kontinuitäten und Brüchen – betrachtet werden. Die durch politische Einschnitte bedingte Periodisierung ist gerade bei Untersuchungen zum kirchlichen Leben, zu religiösen Vorstellungen und Praktiken konsequent zu hinterfragen und durch die Berücksichtigung längerfristiger Prozesse zu ergänzen. Das kirchliche Leben in den Grenzgebieten unterlag nicht erst seit dem Mai 1945 weitreichenden Beschränkungen.[22] Bereits die nationalsozialistischen Machthaber hatten das kirchliche Vereinsleben beseitigt und den kirchlichen Alltag durch Verbote und Einschüchterungen verändert. Krieg und Gewaltherrschaft hatten das religiöse Leben der Gläubigen bereits umfassend beeinflusst, auch wenn die Betroffenen

---

20 Als Überblick vergleiche zuletzt *Kokošková*, Zdeňka/*Kocian*, Jiří/*Kokoška*, Stanislav (Hgg.): Československo na rozhraní dvou epoch nesvobody. Sborník z konference k 60. výročí konce druhé světové války [Die Tschechoslowakei an der Scheidelinie zweier Epochen der Unfreiheit. Sammelband zur Konferenz zum 60. Jahrestag des Endes des Zweiten Weltkriegs]. Praha 2005. — Vergleiche zuletzt *Brenner*, Christiane: Cesta k únoru 1948. Teze k výzkumu soudobých dějin [Der Weg zum Februar 1948. Thesen zur Erforschung der Zeitgeschichte]. In: Dějiny–teorie–kritika 3/2 (2006) 215-230.

21 Vergleiche hierzu die Texte der Hirtenbriefe der katholischen Bischöfe der Tschechoslowakei aus den Jahren 1945 und 1946 im Anhang.

22 Vergleiche insbesondere zur Entwicklung des Katholizismus während des Krieges *Kösters*, Christoph: Kirche und Glaube an der „Heimatfront". Katholische Lebenswelt und Kriegserfahrungen 1939-1945. In: *Hummel*, Karl-Joseph/*Kösters*, Christoph (Hgg.): Kirchen im Krieg. Europa 1939-1945. Paderborn u.a. 2007, 363-398. — Vergleiche hierzu auch die Beiträge von Christoph *Kösters* und Martin *Zückert* in diesem Band.

dies nicht immer unmittelbar wahrgenommen haben. Gemeinden wurden durch Zuwanderer, Evakuierungen, Zwangsumsiedlungen oder Kriegsgefangene mit anderen Formen religiöser Praxis konfrontiert. Inwieweit 1944 oder 1945 noch von einem weitgehend intakten Gemeindeleben vor Ort gesprochen werden kann, ist eine offene Frage und von den spezifischen örtlichen Verhältnissen abhängig. Umgekehrt muss der Wandel kirchlichen Lebens und kirchlicher Traditionen als langfristiger Prozess aufgefasst werden, der durch die kommunistische Machtübernahme seit 1948 stark beeinflusst wurde, aber durch seine Träger in den Kirchen erst einmal fortgeführt wurde. Konzepte kirchlicher Reorganisation müssen somit aus dem Blickwinkel ihrer Protagonisten gedeutet werden, die in langfristigen Kategorien dachten und vor 1948 nicht mit solch einschneidenden religionspolitischen Maßnahmen gerechnet haben dürften, wie sie dann Realität werden sollten.

Kirchliche Reaktionen auf Vertreibung und Aussiedlung

Das durch die nationalsozialistische Diktatur und je nach Region seit Anfang 1945 durch Kriegshandlungen beeinträchtige kirchliche Leben erfuhr in den Grenzgebieten seit Mai 1945 weitere Einschränkungen. In der unmittelbaren Nachkriegszeit wurde die deutsche Bevölkerung in zahlreichen Orten meist gewaltsam gezwungen, das Land zu verlassen. Betroffen waren auch Priester und Ordensleute. Die „Národní výbory" (Nationalausschüsse) untersagten deutschsprachigen Religionsunterricht und vielfach die Benutzung der deutschen Sprache im Gottesdienst. Wurden Priester inhaftiert, konnte es vorkommen, dass Beerdigungen ohne einen Geistlichen stattfanden.[23] Einige Kirchenvertreter taten sich in dieser Zeit offensichtlich schwer, die Dimension der Entwicklung einzuschätzen. So schrieb Pfarrer Rudolf Posselt aus Lobendava (Lobendau) am 26. Juni 1945 an den Leitmeritzer Bischof Anton Weber:

> Leider muss ich die vorgesehene Firmung widerrufen. Eine heute stattgefundene Massenausweisung hat meine Pfarrgemeinde zerschlagen. Deshalb bitte ich, die Firmung auf einen späteren Termin zu verlegen.[24]

Allerdings gab es auch Regionen, in denen das kirchliche Leben noch kaum Beschränkungen unterlag, und die Benutzung der deutschen Sprache weiterhin möglich war. Während mancherorts katholische Gottesdienste für die deutsche Bevölkerung eingeschränkt oder verlegt wurden, wurden zeitgleich Gottesdienste für die tschechische Bevölkerung, die bereits vor Ort lebte oder allmäh-

---

23 Grundlegendes zur Rolle der Kirchen während der Phase von Flucht und Vertreibung findet sich bei *Staněk:* Odsun Němců a křesťané. — *Hrabovec,* Emilia: Vertreibung und Abschub. Deutsche in Mähren 1945-1947. 2. unveränderte Aufl. Frankfurt a. M. u.a. 1996 (Wiener Osteuropa-Studien 2), 337-370.

24 Státní oblastní archiv Litoměřice [Staatliches Gebietsarchiv Litoměřice]. Bestand: Biskupství Litoměřice-ordinariát. K.: 8, Firmungen. Schreiben von Pfarrer Rudolf Posselt an Bischof Weber vom 7.7.1945.

lich zuwanderte, eingeführt.[25] Mit ironischem Unterton berichtete der katholische Pfarrer Josef Karl aus Bayerisch Eisenstein in einem Schreiben vom 12. September 1945 über die Verhältnisse im benachbarten tschechischen Grenzort Železná Ruda (Markt Eisenstein), in dem trotz Sonderzügen aus dem Umland nur sechs tschechische Katholiken zum sonntäglichen Festgottesdienst gekommen wären, „indes im (deutschen) Abendgottesdienst schon über 300 die hl. Kommunion empfingen".[26]

Die verschiedenen Konfessionen waren auf unterschiedliche Weise von den Veränderungen seit Mai 1945 betroffen. Gebäude und Vermögen der als „deutsche" und damit als „staatsfeindliche Organisationen" aufgefassten Deutschen Evangelischen Kirche in Böhmen, Mähren, Schlesien und der Altkatholischen Kirche unterlagen den Enteignungsdekreten.[27] Offensichtlich ordnete das Ministerium für Schulwesen und Kultur jedoch bereits im Frühsommer 1945 an, dass die konfiszierten Gebäude zukünftig wieder für kirchliche Aufgaben zu nutzen und deswegen vor Willkürakten zu schützen seien.[28] Der Kirchenpräsident der Deutschen Evangelischen Kirche, Erich Wehrenfennig, bemühte sich um die Überführung der Pfarreien in die Kirche der Böhmischen Brüder und die Betreuung der deutschen Protestanten durch diese – ein Vorhaben, das in gleicher Weise von der Führung der Evangelischen Kirche der Böhmischen Brüder betrieben wurde.[29] Zeitgleich begannen bereits örtliche Nationalausschüsse, Pfarrgebäude an Vertreter der Böhmischen Brüder oder der Tschechoslowakischen Kirche zu übergeben – hier lag der Kern für einen Konflikt, auf den noch einzugehen sein wird.

Die katholische Kirche galt dagegen als „übernational", weswegen offiziell nicht gegen ihre Einrichtungen vorgegangen wurde. Ausgenommen davon waren jedoch Einrichtungen wie diejenigen einiger Orden, denen man eine „deutsche Prägung" zuschrieb.[30] Zudem war auch die katholische Kirche nicht vor Willkürakten, Plünderungen oder dem Handeln lokaler Nationalausschüsse sicher. Teilweise griffen hierbei bereits Fragen des Vorgehens gegenüber den Deutschen mit politischen Fragen zum Verhältnis von Staat und Kirche nach dem Zweiten Weltkrieg ineinander. Im Januar 1947 wies Jaroslav Kouřil in der Zeitschrift Neděle auf den von der Konfiskation bedrohten Dominikanerbesitz in Litoměřice (Leitmeritz) hin. Demnach drohte diesem auf Grund der Annahme, es würde sich um „deutschen Besitz" handeln, die Konfiskation, was der

---

25 *Staněk:* Odsun Němců a křesťané Nr. 22, 128 f.

26 Bischöfliches Zentralarchiv Regensburg. Bestand: OA/Adm. Böhmen. Sign.: 49. Schreiben von Pfarrer Josef Karl an das Bischöfliche Ordinariat in Regensburg vom 12.9.1945.

27 Vergleiche *Staněk:* Odsun Němců a křesťané Nr. 22, 127.

28 Dies wird u.a. in einem Schreiben des Kirchenpräsidenten der Deutschen Evangelischen Kirche an den Synodalsenior der Evangelischen Kirche der Böhmischen Brüder vom 18.6.1945 erwähnt. Ústřední archiv českobratrské církve evangelické. Bestand: Synodní rada českobratrské církve evangelické. Sign.: XIX B 2.

29 *Ebenda.* — Vergleiche auch die Feststellung in der Botschaft des Neunten Synods der Evangelischen Kirche der Böhmischen Brüder vom Dezember 1945 im Anhang.

30 *Staněk:* Odsun Němců a křesťané Nr. 22, 129.

Autor mit dem Verweis auf die Geschichte der dortigen Dominikanerkirche als Treffpunkt tschechischer Katholiken zu widerlegen versuchte.[31] Zugleich war die katholische Kirche mit den sich verändernden konfessionellen Bedingungen konfrontiert. Offensichtlich bemühten sich örtliche Vertreter anderer Konfessionen, katholische Kirchen und Kapellen für ihre Gottesdienste zu nutzen. Darauf kann jedenfalls aus einer Anweisung in den Mitteilungen des Prager Erzbistums vom Oktober 1945 geschlossen werden, in der auf das sich offensichtlich häufende Problem der unerlaubten „Nutzung katholischer Kirchen durch andere Religionsgemeinschaften" verwiesen wurde.[32]

Den Verantwortlichen der katholischen Kirche ging es zunächst einmal um die Bewahrung vorhandener Strukturen, um ihren Einfluss in den betroffenen Gebieten und eine Basis für die pastorale Betreuung zu erhalten. Der Prager Kapitularvikar Bohumil Opatrný sandte dazu im Sommer 1945 Beauftrage in die einzelnen Grenzlandbezirke, die im Kontakt mit den örtlichen Nationalausschüssen Kirchengebäude und Inventar sichern sollten. In Zusammenarbeit mit häufig bereits abgesetzten und von der Aussiedlung bedrohten deutschen Ortspfarrern wurden Besitzstand- oder Übergabeprotokolle erstellt.[33] Die anderen böhmischen und mährischen Diözesen handelten in ähnlicher Weise.

Wie sich das Pfarreileben von noch nicht vertriebenen Deutschen, tschechischen Altsiedlern und allmählich zuwandernden Neusiedlern vor Ort entwickelte, lässt sich auf Grund der vorhandenen Quellen nur lückenhaft rekonstruieren. Wenn etwa Pfarrer Karl Kunze aus Nečemice (Netschenitz) in einem Brief vom 14. November 1945 die Distanz der Neusiedler zu kirchlichen Veranstaltungen betonte, so könnte dies womöglich auch an der Präsenz der noch nicht vollständig vertriebenen deutschen Rest-Gemeinde sowie an der Nationalität des Geistlichen gelegen haben.[34] Vielerorts sorgten Verbote der deutschen Sprache im Gottesdienst für Schwierigkeiten; oft wurde deutschen Priestern das Abhalten einer Messe nur ohne Predigt erlaubt.[35]

Tschechische Repräsentanten der katholischen Kirche versuchten, auch unter schwierigen Bedingungen und in einer deutschfeindlichen Atmosphäre pastorale Betreuung für die Betroffenen zu ermöglichen. Als grundsätzliche Schwierigkeit erwies es sich hierbei, dass lediglich die Bischofssitze in Hradec

---

31 Vergleiche Ruce pryč od církevního majetku [Hände weg vom kirchlichen Besitz]. In: Neděle Nr. 2 vom 12.1.1947, 13.

32 Acta archiepiscopalis curiae pragensis. Nr. 10 (1945) 75: Používání katolických kostelů jinými náboženskými společnostmi [Die Benutzung katholischer Kirchen durch andere Religionsgemeinschaften].

33 Vergleiche zum Beispiel die Bescheinigungen für Beauftrage für das Grenzland für die Dekanate Tachov, Žatec, Kadaň und Žlutice. Národní Archiv Praha [Nationalarchiv Prag, künftig NA Praha]. Bestand: Zemský úřad Praha. K.: 89.

34 Státní oblastní archiv Litoměřice. Bestand: Biskupství Litoměřice-ordinariát. K.: 20, Inv.-Nr. 449. Schreiben von Pfarrer Karl Kunze an das Ordinariat in Litoměřice vom 14.11.1945. — Vergleiche dazu anhand mährischer Beispiele auch *Hrabovec:* Vertreibung und Abschub 350 f.

35 *Staněk:* Odsun Němců a křesťané Nr. 23, 128 f.

Králové (Königgrätz) und Olomouc (Olmütz) besetzt waren, während diejenigen in Prag, Brno (Brünn) und České Budějovice (Budweis) während der nationalsozialistischen Besatzungszeit nicht wiederbesetzt worden waren und in der unmittelbaren Nachkriegszeit zunächst noch vakant blieben.[36] Dem Leitmeritzer Bischof Anton Alois Weber boten sich auf Grund seiner Zugehörigkeit zur deutschen Nationalität kaum Möglichkeiten der Intervention. An den gesamtstaatlichen Bischofskonferenzen konnte er – die genauen Gründe dafür bleiben unklar – nicht mehr teilnehmen. Das Leitmeritzer Bistum vertrat stattdessen der tschechische Generalvikar Josef Kuška,[37] dessen deutscher Vorgänger Franz Wagner davor bereits auf sein Amt verzichtet hatte.[38] Die Konsistorien stellten sich gegen Willkürmaßnahmen und Verbote, die die Religionsausübung einschränkten. Gefordert wurde – wenn auch nicht immer mit Erfolg – freier Zugang zum Gottesdienst sowie die Benutzung der Muttersprache. In gemischtsprachigen Orten sollten nach einem Schreiben der Bischofskonferenz vom 15. November 1945 an das Ministerium für Schulwesen und Volksbildung nach Möglichkeit getrennte Gottesdienste für Tschechen und Deutsche stattfinden. Die Bischöfe bekannten sich in diesem Schreiben zu ihrer pastoralen Pflicht auch gegenüber den deutschen Gläubigen und unterlegten ihren Wunsch, dieser nachkommen zu können, mit folgender Aussage: „Christus wies uns an, das Evangelium zu predigen – lehret alle Völker – und er wünscht dies sicher in der Muttersprache."[39] Bereits im Sommer 1945 hatte das Brünner Konsistorium die Priester der Diözese aufgefordert, weiterhin in gemischtsprachigen Orten auch Gottesdienste mit Kirchengesang, Gebet und Predigt in deutscher Sprache durchzuführen und dies auch nach außen zu vertreten.[40]

Unabhängig von den geschilderten Maßnahmen, die eine pastorale Betreuung aller Gläubigen sicherstellen und die Strukturen der katholischen Kirche bewahren helfen sollten, lässt sich bei der Bewertung der Zwangsaussiedlung

---

36 *Vaško:* Neumlčená 140 f. — *Stříbrný,* Jan: Katolická církev v českých zemích v čase dvou totalit [Die katholische Kirche in den böhmischen Ländern in der Zeit zweier totalitärer Regime]. In: *Jan,* Libor (Hg.): České církevní dějiny ve druhé polovině 20. století. Sborník příspěvků ze sekce církevních dějin na VIII. sjezdu českých historiků v Hradci Králove ve dnech 10.-12. září 1999 [Tschechische Kirchengeschichte in der zweiten Hälfte des 20. Jahrhunderts. Sammelband der Beiträge aus der Sektion Kirchengeschichte auf der VIII. Versammlung tschechischer Historiker in Königgrätz vom 10.-12. September 1999]. Brno 1999 (Edice Historia Ecclesiastica 5), 78-115, hier 82.

37 Acta archiepiscopalis curiae pragensis Nr. 12 (1945) 97-99. — Kuška unterschrieb den auf der Bischofskonferenz verabschiedeten Hirtenbrief der tschechoslowakischen Bischöfe als „Generalvikar und Vertreter des Leitmeritzer Bischofs". Vergleiche den Text des Hirtenbriefs 1945 im Anhang.

38 *Macek,* Jaroslav: Biskupství Litoměřické [Das Leitmeritzer Bistum]. Kostelní Vydří 2005, 124.

39 NA Praha. Fond: MV/nová registratura. K.: 7462, Sign.: B 300. Siebenseitiges Schreiben der Konferenz der katholischen Ordinarien der Tschechoslowakei an das Ministerium für Schulwesen und Volksbildung vom 15.11.1945. — Adrian von Arburg (Brünn) danke ich für den Hinweis auf diese Dokumente.

40 *Hrabovec:* Vertreibung und Abschub 341.

unter tschechischen Vertretern der katholischen Kirche ein weitgehender Konsens feststellen: Sie wurde akzeptiert, vereinzelt auch bejaht. Kirchliche Bestrebungen zielten somit vor allem darauf, Willkür und Ausschreitungen, nicht aber die Aussiedlungen an sich zu verhindern. In diese Richtung ist unter anderem ein Absatz im gemeinsamen Hirtenbrief der Bischöfe vom November 1945 zu deuten, in dem „Gerechtigkeit" im „Umgang mit Angehörigen anderer Nationalitäten" eingefordert wurde.[41] Zeitgenössische öffentliche Äußerungen von katholischen Würdenträgern in den böhmischen Ländern, die die zwangsweise Aussiedlung der deutschen Bevölkerung grundsätzlich in Frage stellten, finden sich jedoch nicht.

Je unwahrscheinlicher es auf Grund der realen Gegebenheiten wurde, eine größere Zahl der Priester deutscher Nationalität im Lande behalten zu können, umso mehr bemühten sich kirchliche Vertreter darum, die Bedingungen für ihre Aussiedlung zu verbessern. So wandte sich zum Beispiel das Olmützer Konsistorium am 29. Januar 1946 mit dem Ansuchen an das Prager Innenministerium, dass Priestern deutscher Nationalität, die nicht von der Aussiedlung ausgenommen werden würden, genügend Zeit eingeräumt werde, und die Termine mit kirchlichen Behörden abgestimmt werden. Mit Blick auf den bestehenden Priestermangel wurde angeregt, Priester erst am Ende des gesamten Vorgangs auszusiedeln.[42] Am konkretesten war in dieser Hinsicht ein auf Tschechisch verfasstes Schreiben von Karl Bock, dem deutschen Generalvikar des 1938 vom Prager Erzbistum abgetrennten Generalvikariats Ostrov (Schlackenwerth), das er am 12. Januar 1946 an das Prager Innenministerium und die Kirchenabteilung des Landesnationalausschusses sandte. Neben dem Ansuchen, Priester deutscher Nationalität erst am Ende der Maßnahme auszusiedeln, bemühte sich Bock darum, dass ältere, bereits pensionierte Geistliche nur in den „wärmeren Monaten", und dass Pfarrhaushälterinnen gemeinsam mit ihren Pfarrern ausgesiedelt werden. Zudem wünschte er, dass den Betroffenen eine größere Menge an Gepäck zur Mitnahme erlaubt werden sollte, damit diese neben persönlichen Gegenständen auch Fachliteratur und Kleider mitnehmen könnten. Diese Parallele zu offiziell zugestandenen Begünstigungen für deutsche Antifaschisten begründete Bock mit dem unpolitischen Verhalten der deutschen Priester und mit den Leiden, die eine Reihe von ihnen während der nationalsozialistischen Zeit zu erdulden hatte.[43] Nur zum Teil hatten die Vertreter der katholischen Kirche mit ihren Ansuchen Erfolg: Eine Regierungsanordnung vom 14. Mai 1946 – zu einem Zeitpunkt, zu dem die organisierte Aussiedlung bereits seit einigen Monaten lief – erlaubte katholischen Priestern an Stelle der ansonsten offiziell vorgesehenen 50 Kilogramm Gepäck die Mitnahme von 100 Kilogramm oder

41 Vergleiche den Hirtenbrief vom November 1945 im Anhang.

42 NA Praha. Bestand: MV/nová registratura. K.: 7462, Sign.: B 300. Schreiben des Konsistoriums des Olmützer Erzbistums vom 29.1.1946 an die Aussiedlungskommission des Innenministeriums.

43 *Ebenda.* Schreiben von Karl Bock vom 12.1.1946.

mehr Gepäck. Auf diese Weise sollte ihnen ermöglicht werden, liturgische Bücher, Gewänder und weitere Gegenstände, die sie zur Ausübung ihrer Berufung benötigten, mitnehmen zu können.[44]

Einige Äußerungen tschechischer kirchlicher Würdenträger müssen im zeitgenössischen tschechoslowakischen Kontext verortet werden, in dem der „Nationalisierung“ der Gesellschaft, verstanden als ethnische Homogenisierung, ein hoher Stellenwert zukam. Der Königgrätzer Bischof Mořic Pícha bemerkte zum Beispiel in einem Hirtenbrief über die bürgerlichen Pflichten, dass die Katholiken in der Tschechoslowakei ein „historisches Heimatrecht“ hätten. Dieses führte er auf die Leistung des tschechischen Katholikentums zurück, ohne das „unsere Heimat längst verdeutscht wäre“.[45] Bis in die jüngste Vergangenheit hinein wird die Aussage des Prager Erzbischofs Josef Beran, die sich in der Züricher Tageszeitung „Die Tat“ vom 25. März 1947 findet, herangezogen, um die Haltung des tschechischen Episkopats zur Vertreibung festzumachen. Darin hatte Beran die Aussiedlung der Deutschen als eine „imperative Notwendigkeit“ bezeichnet. Auffällig ist, dass diese Äußerung inzwischen nur noch losgelöst von seiner Gesamtaussage in der Zeitung zitiert wird. In der gedruckten Gesprächszusammenfassung wird deutlich, dass Beran – einige Monate nach der offiziellen Einstellung der Aussiedlungen – aus seinem persönlichen Erfahrungshorizont heraus wertete, Übergriffe und Misshandlungen verurteilte, das Geschehen insgesamt aber als unumkehrbar einschätzte:

> [...] Erzbischof Beran versicherte, daß weder der Transfer der Sudetendeutschen, noch die Konfiskation ihres Eigentums Haßgefühlen entspringen. Er anerkannte die Härte, die dies für den einzelnen bedeute, doch wäre es ungerecht, ja unmoralisch, über dem Einzelschicksal das eines ganzen Volkes zu vergessen und zu übersehen, daß auch die Forderung nach Wiedergutmachung ein integrierender Bestandteil der Gerechtigkeit sei. Soll deutsches, bewegliches Eigentum freigegeben, um in mühseligen Verhandlungen wieder gefordert zu werden? Individuelle Uebergriffe sind sicherlich vorgekommen, ja selbst Einzelfälle, die sich in nichts von den Missetaten der SS-Männer unterscheiden. Doch waren es Einzelfälle, die ausnahmslos verurteilt wurden; aber auch diese, sicherlich bedauernswerten Vorkommnisse, sind anders zu beurteilen. Sie waren nicht das Ergebnis planmäßiger Grausamkeit, sondern die Reaktion auf Taten, die einfach als unmenschlich zu bezeichnen sind. Die Furcht, daß sich die Irredenta, – von der sich der Erzbischof schon 1929 persönlich in Stuttgart überzeugen konnte – wiederholen würde, macht den Transfer zur imperativen Notwendigkeit. Die kirchlichen Belange kommen dabei nicht zu kurz. Gerade bewilligte die Regierung deutschen katholischen Priestern den Aufenthalt, damit deutsche Katholiken nicht ohne Seelsorge bleiben [...].[46]

---

[44] *Kocourek*, Ludomír: Církev na Teplicku v letech 1945-1953 [Die Kirche in der Teplitzer Region in den Jahren 1945-1953]. In: *Kavan*, Richard/*Kocourek*, Ludomír (Hgg.): Náboženské dějiny severních Čech. Sborník příspěvků z mezinárodní konference v Ústí n. L. ve dnech 9.-11. září 1997. Ústí nad Labem 1999, 81-90, hier 82 f. — *Staněk:* Odsun Němců a křesťané Nr. 23, 40. — *Hrabovec:* Vertreibung und Abschub 359.

[45] Slovo arcipastýře k občanským povinnostem [Wort des Erzbischofs zu den bürgerlichen Pflichten]. In: Neděle Nr. 21 vom 24.5.1946, 165.

[46] Die Tat – Schweizerische unabhängige Tageszeitung Nr. 83 vom 25.3.1947, 1 f.

Mit dieser Einordnung der Vertreibung und Aussiedlung sowie der mit ihr in Verbindung stehenden Geschehnisse wird Berans meist isoliert zitierte Aussage in einen größeren argumentativen Zusammenhang gestellt, mit dem zugleich eine Deutung der Geschehnisse verbunden ist. Es findet sich jedoch sowohl in diesem Gespräch wie auch in anderen Äußerungen katholischer tschechischer Bischöfe keine theologische Auseinandersetzung. Diese wurde offensichtlich von ihnen ebenso wenig angestrebt wie eine theologische Beschäftigung mit dem Phänomen „Heimat". Nur teilweise anders verhielt es sich in ihrer Auseinandersetzung mit den Bevölkerungsbewegungen, die während und im Anschluss an die zwangsweise Aussiedlung der deutschen Bevölkerung einsetzten. In dieser Hinsicht wesentlich kritischere Stimmen finden sich in Beiträgen der katholischen Publizistik sowie in Zeitschriften der Böhmischen Brüder.[47]

Die Tschechoslowakische Kirche sowie – wenn auch deutlich verhaltener – Vertreter der Böhmischen Brüder äußerten sich ebenfalls zustimmend zur Aussiedlung, wobei hier auf Grund der nationalen Ausrichtung der Glaubensgemeinschaften von vornherein andere Ausgangsbedingungen vorherrschten. Die Zweite Ordentliche Versammlung der Tschechoslowakischen Kirche verabschiedete am 10. Januar 1946 eine Botschaft, in der „die Forderung nach der Aussiedlung der deutschen Minderheit aus unserem Land vollkommen und vorbehaltlos" unterstützt wurde.[48] Diese Ansicht wurde durch den Verweis auf sittliche und moralische Vorstellungen der Kirche unterlegt. So wurde erklärt, dass „die Existenz einer deutschen Minderheit in unserem Land nach den Verbrechen, welche die Deutschen als Nation auf dem Gewissen haben", nur Misstrauen und Hass wecken würde. Da man der deutschen Bevölkerung auf Grund der jüngsten Erfahrungen keine politischen Rechte einräumen wolle, es zugleich aber als ethisch nicht zu rechtfertigen eingeschätzt wurde, dass in der tschechischen Gesellschaft ein „nationales Kollektiv rechtloser Menschen" leben würde, wurde die Aussiedlung als notwendige Lösung betrachtet.[49]

Als Vertreter der Evangelischen Kirche der Böhmischen Brüder äußerte František Bednář einerseits Bedenken, da die Aussiedlung der Deutschen große moralische und geistige Probleme aufwerfen würde. Andererseits müsse man staatliche Prioritäten respektieren, zumal diese Lösung „mit Blick auf die revolutionäre Zeit" der einzige Weg wäre.[50] Der Neunte Synod der Evangelischen Kirche der Böhmischen Brüder, der Anfang Dezember 1945 in Prag tagte, nahm das Geschehen dagegen lediglich zur Kenntnis, in dem er auf eine „Zeit nationaler Verschiebungen" verwies. Sein Interesse galt in erster Linie der Zukunft des Protestantismus in den böhmischen Ländern, wozu auch die Frage nach den kirchlichen Strukturen in den vom Bevölkerungswandel betroffenen Regionen zählte.[51]

---

47 Vergleiche hierzu den Beitrag von Jan *Lata* in diesem Band.

48 Vergleiche den Text im Anhang.

49 *Ebenda.*

50 Zitiert nach *Staněk:* Odsun Němců a křesťané Nr. 23, 37.

51 Vergleiche den Text des Neunten Synods im Anhang.

Abschließende Urteile über die Haltung der Kirchen und ihrer Würdenträger können und sollen an dieser Stelle nicht vorgenommen werden. Wichtig ist jedoch, diese in den Kontext der damaligen Zeit zu stellen, die durch die Erfahrungen der nationalsozialistischen Herrschaft bis 1945, die „Machbarkeit“ von Umsiedlungen und den vorhandenen gesellschaftlichen Spielraum für grundsätzliche Diskussionen geprägt war. Zudem integrierten die Kirchen in Europa erst allmählich die Wirkungen von Arbeitsmigrationen und Zwangsumsiedlungen in ihren religiösen Deutungshorizont. Sämtliche Deutungen müssen darüber hinaus immer auch mit den Aufgaben und den dazu entwickelten Konzepten abgeglichen werden, die sich für die Beteiligten perspektivisch ergaben. Dazu gehörten auch die Veränderungen in den Grenzregionen und ihre Folgewirkungen, mit denen die Glaubensgemeinschaften des Landes ähnlich wie die tschechische Gesellschaft insgesamt konfrontiert waren.

Die Kirchen und die Wiederbesiedlung

Erste Aktivitäten der katholischen Kirche in den Grenzgebieten zielten vor allem darauf ab, die kirchlichen Strukturen sicherzustellen. Die tschechischen Vertreter der katholischen Kirche hielten es daher für unverzichtbar, Priester deutscher Nationalität in ihren Diözesen zu halten. Bereits am 16. Juli 1945 wandte sich der Olmützer Erzbischof Leopold Prečan an Postminister František Hála von der „Československá strana lidová“ (Tschechoslowakische Volkspartei, ČSL), um ein kirchliches Mitwirken bei der „Perlustration“ von deutschen Priestern zu erreichen. Eine bereits bestehende kirchliche Kommission sollte über die Zuerkennung der tschechoslowakischen Staatsbürgerschaft für diejenigen mitentscheiden, die sich während der nationalsozialistischen Herrschaft nicht strafbar gemacht hätten. Hála antwortete eine Woche später sehr allgemein und nannte die Mithilfe der Kirche wünschenswert.[52]

Kirchliche Interventionen führten letztendlich nur zu Teilerfolgen: Am 15. April 1946 sandte das Konsistorium des Leitmeritzer Bistums eine Liste mit den Namen von 346 deutschen Priestern der Diözese an das Innenministerium und bat darum, dass diese an ihrem Wirkungsort verbleiben dürften, da sie „unersetzbar“ seien.[53] Am 12. Juli 1946 folgte eine Liste mit den Namen von 44 deutschen Priestern – an erster Stelle Bischof Anton Weber – an den Landesnationalausschuss in Prag – verbunden mit der Bitte, die Genannten von der Aussiedlung auszunehmen, da sie sich nicht gegen die Republik betätigt hätten und

---

[52] Zemský archiv Opava/pobočka v Olomouci [Landesarchiv Troppau/Zweigstelle Olmütz]. Bestand: Arcibiskupství Olomouc. K.: 1115. Sig.: 11. Schreiben von Erzbischof Leopold Prečan an Postminister František Hála vom 16.7.1945. Antwortschreiben vom 23.7.1945.

[53] NA Praha. Bestand: Ministerstvo vnitra-nová registratura. K.: 7462. Sign.: B 300. Schreiben des Leitmeritzer Konsistoriums vom 15.4.1946.

ausreichend Tschechisch könnten, um künftig auch unter den tschechischen Gläubigen wirken zu können.[54] Eine Woche später folgte eine Liste mit weiteren 13 Namen und folgendem Hinweis:

> Da einige der Priester, die wir im letzten Verzeichnis aufführten, schon evakuiert wurden, bitten wir den geehrtesten Landesnationalausschuss, dass die in beiden Verzeichnissen aufgeführten Priester auch in dem Fall, dass diese selbst darum ansuchen, nicht abgeschoben werden.[55]

Nur bedingt gingen staatliche Stellen auf solche Bitten ein, auch wenn von kirchlicher Seite immer wieder darauf verwiesen wurde, dass kirchliche Organisation nur mit einer ausreichenden Zahl von Priestern (und damit auch die offizielle Matrikelführung) zu gewährleisten sei. Der gemeinsame Hirtenbrief der tschechoslowakischen Bischöfe vom November 1946 erwähnt für die Erzdiözese Prag bei einem angenommenen Bedarf von 1 350 Priestern die Zahl von 650 vorhandenen Geistlichen, für die Erzdiözese Olomouc bei notwendigen 1 206 Priestern die Zahl von 820. Der Zusammenhang zwischen Priestermangel und Aussiedlung der Deutschen wird aber vor allem im Leitmeritzer Bistum deutlich, in dem zu diesem Zeitpunkt bei offiziell 800 benötigten Priestern lediglich 107 tschechische und etwa 100 deutsche gezählt wurden.[56]

Der nur in einigen Fällen von der katholischen Kirche zu stoppende Exodus von etwa 1 600 Priestern deutscher Nationalität stellte einen tiefen Einschnitt für die kirchlichen Strukturen dar.[57] Ob es sich dabei jedoch – wie es deutsche Publikationen der fünfziger Jahre und zuletzt noch Erwin Gatz formulierten – um einen „Aderlaß" handelte, von dem sich die katholische Kirche der böhmischen Länder nicht mehr erholen sollte, ist kritisch zu hinterfragen.[58] In einem größeren Zusammenhang betrachtet, wurde der durch die Vertreibung der deutschen Priester ausgelöste Mangel an Seelsorgern vor allem deshalb zum Problem, weil er sich durch einen jahrelangen Nachwuchsmangel potenzierte. Der bereits erwähnte Hirtenbrief ging für die Priesterseminare in Olomouc und Prag im Vergleich mit Zahlen von der Jahrhundertwende von einer Halbierung der Seminaristen aus;[59] in einem Bericht in der Zeitschrift Katolík wurde hochgerechnet, dass sich in Böhmen bei anhaltend geringem Priesternachwuchs das Verhältnis Priester-Gläubige innerhalb von 30 Jahren von eins zu 3 000 auf eins

---

54 NA Praha. Bestand: Zemský úřad Praha. K.: 91. Schreiben des Leitmeritzer Konsistoriums an den Prager Landesnationalausschuss vom 12.7.1946.

55 *Ebenda.* Schreiben des Leitmeritzer Konsistoriums an den Prager Landesnationalausschuss vom 20.7.1946.

56 Vergleiche den Text des Hirtenbriefs von 1946 im Anhang.

57 *Hrabovec:* Vertreibung und Abschub 365. — *Gatz:* Tschechien 196.

58 *Ebenda.* — So argumentiert auch *Grulich,* Rudolf: Kann die Wahrheit siegen, wenn sie verschwiegen wird? Die Kirche der Tschechischen Republik und die Vertreibung der Sudetendeutschen. In: *Ders./Schlegel,* Norbert (Hgg.): Kirche und Volksgruppenrecht. Königstein/Taunus 1993, 96-109.

59 Vergleiche den Text des Hirtenbriefs von 1946 im Anhang.

zu 40 000 erhöhen würde.[60] Der Hirtenbrief vom November 1946 benannte als Gründe für den Priestermangel in erster Linie die Ausbreitung einer „religiösen Lauheit" und den „Mangel an christlichem Geist in den Familien" und schloss somit an einen bereits bestehenden katholischen Krisendiskurs an.[61] Strukturell ergab sich in den Grenzregionen zudem das Problem, dass eine extensiv ausgerichtete Kirchenorganisation trotz einer deutlich verringerten Zahl an Gläubigen aufrecht erhalten werden musste.

Wenn Priester deutscher Nationalität im Land bleiben konnten, ergaben sich nicht selten neue Probleme. Auch wenn viele von ihnen über ausreichende Tschechischkenntnisse verfügten, schlug ihnen häufig Ablehnung entgegen. Zudem konnte das Verbleiben deutscher Priester zum Entfachen antikatholischer Stimmungen genutzt werden. Bereits am 12. März 1946 ging beim Prager Innenministerium ein Schreiben aus Planá (Plan) bei Mariánské Lázně (Marienbad) ein, in dem das Verhalten der noch im Lande befindlichen deutschen Priester gegenüber den tschechischen Neusiedlern kritisiert wurde. Sie würden die Messe nur auf Deutsch halten und sich dem Tschechischen gegenüber feindlich verhalten. Es wurde ihre Aussiedlung und die Ersetzung durch tschechische Priester angemahnt.[62] Im Jahr 1948, bereits nach der Machtübernahme der Kommunisten, forderte ein Artikel in der Zeitung „Rudé Právo" (Das rote Recht) dazu auf, deutsche Priester aus dem Grenzland schnellstmöglich auszusiedeln, da diese die „größten Feinde der Republik" seien und Predigten zum Aufwiegeln gegen den Staat nutzen würden.[63] Ein solches Vorgehen ist im Zusammenhang mit der „Grenzlandpolitik" der „Komunistická strana Československa" (Kommunistische Partei der Tschechoslowakei, KSČ) zu sehen, die regelmäßig neue Feindbildgruppen definierte. Anfragen des Innenministeriums und des Ministeriums für Schulwesen und Volksbildung an die Bischofsverwaltungen, in denen es um die Zahl der sich noch in den Diözesen

---

60 Semináře bez dorostu – Čechy bez kněží? [Seminare ohne Nachwuchs – Böhmen ohne Priester?]. In: Katolík Nr. 18 vom 4.5.1947, 3. — Der nicht genannte Autor führt das Problem auf den Mangel kirchlicher Gymnasien in Böhmen zurück, während er die Situation in Mähren und der Slowakei vergleichsweise positiv bewertet. — Ein Bericht über die Tschechoslowakei, der im September 1946 in der Herder-Korrespondenz erschien, führte den akuten Priestermangel unter anderem auf die Schließung von Priesterseminaren durch die deutschen Besatzer nach 1939 zurück und bewertete die Aussiedlung der Priester deutscher Nationalität als einen das Problem verschärfenden Faktor. In: Herder-Korrespondenz 1 (September 1946) 26-28. Die Lage der Kirche in der Tschechoslowakei.

61 Vergleiche den Text des Hirtenbriefs von 1946 im Anhang.

62 NA Praha. Fond: MV/nová registratura. K.: 7462, Sign.: B 300. Schreiben eines Sicherheitsreferenten aus Planá (Unterschrift leider unleserlich) an das Prager Innenministerium vom 12.3.1946.

63 NA Praha. Bestand: Zemský úřad/odd. Církevní, nadační a školské. K.: 91, Sign.: 7. Presseauszug aus der Zeitschrift „Rudé Právo Západu" [Das Rote Recht des Westens] vom 10.11.1948. — Vergleiche dazu auch *Hrabovec:* Vertreibung und Abschub 363.

befindlichen Priester deutscher Nationalität ging, sorgten zusätzlich für Irritationen.[64]

Bereits seit 1945 zogen zahlreiche tschechische „Neusiedler" aus dem Landesinneren in die Grenzregionen. Hinzu kamen die „Reemigranten" – Nachfahren von in früheren Jahrhunderten aus den böhmischen Ländern ausgewanderten Tschechen –, Slowaken und Ukrainer aus der östlichen Landeshälfte sowie Angehörige weiterer ethnischer Gruppen.[65] Mit Blick auf ihre Lage lautete die Befürchtung der Bischöfe: „Bei einer ungenügenden Zahl an Priestern gewöhnen sich die Menschen daran, ohne Gott zu leben und ohne Gott zu sterben."[66] Es gab Gebetsaufrufe mit der Intention, dass „der Herr Arbeiter in seinen Weinberg" – ins Grenzland – schicke.[67] Eine Not-Aktion wurde eingeführt, bei der tschechische Priester aus dem Binnenland am Sonntagnachmittag als „Auto-Pfarrer" ins Grenzland gebracht wurden, um dort Messen und Andachten zu halten.[68] Oftmals stellten amerikanische Organisationen dafür Fahrzeuge zur Verfügung.[69] Auch wenn sich die Ausgangsbedingungen zunächst deutlich unterschieden, lassen sich in den pastoralen Reaktionen der katholischen Kirche auf die durch Migration gewandelten Bedingungen durchaus Ähnlichkeiten feststellen zwischen den Bedingungen in den infolge des Zuzugs von Vertriebenen entstehenden Diasporagebieten in Deutschland und den Grenzregionen in den böhmischen Ländern, die neben einer neuen Multikonfessionalität vor allem von der Schwächung kirchlicher Strukturen geprägt waren. So liegt ein Vergleich zwischen den tschechischen „Auto-Pfarrern" und der in Deutschland eingeführten „Kappellenwagenmission" nahe,[70] wobei zukünftig die jeweils dahinter stehenden pastoralen Konzepte zu analysieren wären.

Zunehmender Priestermangel und – ganz offensichtlich auch die pastorale Situation in den Grenzgebieten – führten jedoch auch zu einem Überdenken der Rolle der Laien in der Kirchengemeinde. Die Bischofskonferenz bemängelte 1946 nicht nur den fehlenden Priesternachwuchs, sondern kritisierte auch die „ungenügende Mitarbeit der Laien".[71] Um ihr Engagement zu stärken, wurden Kurse für Katecheten sowie ein „Erzbischöfliches Pastoralzentrum" in Prag

---

64 Moravský zemský archiv v Brně [Mährisches Landesarchiv in Brünn, künftig MZA]. Bestand: Konsistoř Brno. K.: 3114. Schreiben des Ministeriums für Schulwesen vom 23.6.1949 und des Innenministeriums vom 30.9.1947.

65 Zu den unterschiedlichen Zuwanderungsgruppen vergleiche *Wiedemann:* „Komm mit uns das Grenzland aufbauen!" 235-289.

66 Vergleiche den Text des Hirtenbriefs von 1946 im Anhang.

67 Katolíci v pohraničí [Katholiken im Grenzland]. In: Neděle Nr. 29 vom 21.7.1946, 231.

68 Acta archiepiscopalis curiae pragensis. Nr. 7 (1946) 46. Pastorace v pohraničí [Seelsorge im Grenzland].

69 MZA v Brně. Bestand: Konsistoř Brno. K.: 3095, Ordner 3 (87). Information des Prager Generalvikars Opatrný an das Brünner Konsistorium über die Ankunft von zehn Autos, die der geistlichen Verwaltung zur Verfügung stünden.

70 Zur Kapellenwagenmission vergleiche *Hirschfeld:* Katholisches Milieu und Vertriebene 253-261.

71 Vergleiche den Text des Hirtenbriefs von 1946 im Anhang.

eingerichtet.[72] Eine von Pater Jan Evangelista Urban in der Zeitschrift Neděle unter dem Titel „Den an Christus Glaubenden im Grenzland" verfasste Artikelserie wiederum versuchte, der Bevölkerung im Grenzland nahe zu bringen, auf welche Weise sie Andachten abhalten und Riten vollziehen sollte, solange „noch" kein Priester in ihrer Gemeinde sei.[73] Solche aus der Not geborenen Ansätze fielen mit einer von vielen Zeitgenossen konstatierten Aufbruchstimmung zusammen. Aus informellen Kreisen entstanden neue Aktivitäten, so zum Beispiel die Stärkung der „Katholischen Aktion", die eine Erneuerung des geistigen Lebens anstrebte.[74] Der „Svaz katolických žen a dívek" (Verband katholischer Frauen und Mädchen) bemühte sich, von seiner Prager Zentrale aus Kontakte zu Gemeinden im Grenzland aufzubauen und die Laienarbeit durch die Ausbildung von „Pfarrschwestern" zu stärken.[75] Als die Zeitschrift Neděle im Dezember 1947 Bilanz über das erste Amtsjahr des Prager Erzbischofs Josef Beran zog, wurde unter anderem auch sein Engagement für die Ausbildung dieser offensichtlich insbesondere für das Grenzland vorgesehenen Pfarrschwestern positiv hervorgehoben.[76]

Ein Blick in katholische Zeitungen dieser Zeit verdeutlicht, dass die veränderten Bedingungen im Grenzland meist als Folgen eines Übergangs gedeutet wurden, der durch besonderes Engagement bewältigt werden sollte. Zugleich machte sich bemerkbar, wie schwer sich Verantwortliche und Kommentatoren mit der Schwächung der Strukturen und dem dadurch mit ausgelösten Wandel des religiösen Alltags taten. Neben dem Typus des engagierten Seelsorgers, der unter schwierigen Bedingungen im Sommer mit dem Fahrrad und im Winter auf Schiern zu tschechischen und slowakischen Neusiedlergemeinden fährt und sich bemüht, neue Abonnenten für katholische Zeitschriften zu gewinnen,[77] finden sich auch distanzierte Beobachter, die vor allem das Fehlen der bisherigen Strukturen wahrnehmen. So berichteten Prager Theologiestudenten 1947 von ihren Ferien in Westböhmen, in denen sie mit priesterlosen Gemeinden und verwahrlosten Kirchengebäuden konfrontiert wurden. Für sie bedeutete ein solcher Zustand eine „brennende Wunde".[78]

---

72 *Vaško:* Neumlčená Bd. 1, 227.

73 *Urban,* Jan Ev.: Věřícím Kristovým v pohraničí" [Den an Christus Glaubenden im Grenzland]. In: Neděle Nr. 12 vom 24.3.1946, 93. — Siehe auch folgende Ausgaben der Zeitschrift: Nr. 13 vom 31.3.1946, 98 und Nr. 14 vom 7.4.1946, 112.

74 *Vaško:* Neumlčená Bd. 1, 40.

75 Neděle Nr. 2 vom 13.1.1946, Nr. 18 vom 5.5.1946 und Nr. 23 vom 9.6.1946. Berichte über die Tätigkeit des Verbandes.

76 Bilance I. výročí pontifikatu J. E. ndp. Arcibiskupa Dr. J. Berana [Bilanz anlässlich des ersten Jahrestags des Pontifikats von Erzbischof Dr. J. Beran]. In: Neděle Nr. 49 vom 7.12.1947, 389. — Im Rahmen der Bilanz wird auch erwähnt, dass unter Kardinal Beran eine Kanzlei für die pastorale Betreuung von Slowaken und Magyaren, die ins Grenzland gekommen seien, eingerichtet worden sei.

77 So in einem Bericht über die Tätigkeit eines Priesters in Westböhmen. Vergleiche Ze sušického pohraničí [Aus dem Schüttenhofener Grenzgebiet]. In: Neděle Nr. 48 vom 30.11.1947, 384.

78 Pražští bohoslovci v pohraničí [Prager Theologen im Grenzland]. In: Neděle Nr. 50 vom 14.12.1947, 396.

Für die Tschechoslowakische Kirche und die Böhmischen Brüder ergaben sich auf Grund ihrer nationalkirchlichen Ausrichtung zunächst andere Probleme. Hier ging es primär darum, innerhalb der entstehenden Neusiedlergesellschaft kirchliche Strukturen neu zu schaffen, um religiöse Betreuung leisten zu können. Daraus entwickelte sich eine neue konfessionelle Vielfalt und ein Konkurrenzverhältnis, das vor Ort zu Problemen führte.

Konkret war zu klären, welche Kirchen und kirchlichen Gebäude von diesen Kirchen genutzt werden konnten. In Frage kamen zunächst Gebäude der Deutschen Evangelischen Kirche sowie der deutschen Altkatholischen Kirche, die per Dekret an den Staat fielen und zur kirchlichen Nutzung vergeben werden konnten.[79] In der Regel entschied der örtliche Nationalausschuss auf Grund der ungefähren Zahl von Konfessionsangehörigen in der Region, ob diese Kirchengebäude der Evangelischen Kirche der Böhmischen Brüder oder der Tschechoslowakischen Kirche zugewiesen wurden. Oftmals kam es auch zur gemeinsamen Nutzung, manchmal aber auch zu Konflikten. In Jablonné v Podještědí (Deutsch Gabel) weigerten sich die Böhmischen Brüder einer gemeinsamen Nutzung der ehemaligen Deutschen Evangelischen Kirche zuzustimmen, da diese eindeutig „evangelischen Charakter" habe.[80] In Jihlava (Iglau) wurde zur Regelung der Nutzungsfrage eine fünfköpfige Kommission eingesetzt, der zwei Mitglieder der Tschechoslowakischen Kirche und der Böhmischen Brüder sowie ein orthodoxer Christ angehörten.[81] Vereinzelt kam es offensichtlich auch zur Zuteilung von ehemaligen Synagogen. So nutzten die Böhmischen Brüder das ehemalige Kultusgebäude der jüdischen Gemeinde in Hořovice (Horschowitz) als Gebetsraum.[82] Von den Veränderungen „konfessioneller Orte" war in dieser Hinsicht offenbar auch die katholische Kirche betroffen. Bereits im Herbst 1945 wies eine Stellungnahme im Prager Bistumsblatt „Acta archiepiscopalis curiae pragensis" darauf hin, dass katholische Kirchen und Kapellen geweihte Orte wären und nicht von anderen Konfessionen missbraucht werden dürften. Entsprechenden Versuchen sollte entschieden entgegen getreten werden.[83]

Das Problem der Kirchennutzung zeigt die Folgen des Bevölkerungswandels für die konfessionellen Strukturen. Die Steuerungsmöglichkeiten der Kirchen blieben begrenzt, auch wenn sich zum Beispiel das Brünner Konsistorium im

---

79 Vergleiche Herder-Korrespondenz 2/8 (1948) 344.

80 NA Praha. Bestand: Ministerstvo školství. K.: 3890, Sign.: 47IV. Schreiben des Ministeriums für Schulwesen und Volksbildung über die ehemalige Deutsche Evangelische Kirche vom 3.3.1948.

81 *Ebenda.* Mitteilung des Bezirksnationalausschusses von Jihlava vom 15.11.1946.

82 Z našeho západního pohraničí [Aus unserem westlichen Grenzland]. In: Český bratr 3 (1948) 68.

83 Acta archiepiscopalis curiae pragensis. Nr. 10 (1945) 75, N. 8237 „Používání katolických kostelů jinými náboženskými společnostmi" [Die Benutzung katholischer Kirchen durch andere Glaubensgemeinschaften].

August 1945 beim Landesnationalausschuss darum bemühte, dass katholische Neusiedler in Orten mit katholischen Kirchen und Nicht-Katholiken in anderen Orten angesiedelt werden sollten.[84] In einem Bericht von Josef Křenek, Vorsitzender des Neunten Synods der Evangelischen Kirche der Böhmischen Brüder, klangen in dieser Hinsicht bereits resignative Töne an: Besiedlungsaktionen, die zu kompakten Siedlungen von Angehörigen seiner Kirche führen sollten, hätten sich nicht umsetzen lassen.[85] Vereinzelt wurden auch Stimmen laut, die auf eine Bündelung der Kräfte drängten. So plädierte Jan Šindelář im Februar 1946 dafür, auf Grund der schwierigen Bedingungen im Grenzland erneut über eine engere Verbindung der Evangelischen Kirche der Böhmischen Brüder mit der „Brüderunität" (Jednota bratrská) nachzudenken. In einer Zeit, in der es an Pfarrern und lebendigen Gemeinden mangeln würde, sei es problematisch, wenn in Orten wie Liberec (Reichenberg) und Jablonec nad Nisou (Gablonz) parallel zueinander jeweils neue Gemeinden der beiden Konfessionen entstehen würden.[86]

Die konfessionelle Vielfalt, die sich durch die Zuwanderung orthodoxer Tschechen aus Wolhynien, griechisch-katholischer Ukrainer und anderer Gruppen noch verstärkte, wurde auch im Alltag der Neusiedler sichtbar. 1946 wandte sich der Bischof der griechisch-katholischen Kirche in der Ostslowakei an seine römisch-katholischen Glaubensbrüder in Böhmen und bat sie darum, griechisch-katholische Slowaken und Ruthenen, die als Siedler in die Grenzgebiete kommen, mit zu betreuen. Vereinzelt wurden darüber hinaus konfessionelle Gegensätze sichtbar, in denen auch gegenseitige Wahrnehmungen eine Rolle spielten. Der Katolík berichtete im August 1947 darüber, dass Tschechen, die aus dem Ausland in die Region um Stříbro (Mies) gekommen wären und Sekten angehörten, zahlreiche Kreuze umgeworfen hätten. Kurze Zeit später dementierten die evangelischen „Kostnické jiskry" (Konstanzer Funken) diesen

---

84 MZA Brno. Bestand: Konsistoř Brno (E 82). K.: 3113. Schreiben des Brünner Konsistoriums an den Landesnationalausschuss in Brno vom 14.8.1945. — Auch bei der Frage nach der Berücksichtigung konfessioneller Strukturen lohnt sich ein Blick auf die Integration der Vertriebenen in Deutschland. Um die Entstehung von abgeschlossenen Vertriebenengruppen zu verhindern und um eine rasche Integration in Deutschland zu ermöglichen, strebten die Alliierten die regionale Verteilung der Vertriebenen an. Auch wenn die Kirchen mehrfach die Berücksichtigung konfessioneller Strukturen anmahnten, wurde dies in der Praxis nur wenig beachtet. Vergleiche zur Situation in Südwestdeutschland *Beer*, Mathias: Alte Heimat – neue Heimat. Das spezifische Verständnis von Kirche und Gemeinschaft bei den Vertriebenen aus Südosteuropa und dessen Auswirkungen auf den Eingliederungsprozess im deutschen Südwesten. In: Jahrbuch für ostdeutsche Volkskunde 36 (1993) 244-272, hier 248-250.

85 Ústřední archiv Českobratrské církve evangelické, Praha. Bestand: Synodní rada ČCE, Praha. Sign: I6 – Synody (IX. Synod). Devátý synod českobratrské církve evangelické. Program, seznam členů synody, zprávy a návrhy. Praha 1946, 32.

86 Sjednocení církví a práce v pohraničí [Die Vereinigung der Kirchen und die Arbeit im Grenzland]. In: Kostnické jiskry. Evangelický týdeník [Konstanzer Funken. Evangelische Wochenzeitschrift] Nr. 6 vom 7.2.1946, 32.

Bericht. Die Beschuldigten hätten mit dem geschilderten Vorkommnis nichts zu tun. Zudem würde es sich nicht um irgendwelche Sekten handeln, sondern um Gruppen, die in enger Verbindung zur Evangelischen Kirche der Böhmischen Brüder stünden.[87] In der Grenzregion um das westböhmische Aš (Asch) wiederum, in der es bis 1945 einen vergleichsweise hohen Anteil von Protestanten unter der deutschen Bevölkerung gab, soll der konfessionelle Wandel der Region – die Mehrzahl der neuen Siedler bekannte sich offensichtlich zur katholischen Kirche – und die Möglichkeit, wieder Fronleichnamsprozessionen durchführen zu können, sehr positiv aufgenommen worden sein.[88]

An einigen Orten hing der religiöse Einfluss offensichtlich vom vorhandenen Angebot ab. So berichtete ein katholischer Priester im April 1946 schockiert über katholische Eltern, die ihre Kinder mangels örtlicher Alternative zum Religionsunterricht der Tschechoslowakischen Kirche schickten.[89] Entsprechend stolz berichtete der „Český zápas" (Tschechischer Kampf) über die Tatsache, dass es im Februar 1946 im Bezirk Jablonec nad Nisou bereits an 30 Schulen Religionsunterricht der Tschechoslowakischen Kirche gäbe, während die katholische Kirche bisher nur an 4 Schulen präsent sei.[90] Inwieweit es den größeren Konfessionen gelang, bis zur kommunistischen Machtübernahme in den Grenzregionen flächendeckend Strukturen für den Religionsunterricht zu schaffen, lässt sich anhand des jetzigen Forschungsstands nicht beurteilen.

Wird der Fokus auf den tief greifenden Bevölkerungswandel in den tschechoslowakischen Grenzregionen gelegt, so gerät meist aus dem Blick, dass sich durch die Zuwanderung von schätzungsweise 1,7 Millionen Neusiedlern[91] in die vormals mehrheitlich deutsch besiedelten Gebiete auch Veränderungen in den „Abwanderungsgebieten" ergaben. Dieser Wandlungsprozess, der erst allmählich im Rahmen der allgemeinen historischen Migrationsforschung untersucht wird,[92] kann für die Tschechoslowakei nach 1945 als unerforscht bezeichnet werden. Gerade für Glaubensgemeinschaften wie die Evangelische Kirche der Böhmischen Brüder stellten sich auf Grund ihrer Größe und Struktur in den Nachkriegsjahren durchaus Fragen nach den Folgen der Abwanderung in die Grenzregionen. So heißt es in der Botschaft des Neunten Synods, der im Dezember 1945 in Prag tagte:

> Alte Gemeinden entvölkern sich teils beträchtlich, und neue werden gegründet. In diesem Wandel muss es uns um den Erhalt des Zusammenhalts unserer Familien, Gemeinden und auch der ganzen Kirche gehen. Die alten Gemeinden dürfen bei ihrem zahlenmäßigen

---

[87] Vojtěchova cesta pohraničím vroubena skácenými kříži [Adalberts Reise durch das Grenzland umrahmt von umgeworfenen Kreuzen]. In: Kostnické jiskry. Evangelický týdeník Nr. 36 vom 4.9.1947, 2.

[88] Vergleiche den Beitrag von Jan *Lata* in diesem Band.

[89] Pohraničí [Das Grenzland]. In: Katolík Nr. 7 vom 7.4.1946, 3.

[90] Ze života náboženských obci [Aus dem Leben der Glaubensorte]. In: Český zápas [Tschechischer Kampf] Nr. 9 vom 28.2.1946, 38.

[91] Vergleiche *Wiedemann:* „Komm mit uns das Grenzland aufbauen!" 11.

[92] Vergleiche zuletzt *Gestrich,* Andreas/*Krauss,* Marita (Hgg.): Zurückbleiben. Der vernachlässigte Teil der Migrationsgeschichte. Stuttgart 2006 (Stuttgarter Beiträge zur historischen Migrationsforschung 6).

Schwinden nicht kleinmütig werden und geistig erschlaffen, sondern müssen in den neuen Gemeinden ihre Saat und ihr Evangelisationsfeld erkennen.[93]

Gemäß einer frühen Einschätzung von Josef Křenek waren insbesondere ärmere Bergpfarreien von der Abwanderung betroffen.[94] Der zitierte Text zeigt zugleich, dass es Bemühungen gab, enge Beziehungen zwischen Gemeinden im Grenzland und im Landesinneren zu schaffen, die an dieser Stelle sogar mit einer starken Deutung zum zukünftigen gegenseitigen Verhältnis unterlegt wurden. Für die anderen großen Glaubensgemeinschaften ließ sich bisher nicht eruieren, inwieweit Rückwirkungen des Bevölkerungswandels auf das Landesinnere und die dortigen Pfarrstrukturen wahrgenommen oder diskutiert wurden. Im bereits an anderer Stelle zitierten Memorandum der katholischen tschechischen und slowakischen Bischöfe an das Ministerium für Schulwesen und Volksbildung vom November 1945 wird lediglich darauf verwiesen, dass die Bekämpfung des sich verschärfenden Priestermangels in den Grenzgebieten nicht durch das Heranziehen von tschechischen Priestern aus dem Landesinneren beseitigt werden könne, da dies dadurch „beschädigt" werden würde.[95]

Die Intensität des Wandels verstärkte den Bedarf an Deutungen. Kirchliche Angebote standen dabei im Schatten von gesellschaftspolitischen Leitangeboten, die auf eine „Nationalisierung" des Grenzlands und den Aufbau einer sozialistischen Gesellschaft zielten. Die „apostolische Reise", bei der die Reliquien des heiligen Adalbert (Vojtěch) über mehrere Monate zu Gottesdiensten und Feiern in zahlreiche Städte gebracht wurden und bei der über die Stationen im Grenzland besonders intensiv berichtet wurde, bekamen rasch eine nationale Färbung, auch wenn Papst Pius XII. in einem Schreiben anlässlich der Feiern auf die Bedeutung des Heiligen für Böhmen, Mähren und die Slowakei, aber auch für die Ungarn, Polen und Deutschen hinwies.[96] So wurde für die Vorbereitungen der Adalbert-Feiern in Litoměřice dessen große „nationale, staatliche und allslawische Bedeutung" hervorgehoben.[97]

Es ist kaum möglich, bei kirchlichen Deutungsangeboten zwischen nationalen, religiösen und interessenpolitischen Vorstellungen zu trennen. Dies trifft auch für das von den Dominikanern 1946 in Prag vorgebrachte Ansinnen zu, die aus Mähren stammende Zdislava zu einem Vorbild für das Grenzland zu machen, da sie lange im nordböhmischen Jablonné gelebt und als christliche

---

93 Vergleiche den Text der Botschaft im Anhang.

94 Ústřední archiv Českobratrské církve evangelické, Praha. Bestand: Synodní rada ČCE, Praha. Sign: I6 – Synody (IX. Synod). Devátý synod českobratrské církve evangelické. Program, seznam členů synody, zprávy a návrhy. Praha 1946, 32.

95 NA Praha. Fond: MV/nová registratura. K.: 7462, Sign.: B 300. Siebenseitiges Schreiben der Konferenz der katholischen Ordinarien der Tschechoslowakei an das Ministerium für Schulwesen und Volksbildung vom 15.11.1945, 3.

96 Neděle Nr. 18 vom 4.51947, Titelseite. Schreiben von Pius XII. zu den Adalbert Feierlichkeiten.

97 Svatovojtěšské oslavy v diecési litoměřické [Die Adalbert-Feierlichkeiten in der Leitmeritzer Diözese]. In: Neděle Nr. 15 vom 13.4.1947, 115.

Mutter gewirkt habe.[98] Die Dominikaner sahen hier einen wichtigen Ansatzpunkt in der Diskussion um das Grenzland, da man so vielen nichtkatholischen Gestalten der tschechischen Geschichte, die als Vorbild für die Aufgaben im Grenzland herangezogen werden würden, ein katholisches Vorbild entgegenstellen könne.[99] Mit einer Versammlung der Katholiken aus dem Grenzland in Chrastava (Kratzau) bei Liberec, bei der im Juni 1947 etwa 5 000 Teilnehmer gezählt wurden, sollte ebenfalls versucht werden, den Stellenwert des Religiösen im Rahmen der gesellschaftlichen Aktivitäten und Planungen in den Grenzregionen deutlich zu machen. Der Prager Erzbischof Josef Beran verwies in seiner Ansprache darauf, dass gerade die Katholiken ein Vorbild hinsichtlich der Erfüllung bürgerlicher Pflichten sein sollten, da sie nicht nur „staatliche Gesetze und patriotisches Denken, sondern auch die Gesetze Gottes" achten würden. Ein örtlicher Geistlicher äußerte am Ende der Feierlichkeiten die Hoffnung, dass das Grenzland sich nicht nur wirtschaftlich, sondern auch geistig entwickeln werde.[100]

Solche Manifestationen sind als Versuche zu verstehen, kirchlichen Einfluss und die Bedeutung des Religiösen in einer Zeit sichtbar zu machen, in der Projektionen der Zukunft des Grenzlands bereits explizit ohne eine kirchliche Komponente auskamen.[101] Aber auch die Protagonisten der katholischen Kirche konnten sich ihr Werben für ein katholisches Grenzland meist nur in Verbindung mit nationalen Motiven vorstellen. Es ist jedoch unklar, inwieweit ein solches Deutungsangebot über die unmittelbare Nachkriegszeit tragfähig und überzeugend sein konnte. Fragen nach der politischen und gesellschaftlichen Ordnung traten zunehmend in den Vordergrund, zugleich wurden verstärkt Konfliktlinien zwischen der katholischen Kirche und dem Staat sichtbar, die,

---

98 MZA Brno. Bestand: Konsistoř Brno (E 82). K.: 3095, Ordner 2. Schreiben der Versammlung des Provinz-Kapitels des Dominikanerordens in Prag vom 23.-27.10.1946 an die tschechischen Ordinariate.

99 *Ebenda.* — Vergleiche auch: *Svatoš*, Ambrož M.: Blahoslavená Zdislava [Die selige Zdislava]. Olomouc 1948. Im Vorwort zu dieser Broschüre erklärte der Leitmeritzer Bischof Štěpán Trochta, dass die selige Zdislava Symbol für die „geistige Erneuerung des tschechischen Grenzlands" sein könne.

100 Sjezd hraničářského katolického lidu [Treffen des katholischen Volkes des Grenzlands]. In: Neděle Nr. 28 vom 13.7.1947, 221.

101 Vergleiche u.a. *Glassheim,* Eagle: Etnické čistky, komunismus a devastace životního prostředí. Vytváření nové identity severočeského pohraničí (1945-1989) [Ethnische Säuberungen, der Kommunismus und die Zerstörung des Lebensumfelds. Die Herausbildung einer neuen Identität des nordböhmischen Grenzlands. In: Soudobé dějiny 12/3-4 (2005) 432-464. — Deutlich wird dies auch am Beispiel einer Werbebroschüre über das tschechische Grenzgebiet aus dem Jahr 1947, in der zwar zahlreiche Informationen und statistische Angaben zur wirtschaftlichen und sozialen Situation sowie der Bevölkerungsentwicklung zu finden sind, in der jedoch kein Bezug zur früheren oder aktuellen Rolle der Kirchen oder der Zahl ihrer Gläubigen genommen wird. Siehe České pohraničí [Tschechisches Grenzland]. Herausgegeben vom *Tisková oddělení osidlovacího úřadu a fond národní obnovy v Praze*. Praha 1947.

wie beispielsweise die Frage des Religionsunterrichts in den Schulen oder der Sonntagsarbeit, in engem Zusammenhang zu gesellschaftlichen und politischen Veränderungen standen.

Schwer einzuordnen ist auch die Argumentation der der Brüdertradition nahe stehenden „Reemigranten“. Diese Nachfahren von in der Frühen Neuzeit aus religiösen Gründen aus den böhmischen Ländern Ausgewanderten, die nach dem Zweiten Weltkrieg aus Schlesien, Zentralpolen und Wolhynien mehrheitlich in die west- und nordböhmischen Grenzregionen zuwanderten und sich der evangelischen Glaubenstradition verbunden fühlten, verknüpften in ihrer Argumentation nicht selten religiöse und nationale Motive.[102] Eine Gruppe aus dem westböhmischen Trpísty (Trpist) wünschte die Zuteilung der Gebäude der Deutschen Evangelischen Kirche an die von den Zuwanderern neu konstituierten Gemeinden und argumentierte damit, dass die Glaubenstradition ihnen bereits in der Vergangenheit ermöglicht hätte, ihr nationales Bewusstsein zu bewahren.[103] Der Prager Synodalrat der Böhmischen Brüder unterstützte solche Anliegen mit dem Hinweis darauf, dass diese Siedler und ihre Kinder nicht nur der Betreuung auf religiöser Ebene, sondern auch der Pflege auf nationaler Ebene bedürften.[104] Eine solche Vermengung der Ziele konnte jedoch bereits den Keim für eine Schwächung der religiösen Substanz beinhalten. Vergleichbare Probleme kannten einige katholische, offensichtlich von Erwachsenen dazu ermunterte Kinder nicht, als sie versuchten, Katecheten für die Schulen im Grenzland zu bekommen. Sie schilderten, dass ihre Väter durch die Arbeit in den Berg- und Elektrizitätswerken für Licht und Wärme des täglichen Lebens sorgten. Ihr Anliegen sei es nun, „Licht und Wärme der Liebe Christi“ in die Schulen zu bringen.[105]

Der Wandel religiösen Lebens

Zeitgenössische wie auch nachträgliche Aussagen lassen vermuten, dass der Stellenwert der Kirchen nach 1945 für viele von der Vertreibung betroffene Deutsche stieg. Für sie dürften die Glaubensgemeinschaften und ihre Institutionen – partiell vielleicht auch bereits während des Krieges – zu den wenigen

[102] Zur Geschichte dieser Zuwanderergruppe vergleiche *Štěříková,* Edita: Země otců. Z historie a vzpomínek k 50. výročí reemigrace potomků exulantů [Das Land der Väter. Aus der Geschichte und den Erinnerungen zum 50. Jahrestag der Reemigration der Nachfahren der Exulanten]. 2. Auflage. Praha 2005.

[103] NA Praha. Bestand: Ministerstvo školství. K.: 809. Sign.: 47IV. Schreiben der Predigerstation der Böhmischen Brüder in Trpísty an die tschechoslowakische Regierung vom Februar 1946.

[104] NA Praha. Bestand: Zemský úřad/odd. Církevní, nadační a školské. K. 95. Sign.: 7. Schreiben des Synodalrats der Evangelischen Kirche der Böhmischen Brüder an den Landesnationalausschuss in Prag vom 14.10.1946.

[105] Pohraničí hledá katechetu nebo katechetku [Das Grenzland sucht einen Katecheten oder eine Katechetin]. In: Katolík Nr. 27 vom 24.11.1946, 4.

noch funktionierenden und zugleich vertrauenswürdigen Institutionen gezählt haben. In einer Rückschau des Jahres 1957 berichtete der ehemalige Oberkirchenrat Hugo Piesch über die schwierigen Bedingungen für die Deutsche Evangelische Kirche im Jahr 1945 und verwies zugleich darauf, dass die Gottesdienste „besser als je besucht waren".[106] Dieser durch (Zwangs-)Migration bedingte partielle Bedeutungszuwachs fiel zusammen mit einem Prozess, der von Detlef Pollack generell für politische und gesellschaftliche Übergangszeiten[107] konstatiert wurde. Demnach werde den Kirchen in Phasen des Wandels eine Rolle zugeschrieben, die über ihre unmittelbare religiöse Funktion hinausgehe. Für die ausgesiedelten Deutschen lässt sich dies auch durch das in der unmittelbaren Nachkriegszeit geltende Organisationsverbot der Alliierten erklären, von dem am ehesten Vereinigungen auf kirchlicher Grundlage ausgenommen waren. Die Hinwendung zu den Kirchen sollte im Umkehrschluss jedoch nicht als „religiöser Frühling" gedeutet werden. Die Religionsgemeinschaften standen – wie Christoph Kösters für die katholische Kirche konstatiert – vor dem Problem, auf die durch Krieg, Gewaltherrschaft und die dadurch bedingten Folgen entstandenen Sinnfragen nicht mehr mit ihren traditionellen Deutungsangeboten antworten zu können.[108] Zugleich ist ein langfristiger Wandel in den Kirchen und in der religiösen Praxis zu konstatieren, der sich nach einer Intensivierung während des Krieges weiter fortsetzte.[109] Mit Blick auf die Vertriebenen als Migrantengruppen ist künftig zu untersuchen, inwieweit sich der Versuch, das frühere, häufig auf lokale Gemeinschaften bezogene religiöse Leben zu konservieren bzw. zu rekonstruieren, als ein retardierendes Moment in diesem Veränderungsprozess erwies.[110]

In den Grenzregionen der böhmischen Länder ergab sich für die neu zugezogene Bevölkerung im Bezug zur Religion zunächst eine grundlegend andere Konstellation. Die Kirchen standen hier, auch wenn sie überwiegend moralisch gestärkt aus der Protektoratszeit hervorgegangen waren, von vornherein in starker Konkurrenz zu Parteien und Organisationen, die offensiv Deutungsangebote für den eingetretenen Wandel machen konnten und dies mit gesellschaftlichen Zukunftsentwürfen verknüpften. Daneben ist für das religiöse Leben ein starker Wandel zu konstatieren, der durch die Schwächung kirchlicher

---

106 *Lehmann,* Ernst: Um Glaube und Heimat. Evangelische Bausteine zum sudetendeutschen Geschichtsbild. Mit einer Weiterführung bis zur Gegenwart von Hugo *Piesch.* Melsungen 1957 (Schriften der Gemeinschaft evangelischer Sudetendeutscher e. V. 3/4), 136.

107 *Pollack,* Detlef: Funktionen von Religion und Kirche in den politischen Umbrüchen des 20. Jahrhunderts. Untersucht anhand der politischen Zäsuren von 1945 und 1989 in Deutschland. In: Kirchliche Zeitgeschichte 12/1 (1999) 64-94.

108 *Kösters:* Kirche und Glaube an der „Heimatfront" 398. — Vergleiche auch den Beitrag von Christoph *Kösters* in diesem Band.

109 *Ebenda.*

110 Diese Frage betrifft insbesondere die Bedeutung sozialer Netzwerke für die religiöse Praxis. Zdeněk Nešpor hat die Feststellung von Charles Tilly, wonach nicht der Einzelne umsiedelt wird, sondern soziale Netze, in Bezug zur Bedeutung von Religion in Migrationsprozessen gesetzt. *Nešpor:* Náboženství a emigrace 20. století 206.

Strukturen, in hohem Maße aber auch durch das Aufbrechen traditioneller Strukturen und das Zusammentreffen unterschiedlicher konfessioneller und gruppenspezifischer Prägungen bestimmt war. Für die Evangelische Kirche der Böhmischen Brüder, die sich um die evangelischen Gläubigen kümmerte, die aus Wolhynien, Zentralpolen, zum Teil auch aus der Karpato-Ukraine zuwanderten, stellte sich die Frage, wie der verbreitete theologische Liberalismus mit den kirchlichen Traditionen und konservativen Vorstellungen der „Reemigranten" in Einklang zu bringen sei.[111] Gefordert waren die Kirche und die betroffenen Gemeinden auch durch die Integration im Lande verbliebener evangelischer Deutscher.[112] In einigen katholischen Kirchengemeinden trafen wiederum tschechische Siedler mit Slowaken, „Reemigranten", Magyaren, Roma und im Lande verbliebenen Deutschen zusammen.[113] Es ist bisher nur unzureichend geklärt worden, in welchem Maße zuwandernde Gruppen ihre frühere religiöse Praxis in neu entstehende Gemeinden einspeisten und welchen Stellenwert kirchliche Traditionen des Ortes und ihrer früheren Bewohner einnahmen.[114] Durch neue Diasporakonstellationen und Kontakte zu anderen Konfessionen könnten zudem weitere Veränderungen in der religiösen Praxis ausgelöst worden sein. In langfristiger Perspektive wäre aber zugleich zu fragen, ob es sich dabei um ein rasches Aufbrechen traditioneller Strukturen oder eher um die Beschleunigung bereits ablaufender Vorgänge handelte.

***

Wurde das tschechische Grenzland nach 1945 zum Missionsland? Eine Antwort auf eine solche Frage, die, wie zu Beginn geschildert, bereits nach Kriegsende aufgeworfen wurde, hängt stark von der gewählten Perspektive ab. Für die Kirchen als Institutionen ist eine nachhaltige Schwächung ihrer Strukturen bzw. der nicht in der Breite gelungene Aufbau neuer Strukturen zu konstatieren. Die kommunistische Religionspolitik nach 1948 hatte in ihrem Bestreben, insbesondere den Einfluss der katholischen Kirche zurückzudrängen, somit von vornherein bessere Ausgangsbedingungen als im Landesinneren. Statistische

---

111 *Štěříková:* Země otců 312 f.

112 *Lehmann:* Um Glaube und Heimat 137. — Vergleiche auch die Botschaft des Neunten Synods der Evangelischen Kirche der Böhmischen Brüder im Anhang.

113 Katolík Nr. 11 vom 16.3.1947, 4. Hier findet sich ein Bericht, in dem über eine Kindergruppe in Aš (Asch) berichtet wird, die aus Angehörigen der genannten ethnischen Gruppen bestand.

114 Vereinzelte Beispiele bei *Heroldová,* Iva: Ethnische Prozesse in den böhmischen Grenzgebieten nach dem Zweiten Weltkrieg. In: *Lemberg,* Hans/*Křen,* Jan/*Kováč,* Dušan (Hgg.): Im geteilten Europa. Tschechen, Slowaken und Deutsche und ihre Staaten 1948-1989. Essen 1998 (Veröffentlichungen des Instituts für Kultur und Geschichte der Deutschen im östlichen Europa 10), 95-109, hier 104.

Angaben zur Konfessionszugehörigkeit aus der Zeit nach 1989 zeigen hier auch eine langfristige Wirkung dessen auf.[115]

Zugleich kann aber für die Nachkriegszeit auch von der Ausbildung einer neuen konfessionellen Vielfalt gesprochen werden. Die Bedeutung religiösen Lebens, die Konfrontation mit vorhandenen Traditionen und die Rekonstruktion von Traditionen aus den Herkunftsgebieten für den Akkulturationsprozess sind bisher nur unzureichend untersucht worden. Die in kommunistischer Zeit von Ethnologen in den Grenzregionen durchgeführten Forschungen führen zwar eine Vielzahl von Bräuchen und Traditionen auf, die im weiteren Sinne einer religiösen Sphäre zuzuordnen sind; doch wurden diese nicht hinsichtlich ihres Stellenwerts für Deutungen und für die religiöse Praxis der untersuchten Gruppen analysiert.[116] Bis in die Gegenwart werden solche Formen deswegen meist nur als eine Art „Grenzlandfolklore" wahrgenommen. Entsprechend wurde bisher auch nicht hinterfragt, ob Formen popularer Frömmigkeit nicht auch eine stabilisierende Funktion in einer Phase starker Veränderungen hatten und zugleich in ihrem Verhältnis zu gesellschaftlichen Vorstellungen des kommunistischen Staates zu sehen sind. In dieser Hinsicht schützende Funktion hatten offensichtlich in den fünfziger Jahren Fronleichnamsprozessionen und vereinzelte Wallfahrten, die zum Rückzugsraum für im Lande verbliebene Deutsche wurden und vom „Státní úřad pro věci církevní" (Staatliches Amt für Kirchenangelegenheiten) deswegen sowohl aus religiösen als auch aus nationalen Gründen kritisch beobachtet wurden.[117] Die Untersuchung religiöser Praxis für das Selbstverständnis von Teilen der Bevölkerung im Grenzland nach 1945, die auch die langfristigen Auswirkungen kommunistischer Religionspolitik berücksichtigt, ist jedenfalls, wie die beschriebenen Fälle zeigen, ein lohnendes Unterfangen, das den Blick auf die dort neu entstehende Gesellschaft um eine wichtige Facette bereichern könnte.

---

115 Vergleiche u. a. die Daten in: *Boháč*, Zdeněk: Atlas církevních dějin českých zemí 1918-1999 [Atlas der Kirchengeschichte der böhmischen Länder 1918-1999]. Kostelní Vydří 1999. Demnach ist die Zahl der Konfessionslosen im nordböhmischen Grenzgebiet landesweit am höchsten.

116 Einen allgemeinen Überblick und eine Bibliographie zu den Forschungen zu „ethnischen Prozessen" in den Grenzregionen bietet *Valášková*, Naďa/*Uherek*, Zdeněk: Novoosídlenecké pohraničí [Das neu besiedelte Grenzland]. In: *Uherek*, Zdeněk (Hg.): Kultura–společnost–tradice. Soubor statí z etnologie, folkloristiky a sociokulturní antropologie [Kultur–Gesellschaft–Tradition. Eine Zusammenstellung von Beiträgen aus der Ethnologie, der Folkloristik und der soziokulturellen Anthropologie]. Bd. 2. Praha 2006, 53-108.

117 NA Praha. Bestand: Státní úřad pro věci církevní. K.: 7. Sign.: 65. Berichte über die Fronleichnamsprozessionen in der Tschechoslowakei in den fünfziger Jahren. — Rudolf Urban erwähnt die Bedeutung von Wallfahrten für im Lande verbliebene Deutsche während der fünfziger Jahre. *Urban*, Rudolf: Die sudetendeutschen Gebiete nach 1945. Frankfurt a. M.–Berlin 1964, 401.

KIRCHEN UND RELIGION IN DER SYSTEMTRANSFORMATION

Martin Teplý

RELIGIONSFREIHEIT IN DER „DRITTEN REPUBLIK“[1]

Die Auseinandersetzung zwischen Politik und Religion gehört zweifellos zu den Grundkonstanten der westlichen Zivilisation. Die Spannungen zwischen den zwei Entitäten, die Verflechtung ihrer Wirkungssphären wie auch die oft geradezu verzweifelte Suche nach einem Modus der Koexistenz begleiten die europäische Kulturgeschichte seit ihren Anfängen.[2] Bestrebungen, Religion von Politik radikal zu trennen, stehen Tendenzen gegenüber, aus den zwei Sphären eine unteilbare Einheit zu bilden.

Das Verhältnis von Politik und Religion oder – im engeren Sinn – von Staat und Kirchen ändert sich häufig während revolutionärer Ereignisse, also in Zeiten, in denen es zu einem Bruch mit der politisch-sozialen Ordnung kommt.[3] Kirchen können „Opfer“ von Revolutionen[4] oder ihrer Bewegkräfte[5] werden und auch Gewinner – häufig freilich nur auf Zeit.[6]

---

1 Diese Arbeit konzentriert sich, wo nicht anders erwähnt, auf das Gebiet der heutigen Tschechischen Republik und stützt sich auf in der Tschechischen Republik zugängliche Archivquellen.

2 Vergleiche ausführlich *Zippelius*, Reinhold: Staat und Kirche. Eine Geschichte von der Antike bis zur Gegenwart. München 1997 (Beck'sche Reihe 1209). — Siehe auch *Hesse*, Konrad/*Kalinna*, Hermann E. J.: Kirche und Staat. In: Evangelisches Staatslexikon, Bd. 1: A-M. 3. Aufl. Stuttgart 1987, 1546-1586. — *Huber*, Wolfgang: Staat und Kirche. In: Evangelisches Kirchenlexikon, Bd. 4: S-Z. 3. Aufl. Göttingen 1996, 449-461.

3 Vergleiche *Pollack*, Detlef: Funktionen von Religion und Kirche in den politischen Umbrüchen des 20. Jahrhunderts. Untersucht anhand der politischen Zäsuren von 1945 und 1989 in Deutschland. In: Kirchliche Zeitgeschichte 12/1 (1999) 64-94.

4 Ein klassisches Beispiel ist die katholische Kirche in Frankreich, die im Zuge der revolutionären Ereignisse nach 1789 ihre gesellschaftliche Rolle weitgehend einbüßte, ganz zu schweigen von der revolutionären „jakobinischen Kirchenpolitik“, welche zahlreiche Hinrichtungen und die Emigration von Geistlichen zur Folge hatte. Vergleiche z.B. *Reichhard*, Rolf. E.: Französische Revolution. In: Theologische Realenzyklopädie, Bd. 11, Berlin–New York 1983, 401-417. — *Maier*, Hans: Revolution und Kirche: Studien zur Frühgeschichte der christlichen Demokratie (1789-1901). 2. Aufl. Freiburg i. Br. 1965, 125-141.

5 Im deutschen Kontext wird die Wende von 1989/1990 bisweilen als „protestantische Revolution“ bezeichnet, was die gewichtige Rolle von Teilen der evangelischen Kirche der DDR unterstreichen soll. Vergleiche *Neubert*, Ehrhart: Eine protestantische Revolution. Osnabrück 1990.

6 Das gilt beispielsweise für die römisch-katholische Kirche in der Tschechoslowakei und ihre Rolle in den demokratischen Transformationsprozessen nach dem November 1989.

Als „Mairevolution" wurden die Ereignisse am Ende des Zweiten Weltkrieges in der Tschechoslowakei bereits im Jahre 1945 bezeichnet.[7] In der Tat erfuhr das politische System vor allem durch das „Košický vládní program" (Kaschauer Regierungsprogramm) und die Bildung der „Národní fronta" (Nationale Front) einen tiefgreifenden Wandel.[8] Die Gesellschaft bewegte sich deutlich nach „links", und quer durch das politische Spektrum riefen Stimmen nach „einer gerechten Gesellschaftsordnung"[9] – nicht zuletzt auch Präsident Edvard Beneš. Jacques Rupnik hat festgehalten, dass

> mit der Annahme des Kaschauer Programms alle politischen Parteien die Idee des Übergangs zum Sozialismus im Grundsatz akzeptierten. [...] [Die Parteien] unterschieden sich lediglich darin, welches Maß an Freiheit sie mit dem Sozialismus verbanden.[10]

Tiefe Einschnitte in die soziale und ethnische Struktur der Tschechoslowakei stellten auch die Ermordung der jüdischen Bevölkerung durch die Nationalsozialisten und die Vertreibung der Deutschen nach Kriegsende dar, begleitet von einem radikalen Nationalismus der tschechischen Bevölkerung. Die Außenpolitik orientierte sich hauptsächlich an der Sowjetunion. Bezüglich ihrer Dimension und Intensität können die Umbrüche in der Tschechoslowakei der Nachkriegsjahre durchaus mit der Wende von 1989 verglichen und zweifellos als revolutionär bezeichnet werden.[11] Man kann also davon ausgehen, dass sich die Akzentverschiebungen in der tschechoslowakischen Innen- und Außenpolitik auch in einer Veränderung des Verhältnisses von Staat und Kirchen (bzw. Religionsgemeinschaften)[12] äußerten und sich auf das Phänomen der Religionsfrei-

---

7 Dass die Ereignisse vom Mai 1945 schon als „Revolution" wahrgenommen wurden, belegt beispielsweise eine Zeitschrift mit dem Titel „Květnová revoluce: Obrazový památník hrdinství a slávy z velkých dnů lidového povstání" (Die Mairevolution: Ein Bilderdenkmal des Heldentums und Ruhms aus den großen Tagen des Volksaufstandes), herausgegeben im Mai 1945 von Vladimír Peroutka im Prager Melantrich-Verlag.

8 Einen ausgezeichneten Überblick über die Jahre 1945 bis 1948 in der Tschechoslowakei unter besonderer Berücksichtigung der Entwicklung der politischen Parteien bietet *Kocian,* Jiří: Vom Kaschauer Programm zum Prager Putsch: Die Entwicklung der politischen Parteien in der Tschechoslowakei in den Jahren 1944-1948. In: *Creuzberger,* Stefan/ *Görtemaker,* Manfred (Hgg.): Gleichschaltung unter Stalin? Die Entwicklung der Parteien im östlichen Europa 1944-1949. Paderborn 2002, 301-317.

9 *Kaplan,* Karel: Der kurze Marsch: Kommunistische Machtübernahme in der Tschechoslowakei 1945-1948. München 1981, hier 16 (VCC 33).

10 *Rupnik,* Jacques: Dějiny komunistické strany Československa: Od počátků do převzetí moci [Die Geschichte der Kommunistischen Partei der Tschechoslowakei. Von den Anfängen bis zur Machtübernahme]. Praha 2003, 192.

11 Einen Vergleich beider „Wenden", der von 1948 und jener von 1989, stellt der Soziologe Jiří Kabele an und kommt u.a. zu dem Schluss, dass „über das Schicksal der Tschechoslowakei [...] schon vor 1948 entschieden wurde", d.h. in der unmittelbaren Nachkriegszeit. In: *Kabele,* Jiří: Z kapitalismu do socialismu a zpět. Teoretické vyšetřování přerodů Československa a České republiky [Vom Kapitalismus zum Sozialismus und zurück. Theoretische Untersuchung der Umgestaltung der Tschechoslowakei und der Tschechischen Republik]. Praha 2005, hier 537.

12 Spreche ich im vorliegenden Text im Allgemeinen von Kirchen, meine ich damit nicht lediglich die drei größten Kirchen der Tschechoslowakei, also die römisch-katholische

heit auswirkten, das mit der „Kräfteverteilung" zwischen Staat und Kirchen unmittelbar zusammenhängt, aber nicht deckungsgleich ist.[13]

Das Phänomen der Religionsfreiheit ist von einer bewegten historischen Entwicklung geprägt und hängt unmittelbar mit der Geschichte der Menschenrechte[14] zusammen. Ich gehe von der Annahme aus, dass sich die Qualität von Menschenrechten, und damit auch von Religionsfreiheit, bestimmen und messen lässt. Dazu müssen jedoch nicht nur zahlreiche Faktoren, die direkten oder indirekten Einfluss haben, berücksichtigt werden, sondern auch der Begriff selbst ist vorab normativ festzulegen.[15]

Überzeugend scheint Ernst-Wolfgang Böckenfördes Definition, wonach

> Religionsfreiheit [...] das Recht [beinhaltet], einen religiösen Glauben zu haben oder nicht zu haben (Glaubensfreiheit), diesen Glauben privat oder öffentlich zu bekennen und für ihn einzutreten oder dieses nicht zu tun (Bekenntnisfreiheit), die Religion öffentlich auszuüben oder auch nicht (Kultusfreiheit) und sich zu Religionsgemeinschaften zusammenzuschließen (religiöse Vereinigungsfreiheit).[16]

Daraus folgt, dass sich Religionsfreiheit sowohl auf Einzelpersonen wie auch auf Institutionen bezieht.[17]

Es stellt sich die Frage, ob und wie Religionsfreiheit im Rechtssystem der „Dritten Republik" verankert war, und in welchem Maß der institutionelle Garant der Religionsfreiheit, also der Staat, die geltenden Verfassungs-

Kirche, die Tschechoslowakische Kirche und die Evangelische Kirche der Böhmischen Brüder, sondern auch kleinere Kirchen und Religionsgemeinschaften.

13 „Die Gesamtheit des Verhältnisses von Staat und Kirche ist mit diesem einen Begriff [der Religionsfreiheit] aber nicht umrissen. [...] Die Religionsfreiheit, ein wesentlicher Bestandteil, wurde in Jahrhunderten entwickelt." *Von Campenhausen,* Axel Freiherr: Staatskirchenrecht. In: Theologische Realenzyklopädie, Bd. 32. Berlin–New York 2001, 73-83, 76.

14 Zur Religionsfreiheit und zum Verhältnis von Staat und Kirche im Allgemeinen vergleiche *Böckenförde,* Ernst-Wolfgang: Bekenntnisfreiheit in einer pluralen Gesellschaft und die Neutralitätspflicht des Staates. In: Una Sancta 3 (2005) 235-249. — *Hrdina,* Antonín Ignác: Náboženská svoboda v právu České republiky [Religionsfreiheit im Recht der Tschechischen Republik]. Praha 2004. — *Leicht,* Robert: In Wahrheit frei. Der liberale Verfassungsstaat und die Religionen. In: Zeitschrift für Theologie und Kirche 101 (2004) 86-97. — *Link,* Christoph: Aufgaben und Stellung der Kirche im freiheitlichen Verfassungsstaat und in der pluralistischen Gesellschaft. In: *Rees,* Wilhelm (Hg.): Recht in Kirche und Staat. Joseph Listl zum 75. Geburtstag. Berlin 2004, 705-714. — *Listl,* Joseph: Von Kirche und Staat. In: *Ders./Pirson,* Dietrich (Hgg.): Handbuch des Staatskirchenrechts der Bundesrepublik Deutschland. 2. Aufl. Berlin 1999, 1251-1263. — *Pahud de Mortanges,* René: Religionsfreiheit. In: Theologische Realenzyklopädie, Bd. 28. Berlin–New York 1997, 565-574. — *Weber,* Hermann: Religionsfreiheit im nationalen und internationalen Verständnis. In: Zeitschrift für evangelisches Kirchenrecht 45 (2000) 109-156.

15 Deshalb beschränke ich mich auf einige Aspekte, die für die Qualitätsbestimmung der Religionsfreiheit relevant sind, wobei ich mir dem Risiko eines „Fehlschlusses vom Teil auf das Ganze" bewusst bin.

16 *Böckenförde:* Bekenntnisfreiheit 237 f.

17 Man kann also individuelle und institutionelle (korporative) Religionsfreiheit unterscheiden.

bestimmungen einhielt. Es geht also in erster Linie um die Frage nach dem Charakter der kirchenbezogenen Gesetzgebung und deren realen Umsetzung.[18]

Die Kirchen in der Nachkriegstschechoslowakei

Die Ausgangslage der Kirchen in der Tschechoslowakei war nach dem Zweiten Weltkrieg günstig. Sehen wir von dem spezifischen Fall des durch die Kollaborationsregierung des Msgr. Jozef Tiso diskreditierten Slowakischen Staates ab, waren die Kirchen im Wesentlichen unbelastet. Zu ihren Gunsten sprach die Teilnahme am Widerstand gegen das Protektoratsregime, eine konsequente Haltung in der Protektoratszeit, und, vor allem bei den nichtkatholischen Kirchen, ein klares Bekenntnis zur Idee des Tschechoslowakismus sowie eine äußerst aggressive antideutsche Rhetorik.

Raum für zumindest korrekte Beziehungen zur „Komunistická strana Československa" (Kommunistische Partei der Tschechoslowakei, KSČ), die sich in entscheidendem Maß am Kaschauer Programm beteiligt hatte und deren führende Rolle bei den Wahlen 1946 bestätigt wurde, bot nicht nur der gemeinsame Kampf gegen das nationalsozialistische Deutschland im Protektorat. Die KSČ pflegte schon seit Mitte der dreißiger Jahre eine relativ konziliante Kirchenpolitik – nach dem Prinzip einer einheitlichen, gegen Faschismus und Nationalsozialismus gerichteten „Volksfront", zu der auch die Kirchen gehören sollten. Explizit formuliert wurde dieser Standpunkt auf dem VII. Kongress der Komintern im Jahre 1935 in Moskau.[19] Die Kommunisten hielten sich während des ganzen Krieges und auch kurz nach Kriegsende an diese Linie.[20] Stalin bekräftigte noch 1943, dass der Kampf gegen den Faschismus von „Patrioten der freiheitsliebenden Länder [...] unabhängig von [ihrer] Parteizugehörigkeit und religiösen Überzeugung"[21] geführt werden müsse. In ähnlichem Geist war auch das Kaschauer Programm gehalten.[22]

---

18 Diese Studie konzentriert sich vor allem auf den „institutionellen" Aspekt von Religionsfreiheit.

19 *Frank*, Pierre: Geschichte der Kommunistischen Internationale. Bd. 2. Frankfurt a. M. 1981, 616-625. — *Von Hehl*, Ulrich/*Tischner*, Wolfgang: Die katholische Kirche in der SBZ/DDR 1945-1989. In: Enquete-Kommission „Aufarbeitung von Geschichte und Folgen der SED-Diktatur in Deutschland: Kirchen in der SED-Diktatur. Bd. VI/2. Baden-Baden–Frankfurt a. M. 1995, 879 f.

20 Zur Kirchenpolitik der kommunistischen Parteien unter der Ägide der Sowjetunion während des Zweiten Weltkrieges vergleiche *Greschat*, Martin: Die evangelische Christenheit und die deutsche Geschichte nach 1945. Weichenstellung in der Nachkriegszeit. Stuttgart 2002, 40-46.

21 *Dimitroff*, Georgi: Tagebücher 1933-1943. Bd. 1. Berlin 2000, 701.

22 „Die neue Regierung soll eine Regierung der breiten Nationalen Front der Tschechen und Slowaken sein, und gebildet wird sie von Vertretern aller sozialer Gruppen und politischer Richtungen, die zu Hause und im Ausland den nationalen Befreiungskampf zum

Vom militanten kommunistischen Atheismus und Antiklerikalismus der Zwischenkriegszeit war insgesamt also nicht mehr viel zu spüren. Auch Präsident Beneš äußerte sich nach dem Zweiten Weltkrieg in Anwesenheit von Kirchenvertretern lobend über die Unersetzlichkeit der von den christlichen Kirchen vertretenen Werte[23] und warb für die Mitarbeit der Kirchen bei der Beseitigung „der wirtschaftlichen, sozialen und vor allem moralischen Folgen"[24] des Krieges. Beneš vertrat den Standpunkt, dass die unbedingte Garantie der Religionsfreiheit „für alle Kirchen gelten"[25] müsse. In diesem Sinn versuchte er auch die slowakischen Katholiken zu beruhigen, zumal die dortige Situation viel angespannter war als in der tschechischen Landeshälfte. Über die slowakischen Bischöfe ließ er ihnen ausrichten, was er bei einer Audienz in Anwesenheit von Erzbischof Josef Beran geäußert hatte:

> Und überzeugen Sie sie [die slowakischen Katholiken, M.T.] in Ihrer ganzen Tätigkeit, dass sie in unserem Staat bezüglich Glauben und Religion nichts zu befürchten haben, dass unser Staat die wirkliche Freiheit des Glaubens und der Religion respektiert und immer respektieren wird, und dass er weder das Interesse noch die Absicht hat, Kulturkämpfe hervorzurufen oder zu unterstützen. Unser Staat, unsere Nation ist schon weit über dieses Entwicklungsstadium hinaus.[26]

Die Frequenz der Treffen von Kirchen- und Staatsvertretern war im Jahr 1945 ziemlich hoch. Nach der unerwarteten Ernennung Josef Berans zum Prager Erzbischof beglückwünschte ihn am 2. Dezember 1946 Ministerpräsident Klement Gottwald persönlich in Anwesenheit hochrangiger Vertreter der tschechoslowakischen Regierung.[27] Ähnlich verlief auch die Inauguration des griechisch-katholischen Bischofs Petr Pavel Gojdič zwei Tage später.[28]

Sturz der deutschen und ungarischen Tyrannei geführt haben." In: Košický program [Kaschauer Programm]. In: Program prvé domácí vlády republiky, vlády Národní fronty Čechů a Slováků. Sbírka dokumentů [Programm der ersten heimischen Regierung der Republik, der Regierung der Nationalen Front der Tschechen und Slowaken. Eine Dokumentensammlung]. Herausgegeben vom *Ministerstvo informací* [Informationsministerium]. Praha 1945, 9-29, hier 9.

23 So schrieb Edvard Beneš in einem Brief an den Patriarchen der Tschechoslowakischen Kirche František Kovář am 19. Juni 1948: „Christliche Liebe und Duldsamkeit [...] haben über Jahrtausende hinweg unersetzliche Werte geschaffen". In: Ústřední archiv Církve česko-slovenské husitské [Zentralarchiv der Tschechoslowakischen hussitischen Kirche], Fr. Kovář, unbearbeiteter Teil.

24 Zpráva Československé tiskové kanceláře (ČTK): Předsednictvo sněmu u presidenta republiky [Nachricht der Tschechoslowakischen Presseagentur (ČTK): Das Präsidium der Kirchensynode beim Präsidenten der Republik]. In: Český zápas [Tschechischer Kampf] Nr. 2-3 vom 17.1.1946, 9.

25 *Ebenda.*

26 Svobodné Československo [Freie Tschechoslowakei] vom 15. Juni 1946. In: Národní archiv [Nationalarchiv, künftig NA], Ministerstvo zahraničních věcí [Außenministerium, künftig MZV], Výstřižkový archiv [Zeitungsausschnittarchiv, künftig VA], II, Karton 291.

27 Im Zusammenhang mit der Wahl des Erzbischofs und der Frage der Meinungsvielfalt ist zu erwähnen, dass die Regierung die Kandidatur des Königgrätzer Bischofs Mořic Pícha nicht nur aus gesundheitlichen Gründen ablehnte, sondern auch wegen dessen Hirten-

Vergleichen wir diese Ereignisse mit jenen in anderen Staaten Mitteleuropas, so zeigen sich auffällige Parallelen im Verhalten kommunistischer Politiker gegenüber den Kirchen. Der Stalinist Bolesław Bierut, damals Vorsitzender des „Tymczasowy Rząd Rzeczypospolitej Polskiej“ (Provisorische Regierung der Republik Polen) war ein regelmäßiger Besucher kirchlicher Festanlässe.[29] Ähnlich wurden auch den Kirchen in der sowjetischen Besatzungszone in Deutschland bis 1948 große Freiheiten eingeräumt. Sie konnten sogar die Entnazifizierung in ihren eigenen Reihen selbst durchführen, was eine sehr positive Einstellung der Kirchen gegenüber der „Sowjetischen Militäradministration“ (SMAD) bewirkte.[30]

Die Haltung der Kirchen in der Tschechoslowakei zur politischen Linie der Nationalen Front und zum Kaschauer Programm war grundsätzlich positiv. Aus der Sicht der Kirchen standen die Sozialreformen im Einklang mit den Grundsätzen christlicher Moral und dem christlichen Gerechtigkeitsverständnis. Anders war jedoch die Einschätzung des Sozialismus und Kommunismus als Denkrichtung. Die katholische Kirche setzte auf die christliche Soziallehre und stand immer noch unter dem Einfluss der Enzyklika „Divini redemptoris“ von 1937, in der Papst Pius XI. mit scharfen Worten vor dem „bolschewikischen und atheistischen Kommunismus“ warnte, „der die Welt furchtbar bedroht und darauf ausgeht, die soziale Ordnung umzustürzen, und die Fundamente der christlichen Kultur zu untergraben.“[31] Zwar seien, in den Worten eines Hirtenbriefes von 1945, „soziale Reformen erforderlich“, dabei müsse aber „auf Gerechtigkeit geachtet“ werden und „das Recht auf privaten Besitz“ unverletzt bleiben.[32] Die evangelische Kirche vertrat eine radikalere Position. Als eine Tatsache bezeichnete die evangelische „Křesťanská revue“ (Christliche Revue) die neue soziale Realität, in der sich „die sozialistische Weltanschauung durchsetzt, die dem Individualismus Kollektivismus, dem Einzelnen Staat und Gesellschaft, der Romantik und dem Subjektivismus Objektivismus und Realismus entgegensetzt“[33]. Die orthodoxe Kirche in der

---

brief vom 25. Mai 1946, „der klar antisowjetisch war“. Zitiert nach: Hlášení: „Obsazení arcibiskupského křesla v Praze“ [Meldung: „Besetzung des Erzbischofssitzes von Prag“] vom 26. Juli 1946. In: NA, Ústřední výbor Komunistické strany Československa [Zentralkomitee der Kommunistischen Partei der Tschechoslowakei] (ÚV KSČ) 100/36, sign. 520 (unbearbeiteter Teil).

28 Vergleiche die Übersicht über die Agenda vom 17. bis 30. November 1946. In: Archiv Národního muzea [Archiv des Nationalmuseums, künftig ANM], Eduard Jelen, Schachtel 13, Akte 34, Nr. 367.

29 *Zieliński*, Zygmunt: Kościół w Polsce 1944-2002 [Kirche in Polen 1944-2002]. Radom 2003, 58.

30 *Goerner/Kubina:* Die Phasen der Kirchenpolitik der SED 627.

31 Pius XI.: Divini redemptoris vom 13.3.1937. In: http://kirchenlehre.com/ kommun.htm. (Zugriff am 1.11.2006).

32 Hirtenbrief vom 14.11.1945. In: Arcidicéze pražská: Pastýřské listy 1945-2000. [Erzbistum Prag: Hirtenbriefe 1945-2000]. Bearbeitet von Aleš *Opatrný* u.a. Kostelní Vydří 2003, 15 — Vgl. auch den Text des Hirtenbriefes in deutscher Übersetzung im Dokumentenanhang.

33 *Škarvan*, František: Nové sociální skutečnosti a ústava [Neue soziale Wirklichkeiten und die Verfassung]. In: Křesťanská revue [Christliche Revue] Nr. 5 vom 15.5.1947, 134.

Tschechoslowakei stand dem in nichts nach, zumal Erzbischof Jelevferij Innenminister Václav Nosek 1947 versicherte, seine Kirche fordere „ihre Gläubigen unermüdlich zur ordentlichen Erfüllung ihrer Bürgerpflichten, insbesondere zur Aufwendung sämtlicher Kräfte für die Erfüllung des Zweijahresplans der Republik auf"[34]. Ihren größten Fürsprecher hatte die Regierungspolitik jedoch in der Tschechoslowakischen Kirche. Deren Publikationsorgan „Český zápas" (Tschechischer Kampf) und vor allem die Prager Diözese mit ihrem Vorsteher Miroslav Novák unterstützten vorbehaltlos die Regierungsposition sowohl in der Frage der Vertreibung der Deutschen wie auch bezüglich Sozialreformen und der Einführung eines staatlichen Einheitsschulsystems. Es gab hier in der Tat ein reichhaltiges Repertoire an Unterstützung für den Sozialismus. Václav Vyšohlíd, Redakteur des Český zápas, war der Ansicht, dass „wir schon vor langer Zeit, als die übrigen Nationen Europas und der Welt noch schliefen, mit den Hussiten in den Begriffen der sozialen Revolution dachten."[35] Laut dem Chefredakteur der Zeitschrift, Václav Lorenc, war es notwendig, eine sozialistische Gesellschaftsordnung zu schaffen, „damit das Leben überhaupt lebenswert wird", und „sich im Kampf gegen die Feinde [dieser Gesellschaftsordnung, M.T.] zu vereinen"[36].

Zwischen dem Staat und den Kirchen bestand in den ersten Jahren nach dem Zweiten Weltkrieg so etwas wie ein gemeinsamer Nenner, was die Affinität zum Sozialismus und zur Wirtschaftspolitik der Regierung anging. Die Begeisterung für den „Wiederaufbau der Republik" im Geist des Kaschauer Programms und mit Hilfe eines zweijährigen Wirtschaftsplans war auch in jenen Bevölkerungsteilen verbreitet, die sich als christlich bezeichneten, einschließlich der Geistlichen der christlichen Kirchen.[37] Dieser prinzipielle Konsens bildete eine Gesprächsgrundlage, erleichterte die Zusammenarbeit wesentlich und verhinderte anfänglich größere Konflikte.

---

34 Brief des Prager und tschechischen Erzbischofs Jelevferij an Innenminister Václav Nosek vom 14.8.1947. In: NA, Ministerstvo vnitra [Innenministerium], Nosek-Archiv, Schachtel 25, Ordnungsnr. 1624/47.

35 *Vyšohlíd,* Václav: Český zápas [Der tschechische Kampf]. In: Český zápas Nr. 4 vom 5.7.1945, 1.

36 *Lorenc,* Václav: Naše místo není u brzdy [Unser Platz ist nicht an der Bremse]. In: Český zápas Nr. 20 vom 15.5.1946, 105.

37 Die Zustimmung zum Zweijahresplan praktisch aller in der Tschechoslowakei wirkenden Kirchen belegt eine Dokumentation des Innenministeriums. Als im Oktober 1946 vier christliche Kirchen die Gelegenheit erhielten, sich im Rundfunk für den Zweijahresplan auszusprechen, erhoben neun weitere Kirchen Protest dagegen, dass ihre Meinung übergangen werde, woraufhin auch ihnen Sendezeit im Rundfunk eingeräumt wurde, um sich zum Zweijahresplan zu äußern. Vergleiche Rozhlasový projev církevních hodnostářů, 15. ledna 1947. [Rundfunkansprache kirchlicher Würdenträger, 15. Januar 1947]. In: NA, Ministerstvo informací [Informationsministerium, künftig MI], Schachtel 46, Archiveinheit 86.

Verfassungs- und Staatskirchenrecht

Auf der Ebene des Verfassungs- und Staatskirchenrechts knüpfte der Staat an die Gesetzgebung der Vorkriegstschechoslowakei an. Die geltende Verfassung garantierte Gewissens- und Religionsfreiheit, Forschungs- und Meinungsfreiheit. Private wie öffentliche Ausübung der Religion waren erlaubt, und die Gleichheit der Religionen vor dem Gesetz garantiert. Aus der Ersten Republik wurden nicht nur diese Verfassungsgrundsätze, sondern auch weitere, bereits 1918 aus dem österreichischen bzw. ungarischen Recht rezipierte Religionsgesetze übernommen. So blieben auch die Bedingungen für die Gründung und Registrierung von Religionsgemeinschaften unverändert. Auf die Anfrage der chinesischen Botschaft in Prag nach den Bedingungen zur Registrierung von Religionsgemeinschaften antwortete das „Ministerstvo školství a národní osvěty“ (Ministerium für Schulwesen und Volksbildung), welchem die kirchliche Agenda oblag, wie folgt:

> Für die Länder der böhmischen Krone gilt in dieser Hinsicht weiterhin das Gesetz vom 20. April 1874, Nr. 68 RGBI, für die Slowakei das Gesetz Nr. 43/1875. Diese Vorschriften verlangen, dass die Glaubenslehre der neuen Religionsgemeinschaft, ihre Gottesdienste, ihre Organisation und ihr Name nichts enthalten, was gegen das Gesetz oder die gute Sitte verstößt. Im Weiteren müssen die Gründer der neuen Religionsgemeinschaft nachweisen, dass sie imstande sind, mindestens eine Gemeinde zu gründen und diese in Zukunft ordnungsgemäß zu unterhalten. Zur Gründung einzelner religiöser Gemeinden ist die Erlaubnis der staatlichen Kultusverwaltung vonnöten. Der Geistliche einer solchen religiösen Gemeinde muss tschechoslowakischer Bürger sein.[38]

Zahlreiche Kirchen und Religionsgemeinschaften, beispielsweise die Evangelische Kirche Augsburger Bekenntnisses in der Slowakei, kehrten zu ihren Vorkriegsstatuten zurück, die vom Okkupationsregime aufgehoben oder geändert worden waren, und der Staat hinderte sie nicht daran. Auch wurde den staatlich anerkannten Kirchen das Recht belassen, an Stelle des Staates einige so genannte Aufgaben öffentlich-rechtlichen Charakters wie das Führen von Personenstandsregistern und die Entgegennahme des Ehekonsenses zu erfüllen, wobei kirchliche Eheschließungen den staatlichen vollkommen gleichgestellt waren. Die Finanzierung der Kirchen erfolgte in gemischtem Modus, also teils durch Erträge aus kirchlichem Besitz und Abgaben für kirchliche Verrichtungen, teils aus staatlichen Mitteln; letzteres betraf insbesondere die Entlohnung der Geistlichen. Zusammen mit anderen Staatsangestellten wurde ihnen durch

[38] Návrh odpovědi na dotaz čínského velvyslanectví týkající se registrace náboženských společností v Československu. Ministerstvo školství a národní osvěty Ministerstvu zahraničí, 5. srpna 1947 [Entwurf einer Antwort auf die Anfrage der chinesischen Botschaft betreffend der Registrierung von Religionsgemeinschaften in der Tschechoslowakei. Das Ministerium für Schulwesen und Volksaufklärung an das Außenministerium, 5. August 1947]. In: NA, Ministerstvo školství a národní osvěty [Ministerium für Schulwesen und Volksbildung, künftig MŠNO], Karton 208, Akte 47 I a1.

ein präsidiales Dekret[39] von 1945 das Gehalt erhöht; die Gültigkeit dieses Dekrets wurde durch das Gesetz Nr. 167 von 1946 auf die Slowakei ausgedehnt.[40]

Sehen wir von den Bodenreformen ab, für die sich vor allem der kommunistische Landwirtschaftsminister Julius Ďuriš mit allen Kräften einsetzte, und die praktisch den größten Konfliktpunkt zwischen der katholischen Kirche und dem Staat in den ersten drei Jahren nach Kriegsende darstellten, so zeigt sich, dass die liberale Gesetzgebung aus der Ersten Republik erhalten blieb. Die in der Verfassung verankerten Freiheiten wie auch die entsprechende Gesetzgebung standen in keinerlei Gegensatz zu rechtsstaatlichen Normen.

Es gab jedoch Bemühungen um eine radikale Änderung dieses Zustands. Im Český zápas forderte Chefredakteur Lorenc am 7. Februar 1946 dazu auf, „das neue Verhältnis von Kirche und Staat auch gesetzgeberisch völlig neu zu regeln, indem man sich – anders als in der Ersten Republik – von der Legislative der klerikalen österreichisch-ungarischen Monarchie löst"[41]. Wesentlich schwerwiegender war indes eine Erklärung des Ministers für Schulwesen und Volksbildung, Zdeněk Nejedlý, im Kulturausschuss dem „Prozatímní národní shromáždění" (Provisorische Nationalversammlung) vom 21. Januar 1946. Die Realisierung dieser Pläne wäre praktisch das Ende kirchlicher Unabhängigkeit gewesen; die Kirchen wären zu Vasallen des Staates und zu einem Teil von dessen Apparat geworden. Nejedlý sagte:

39 Dekret presidenta republiky 116/1945 o změně zákona ze dne 25. června 1926, č. 122 Sb. a vládního nařízení ze dne 17. července 1928, č. 24 Sb., o úpravě platů duchovenstva církví a náboženských společností státem uznaných případně recipovaných, a o platovém přídavku k nejnižšímu ročnímu příjmu duchovenstva [Dekret des Präsidenten der Republik 116/1945 über die Änderung des Gesetzes vom 25. Juni 1926, Nr. 122 Slg. und der Anordnung der Regierung vom 17. Juli 1928, Nr. 24 Slg., über Gehaltsanpassungen für Geistliche der vom Staat anerkannten oder rezipierten Kirchen und Religionsgemeinschaften und über eine Gehaltszulage zum niedrigsten Jahresgehalt der Geistlichen].

40 Zákon ze dne 18. júla 1946, ktorým sa rozširuje na územie Slovenska platnosť dekrétu prezidenta republiky zo dňa 27. októbra 1945, č. 116 Sb., o zmene zákona zo dňa 25. júna 1926, č. 122 Sb. a vládneho nariadenia zo dňa 17. júla 1928, č. 124 Sb., o úprave platov duchovenstva církví a náboženských spoločností štátom uznaných prípadne recipovaných, a o platovom prídavku k najnižšiemu ročnému príjmu duchovenstva [Gesetz vom 18. Juli 1946 über die Ausdehnung des Geltungsbereiches des Dekrets des Präsidenten der Republik vom 27. Oktober 1945, Nr. 116 Slg., über die Änderung des Gesetzes vom 17. Juli 1928, Nr. 124 Slg., und der Anordnung der Regierung vom 17. Juli 1928, Nr. 24 Slg., über Gehaltsanpassungen für Geistliche der vom Staat anerkannten oder rezipierten Kirchen und Religionsgemeinschaften und über eine Gehaltszulage zum niedrigsten Jahresgehalt der Geistlichen].

41 *Lorenc*, Václav: Církev v lidově demokratickém státě [Die Kirche im volksdemokratischen Staat]. In: Český zápas Nr. 5 vom 7.2.1946, 23.

Vor allem muss ich sagen, dass ich heute die Trennung von Staat und Kirche nicht befürworte. [...] Betrachten wir unsere Republik als einen National- und Volksstaat, so müssen wir zu dem Schluss kommen, dass alle auf die eine oder andere Weise zu dieser Organisation gehören sollten.[42]

Nejedlýs Aussage verweist auf eine in der Dritten Republik latent vorhandene Denkrichtung, die darauf abzielte, von Seiten des Staates die Unabhängigkeit der Kirchen zu negieren und sich bis zu einem gewissen Grad deren Funktionen anzueignen. Die Dualität von Staat und Kirche würde durch einen Staat ersetzt, der als homogene Einheit alle Elemente des gesellschaftlichen Lebens einschlösse. Dieses Konzept eines „allumfassenden" Staates steht allerdings in eklatantem Widerspruch zum traditionellen kirchlichen Selbstverständnis, das nicht von der Einheit von Kirche und Staat ausgeht.

Religionsfreiheit unter dem Gesichtspunkt der auswärtigen Beziehungen

Im Bereich der Außenpolitik war die Entwicklung der Beziehungen zum Vatikan entscheidend. Die vatikanischen Stellen waren auf Grund der ungleich dramatischeren Entwicklung in Polen und Ungarn und von Informationen über die Situation der Kirchen in der Sowjetunion berechtigterweise in Sorge darüber, wie sich kirchliche Angelegenheiten und Religionsfreiheit in der Tschechoslowakei entwickeln würden. Von Zeit zu Zeit erschienen in der italienischen und vatikanischen Presse Meldungen über den wachsenden Einfluss der Sowjetunion, was die tschechoslowakische Diplomatie und auch der katholische Klerus energisch zu widerlegen suchten.[43] Argwöhnisch äußerte sich selbst Internuntius Saverio Ritter, welcher der Ansicht war, dass „unsere Entscheidungen [in kirchlichen Angelegenheiten, M.T.] von einer fremden Großmacht beeinflusst werden."[44] Als Antwort darauf verwies man auf die bestehenden diplomatischen Beziehungen mit dem Vatikan, welche die Tschechoslowakei, anders als Polen oder Ungarn, nach dem Krieg relativ schnell aufgenommen hatte, was als Beweis für das problemlose Funktionieren der Beziehungen von Staat und Kirche angeführt wurde.[45] Auch Erzbischof Beran be-

42 Die Rede des Schulministers und das Verhältnis von Staat und Kirche. In: ANM, Eduard Jelen, Schachtel 9, Akte 25.

43 Meldung von Jaromír Machula vom 15. Februar 1946. In: Archiv Ministerstva zahraničních věcí [Archiv des Außenministeriums, künftig AMZV], GS Žourek 1945-1954, Církevní věci 2.

44 Záznam o rozhovoru přednosty oddělení II/7 Dr. Pospíšila s internunciem Msgrem. X. Ritterem z 12. července 1946 [Aufzeichnungen über das Gespräch des Vorstehers der Abteilung II/7, Dr. Pospíšil, mit dem Internuntius Msgr. X. Ritter vom 12. Juli 1946]. In: *Ebenda.*

45 So z.B. Dr. Pospíšil, Vorsteher der Abteilung II/7, bei seinem Gespräch mit dem Internuntius Msgr. X. Ritter vom 12. Juli 1946, der den Einfluss „einer fremden Großmacht" ausschloss, mit der Aufnahme von diplomatischen Beziehungen mit dem Vatikan argu-

mühte sich stets, die besorgten vatikanischen Kreise zu beschwichtigen und beruhigte bei Audienzen in Rom den Papst persönlich, der seine Zweifel an der politischen Entwicklung in der Tschechoslowakei bereits in der Befürchtung geäußert hatte, „dass mit der Zeit ein atheistischer Kurs eingeschlagen wird, zu dem die tschechische Bevölkerung neigt“.[46] Beran zeigte sich dagegen überzeugt, dass „alle Mitglieder der tschechoslowakischen Regierung, wie auch der Präsident selbst, entschlossen sind, der römisch-katholischen Kirche in der ČSR größtmögliche Freiheit und Unabhängigkeit zu gewähren“.[47] Angesichts der Skepsis des Vatikans plante Beran gar die Einrichtung „eines speziellen Informationsdienstes über die Verhältnisse der Kirche in der ČSR“, der die Zweifel des Vatikans systematisch ausräumen sollte.[48]

Symbolisch für das Verhältnis von Kirche und Staat in den Jahren 1945 bis 1948 ist die Frage der diplomatischen Vertretung. Als Vertreter des Vatikans amtierte zwar wieder Msgr. Saverio Ritter, der bereits vor dem Krieg Apostolischer Nuntius in der Tschechoslowakei gewesen war, wodurch man gegenüber dem Vatikan „guten Willen“ signalisierte und die Kontinuität der Tschechoslowakei unterstrich. Ritter wirkte jedoch in Prag nur im Rang eines Internuntius und war nicht mehr Doyen des diplomatischen Korps. Diese Vorrangstellung, die den Vertretern des Vatikans seit dem Wiener Kongress von 1815 eingeräumt wurde, fiel nach dem Krieg dem sowjetischen Botschafter Valerian A. Zorin zu. In der italienischen Presse wurde dies als „Episode im Krieg, den Moskau gegen die katholische Kirche entfesselt“[49], bezeichnet.

Die Tatsache, dass die Sowjetunion Einfluss auf die kirchlichen Verhältnisse in der Tschechoslowakei nahm, zeigte sich auch im praktisch eigenmächtigen Entschluss der tschechoslowakischen orthodoxen Kirche, sich aus dem Zuständigkeitsbereich der autokephalen serbisch-orthodoxen Kirche zu lösen, und in jenen der russischen Kirche zu wechseln. Der Protest der serbisch-ortho-

---

mentierte und alle Unstimmigkeiten mit dem Kirchenstaat mit „der innenpolitischen Situation“ in der Tschechoslowakei zu erklären versuchte. In: *Ebenda.*

46 Zpráva o návštěvě pražského arcibiskupa Dra. Berana v Římě, 6. března 1947 [Meldung über den Besuch des Prager Erzbischofs Dr. Beran in Rom, 6. März 1947]. In: NA, ÚV KSČ 100/36, sign. 520.

47 *Ebenda.*

48 Der Vatikan schloss eine „allfällige Entwicklung zu einem neuen Totalitarismus“ in der Tschechoslowakei nicht aus und hielt sich deswegen in den Kontakten zum tschechoslowakischen politischen Katholizismus zurück, der „sich dieser Entwicklung nicht erfolgreich widersetzen“ könne. In: Vatikán – poměr k ČSR a naší hierarchii. [Der Vati-kan – sein Verhältnis zur ČSR und unserer Hierarchie] Meldung vom 15. Oktober 1947, NA, ÚV KSČ 100/36, sign. 520 (unbearbeiteter Teil). Zum von Beran angedachten Informationsdienst vergleiche Řím.kat.církev – zamýšlená inf. činnost pro cizinu [Röm.-kath. Kirche – geplante Inf.-Tätigkeit für das Ausland]. In: *Ebenda.*

49 *Adami,* Carlo: Precedenze [Prioritäten]. In: Il Quotidiano [Die Tageszeitung] vom 27.2.1946. Zitiert in: Československo, Rakousko a Rumunsko a diplomatické zastoupení Sv. Stolce [Die Tschechoslowakei, Österreich, Rumänien und die diplomatische Vertretung des Hl. Stuhls], undatiert. In: ANM, Eduard Jelen, Schachtel 3.

doxen Kirche blieb ohne Folgen; das Vorgehen der tschechoslowakischen orthodoxen Eparchie wurde zudem vom Außen- und vom Schulministerium unterstützt.[50]

Schulwesen, Kirche und Medien, Feiertage und Bodenreformen

Auf dramatische Weise gerieten Kirchen und Staat jedoch in vier Bereichen in Konflikt, die in gewissem Maß zur Belastungsprobe für die Religionsfreiheit und zum Lackmustest für die Absichten des tschechoslowakischen Staates gegenüber den Kirchen wurden. Es handelte sich um das Schulwesen, um Fragen der rechtlichen Regelung von Feier- und Sonntagen, um die Präsenz der Kirchen in staatlichen Medien sowie um die Problematik der Bodenreformen.

Insbesondere die Schulproblematik muss im Kontext ganz Mitteleuropas betrachtet werden, zumal sich an ihr das einheitliche Vorgehen jener Regierungen zeigt, deren Staaten in die Einflusssphäre der Sowjetunion gerieten. Vom späteren Präsidenten der DDR Wilhelm Pieck ist eine Notiz vom Juli 1945 erhalten, als er mit Walter Ulbricht noch in Moskau weilte und sich unter anderem über das Vorgehen im Schulwesen beraten ließ. Die fragmentarische Notiz lautet: „Kein Religionsunterricht in der Schule – Jugend nicht durch Popen verwässern lassen – Religionsunterricht nur außerhalb der Schule."[51] Exakt in diesem Geist waren die Bestrebungen im Schulbereich aller kommunistischen Parteien in den Ländern Ostmitteleuropas, welche zum sowjetischen Block gehörten.[52]

Die Versuche zur Durchsetzung einer einheitlichen Staatsschule für die gesamte Tschechoslowakei fallen schon in die Amtszeit Zdeněk Nejedlýs als Schulminister.[53] Auf Druck der Bischöfe blieb Nejedlýs Vorschlag zwar erfolglos, aber in veränderter Form erschien er auch unter der Ägide von Nejedlýs Nachfolger, dem nationalen Sozialisten Jaroslav Stránský, auf der Tagesordnung.[54] An diesem Vorschlag waren für die Kirchen vor allem zwei Punkte problematisch: zum einen das Staatsmonopol auf die Gründung von Schulen, zum anderen die Umwandlung des bisher obligatorischen Religionsunterrichts in ein Wahlfach. Auch wenn Beneš dem Papst über den Gesandten Artur Maixner ausrichten ließ, er würde „in der Tschechoslowakei einen Kulturkampf

---

[50] Záznam o návštěvě delegace české pravoslavné eparchie u oddělení II/7 z ledna 1946. [Aufzeichnung über den Besuch einer Delegation der tschechischen orthodoxen Eparchie bei der Abteilung II/7 im Januar 1946] In: AMZV, GS Žourek 1945-1954, Církevní věci 2.

[51] *Von Hehl/Tischner:* Die katholische Kirche 887.

[52] Das stützt die These, dass für das sowjetisch dominierte Ostmitteleuropa nach dem Zweiten Weltkrieg ein „Fahrplan" existierte, der Schritt für Schritt realisiert werden sollte.

[53] In der Slowakei war das Schulwesen bereits seit Mai 1945 verstaatlicht.

[54] Vergleiche *Janišová,* Milena/*Kaplan,* Karel (Hgg.):: Katolická církev a pozemková reforma 1945-1948. Dokumentace [Die katholische Kirche und die Bodenreform. Dokumentation]. Praha–Brno 1994, 7.

[im Original deutsch, A.d.Ü.] niemals tolerieren"[55], so erinnerten die Debatten in der Presse und der Inhalt von beispielsweise an die Parlamentsfraktionen gesandten Briefen sehr an einen solchen. Sie verdeutlichen die Konfliktlinien, die durch die tschechoslowakische Gesellschaft verliefen. Auf der einen Seite standen hauptsächlich der katholische Episkopat und die katholische Öffentlichkeit. Sie sahen im „Verlust des Schulwesens" im Wesentlichen einen Angriff auf die Grundlage der Kirche selbst und wehrten sich mit entsprechend scharfen Worten. So war die Rede von „der Erneuerung eines Zustandes wie zu Zeiten der Okkupation"[56], und man warf den Verfechtern eines staatlichen Einheitsschulwesens Methoden im Stile von Joseph Goebbels vor.[57] Es wurde die Frage gestellt, ob „die Verstaatlichung kirchlicher Schulen einen demokratischen oder aber einen totalitären bzw. faschistischen Akt"[58] darstelle; vielfach erinnerte man auch an die Garantie der Religionsfreiheit im Kaschauer Programm.[59]

Auf das Kaschauer Programm beriefen sich freilich auch die Befürworter der Einheitsschule: „Wir wollen eine Schule im Geist des Kaschauer Programms vom April 1945 und verlangen deshalb, dass bald Schulreformen angegangen werden, wobei an erster Stelle die einheitliche staatliche Schule stehen muss."[60] Das Hauptargument für das Einheitsschulwesen lag indes in der Behauptung, dass in der schwierigen Nachkriegssituation nur der Staat fähig sei, ein zeitgemäßes und qualitativ hochstehendes Bildungswesen zu organisieren. Der Staat sollte denn auch, zumindest laut dem Rektor der Karls-universität Bohumil Bydžovský, „die ideelle Einheitlichkeit des gesamten Bildungssystems" garantieren.[61]

Angesichts solcher Äußerungen hatte der Episkopat allen Grund zur Befürchtung, „im Geschichts- und Philosophieunterricht wie auch in anderen humanwissenschaftlichen Fächern" werde „ein ideologisches Monopol angestrebt"[62]. Auf Grund des Drucks von katholischen Kirchenvertretern und einer öffentlichen Kampagne gegen das Einheitsschulwesen konnte dieses erst nach dem Februarumsturz, im April 1948, realisiert werden.

---

55 Zápis se setkání vyslance Maixnera s prezidentem Benešem z 31. května 1947. [Protokoll über das Treffen des Gesandten Maixner mit Präsident Beneš vom 31. Mai 1947] In: ANM, Eduard Jelen, Schachtel 13, Akte 36, Blatt 512.

56 Osvobozený našinec [Der befreite Landsmann] vom 8.1.1948. In: *Ebenda* Blatt 554.

57 Kolumne „Který Josef?" [Welcher Josef?]. In: Katolík [Der Katholik] Nr. 19 vom 11.5.1947, 1.

58 Brief der Parlamentsfraktion der Kommunistischen Partei der Tschechoslowakei vom 12.2.1946, Unterschrift unleserlich. In: NA, Klub poslanců KSČ [Parlamentsfraktion der KSČ] 1945-1954 (1959), Schachtel 27, Blatt 25.

59 *Ebenda* Blatt 23.

60 *Ebenda* Blatt 7.

61 O naše školy [Um unsere Schulen]. In: Katolík vom 13.4.1947. Dies in: ANM, Eduard Jelen, Schachtel 13, Akte 36, Blatt 556.

62 *Babička,* Václav: Únor 1948 a katolická církev [Der Februar 1948 und die katholische Kirche]. In: Paginae historiae 7 (1999) 277-294, hier 280.

In dieser Auseinandersetzung zeigen sich mehrere wichtige Punkte: zunächst die Tatsache, dass Teile der tschechoslowakischen Bevölkerung an einen starken Staat glaubten, der möglichst alle Bereiche der Gesellschaft durchdringen sollte; sodann die Bestrebungen zu einer Atheisierung der tschechoslowakischen Gesellschaft und zur Durchsetzung eines Staatsmono-pols auf Weltanschauungen. Diese Bemühungen gingen von führenden Kreisen der KSČ aus und standen im Einklang mit den Taktiken, die beispielsweise in Polen oder in Ungarn angewandt wurden. Schließlich zeigt sich jedoch auch die Fähigkeit der Kirchen, durch Druck und Mobilisierung der Öffentlichkeit – also mit regulären demokratischen Mitteln – eine Änderung der Regierungs-politik zu erzielen.

Die Kirchen erhoben indes nicht nur im Schulwesen Anspruch auf Raum zur Selbstentfaltung; ein weiterer Bereich, in dem sie ihre Aktivitäten entwickeln wollten und Meinungsfreiheit einforderten, waren die Medien – in der Zeit kurz nach dem Zweiten Weltkrieg bedeutete das neben der Presse vor allem der Rundfunk. Die Kirchen forderten einen gewissen Umfang an Sendezeit im tschechoslowakischen Rundfunk für ihre eigenen Programme. Die Agenda des staatlichen Rundfunks fiel in den Kompetenzbereich des Informationsministeriums, welches vom Kommunisten Václav Kopecký geleitet wurde.[63]

Schon am 17. Dezember 1945 wurde entschieden, religiöse Ansprachen im Tschechoslowakischen Rundfunk nicht mehr zu senden.[64] Das Informationsministerium und die dortige kirchenpolitische Abteilung begründeten dies damit, dass die kirchlichen Programme sich zunehmend „auf konfessionelle Themen beschränken und es deshalb zu Kollisionen mit den konfessionellen Standpunkten anderer Kirchen als jener, die den jeweiligen Beitrag sendete, kam."[65] Diese Verfügung rief einen Sturm der Entrüstung vor allem bei der katholischen Kirche hervor, und zwar auf allen Ebenen, während zwei andere betroffene Kirchen, die Tschechoslowakische Kirche und die Evangelische Kirche der Böhmischen Brüder, gewillt waren, sich an die Forderungen des Informationsministeriums zu halten, die „die Beschränkung auf allgemeine christliche, respektive christlich-ethische Themen"[66] vorsah.

Sowohl Erzbischof Beran wie auch das Generalsekretariat der Katholiken und andere Gläubige wurden in dieser Sache aktiv. Ein Teil ihrer Argumentation bestand darin, das Sendeverbot als Verletzung der Religionsfreiheit durch den Staat anzuprangern. Während Beran die Pflichten des tschecho-

63 *Kaplan,* Karel/*Kosatík,* Pavel: Gottwaldovi muži [Gottwalds Männer]. Praha–Litomyšl 2004, 217-245, hier 226.

64 Brief des Informationsministeriums an die Direktion des Tschechoslowakischen Rundfunks vom 17.12.1945. In: NA, MI, Schachtel 46, Archiveinheit 86. Unterschrieben ist der Brief vom Schriftsteller Ivan Olbracht, der damals im Ministerium diese Agenda betreute.

65 Náboženské vysílání rozhlasu. Zpráva z 8. května 1945 [Religiöse Sendungen des Rundfunks. Nachricht vom 8.5.1945]. In: *Ebenda.*

66 Stellungnahme des Referenten für kirchenpolitische Informationen des Informationsministeriums, zu Händen des Außenministeriums, 23.5.1947. In: *Ebenda.*

slowakischen Rundfunks gegenüber „dem katholischen Volk und dem Zweijahresplan“[67] anmahnte, argumentierte das Generalsekretariat viel aggressiver, dass „die vorgeschlagene Einschränkung religiöser Sendungen eine Einschränkung des von unserer Verfassung bisher garantierten persönlichen Glaubensbekenntnisses“[68] darstelle. Diesen Vorwurf wies das Informationsministerium schon kurz nach dem Inkrafttreten der Bestimmung vehement zurück; von seiner Position wich es aber in keinerlei Hinsicht ab.[69]

Ein weiteres Konfliktfeld zwischen Staat und Kirchen stellten die kirchlichen Feiertage und die Problematik der Sonntagsruhe dar.[70] Es zeigte sich in vollem Ausmaß nach dem Inkrafttreten des so genannten Zweijahresplans, jenes Programms also, das der tschechoslowakischen Wirtschaft wieder auf die Beine helfen sollte. Die Idee des Zweijahresplans wurde quer durch das politische Spektrum gutgeheißen und stieß angesichts der im kollektiven Gedächtnis noch sehr präsenten Erinnerung an die Wirtschaftskrise der dreißiger Jahre sowie angesichts der allgegenwärtigen Kritik am Kapitalismus auch bei der Bevölkerung der Tschechoslowakei auf keinen größeren Widerstand. Die christlichen Kirchen äußerten sich zum Zweijahresplan positiv (so die Katholiken), gar euphorisch (so die Tschechoslowakische Kirche). Wie die „Svobodné noviny“ (Freiheitliche Zeitung) schrieb, artikulierte sich

> in den Reden der Vertreter der christlichen Kirchen vorbildliche Eintracht und eine positive Haltung. [...] Im Namen der katholischen Kirche sprach [...] der Abt des Klosters Strahov, Dr. Jarolímek. Er erinnerte daran, dass die Feiern zum 28. Oktober, die früher nur Gedenkcharakter hatten, in diesem Jahr vom Blick auf die Zukunft geprägt waren, von energischer Entschlossenheit zum Kampf um den Aufbau eines neuen und besseren Lebens. [...] Die tschechischen Katholiken wollen, dass der Zweijahresplan zum gemeinsamen Programm aller Tschechen und Slowaken wird.[71]

Ein Problem entstand freilich in dem Moment, als die Regierung verlangte, die Zahl der Sonn- und Feiertage zu senken, um mehr Werktage zur Verfügung zu

---

67 Brief von Erzbischof Josef Beran an das Informationsministerium vom 30.1.1947. In: *Ebenda.*

68 Dopis Generálního sekretariátu katolíků Ministerstvu informací ze dne 26.1.1946 [Brief vom Generalsekretariat der Katholiken an das Informationsministerium vom 26.1.1946]. In: *Ebenda.*

69 „Auch in der IV. Abteilung [des Informationsministeriums] und im Rundfunk geht es niemandem um einen Kampf gegen das Christentum und seine Traditionen, noch um einen Kampf gegen die Kirche.“ In: Dopis Ministerstva informací Alexandru Heidlerovi z 8. ledna 1946 [Brief des Informationsministeriums an Alexander Heidler vom 8. Januar 1946]. In: *Ebenda.*

70 Vergleiche *Demel,* Zdeněk: Neděle a totalita. Jak bylo v totalitním Československu omezováno svěcení neděle [Sonntag und totalitäres Regime. Wie in der totalitären Tschechoslowakei die Sonntagsruhe eingeschränkt wurde]. In: *Fiala,* Petr/*Hanuš,* Jiří (Hgg.): Katolická církev a totalitarismus v Českých zemích [Die katholische Kirche und der Totalitarismus in den böhmischen Ländern]. Brno 2001, 97-119.

71 Svobodné noviny [Freiheitliche Zeitung] vom 29.10.1946. In: NA, MZV VA II, Schachtel 291.

haben. Mit dem so genannten „Svátkový zákon" (Feiertagsgesetz) Nr. 248/46 wurden nur zehn der ursprünglichen 18 Feiertage genehmigt. Diese Reduktion genügte jedoch immer noch nicht, und schon 1947 verlangte die „Ústřední rada odborů" (Zentralrat der Gewerkschaften) die Bewilligung zur Arbeit an zwei weiteren Tagen. Die Zeitung „Lidová demokracie" (Volksdemokratie) berichtete von Fällen, in denen mit offener Repression gedroht wurde: „Der Betriebsratsvorsitzende Mráz in Choceň (Chotzen) verkündete sogar, es werde jeder entlassen, der an Fronleichnam nicht zur Arbeit erscheint."[72]

Es ist interessant zu verfolgen, wie die einzelnen Kirchen auf die Aufhebung von Sonn- und Feiertagen reagierten. Die Katholiken vertraten einen einheitlichen Standpunkt und sahen in der Nichtbeachtung der Sonntagsruhe „einen Akt der Erhebung gegen Gott".[73] In ähnlichem Sinn beklagte sich die Evangelische Kirche der Böhmischen Brüder in ihrem Organ „Kostnické jiskry" (Konstanzer Funken), dass „es bei uns keine wirkliche Religionsfreiheit gibt, denn jede Anweisung zur Sonntagsarbeit ist ein Verstoß dagegen".[74] Ganz anders reagierte hingegen die Tschechoslowakische Kirche. Die Zeitschrift Český zápas antwortete direkt auf die Kritik in den Kostnické jiskry:

> Es ist offenbar, dass der Verfasser die Bedeutung sonntäglicher Arbeitseinsätze nicht begriffen hat: Diese sollen keine systematische Verletzung der Sonntagsruhe sein, sie sind in der gegenwärtigen Zeit vielmehr ein Gebot der Notwendigkeit und die Bedingung für das Bestehen und Gedeihen unseres Staates. Pflicht der Kirche wäre es vielmehr, die Gläubigen zu dieser freiwilligen, uneigennützigen und aufopfernden Arbeit anzuhalten. [...] Als wir am Sonntag die ungeernteten Rübenfelder und die Schwärme der Freiwilligenkommandos sahen, da konnten wir alle im frostigen Herbstmorgen unter dem Himmelsgewölbe des erhabenen Doms der Natur spüren, dass diese freiwillige Schicht das schönste Gebet ist, das Gebet arbeitender Hände.[75]

Das schwerwiegendste und auch bekannteste Problem war die Bodenreform. Hier engagierte sich vor allem Minister Ďuriš von der KSČ, dessen Dreiphasenmodell sich schließlich im „Gesetz über die dauerhafte Anpassung des Grundbesitzes" vom März 1948 durchsetzte. Die Diskussion war heftig und spiegelte deutlich die Gespaltenheit der Regierung der Nationalen Front wider. Während Ďuriš versuchte, möglichst viele Kirchengüter als „Korporationen" zu bezeichnen, „deren Organisation absichtlich der deutschen Kriegsführung oder faschistischen bzw. nazistischen Zielen diente"[76], war der Standpunkt des Au-

---

[72] Lidová demokracie [Volksdemokratie] vom 5.6.1947. In: NA, MZV VA II, Schachtel 291.

[73] Českému národu [An das tschechische Volk]. In: Katolík Nr. 19 vom 28.9.1946. Zitiert in: *Vaško*, Václav: Neumlčená. Kronika katolické církve po druhé světové válce [Die nicht zum Schweigen gebrachte Kirche. Chronik der katholischen Kirche nach dem Zweiten Weltkrieg]. Teil 1. Praha 1990, 145.

[74] Kostnické jiskry [Konstanzer Funken] vom 24.10.1946. Zitiert in: Náboženská nesvoboda? [Religiöse Unfreiheit?] In: Český zápas Nr. 45 vom 7.11.1946, 250.

[75] *Ebenda.*

[76] Církevní majetek – aplikace dekretů prezidenta republiky č. 5, 12, 26 a 108/45 Sb. [Kirchlicher Besitz – die Anwendung der Präsidialdekrete Nr. 5, 12, 26, und 108/45 Slg.]. In: AMZV, GS Žourek 1945-54, Církevní věci [Kirchenangelegenheiten] 2.

ßen- und des Informationsministeriums differenzierter. Sie wiesen auf die Gefahr einer strukturellen Schwächung der ganzen Kirche im Zuge der Konfiszierung hin und auch auf die Gefahren für den Staat, dem die gesamte Finanzierung der Kirche obliegen würde. Das war indes genau das Ziel der KSČ: Die Kirche wirtschaftlich zu schwächen, um sie, auch um den Preis höherer Staatsausgaben, ökonomisch unter ihre Kontrolle zu bringen.

Kleinere Religionsgemeinschaften in der Dritten Republik

Bestandteil der religiösen Landschaft der Dritten Republik waren nicht nur die großen und traditionell etablierten Kirchen, sondern auch kleinere Religionsgemeinschaften. Diese waren keine direkten Akteure im öffentlichen politischen Leben der Republik; sämtliche Verfassungsgarantien hinsichtlich der Religionsfreiheit und die entsprechende Gesetzgebung bezogen sich aber auch auf sie. Als Fallbeispiel gehe ich kurz auf zwei religiöse Gruppierungen amerikanischer Herkunft ein: auf die Adventisten des Siebten Tages und die Internationale Bibelforscher-Gemeinschaft, die heutige Religionsgemeinschaft der Zeugen Jehovas.[77]

Die „Českomoravská jednota adventistů sedmého dne v Brně" (Böhmisch-mährische Gemeinschaft der Siebenten-Tags-Adventisten in Brünn) wurde von den Okkupationsorganen im August 1942 aufgelöst. Nach dem Krieg versuchten die Mitglieder, die Vereinstätigkeit unter leicht geändertem Namen wieder aufzunehmen. Sie hatten jedoch nicht sogleich Erfolg – am 8. Februar 1946 traf beim Rechtsvertreter der Kirche die Nachricht ein, dass die Meldung über die Wiederaufnahme der Vereinstätigkeit vom „Zemský národní výbor" (Landesnationalausschuss) nicht zur Kenntnis genommen worden sei, denn gemäß den Akten des Vereins und des Polizeiprotokolls von 1942 sei der Verein freiwillig aufgelöst worden (sic!). Der Landesausschuss in Brünn hatte jedoch nichts gegen eine Neugründung einzuwenden, sodass diese 1946 erfolgte. Abgesehen von dieser bürokratischen Schikane gedieh die adventistische Gemeinschaft gut. Sie gründete wohltätige Vereine, baute ein Priesterseminar auf, und die Mitgliederzahl wuchs rasch. Das neu gewonnene Selbstbewusstsein drückte sich beispielsweise darin aus, dass die Gemeinschaft eigene Missionare auszusenden begann, was bis dahin eine Domäne der deutschen Adventisten gewesen war.[78]

[77] Beide wurden zu Beginn des 20. Jahrhunderts auf dem Gebiet der heutigen Tschechischen Republik aktiv. Die Internationale Bibelforscher-Gemeinschaft hatte nicht den Status einer Religionsgemeinschaft, sondern war beim Innenministerium als Verein registriert.

[78] Die Informationen über die Adventisten basieren auf der bislang unpublizierten Dissertation von Jiří Piškula von der Evangelischen Theologischen Fakultät der Karlsuniversität über die Geschichte der Siebenten-Tags-Adventisten auf dem Gebiet der heutigen Tschechischen Republik sowie auf dem Studium von Gemeindechroniken der Siebenten-Tags-Adventisten in Frýdek-Místek (Friedek-Mistek) und Frýdlant nad Ostravicí (Friedland an der Ostrawitza).

Die Situation der Zeugen Jehovas entwickelte sich völlig anders. Jene, die nach der brutalen Verfolgung während des Krieges noch da waren, versuchten, wieder ein religiöses Leben zu organisieren.[79] Dabei wurden sie ständig von der Staatssicherheit überwacht und nicht selten von der Bevölkerung denunziert – man drückte zum Beispiel Unverständnis darüber aus, „wie solche Personen bei dem großen Mangel an Arbeitskräften auf dem Lande umstürzlerische Agitation betreiben können."[80] Die offiziellen Stellen waren sich einig darüber, dass man „ihrem Tun große Aufmerksamkeit widmen und über jeden Aufschluss Meldung erstatten"[81] müsse.

In zahlreichen Fällen wurde bei der Missionstätigkeit oder bei Hausdurchsuchungen Literatur beschlagnahmt. Bei den relativ häufigen Verhaftungen wurden die Mitglieder oft ermahnt, dass „die Tätigkeit der Gruppe wirklich legal bleiben und sich mit dem Inhalt der Bibel decken [muss], sonst kann nicht darüber hinweggesehen werden, und es wird zu den nötigen Repressalien gegriffen."[82]

Im Fall der Religionsgemeinschaft der Zeugen Jehovas begegnen wir, ähnlich wie schon in der Ersten Republik, einer erhöhten Aufmerksamkeit der staatlichen Organe, die zu Schikanen führte und die freie Entfaltung des Glaubens behinderte. Es handelte sich dabei nicht um direkte, ideologisch bedingte Liquidationsversuche, aber doch um eine eindeutig übertriebene, dem Gefahrenpotenzial dieser Religionsgemeinschaft völlig unangemessene Kriminalisierung von Seiten der staatlichen Organe. Die Toleranz des Staates und der Gesellschaft gegenüber den Zeugen Jehovas war äußerst mangelhaft, und in ihrem Fall lässt sich für die Zeit der Dritten Republik unter keinen Umständen von der Möglichkeit zur freien Entfaltung sprechen. Zum schlechten Image der Zeugen Jehovas trugen nicht zuletzt Kampagnen in der kirchlichen, insbesondere katholischen, Publizistik bei.[83]

---

79 Vergleiche *Martínek,* Bronislav: Náboženská společnost a stát. Historie svědků Jehovových v Československu [Religionsgemeinschaft und Staat. Die Geschichte der Zeugen Jehovas in der Tschechoslowakei]. Praha 2000, 21-25.

80 Meldung des Innenministeriums über einen Zeitungsartikel im Periodikum „Hlas lidu" [Volksstimme] vom 4.12.1947. In: Archiv Ministerstva vnitra [Archiv des Innenministeriums, künftig AMV], 2M 10986, Blatt 18.

81 Zpráva Oblastní úřadovny Státní bezpečnosti v Chebu o Mezinárodním sdružení badatelů bible z 27. srpna 1947 [Meldung des Bezirksbüros der Staatssicherheit in Cheb über die Internationale Bibelforscher-Gemeinschaft vom 27. August 1947]. In: *Ebenda* Blatt 28.

82 Zpráva Okresní pobočky Zemské úřadovny Státní bezpečnosti v Jablonci n. N. z 21. října 1947 o Mezinárodním sdružení badatelů bible „Svědci Jehovovi" [Meldung der Bezirkszweigstelle des Landesbüros der Staatssicherheit in Jablonec nad Nisou vom 21. Oktober über die Internationale Bibelforscher-Gemeinschaft „Zeugen Jehovas"]. In: *Ebenda* Blatt 26.

83 Co chtějí „Svědkové Jehovovi"? [Was wollen die „Zeugen Jehovas"?] Herausgegeben vom *Exerciční dům ve Frýdku* [Exerzitienhaus in Frýdek]. Frýdek 1947. — *L.H.:* Kto sú svedkovia Jehovovi? [Wer sind die Zeugen Jehovas?]. Bratislava 1948.

Fazit

Betrachten wir Religionsfreiheit in der Dritten Republik lediglich auf der Grundlage des existierenden Verfassungs- und Staatskirchenrechts, können aus formalrechtlicher Perspektive keine Einwände erhoben werden. Die freie Ausübung der Religion war sowohl dem Einzelnen wie auch den Kirchen und Religionsgemeinschaften garantiert. Nach dem Krieg entstanden zahlreiche kirchliche Vereine, die Kirchen gründeten Zeitschriften und karitative Vereinigungen, die theologischen Fakultäten nahmen ihre Tätigkeit wieder auf, und das religiöse Leben konnte sich ungestört entfalten. Im Zusammenhang mit diesen Aktivitäten lässt sich praktisch keine schwerwiegende Klage über staatliche Schikanen finden.

Das relativ friedliche Zusammenleben von Kirchen und Staat in der Dritten Republik, das die Grundlage für ein pluralistisches und vielfältiges kirchliches Leben bildete, wurde meines Erachtens durch die erwähnten „gemeinsamen Interessen" und die Billigung der staatlichen Politik durch die Kirchen ermöglicht. Umgekehrt zählte auch die de facto regierende KSČ unmittelbar nach dem Krieg auf die Unterstützung und den Einfluss der Kirchen beim sozialistischen Umbau der Gesellschaft. Die Kirchen mit ihrem enormen moralischen Prestige und ihrem Selbstverständnis als Garanten für eine moralische Erneuerung waren für das Erreichen dieses Ziels unverzichtbar. Auch ist zu berücksichtigen, dass gemäß dem „Československý ústav pro výzkum veřejného mínění" (Tschechoslowakisches Institut für Meinungsforschung) im Jahr 1946 ein Fünftel der Bevölkerung regelmäßig den Gottesdienst besuchte.[84] Ein offener Konflikt mit den Kirchen wäre für die Regierung der Nationalen Front respektive der KSČ auf dem Weg zur Macht also sicherlich äußerst kontraproduktiv gewesen.

Obgleich die Rahmenbedingungen für Religionsfreiheit bestanden, und das Verhältnis von Staat und Kirche im Allgemeinen als gut angesehen wurde, gab es Bemühungen, den Einfluss der Kirchen zu schwächen und sie gesellschaftlich zu marginalisieren. Es wurde Druck ausgeübt, um das Wirken der Kirchen auf den sakralen Raum zu beschränken und den Einfluss auf das gesellschaftliche Leben zu mindern. Dies zeigte sich vor allem im Schulwesen, hatte doch die Kirche gerade dort die beste Chance, breite Kreise der Gesellschaft anzusprechen.[85] Ebenso können die Abschaffung kirchlicher Feiertage zur erfolgreichen Umsetzung des Zweijahresplans und die Sendezeitkürzung im Rundfunk nicht als rein wirtschaftsfördernde Maßnahmen verstanden werden,

---

84 Náboženství v životě českého člověka [Religion im Leben des tschechischen Menschen]. In: Veřejné mínění Nr. 2 vom September 1946, 8-11.

85 Es stellt sich allerdings die Frage, ob das dogmatische Beharren der katholischen Kirche auf obligatorischem Religionsunterricht von besonderer Toleranz gegenüber anderen Weltanschauungen zeugt. Hier ist anzumerken, dass die römisch-katholische Kirche Religionsfreiheit als Menschenrecht erst 1965 in der Deklaration „Dignitatis humanae" beim Zweiten Vatikanischen Konzil anerkannte.

sondern als Versuche zur bewussten Atheisierung der Gesellschaft. Die Bodenreform hatte in letzter Konsequenz die Liquidation der ökonomischen Grundlage der Kirchen und deren gänzliche Abhängigkeit von staatlicher Hilfe zum Ziel.

In den ersten drei Nachkriegsjahren führte die KSČ mit den Kirchen zwar keinen Krieg, aber doch Positionskämpfe in bestimmten Einflussbereichen, wo sich die Spannung innerhalb der tschechoslowakischen Gesellschaft widerspiegelte. Diese Positionskämpfe weckten dank dem Funktionieren des Parlaments und den gegebenen Verfassungsgarantien zur Religionsfreiheit zumindest den Anschein einer demokratischen Auseinandersetzung. Ein offener Kampf auf ideologischer Grundlage brach erst nach dem Februar 1948 aus.

Aus dem Tschechischen von Georg Escher

Michal Pehr

DER POLITISCHE KATHOLIZISMUS IN DEN BÖHMISCHEN LÄNDERN 1945-1948

Vergleicht man die Stellung des politischen Katholizismus in den böhmischen Ländern mit den Verhältnissen in der Slowakei, lassen sich grundsätzliche Unterschiede feststellen. Der Katholizismus in der Slowakei hatte zwar anders als in den böhmischen Ländern eine beherrschende Stellung in der Gesellschaft inne. Im politischen Bereich stand er jedoch vor nicht unerheblichen Problemen, die aus der Kriegszeit resultierten, als die Slowakei als „selbstständiger" Staat von einem als „klerikalfaschistisch" zu bezeichnenden System beherrscht wurde.[1] In der Slowakei nahm der politische Katholizismus in den Nachkriegsjahren eine völlig andere Entwicklung als in den böhmischen Ländern, obwohl die Tschechoslowakei zu jener Zeit ein Einheitsstaat war. Dennoch vertieften sich die Unterschiede zwischen den Verhältnissen im tschechischen und im slowakischen Landesteil nach Kriegsende weiter.[2] Die Gemeinsamkeiten im politischen Katholizismus bei Tschechen und Slowaken beschränkten sich im Wesentlichen auf freundschaftliche Kontakte zwischen einzelnen Personen und einige gemeinsame Aufrufe. Auf der Ebene des Zentralstaates waren sich die politischen Kreise dennoch bewusst, dass für die Einschätzung der politischen Bedeutung der katholischen Kirche nicht allein die Verhältnisse in Böhmen maßgeblich waren, sondern in dieser Frage der Slowakei und auch Mähren erhebliche Bedeutung zukam.[3]

---

1 Vergleiche dazu vor allem *Kamenec*, Ivan: Slovenský stát (1939-1945) [Der Slowakische Staat (1939-1945)]. Praha 1992. — *Ders./Prečan*, Vilém/*Škorvánek*, Stanislav (Hgg.): Vatikán a Slovenská republika 1939-1945 [Der Vatikan und die Slowakische Republik 1939-1945]. Bratislava 1992.

2 Zum Verhältnis von Tschechen und Slowaken in jener Zeit siehe *Rychlík*, Jan: Češi a Slováci ve 20. století. Česko-slovenské vztahy 1945-1992 [Tschechen und Slowaken im 20. Jahrhundert. Die tschechisch-slowakischen Beziehungen 1945-1992]. Bratislava 1999. — Zur slowakischen Frage im Jahre 1945 siehe *Hoensch*, Jörg K.: Die Slowakei im Jahre 1945. In: *Bosl*, Karl (Hg.): Das Jahr 1945 in der Tschechoslowakei. Internationale, nationale und wirtschaftlich-soziale Probleme. München 1971 (BWT 3), 259-287.

3 Zur Entwicklung in der Slowakei und der dortigen Situation der katholischen Kirche siehe *Barnovský*, Michal: Na ceste k monopolu moci. Mocenskopolitické zápasy na Slovensku v rokoch 1945-1948 [Auf dem Weg zum Machtmonopol. Die Machtkämpfe in der Slowakei in den Jahren 1945-1948]. Bratislava 1993. — *Letz*, Robert: Slovensko v rokoch 1945-1948 na ceste ku komunistickej totalite [Die Slowakei in den Jahren 1945-1948 auf dem Weg in den kommunistischen Totalitarismus]. Bratislava 1994. — *Šutaj*, Štefan: Občianske politické strany na Slovensku v rokoch 1945-1948 [Die bürgerlichen Parteien in der Slowakei in den Jahren 1945-1948]. Bratislava 1999.

Im Folgenden sollen jedoch nicht die slowakischen Verhältnisse näher betrachtet werden. Im Zentrum des Interesses steht vielmehr der Wandel des politischen Katholizismus in den böhmischen Ländern nach 1945.[4] Um diesen an-

[4] Diesem Thema wurde bislang relativ wenig Beachtung geschenkt. Von der Fachliteratur zur Geschichte des politischen Katholizismus sind besonders erwähnenswert: *Renner,* Jan: Československá strana lidová 1945-1948 [Die Tschechoslowakische Volkspartei 1945-1948]. Brno 1999. — *Drápala,* Milan: Na ztracené vartě Západu [Auf verlorenem Posten für den Westen]. Praha 2000. — *Kaplan,* Karel: Stát a církev v Československu v letech 1948-1953 [Staat und Kirche in der Tschechoslowakei 1948-1953]. Brno 1993. — *Vaško,* Václav: Neumlčená. Kronika katolické církve v Československu po druhé světové válce [Die nicht zum Schweigen gebrachte Kirche. Chronik der katholischen Kirche in der Tschechoslowakei nach dem Zweiten Weltkrieg]. Teil 1. Praha 1990. — Von der neuesten Literatur vor allem: *Marek,* Pavel/*Hanuš,* Jiří (Hgg.): Osobnost v církvi a politice. Čeští a slovenští křesťané ve 20. století [Die Persönlichkeit in Kirche und Politik. Tschechische und slowakische Christen im 20. Jahrhundert]. Brno 2006. — Viele Details auch in: *Pehr,* Michal: Československá strana lidová 1945-1946 [Die Tschechoslowakische Volkspartei 1945-1946]. Praha 2003. — Von dieser Literatur abgesehen sind Forscher auf das Studium der zeitgenössischen Presse und archivalischer Quellen angewiesen. Beachtung verdienen insbesondere die Zentralorgane der Parteien „Československá strana lidová“ (Tschechoslowakische Volkspartei, ČSL): „Lidová demokracie“ (Volksdemokratie); „Československá strana národně socialistická“ (Tschechoslowakische nationalsozialistische Partei, ČSNS): „Svobodné slovo“ (Freies Wort); „Československá sociálně demokratická strana dělnická“ (Tschechoslowakische sozialdemokratische Arbeiterpartei): „Právo lidu“ (Recht des Volkes); „Komunistická strana Československa“ (Kommunistische Partei der Tschechoslowakei, KSČ): „Rudé právo“ (Rotes Recht). Wichtig sind auch die regionalen Ableger der Parteizeitungen und die von den Parteien herausgegebenen oder ihnen nahestehenden kulturellen Wochenzeitungen: Volkspartei: „Obzory“ (Horizonte) und „Vývoj“ (Entwicklung): National-Sozialisten: „Svobodný zítřek“ (Freies Morgen); Sozialdemokraten: „Cíl“ (Das Ziel) und „Svět práce“ (Welt der Arbeit); Kommunisten: „Tvorba“ (Das Schaffen); Unabhängige: „Dnešek (Der Morgen); Kirchliche Zeitungen: „Katolík“ (Der Katholik), „Neděle“ (Der Sonntag), „Akord“ (Der Akkord), „Rozsévač“ (Der Sämann), „Na Hlubinu“ (In die Tiefe). — Das Archiv der Tschechoslowakischen Volkspartei wird im Sitz der Nachfolgepartei, der „Křesťanská a demokratická unie – Československá strana lidová“ (Christliche und demokratische Union – Tschechoslowakische Volkspartei, KDU-ČSL) in Prag (Karlovo náměstí) aufbewahrt. Weitere wichtige Bestände zur Volkspartei findet man im „Národní archiv v Praze“ (Nationalarchiv Prag, künftig NA Praha), insbesondere Politikernachlässe (darunter Jan Šrámek, František Hála, Adolf Procházka, Helena Koželuhová, Ivo Ducháček, Vilém Schaffer). Nützlich sind auch die Nachlässe von Vertretern anderer Parteien, genannt sei hier nur der Nachlass Klement Gottwalds. Darüber hinaus sind im Nationalarchiv Akten verschiedener Parteien, der „Národní fronta“ (Nationale Front) und der tschechoslowakischen Regierung zu finden. Quellen zur Entwicklung des politischen Katholizismus sind auch in den Archiven der Präsidentenkanzlei, des Außen- und des Innenministeriums zu finden. Das Präsidialarchiv bietet vor allem Aufzeichnungen über Besuche katholischer Geistlicher und Politiker bei Präsident Edvard Beneš. Im Archiv des Außenministeriums liegen Materialien zu den Verhandlungen mit dem Vatikan, im Archiv des Innenministeriums zahlreiche Quellen zur Überwachung von Kirche und Volkspartei. Viel Material bietet auch der persönliche Nachlass Edvard Benešs im „Archiv Ústavu T.G. Masaryka“ (Archiv des T.G. Masaryk-Instituts, künftig: AÚTGM). Noch weitgehend unerschlossen

gemessen beschreiben zu können, müssen die Stellung der katholischen Kirche in der tschechischen Gesellschaft, die Erfahrungen des Krieges und die Gegebenheiten bei Kriegsende berücksichtigt werden.

Aus den Ergebnissen der Volkszählung lässt sich ablesen, dass die katholische Kirche in jener Zeit noch ein bedeutender Faktor im kulturellen und sozialen Leben war, eine Kraft, die durchaus Einfluss auf die tschechoslowakische Gesellschaft hatte. 1921 gehörten von den 13,6 Millionen Einwohnern der Tschechoslowakei 76,2 Prozent der römisch-katholischen und 3,93 Prozent der griechisch-katholischen Kirche an. Der Anteil ging in den folgenden Jahren nur geringfügig zurück, während sich die Zahl der Konfessionslosen etwas erhöhte. Bei der Volkszählung von 1950 bekannten sich 8,94 Millionen Menschen in der gesamten Tschechoslowakei zum Katholizismus. Der Anteil der Katholiken an der Gesamtbevölkerung war in der Slowakei und in Mähren besonders hoch, aber auch in Böhmen nicht gerade niedrig. Im gesamtstaatlichen Durchschnitt betrug er 76,42 Prozent.

1945 dienten der katholischen Kirche in der Tschechoslowakei 6 986 Priester. Das Land war in zwei Erzdiözesen – Prag und Olomouc (Olmütz) –, acht Diözesen – České Budějovice (Budweis), Litoměřice (Leitmeritz), Hradec Králové (Königgrätz), Brno (Brünn), Spiš (Zips), Banská Bystrica (Neusohl), Nitra (Neutra) und Rožňava (Rosenau) – sowie drei Apostolische Administraturen – Český Těšín (Teschen), Košice (Kaschau) und Trnava (Tyrnau) – unterteilt. Die griechisch-katholische Kirche verfügte zu dieser Zeit noch über eine eigene Organisationsstruktur. Die katholische Kirche unterhielt in den böhmischen Ländern 134 und in der Slowakei 1 877 Schulen. Über das ganze Staatsgebiet verteilten sich 1 051 Klöster und Ordenshäuser, in denen fast 15 000 Angehörige geistlicher Orden lebten. Eine wichtige Rolle spielte das karitative Engagement der Kirche. Noch 1950 unterhielt sie 268 soziale Einrichtungen.[5]

Ihre Tätigkeiten finanzierte die Kirche zum Teil aus staatlichen Zuschüssen, überwiegend jedoch aus eigenem Vermögen. Sie verfügte im ganzen Land über umfangreichen Grundbesitz (etwa 319 000 Hektar Acker-, Weide- und Waldland), zahlreiche Höfe und Betriebe, darunter Brauereien, Schnapsbrennereien, Mühlen und Sägewerke. Der Wert ihrer Besitzungen betrug 1945 nach eigenen Angaben 4,38 Milliarden Kronen.[6]

In vielerlei Hinsicht wirkten jedoch die Verheerungen des Krieges noch nach. Der Krieg hatte nicht nur Menschenleben vernichtet und Häuser zerstört, er hatte vor allem auch die moralischen Grundlagen der Gesellschaft ins Wanken gebracht, die ethischen Maßstäbe und die Regeln für den Umgang der Menschen miteinander in Frage gestellt. Der tschechoslowakische Außenminister Jan Masaryk meinte sogar:

---

und aus verschiedenen Gründen meist nicht zugänglich sind die Archive der einzelnen Diözesen.

5 *Kaplan,* Karel: Stát a církev v Československu 1948-1953 [Staat und Kirche in der Tschechoslowakei 1948-1953]. Brno 1993, 6.

6 *Ebenda.*

Im Krieg bricht alles Schlechte in uns durch. Wenn dann Frieden ist, können Lehrer, Mütter und andere Engel sonstwas anstellen, um das Schlechte wieder aus uns herauszubekommen. Aber dann kommt wieder der Krieg und macht aus uns wieder Tiere. Dafür hasse ich den Krieg vor allem. Nicht so sehr für all das Morden als für diese Degradierung des Menschen.[7]

Besonders treffend hat die moralischen Erschütterungen jener Tage der Historiker Josef Šusta charakterisiert, der seinem Freund Bohuslav Šeplavý kurz vor seinem Selbstmord im Mai 1945 folgende Beobachtung schilderte:

Was ist der Mensch? Vor unseren Fenstern steht ein russischer Panzer. Die Mädchen umschwärmen die Russen. Unter ihnen ist auch meine Enkelin. Einer spielt Akkordeon und die Jugend freut sich und tanzt. Und dazwischen liegen die Leichen von vier Deutschen. Sie liegen da wie Semmeln und nichts hält die Tanzenden auf. Ich hätte nicht geglaubt, dass so etwas möglich ist, wenn ich es nicht selbst gesehen hätte.[8]

Die Zeit war beherrscht von Ängsten und Sorgen, aber auch von Hoffnungen und Freude darüber, dass das Land endlich befreit war. Der Demoralisierung und Brutalisierung der Gesellschaft standen zugleich die Pläne für eine schönere und bessere Zukunft des Landes gegenüber.

Ausdruck dieser Wünsche war das neugeschaffene politische System der Volksdemokratie unter Führung der „Národní fronta“ (Nationale Front). Es sollte die Mängel des Systems der Ersten Republik beseitigen und die sozialen Probleme lösen. Die Tschechoslowakei sollte dadurch international abgesichert werden und das kommunistische System mit dem demokratischen System Westeuropas verbunden werden. Dieses neue System bezeichnete einer der Minister der „Československá strana lidová“ (Tschechoslowakische Volkspartei, ČSL), als eine „entwickelte und traditionelle Demokratie [...] in der wir die östliche Auffassung von wirtschaftlicher Gleichheit und sozialer Gerechtigkeit mit der westlichen Auffassung von der vollen Freiheit des Individuums verbinden wollen.“[9] In ähnlichem Sinne äußerte sich auch Präsident Edvard Beneš:

Es war der Liberalismus, der verkündete, dass alles erlaubt ist, und es war der Totalitarismus, der wiederum sagte, dass nicht erlaubt ist, was nicht angeordnet wurde. Wir müssen eine gerechte Synthese beider schaffen, die moralisch begründet ist.[10]

In diesem System musste sich der politische Katholizismus erneuern, der sich im Gegensatz zu einigen anderen politischen Kräften im Krieg moralischen Kredit erworben hatte, da die katholische Kirche weitgehend in Opposition zum Nationalsozialismus gestanden hatte. Zahlreiche Mitglieder der Volkspartei und des katholischen Turnvereins „Orel“ (Adler), aber auch einfache Katho-

---

7 *Fischl*, Viktor: Hovory s Janem Masarykem [Gespräche mit Jan Masaryk]. Praha 1991, 46.

8 AÚTGM, Bestand Edvard Beneš, Teil III, Karton 64, Schriften über Personen, Bohuslav Šeplavý: K tragickému skonu presidenta prof. Dr. Josefa Šusty [Zum tragischen Tod des Präsidenten Prof. Dr. Josef Šusta].

9 Lidová demokracie [Volksdemokratie] Nr. 1 vom 1.1.1946, 1.

10 Proslov Edvarda Beneše při přijetí zástupců Ústředí katolického studentstva 6. února 1946 [Ansprache von Edvard Beneš bei einem Empfang für Vertreter der Zentralstelle der katholischen Studentenschaft am 6. Februar 1946]. In: Lidová demokracie Nr. 34 vom 9.2.1946, 2.

liken waren wegen ihrer antifaschistischen Haltung in Gefängnissen oder Konzentrationslagern eingesperrt worden, ein Teil von ihnen wurde ermordet. Mehr als 500 tschechische katholische Geistliche waren verhaftet worden, jeder fünfte von ihnen kam ums Leben. Mit der Ernennung zweier ehemaliger KZ-Häftlinge zu Bischöfen würdigte nach dem Krieg auch der Vatikan den Widerstand der tschechischen Kirche. Es handelte sich um den Prager Erzbischof Josef Beran und den Leitmeritzer Bischof Štěpán Trochta. In zwei weiteren Fällen wurden Mitglieder des Widerstandes in das Bischofsamt berufen: Karel Skoupý in Brno und Josef Hlouch in České Budějovice.

Vor allem zu Beginn des Krieges war die patriotische Gesinnung der katholischen Kirche im Protektorat in eindrucksvollen Wallfahrten und in den kämpferischen Predigten einer Reihe mutiger Priester, die das tschechische Volk im Widerstand gegen die deutschen Besatzer bestärkten, deutlich geworden. Erinnert sei hier nur an die berühmte Predigt, die Monsignore Bohumil Stašek im August 1939 in St. Laurentius zu Domažlice (Taus) gehalten hatte:

> Was versprecht und sagt ihr eurer tschechischen Mutter? Wir werden ihr in diesem denkwürdigen Moment im eigenen Namen und im Namen des ganzen tschechischen Volkes versprechen und schwören, dass wir sie niemals verlassen, niemals verraten werden [...]. Wir werden schwören, dass wir durch unsere Arbeit, Eintracht und nationale Geschlossenheit [...] unser Vaterland erneut auf jene Stufe der Ehre, des Wohlstandes und Ruhmes erheben werden, die es in seiner ruhmvollsten Vergangenheit gekannt hat.[11]

Für diese und ähnliche Äußerungen wurde Stašek wie viele andere Priester verhaftet.

Die Kirche verfügte über ein hohes Ansehen. Das erkannten bei informellen Verhandlungen im Exil sogar die Kommunisten an. So erklärte der in London lebende Kommunist und spätere Innenminister Václav Nosek 1942 gegenüber Hubert Ripka, Monsignore Jan Šrámek solle Ministerpräsident der Exilregierung bleiben, „weil es sicher ist, dass in der Heimat die Pfarreien und das katholische Volk, das sich sehr gut hält, hinter ihm stehen."[12] Šrámek war damals der wichtigste Vertreter des politischen Katholizismus, Vorsitzender der Tschechoslowakischen Volkspartei und die gesamte Kriegszeit hindurch Premier der Londoner Exilregierung. Das alles bewirkte, dass der tschechische Katholizismus in der Nachkriegstschechoslowakei relativ positiv wahrgenommen wurde.

---

11 *Andrš*, Josef/*Tuleškov*, Ogňan (Hgg.): Pokrokové demokratické vlastenecké tradice ČSL [Die fortschrittlichen demokratischen und patriotischen Traditionen der ČSL]. Praha 1988, 109 f.

12 AÚTGM, Bestand Edvard Beneš, Teil II, Karton 397, záznam rozhovoru Huberta Ripky a Václava Noska z 16. dubna 1942 [Notiz über ein Gespräch zwischen Hubert Ripka und Václav Nosek vom 16. April 1942].

Die Veränderungen des politischen Katholizismus

Formen des Laienengagements der Gläubigen veränderten den politischen Katholizismus unter dem Einfluss der Ereignisse ganz erheblich. Das begann schon damit, dass er nach dem Krieg in der tschechischen Gesellschaft ausschließlich von der Tschechoslowakischen Volkspartei repräsentiert wurde.[13] Denn nach dem Krieg waren nicht alle früheren Parteien wiederhergestellt worden. Bei den Verhandlungen über die Nachkriegsordnung hatte man dies damit begründet, dass eine allzu große Zersplitterung der Parteienlandschaft für das politische System nachteilig sei, und dass Parteien, die mit den Besatzern kollaboriert hatten, nicht erneuert werden sollten. Der Kollaborationsvorwurf traf vor allem rechte und bürgerliche Parteien. Auch die „Agrární strana" (Partei der Agrarier), die sich in ihrem Programm auf die christlichen Grundwerte berief, wurde nicht wieder zugelassen.[14]

Neue Parteien durften nur mit Zustimmung der in der Nationalen Front zusammengeschlossenen Parteien gegründet werden. Die Nationale Front vereinte jene Parteien, die sich im Verständnis der Zeit am meisten um die Wieder-

---

13 In der Ersten Republik hatte es dagegen keine einheitliche christliche Partei gegeben. Die tschechischen Gläubigen waren von der ČSL vertreten worden, die Slowaken von der „Hlinkova slovenská ľudová strana" (Hlinkas Slowakische Volkspartei, HSĽS), die Deutschen von der „Deutschen Christlichsozialen Volkspartei" (DCV), die Ungarn von der „Zemská křesťansko-socialistická strana" (Christlich-sozialistische Landespartei) und die Polen vom „Svaz slezských katolíků v Československé republice" (Verband der schlesischen Katholiken in der Tschechoslowakischen Republik). Zudem spalteten sich von der ČSL drei weitere Parteien ab. Ähnliche Zersplitterung herrschte auch in anderen politischen Lagern. Siehe *Malíř*, Jiří/*Marek*, Pavel u.a. (Hgg.): Politické strany. Vývoj politických stran a hnutí v českých zemích a Československu 1861-2004 [Die politischen Parteien. Entwicklung der politischen Parteien und Bewegungen in den böhmischen Ländern und der Tschechoslowakei 1861-2004]. 2 Bde. Brno 2005. — Zur ČSL in der Ersten Republik vergleiche *Trapl*, Miloš: Politický katolicismus a Československá strana lidová v Československu v letech 1918-38 [Der politische Katholizismus und die Tschechoslowakische Volkspartei in der Tschechoslowakei der Jahre 1918-38]. Praha 1990. — Zur HSĽS siehe vor allem *Hoensch*, Jörg K.: Die Slowakische Volkspartei Hlinkas. In: *Bosl*, Karl (Hg.): Die Erste Tschechoslowakische Republik als multinationaler Parteienstaat. München 1979, 305-322. — *Bartlová*, Alena: Andrej Hlinka. Bratislava 1991. — Von den jüngsten Arbeiten zur Geschichte des politischen Katholizismus bei den Sudetendeutschen sei hier nur erwähnt *Šebek*, Jaroslav: Mezi křížem a národem. Politické prostředí sudetoněmeckého katolicismu v meziválečném Československu [Zwischen Kreuz und Nation. Das politische Milieu des sudetendeutschen Katholizismus in der Tschechoslowakei der Zwischenkriegszeit]. Brno 2006.

14 Zur Geschichte der Agrarpartei vergleiche *Uhlíř*, Dušan: Republikánská strana venkovského a malorolnického lidu 1918-1938. Charakteristika agrárního hnutí v Československu a jeho organizační struktura [Die Republikanische Partei des Landvolks 1918-1938. Charakteristik der Agrarbewegung in der Tschechoslowakei und ihre Organisationsstruktur]. Praha 1988. — *Dostál*, Vladimír: Agrární strana, její rozmach a zánik [Die Agrarpartei, ihr Aufstieg und Fall]. Brno 1998. — *Štefánek*, Anton: Agrární hnutí a jeho ideologický podklad [Die Agrarbewegung und ihre ideologische Grundlage]. Hradec Králové 1932. — Program Republikánské strany zemědělského a malorolnického lidu [Programm der Republikanischen Partei des Landvolks]. Praha 1929.

herstellung der Tschechoslowakei verdient gemacht hatten. Das waren drei sozialistische Parteien – die „Komunistická strana Československa" (Kommunistische Partei der Tschechoslowakei, KSČ), die „Československá sociálně demokratická strana dělnická" (Tschechoslowakische sozialdemokratische Arbeiterpartei) und die „Československá strana národně socialistická" (Tschechoslowakische national-sozialistische Partei, ČSNS) – sowie die sozialreformerische Tschechoslowakische Volkspartei. Diese vier Parteien hatten naheliegender Weise kein Interesse an der Gründung weiterer Parteien, von denen sie nur unnötige Konkurrenz befürchten mussten. So herrschte in den böhmischen Ländern ein Vierparteiensystem, in dem der politische Katholizismus lediglich von der ČSL vertreten wurde. Die katholischen Splitterparteien der Ersten Republik wurden nicht wieder erneuert.[15] Während der Verhandlungen über die Bildung der ersten Nachkriegsregierung, in Moskau im März 1945, wurden die Führer der Volkspartei Monsignore Šrámek und Pater František Hála von den Kommunisten anfangs kurz als „die tschechischen Katholiken" bezeichnet. Erst später verwendeten sie den offiziellen Namen Tschechoslowakische Volkspartei.[16]

Das deutet bereits auf eine weitere wichtige Veränderung nach dem Krieg hin. Die ČSL war nun offiziell keine konfessionell katholische Partei mehr. Sie beschritt damit einen ähnlichen Weg wie die christlichen Parteien in anderen Ländern Europas, die sich von der engen konfessionellen Bindung lösten und für alle Menschen öffneten, die den christlichen Idealen in der Politik Geltung verschaffen wollten. Hinter dieser Öffnung stand natürlich auch politisches Kalkül. Die Volkspartei war die einzige noch bestehende nichtsozialistische Partei und hegte deshalb große Hoffnungen, einen erheblichen Teil der rechten Wählerschaft für sich zu gewinnen, was allerdings nur gelingen konnte, wenn die ČSL nicht mehr als ausschließlich katholische Partei auftrat. Der Historiker Karel Kaplan vermutet, dass die Umwandlung von einer katholischen in eine christliche Partei eine Bedingung der Kommunisten für die Wiederzulassung der ČSL war.[17] In den Quellen konnte bislang jedoch keine solche Forderung von kommunistischer Seite nachgewiesen werden.

---

15 Während der Ersten Republik hatten sich wegen ideologischer Unstimmigkeiten drei kleine Parteien von der ČSL abgespalten: 1924 die „Československá domkářsko-malozemědělská strana" (Tschechoslowakische Partei der Häusler und kleinen Landwirte), gegründet von dem aus der ČSL ausgeschlossenen Alois Kaderka; vor den Wahlen 1929 die „Československá strana křesťansko-sociální" (Tschechoslowakische christlich-soziale Partei), die nach ihrem Führer, dem Abgeordneten Antonín Čuřík, meist nur „Čuřík-Partei" (čuříkovci) genannt wurde; und schließlich im Sommer 1936 die „Národní strana lidová" (Nationale Volkspartei) unter Führung von František Zelenka. Keine dieser Splitterparteien hatte größeren Erfolg. Finanziell wurden sie vor allem von der Agrarpartei und der Hlinka-Partei unterstützt, die an einer Schwächung der ČSL interessiert waren.

16 Vergleiche *Kaplan,* Karel: První poválečná vláda [Die erste Nachkriegsregierung]. Praha 1992.

17 *Ders.:* Stát a církev v Československu 11.

Der allmähliche Wandel der ČSL wird in verschiedenen Reden und programmatischen Dokumenten sichtbar. Im Parteiprogramm vom 2. April 1946 bezeichnete sich die ČSL als tschechoslowakische, demokratische, christliche, nichtsozialistische, aber sozialreformerische Partei aller Stände und betonte in den einzelnen Punkten ihres Programms die christlichen Ideale, den Wert der Demokratie, der bürgerlichen Rechte und Freiheiten, die für unantastbar erklärt wurden. In der Präambel bezeichnete sich die Partei als eine „politische Vereinigung freier Bürger, von Männern und Frauen aller Stände, die auf dem Boden der christlichen Gerechtigkeit, der persönlichen Freiheit, religiösen Toleranz und Humanität stehen." Aus dem Programm wird ihr Einsatz für ein sehr erhabenes Ideal deutlich, nämlich dafür, dass

> der segensreiche Einfluss der tausendjährigen christlichen Kultur und der ewigen Grundsätze der Moral und des Rechts unsere gesamte Gesetzgebung und unser öffentliches, wirtschaftliches und soziales Leben durchdringen. Wir streben nach einer Verchristlichung der Nation, denn nur so können das Wohl der Bürger und wahre Gerechtigkeit erreicht werden.[18]

Diese Konzeption entfaltete der Gesundheitsminister Adolf Procházka in einer Grundsatzrede auf dem Parteitag 1946, in der er erklärte, die Volkspartei sei keine konfessionelle Partei. In ihren Reihen

> findet jeder Bürger und jede Bürgerin ungeachtet der konfessionellen Zugehörigkeit freundschaftliche Aufnahme, sofern er oder sie die christliche Demokratie als sein politisches Programm annimmt. [...] eine Demokratie, die vom Grundsatz der Gleichberechtigung der Menschen im Sinne der christlichen Lehre getragen wird.[19]

Ähnlich äußerten sich damals auch andere Parteimitglieder. Der Abgeordnete Jaroslav Řehulka erklärte: „Die Tschechoslowakische Volkspartei war und ist keine konfessionelle Partei, und sie ist weit davon entfernt, Teil irgendeiner politisch-konfessionellen Internationale zu sein."[20]

Der Versuch einer Öffnung der Partei blieb jedoch erfolglos. Allen Erklärungen zum Trotz blieb die Volkspartei in der öffentlichen Wahrnehmung überwiegend eine klerikale Partei. Dafür gab es mehrere Gründe. Der erste war, dass die Partei auch weiterhin von einer Reihe katholischer Geistlicher repräsentiert wurde. Vorsitzender der Partei blieb Monsignore Jan Šrámek; seine Stellvertreter waren Pater František Hála und der Augustinerpater Karel Fanfrdla. Im „Prozatímní národní shromáždění" (Provisorische Nationalversammlung) saßen die Patres Josef Limpouch und Josef Plojhar. Später kandidierte bei den Wahlen ein weiterer bekannter Geistlicher, Monsignore Alois Tylínek. Auch auf den unteren Ebenen wurde die Partei von vielen Priestern repräsentiert. Ein weiterer Grund war die hohe Zahl katholischer Laien unter den Parteimitgliedern, ein Umstand, der nicht erstaunlich war und auch von der Parteiführung nicht

---

18 Program Československé strany lidové prohlášený sjezdem strany 2. dubna 1946 [Programm der Tschechoslowakischen Volkspartei, verkündet auf dem Parteitag am 2. April 1946]. Praha 1946, 3.

19 *Procházka,* Adolf: Lidová strana v Národní frontě [Die Volkspartei in der Nationalen Front]. Praha 1946, 7.

20 *Řehulka,* Jaroslav: Cestou demokracie [Auf dem Weg der Demokratie]. Praha 1946, 2.

verschwiegen wurde. Řehulka erklärte in seiner bereits erwähnten Parteitagsrede, dass die Katholiken in der Partei die Mehrheit stellten und begründete das damit, dass sie ja auch im tschechischen Volk in der Mehrheit seien.

Aus diesem Grunde mussten alle Äußerungen zum überkonfessionellen Charakter der Partei mit großer Vorsicht vorgetragen werden. Die gläubigen Katholiken unter den Wählern durften schließlich nicht verprellt werden. Die Überkonfessionalität ihrer Aufrufe und Erklärungen in dieser Frage wirkte deshalb immer etwas unglaubwürdig und spiegelte keinesfalls die Realität wider. Der Finanzminister der Exilregierung, Ladislav Karel Feierabend, berichtete in seinen Erinnerungen, wie er, ein ehemaliger Agrarier, sich einmal mit Präsident Beneš darüber beraten habe, welcher Partei die Mitglieder der verbotenen Agrarpartei beitreten sollten. Beneš empfahl ihm die Nationalen Sozialisten und sagte: „Sie würden doch, Kollege, die Agrarwähler nicht in Šrámeks Rompartei führen. Ihre Leute gehören nicht dorthin."[21]

Die fortwährende eindeutig konfessionelle Ausrichtung der Partei zeigte sich auch in ihrer Mitgliederbasis. Die frühesten Übersichten hierzu stammen für die Nachkriegszeit aus Mähren und Schlesien und datieren vom 30. September 1945. Damals meldete der Landessekretär für Mähren und Schlesien 183 379 Parteimitglieder, von denen fast alle, nämlich 97,32 Prozent, römisch-katholisch waren. Die Übersicht wies nur 174 evangelische und 90 orthodoxe Christen aus, ferner 68 Mitglieder der Tschechoslowakischen Kirche und 21 Angehörige der Evangelischen Kirche der Böhmischen Brüder. Bei 4 339 Personen war die Religionszugehörigkeit unbekannt.[22] Ähnlich war die Situation auch in Böhmen, wo jedoch keine genauen Angaben zur Konfession der Parteimitglieder überliefert sind.

So beschwor die Volkspartei in offiziellen Äußerungen ihre überkonfessionelle Ausrichtung und blieb doch in der Praxis konfessionell gebunden. Dennoch hatte sie sich gewandelt. Sie gab sich besonnener und toleranter und ging längst nicht mehr so kämpferisch wie zu Beginn der Ersten Republik vor. Stattdessen setzte sie jetzt auf andere Werte. Das zeigte sich beispielsweise daran, dass der stellvertretende Ministerpräsident Monsignore Šrámek keine Einwände mehr dagegen hatte, dass Präsident Beneš an den Feiern zum Jan-Hus-Gedenken teilnahm. Und als der Vizepremier Josef David Šrámek anlässlich seines 75. Geburtstages im August 1945 als „hussitischen Priester" würdigte, protestierte dieser selbst nicht dagegen, obwohl eine solche Bezeichnung dem stets streng katholischen Monsignore schon etwas merkwürdig vorgekommen sein muss. In der Zwischenkriegszeit wäre das noch undenkbar gewesen. Erinnert sei nur an die Kämpfe zwischen den Katholiken und der neugegründeten Tschechoslowakischen Kirche, der späteren Tschechoslowakischen Hussiti-

---

21 *Feierabend,* Ladislav Karel: Politické vzpomínky [Politische Erinnerungen]. Bd. 3. Praha 1996, 229.

22 Archiv KDU-ČSL, Karton 7/1, Komíse při Ústředním výboru 1945-1969 [Kommission beim Zentralkomitee 1945-1969]. Zápis schůze organizační komise konané 26. listopadu 1945 [Protokoll der Sitzung des Organisationskomitees vom 26. November 1945].

schen Kirche, und daran, wie das Hissen der hussitischen Fahne über der Prager Burg 1925 die so genannte „Marmaggi-Affäre" ausgelöst und zum diplomatischen Bruch mit dem Vatikan geführt hatte.[23]

Die Mitglieder der Volkspartei und die politisch engagierten Katholiken insgesamt waren sich der Notwendigkeit von Veränderungen bewusst. Das fand auch in einem Hirtenbrief des Königgrätzer Bischofs Mořic Pícha seinen Ausdruck:

> Wir stehen an der Wende einer neuen großen Zeit. Die Nachkriegsverhältnisse haben das Bedürfnis geschaffen, die Staaten neu zu ordnen, und zwar sowohl nach außen, in den Beziehungen untereinander, als auch nach innen, in der Reform der Verwaltung der einzelnen Staaten.[24]

Diesen Wandel wollten die Katholiken im Sinne ihrer christlichen Werte mitgestalten.

Die Ziele des tschechischen politischen Katholizismus

Die Vorstellungen der Volkspartei über die nach dem Krieg in der Tschechoslowakei einzuschlagende Richtung unterschieden sich deutlich von denen der anderen Parteien. Zunächst ging es der ČSL darum, die bei Kriegsende aufgeheizte Stimmung und die radikalen Tendenzen in der Gesellschaft zu dämpfen. Mehrfach erklärte Šrámek den Abgeordneten und Mitgliedern seiner Partei, dass sie erst die revolutionäre Phase durchstehen und abwarten müssten, bis sich die Situation wieder beruhigen würde. Dann, so hofften viele in der ČSL, würde die Volkspartei als die einzige verbliebene nichtsozialistische Partei die Mehrheit der Wähler für sich gewinnen und nach einem Wahlsieg ihr Programm durchsetzen können. Dazu kam es bekanntlich nicht, aber das Bestreben, den Radikalismus der unmittelbaren Nachkriegszeit zu dämpfen und sich eine günstige Ausgangsposition für die Zukunft zu verschaffen, bestimmte die Politik der Partei. Die eher abwartende Haltung stützte sich auch auf die Einschätzung, dass die Volkspartei die Lage in der ersten Zeit nicht wesentlich würde ändern können und nur begrenzte Einflussmöglichkeiten hatte.

Dem entsprach die Politik des Parteivorsitzenden Šrámek, der seiner bisherigen Linie weitgehend treu blieb. Šrámek wusste, dass der Erfolg in der Politik vor allem am Ergebnis zu messen war und dass dieses nur selten den eigenen Idealvorstellungen entsprach. Seine Parteifreunde warfen ihm Passivität und Untätigkeit vor, doch täuschte dieser Eindruck. Šrámek trat nur dann auf, wenn er die Chance sah, durch sein Handeln etwas verändern zu können oder wenn

[23] Nuntius Francesco Marmaggi hatte die Tschechoslowakei aus Protest gegen die staatlichen Feiern zum Husgedenken verlassen. Der Konflikt zwischen dem Vatikan und der Tschechoslowakei wurde erst mit der Einigung auf den Modus vivendi (17. Dezember 1927) beigelegt. Vergleiche *Dejmek*, Jindřich: Československo-vatikánská jednání o Modus vivendi 1927-1928. In: ČČH 92/2 (1994) 268-285.

[24] Štít [Der Schild] Nr. 20 vom 17.5.1946, 2.

es für ihn um eine Frage von grundlegender Bedeutung ging, wie beispielsweise die Verteidigung christlicher Werte. Er konnte bei seinem Handeln auf das hohe Ansehen setzen, das er sich als Vorsitzender der Londoner Exilregierung erworben hatte. Doch gab ihm das auch nur begrenztes Durchsetzungsvermögen. Und so beschränkte er sich darauf, auf Fälle von offenkundigem Unrecht oder Fehler aufmerksam zu machen, und war ansonsten bestrebt, Entscheidungen hinauszuzögern, um später vielleicht etwas mehr verändern zu können.

Folglich blieb er Mitglied der Regierung, obwohl er mit ihrer Politik in vielen Punkten nicht übereinstimmte. Die Volkspartei stellte in den ersten beiden Nachkriegskabinetten drei, und nach den Wahlen 1946 vier Minister. Šrámek war stellvertretender Ministerpräsident, Pater František Hála Postminister und Adolf Procházka Gesundheitsminister. Nach den Wahlen kam auch das neu geschaffene Technikministerium hinzu, das in den Monaten Juli und August 1946 von Alois Vošahlík und danach bis zur Februarkrise 1948 von Jan Kopecký geleitet wurde. Alle diese Ressorts waren nicht besonders bedeutend. Wichtiger war, dass die ČSL an der Regierung beteiligt war. Šrámek vertrat nämlich die Ansicht, dass nur wer in der Regierung war, überhaupt etwas verändern konnte. Bekannt geworden ist sein Ausspruch, er würde eher aus der Kirche austreten als aus der Regierung. Die Zugeständnisse, die die Volkspartei auf Grund ihrer Mitgliedschaft in der Nationalen Front machen musste, wurden auf verschiedene Weise gerechtfertigt. Šrámek brachte seine Kompromissbereitschaft auf die griffige Formel: „Wir haben uns geeinigt, dass wir uns einigen werden." Und Minister Hála erklärte dazu:

> Gerade Šrámeks Losung ermöglicht uns eine wirkungsvolle Arbeit in der Nationalen Front, denn dort haben wir die Möglichkeit, doch wenigstens unsere politischen Ansichten geltend zu machen und sie weit besser den Vertretern der einzelnen politischen Parteien zu erläutern, als das auf dem breiten Feld der öffentlichen Diskussion möglich wäre. Vollständig kann keine Partei zufriedengestellt werden, denn, wie ich bereits sagte, die Nationale Front stellt eine Übereinkunft dar, und eine Übereinkunft verlangt Zugeständnisse und den Verzicht auf eigene Forderungen von allen Parteien, also auch von der Volkspartei.[25]

Die Einstellung der Volkspartei zur Nationalen Front hatte Folgen für ihr politisches Vorgehen. Die ČSL verfolgte mehrere Ziele. Vor allem ging es ihr um die Verteidigung der Integrität des Staates und seiner Rechtsordnung. Das zeigte sich insbesondere bei den Verhandlungen über den zukünftigen Status der Karpato-Ukraine. Das Problem war besonders drängend, da Stalin dieses Gebiet, das vor dem Krieg zur Tschechoslowakei gehört hatte, für die Sowjetunion beanspruchte. Präsident Beneš und die tschechoslowakische Regierung hatten dem Druck Moskaus schon nachgegeben. Es blieb jedoch zunächst offen, wie die Gebietsabtretung rechtlich sanktioniert werden sollte. Am 9. November 1945 behandelte die Regierung den Entwurf des Verfassungsgesetzes über die Karpato-Ukraine. Šrámek vertrat dabei die Auffassung, das Gesetz, mit dem der Vertrag über die Änderung der Staatsgrenze vom 29. Juni 1945 ratifiziert

[25] NA Praha, Bestand 10, P. František Hála, Sign. 10-1/392.

werden sollte, könne erst von einer gewählten Nationalversammlung beschlossen werden. Er war nicht dagegen, diese wichtige Frage bereits in der Provisorischen Nationalversammlung beraten zu lassen, die endgültige Beschlussfassung sollte aber gemäß der Verfassung und den Prinzipien der Demokratie einem aus ordentlichen Wahlen hervorgegangenen Parlament vorbehalten sein. Šrámek erklärte in der Kabinettssitzung: „Die Provisorische Nationalversammlung ist weder ihrer Entstehung noch ihrer Organisation nach eine Nationalversammlung nach unserer Verfassung."[26] Sie hatte nur eine Kammer, der Senat fehlte.[27] Während die anderen Parteien kein Interesse an einer Wiederherstellung des Senats hatten, blieb Šrámek bei seiner Haltung und sorgte damit für heftige Diskussionen.

Der kommunistische Staatssekretär im Außenministerium Vladimír Clementis erklärte in der Sitzung, Šrámeks Auffassung lasse sich auch von einem rechtlichen Standpunkt aus nicht verteidigen. Außenhandelsminister Hubert Ripka von den Nationalen Sozialisten forderte, die Sache in der Provisorischen Nationalversammlung beraten und definitiv entscheiden zu lassen, da doch auch die Mehrheit der Bevölkerung der Grenzänderung zustimme. Besonders engagiert beteiligten sich die kommunistischen Minister an der Diskussion, fürchteten sie doch, dass viele der von ihnen durchgesetzten Entscheidungen später wieder zurückgenommen werden könnten, sollte sich die von Šrámek vertretene Auffassung durchsetzen. Klement Gottwald wandte sich entschieden dagegen, die Gesetze der Provisorischen Nationalversammlung später noch einmal zu verhandeln. Informationsminister Václav Kopecký bezeichnete diesen Gedanken gar als „reaktionäre Tuka-Verschwörung[28]", wofür er sich allerdings eine Zurechtweisung von Ministerpräsident Zdeněk Fierlinger einhandelte.[29]

---

[26] NA Praha, Bestand 100/24, Bd. 139, Akteneinheit 1495. Zápis první schůze druhé vlády osvobozené republiky, konané 9. listopadu 1945 [Protokoll der ersten Sitzung der zweiten Regierung der befreiten Republik, 9. November 1945].

[27] Die Volkspartei gehörte zu den wenigen Gruppierungen, die den Senat als zweite Kammer des Parlaments wiederherstellen wollten. Die Parteizeitung Lidová demokracie brachte im Februar 1946 einen Beitrag des Parteimitglieds Bedřich Bobek mit dem Titel „Jedna z našich ústavních otázek: soustava jedno či dvoukomorová" [Eine unserer Verfassungsfragen: ein Ein- oder Zweikammernsystem]. Bobek vertrat die Ansicht, dass für einen Staat mit nur einer Nation ein Einkammernparlament völlig ausreiche, für die ČSR jedoch ein Zweikammernparlament günstiger sei. In dessen zweiter Kammer sollten die beiden Nationen der Republik, Tschechen und Slowaken, mit jeweils der gleichen Zahl von Abgeordneten vertreten sein. Der Vorschlag sah also eine Erneuerung des Senats in veränderter Form vor. Angesichts des Widerstandes der anderen Parteien waren solche Ideen damals jedoch nicht zu verwirklichen. Vergleiche Lidová demokracie Nr. 37 vom 13.2.1946, 1.

[28] Vojtech (Béla) Tuka war von 1940 bis 1944 slowakischer Außenminister und in der Zwischenkriegszeit einer der wichtigsten Repräsentanten des slowakischen Separatismus.

[29] NA Praha, Bestand 100/24, Bd. 139, Akteneinheit 1495. Zápis první schůze druhé vlády osvobozené republiky, konané 9. listopadu 1945 [Protokoll der ersten Sitzung der zweiten Regierung der befreiten Republik, 9. November 1945].

Unterstützung fand Šrámek für seine grundsätzlichen Auffassungen nur bei den Ministern der eigenen Partei. Dennoch blieb er in der Diskussion dabei und betonte mehrfach, das Gesetz über die Karpato-Ukraine und andere Gesetze bedürften der Bestätigung durch ein ordentlich gewähltes Parlament. Dem hielt der slowakische Minister Vavro Šrobár entgegen, dass in der Ersten Republik die unmittelbar nach dem Umsturz von 1918 verabschiedeten Gesetze von der ersten gewählten Nationalversammlung auch nicht noch einmal bestätigt worden waren. Und Václav Kopecký ergänzte, dass die alte Verfassung in vielerlei Hinsicht sowieso nicht mehr „zu unseren neuen Verhältnissen" passe, und die Haltung von Šrámek und Procházka nur zu einem rechtlichen Vakuum führen würde. Entsprechend meinte Gottwald, Šrámeks Haltung sei „falsch und politisch gefährlich".

Am Ende der Diskussion beschloss die Regierung, das Gesetz in die Provisorische Nationalversammlung einzubringen und stellte klar, dass die dort verabschiedeten Gesetze keiner weiteren parlamentarischen Bestätigung bedürften. Bei der Abstimmung im Kabinett gab es lediglich einige Enthaltungen. Die Mehrheit der Minister sorgte sich, dass ein neues Parlament sonst einige Gesetze wieder einkassieren könnte, was in der Frage der Abtretung der Karpato-Ukraine zusätzlich internationale Verwicklungen hätte verursachen können. Gottwald forderte nach der Abstimmung, ins Protokoll aufzunehmen, wer sich enthalten hatte, was Ministerpräsident Zdeněk Fierlinger jedoch ablehnte, da niemand gegen den Beschluss gestimmt hatte.[30]

Ein weiteres wichtiges Feld, auf dem sich die Volkspartei engagierte, waren die Beziehungen zwischen Tschechen und Slowaken. In der Ersten Republik war sie stets für den Zusammenschluss eingetreten und hatte die Idee des Tschechoslowakismus unterstützt.[31] Der Grundgedanke dessen war, dass Tschechen und Slowaken zwei Zweige der einen tschechoslowakischen Nation seien. Der Gedanke war jedoch durch die Ereignisse seit 1938/1939 obsolet geworden, und die Politik stand vor der Aufgabe, eine neue Lösung zu finden. Die Slowaken forderten größtmögliche Autonomie und wurden dabei von den einflussreichen Kommunisten unterstützt, die hofften, dadurch die slowakischen Wähler für sich zu gewinnen. Dagegen standen einige demokratische Parteien, darunter auch die Volkspartei, die das Konzept einer Ländergliederung befürwortete. Die Tschechoslowakei sollte künftig aus den drei gleichberechtigten Ländern Böhmen, Mähren-Schlesien und der Slowakei bestehen und von einer starken Zentralregierung geleitet werden. Dieses Modell knüpfte im Wesentlichen an die Ordnung der Zwischenkriegszeit an und wurde von der Volkspartei aus mehreren Gründen favorisiert: Šrámek, der durch und durch ein mährischer Politiker war, lag die Bewahrung einer gewissen mährischen Eigenständigkeit besonders am Herzen. In der Gewährung einer weiter gehenden Autonomie für die Slowakei sah er nur eine Stärkung des slowakischen Separa-

---

30 *Ebenda.*

31 Dazu näher *John,* Miloslav: Čechoslovakismus a ČSR 1914-1938 [Der Tschechoslowakismus und die ČSR 1914-1938]. Beroun 1994.

tismus und eine Schwächung der staatlichen Einheit, die sich die Tschechoslowakei nach dem Zweiten Weltkrieg nicht erlauben konnte. Die Frage einer slowakischen Autonomie wurde bis zu den Wahlen 1946 nicht entschieden. Da die Kommunisten in der Slowakei die Wahlen verloren, nahmen sie von den Autonomieplänen Abstand, um ihren Gegnern, den slowakischen Demokraten, nicht zusätzliche Macht zu verschaffen.

Ein weiteres wichtiges Politikfeld war die Verteidigung der bürgerlichen Freiheiten. Die ČSL präsentierte sich vor den Wahlen 1946 als diejenige Partei, die in besonderem Maße für Demokratie und Freiheit eintrat. Sie bezog sich dabei auf das Vermächtnis des Staatsgründers Tomáš Garrigue Masaryk. So konnte man auf den Parteiversammlungen hören, „dass einer der grundlegenden Punkte des Programms der Volkspartei die Demokratie ist, wie sie Präsident Masaryk erklärt hat: eine Demokratie, die von der Nächstenliebe ausgeht."[32]

Mit den Fragen von Freiheit und Demokratie befasste sich die Volkspartei ausführlich in ihrem Programm. Grundlage des Staates sollte der freie Mensch sein, dem Rechte wie die Gleichheit vor dem Gesetz und die Religions-, Meinungs-, Rede- und Versammlungsfreiheit zustanden. Von ihm sollte alles staatliche Handeln seinen Ausgang nehmen, dessen Aufgabe es sei,

> alle schöpferischen Bestrebungen und freien Strömungen zu fördern, die auf das Wohl der Nation und des Staates abzielen, der diese Fülle des nationalen Lebens nicht durch totalitäre Organisationen in Fesseln legen darf, die einen großen Teil der Bürger ihrer Freiheit berauben würden.[33]

Das Parteiprogramm forderte also eine Beschränkung der Eingriffsmöglichkeiten des Staates, um die Freiheit der Bürger nicht zu gefährden. Der Staat sollte nur dort aktiv werden, wo die Kräfte des Einzelnen oder der „unteren gesellschaftlichen Formationen" nicht ausreichten. Minister Adolf Procházka drückte in seiner Rede auf dem Parteitag diesen Gedanken so aus:

> Wir wollen, dass der Staat dem Menschen hilft. Der Staat ist das Mittel und der Mensch das Ziel der menschlichen Organisation. Unser Programm ist folglich der Mensch, und mit unserer Politik wollen wir ihm alle Voraussetzungen für ein gelingendes und glückliches Leben geben.[34]

Mit dem Schutz der Menschenrechte hing auch der Schutz des Eigentums und der Freiheit des Wortes zusammen – zwei Bereiche, in denen sich die Volkspartei in besonderem Maße engagierte. Nach dem Krieg kam es in der Tschechoslowakei zu erheblichen Verschiebungen in den Besitzverhältnissen. „Verräter" und „Kollaborateure" wurden enteignet, das Vermögen der Deutschen als Basis für die Reparationen sichergestellt. Daneben spielten „Nationalisierungen" –

---

32 Lidová demokracie Nr. 142 vom 21.6.1945, 2. Bericht über eine Sitzung der ČSL am 20. Juni 1945 im Prager Stadtteil Vršovice, mit Reden von Alois Tylínek und Adolf Procházka.

33 Program Československé strany lidové 3.

34 *Procházka:* Lidová strana v Národní frontě 16.

womit die weitgehenden Verstaatlichungen bezeichnet wurden – eine große Rolle, zu denen es damals auch in anderen europäischen Ländern (zum Beispiel in Großbritannien) kam.

Mit der „Nationalisierung" rechneten alle, und auch die Volkspartei stellte sich nicht gegen sie. Sie verteidigte die Verstaatlichungen unter anderem mit einem Gedanken aus der päpstlichen Enzyklika „Quadragesimo anno":

Schließlich bemüht man sich mit Recht darum, dass bestimmte Arten von Gütern dem Staat vorbehalten bleiben, weil sie ihren Eigentümern eine so große Macht verleihen, wie sie Privatpersonen nicht zugestanden werden kann, wenn das Interesse der Gesamtheit nicht gefährdet werden soll.[35]

Im Parteiprogramm heißt es dazu:

Das freie Spiel privater Interessen muss auf das Interesse der Gesamtheit ausgerichtet sein, und zwar in der Produktion wie im Verbrauch, um Wirtschaftskrisen vorzubeugen. Die Volkspartei, die die Gewerbefreiheit, das private Handels- und Industrieunternehmertum ebenso wie die freien Berufe schützt, sucht an, weitere Nationalisierungen nur dann zuzulassen, wenn es das Gemeinwohl erfordert und die unternehmerische Initiative dadurch nicht gefährdet wird.[36]

So ging es in den Auseinandersetzungen also vor allem um den Umfang der „Nationalisierungen". Die Volkspartei war mit Rücksicht auf die Gewerbetreibenden für einen geringeren Umfang, während Kommunisten und Sozialdemokraten die Verstaatlichungen möglichst weit treiben wollten. In den Verhandlungen darüber kam es immer wieder zu heftigem Streit. Der kommunistische Informationsminister Václav Kopecký sprach in einer Kabinettssitzung sogar ganz offene Drohungen aus: „Es hätte für die tschechische Volkspartei des katholischen Volkes als eine christlich-soziale Partei im Land von Jan Hus gewiss ungünstige Folgen, wenn sie die natürliche Entwicklung bremsen wollte."[37] Darauf antwortete zunächst František Hála, der erklärte, die Volkspartei wolle „schlichtweg nichts bremsen und die Verhandlungen nicht aufhalten".[38] Minister Procházka antwortete dagegen wesentlich schärfer auf Kopecký:

Der Volkspartei wird eine angemessene Möglichkeit zur Teilnahme an den Verhandlungen und zur angemessenen Zusammenarbeit mit den Parteien des sozialistischen Blocks[39] vorenthalten. Deshalb kommen sich die Minister der Volkspartei oft vor, als wären sie hinter dem Zaun und würden nur durch den Zaun in den Garten schauen, in dem die anderen Par-

---

35 *Hlobil,* Jaroslav: Vývoj politických stran v národě českém a ideový podklad Československé strany lidové [Die Entwicklung der politischen Parteien im tschechischen Volk und die ideologische Grundlage der Tschechoslowakischen Volkspartei]. Uherské Hradiště 1946, 14.

36 Program Československé strany lidové 5.

37 *Jech,* Karel/*Kaplan,* Karel (Hgg.): Dekrety prezidenta republiky 1940-1945 [Die Dekrete des Präsidenten der Republik 1940-1945]. Bd. 2. Brno 1995, 538.

38 *Ebenda* 543.

39 Die drei sozialistischen Parteien hatten am 8. Juni 1945 ein Abkommen über das „gemeinsame Vorgehen der Parteien des nationalen Blocks des werktätigen Volkes der Städte und Dörfer" unterzeichnet. Ihr Bündnis wurde kurz „Socialistický Blok" (Sozialistischer Block) genannt.

teien sind [...]. Die Situation der Minister der Volkspartei ist sehr unangenehm. Sie bekommen alles fertig auf den Tisch, und jedes Wort der Kritik und jede Anmerkung gelten dann als grundsätzliche Ablehnung. Es muss für die Minister der Volkspartei eine Überraschung sein, wenn sie auf einmal im Právo lidu lesen, dass die Augen der ganzen Welt auf uns gerichtet sind, dass wir uns auf die Nationalisierung der Schlüsselindustrie geeinigt haben und dass die entsprechenden Dekrete so bald wie möglich erlassen werden. Dabei ist den Ministern der Volkspartei über diese Sache nichts bekannt. Dadurch kommt es zu Situationen, die schlicht nicht wünschenswert sind, und das einzige Mittel dagegen besteht darin, die Volkspartei stärker in die Zusammenarbeit einzubeziehen.[40]

Procházka rief alle Parteien dazu auf, mit dem Mittel der Nationalisierung zurückhaltend umzugehen und erst die Parlamentswahlen abzuwarten. Für die Volkspartei erklärte er, sie sei die Partei der christlichen Demokratie und „immer die Partei der kleinen verarmten Leute, vielleicht ärmer noch als die Angehörigen der kommunistischen Partei" gewesen.[41]

Am Ende der langen Verhandlungen im Herbst 1945 hatten die sozialistischen Parteien die meisten ihrer Verstaatlichungsvorhaben durchgesetzt. Nur in wenigen Fällen war es der Volkspartei gelungen, den Umfang der „Nationalisierungen" zu reduzieren. So wurden einige Brauereien und einige andere Betriebe von der Verstaatlichung wieder ausgenommen.

Ein weiteres Streitthema war der Schutz der Meinungsfreiheit. Die Volkspartei setzte sich schon deshalb sehr dafür ein, weil es auch um ihre Wochenzeitung „Obzory" (Horizonte) ging. In der Redaktion der Obzory trafen sich damals einige der führenden tschechischen Journalisten, darunter Pavel Tigrid und die Nichte Karel Čapeks, Helena Koželuhová. Die Zeitung behandelte Themen aus den Bereichen Kultur und Politik und zeichnete sich dadurch aus, dass sie auch über eine Reihe von Themen schrieb, über die sonst in jener Zeit nicht gesprochen wurde. Große Aufmerksamkeit widmete sie der katastrophalen Situation in den Sammellagern und den Nachkriegsexzessen wie beispielsweise in Bílina (Bilin) oder Česká Kamenice (Böhmisch Kamnitz). Sie berichtete auch über das Leben im Westen. Natürlich passte eine solche Zeitung den Kommunisten nicht ins Konzept. Sie beherrschten damals das für Presseangelegenheiten zuständige „Ministerstvo informací" (Informationsministerium) und versuchten erstmals im Herbst 1945 mit dessen Hilfe die Obzory unter einem Vorwand zu verbieten. Die Volkspartei nahm den Fall zum Anlass für eine breitere Auseinandersetzung über die Meinungsfreiheit. Durch sein energisches Auftreten in dieser Sache erreichte Šrámek, dass die Obzory bis 1948 ungehindert erscheinen konnten. Es mag paradox erscheinen, dass sich gerade Šrámek für die Einführung einer geregelten Zensur einsetzte. Dadurch wäre aber die Presseaufsicht dem von den Kommunisten beherrschten Informationsministerium entzogen worden, was bei diesen natürlich auf Widerstand stieß. Der Konflikt endete aber im Grunde einvernehmlich.

---

40 *Jech/Kaplan* (Hgg.): Dekrety prezidenta republiky 1940-1945, 543 f.

41 *Ebenda* 544.

Ein weiterer Bereich, für den sich die Volkspartei besonders einsetzte, war der Schutz der Rechte der Kirche, der Erhalt ihrer Feiertage, ihres Besitzes und ihrer Schulen. Auf diesem Feld konnte die ČSL ihre größten Erfolge verbuchen. Die kirchlichen Rechte blieben weitgehend unangetastet. Die Kommunisten versuchten zwar, den Einfluss der Kirche zu beschränken, wollten sich aber vorläufig den noch starken Konkurrenten nicht völlig zum Feind machen. Daher gingen sie vorerst nicht gegen die kirchlichen Besitzungen, Schulen und Einrichtungen vor. Auch der Sonntag als arbeitsfreier Tag blieb unangetastet, und das Gesetz über die Anpassung der Feiertage behielt eine große Zahl katholischer Feiertage bei.[42]

Sehr aktiv war die Volkspartei auch auf ihren traditionellen Politikfeldern. Immer wieder kämpfte sie gegen die allgemeine Demoralisierung an, die sich in der Nachkriegsgesellschaft breit gemacht hatte. So wandte sich beispielsweise Adolf Procházka dagegen, dass sogar kleine Kinder bei Hinrichtungen zusahen.

Natürlich war auch die Aussiedlung der Deutschen aus der Tschechoslowakei ein Thema für die Volkspartei. In ihrem Programm rechtfertigte sie das Vorgehen gegen die Minderheit folgendermaßen: „Die Frage der nationalen Minderheiten in Mitteleuropa lässt sich im Interesse des Weltfriedens nicht anders lösen als durch die Abschiebung der deutschen und magyarischen Minderheiten.“[43] Der Standpunkt der ČSL deckte sich in dieser Frage also mit der allgemeinen Stimmung in der tschechischen Gesellschaft. Das harte Vorgehen gegen die Deutschen wurde als gerecht bewertet und sollte der Existenzsicherung des tschechoslowakischen Staates dienen.

Proteste gegen die Abschiebung waren die Ausnahme. Meist beschränkten sie sich auf Aufrufe, die Deutschen anständig zu behandeln, die unter dem Eindruck der Gewalt in der Phase der so genannten wilden Vertreibungen verfasst wurden. Ein Beispiel für diese Art von Protesten ist die Denkschrift der tschechischen und slowakischen katholischen Bischöfe an die Regierung vom 15. November 1945. Darin forderten sie einen menschenwürdigen Umgang mit den Deutschen und Magyaren. Der sozialdemokratische Ministerpräsident Zdeněk Fierlinger erkannte in einem Antwortschreiben vom 7. Dezember 1945 die Kritik der Bischöfe als im Grunde berechtigt an und erklärte:

> Es ist notwendig, dass es zukünftig nicht zu Härten kommt, die wohl in einigen Fällen die verständliche Erregung der revolutionären Tage mit sich gebracht hat, und man muss insbesondere bei der Durchführung der Abschiebung human vorgehen.[44]

---

42 *Vaško:* Neumlčená 120. — Das Gesetz erkannte folgende Feiertage an: Neujahr, den Dreikönigstag (6. Januar), Karfreitag, Ostersonntag, Fronleichnam, Peter- und Paulstag (29. Juni), Mariä Himmelfahrt (15. August), den ersten und zweiten Weihnachtsfeiertag. Darüber hinaus blieben Ostermontag und Pfingstmontag arbeitsfrei.

43 Program Československé strany lidové 8.

44 Slovenský národný archív [Slowakisches Nationalarchiv, SNA], Bratislava, Bestand Ján Ursíny, Sign. 14-1/42/1.

Im konkreten politischen Alltag ging es der Volkspartei darüber hinaus vielfach um wesentlich niedriger gesteckte Ziele. So trat Šrámek für eine Erhöhung der Ministergehälter ein und begründete das mit den Worten: „Man muss diese Dinge unter dem Gesichtspunkt der wirklichen Demokratie betrachten, in der die Mitglieder der Regierung mehrheitlich keine vermögenden Leute sind.“[45]

Fazit

An ausgewählten Beispielen wurden die Probleme der Politik der Volkspartei nach dem Krieg sichtbar. Die Lage war für die ČSL nicht einfach, da sie in den Kommunisten erfahrene und starke Gegner hatte, und die revolutionäre Stimmung jener Zeit für die Anschauungen des politischen Katholizismus nicht gerade günstig war. Für die Volkspartei ergab sich daraus immer wieder die Gefahr, als reaktionär abgestempelt und zu den Feinden des neuen Regimes gerechnet zu werden. Deshalb musste sie sehr vorsichtig vorgehen. Die Bilanz ihrer Politik fällt zwiespältig aus. Einerseits konnte die Volkspartei sich nur in wenigen Fragen durchsetzen, andererseits war sie aber doch ein bedeutender Faktor, der das politische Geschehen mitbestimmte und zur relativen Freiheit und Demokratie in der Tschechoslowakei in den unmittelbaren Nachkriegsjahren beitrug.

Die Entwicklung nahm dann eine andere Richtung, als sich Šrámek und seine Parteifreunde gewünscht hatten. Nach nicht einmal drei Jahren kam es zur Februarkrise, in der Šrámek mit Rücksicht auf seine demokratischen Kollegen zum ersten Mal von seinen politischen Grundsätzen abwich, ihrem Drängen nachgab und aus Protest gegen die Maßnahmen des kommunistischen Innenministers zurücktrat. Das wurde ihm und der tschechoslowakischen Demokratie insgesamt zum Verhängnis. Die Kommunisten zwangen daraufhin Präsident Beneš, die Demissionen anzunehmen und stellten fortan allein die Regierung. Dies bedeutete den Beginn der kommunistischen Diktatur, die sich bis 1989 hielt. In dieser Zeit war der politische Katholizismus praktisch bedeutungslos. Die ČSL wurde nach dem Februar 1948 nur noch geduldet, um die Akzeptanz des neuen Regimes bei der katholischen Bevölkerung zu verbessern. Das ist aber bereits eine andere Geschichte.

Aus dem Tschechischen von Stefan Niedermeier

---

45 NA Praha, Bestand 100/24, Bd. 139, Akteneinheit 1495, Zápis z 30. schůze vlády konané dne 10. července 1945 [Protokoll der 30. Sitzung der Regierung, 10. Juli 1945].

Jaroslav Cuhra

DER VATIKAN UND DIE TSCHECHOSLOWAKEI 1945-1948

Nach dem Kriegsende im Jahr 1945 nahm die Tschechoslowakei erneut diplomatische Beziehungen zum Vatikan auf, und zwar auf einer wesentlich höheren Ebene als die Mehrheit der Staaten der sowjetischen Einflusssphäre.[1] Rein äußerlich knüpften Prag und Rom an den Vorkriegsstand an, der durch den Modus vivendi von 1928 bestimmt wurde, ein Abkommen, das in fünf Punkten die bis dahin strittigen Fragen im Verhältnis zwischen dem Staat und der katholischen Kirche geklärt hatte. In einem sechsten Punkt wurde präzisiert, dass darüber hinaus die geltenden tschechoslowakischen Gesetze anzuwenden seien. Im März 1947 betonte Außenminister Jan Masaryk in einer Rede vor dem „Ústavodárné národní shromáždění“ (Verfassungsgebende Nationalversammlung):

> Wir halten den Modus vivendi für die politische Grundlage, auf der wir unser Verhältnis zum Heiligen Stuhl aufbauen wollen und hoffen, dass wir bei ihm vollstes Verständnis für diese unsere Bestrebung finden werden, die nicht nur vom Interesse des Staates geleitet ist, sondern auch von dem der katholischen Kirche.[2]

Die Nuntiatur in Prag wurde vergleichsweise schnell wiederbesetzt. Bereits am 20. September 1945 kam Monsignore Raffaele Forni als Geschäftsträger nach Prag. Die tschechoslowakische Regierung wurde seitdem von František Schwarzenberg in Rom vertreten. Am 11. Juni 1946 übernahm der Nuntius der Vorkriegszeit, Saverio Ritter, nun im Rang eines Internuntius, die Leitung der Prager Nuntiatur, am 16. August 1946 überreichte dann der neue tschechoslowakische Gesandte Artur Maixner sein Beglaubigungsschreiben im Vatikan. Die Prager Regierung hatte also angesehene katholische Persönlichkeiten nach Rom geschickt und unterstrich ihren guten Willen zudem durch die Schaffung der neuen Funktion eines Kirchenrates, mit der der Priester Jaromír Machula betraut wurde.[3]

---

1 Nur Jugoslawien und Rumänien unterhielten ebenfalls diplomatische Beziehungen zum Heiligen Stuhl. *Mulík,* Peter: Cirkev v tieni totality [Kirche im Schatten des Totalitarismus]. Trnava 1994.

2 Archiv Ministerstva zahraničních věcí České republiky [Archiv des Ministeriums für Auswärtige Angelegenheiten der Tschechischen Republik, künftig AMZV], Praha, Bestand A – generální sekretariát [Generalsekretariat], 1945-1954, Karton 154.

3 Machula hatte während des Krieges zwischen dem Vatikan und der tschechoslowakischen Exilregierung vermittelt und einen wichtigen Beitrag zur Wieder- bzw. Neuaufnahme der diplomatischen Beziehungen zwischen Prag und Rom geleistet. Vergleiche *Machula,* Jaromír: Vatikán a Československo (1938-1948) [Der Vatikan und die Tschechoslowakei (1938-1948)]. Praha 1998.

Der Krieg und seine Folgen mussten sich jedoch zwangsläufig in den beiderseitigen Beziehungen niederschlagen. An erster Stelle ist zu erwähnen, dass schon die Wiederaufnahme der Beziehungen nicht gerade einfach verlief, und das nicht nur auf Grund des kommunistischen (sowjetischen) Widerstandes. Präsident Edvard Beneš war der Meinung, der Vatikan habe seine Bemühungen um eine Wiederherstellung der Tschechoslowakei im Krieg nicht genügend unterstützt, und erklärte vor der Abreise Schwarzenbergs nach Rom: „Wir halten die diplomatischen Beziehungen für neu geknüpft, denn der Vatikan hatte den slowakischen Staat anerkannt."[4] Aus seiner Sicht ging es also keineswegs um Kontinuität, sondern um einen Neuanfang, der mit einer Reihe von Änderungen verbunden sein würde. Diese Meinung wurde in den politischen Kreisen Prags geteilt. Das distanzierte Verhältnis zu Rom dürfte auch in persönlichen Animositäten und einigen Unhöflichkeiten aus den Kriegsjahren seine Ursache gehabt haben.[5] Rom wünschte dagegen eine Rückkehr zu den früheren Beziehungen und hielt an der Kontinuitätsthese im diplomatischen Verkehr mit Prag fest.[6] Wenig hilfreich wirkte die Haltung des Außenministers Jan Masaryk, der die Aufnahme der Beziehungen zwar für sinnvoll hielt, mit Blick auf seine Arbeitsbelastung diese Angelegenheit jedoch seinem Staatssekretär Vladimír Clementis überließ. Der sah als Mitglied der „Komunistická strana Československa" (Kommunistische Partei der Tschechoslowakei, KSČ) in der Aufnahme guter Beziehungen zum Vatikan offenkundig keine Priorität der tschechoslowakischen Außenpolitik; und wenn er die Sache angesichts der offiziellen Forderungen auch nicht ganz hintertreiben konnte, so konnte er doch eine ganze Reihe formaler Hindernisse aufbauen.

Letzten Endes kam es so nicht nur zu einer Reihe von Verzögerungen und Konflikten; die Beziehungen erreichten auch nicht mehr das Vorkriegsniveau. Ritter konnte deshalb sein Amt 1946 – wie bereits erwähnt – nur im niedrigeren Rang eines Internuntius (Gesandten) antreten und nicht als Nuntius (Botschafter). Das lag auch daran, dass die sowjetische Regierung ihren Botschafter Valerian A. Zorin als Doyen des diplomatischen Korps in Prag sehen wollte, eine Position, die aber üblicherweise dem Nuntius des Papstes vorbehalten war.

Clementis vertrat zudem im Gegensatz zu seinem Minister die Auffassung, dass der Modus vivendi nicht die Grundlage für die Beziehungen zum Vatikan sein könne, da er nicht vom Parlament bestätigt worden war, und die Kirche ihn im Krieg mit der Ernennung slowakischer Bischöfe verletzt hatte. Die Frage der Wirksamkeit des Modus vivendi war auch aus Sicht der Kirche nicht eindeutig geklärt. Für Rom stand jedoch vor allem die Enteignung kirchlichen Grundbesitzes im Rahmen der Bodenreform im Widerspruch zu diesem Ab-

4 *Ebenda* 127.

5 Vergleiche *Hrabovec,* Emilia: Der tschechische Katholizismus nach dem Ersten Weltkrieg aus der Sicht des Heiligen Stuhls. In: Bohemia 45/2 (2004) 396-429.

6 *Machula:* Vatikán a Československo. — *Halas,* František X.: Fenomén Vatikán: idea, dějiny a současnost papežství, diplomacie Svatého stolce, České země a Vatikán [Phänomen Vatikan: Idee, Geschichte und Gegenwart des Papsttums, die Diplomatie des Heiligen Stuhls, die böhmischen Länder und der Vatikan]. Brno 2004. — Siehe dazu auch den Beitrag von Emilia *Hrabovec* in diesem Band.

kommen.[7] Die Auseinandersetzung über die Bodenreform führte zu mehreren Protestbriefen der Bischöfe und wiederholten Interventionen des Internuntius. Es gab eine Reihe von Protestnoten des Vatikans in dieser Sache, die noch vor dem Februarumsturz von 1948 in einer besonders scharfen Note gipfelten, die am 12. November 1947 überreicht wurde. Die Kirche betonte in ihren Interventionen stets, dass eine Annahme des Gesetzes über die Bodenreform in der vorliegenden Fassung beziehungsweise die bereits laufenden Enteignungen gegen den Modus vivendi verstießen und die Kirche sich daher gehindert sehe, ihrerseits das Abkommen von 1928 anzuwenden. Im Oktober 1946 hieß es im Zusammenhang mit den Besitzungen der Zisterzienser von Vyšší Brod (Hohenfurth) in einer Note der Nuntiatur an das Außenministerium sogar:

> Derartige Fälle haben allmählich System und viele fragen sich tief verstört, ob wir nicht am Beginn einer religiösen Verfolgung stehen, die sich, nachdem sie mit dem langsamen, aber steten Raub des Kirchenbesitzes begann, mit Hilfe einer unwürdigen und niederen Verleumdungskampagne entfaltet.[8]

Wenn auch die Vertreter einiger demokratischer Parteien im Zusammenhang mit diesen Protesten noch versuchten, den Gesetzestext zu ändern und über den kirchlichen Grundbesitz gesondert zu verhandeln, so dominierte doch der kommunistische Standpunkt, und der Gesetzentwurf ging schließlich unverändert in das Parlament. Der kirchliche Protest wurde von der Politik weitgehend mit Schweigen übergangen.

Die Nationalversammlung befasste sich endgültig erst im März 1948, also nach der kommunistischen Machtübernahme, mit dem Gesetz über die Bodenreform und verabschiedete es folglich in dem von den Kommunisten gewünschten Wortlaut. Auf die Note des Vatikans antwortete ebenfalls erst das kommunistische Regime, und zwar am 16. März 1948 – sechs Tage nach dem Tod Jan Masaryks – und erklärte, dass die Regierung bereit sei, über das Außenministerium Verhandlungen über eine finanzielle Absicherung der „Erfüllung der kirchlichen Aufgaben" durch staatliche Zuwendungen zu führen. Das Angebot sah vor, der Kirche für die ihr infolge der Bodenreform entgehenden Erträge aus Grundeigentum eine regelmäßige Kompensation aus dem Staatshaushalt zu gewähren. Die Regierung erwartete darüber hinaus die Verhandlung

---

7 Die Lage wurde dadurch erschwert, dass die Bodenreform in drei Stufen erfolgte. Den ersten Schritt bildeten mehrere Dekrete des Präsidenten der Republik, vor allem Nr. 12/1945 über die „Einziehung des Vermögens der Deutschen, Magyaren sowie Verrätern und Feinden des tschechischen und slowakischen Volkes", das auch gegen die Besitzungen der geistlichen Orden angewendet wurde. Bei der zweiten Etappe handelte es sich um eine Revision der Bodenreform von 1919, bei der Grundbesitz über 50 Hektar enteignet worden war. Von der im Juli 1947 beschlossenen Revision wurden die kirchlichen Besitzungen nicht ausgenommen. Die dritte Stufe bildete das Gesetz über das Grundeigentum, das gerade im parlamentarischen Verfahren war und Güter über 30 Hektar enteignen sollte. Vergleiche *Janišova,* Milena/*Kaplan,* Karel (Hgg.): Katolická církev a pozemková reforma 1945-1948. Dokumentace [Die katholische Kirche und die Landreform 1945-1948. Eine Dokumentation]. Praha–Brno 1995.

8 *Machula:* Vatikán a Československo 145.

weiterer offener Fragen, wie die Angleichung der kirchlichen Amtsbezirke an die Staatsgrenzen.[9]

Ein weiteres Gesetzesvorhaben der Regierung, das die Kirche sehr beschäftigte, betraf die Einführung eines einheitlichen staatlichen Schulwesens. Die Debatte hierüber wurde durch die bestehenden Unterschiede zwischen den entsprechenden Regelungen im tschechischen und slowakischen Landesteil erschwert. In der Slowakei hatte die Verstaatlichung des Schulwesens bereits während des Nationalaufstandes begonnen und war mit der Verordnung Nr. 34/1945 des Slowakischen Nationalrates im Mai 1945 weitergeführt worden. Hieran knüpfte die Verordnung Nr. 80/1945 an, mit der auch die Internate, einschließlich der so genannten kleinen Seminare, unter staatliche Aufsicht gestellt wurden. Die kleinen Seminare dienten der Vorbereitung auf ein Theologiestudium und waren für die Kirche deshalb von besonderer Bedeutung. Proteste des slowakischen Episkopats und Petitionen der Gläubigen brachten jedoch keine Änderung. Angriffen auf das kirchliche Schulwesen sah sich bald auch die tschechische Kirche ausgesetzt. Die neue Schulkonzeption, vorbereitet von dem kommunistischen Minister für Bildungs- und Schulwesen Zdeněk Nejedlý, sah für die böhmischen Länder die gleichen Maßnahmen vor wie für die Slowakei. Entschiedene Proteste der Bischöfe und Gläubigen und die Übernahme des Bildungsministeriums durch Jaroslav Stránský konnten diese Pläne vorübergehend stoppen. Die Sache war aber nur aufgeschoben. Kurz nach dem Februarumsturz 1948, noch im April desselben Jahres, wurde das neue Schulgesetz verabschiedet. Die darin enthaltenen Regelungen machten das Fortbestehen kirchlicher Schulen faktisch unmöglich. Der Vatikan engagierte sich mehrfach in dieser Frage und intervenierte auch nach der Verabschiedung des Gesetzes. Dabei war sich Rom der schwierigen Situation der Kirche in der Tschechoslowakei sehr wohl bewusst und stellte keine übertriebenen Forderungen. Das musste selbst das von den Kommunisten beherrschte Außenministerium zugeben. In einer Einschätzung hieß es, der Vatikan akzeptiere im Wesentlichen die vorgenommenen Änderungen und habe keine übertriebenen Ansprüche. Das wird auch in einer Note vom 31. März 1948 deutlich:

> Die Apostolische Internuntiatur ist glücklich, feststellen zu können, dass der oben erwähnte Gesetzentwurf viele Sachen enthält, die einfach richtig und zweckmäßig sind. Sie kann die Bestimmungen nur begrüßen, die darauf abzielen, allen, auch den Ärmsten, die Möglichkeit zu geben, sich zu bilden und die hohen Ziele der Wissenschaft zu erreichen.[10]

Erst nach dieser höflichen Einleitung folgt der Einwand, dass das Gesetz die Existenz nichtstaatlicher Schulen unmöglich machen und damit der Kirche eines ihrer traditionellen Rechte entziehen würde. Die Regierung möge doch „noch einmal über den Entwurf nachdenken, damit dort Änderungen vorgenommen werden, die geeignet sind, ihr dieses Recht zu bewahren." Besonders bemerkenswert ist dabei, dass der Heilige Stuhl offen signalisierte, dass es der Kirche vor allem um das Recht auf die Erteilung von Schulunterricht gehe, sie

---

9 AMZV, Bestand A – generální sekretariát [Generalsekretariat], 1945-1954, Karton 154.
10 *Ebenda.*

aber bereit sei, auf dessen Nutzung weitgehend zu verzichten. Sie wolle daher keine Schulen für Kinder unter 15 Jahren einrichten und nur die kleinen Seminare weiter unterhalten.[11]

Grundsätzlich lässt sich zusammenfassen, dass sich die Wiederaufnahme der bilateralen Beziehungen zwar relativ kompliziert gestaltete, es bis zum Februar 1948 jedoch weder für die Tschechoslowakei noch für den Vatikan einen Grund gab, das Verhältnis als ausgesprochen konflikthaft zu bewerten. Diese Einschätzung wird auch durch die Haltung des Vatikans zum Prozess gegen Jozef Tiso und zur Vollstreckung des Todesurteils am 18. April 1947 bestätigt. Das Vorgehen des Staates gegen den katholischen Priester führte zu keiner nennenswerten Beeinträchtigung der offiziell wohlwollenden Haltung des Vatikans gegenüber der Tschechoslowakei, was Monsignore Forni sogar bei der Übergabe eines Gnadengesuchs für Tiso zum Ausdruck brachte: „Der Heilige Stuhl wird, was auch geschehen mag, nicht von seiner bisherigen Linie im Verhältnis zur Tschechoslowakei abrücken."[12]

Das bedeutet nun allerdings auch nicht, dass die Hinrichtung Tisos von Rom nicht als Fehler gewertet worden wäre. Mehrere Vertreter des Vatikans wiesen in inoffiziellen Kommentaren darauf hin, dass die Ablehnung des Gnadengesuchs zeige, wie groß die Abhängigkeit der demokratischen Politiker, einschließlich Präsident Benešs, vom unnachgiebigen Standpunkt der Kommunisten bereits sei. Zugleich werde damit die Idee der tschechoslowakischen Einheit untergraben, denn die Reaktion der slowakischen Gläubigen, ja der Slowaken insgesamt, könne nur ausgesprochen antitschechisch ausfallen. Ebenso mit Erstaunen und Ablehnung wurde das tschechische Drängen auf Absetzung und Bestrafung einiger slowakischer Bischöfe aufgenommen, denen eine zu enge Kooperation mit dem slowakischen Kriegsregime und damit eine Mitschuld an dessen Verbrechen zur Last gelegt wurde.[13] Überhaupt wurde das Verhältnis zwischen Tschechen und Slowaken im Vatikan mit großer Aufmerksamkeit verfolgt, zeigte sich hier doch, wie gering die Chancen der Tschechoslowakei waren, sich wenigstens eine begrenzte Eigenständigkeit zu bewahren.

---

11 *Ebenda.*

12 *Vaško,* Václav: Neumlčená. Kronika katolické církve v Československu po druhé světové válce [Die nicht zum Schweigen gebrachte Kirche. Chronik der katholischen Kirche in der Tschechoslowakei nach dem Zweiten Weltkrieg]. Teil 1. Praha 1990, 156 f.

13 Es ging vor allem um die Bischöfe Ján Vojtaššák und Michal Buzalka. Die staatliche Seite bestand nicht nur auf ihrer Abberufung, sondern strengte auch einen Prozess an. Verhaftet und kriminalisiert wurde jedoch eine weit größere Zahl slowakischer Geistlicher. Vergleiche *Vnuk,* František (Hg.): Dokumenty o postavení katolíckej církvi na Slovensku v rokoch 1945-1948 [Dokumente zur Stellung der katholischen Kirche in der Slowakei in den Jahren 1945-1948]. Martin 1998. — *Letz,* Róbert (Hg.): Boli traja. Zborník materiálov z vedeckej konferencie o politickom procese so slovenskými katolíckymi biskupmi J. Vojtaššákom, M. Buzalkom a P. Gojdičom v Bratislave 19. januára 2001, doplnený o autentické archívne dokumenty a fotografie [Es waren drei. Sammelband mit den Materialien der wissenschaftlichen Konferenz über die politischen Prozesse gegen die slowakischen katholischen Bischöfe J. Vojtaššák, M. Buzalka und P. Gojdič in Bratislava am 19. Januar 2001, ergänzt durch authentische Archivdokumente und Fotografien]. Bratislava 2001.

Pius XII. rief bei einer Audienz die slowakischen Bischöfe zu möglichst enger Kooperation auf. Leider ist festzustellen, dass dies nicht immer in überzeugender Weise realisiert wurde. Das zeigte sich beispielsweise an der Haltung der Bischöfe zu den Abschiebungen und Internierungen auf der Grundlage der nationalen Zugehörigkeit. Die slowakischen Bischöfe widmeten dieser Frage wesentlich größere Aufmerksamkeit als ihre tschechischen Amtsbrüder. Anders als in einigen tschechischen oder gemeinsamen Erklärungen operierten sie nicht nur mit allgemeinen Aussagen, sondern wiesen auf die ganz konkrete Situation hin, so in einem Brief an Präsident Beneš vom 8. Januar 1946, in dem sie die genaue Zahl der Internierten angaben und die Gewalt ansprachen, der diese ausgesetzt waren.[14] So ganz eindeutig lässt sich dieses Vorgehen natürlich nicht interpretieren, denn zwischen den Zeilen könnte man auch gewisse Vorbehalte gegen die Regierung in Prag und damit gegen die Tschechen herauslesen, die die Hauptverantwortung für die Missstände trügen und solche rechtlosen Zustände auch in der Slowakei einführten. Ebenso können solche Briefe der Selbstdarstellung und dem Schutz der slowakischen Bischöfe gedient haben, die betonten, dass sie sich schon im Krieg für die Juden eingesetzt hätten und nun für die Deutschen und Magyaren eintreten müssten.

Die Frage der Aussiedlungen nahm in den bilateralen Beziehungen zwischen Prag und Rom bei weitem nicht so eine zentrale Stellung ein wie im Verhältnis zwischen Rom und Warschau.[15] Die klare Ablehnung der Vertreibungen und Deportationen aus Polen durch den Papst bedeutete für die polnische Kirche und Stanisław Mikołajczyks Volkspartei einen schweren Schlag. Im tschechoslowakischen Fall wurden Appelle an die Menschlichkeit und zur Vermeidung unschuldiger Opfer dagegen allenfalls angedeutet. Nur in wenigen Einzelfällen wurde Rom deutlicher. Das betraf insbesondere den Bischof von Litoměřice (Leitmeritz), Anton Weber, der trotz seines klar belegten Antifaschismus isoliert und an der Amtsführung gehindert wurde. Die Intervention blieb jedoch erfolglos, und Weber wurde im November 1947 durch Štěpán Trochta ersetzt.[16] Zu der Frage, warum die tschechische Kirchenführung in der Frage der Aussiedlungen geschwiegen hat, ist an dieser Stelle festzuhalten, dass dies nicht nur dadurch zu erklären ist, dass ein Teil der Bischöfe bittere Erfahrungen im Krieg gemacht hatte. Unzweifelhaft spielte darüber hinaus eine Rolle, dass einige der Diözesen zum Zeitpunkt der Aussiedlungen nicht besetzt waren. Von den mit Litoměřice sechs Diözesen in den böhmischen Ländern waren bis zum Sommer 1946 nur Hradec Králové (Königgrätz) und Olomouc (Olmütz) besetzt.[17]

---

14 *Vnuk:* Dokumenty o postavení katolíckej cirkvi 25-28.

15 Siehe dazu *Żaryn,* Jan: Stolica Apostolska wobec Polski i Polaków 1944-1958 [Der Heilige Stuhl gegenüber Polen und den Polen 1944-1958]. Warszawa 1998.

16 *Novosad,* Jaroslav: Štěpán Trochta: Svědek „T" [Štěpán Trochta. Der Zeuge „T"]. Praha 2001, 67-71.

17 *Vaško:* Neumlčená. Teil I., 140-142. — *Boháč,* Zdeněk: Atlas církevních dějin českých zemí 1918-1999 [Atlas zur Kirchengeschichte der böhmischen Länder 1918-1999]. Kostelní Vydří 1999, Abbildung 42.

Betrachten wir das Verhältnis der Prager Regierung zum Vatikan in der Zeit vor dem Februarumsturz aus einigem Abstand, so entdecken wir darin Widersprüche, die schon früher für die tschechoslowakische Außenpolitik kennzeichnend gewesen waren und es wohl auch heute noch sind. Das Zentrum der römisch-katholischen Kirche war gewissermaßen eine terra incognita, von der man im Außenministerium nicht genau wusste, ob sie eine nähere Beschäftigung lohne. In den Erinnerungen des Paters Jaromír Machula, der damals in der tschechoslowakischen Vertretung in Rom tätig war, wird an vielen Stellen deutlich, dass teilweise selbst den demokratischen Politikern das Verständnis für den Wert dieser Beziehungen fehlte und sie Nachrichten aus dem Vatikan nicht besonders ernst nahmen.[18]

Ganz anders war die Haltung des Heiligen Stuhls. Zwar sah man in Rom, dass die Tschechoslowakei keine Aussichten auf die Bewahrung der Demokratie und auf ausgewogene bilaterale Beziehungen bot. Skepsis und Zweifel am „gemäßigten Charakter" der tschechoslowakischen Kommunisten überwogen, und ein gewisses Maß an Vertrauen setzte der Vatikan oftmals allein in die persönliche Autorität Edvard Benešs. Doch war die Aussicht auf einen Brückenkopf hinter dem Eisernen Vorhang verlockend genug, um sich intensiver mit Prag zu beschäftigen. Mit Hilfe der diplomatischen Vertretung war es möglich, ein verhältnismäßig realistisches Bild über das Leben in der kommunistischen Tschechoslowakei und in einigen Nachbarstaaten zu gewinnen. In der Phantasie der Kommunisten wurde dieser Ansatz jedoch schon bald dahingehend umgedeutet, dass man dahinter den Aufbau eines Spionagenetzwerkes vermutete, in dessen Zentrum sich angeblich der Prager Geschäftsträger Gennaro Verolino befand, der den wegen Krankheit abwesenden Internuntius Ritter vertrat.[19] Verolino wurde im Juli 1949 nach wiederholten Provokationen während einer Reise durch die Slowakei aus dem Lande gejagt.

Auch eine weitere Maßnahme der Kirche war geeignet, Verdacht zu erregen. Auf Initiative der tschechoslowakischen Bischöfe, vor allem des Prager Erzbischofs Josef Beran, und mit klarer Unterstützung durch Pius XII. begann zu Weihnachten des Jahres 1947 die tschechoslowakische Sektion von „Radio Vatikan" regelmäßig zu senden. Die zunächst knapp viertelstündigen Sendungen religiösen Inhalts, die schon bald ausgeweitet wurden, hatten nicht nur symbolische Bedeutung. Die Störung des sich gerade etablierenden Informationsmo-

---

[18] Siehe dazu *Machula:* Vatikán a Československo.

[19] Die Anschuldigungen gegen Verolino wurden im Prozess gegen den ungarischen Erzbischof József Mindszenty im Februar 1949 erhoben. Dabei war Verolino in der fraglichen Zeit gar nicht in Prag gewesen. Er kehrte erst im März 1949 zurück. Davor hatte sein Amt längere Zeit Giuseppe Sensi vertreten. Das war jedoch kein Hinderungsgrund für die Konstruktion einer Spionagelegende. Ritter hatte Prag bereits Ende Januar 1948 für eine Heilbehandlung im Ausland verlassen. Wegen der Verschlechterung seines Gesundheitszustands und wohl auch, weil er überzeugt war, dass mit dem kommunistischen Regime keine Einigung mehr zu erzielen war, kehrte er nicht mehr in die Tschechoslowakei zurück. Vergleiche dazu *Kaplan,* Karel: Stát a církev v Československu 1948-1953 [Staat und Kirche in der Tschechoslowakei]. Brno 1993, 134. — AMZV, fond A – generální sekretariát, 1945-1954, karton 196.

nopols der Kommunisten war ein wichtiger Beitrag im Kampf für die Religionsfreiheit. Die Eile, mit der die ersten Programme vorbereitet wurden, weist darauf hin, wie wichtig es schon in den Monaten vor dem Februarumsturz war, den kirchlichen Blick auf die Ereignisse zu vermitteln.[20]

Zweifellos stand die Internuntiatur damals im Zentrum des kirchenpolitischen Geschehens, und ihr Einfluss auf die Einstellungen und Pläne der katholischen Kirche im Lande war sicher nicht unbedeutend. Die Auswahl neuer Bischöfe und Ordensvorsteher, die Frage der Strategie zur Begrenzung des kommunistischen Einflusses und verschiedene weitere Punkte dürften Teil ihrer Agenda gewesen sein. Diese an sich völlig normale Tätigkeit gewann nach dem Februar 1948 noch an Bedeutung, doch ist diese Zeit bislang nicht erforscht worden. Inwieweit die Haltungen der Kirchenführung von den Kontakten mit der Internuntiatur bestimmt waren – die Staatssicherheit hielt Verolino für den Initiator einiger besonders scharfer Äußerungen der Bischöfe – und inwieweit auf diesem Wege wichtige Informationen über den Kampf gegen die Kirche weitergeleitet wurden, bleibt vorläufig ungeklärt. Interessant ist zumindest die Tatsache, dass es auch nach der Internierung Berans im Erzbischöflichen Palais zu Prag im Sommer 1949 dem Sekretär der Internuntiatur, Ottavio de Liva, gelang, den Erzbischof einmal in der Woche zu besuchen. Beran konnte also anfangs noch nicht völlig isoliert werden. Allerdings schaffte es de Liva nicht mehr, in Verhandlungen mit dem Außenministerium zu treten. Seine Ausweisung im März 1950 bestätigte im Grunde seine bereits zuvor gegebene politische Handlungsunfähigkeit.[21]

So lässt sich abschließend konstatieren, dass die Strategie des Regimes, die Kirche zu isolieren und Verhandlungen in strittigen Fragen nur noch auf nationaler Ebene, zwischen der Staatsmacht und der einheimischen Kirchenleitung, zu führen, Wirkung zeigte, und die Vertreter des Heiligen Stuhls seit dem Frühjahr 1948 isoliert waren und kaum noch Möglichkeiten hatten, das Verhältnis zwischen Staat und Kirche zu beeinflussen. So kam auch der zugesagte Dialog über eine Kompensation für den enteigneten Grundbesitz nicht mehr zustande. In einer Note vom 28. April 1948 teilte die Internuntiatur mit, dass sie beauftragt worden sei, sowohl über die in Aussicht gestellten Dotationen als auch über einige weitere Probleme zu verhandeln. Nach einer formalen Antwort, die lediglich auf die verabschiedeten Gesetze verwies, ließ sich der Staat jedoch nicht mehr auf Verhandlungen mit dem Vatikan ein.[22] Der Dialog mit der Kirche wurde nur noch zwischen dem Zentralen Aktionsausschuss der Nationalen Front und einer Delegation unter Leitung der Bischöfe geführt. Das ist aber bereits eine andere Geschichte.

Aus dem Tschechischen von Stephan Niedermeier

---

20 *Feřt,* Vaclav/*Koláček,* Josef: Z historie českého vysílání Vatikánského rozhlasu [Aus der Geschichte der tschechischen Sendungen von Radio Vatikan]. Manuskript o.O. 1991.

21 *Kaplan:* Stát a církev 134 f. — AMZV, fond A – generální sekretariát, 1945-1954, karton 196.

22 *Ebenda* karton 154.

Jaroslav Šebek

GESELLSCHAFT UND KIRCHE IN DER TSCHECHOSLOWAKEI 1945-1948

Einschätzungen und Kommentare der Zeitschrift „Katolík"

Die Zeitschrift Katolík (Der Katholik) wird vor allem mit der kurzen Zeit ihres Erscheinens in den Jahren 1945 bis 1948 in Verbindung gebracht. Ihre Geschichte reicht jedoch weiter zurück. Bereits 1936 war der Katolík gegründet worden, um die Ideen der „Katholischen Aktion" unter den tschechischen Katholiken zu verbreiten und die Rolle der Laien im kirchlichen Leben zu stärken.[1] Damals zählten der Vereinsfunktionär Václav Janda (1887-1973), der später im Konzentrationslager Dachau ermordete Publizist Alfred Fuchs (1892-1941) und der Franziskanerpater Jan Evangelista Urban (1901-1991) zu seinen Autoren. Alle drei gehörten der demokratischen und patriotischen Strömung des tschechischen Katholizismus in der Ersten Republik an. Die Zeitschrift setzte ihr Programm der Stärkung des tschechischen Nationalbewusstseins auch unter der deutschen Okkupation fort und wurde deshalb 1942 von den Protektoratsbehörden verboten.

Gegen Ende des Jahres 1945 begann der Katolík wieder zu erscheinen. Die Initiative war von der „Sankt-Wenzels-Liga" ausgegangen, der offiziellen Männerorganisation der Katholischen Aktion. Zweifellos hing die Neuauflage der Zeitschrift damit zusammen, dass die Kirchenführung der Umsetzung des Apostolats auch in der Presse große Bedeutung beimaß. Die Situation der katholischen Presse war deshalb im September 1945 Gegenstand einer Beratung im Prager Kloster Strahov, zu der Abt Bohuslav Jarolímek (1900-1951) eingeladen hatte. An ihr nahmen vor allem Angehörige von Ordensgemeinschaften – Jesuiten, Dominikaner und Franziskaner – teil.[2] Sie beschlossen, eine katholi-

1 Die Katholische Aktion gehörte zu den neuen Formen des öffentlichen Engagements von Christen nach dem Ersten Weltkrieg. Sie war von der Enzyklika „Ubi arcano" angeregt worden, die Papst Pius XI. kurz nach seiner Amtseinführung 1922 veröffentlicht hatte. Hauptziel der Katholischen Aktion war die Stärkung des Laieneinflusses in den kirchlichen Strukturen und in der Seelsorge. Einen bedeutsamen Impuls für die Verbreitung der Ideen der Katholischen Aktion unter den tschechischen Katholiken lieferte der erste Tschechoslowakische Katholikenkongress im Sommer 1935 in Prag.

2 Der Grund für das erhebliche Engagement der Ordensgemeinschaften in dieser Frage ist darin zu sehen, dass sich gerade die Orden in der Ersten Tschechoslowakischen Republik für eine religiöse Erneuerung eingesetzt hatten, und sie in ihren Reihen bedeutende Persönlichkeiten hatten, die sich sehr aktiv in das kirchliche Leben einmischten.

sche Tageszeitung mit dem Titel „Kruh" (Der Kreis) herauszugeben.[3] Die Vertreter der Kirchenführung ließen sich jedoch von den voraussichtlichen hohen Kosten abschrecken und lehnten eine Unterstützung dieses Plans ab. Damit war das Projekt einer katholischen Tageszeitung gescheitert. Die Kirchenkreise entschlossen sich jedoch, den Katolík wieder herauszugeben und die Kräfte der katholischen Publizistik auf wenige anspruchsvolle Zeitschriften zu konzentrieren.[4] Der Katolík erschien zunächst alle zwei Wochen, ab Januar 1947 wöchentlich. Die Zeitschrift hatte eine Auflage von 30 000 Exemplaren und war vor allem für die eher gebildeten Schichten unter den Gläubigen gedacht. Die Artikel waren jedoch so geschrieben, dass sie auch einen breiteren Leserkreis ansprachen. Der Katolík bot namentlich der mittleren und jüngeren Generation der katholischen Elite eine publizistische Plattform. Bei vielen seiner Autoren, die gerade am Anfang ihrer Laufbahn standen, handelte es sich um Persönlichkeiten, die erst in der Zeit der kommunistischen Diktatur besondere Bedeutung erlangten. Das waren überwiegend Vertreter der Geistlichkeit, aber es waren auch wenige Laien vertreten. So finden wir unter den Autoren die jungen Priester Ota Mádr (geb. 1917), František Mikulášek (1913-1993), Alexander Heidler (1911-1980), Josef Zvěřina (1913-1990) und Jan Lebeda (1913-1991), der 1988 Weihbischof des Erzbistums Prag wurde, aber auch den bereits erwähnten Jan Evangelista Urban, der für die Kontinuität der Zeitschrift zur Vorkriegszeit stand; von den Repräsentanten aus der intellektuellen Laienelite sind unter anderem der Publizist Artur Pavelka (1903-1997), Jindřich Středa (ein Pseudonym des Fürsten Karel Schwarzenberg d.Ä., 1911-1986), der Philosoph Ctibor Mařan, die Professorin Růžena Vacková (1901-1982) und der Historiker Bohdan Chudoba (1909-1982) zu nennen. Die führende Persönlichkeit der Redaktion war jedoch der Jesuitenpater Adolf Kajpr (1902-1959), der sich dem pastoralen Wirken unter den Hochschulstudenten verschrieben hatte und während des Krieges in nationalsozialistischen Konzentrationslagern inhaftiert gewesen war.

Wie es im Kommentar der ersten Ausgabe vom 16. Dezember 1945 hieß, sollte der Katolík nach den Plänen der Herausgeber

> auf die positiven und vereinigenden Elemente in unserem Volk aufmerksam machen ebenso wie auf seine Fehler, Sünden, Irrtümer und [sollte] das Interesse an den höheren Werten wecken, die nicht nur der Kirche, sondern der Nation als Ganzer nützen werden.[5]

---

[3] *Vaško*, Václav: Neumlčená. Kronika katolické církve v Československu po druhé světové válce [Die nicht zum Schweigen gebrachte Kirche. Chronik der katholischen Kirche in der Tschechoslowakei nach dem Zweiten Weltkrieg]. Teil 1. Praha 1990, 49.

[4] Neben dem Katolík erschienen zu dieser Zeit in den böhmischen Ländern auch die Zeitschriften „Rozsévač" (Der Sämann) und „Neděle" (Der Sonntag), letztere in einer Auflage von etwa 150 000 Exemplaren. Adolf Kajpr beteiligte sich auch an der Herausgabe einer Zeitschrift für die Jugend, „Dorost" (Der Nachwuchs). Nachdem er mit der Leitung der Redaktion des Katolík betraut worden war, übernahm der Jesuitenpater František Mikulášek die Redaktion des Dorost.

[5] Katolík Nr. 1 vom 16.12.1945, 1.

Die Redaktion verwies dabei auf den Umstand, dass die erste Nummer der wiederaufgelegten Zeitschrift gerade in der Adventszeit erschien, in einer Zeit des Kirchenjahres, die das Bedürfnis nach einer sittlichen Erneuerung der durch die Schrecken der Kriegsjahre erschütterten tschechischen Gesellschaft besonders augenfällig werden ließ. Das Editorial rief zugleich dazu auf, breitere katholische Bevölkerungsschichten zu mobilisieren und zu einem wahrhaft christlichen Leben im Geist der Grundsätze des Evangeliums zu ermuntern. Der Katolík sollte also als Sprachrohr der Bestrebungen nach einer geistlichen Wiedergeburt des tschechischen Katholizismus dienen, wofür bereits in der Zwischenkriegszeit Grundlagen geschaffen worden waren. Deshalb fanden hier Diskussionen zu Fragen des kirchlichen Lebens breiten Raum, wobei sich das Streben nach spiritueller Erneuerung mit Interesse am Zeitgeschehen verband.

Die katholische Kirche hatte sich durch ihre engagierte antifaschistische Haltung in den Jahren 1939 bis 1945, als katholische Geistliche und Laien von den Nationalsozialisten verfolgt und in einigen Fällen sogar ermordet worden waren, erheblichen Kredit in der Gesellschaft erworben.[6] In Verbindung mit der Verbesserung des Bildes der Kirche nach außen bemühten sich die Mitglieder der Redaktion auch um eine Fortsetzung der Veränderungen im inneren Leben der Kirche und der Tendenzen zur spirituellen Erneuerung, für die es bereits vor dem Krieg erste Ansätze gegeben hatte. Deshalb wurde mit großer Spannung die Ernennung neuer Bischöfe erwartet, denn in den Kriegsjahren war von den insgesamt sechs Diözesen in den böhmischen Ländern die Hälfte vakant geworden. Von den neuen Verwaltern der Diözesen erwartete sich die Redaktion des Katolík, dass sie auf traditionelles Machtdenken verzichten und in ihrem Handeln „dem Geist mehr als dem Buchstaben" folgen würden.[7] Im Juni 1946 wurde Karel Skoupý zum Bischof von Brno (Brünn) ernannt. 1947 trat Josef Hlouch das Bischofsamt in České Budějovice (Budweis) an. Mit besonderem Interesse begleitete der Katolík jedoch den neuen Prager Erzbischof Josef Beran (1888-1969), der auf Grund seines Schicksals im Krieg geeignet erschien, die Rolle einer Integrationsfigur zu spielen und die divergierenden Kräfte in der Gesellschaft einander anzunähern.[8] Viel Beachtung fand in der Zeitschrift auch die Ernennung des Salesianers Štěpán Trochta (1905-1974) zum Bischof von Litoměřice (Leitmeritz), die im Herbst 1947 nach dem Amtsverzicht des deutschen Bischofs Anton Weber (1877-1948) erfolgte. Trochta war wie Beran von den Nationalsozialisten verfolgt worden und hatte mehrere Jahre im Konzentrationslager verbracht. Auf den Seiten des Katolík präsentierte er seine Vision für eine geistige Erneuerung des Grenzlandes durch eine Verstär-

---

6 *Urban,* Jan Evangelista: Pane, dej nám pastýře [Herr, gib uns einen Hirten]. In: Katolík Nr. 10 vom 19.5.1946, 3.

7 *Ebenda.*

8 *Pavelka,* Artur: Znamení nové éry [Die Zeichen der neuen Zeit]. In: Katolík Nr. 1 vom 5.1.1947.

kung des Apostolats.[9] Neben Trochta und Beran unterstützte der Katolík aber auch alle anderen Bischöfe. Die Redaktion bemühte sich, in dieser Richtung auch auf die Gläubigen einzuwirken, die aktiver für die Verteidigung kirchlicher Interessen eintreten sollten.[10] Die Zeitschrift suchte und präsentierte neue Formen des Laienengagements in den Pfarreien, die an die Stelle der für das 19. und die erste Hälfte des 20. Jahrhunderts typischen Vereinsbildungen treten sollten.[11] Unverkennbar war auch das Bestreben, mit einigen negativen Tendenzen innerhalb des tschechischen Katholizismus abzurechnen, die mit dem Erstarken antidemokratischer Einstellungen in den dreißiger Jahren verbunden gewesen waren und während des Intermezzos der Zweiten Tschechoslowakischen Republik, also zwischen November 1938 und März 1939, ihren Höhepunkt erreicht hatten.[12] Ebenfalls kritisch wurden Bestrebungen gewertet, zum autoritären Verständnis der Kirche als reinen Machtapparat, der oft genug lediglich als hohle Moralinstanz aufgetreten war, zurückzukehren. Bezeichnend ist in diesem Zusammenhang eine Äußerung Adolf Kajprs: „Das Christentum hat sich allzu oft von einer Lehre des Lebens in eine Morallehre verwandelt, die aus lauter Vorschriften und Verboten bestand und jenem Pharisäertum sehr ähnlich war, das Jesus verurteilt hat."[13] Kajpr setzte dem in seinen Artikeln das Bild eines Christen entgegen, der zu einem kritischen rationalen Urteil befähigt und zugleich fest in einem Leben gemäß des Evangeliums verankert ist. Die kritischen Äußerungen der Redaktion zum geistlichen Formalismus tschechischer Katholiken fanden jedoch vielfach nicht die Zustimmung der Kirchenführung und zogen nicht selten Kritik an der Arbeit der Redaktion nach sich. Kajpr wehrte sich gegen solche Einwände aus konservativen Kreisen und argumen-

---

9 Pan biskup vypravuje [Der Herr Bischof erzählt]. Katolík Nr. 41 vom 12.10.1947. — Katolík Nr. 42 vom 19.10.1947, 1 f.

10 *Pavelka*, Artur: Vzrůstající pohotovost k činům [Wachsende Bereitschaft zur Tat]. Katolík Nr. 47 vom 23.11.1947, 3.

11 Kněz v politice [Der Priester in der Politik]. In: Katolík Nr. 1 vom 16.12.1945, 3.

12 Katolík Nr. 2 vom 20.1.1946, 2. — *Kajpr*, Adolf: Integrální katolíci [Die integralen Katholiken]. In: Katolík Nr. 6 vom 9.2.1947, 2. — Zu den Bestrebungen tschechischer konservativer Kreise am Ende der dreißiger Jahre, die katholischen Prinzipien mit autoritären Mitteln durchzusetzen, schrieb Kajpr: „Katholizismus bedeutet nicht nur Ehrfurcht vor der Autorität. Die Autorität ist nur ein Gefäß, sein Inhalt ist Liebe, Mitgefühl, Brüderlichkeit und Freiheit. Ohne ihn ist die Autorität nicht katholisch, sondern totalistisch." — Ebenso scharf verurteilte der Katolík den Missbrauch des Katholizismus zur Unterstützung antidemokratischer Bewegungen in anderen Teilen Europas, z.B. in Belgien und im frankistischen Spanien. Vergleiche *Středa*, Jindřich: Charakter a oportunismus [Charakter und Opportunismus]. In: Katolík Nr. 9 vom 2.3.1947, 3.

13 Drama ateistického humanismu [Das Drama des atheistischen Humanismus]. In: Katolík Nr. 1 vom 6.1.1946, 3. — Die Autoren aus den Reihen der Geistlichkeit wandten sich auch gegen einige Erscheinungen der Volksfrömmigkeit, wie etwa die Verbreitung angeblicher Visionen und die bisweilen mangelnde ästhetische Qualität des Kirchenschmucks. Vergleiche dazu Otázka „svatých" obrázků [Die Frage der „heiligen" Bilder]. In: Katolík Nr. 44 vom 2.11.1947, 3.

tierte in einem bilanzierenden Artikel zum Ende des Jahres 1946 mit dem Aufruf Jesu: „Die Wahrheit macht euch frei!" In diesem Sinne habe sich die Redaktion mit konstruktiver Kritik an die katholische Öffentlichkeit gewandt, „aus Sehnsucht nach Vollkommenheit, nach einer Vollkommenheit in der Wahrheit, nicht nur im Wort [...] nach einer Vollkommenheit, die sich auf die Wirklichkeit stützt."[14]

Von dieser Ausnahme abgesehen zeichnete sich der Katolík ansonsten jedoch durch vorbehaltlose Loyalität gegenüber dem Papst und dem Vatikan aus, die sich unter anderem in dem steten Bemühen äußerte, Pius XII. gegen Kritik an seiner Haltung im Krieg und seinem Schweigen zur Judenverfolgung zu verteidigen. Dass der Katolík sich so unkritisch hinter die päpstliche Politik stellte, dürfte vor allem auch daran gelegen haben, dass die Angriffe gegen den Vatikan und seine Rolle im Krieg damals besonders aus der sowjetischen Presse zu vernehmen waren.[15]

Große Wertschätzung erfuhren im Katolík die neuen theologischen Strömungen, namentlich die französische „neue Theologie", die Kirche in erster Linie als Gemeinschaft der Gläubigen verstand.[16] Auch andere Anregungen, die meist aus dem französischen und belgischen Katholizismus kamen, wurden im Katolík aufgegriffen.[17] Besonderes Interesse weckte das soziale Engagement der so genannten Arbeiterpriester, die sich der Seelsorge in den großen Industriebezirken verschrieben hatten und sich zu diesem Zweck ganz in das Arbeitermilieu integrierten. Die Mitglieder der Bewegung der „Jeunesse Ouvrière Catholique", deren Gründer der Belgier Joseph Cardijn[18] war, wirkten insbe-

---

[14] *Kajpr,* Adolf: Katolík zpytuje svědomí na konci roku [Der Katholik erforscht zum Jahresende sein Gewissen]. In: Katolík Nr. 31 vom 22.12.1946, 1.

[15] Vergleiche dazu *Pavelka,* Artur: Autorita pro katolíka nedotknutelná [Eine Autorität, die für den Katholiken unantastbar ist]. In: Katolík Nr. 2 vom 20.1.1946, 1. — Vatikán kapitalistický [Der kapitalistische Vatikan]. In: Katolík Nr. 2 vom 20.1.1946, 2. — Můžeme být spokojený [Wir können zufrieden sein]. In: Katolík Nr. 3 vom 3.2.1946, 2. — Zur Korrespondenz zwischen Pius XII. und Präsident Roosevelt in den Kriegsjahren vergleiche Korespondence mezi J.S. Piem XII. a F.D. Roosveltem z doby války. In: Katolík Nr. 25 vom 22.6.1947, 1.

[16] Die „Nouvelle Théologie" rief zur Rückkehr zu den Quellen auf, d.h. zur Heiligen Schrift, zur Liturgie und zur Patristik. Das bewirkte „eine Erschütterung des Bildes von der monolithischen Kirche als eines festen Felsens mit ewigen Wahrheiten." *Dolista,* Josef: Perspektivy církve. Vybrané kapitoly z eklesiologie [Die Perspektiven der Kirche. Ausgewählte Kapitel der Kirchenkunde]. Kostelní Vydří 2000, 59. — Zu den wichtigsten Vertretern dieser theologischen Strömung gehörten der Belgier Henri de Lubac und der Franzose Marie-Dominique Chen.

[17] Wesentlich geringeres Interesse zeigte die Redaktion dagegen an den Vorgängen innerhalb des deutschen Katholizismus.

[18] Joseph Cardijn (1882-1967) widmete sich schon bald nach seiner Priesterweihe 1906 der sozialen Arbeit unter der Arbeiterjugend. 1925 gründete er die „Jeunesse Ouvrière Catholique" (Katholische Arbeiterjugend, JOC), die viele Anhänger in Belgien und Frankreich fand und sich nach 1945 auch in anderen Ländern Westeuropas ausbreitete. 1965 wurde Cardijn zum Kardinal ernannt.

sondere unter der Arbeiterjugend, um neue Kandidaten für das Priesteramt zu gewinnen. An ihren Evangelisierungsbemühungen schätzte der Katolík besonders die Tatsache, dass „eine positive Spiritualität Hand in Hand geht mit dem lebhaftesten Interesse für die Bedürfnisse [...] der Ausgebeuteten und mit dem Bestreben, die Gesellschaft nach dem Vorbild Christi umzubauen.“[19] Seinen tschechischen Lesern vermittelte der Katolík auch die neuesten Ergebnisse der theologischen Forschung auf dem Gebiet der kirchlichen Soziallehre, in der es darum ging, Elemente der liberalen Wirtschaftstheorie und des marxistischen Kollektivismus miteinander zu verbinden. In diesem Zusammenhang ist auch die klare Zustimmung der Redaktion zum Zweijahresplan und zur Nationalisierung der Schwerindustrie nach 1945 zu sehen.[20]

Zu den Themenkreisen, die dem Katolík wichtig waren, gehörten neben innerkirchlichen Reflexionen auch der Bereich des öffentlichen Lebens und die politischen Diskussionen jener Zeit, die häufig unter dem Gesichtspunkt ihrer Auswirkungen auf das kirchliche Leben betrachtet wurden. Besonders intensiv wurde über den wachsenden Einfluss der „Komunistická strana Československa“ (Kommunistische Partei der Tschechoslowakei, KSČ) im öffentlichen Leben diskutiert, der nach dem Wahlsieg im Mai 1946 noch weiter zunahm.[21] Daneben wurden oft die Pläne der tschechoslowakischen Regierung für eine staatliche Einheitsschule erörtert, die zu einer schweren Belastung in den Beziehungen zwischen Episkopat und Regierung führten.[22] An der Polemik beteiligte sich auch die Redaktion des Katolík. So wandte sich Adolf Kajpr gegen Forderungen, dass allein der Staat Einfluss auf die ideologische Ausrichtung des Schulunterrichts haben sollte und plädierte stattdessen für ein vielfältiges Angebot an Erziehungs- und Bildungsmodellen.[23] Die Zeitschrift wandte sich zudem gegen Bestrebungen zur Bildung einer einheitlichen Jugendorganisation in Gestalt des „Svaz československé mládeže“ (Verband der tschechoslowakischen Jugend), den sie vor allem als Instrument zur Stärkung des kommunistischen Einflusses wahrnahm. Die zunehmende Durchdringung aller Bereiche des öffentlichen Lebens und die Kontrolle wichtiger Medien und Kulturinstitutionen durch die Kommunisten wurden vom Katolík sehr kritisch verfolgt. 1947 füllten sich sei-

---

19 Nad francouzskými volbami [Zu den Wahlen in Frankreich]. In: Katolík Nr. 12 vom 16.6.1946, 2.

20 *Jandourek*, Jan: Adolf Kajpr. Svědectví doby [Adolf Kajpr. Zeugnis einer Zeit]. Praha 1993, 8. — *Kajpr*, Adolf: O letošním suchu [Über die diesjährige Dürre]. In: Katolík Nr. 21 vom 25.5.1947, 1.

21 In den böhmischen Ländern wurde die KSČ mit mehr als 40 Prozent der Stimmen stärkste Partei. In der Slowakei kam die „Komunistická strana Slovenska“ (Kommunistische Partei der Slowakei, KSS) nur auf Platz zwei, dort siegte die „Demokratická strana“ (Demokratische Partei).

22 *Beran*, Josef: Projev o svobodné škole [Rede über die freie Schule]. In: Katolík Nr. 20 vom 18.5.1947, 1. — *Rozehnal*, Alois: Demokracie a svobodná škola [Die Demokratie und die freie Schule]. In: *Ebenda.*

23 Katolík Nr. 15 vom 13.4.1947.

ne Seiten mit Debatten über die zunehmende Beschränkung der Pressefreiheit. Andere Artikel beschäftigten sich mit theoretischen Fragen des kommunistischen Machtanspruchs und lehnten die Tendenz ab, den Kommunismus zu sakralisieren und zu einer Art Staatsreligion zu erheben.[24]

In erheblichem Maße beschäftigte sich der Katolík auch mit Fragen der politischen Entwicklung in der Slowakei. Dort hatte sich die Lage im Zusammenhang mit dem Prozess gegen den ehemaligen Präsidenten Jozef Tiso (1887-1947) und der Diskussion über die Rolle der katholischen Kirche in der Zeit der Zerschlagung der Tschechoslowakischen Republik nach dem „Münchener Abkommen" und im Slowakischen Staat der Kriegsjahre zugespitzt. Der Katolík verurteilte einerseits die politischen Tendenzen des slowakischen Katholizismus der dreißiger Jahre, als die Autonomiebewegung deutlich faschistische Züge annahm, und verwies kritisch auf die Diskreditierung der slowakischen Katholiken durch die Loyalität gegenüber dem nationalsozialistischen Deutschland im Zweiten Weltkrieg.[25] Zugleich wurde aber eine Abmilderung des Todesurteils gegen Tiso gefordert und die Vermutung geäußert, dass eine Hinrichtung Tisos die Beziehungen zwischen Tschechen und Slowaken belasten und die slowakischen Katholiken gegen den gemeinsamen Staat einnehmen würde. Adolf Kajpr appellierte zum Prozessauftakt an die Richter, im Interesse einer besseren Zukunft nicht zu vergessen, dass „über der Gerechtigkeit der Großmut, die Vergebung steht."[26] Die slowakischen und tschechischen Gläubigen rief er zur Versöhnung auf.[27] Daneben informierte der Katolík umfangreich über die Bemühungen um eine geistliche Erneuerung unter den jungen slowakischen Katholiken. Diese Bewegung stand im Zusammenhang mit dem Wirken des Jesuitenpaters Tomislav Kolakovič, der aus Kroatien stammte, 1943 in die Slowakei gekommen war und dort vor allem unter der jungen Intelligenz umfangreiche seelsorgerische Arbeit geleistet hatte. Das hatte schon bald zur Bildung einer Gemeinschaft geführt, die „Rodina" (die Familie) genannt wurde. Den Kommunisten war an einer religiösen Erneuerung natürlich nicht gelegen,

---

24 Lenin či Kristus [Lenin oder Christus]. In: Katolík Nr. 8 vom 23.2.1947. „Wir werden also nicht mit leeren Reden und leeren Namen reformieren wollen, wie sie das dem Christentum zu Unrecht vorwerfen, sondern durch redliche und aufopferungsvolle Arbeit. Vorbild und Stärkung wird uns dabei jedoch nicht der tote Lenin sein, sondern Christus, der von den Toten auferstanden ist und nicht wieder sterben wird, der gestern war, der heute ist und der auf ewig der einzige Sinn jeglichen menschlichen Lebens sein wird."

25 *Zvěřina,* Josef: O Slovensku jinak [Über die Slowakei einmal anders]. In: Katolík Nr. 16 vom 20.4.1947, 3.

26 Katolík Nr. 28 vom 1.12.1946, 1.

27 „Ihre Sünden bedauern müssen beide Völker. Wir Katholiken müssen auf beiden Seiten mit der Buße und Demut beginnen. Nur so ist ein Zusammenleben beider in der Perspektive Gottes möglich." In: *Kajpr,* Adolf: Slovenský problém [Das slowakische Problem]. In: Katolík Nr. 1 vom 16.12.1945, 2. — Aufrufe zur beiderseitigen Reflexion der eigenen Fehler finden sich auch in anderen Artikeln Kajprs. Vergleiche Je třeba jíti dál. [Man muss weiter gehen]. Katolík Nr. 17 vom 27.4.1947, 2. — Stále slovenský problém [Immer noch das slowakische Problem]. In: Katolík Nr. 23 vom 8.6.1947, 3.

und so wurde Kolakovič 1945 von den bereits zum Teil unter kommunistischem Einfluss stehenden Sicherheitsorganen staatsfeindlicher Aktivitäten beschuldigt, zusammen mit vielen seiner Anhänger verhaftet und nach mehrmonatigem Gefängnisaufenthalt gezwungen, die Slowakei im Sommer 1946 zu verlassen.[28] Es gab auch Angriffe gegen Bischöfe und weitere kirchliche Würdenträger in der Slowakei, die im Herbst 1947 mit der Konstruktion einer umfangreichen Verschwörung, in die auch die Führer der „Demokratická strana" (Demokratische Partei, DS) und ehemalige Funktionäre des faschistischen slowakischen Staates verwickelt gewesen sein sollen, ihren Höhepunkt erreichten.[29] Die Redaktion des Katolík sah in diesen Vorgängen auch eine Warnung vor einem möglichen Vorgehen der Kommunisten gegen den tschechischen Katholizismus.

Auch Fragen, die im Zusammenhang mit der Vertreibung der Deutschen standen, wurden im Katolík vielfach erörtert, besonders im Jahre 1946, als die Aussiedlungen ihren Höhepunkt erreichten. Zwar wandten sich die Beiträge nicht explizit gegen die Notwendigkeit der Abschiebungen, wiesen aber zumindest auf ihre moralische Dimension hin und setzten sich dadurch bereits deutlich von der mehrheitlich in der tschechischen Presse vertretenen Auffassung ab. Die Autoren des Katolík lehnten das Prinzip der Kollektivschuld ab[30] und kritisierten die Diskriminierung auf Grund der Volkszugehörigkeit: „Das ist wie der deutsche Rassismus [...]. du kannst sein, wie du willst, du bist Jude, das reicht. Hier ist das auch so: du kannst sein, wie du willst, du bist Deutscher, das reicht."[31] Der Katolík unterstützte damit die Haltung der tschechischen Kirchenkreise, die bereits im November 1945 in einem Hirtenbrief der tschechoslowakischen Bischöfe veröffentlicht worden war.[32] Die Redaktion sah völlig zu

---

[28] Vergleiche *Vaško:* Neumlčená 95-103. — Der Katolík setzte sich im Frühjahr 1946, auf dem Höhepunkt der Affäre, wiederholt für Kolakovič ein, wobei die Redaktion damit argumentierte, dass sich der Jesuit nur der religiösen Bildungsarbeit gewidmet habe, die mit der Politik nichts zu tun habe. In: Záležitost dr. Kolakoviče [Die Angelegenheit von Dr. Kolakovič. In: Katolík Nr. 8 vom 21.4.1946, 2.

[29] Der angeblichen Verschwörung in der Slowakei lag das Bestreben der Kommunisten zugrunde, die Strukturen der DS zu zerschlagen und selbst die entscheidenden Machtpositionen in der slowakischen Politik zu besetzen. Trotz des erheblichen Drucks und der Verhaftung ihrer führenden Funktionäre gelang es jedoch nicht, die Demokratische Partei ganz aus dem politischen Leben zu verdrängen.

[30] Alexander Heidler wies in einem Artikel darauf hin, dass solche Praktiken an die Vergeltung der Nationalsozialisten für das Attentat auf Reinhard Heydrich erinnerten. *Heidler,* Alexander: Odsun Němců a křesťanská morálka [Die Abschiebung der Deutschen und die christliche Morallehre]. In: Katolík Nr. 12 vom 16.6.1946, 1. — In der Emigration setzte sich Heidler dann seit dem Beginn der fünfziger Jahre gemeinsam mit dem sudetendeutschen Geistlichen und Gründer der „Ackermann-Gemeinde" P. Paulus Sladek (1908-2002) für die Aussöhnung zwischen Tschechen und Deutschen ein.

[31] *Kajpr,* Adolf: Jsme i my rasisty [Auch wir sind Rassisten]. In: Katolík Nr. 3 vom 3.2.1946, 4.

[32] In dem Hirtenbrief heißt es unter anderem: „Mit den Schuldigen sollen keine Unschuldigen bestraft werden; und wenn die Schuldigen bestraft werden, so soll es nicht über das rechte Maß hinaus geschehen, damit bei der Aburteilung der Schuldigen nicht Gewalt in der Strafe sei, [...]. Nicht ein Schatten der Barbarei der ehemaligen Konzentrationslager

Recht, dass mit dem Weggang der deutschen Katholiken das Niveau des geistlichen Lebens in der Republik erheblich sinken und die Entkirchlichung der Gesellschaft sich verstärken würde. Diese Tendenz war nach Meinung der Redaktion bereits an den Ergebnissen der Parlamentswahlen zu erkennen, denn die neuen Bewohner des Grenzlandes hatten nicht unerheblichen Anteil am Wahlsieg der KSČ. Adolf Kajpr fand bei den Feiern zum Gedenken an den 950. Todestag des heiligen Vojtěch (Adalbert) von Prag in der im Vergleich zu anderen Bistümern erschreckend geringen Beteiligung der Gläubigen in der Leitmeritzer Diözese einen Beleg für die fortgeschrittene Entkirchlichung des Grenzlandes.[33] Den Nationalismus sudetendeutscher Katholiken aus den dreißiger Jahren wünschte sich der Katolík freilich auch nicht zurück.[34]

Bei der Information über gesellschaftliche Ereignisse wahrte die Redaktion jedoch stets eine gewisse Distanz zur Politik und lehnte es ab, die Zeitschrift zu einer Plattform der „Československá strana lidová" (Tschechoslowakische Volkspartei, ČSL) zu machen. Sie fürchtete nämlich die negativen Folgen einer Gleichsetzung von katholischer Kirche und katholischer Politik, zu der es in der Zwischenkriegszeit gekommen war. Der Katolík rief die Gläubigen allgemein zu staatsbürgerlichem Engagement auf, wobei er Wert auf eine Verankerung in der katholischen Weltanschauung legte, sich darüber hinaus aber innerhalb des politischen Spektrums nicht weiter festlegte.[35]

Trotz des Bemühens um politische und weltanschauliche Korrektheit wurde der Katolík gleich nach der Machtübernahme durch die Kommunisten eingestellt. In der letzten Nummer, die am 29. Februar 1948 erschien, kommentierte Adolf Kajpr:

> Je mehr der Lärm der modernen Propaganda an die Außenpforten unseres Wesens schlägt, desto mehr steigen wir in die Tiefen hinab und hören Christus, seine Stimme, die uns immer wieder neu tröstet und belebt. Das ist keine Flucht vor der Welt, das soll nur die Gewissheit geben, dass wir nicht allein sind, dass der Sieger mit uns ist.[36]

---

darf auf uns fallen, denn die Geschichte hat einen durchdringenden Blick und würde in späteren Jahren jeden Übergriff an den Pranger stellen, so wie heute die Grausamkeit der Lager in Dachau, Auschwitz und anderswo angeprangert wird." *Opatrný,* Aleš (Hg.): Pastýřské listy 1945-2000. Arcidiecéze pražská [Hirtenbriefe 1945-2000. Die Erzdiözese Prag]. Kostelní Vydří 2003, 15. Der vollständige Text des Hirtenbriefs in deutscher Übersetzung findet sich im Dokumentenanhang. — Eine kritische Einschätzung der Folgen einer Aussiedlung der Deutschen findet sich auch in einigen anderen Zeitschriften katholischer Orientierung, etwa im „Obzor" (Die Rundschau) der Volkspartei.

33 Svatý Vojtěch vizitoval pohraničí [Der heilige Adalbert besuchte das Grenzland]. In: Katolík Nr. 33 vom 17.8.1947, 3.

34 Adolf Hitler spasitel [Adolf Hitler, der Erlöser]. In: Katolík Nr. 36 vom 7.9.1947, 3.

35 Das wird z.B. in einer Information des Blattes aus der offiziellen vatikanischen Zeitung „L´Osservatore Romano" (Der Römische Beobachter) über Kontakte zwischen katholischen Kreisen und Sozialisten im Vorfeld der Parlamentswahlen 1946 deutlich. Vergleiche Osservatore Romano o socialismu [Der Osservatore Romano über den Sozialismus]. In: Katolík Nr. 9 vom 5.5.1946, 3.

36 Když Pán mluví o událostech [Wenn der Herr über die Ereignisse spricht]. In: Katolík Nr. 9 vom 29.2.1948.

Diese Worte klingen wie eine Vorahnung der bevorstehenden Erfahrung einer „Kirche in den Katakomben“. Viele Persönlichkeiten aus dem Autorenkreis des Katolík wurden schon bald von den Kommunisten verfolgt. Jan Evangelista Urban, Josef Zvěřina, Ota Mádr, Růžena Vacková und andere wurden für viele Jahre inhaftiert. Alexander Heidler, Bohdan Chudoba und einige andere gingen in die Emigration. Im März 1950 wurde auch Adolf Kajpr verhaftet. Er starb 1959 an den unmenschlichen Haftbedingungen im Gefängnis Leopoldov (Leopoldstadt). Bereits im Januar 1951 war im Prager Gefängnis Pankrác Bohuslav Jarolímek, der Abt des Klosters Strahov, an den Folgen der Folter gestorben.

***

Die Zeitschrift Katolík hatte nach dem Krieg kaum mehr als zwei Jahre Zeit, um sich zu entwickeln und ein eigenes Profil auszubilden, doch war sie in der kurzen Zeit ihrer Existenz ein bemerkenswertes Phänomen in der tschechoslowakischen Medienlandschaft. Sie wies früh auf die Gefahren der Einschränkung von Freiheit und Demokratie und des heraufziehenden kommunistischen Totalitarismus hin. Sie trat für einen humanen Umgang mit den Sudetendeutschen ein und gehörte zu den wenigen Stimmen in der tschechischen Presse, die das Prinzip der Kollektivschuld zurückwiesen.

Der Stil dieser Zeitschrift war von dem Bemühen der katholischen Publizistik geprägt, in einen Dialog mit der durch die spezifische Nachkriegssituation geprägten Gesellschaft zu treten und zugleich die innere Selbstreflexion des tschechischen Katholizismus voranzutreiben – nicht zuletzt durch eine Vermittlung der aktuellen theologischen und geistlichen Strömungen Westeuropas. Das Blatt half einem großen Teil der Intelligenz, der Unbehagen gegenüber den traditionellen Formen des katholischen Vereinswesens empfand, sich neu zu orientieren und den Glauben in neuen Formen der Gemeinschaft wieder lebendig werden zu lassen. Das Streben nach spiritueller Erneuerung bei gleichzeitiger Öffnung gegenüber der modernen Welt, an dem auch die Zeitschrift Katolík maßgeblichen Anteil hatte, wurde durch die kommunistische Machtübernahme 1948 jäh unterbrochen. So wurden hoffnungsvolle Ansätze für eine Modernisierung des katholischen Lebens und für seine Verankerung in der tschechischen Gesellschaft früh erstickt – Ansätze, an die die katholische Kirche in der gegenwärtigen Tschechischen Republik nur mit Mühe anzuknüpfen vermag.

Aus dem Tschechischen von Stephan Niedermeier

Jan Lata

VERTREIBUNG UND AUSSIEDLUNG IN DER KIRCHENNAHEN PRESSE IN DEN JAHREN 1945-1947

Im vorliegenden Beitrag werden die Standpunkte zu den Sudetendeutschen und ihrer Vertreibung und Aussiedlung dargelegt, wie sie sich in den bedeutendsten Periodika der drei größten Kirchen in den böhmischen Ländern während der Jahre 1945 bis 1947 niederschlugen: der römisch-katholischen Kirche, der Tschechoslowakischen Kirche und der Evangelischen Kirche der Böhmischen Brüder. Behandelt werden auch verwandte, in Beziehung zum Forschungsgegenstand stehende Themen, wie das Verhältnis zu den Deutschen im Allgemeinen, die Frage des Kirchenbesitzes, die Besiedlung des Grenzlandes, die Behandlung der Magyaren in der Slowakei oder das Problem des Nationalismus.

Im Zentrum des Interesses steht die Frage nach der Haltung von Christen und Kirchen zu den genannten Vorkommnissen und danach, ob die Kirchen ihre gesellschaftliche Funktion auch dadurch erfüllen sollten, indem sie auf die Unmoral hinweisen sollten, die die Mehrheit der Gesellschaft nicht wahrnahm, oder sie sogar als richtig erachtete. Waren die Christen jener Zeit in der Lage, auch die Deutschen nach dem Prinzip der Nächstenliebe zu behandeln, und ihnen in ihrem Leid zu helfen, gegen die an ihnen begangenen Verbrechen zu protestieren und sich moralisch mit der Frage auseinander zu setzen, ob ihnen nur wegen ihrer nationalen Zugehörigkeit ihr Besitz und ihre Heimat geraubt wurde? Dabei möchte ich sowohl den offiziellen Standpunkten der Kirche, wie auch den Stimmen einzelner Christen Aufmerksamkeit widmen. Die Beziehung der tschechischen Christen zu den Sudetendeutschen nach dem Krieg und der Aussiedlung wird dabei allerdings nicht mit dem Anspruch auf Vollständigkeit beschrieben. Vielmehr wird die Thematik anhand der erwähnten Teilaspekte behandelt.

Die ausgewählten Periodika sind zum Teil Zeitschriften, die sich an eine breite Öffentlichkeit richteten, zum Teil Fachzeitschriften, und nicht alle von ihnen erschienen über den ganzen untersuchten Zeitraum hinweg. Die Wochenzeitschrift „Obzory“ (Horizonte) war zwar nicht in erster Linie ein kirchliches Periodikum, sie wird aber dennoch in die Untersuchung miteinbezogen, weil sie sich ausdrücklich mit dem untersuchten Thema beschäftigte, und zwar oft unter Berufung auf die christliche Moral. Mit der römisch-katholischen Kirche war sie insofern verbunden, als ihr Herausgeber die „Československá strana lidová“ (Tschechoslowakische Volkspartei, ČSL) war, die damals politisch eng mit der Kirche verbunden war und ausdrücklich deren Interessen repräsentierte.

Die „Křesťanská revue“ (Christliche Revue) wurde zwar nicht von der Evangelischen Kirche der Böhmischen Brüder herausgegeben, sondern von der Akademischen „Young Men's Christian Association“ (YMCA); allerdings waren die Beiträger und auch Leser vornehmlich Angehörige dieser Kirche.

Die Zeitschriften spiegelten freilich nicht die Ansichten der kirchlichen Obrigkeit wider; die Redakteure hatten zu einer Reihe von Fragen ihre eigenen Meinungen und brachten ihre eigenen Themen ein. Das Maß der Gebundenheit an die Kirche und die Nähe der Meinungen zu den kirchlichen Vertretern war bei den untersuchten Periodika unterschiedlich. Dessen ungeachtet hatten sie innerhalb der Konfessionen bedeutenden Einfluss auf die Meinungsbildung in aktuellen Fragen, indem sie Austausch und Diskussion ermöglichten. Durch ihre Analyse kann man daher die wichtigsten Tendenzen festmachen, die es in den christlich geprägten Milieus in der untersuchten Frage gab.

Die römisch-katholische Kirche

Katolík (Der Katholik)

Die Zeitschrift Katolík erschien erstmals im Dezember 1945, zunächst zweimal wöchentlich, später wöchentlich. Ihr Chefredakteur war Adolf Kajpr, zahlreiche Beiträge stammten von Alexander Heidler, Josef Zvěřina und Růžena Vacková. Ihre Adressaten waren Geistliche und Laien. Im Katolík wurde auf hohem intellektuellen Niveau zu aktuellen Fragen nicht nur des kirchlichen Lebens, sondern auch aus Kultur, Politik und dem Ausland publiziert. Man kann sie als das qualitativ hochwertigste katholische Periodikum ihrer Zeit betrachten.[1]

Im Artikel „Bl. Anežka Česká soudí Němce“ (Die selige Agnes von Böhmen richtet die Deutschen) kann man erkennen, dass in der Zeitschrift teilweise fast lehrbuchmäßig nationale Mythen und Stereotypen gepflegt wurden. So sei die heilige Agnes wie alle böhmischen Heiligen von den Deutschen, die einen „stolzen, herrischen, grausamen und habgierigen nationalen Charakter“ hätten, tyrannisiert und unterdrückt worden. Ihr bereiteten sie die schlimmsten Leiden, weil sie „wegstrebte vom deutschen Pomp, Hochmut und Falsch zur Einfachheit und Ehrlichkeit des böhmischen Volkes.“[2]

Auf der anderen Seite gab es u.a. in Artikeln von Adolf Kajpr[3] auch deutliche Warnungen vor der Gefahr des Nationalismus. In einem Artikel hob er beispielsweise die Bemühungen des deutschen Pastors Martin Niemöller hervor, bei den Deutschen den Geist der Buße zu wecken. Gleichzeitig warnte er vor

---

1 Zum genaueren Profil der Zeitschrift siehe den Beitrag „Gesellschaft und Kirche in der Tschechoslowakischen Republik in den Jahren 1945-1948. Einschätzungen und Kommentare der Zeitschrift Katolík“ von Jaroslav *Šebek* im vorliegenden Band.

2 *Dlouhá*, B.: Bl. Anežka Česká soudí Němce [Die selige Agnes von Böhmen richtet die Deutschen]. In: Katolík Nr. 5 vom 3.3.1946, 2.

3 Adolf Kajpr SJ, 1902-1959, studierte in Belgien, Frankreich, Österreich, wirkte in St. Ignatius in Prag, während des Krieges inhaftiert, 1945 bis 1948 Chefredakteur des Katolík, starb in kommunistischer Haft.

der Annahme, dass die Tschechen besser seien als die Deutschen. Dies sei ein „Gefühl pharisäischer Überheblichkeit“. Aus einem solchen „Scheinpatriotismus“ aber, der „zum obersten Gesetz“ erhoben würde, entstünde „langsam diese nationalsozialistische Mentalität: alles muss gut und schön und erlaubt sein, wenn es der Heimat dient, oder wenn man ihm zumindest das patriotische Mäntelchen umhängen kann.“[4]

Auf den Artikel von Karel Horalík, erschienen in der „Lidová demokracie“ (Volksdemokratie), „Odsun Němců a křesťanská morálka“ (Der Abschub der Deutschen und die christliche Moral)[5], antwortete Alexander Heidler[6] auf den Seiten des Katolík. Horalík wies die Kritik an der Vertreibung seitens ausländischer katholischer Kreise zurück, bestritt, dass die Deutschen unmenschlich behandelt würden. Obwohl sie während der Ersten Republik „verhätschelt“ worden seien, hätten sie Hochverrat begangen und sämtliche göttlichen Gebote gebrochen. Der Grundsatz, dass kollektive Schuld auch kollektive Strafe verdiene, entspreche internationalem Recht und katholischer Moral, und die Konfiskation des deutschen Eigentums sei nur eine geringe Entschädigung für die von den Nationalsozialisten verursachten Schäden. Die Aussiedlung werde aus Selbsterhaltungstrieb durchgeführt und verletze keineswegs die Regeln der christlichen Moral. Heidler stellte dagegen eine Reihe dieser Thesen in Frage. Es sei nicht wahr, dass es keine Fälle von unmenschlichem Verhalten gegenüber den Deutschen gegeben habe, und die Konzeption von kollektiver Schuld und Strafe sei viel komplizierter, als Horalík anführe. Die Deutschen hätten allerdings auf Grundlage dieser Theorie nach dem Attentat auf Reinhard Heydrich ganze Familien hinrichten lassen. Die Frage der Konfiskation des deutschen Eigentums sollte sich sensibel und mit Verständnis lösen lassen. Was die Aussiedlung aber dennoch rechtfertige, sei der Grundsatz, dass „das Gemeinwohl Vorrang vor dem privaten Wohl hat.“ Zur „dauerhaften Sicherstellung des Guten in unserem Gebiet“ sah er daher trotz der erörterten Alternativen eines „Nationalstaats nach Art der Schweiz“ oder „nach Nationalitäten getrennte[r] Staatsgebiete [...] tatsächlich keine andere Möglichkeit als den Abschub!“[7]

Nachdem Pius XII. sein Mitgefühl mit den deutschen Vertriebenen ausgedrückt hatte, kommentierte das „Právo lidu“ (Das Recht des Volkes), das Organ der tschechoslowakischen Sozialdemokraten, dies als „väterliches Mitgefühl mit verbrecherischen und sadistischen Mördern“. Im Katolík erschien die Anmerkung „Novinářská perla“ (Journalistische Perle)[8] als Widerspruch gegen

---

4 *Kajpr,* Adolf: Modla nacionalismu [Der Götze des Kapitalismus]. In: Katolík Nr. 7 vom 7.4.1946, 1.

5 *Horalík,* Karel: Odsun Němců a křesťanská morálka [Der Abschub der Deutschen und die christliche Moral]. In: Lidová demokracie Nr. 129 (1946) 1.

6 Alexander Heidler, 1916-1980, Studentenpfarrer, Theologe, ging nach 1948 ins Exil, wo er für Radio Free Europe arbeitete.

7 *Heidler,* Aleksander: Odsun Němců a křesťanská morálka [Der Abschub der Deutschen und die christliche Moral]. In: Katolík Nr. 12 vom 16.6.1946, 1.

8 Novinářská perla [Journalistische Perle]. In: Katolík Nr. 20 (1946) 4.

diese Anschuldigung. Es wurde angezweifelt, dass alle Deutschen Mörder, Sadisten und Verbrecher seien. Das Mitgefühl mit den Betroffenen sei verständlich, und man warnte davor, Hass und Feindschaft heraufzubeschwören.

Kajpr informierte außerdem über den Protest des Erzbischofs von Esztergom (Gran) Kardinal József Mindszenty gegen die Art und Weise der Behandlung der slowakischen Magyaren und beschrieb konkrete Fälle grausamen Vorgehens (beispielsweise die Umsiedlung hochschwangerer Frauen und achtzigjähriger Greise). Kajpr führte an, dass die Politiker diesen Nachrichten mehr Aufmerksamkeit widmen sollten als beispielsweise dem „Mangel an Äpfeln", schon allein, weil sich „einmal [...] vielleicht alle wieder für dieses Handeln verantworten müssen" werden.[9] Ein namentlich nicht genannter Lehrer schrieb zu diesem Artikel, dass „die Humanität für Menschen und für Vieh gilt, aber niemals für Magyaren oder Deutsche", worauf Adolf Kajpr mit dem Artikel „O duši národa" (Über die Volksseele) reagierte, in dem er sich entschieden gegen den Deutschenhass stellte,

> weil er die Negation des Geistes Christi darstellt [und] nichts anderes bringen kann als Zerstörung und Tod. Solcher Hass, auch wenn er sich gegen Feinde entlädt, zerfrisst die Seele wie ein Krebsgeschwür, nimmt ihr jegliche wahre Freude und jegliches Strahlen und früher oder später entlädt er sich nicht nur gegen Feinde, sondern auch gegen Brüder und Freunde. Und deshalb müssen wir aufrichtig beten: „Von Zorn, Hass und von allen bösen Gedanken, befreie uns, Herr".[10]

Er führte Beispiele an, um zu zeigen, wie gut das Verhältnis zu den Deutschen vor dem Krieg gewesen sei; weil für Christen trotz aller patriotischen Gefühle die Nächstenliebe im Vordergrund stehen sollte, sollte man auch an die besseren Beziehungen der Vorkriegszeit anknüpfen:

> [...] ich glaube, dass dies voll und ganz der tschechischen Seele entspricht. So war sie, solange sie die deutsche Knechtschaft nicht zerstört hatte. [...] Wir müssen [...] versuchen, wieder so zu sein, das wieder zu schaffen. Wir müssen versuchen, das wieder zu schaffen, wenn wir unseren Heiland nicht verraten wollen, in dessen Botschaft kein Platz ist für Hass gegen Menschen.[11]

Kajpr warb für Verständnis für die Deutschen in vielerlei Hinsicht: So beschäftigte er sich beispielsweise mit der Situation in Deutschland, wo nur wenige Deutsche in der Lage seien, die Gründe für ihr momentanes schweres Schicksal zu verstehen.[12] In einem anderen Artikel verwies er auf die unglückliche Lage „einer Reihe deutscher Priester [...], die tatsächlich ganze Jahre in Hitlers Konzentrationslagern gelitten hatten" und nun „nicht als vollwertige Menschen" behandelt würden, „denen niemand etwas gibt, für die niemand sorgt. [...] Für dieses ganze Handeln sollte sich ein anständiger Tscheche schämen."[13]

---

9 *Kajpr,* Adolf: Co by tomu asi říkal Masaryk? [Was würde Masaryk dazu sagen?]. In: Katolík Nr. 31 (1946) 4.

10 *Ders.:* O duši národa [Über die Volksseele]. In: Katolík Nr. 3 vom 19.1.1947, 3 f.

11 *Ebenda.*

12 *Kajpr,* Adolf: Nekající Němci [Die reuelosen Deutschen]. In: Katolík Nr. 10 vom 9.3.1947, 4.

13 *Ders.:* O dnešním pasionálu vyšebrodském [Das heutige Hohenfurther Passionsbuch]. In: Katolík Nr. 27 vom 6.7.1947, 4.

Rozsévač (Der Sämann)

Der Rozsévač wurde vom Olmützer Erzbischof herausgegeben und fand vor allem in Mähren Verbreitung. Er erschien über den gesamten untersuchten Zeitraum hinweg, richtete sich vornehmlich an Laien und hatte einen ausgesprochen volkstümlichen Charakter. Neben „Neděle" (Der Sonntag) war er wohl die meistgelesene Zeitschrift im katholischen Milieu.

Fragen, die die Deutschen betrafen, erschienen relativ häufig unter der Rubrik „Odpovídáme na dotazy" (Wir beantworten Fragen). Die Frage, ob man mit gutem Gewissen die Häuser im Grenzland übernehmen dürfe, wurde dahingehend beantwortet, dass es sich um staatliches Eigentum handle und dass der Staat das Recht habe, Enteignungen im Sinne des Gemeinwohls vorzunehmen. Gleichzeitig wurde Verständnis für diese moralischen Dilemmata, ihre „Tränen und wohl auch Verwünschungen der ehemaligen Eigentümer"[14] ausgedrückt. Jeglicher Hass gegen Angehörige anderer Nationen wurde mit Hinweis auf Mt 5, 43-5 scharf zurückgewiesen. Dabei wurde zwar nicht explizit ausgesprochen, dass es sich um die Deutschen handelte, aber es wurde dennoch deutlich, um wen es ging, wenn davon die Rede war, dass einen „Jünger Christi die Liebe auch zu den schlimmsten Feinden auszeichnet."[15] Die Frage, ob man die Deutschen als Mitbürger ansehen könne, oder ob nach dem Krieg eine Ausnahme eingeräumt werde, wurde folgendermaßen beantwortet:

> Frage nicht, wer dein Nächster ist, sondern sei jedem der Nächste. D.h. zeige Barmherzigkeit ohne Unterschied der Nationalität und Religion. Sei der Nächste, wende dein Herz dem Verletzten zu, hilf ihm nach deinen Möglichkeiten. Billige oder verurteile seine Fehler nicht. Du bist verpflichtet, das Böse zu hassen, aber auch böse Menschen zu lieben, Sünden zu hassen, aber die Sünder zu lieben.[16]

Wenn also jemand einen Deutschen hasse und ihm Unrecht tue, sei er mitschuldig an einem weiteren Krieg, den er so vorbereiten helfe. Leserbriefe wiesen auf die schlechte Behandlung von Deutschen hin. Der ehemalige politische Gefangene Antonín Kleveta beschrieb, wie unterschiedlich der Grad der Schuld unter den Deutschen sei, während alle von der Aussiedlung gleichermaßen betroffen seien, und sie fast wie Sklaven behandelt würden:

> Mich trifft das Gefühl von Scham, wenn ich oft sehe, wie Hunderte von Evakuierten nur mit dem Allernötigsten hier auf die Nachbarwiese gebracht werden. Nach Gutdünken werden sie eingeteilt und nach Eignung zur Arbeit oder ins Sammellager geschickt oder auch einstweilen in die Freiheit entlassen. Viele neue Kolonisten suchen sich selbst geeignete Arbeiter aus. Dabei können wir uns des Eindrucks eines Sklavenmarktes nicht erwehren.[17]

---

14 Odpovídáme na dotazy [Wir beantworten Fragen]. In: Rozsévač Nr. 1 (1945) 4.

15 *Ebenda.*

16 *Ebenda.*

17 *Kleveta,* Antonín: Býv. politický vězeň o poměrech v pohraničí [Ein ehem. politischer Gefangener über die Zustände im Grenzland]. In: Rozsévač Nr. 10 (1945) 79.

Die Idee der Aussiedlung selbst behandelte er sehr reserviert und wies darauf hin, dass die Situation nur die Kluft zwischen Tschechen und Deutschen vertiefe und dem tschechischen nationalen Weg schade:

> Die gegenseitige Verachtung und der Abgrund zwischen den Nationen ist tiefer als jemals zuvor. Wenn die Welt weiterhin auf den Geboten Gottes herumtrampelt, wird sie immer weiter vom Christentum zur Humanität und von der Humanität zur Bestialität sinken. [...] Ehrenhaft war es, unschuldig unter dem bestialischen Nationalsozialismus zu leiden. Schade wäre es jedoch um unser Leid, wenn unsere nationale Ehre von den Verbrechen Einzelner besudelt werden sollte.[18]

In einigen Briefen und Artikeln beschäftigte man sich kritisch mit der Tatsache, dass die Deutschen an ihrer Religionsausübung gehindert wurden. Ein Brief prangerte beispielsweise an, dass den Deutschen manchmal das „natürliche Recht" verweigert werde, sich zum Gottesdienst zu versammeln; dabei könnte allein das Christentum sie vom Nationalsozialismus distanzieren:

> Verbietet den deutschen Gläubigen nur weiter, die Wahrheit Christi zu lesen, dann werden sie eher bereit sein, andere Lehren zu hören, die ihnen die Propaganda aus dem Ausland einflüstert. Wer soll sie lehren christlich zu dulden, wenn nicht das Evangelium?[19]

Bei der Berichterstattung über das Grenzland wurde auch der Tatsache Aufmerksamkeit gewidmet, dass viele deutsche Priester ihren Beruf nicht ausüben konnten, obgleich großer Mangel an tschechischen Priestern herrsche, und sie zum Beispiel in Fabriken, in der Landwirtschaft oder auf dem Bau arbeiten müssten. Dabei sei es ihnen verboten, die Katechese bei tschechischen Kindern zu verbreiten.[20]

In der Ascher Region wurde dagegen positiv quittiert, dass durch die Vertreibung der Deutschen die Mehrheit der Protestanten verschwand, weshalb von Neuem die Fronleichnamsprozession stattfinden und die Messe auch auf Deutsch gefeiert werden konnte.[21] Konfessionelle Verhältnisse spielten also auch eine Rolle im Urteil der zeitgenössischen Beobachter.

Neděle (Sonntag)

Vom Prager Erzbistum herausgegeben fand die Zeitung Neděle vorwiegend in Böhmen Verbreitung und war eher für gebildete Schichten bestimmt. Während des Krieges wurde sie eingestellt und erschien ab Oktober 1945 erneut. In der Rubrik „Problémy naší doby" (Probleme unserer Zeit) tauchte das untersuchte Thema zweimal auf. Das erste Mal wurde auf die Unauflösbarkeit der Ehe angesichts der Problematik deutsch-tschechischer Ehen hingewiesen. Der Autor erinnerte die Eheleute an ihre Verpflichtung, in guten und schlechten Zeiten

---

18 *Ebenda.*

19 *Šuránek*, Antonín: Nekrást! [Nicht stehlen!]. In: Rozsévač Nr. 10 (1945) 79.

20 Z Trutnovska [Aus dem Gebiet von Trautenau]. In: Rozsévač Nr. 1 (1946) 7.

21 Život a poměry v ašském výběžku [Leben und Verhältnisse im Ascher Gebiet]. In: Rozsévač Nr. 34 (1947) 268.

beim Anderen zu bleiben und rief die Verantwortlichen, die über das Schicksal von gemischten Familien zu entscheiden hatten, zur Rücksicht auf. Solches Verhalten sei christlich und dabei wahrhaft patriotisch.[22] Der zweite Artikel hob die antinationalsozialistische Haltung der überzeugten deutschen Katholiken hervor und forderte, dass – wenn insbesondere die Angehörigen der nichtnationalistischen Parteien als Antifaschisten anerkannt würden – auch mit den Deutschen genauso zu verfahren sei, von denen bekannt war, dass sie „aktive Katholiken und somit auch antinationalsozialistisch waren".[23]

Zitiert wurde ein Brief von Papst Pius XII. an die Bischöfe in der Tschechoslowakei, der sich indirekt zum Verhältnis der Tschechen zu den Deutschen äußerte und zu Gerechtigkeit und Liebe aufrief. Trotz des „feindlichen Denkens und des Hasses", die sich „in Folge all der unglücklichen Geschehnisse" entwickelt haben, sollten die tschechischen Bischöfe „ihre Erregung mäßigen", damit die „Grenze von Recht und Gerechtigkeit nicht überschritten" werde:

> Mit den Schuldigen sollen keine Unschuldigen bestraft werden; und wenn Schuldige bestraft werden, dann nicht über das gerechte Maß hinaus, damit, wenn überall der Samen des Hasses verstreut wird, das Volk nicht in seiner innersten Bindung Schaden nimmt. Es möge bei Euch in Eurem privaten wie öffentlichen Handeln als Führer der Gerechtigkeit die Liebe wirken, die ein erhabenes Abzeichen und unfehlbares Zeichen des Christentums ist.[24]

Diesen Appell zitierte der Hirtenbrief der Bischöfe von 1945, wenn er sich mit dem Verhältnis „zu Angehörigen anderer Nationalität" beschäftigte (es ist interessant, dass die Deutschen sehr oft nicht direkt bezeichnet werden). Es wurde davor gewarnt, Ungerechtigkeiten und Grausamkeiten zu begehen, weil das „für uns Unrecht vor Gott und eine Schande vor den Menschen" wäre. Außerdem würden solche Racheaktionen nur der eigenen Sache schaden, weil

> die Geschichte [...] einen durchdringenden Blick [hat] und in späteren Jahren jeden Übergriff an den Pranger stellen [würde], so wie heute die Grausamkeit der Lager in Dachau, Auschwitz und anderswo angeprangert wird.[25]

Zu Vertreibung und Aussiedlung selbst äußerten sich die Bischöfe jedoch nicht. Der Königgrätzer Bischof Mořic Pícha verweigerte den Deutschen zwar die Vergebung nicht, rief aber zugleich auch zu Wachsamkeit auf, weil die Deutschen auch noch nach Jahrhunderten Rache üben wollen werden:

> „Seid einfach wie die Tauben, aber besonnen wie die Schlangen" sprach Jesus Christus. Mit geballter Faust werden sie auf eine Gelegenheit lauern, um sich womöglich nach Jahrhunderten an uns zu rächen.[26]

---

22 *Papica,* Josef: Problémy naší doby [Probleme unserer Zeit]. In: Neděle Nr. 2 (1945) 11.

23 *Ders.:* Problémy naší doby. In: Neděle Nr. 4 (1945) 31.

24 List Pia XII. biskupům v ČSR [Brief von Pius XII. an die Bischöfe der ČSR]. In: Neděle Nr. 5 (1945) 36 f.

25 Společný pastýřský list episkopátu republiky o nejnaléhavějších otázkách čsl. Katolíků [Gemeinsamer Hirtenbrief des Episkopats der Republik über die drängendsten Fragen der tschechoslowakischen Katholiken]. In: Neděle Nr. 1 (1946) 4 f. — Der vollständige Text des Hirtenbriefs findet sich im Anhang.

In Kontrast zu Píchas provokativer Ansicht steht ein Beitrag von Silvestr Maria Braito,[27] der vor Hass gegen ein anderes Volk warnte:

Im Gegenteil muss man alle Völker umerziehen, durch Christi Lehre umformen, denn sonst helfen keine Konferenzen und keine Allianzen. Christus allein und seine vergebende Liebe kann Europa und die Welt retten. Deshalb nähren wir in uns keine Gedanken und Gefühle von Rachsucht und Hass.[28]

Die Zeitung Neděle befasste sich ausdrücklich mit der Situation im Grenzland, wo nach der Aussiedlung der Deutschen das spirituelle Leben verfalle. Die Menschen dort seien wurzellos und der geistige Verfall drohe. Die Übernahme des deutschen Eigentums wurde jedoch als „Ausübung der nationalen Pflicht" bezeichnet, sich „des gesamten nationalen Eigentums anzunehmen und hier eine schöne tschechische Heimat zu schaffen."[29]

Obzory (Horizonte)

Die Wochenzeitung Obzory, herausgegeben von der Tschechoslowakischen Volkspartei, erschien seit August 1945. Sie wurde geleitet von Ivo Ducháček und Pavel Tigrid und widmete sich dem politischen und kulturellen Geschehen. Es wurde oft über das Ausland berichtet. Die Zeitschrift war von außerordentlich hoher Qualität und sicherlich die beste politische Zeitschrift ihrer Zeit. Sie schrieb kritisch über Dinge, die zu kritisieren in dieser Zeit nicht „opportun" war, weshalb die Zeitschrift ständig Gefahr lief, eingestellt zu werden.

Eines dieser Themen war die Vertreibung und Aussiedlung der Deutschen, bzw. die Beschreibung von deren konkreter Durchführung. In ihren Beiträgen stimmten die Obzory prinzipiell mit der Aussiedlung überein, verteidigten sie als notwendige Folge des „Verrats" der deutschen Minderheit, der die Erste Republik alle Rechte garantiert habe. Zugleich informierten sie über die Missbilligung der Art der Behandlung der Deutschen durch die amerikanischen Soldaten, die nach eigener Aussage

in den Krieg gezogen sind, damit es nirgendwo mehr auf der Welt weder Buchenwalds noch japanische Folterkammern gibt. Wir sind nicht in den Krieg gezogen, dass die Tschechen, wenn auch in berechtigtem Zorn, neue Buchenwalds schaffen.[30]

In einigen Fällen wurden in der Zeitschrift solche Einschätzungen zustimmend kommentiert, obgleich darin manchmal „ein Stück übertriebener Zartbesaitetheit" sei. Die Exzesse, die im Vergleich mit den deutschen Verbrechen vernachlässigbar seien, würden nur begründen, warum die Aussiedlung schnellstmöglich durchgeführt werden müsse.

---

26 *Pícha,* Mořic: Dejme republice každý to nejlepší! [Geben wir der Republik jeder das Beste!]. In: Neděle Nr. 20 vom 19.5.1946, 156.

27 Silvestr Maria Braito OP, 1898-1962, Professor der Theologie, Publizist, Redakteur der Revue „Na hlubinu" (In den Abgrund), nach 1948 inhaftiert.

28 *Braito,* Silvestr Maria: Má je pomsta [Mein ist die Rache]. In: Neděle Nr. 9 (1945) 67.

29 *Poloprutský,* J.: Katolíci v pohraničí [Die Katholiken im Grenzland]. In: Neděle Nr. 23 vom 9.6.1946, 183.

30 Námitky proti odsunu [Einwände gegen den Abschub]. In: Obzory Nr. 4 vom 15.9.1945, 52.

Auf der anderen Seite machten die Obzory auch auf die Situation der internierten Deutschen aufmerksam. So wurde beispielsweise in einem Artikel auf die enorme Kinder-, insbesondere Säuglingssterblichkeit in den Internierungslagern hingewiesen. Teilweise ganz konkret und kritisch wurde die alarmierende Situation der Deutschen in den Lagern beschrieben, die geprägt war von der schweren Arbeit, den beengten Unterkünften, mangelnder Hygiene und Unterernährung, in deren Folge es zu unterschiedlichen Krankheiten komme.[31]

Die Obzory eröffneten damit eine breite Leserdiskussion zum Problem der Behandlung der Deutschen. Einige Leser bezeichneten die Verbrechen an den Deutschen, die unmittelbar nach dem Krieg verübt worden waren, als verständlich. Trotzdem sollte man versuchen, sie zu verhindern und sich an die mit dem Namen des Staatsgründers, Tomáš G. Masaryk, verbundene Tradition zu erinnern.[32] Manche Leser brachten eine christliche Betrachtungsweise der Deutschen zum Ausdruck; denn alles andere

> wäre der Anfang vom Ende der hohen europäischen Moral, die begründet ist auf den unsterblichen Grundsätzen der christlichen Liebe auch zum Feind und auf der Vergebung, sowie dem Bewusstsein, dass das Böse wieder nur Böses hervorbringt, das den Schuldtragenden nicht auf den Weg der Besserung bringt.[33]

Provoziert wurde dies auch durch die sehr emotional beschriebene Brutalität der Tschechen gegenüber den Deutschen, weil manche es „nicht mehr ertragen" konnten, „dass an vielen Stellen so viel Unverstand herrscht."[34] Die christliche Moral wurde jedoch von einem anderen Leser angezweifelt, und die Vermutung angestellt, dass „diejenigen, die Psalmen von Mitgefühl und christlicher Liebe auch gegenüber dem Feind singen" wohl anders sprechen würden, wenn sie ein Konzentrationslager überlebt hätten. Dann würde „anstelle des falschen Tons von Mitgefühl und Heuchelei die Stimme voller Verwünschung und grenzenlosem Hass erklingen"[35] (aus dem Text geht allerdings nicht hervor, ob der Schreiber in einem Konzentrationslager inhaftiert gewesen war).

Ein anderer Leser bagatellisierte die alarmierende Situation der deutschen Kinder, die während des Krieges gut versorgt gewesen seien und nun nur „für kurze Zeit das durchmachen müssen, was slawische Kinder einige Jahre durchlebten!"[36] Solche Ansichten standen aber im Widerspruch zu den Standpunkten einer Reihe von Lesern, häufig ehemaliger Inhaftierter in Konzentrationslagern, die dagegen protestierten, die verbrecherische Behandlung der Deutschen damit zu begründen, was den Tschechen von deutscher Hand widerfahren sei:

---

31 Odsun Němců [Der Abschub der Deutschen]. In: Obzory Nr. 14 vom 8.12.1945, 209 f.

32 Obzory Nr. 10 vom 27.10.1945, 153 f. Leserbrief von Ivo Hais. Es heißt dort: „Ein Alter ausgedienter Knecht, dem im Dorf die Bewachung der Deutschen anvertraut war, erklärte seine Milde: ‚Sind wir vielleicht Deutsche?' Lebt in diesem Bauern nicht mehr von Masaryk weiter als in denen, die ihn ständig auf der Zunge tragen?" *Ebenda* 154.

33 Obzory Nr. 11 vom 7.11.1945, 169 f. Leserbrief von M. Novák.

34 Obzory Nr. 12 vom 20.11.1945, 187. Leserbrief von R. D.

35 Obzory Nr. 16 vom 22.12.1945, 252. Leserbrief von J. Senohrábek.

36 Obzory Nr. 14 vom 7.12.1945, 218. Leserbrief von Robert Jedlička.

Ihr macht euch gar nicht bewusst, dass es ein bisschen unwürdig für eine freie Nation ist, sich nur danach zu richten, was unsere Feinde getan haben, an deren Benehmen wir gerade Anstoß genommen haben. Müssen wir nach Belehrung, was wir in diesem oder jenen Fall zu tun haben in unserem Gewissen, oder besser in der deutschen Geschichte, in „Mein Kampf" oder den Protokollen über deutsche Bestialitäten suchen?[37]

Ein ehemaliger politischer Gefangener bezeichnete das Verbot, deutsche Gräber zu besuchen und zu schmücken, als „schändlich". Denn für ihn sei es ein wichtiger „religiöser und menschlicher Akt" der tiefen Dankbarkeit für Gott gewesen, nach den Qualen der Haft im Konzentrationslager, „nach der Rückkehr nach Hause am Grab meiner Lieben niederknien und es mit Blumen schmücken"[38] zu können.

Die Leserbriefe flauten nach einiger Zeit ab, und im Jahr 1946 wurde bereits nicht mehr über die brutale Behandlung der Deutschen geschrieben. Dies könnte zugleich auch auf eine Vorsichtsmaßnahme der Redaktion zurückzuführen sein. So gab es offensichtlich Pläne von Seiten des Informationsministeriums, auf Grund der kritischen Berichterstattung in den Obzory gegen die Zeitschrift vorzugehen.[39]

In dem Artikel „Historická chvíle" (Historischer Augenblick) wurde der Beginn der organisierten Aussiedlung begrüßt, der zur unausweichlichen Reaktion auf den „Verrat" der Deutschen erklärt wurde, denen die Erste Republik doch alle erdenklichen Rechte gewährt habe. Die Forderung, mit den Deutschen human umzugehen, wurde nicht als Einsatz für die Deutschen erklärt, sondern als Verweis auf den Standpunkt von Regierung und Präsident.[40] Es wurde von der Situation der bisher nicht ausgesiedelten Deutschen berichtet und ohne jegliche Kritik erniedrigende rassistische Beschränkungen beschrieben, denen sie unterworfen waren. Ohne Mitgefühl wurde beispielsweise berichtet, dass es „interessant" sei,

dass es beinahe keine Einwände gegen die Einteilung zum Transport gibt, sondern das Gegenteil. Die Deutschen suchen Protektion, um möglichst schnell zu einem Transport eingeteilt zu werden und wegfahren zu können. Der Abschub geht einfach korrekt, ordentlich und ohne jegliche Störungen vor sich.[41]

Gesonderte Aufmerksamkeit wurde dem Verbleib deutscher Fachleute in Unternehmen und deren eventuellem weiteren Betrieb ohne sie gewidmet. So gab es den Standpunkt, dass eine schnelle Aussiedlung auch dieser Fachleute selbst zum Preis wirtschaftlicher Verluste notwendig sei, „weil man [...] der Zukunftssicherung der Nation den Vorzug geben [muss] vor Ängsten um vorübergehen-

---

37 Obzory Nr. 14 vom 7.12.1945, 219 f. Leserbrief von Bohuslav Lochman. — Ähnliche Stimmen in den Artikeln derselben Nummer von Bedřich *Bobek* (219) und V. *Viktora* (219).

38 Obzory Nr. 15 vom 15.12.1945, 235. Leserbrief von Bohumil Pick.

39 Vgl. hierzu *Staněk*, Tomáš: Die deutschen Geistlichen in der Tschechoslowakei 1945-1948. In: *Boldt*, Frank/*Hilf*, Rudolf (Hgg.): Bayerisch-böhmische Nachbarschaft. München 1992, 217-227, hier 219 f.

40 Historická chvíle [Ein historischer Augenblick]. In: Obzory Nr. 5 vom 2.2.1946, 66.

41 Český Liberec [Tschechisches Reichenberg]. In: Obzory Nr. 9 vom 2.3.1946, 129.

de wirtschaftliche Verluste." Es wurde gar die Vermutung geäußert, dass mancher sich als Experte ausgebe, um der Aussiedlung zu entgehen. Denn bisweilen seien „solche Fachleute zu finden [...] wie Zeitungsausträgerinnen."[42]

Anderen Aussagen zufolge stimmten diese Verluste einige Leser eher bedenklich. So wurde darauf hingewiesen, dass die Deutschen ihre Produktion in Deutschland, wohin sie abgeschoben wurden, wieder aufnehmen würden, wohingegen Unternehmen im Grenzland ohne sie oft nicht überleben könnten. Gleichzeitig wurde kritisiert, dass die Deutschen an einigen Orten gehen hätten müssen, bevor sie bei der Ernte eingesetzt werden konnten.[43]

Die Obzory berichteten über Kinder aus gemischten Ehen, die abgeschoben werden sollten, obwohl sie Tschechisch sprachen. Es wurden konkrete Fälle veröffentlicht[44] und Behutsamkeit in dieser Frage angemahnt. Man forderte, Kinder von den Transporten auszunehmen, weil „wir uns den Luxus der Ausfuhr unseres eigenen Nachwuchses nicht erlauben können".[45] Einer der Briefe machte darauf aufmerksam, dass eine tschechische Familie versehentlich als deutsche Familie eingestuft wurde, infolgedessen Lebensmittelzuweisungen im für Deutsche vorgesehenen Ausmaß bekomme und deshalb an Unterernährung leide. Der Antrag auf Überprüfung liege beim Amt, und bis entschieden werde, drohe ihnen der Hungertod.[46] Dass dieselbe Gefahr auch den Deutschen drohte, erwähnte der Autor nicht.

Auch dem Grenzland wurde in den Obzory gewisse Aufmerksamkeit gewidmet. Es war abzusehen, dass das Land wegen seiner Armut und Kargheit nur sehr schwer wieder zu besiedeln sein würde und dass es davon bedroht war, für immer öd zu bleiben.[47] Die verlassenen Orte wurden als Ziel von Verbrechern und Plünderern beschrieben, sodass man nun den Eindruck habe, „als wäre das Leben hier mit einem Schlag zum Stillstand gekommen."[48]

Die Obzory brachten ebenso die Rede von Pius XII. an die neuen Kardinäle, in der er den Gedanken der Zwangsumsiedlung verurteilte und als der Kirche fremd bezeichnete. Er wies darauf hin, dass diese traurige Art der Umsiedlung von Menschen [...] heute leider häufiger" vorkomme und „direkt und indirekt an imperialistische Tendenzen der Zeit" anknüpfe.[49]

---

42 F. J.: Záběry z Liberce [Skizzen aus Reichenberg]. In: Obzory Nr. 19 vom 11.5.1946, 292 f.

43 F. K.: K poměrům v pohraničí [Zu den Verhältnissen im Grenzland]. In: Obzory Nr. 32 vom 10.8.1946, 499.

44 Obzory Nr. 16 vom 20.4.1946, 252. Leserbrief von A. H.

45 České děti v německých transportech [Tschechische Kinder in deutschen Transporten]. In: Obzory Nr. 7 vom 16.2.1946, 97.

46 Obzory Nr. 14 vom 6.4.1946, 221. Leserbrief von J. Měšťan.

47 Bude Šumava pralesem? [Wird der Böhmerwald zum Urwald?]. In: Obzory Nr. 31 vom 3.8.1946, 484.

48 *Baitler*, Antonín: Je po žních v pohraničí [Im Grenzland ist die Ernte vorüber]. In: Obzory Nr. 40 vom 5.10.1946, 634 f.

49 Projev sv. Otce k novým kardinálům [Ansprache des Hl. Vaters an die neuen Kardinäle]. In: Obzory Nr. 16 vom 20.4.1946, 247-249, hier 248.

Im Jahre 1947 wurde den Sudetendeutschen nur noch am Rande Aufmerksamkeit geschenkt. Es wurde beispielsweise das Problem des Hultschiner Ländchens (Hlučínsko) beschrieben, wo die national nicht definierte Bevölkerung der „Moravci" lebte, die oft als Deutsche angegriffen wurden und die von der Vertreibung bedroht waren.[50]

Thematisiert wurden auch das Leben und die Einstellungen der abgeschobenen Deutschen. Die Mehrheit von ihnen wolle zurückkehren, ein kleinerer Teil, vorwiegend Sozialdemokraten, riefen dazu auf, sich mit der Situation und der dauerhaften Integration in Deutschland abzufinden.[51] Wiederholt wurden die Aktivitäten von Wenzel Jaksch kritisch beschrieben, der gegen die Tschechoslowakei hetze und die Sudetendeutschen organisiere, wogegen sich die tschechoslowakischen Parteien aber immer „einig und fest" stellen würden.[52]

In einer Reihe von Texten in Zeitschriften des katholischen Milieus wird deutlich, dass die Vertreibung und Aussiedlung für eine moralisch sehr sensible Frage gehalten wurden, der gerecht zu werden nicht einfach war. Mit außergewöhnlicher Vehemenz wurde Hass gegen die Deutschen abgelehnt, der für eine böse Kraft gehalten wurde, die ihrem Urheber letztlich selbst schade. Das Evangelium aber verbiete Hass, und der Christ müsse dem Feind vergeben. Es wurde vor übertriebenem Nationalismus gewarnt. Die Deutschen hätten zwar Anteil daran, dass die Tschechen sie hassten, was allerdings keine Entschuldigung dafür sei, dem Hass nachzugeben; stattdessen müsse man ihn überwinden. Protestiert wurde nicht nur gegen Verbrechen an Deutschen, sondern auch gegen Erniedrigungen und Grausamkeiten: gegen Zwangsarbeit, die an den Umgang mit Leibeigenen erinnere, und gegen unterschiedlichste Schikanen. Aufmerksamkeit wurde auch der Situation in den Internierungslagern geschenkt. Solches Verhalten schüre nur den Hass zwischen den Völkern. Man müsse sich den Deutschen gegenüber menschlich verhalten und die Tschechen dürften sich nicht auf das Niveau der Nationalsozialisten herabbegeben. Unmenschlichkeit dürfe nicht damit entschuldigt werden, dass Deutsche das Gleiche getan hätten. Auch die Fälle deutscher Antifaschisten führten beispielsweise zu Zweifeln an der Idee der Kollektivschuld, die von einigen Stimmen offen problematisiert wurde. Gestützt wurde die Kritik mit den Argumenten, dass auch die Tschechen kollektiv an den Verbrechen an Deutschen schuldig seien, und dass auch die Nationalsozialisten das Prinzip der Kollektivschuld angewendet hätten.

Sehr sensible Reaktionen riefen Gottesdienstverbote und anderweitige Einschränkungen der Religionsausübung für Deutsche hervor. Aufmerksamkeit wurde auch der Verfolgung deutscher Priester geschenkt, die die Tschechen auch als ihre Hirten sehen sollten. Solidarisch erklärte man sich mit den aktiven

---

50 L. J.: Hlučínsko [Das Hultschiner Ländchen]. In: Obzory Nr. 7 vom 15.2.1947, 98 f.

51 *Paukert*, J.: Názory odsunutých [Ansichten der Abgeschobenen]. In: Obzory Nr. 18 vom 3.5.1947, 242 f.

52 L. F.: Jaksch v Německu [Jaksch in Deutschland]. In: Obzory Nr. 32 vom 9.8.1947, 457 f.

deutschen Katholiken, die als Antifaschisten bezeichnet wurden und von der Aussiedlung ausgenommen werden sollten.

Größtenteils wurde Zustimmung zu Vertreibung und Aussiedlung ausgedrückt, weil nach dem Krieg keine andere Lösung möglich gewesen sei. Bemerkenswert ist dabei, dass der Standpunkt von Pius XII., der den Bevölkerungstransfer ablehnte, nicht bewertet wurde und mit schlichtem Schweigen übergangen wurde. In anderen Fragen verteidigte die katholische Presse die päpstliche Haltung jedoch mit großer Vehemenz. Die tschechischen Bischöfe verwiesen auf seinen Brief, in dem er Hass ablehnte und nach Gerechtigkeit und Liebe rief. In Reaktion auf den Standpunkt des Papstes wurde außerdem mit der Behauptung polemisiert, dass alle Deutschen Verbrecher seien.

Über das Grenzland wurde größtenteils realistisch berichtet. Die Landschaft sei geistig verödet, und sie wiederzubeleben würde nur sehr schwer möglich sein. Bemerkenswert ist das Interesse der Leser an diesem Thema, sowohl – in wenn auch geringerem Maße – im Rozsévač, wie besonders in den Obzory. Obwohl einige Briefe nationalistisch und hasserfüllt waren, das Leid der Deutschen angesichts des Leids der Tschechen bagatellisierten und die Erörterung dieses Themas als taktisch ungeschickt kritisierten, wird deutlich, dass viele Katholiken die Art des Umgangs mit den Deutschen empörte oder erschreckte. Sie begrüßten die Möglichkeit, dagegen protestieren und sich frei äußern zu können, insbesondere weil die Kirche dieser Frage nicht genügend Aufmerksamkeit schenke. Beachtenswert ist die schlagartige Änderung in der Berichterstattung der Obzory zu diesem Thema während des Jahres 1946, die nach scharfen Protesten gegen die Art der Behandlung der Deutschen ihre Verfolgung indirekt billigte.

Die Evangelische Kirche der Böhmischen Brüder

Kostnické Jiskry (Konstanzer Funken)

Die Wochenzeitung Kostnické Jiskry wurde von der „Kostnická jednota“ (Konstanzer Einheit) herausgegeben, der Institution, welche die tschechischen evangelischen Kirchen vereinte. Unter ihnen nahm die Evangelische Kirche der Böhmischen Brüder eine dominante Position ein. Die Zeitung war auf hohem Niveau, widmete sich nicht nur dem kirchlichen Leben im Inland, sondern auch Ereignissen aus dem Ausland, der Kultur und Politik. Sie war das meistgelesene evangelische Periodikum.

Im Jahre 1945 widmete sich wiederholt Josef Bohuslav Souček[53] der Frage der Sudetendeutschen. Im Artikel „Připomínky prezidenta republiky“ (Bemerkungen des Präsidenten der Republik), analysierte er einige Gedanken aus den Reden von Präsident Edvard Beneš. Er zeigte darin die Notwendigkeit, das Ausmaß der Schuld bei den einzelnen Sudetendeutschen zu unterscheiden, weil

53 Josef Bohuslav Souček, 1902-1972, Professor für Bibelkunde an der Evangelischen Theologischen Comenius-Fakultät, 1930 bis 1945 Sekretär des Synodalrats.

„nicht alle in gleichem Maße schuldig" seien. Allerdings forderte er auch eine Strafe für alle, die sich passiv verhalten hätten, also für den

> einfachen Bürger, dessen – sicher unzweifelhafte – Schuld darin liegt, sich nicht vorausschauend um Politik gekümmert zu haben, sich von der Agitation irreleiten und von den vermeintlichen Erfolgen blenden zu lassen, sodass er billigte, was in seinem Namen geschah. Beide müssen bestraft werden, aber die Strafe muss in ihrer Strenge abgestuft sein, um völlig überzeugend zu sein.[54]

Im Artikel „Vychovávat k nenávisti" (Zum Hass erziehen) warnte er vor der vorherrschenden Meinung, dass alle Deutschen schlecht und hassenswert seien. Er wies darauf hin, dass jede Nation einer ähnlichen Verirrung wie die Deutschen verfallen könnte; denn es handelte

> sich um eine Verirrung [...], die zwar bei den Deutschen die gewaltigsten Dimensionen angenommen hat, gegen die aber auch die übrigen Nationen nicht gefeit sind, denn bei allen Nationen sind ausreichend zersetzende und böse Tendenzen verborgen, die ausbrechen, sobald die Dämme des allgemeinen Gesetzes der Menschlichkeit und der Gerechtigkeit brechen.

Er warnte ebenso davor, dass gerade solch feindselige und hasserfüllte Verhaltensweisen, wie gegenüber den Deutschen helfen würden, diese Dämme der Gerechtigkeit „unbewusst einzureißen [...] z.B. gerade dadurch, dass jetzt gegen die Deutschen deren eigene Argumentation"[55] gewendet werde.

Auf das Problem, dass man sich auch nach der Aussiedlung mit dem Verhältnis zu den Deutschen auseinandersetzen müsse, weil man „ewig Nachbar der Deutschen" bleiben werde, verwies Josef Lukl Hromádka[56] im Text „Naše odpovědnost" (Unsere Verantwortung). Vertreibung und Aussiedlung rechtfertigte Hromádka mit den schrecklichen Verbrechen des Nationalsozialismus: So „glaube [er] nicht mehr, dass das deutsche Problem sich nach normalen moralischen Regeln lösen lässt, als wäre seit 1938 nichts passiert." Vielmehr müsse man „diese schrecklichen historischen Verschiebungen in Betracht ziehen." Denn nur „eine radikale Lösung der deutschen Frage" würde den „revolutionären Veränderungen in der ganzen Struktur Europas"[57] Rechnung tragen.

Eine Frage, die oft auftauchte, war das Eigentum und der Übergang von Rechten und Pflichten der Deutschen Evangelischen Kirche in Böhmen, Mähren, Schlesien. In der Evangelischen Kirche der Böhmischen Brüder gab es ausgeprägte Tendenzen, dieses Eigentum für sich selbst zu beanspruchen mit

---

54 *Souček*, Josef Bohuslav: Připomínky prezidenta republiky [Bemerkungen des Präsidenten der Republik]. In: Kostnické Jiskry Nr. 14 vom 26.6.1945, 74.

55 *Ders.*: Vychovávat k nenávisti? [Zum Hass erziehen?]. In: Kostnické Jiskry Nr. 25 vom 13.9.1945, 134.

56 Josef Lukl Hromádka, 1889-1969, der wohl bedeutendste tschechische evangelische Theologe des 20. Jahrhunderts, Professor für Theologie und Dekan der Evangelischen Theologischen Comenius-Fakultät, Gründer der Křesťanská revue, lehrte während des Krieges in den USA, wirkte nach 1948 beim Weltkirchenrat und der Christlichen Weltkonferenz.

57 *Hromádka*, Josef Lukl: Naše odpovědnost [Unsere Verantwortung]. In: Kostnické Jiskry Nr. 28 vom 4.10.1945, 151.

dem Argument, dass sie die ihnen am nächsten stehende Kirche sei.[58] Wenn die „tschechische“ katholische Kirche das Eigentum der „deutschen“ übernehme, könne es nicht sein, dass für die Protestanten mit anderem Maß gemessen werde. Es wurde allerdings auch als ethisch bedenklich angesehen, den materiellen Aspekt an erste Stelle zu setzen. Daneben stellte sich das Pflichtbewusstsein ein, sich um die deutschen Protestanten zu kümmern, die in der Republik verblieben waren.[59] Auch wenn dabei der gelegentliche Vorwurf zurückgewiesen wurde, dass die Evangelische Kirche der Böhmischen Brüder so versuche, schuldige Deutsche zu schützen, muss man die Bereitschaft der Kirche anerkennen, die Deutschen in die Kirche einzugliedern; denn zu dieser Zeit wurde jegliches „paktieren mit ihnen“ als Verrat am Volk angesehen.

Im Jahre 1946 schenkte man der sudetendeutschen Frage ebenfalls noch erhebliche Beachtung. Im Leitartikel zum neuen Jahr „Naše poslání“ (Unsere Mission) ging der Synodalkurator Antonín Boháč von der „Eingliederung ihrer Hinterlassenschaft in die Einheit der tschechoslowakischen Nation“ aus. Diese Assimilation erfolge auf Grund der kulturellen und moralischen Überlegenheit der Tschechoslowaken.[60]

Dem Verhältnis zu den Deutschen unter ethischen Gesichtspunkten widmete sich M. Šourek im Artikel „Listy do pohraničí“ (Briefe ins Grenzland), in denen er sich an einen fiktiven jungen Protestanten wandte, der im Grenzland wirkte, beispielsweise als Nationalverwalter. Er führte an, dass die Konfiskation des deutschen Eigentums nicht eindeutig moralisch zu rechtfertigen sei, und dass man die tatsächlichen Motive sehr sorgfältig überprüfen und sich fragen müsse, ob man „das vor Gott“ und dem eigenen „Gewissen verantworten“ könne. Indirekt stellte er die Glaubwürdigkeit der klassischen Argumente der Zeit als unchristlich in Frage. Denn ein Christ, der „Gottes Gebote“ kenne, wisse, „dass sie [die Gebote, J.L.] sich mit all diesen Gründen nicht aus der Welt schaffen lassen.“ Rechenschaft für sein Handeln sei der Mensch allein Gott schuldig. Er betonte die Pflicht, sich den Deutschen gegenüber christlich zu verhalten und ihre Würde zu bewahren, weil man sonst gegen die eigene Re-

---

58 Nach dem Ersten Weltkrieg war es in den böhmischen Ländern zur Neukonstituierung der evangelischen Kirchen gekommen Während sich die tschechischen Evangelischen Augsburger Bekenntnisses und Helvetischen Bekenntnisses zur Evangelischen Kirche der Böhmischen Brüder zusammenschlossen, reagierten die deutschen Evangelischen auf den Zerfall des Wiener Oberkirchenrates mit der Gründung der Deutschen Evangelischen Kirche der Tschechoslowakischen Republik, die 1922 in Deutsche Evangelische Kirche in Böhmen, Mähren und Schlesien umbenannt wurde. *Lehmann*, Ernst: Die evangelischen Sudetendeutschen. Düsseldorf 1970 (Die Unverlierbarkeit evangelischen Kirchentums aus dem Osten, Band 2 – Heft 1), 22 f.

59 Církevní majetek Němců v ČSR [Kirchliches Eigentum der Deutschen in der ČSR]. In: Kostnické Jiskry Nr. 21 vom 16.8.1945, 111. — *Valeš*, B.: Co s německou evangelickou církví? [Was ist mit der Deutschen Evangelischen Kirche?]. In: Kostnické Jiskry Nr. 31 vom 25.10.1945, 169.

60 *Boháč*, Antonín: Naše poslání [Unsere Berufung]. In: Kostnické Jiskry Nr. 1 vom 3.1.1946, 1.

ligion und das Tschechentum verstoßen würde. Denn die deutsche Frage sei auch „eine christliche Frage, eine Frage unseres Glaubens und ich sage genauso: eine Frage unseres Tschechentums." Um das „Tschechentum zu bewahren", sei es deshalb notwendig, aufzudecken, „wo Habsucht und Ausbeutung sich als Liebe zu Heimat und Nation maskieren". Dennoch war der Autor nicht grundsätzlich gegen die Aussiedlung, weil etwas „existiert, [...] was man Kollektivschuld nennt. Seinen Anteil an ihr und den Anteil an der kollektiven Strafe muss jeder Deutsche auf sich nehmen, auch der anständige."[61]

Ein wichtiger Anstoß in der Diskussion war die Resolution des Weltkirchenrates, der auf die Verbrechen hinwies, die während der Vertreibung begangen wurden. Erste Nachrichten sprachen davon, dass der Weltkirchenrat die Aussiedlung an sich in Frage stellte, was aber in der Erklärung nur indirekt anklang. In der späteren Korrespondenz mit den tschechischen Kirchen wurde dieser Standpunkt aufgegeben. Die erste Reaktion auf die Erklärung des Weltkirchenrates war der Leitartikel von Břetislav Hladký[62] „Odsun Němců a my" (Der Abschub der Deutschen und wir). Er erklärte die Haltung des Weltkirchenrates für verständlich, obschon darin Informationsdefizite zu erkennen seien. Er charakterisierte die Aussiedlung als notwendiges (geringeres) Übel. Die gegenwärtige Situation würde die „Unmöglichkeit" mit sich bringen, „nicht zu sündigen", weshalb man „beschlossen habe, diese Schuld auf [sich] zu nehmen." Gleichzeitig betonte er aber die Notwendigkeit, „dass der Abschub möglichst menschlich verläuft."[63]

Der Synodalrat reagierte auf die Resolution des Weltkirchenrates mit einem Brief am 14. März 1946, in dem er Rachsucht verurteilte und anführte, dass die Vertreibung nicht geordnet durchgeführt werde. Die Idee der Aussiedlung verteidigte er mit dem Argument, dass es sich um den besten Weg handle, das Verhältnis von Tschechen und Deutschen von Hass zu befreien. Er sprach sich für die Idee eines national homogenen Staates aus, weil nationale Minderheiten Katalysatoren für Konflikte seien.[64] Der Weltkirchenrat reagierte am 20. März 1946 ebenfalls per Brief, der deutlich von dem Bemühen geleitet war, den Konflikt beizulegen. Für die Aussiedlung wurde Verständnis ausgedrückt. Weil man aber „Belege" habe, „dass in bestimmten Fällen, und besonders in bestimmten Lagern die Situation so war, dass man sie schwerlich ein Beispiel für humane Behandlung nennen kann", wurde die Bitte ausgesprochen, dass die Evangelische Kirche der Böhmischen Brüder „in Zukunft, so wie in der Vergangenheit, die Entwicklung dieser Dinge im Auge" behielte.[65]

---

61 *Šourek,* M.: Listy do pohraničí [Briefe ins Grenzland]. In: Kostnické Jiskry Nr. 7 vom 14.2.1946, 35-37.

62 Břetislav Hladký, 1895-1982, Pfarrer in Libiš (Libisch) bei Mělník (Melnik), Publizist.

63 *Hladký,* Břetislav: Odsun Němců a my [Der Abschub der Deutschen und wir]. In: Kostnické Jiskry Nr. 12 vom 21.3.1946, 63.

64 Odsun Němců z ČSR [Der Abschub der Deutschen aus der ČSR]. In: Kostnické Jiskry Nr. 14 vom 4.4.1946, 77.

65 Odpověď Světové rady církví [Antwort des Weltkirchenrats]. In: Kostnické Jiskry Nr. 14 vom 4.4.1946, 77.

Das Memorandum der Konstanzer Einheit, das den Standpunkt des Synodalrates in seinen Argumenten ergänzte, führte an, dass die Sudetendeutschen Einwanderer seien, die seit 1848 versuchten, die tschechische Mehrheit zu verraten. Die Aussiedlung stelle deshalb eine „Folge des natürlichen, moralischen und grundlegenden Gesetzes von Ursache und Wirkung, des Gesetzes von Saat und Ernte (Gal. 6,7)" dar. Er sei daher für die Deutschen eine segensreiche erzieherische Strafe, die ihnen die „Möglichkeit [gebe] zu erkennen, dass es sich nicht auszahlt, Gottes moralisches Gesetz zu überschreiten, und die Lehre zu verkünden, dass die Macht immer im Recht ist."[66]

Argumente, die die Aussiedlung der Deutschen rechtfertigten, wurden auch in der Schrift gesucht. Beispielsweise wurde folgendermaßen argumentiert:

> Sehen wir, was uns zur Frage des Abschubs der Deutschen die Heilige Schrift sagen könnte, und zwar Röm 13, 1-3. Wir lesen da, dass jeder Mensch sich der Obrigkeit unterwerfen muss, denn es gibt keine Obrigkeit, die nicht von Gott käme. Der Christ hat einen einzigen höchsten Herrn, Jesus Christus. Und wenn er auf der Welt ist, ist er weltlichen Regeln unterworfen, deren Einhaltung die weltliche Obrigkeit garantiert. [...] Daraus ergab sich für die Deutschen die Verpflichtung zu Treue und Gehorsam gegenüber dieser Regierung. Aber diese Deutschen nutzten die Freiheiten, die ihnen gerade von dieser Regierung gegeben wurden, [...] dieser Obrigkeit Treue und Gehorsam zu verweigern, indem sie sich zur SdP bekannten, dem Ableger der reichsdeutschen Nazi-Partei! In diesem Fall hatte die Obrigkeit, d.h. die tschechoslowakische Regierung ein [...] Recht, zum Schwert zu greifen (Röm 13, 4). [...] Ich denke deshalb, dass ich dem Wort Gottes nicht Gewalt antue, wenn ich aus ihm verstehe, dass es nicht nur erlaubt ist, die Deutschen anständig und menschenwürdig aus dem Grenzland nach Deutschland umzusiedeln, sondern ein Gebot, das sich aus dem Wort Gottes selbst ergibt über die Obrigkeit, die auch ein Schwert trägt.[67]

Als Reaktion auf die Kritik des Weltkirchenrates wurde auch die Situation der abzuschiebenden Deutschen in den Sammellagern beschrieben, und zwar als „würdig und höchst gerecht" sowie „gemäß internationalen Vereinbarungen."[68]

Unter dem Kürzel „jdv" wurde ein (beinahe fabelhaft wirkendes) Feuilleton über die junge Deutsche Maria aus Schlesien veröffentlicht, die bei dem Autor eine gewisse Zeit Zwangsarbeit geleistet hatte. Sie freundeten sich miteinander an, Maria erkannte die Schwere der deutschen Verbrechen und dass der Deutschen „Schuld schrecklich groß ist". Sie glaubte, dass die Situation, in der sie und alle Deutschen sich befinden, die gerechte Strafe von Gott sei. Mit dieser Überzeugung und dem festen Glauben an Gott ging sie nach Deutschland, um an der moralischen Erbauung und Buße für ihr Volk zu arbeiten und zur „Um-

66 Memorandum kostnické jednoty ve věci odsunu Němců [Memorandum der Konstanzer Einheit in der Angelegenheit des Abschubs der Deutschen]. In: Kostnické Jiskry Nr. 21 vom 23.5.1946, 120 f.

67 *Staněk,* Josef: Odsun Němců nutností pro demokratickou svobodu [Der Abschub der Deutschen als Notwendigkeit für die demokratische Freiheit]. In: Kostnické Jiskry Nr. 17 vom 25.4.1946, 95 f.

68 *Frič,* M.: Odsun Němců [Der Abschub der Deutschen]. In: Kostnické Jiskry Nr. 13 vom 28.3.1946, 71.

kehr [...] beizutragen".[69] Das Feuilleton klang so aus, dass die „guten" Deutschen ihre kollektive Schuld anerkennen und ihre Vertreibung annehmen, gleichzeitig wurde Verständnis geäußert für die Schwere des deutschen Schicksals.

Im Jahre 1947 ließ das Interesse an den Sudetendeutschen etwas nach. In der zweiten Jahreshälfte entwickelte sich eine umfangreiche Diskussion über das Schicksal der slowakischen Magyaren, in der oft auf die Aussiedlung der Deutschen verwiesen wurde und die eine Reihe von Analogien zu ihr aufwies. Die Diskussion eröffneten die Artikel von Rudolf Říčan[70] in der Křesťanská revue (siehe Anm. Nr. 87) und von Jan Miřejovský „My a Maďaři" (Wir und die Magyaren).[71] Miřejovský[72] verwies auf die Tatsache, dass magyarische Kinder bereits ab vier Jahren nicht mehr in die Schule gehen könnten, und auf die Not der Pfarrer, Lehrer und Rentner. Wenn für die Magyaren eine kollektive Schuld gelte, dann laste sie auch auf den Tschechen wegen der „Unmenschlichkeiten", die an den Magyaren verübt würden, wodurch der Autor das Prinzip der Kollektivschuld indirekt in Frage stellte.[73]

Auf diese Texte reagierte der slowakische lutherische Pfarrer Julius Dérer, der Vorsitzende des „Spolok slovenských evanjelických farárov" (Bund der slowakischen evangelischen Pfarrer), mit dem umfangreichen Artikel „Pravda o presídlení Maďarov" (Die Wahrheit über die Umsiedlung der Magyaren). Er führte an, dass die Magyaren die Republik immer verraten hätten, und die Umsiedlung im Grunde zu ihrem Guten durchgeführt werde, denn sie hätten eine schärfere Strafe verdient. Er warf den Autoren konfessionelle Voreingenommenheit vor, weil sie zwar die Aussiedlung der Magyaren kritisierten, nicht aber die der Deutschen. Dabei sollten sie „die unmenschliche Unterdrückung" der Slowaken in Ungarn verurteilen „und nicht die sehr menschliche Behandlung, die zum Schutz unseren Blutes in Ungarn nötig ist."[74] In der Antwort[75] warfen Říčan und Miřejovský Dérer vor, sich der Verantwortung zu entziehen und unfähig zu sein, die eigene Schuld einzugestehen.[76] Dérer verteidigte in seiner Antwort[77] die Umsiedlung der Magyaren als christlich, den Frieden zwischen

---

69 *jdv:* Maria. In: Kostnické Jiskry Nr. 31 vom 1.8.1946, 182 f.

70 Rudolf Říčan, 1899-1975, Professor für Kirchengeschichte an der Evangelischen Theologischen Comenius-Fakultät.

71 *Miřejovský,* Jan: My a Maďaři [Wir und die Ungarn]. In: Kostnické Jiskry Nr. 23 vom 5.5.1947, 1.

72 Jan Miřejovský, 1911-1984, Gemeindepfarrer von Kliment in Prag, Publizist, wirkte nach dem Krieg in Genf in der Jugendsektion des Weltkirchenrats.

73 *Miřejovský:* My a Maďaři.

74 *Dérer,* Julius: Pravda o presídlení Maďarov [Die Wahrheit über die Umsiedlung der Magyaren]. In: Kostnické Jiskry Nr. 39 vom 25.9.1947, 1 f.

75 *Říčan,* Rudolf/*Miřejovský,* Jan: My a Maďaři [Wir und die Magyaren]. In: Kostnické Jiskry Nr. 41 vom 9.10.1947, 2.

76 *Ebenda.*

77 *Dérer,* Julius: Pravda o presídlení Maďarov [Die Wahrheit über die Umsiedlung der Magyaren]. In: Kostnické Jiskry Nr. 45 vom 6.11.1947, 2.

den Völkern sichernd. Der primäre Einsatz für die eigenen Leute (d.h. die ungarischen Slowaken) entspreche außerdem dem Christentum.

In die Diskussion schaltete sich auch der lutherische slowakische Kaplan Vladimír Marenčiak ein, der Dérer beschuldigte, „ein anderes Evangelium zu predigen, eine andere Wahrheit, Seligkeit, Erlösung" und damit der Lehre Christi von Liebe und Vergebung zuwiderzuhandeln.[78] Dérer führte in seiner Reaktion auf diesen Artikel an, dass die Slowaken den Magyaren im Verlauf der Geschichte schon mehr als tausend Mal vergeben hätten, und die „Repatriierung" auch ein Akt der Vergebung sei, der es ihnen ermögliche, ohne gerechte Strafe davonzukommen. Zur Vergebung sei vielmehr Buße nötig, die die Magyaren nicht leisteten. Die „Repatriierung" sei darüber hinaus humaner als die Aussiedlung der Deutschen.[79]

Miřejovský und Říčan beschlossen die Diskussion damit, dass sie nicht zu dem Unrecht schweigen könnten, für das sie konkrete Beispiele anführten, und dass sich in der Kirche nicht der Wahn des Nationalismus ausbreiten dürfe, der trenne und nicht verbinde. Die Kirche mache sich sonst zum Diener der Nation und verrate ihre Mission. Über die Aussiedlung der Deutschen schrieben sie, dass sie das „nationale Gewissen viel mehr belasten" würde „als [...] viele unserer Schwestern und Brüder in den evangelischen Kirchen [sich] vorstellen können." Denn sie habe nicht nur das „Gewissen und Mitgefühl abgestumpft", sondern auch einen „moralischen Verfall" bewirkt.[80]

Křesťanská revue (Christliche Revue)

Die Křesťanská revue, herausgegeben vom Akademischen YMCA, wurde von Emanuel Rádl und Josef Lukl Hromádka gegründet, und in der Nachkriegszeit von Josef Souček geleitet. Nach dem Krieg erschien sie erstmals 1946, zehnmal jährlich. Sie war das bedeutendste intellektuelle Periodikum der tschechischen Protestanten und genoss breite Anerkennung. Der Frage der Aussiedlung widmete sie gemessen an der Häufigkeit ihres Erscheinens große Aufmerksamkeit.

Bereits in der ersten Nummer erschien ein Artikel von Rudolf Říčan „Soud a milosrdenství" (Gericht und Barmherzigkeit), in dem der Autor ein Ereignis aus dem zweiten Buch Paralipomenon anführte, gemäß dem die siegreichen Israeliten die gefangenen gottlosen Judäer in Frieden gehen ließen. Er erhob dieses Vorgehen zum Beispiel für den Umgang mit den Deutschen, wobei er das Wort des Propheten Oded anführte „Seid Ihr etwa ohne Sünde vor dem Herrn?". Er erinnerte an die positiven Seiten des Wettstreits von Tschechen und Deutschen, an den gemeinsamen Kampf der deutschen und tschechischen

---

78 *Marenčiak*, Vladimír: K článku o presídlení Maďarov [Zum Artikel über die Umsiedlung der Magyaren]. In: Kostnické Jiskry Nr. 46 vom 13.11.1947, 2.

79 *Dérer*, Julius: Pravda o presídlení Maďarov [Die Wahrheit über die Umsiedlung der Magyaren]. In: Kostnické Jiskry Nr. 49 vom 4.12.1947, 2.

80 *Říčan*, Rudolf/*Mířejovský*, Jan: My a Maďaři [Wir und die Magyaren]. In: Kostnické Jiskry Nr. 50 vom 11.12.1947, 1, 3.

Protestanten gegen die Habsburger, als auch die Deutschen nach der Schlacht am Weißen Berg litten. Er plädierte für eine Revision der Art und Weise des Transfers, schaffte es, sich in die Leiden der Vertriebenen einzufühlen und schlug konkrete Schritte zur Verbesserung ihrer Situation vor. Schließlich stellte er die Frage, ob man „Hunderttausende Frauen und Kinder wegschicken" müsse, die man „nur der kollektiven Schuld ihres Deutschtums bezichtigen" könne. Ob dies ein „Beitrag zur Umerziehung der Deutschen sei, [...] ein Weg zum besseren Menschen", stellte er in Frage.[81]

Auch Božena Komárková[82] rief in ihrem Text „Čemu nás naučila válka" (Was uns der Krieg gelehrt hat) zur Solidarität mit den Deutschen auf, die nicht aufgehört haben, unsere Brüder zu sein und mit denen man „gemeinsam [...] Gottes Willen für [...] das private Leben und für das Leben in der Gesellschaft" suchen müsse. Außerdem sollte man „ihnen behilflich [sein] in ihrem schweren Werk am Fundament eines neuen Glaubens in ihrem Land." Schließlich richtete sie an ihre Leser die Aufforderung: „Lassen wir sie nicht allein."[83] Es handelte sich um einen außerordentlich versöhnlichen, von Hass freien, in Wahrheit christlichen Standpunkt.

Distanziert wurde der Standpunkt des Weltkirchenrates kommentiert und Verständnis für die Haltung ausgedrückt, dass die Aussiedlung eine höchst radikale Lösung sei, die man „zwar als Notwendigkeit [betrachte], aber als schlechte Notwendigkeit."[84] Ebenso wurde eine Erklärung des YMCA veröffentlicht, die zur Wachsamkeit gegenüber den Verbrechen des tschechischen „Gestapismus" aufrief und sich mit den Journalisten solidarisierte, die über diese Fälle berichteten und ihnen ihre Hilfe anbot.[85]

Im Jahre 1947 wurden drei Artikel zum untersuchten Thema veröffentlicht. Der erste befasste sich mit der Rücknahme der reduzierten Lebensmittelzuteilungen für Deutsche. Diese Maßnahme wurde als rassistisch und schändlich bezeichnet, als Nachahmung einer „typisch nationalsozialistische[n] Eigenschaft, wie es die geringere Zuteilung von Lebensmitteln an eine Volks- oder Rassengruppe ist." Es war die Rede davon, dass die Tschechen die Deutschen unmenschlich behandeln würden, so „als würde die Feststellung: ‚Das ist ein Deutscher' bedeuten, dass es keine moralischen Verpflichtungen und Hemmungen gibt."[86] Der zweite Artikel von Rudolf Říčan[87] beschrieb die Verbre-

---

81 *Říčan,* Rudolf: Soud a milosrdenství [Gericht und Großherzigkeit]. In: Křesťanská revue Nr. 1 vom 15.1.1946, 12-15.

82 Božena Komárková, 1903-1997, Philosophin, Theologin, Publizistin, wirkte im Akademischen YMCA, während des Krieges inhaftiert, Unterzeichnerin der Charta 77.

83 *Komárková,* Božena: Čemu nás naučila válka? [Was uns der Krieg gelehrt hat?]. In: Křesťanská revue Nr. 5 vom 15.5.1946, 110-115, hier 110.

84 O odsunu Němců [Über den Abschub der Deutschen]. In: Křesťanská revue Nr. 6 vom 15.6.1946, 124 f., hier 124.

85 Dokumenty [Dokumente]. In: Křesťanská revue Nr. 4 vom 15.4.1947, 120 f.

86 Zvláštní potravinové lístky pro Němce [Besondere Lebensmittelkarten für Deutsche]. In: Křesťanská revue Nr. 6 vom 15.6.1947, 166.

chen an den internierten Deutschen in Kolín (Kolin) im Jahre 1945, als 22 von ihnen getötet wurden. Viele Bewohner der Stadt wussten von solchen Dingen, hatten aber Angst, sich zu melden. Der Autor zog eine Analogie zwischen diesen Tschechen und den Deutschen, denen man „das Recht auf Angst" abgesprochen habe, obwohl klar gewesen sei, „was ihnen drohte, wenn sie ihre Stimme erhoben hätten." Es wurde die rhetorische Frage gestellt, mit welchem Recht die Deutschen nun für etwas ausgestoßen würden, für das die Einwohner von Kolín nicht bestraft würden. Dies ist ein seltenes Beispiel dafür, dass die Richtigkeit der Aussiedlung an sich und das Prinzip der Kollektivschuld problematisiert wurden, indem der „moralische Anspruch auf pauschalen Abschub der Deutschen ohne Unterscheidung ihrer Schuld" angezweifelt wurde.[88]

Der dritte Artikel stammte von Jan Mířejovský und behandelte die Situation der Magyaren, in dem der Autor ausführlich seine Erlebnisse aus der Südslowakei beschrieb, als er die schwere Stellung der Magyaren kennen lernte, den Umgang mit ihnen, deren Denken über die Tschechoslowakei. Er rief in Erinnerung, was die magyarischen Pastoren für die tschechischen Protestanten an Gutem bewirkt hatten.[89]

Aus der Art der Berichterstattung über Vertreibung und Aussiedlung ergibt sich klar, dass sie in der Evangelischen Kirche der Böhmischen Brüder nicht als selbstverständlich und gerecht angesehen wurden. Sie wurden vor allem mit der Notwendigkeit gerechtfertigt, die Gefahr künftiger Konflikte zu bannen und den Hass zwischen Deutschen und Tschechen zu beseitigen. Viele Stimmen bezeichneten die Aussiedlung als schlechte Lösung, die aber durch die Umstände aufgezwungen worden sei und der man sich nicht entziehen könne. Es wurde aber gefordert, diese schmerzliche Maßnahme anständig, sensibel und ordentlich zu realisieren, und zwar nicht nur wegen eventueller Kritik aus dem Ausland, sondern auch aus moralischen Gründen. Die Kritik an der Vertreibung aus dem Ausland wurde nicht pauschal abgelehnt, sondern man wollte sich verantwortungsvoll mit ihr auseinander setzen.

Die an den Deutschen verübten Verbrechen wurden scharf verurteilt und keineswegs entschuldigt oder erklärt. Die Deutschen wurden als Mitmenschen angesehen, die sich in einer schwierigen Situation befänden, die die Tschechen nicht noch verschlimmern dürften. Im Gegenteil sollten sie sich ihnen gegenüber menschlich und insbesondere christlich verhalten. Offensichtlich ist das Bestreben, sich mit dem Geschehen aus christlicher Sicht auseinander zu setzen, wobei der Imperativ von Liebe und Vergebung betont wurde. Christus sei auch für die Deutschen gestorben und auch die Taten gegen die Deutschen würden von Gott gerichtet werden. Auf der anderen Seite wurde die Aussiedlung mit Hinweisen auf die Heilige Schrift verteidigt. Einige Autoren verwiesen

---

87 *Říčan*, Rudolf: Když pominul úděs a strach [Als Angst und Schrecken aufhörten]. In: Křesťanská revue Nr. 6 vom 15.6.1947, 166 f.

88 *Ebenda.*

89 *Mířejovský*, Jan: Mluvil jsem s Maďary [Ich habe mit Magyaren gesprochen]. In: Křesťanská revue Nr. 6 vom 15.6.1947, 172.

auf konkrete Notlagen, auf die die Deutschen treffen würden, verurteilten diese und schlugen Möglichkeiten vor, sie zu beseitigen.

Als selbstverständlich wurde die Seelsorge um die verbliebenen deutschen Mitgläubigen und ihre Eingliederung in die Kirche angesehen, einschließlich der Veranstaltung von Gottesdiensten in deutscher Sprache. Es wurden auch Beispiele „guter" Deutscher angeführt und hervorgehoben. Alle Deutschen seien trotzdem kollektiv schuldig und müssten bestraft werden, allerdings in unterschiedlichem Maße entsprechend der Schwere ihrer Vergehen. Die These von der Kollektivschuld wurde jedoch allmählich von einigen Stimmen angezweifelt, weil dann auch die Tschechen kollektiv für die an Deutschen und Magyaren begangenen Verbrechen verantwortlich wären. Mit zeitlichem Abstand und nach Durchführung der Aussiedlung wurde die Richtigkeit dieser These deutlicher und schärfer in Frage gestellt. Selbstkritik schwang mit, weil die Christen zu wenig auf das an den Deutschen verübte Unrecht hinweisen würden.

Das Grenzland wurde widersprüchlich beschrieben. Einerseits in optimistischen Farben, andererseits wurde auch auf die Gottlosigkeit der neu zugezogenen Bevölkerung hingewiesen. Auf unterschiedliche Weise wurde auch die böhmische Geschichte interpretiert, manchmal überlebten nationale Mythen. An anderen Stellen ist eine gemäßigte Sicht zu erkennen und der Versuch, diese Mythen zu überwinden. Auch wenn gleichzeitig Stimmen erklangen, die sich hart und unsensibel gegenüber den Deutschen äußerten und ihre Leiden ignorierten, war der Tenor der Diskussion insgesamt wohlmeinend. Die Aussiedlung wurde zwar als moralisch problematisch angesehen, aber prinzipiell als unvermeidbar.

Tschechoslowakische Kirche

Český zápas (Der tschechische Kampf)

Der Český zápas war das wichtigste und meistgelesene Blatt der Tschechoslowakischen Kirche, herausgegeben vom Zentralrat der Kirche. Es widmete sich einem weiten Themenkreis (kirchliches Leben, Politik, Ausland) und erschien während des gesamten untersuchten Zeitraums wöchentlich bzw. zwei Mal pro Woche. Die Frage des Umgangs mit den Deutschen erfreute sich großen Interesses. In einem Artikel mit dem signifikanten Titel „Odčinit Bílou Horu" (Wiedergutmachung für den Weißen Berg) wurden die entsprechenden Beneš-Dekrete als „ruhmreichster Beitrag unserer nationalen Revolution"[90] bezeichnet. Ein anderer Beitrag wies auf die Tatsache hin, dass mit der Aussiedlung „verschiedene technische Schwierigkeiten" verbunden seien und dass sich ihre Durchführung deshalb in die Länge ziehen könnte, weshalb man die Deutschen inzwischen zur Arbeit heranziehen könnte. Gerechtfertigt wurde das damit, dass diejenigen, „die über Jahre die Erzeugnisse menschlicher Arbeit vernichtet

90 *Spisar*, A.: Odčinit Bílou Horu [Wiedergutmachung für den Weißen Berg]. In: Český zápas Nr. 3 vom 1.2.1945, 10 f.

haben, [nun] in der Produktion helfen" müssten.[91] Eine Erklärung der Tschechoslowakischen Kirche begrüßte die Konfiszierung des deutschen Eigentums als Akt der historischen Gerechtigkeit und „Berichtigung der Kränkungen, die dem tschechischen Volk durch die Zeit der Finsternis nach der Schlacht am Weißen Berg zugefügt wurden".[92] Im Artikel „Republika slovanská" (Slawische Republik) wurden die Dekrete, die den Deutschen und Magyaren die Staatsangehörigkeit aberkannten, und die Beschlüsse der Konferenz von Potsdam zu dieser Frage als „zwei helle Lichter, die unserem Volk eine bessere Zukunft weisen", bezeichnet. Der Autor erinnerte an die seit Jahrhunderten bestehenden Anstrengungen der Deutschen, die Slawen zu liquidieren und an den Standpunkt von Jan Hus zur Herrschaft der Tschechen in ihrem Land:

> Hus selbst sagt: „Gott selbst teilte jedem Volk sein eigenes Land zu, damit einen Teil des Landes das Geschlecht der Tschechen hat, einen anderen das Geschlecht der Russen und einen anderen das Geschlecht der Ungarn. Wenn er also das tschechische Land den Tschechen gegeben hat, bestimmte er dadurch, dass die Tschechen der souveräne Herrscher dieses Landes sein sollen, und nicht die Deutschen, die ihre natürliche Heimat anderswo haben und so in Böhmen nur Fremde und Gäste sind."[93]

Als Reaktion auf die Stimmen westlicher Kirchen, die Mitgefühl mit den Deportierten ausdrückten, wurde eingewandt, dass ein Verbleib der Deutschen die Gefahr berge, dass diese die Tschechoslowakei erneut angreifen und „wieder zur Ursache neuen Unglücks werden können." Mitgefühl müsse deshalb insbesondere mit den eigenen Nachkommen aufgebracht werden, was eine „Pflicht als Bürger [...], als Menschen und weitblickende Christen" sei.[94]

Aufmerksamkeit wurde auch den sich neu bildenden Gemeinden im Grenzland geschenkt und den ehemaligen deutschen Kirchengebäuden, die sich sozusagen selbst zur Nutzung anboten. Man fragte, „wozu [man] Geld und Arbeit vergeuden" solle, „wenn [einem] diese kirchlichen Gebäude nützen können."[95] In den Grenzlandstädten fanden feierliche Manifestationen statt, wie zum Beispiel in Ústí nad Labem (Aussig), wo u.a. an die nationalen Aussprüche von Hus erinnert wurde.[96] Es begann sich ein Streit mit der Evangelischen Kirche der Böhmischen Brüder über das Eigentum der Deutschen Evangelischen Kirche zu entspinnen. Die Tschechoslowakische Kirche vertrat den Standpunkt, dass dieser Besitz verstaatlicht werden und den nichtkatholischen Kirchen zur Nutzung überlassen werden sollte, die nachweisen könnten, dass sie in der Lage

---

91 Zdroje nedůvěry [Quellen des Misstrauens]. In: Český zápas Nr. 3 vom 1.2.1945, 11 f.

92 Církev československá v současné době [Die Tschechoslowakische Kirche in der heutigen Zeit]. In: Český zápas Nr. 7 vom 29.3.1945, 25.

93 *Vyšohlíd,* V.: Republika slovanská [Die slawische Republik]. In: Český zápas Nr. 10 (1945) 37.

94 *Vít,* K. V.: Deportace Němců a křesťanský soucit [Die Deportation der Deutschen und christliches Mitgefühl]. In: Český zápas Nr. 19 (1945) 73 f.

95 Znárodnění německého církevního majetku [Nationalisierung des deutschen Kirchenbesitzes]. In: Český Zápas Nr. 12 (1945) 47.

96 Naše pohraničí [Unser Grenzland]. In: Český zápas Nr. 11 (1945) 43.

seien, ihn zu nutzen. Unter ihnen nehme die Tschechoslowakische Kirche durch ihre Größe eine dominante Stellung ein.

Aufmerksamkeit erregte die Resolution des Weltkirchenrats zum Transfer der Deutschen, die der Český zápas zitierte. Darin wurden „die alliierten Regierungen und die UNO" dazu aufgerufen,

> unverzüglich einzuschreiten und sicherzustellen: 1) dass geeignete Maßnahmen unternommen werden zur Erleichterung der Situation derer, die bereits umgesiedelt wurden und in großer Not und Schwierigkeiten sind, 2) dass alle weiteren Transfers gemäß den Vorschlägen von Potsdam geordnet und menschlich durchgeführt werden und besonders, dass geeignete Mittel, persönlicher Schutz und ausreichende Nahrungsversorgung auf dem Weg sichergestellt werden und dass vorweg geeignete Maßnahmen für die Aufnahme der Deportierten an ihrem Bestimmungsort getroffen werden, 3) dass die UNO Maßnahmen zur Kontrolle der geeigneten Unterbringung aller umgesiedelten Menschen in der neuen Heimat trifft.[97]

In Reaktion darauf schickte der Zentralrat der Tschechoslowakischen Kirche ein Telegramm an den Weltkirchenrat, in dem unter anderem angeführt wurde, dass man „bedaure, dass der Weltkirchenrat kein Wort der christlichen Sympathie für die unschuldigen Leiden der slawischen Völker unter der deutschen Vorherrschaft fand" und „sich nur mit den Deutschen" befasse, die dagegen „ihr heutiges Schicksal selbst durch ihren grenzenlosen Hochmut provoziert haben."[98] Zur Lösung dieses Konflikts wurde František Maria Hník[99] nach Genf gesandt, der seine Verhandlungen mit Vertretern des Weltkirchenrats ausführlich in einer Meldung unter dem Titel „Ještě k otázce odsunu" (Noch einmal zur Frage des Abschubs) zusammenfasste. Der Weltkirchenrat würde demnach u.a. anführen, dass auch die Völker, die in ihm vertreten seien, unter den Nationalsozialisten gelitten hätten und deshalb sei es nicht angebracht, einige Völker als Beispiel für großes Leid herauszustellen. Die Resolution würde sich nicht unter allen Umständen gegen Transfers stellen, aber sie würde fordern, eine Lösung zu finden, die Frieden und Stabilität nicht gefährde. Hník verwies auf die geregelte Durchführung der Aussiedlung in der Tschechoslowakei, die allein den Frieden im Land gewährleisten könne und darauf, dass die Tschechoslowakische Kirche ebenso eine humane und menschliche Durchführung fordere.[100]

Im Jahre 1946 setzte sich die Berichterstattung über das Grenzland fort, dessen Übernahme in tschechische Hand jubelnd gefeiert wurde. Seine Schönheit und allmähliche Blüte wurden beschrieben, welche „die tschechische Hand

---

[97] Výbor Světové rady církví a resoluce o odsunu Němců [Das Komitee des Weltkirchenrates und die Resolution zum Abschub der Deutschen]. In: Český zápas Nr. 12 vom 21.3.1946, 47.

[98] Světová rada církví a odsun Němců [Der Weltkirchenrat und der Abschub der Deutschen]. In: Český zápas Nr. 11 vom 14.3.1946, 43.

[99] František Maria Hník, 1905-1962, Professor für Sozialethik, studierte und lehrte in England, arbeitete während des Krieges beim Außenministerium in London, Dekan der Tschechoslowakischen Theologischen Hus-Fakultät, 1954-1960 Bischof von Olomouc.

[100] *Hník*, František Maria: Ještě k otázce odsunu [Noch einmal zur Frage des Abschubs]. In: Český zápas Nr. 21 vom 23.5.1946, 115.

und besonders der tschechische Stil" vollbracht hätten.[101] Es war die Rede davon, dass Kirchengemeinden erblühten und ihre Mitglieder Stützen der nationalen Interessen seien.[102] Begegnungen mit dem deutschen Geist und den bisher nicht abgeschobenen Deutschen seien allerdings schwierig und Anstoß erregend, weil die Deutschen „schmeichlerisch, übertrieben höflich und unterwürfig" seien.[103] Positiv wurde hervorgehoben, das man „in den deutschen Kirchen [...] heute tschechische Gebete und Gesänge" höre „und am Altar [...] ein tschechischer Priester im süßen Klang unserer Sprache dem gerechten Gott das Dankopfer" darbringe. Betont wurde außerdem die „wahrheitsgemäße Erklärung über die Vergangenheit dieser Gegend", womit „ein klarer Blick auf das Jahrhunderte alte Schicksal der Slawen unter dem Altvatergebirge" gemeint war. Damit sollte zum Ausdruck gebracht werden, dass die Grenzgebiete seit Urzeiten von Slawen besiedelt gewesen seien.[104] Im Leitartikel zum 28. Oktober verglich der Patriarch der Tschechoslowakischen Kirche, František Kovář, das Jahr 1918 mit der zeitgenössischen Gegenwart, in der „nicht nur durch politische Freiheit, [durch den] Aufstieg und Fortschritt der sozialen Gerechtigkeit", sondern auch durch den „Abschub der Deutschen [...] schon viel mehr erreicht" worden sei.[105]

Den nationalen Charakter der Tschechoslowakischen Kirche belegt sehr gut ein Brief eines Lesers, der vorwiegend aus nationalen und antideutschen Beweggründen zu ihr übergetreten war:

> Wir haben lange Zeit zusammen mit den Deutschen in unserem tschechischen Grenzland gelebt. Es war ein ewiger Kampf. Die Kinder fürchteten sich, auf die Straße zu gehen, die Fenster in der tschechischen Schule und dem Volkshaus waren ständig zerbrochen, unser Nationalgefühl wurde täglich verletzt – kurz gesagt – es ist schwer daran zu denken. In der Kirche Fremdheit, wie überall sonst. Es kam die Republik und nach etwa drei Jahren kam ein Geistlicher der Tschechoslowakischen Kirche zu einem Vortrag zu uns. Er sprach über die Kämpfe mit den Deutschen, die Hussiten, wie es ihnen um den Sieg von Gottes Wahrheit in unserem Volk ging. Das war für uns ein schöner unvergesslicher Vortrag. Dann gab es Gottesdienste der Tschechoslowakischen Kirche bei uns, und ich bin mit der ganzen Familie konvertiert. Das hat mich überwältigt.[106]

Viel über das Verhältnis zu den Deutschen sagt auch die Warnung aus, dass auffallend häufig Gottesdienste stattfänden „und zwar in der Nacht", bei denen sie allerhand „hinterhältiges Böses" für „Tod bringende Zwecke" vorbereiten könnten. „Von solchem ‚Christentum'" gelte daher, „dass die Vorsicht der Zu-

---

101 Jaro v pohraničí [Frühling im Grenzland]. In: Český zápas Nr. 15 vom 11.4.1946, 73 f.

102 *Novák*, M.: K otázce našeho pohraničí [Zur Frage unseres Grenzlands]. In: Český zápas Nr. 7 vom 14.2.1946, 29.

103 Kronika dní [Chronik der Tage]. In: Český zápas Nr. 11 vom 14.3.1946, 45.

104 Z pohraničí severní Moravy [Aus dem nordmährischen Grenzland]. In: Český zápas Nr. 7 vom 25.4.1946, 90.

105 *Kovář*, František: Veliké dílo [Ein großes Werk]. In: Český zápas Nr. 43 vom 24.10.1946, 237 f.

106 Hlasy [Stimmen]. In: Český zápas Nr. 3 vom 15.1.1947, 9.

ständigen die Mutter der Weisheit ist."[107] Eine Warnung vor deutschen Priestern klingt auch im Artikel „Němci vždy, všude a všichni stejní" (Die Deutschen immer, überall und alle gleich)[108] an, in dem ebenso angeführt wurde, dass die Vielzahl von Kreuzen und Heiligenstatuen im Sudetenland nicht bedeute, dass die Deutschen fromm seien, sondern dass sie dadurch im Gegenteil ihre religiöse Oberflächlichkeit und Ritualität kaschierten. Kritik erntete auch der Vatikan für seine Solidarität mit den Vertriebenen.

Regelrechten Hass gegen die Deutschen predigte der Artikel „Mravní přerod Německa" (Moralische Umerziehung Deutschlands), dessen Autor sich in seiner Verurteilung nicht scheute, die Worte des Gebets zum Herrn zu missbrauchen: „Die Deutschen sind böse und wir beten: Erlöse uns von dem Bösen!" Außerdem warnte er, dass jeder, „der heute schützend die Hand" über die Deutschen halte, „die Verantwortung für die Zukunft der Welt" trage.[109]

Im Artikel „Provokace" (Provokation) polemisierte der ehemalige Kapitular des Hohenfurther Klosters Bohumil Snížek mit der Verteidigung des Abtes eben dieses Klosters Tecelin Jaksch, was im Katolík veröffentlicht worden war. Darin wurde angeführt, dass dieser Abt stets ein überzeugter Deutscher gewesen sei. Von der Gestapo verhaftet worden sei er nur für „klösterliches Mammon", als er es abgelehnt hatte, den Klosterwald abzuholzen. Die Anlage in Moravská Ves bei Tišnov (Tischnowitz) habe er nur deshalb verteidigt, weil es sich auch um Kirchenbesitz handelte. Ansonsten aber hätten die Zisterzienser ebenso die Germanisierung der Gemeinden in der Gegend von Vyšší Brod (Hohenfurth) verursacht. „Dass sie Katholiken und Priester sind, ändert nichts an der Tatsache."[110]

Náboženská revue (Religiöse Revue)

Die Náboženská revue war das theologische Periodikum der Tschechoslowakischen Kirche, herausgegeben von ihrem Zentralrat. Sie wurde von František Kovář geleitet und widmete sich einem breiten Themenfeld (Literatur, Kirchengeschichte, Religionswissenschaft, Pädagogik). In den Jahren 1946 und 1947 erschien die Zeitschrift alle zwei Monate. Auf den Seiten der Zeitschrift war die Botschaft der zweiten ordentlichen Tagung der Tschechoslowakischen Kirche vom 10. Januar 1946 zu lesen, die sich zu aktuellen Fragen äußerte, u.a. auch zur Aussiedlung der Deutschen. Die Deutschen hätten die Tschechen den Hass gegen ein anderes Volk gelehrt und nur die Aussiedlung könnte das Verhältnis

---

[107] Němci a náboženská shromáždění [Die Deutschen und religiöse Versammlungen]. In: Český zápas Nr. 29-30 vom 16.7.1947, 168.

[108] *Ptáček:* Němci vždy, všude a všichni stejní [Die Deutschen immer, überall und immer gleich]. In: Český zápas Nr. 47 vom 20.11.1947, 280.

[109] M. Š.: Mravní přerod Německa [Moralische Umerziehung Deutschlands]. In: Český zápas Nr. 32-33 vom 14.8.1947, 181.

[110] *Snížek,* Bohumil: Provokace [Provokation]. In: Český zápas Nr. 34-35 vom 27.8.1947, 191.

zwischen ihnen verbessern. Den Deutschen dürften nach den schrecklichen Erfahrungen keine politischen Rechte gewährt werden, was sich allerdings nicht mit der demokratischen Überzeugung des tschechischen Volkes vereinen ließe:

[...] unsere Nation kann und will, wie ich denke, nicht wollen, dass es in ihr ein nationales Kollektiv von rechtlosen Menschen gibt. Das erträgt unsere demokratische Überzeugung nicht und würde unsere eigene öffentliche Moral und nationale Ethik korrumpieren. Deshalb ist der Weggang der Deutschen eine nicht nur politisch sondern auch moralisch notwendige und selbsterhaltende Lösung. [111]

František Hník gab einen detaillierten Überblick über den Konflikt mit dem Weltkirchenrat in der Frage der Behandlung der Deutschen und rekapitulierte die bereits oben erwähnten Tatsachen (siehe Anm. Nr. 98). Er führte an, dass es die Aufgabe der Kirchen sei, moralisch zu begründen, warum die Aussiedlung menschlich sei und in möglichst kurzer Zeit durchgeführt werden müsse. Er räumte ein, dass dabei „Dinge geschehen" seien, „die äußerst bedauerlich sind." Es gelte aber „Jedes angebliche oder tatsächliche Unrecht, das den Deutschen angetan wurde, [...] unter dem Blickwinkel der nationalsozialistischen Hölle in den besetzten Gebieten" zu beurteilen.[112]

Mit der Frage der Tschechoslowakischen Kirche im Grenzland befasste sich ein Artikel mit dem vielsagenden Titel „Účast Čechoslováků na osídlení a jejich biologická základna" (Der Beitrag der Tschechoslowaken an der Besiedlung und ihre biologische Basis), in dem der Autor auch die Folgen des Bevölkerungswandels ansprach:

Politisch ist die Ausweisung der deutschen Minderheit ein bedeutender Sieg, biologisch bedeutet er [...] auch seine Verjüngung, sodass nur auf wirtschaftlicher Seite eine neue Orientierung und ein Umbau der Wirtschaftsstruktur nötig ist. Für eine freie kulturelle Entwicklung der Republik ist der Abschub ein großer Vorteil. Das Füllen eines ganzen Gebietes mit Menschen derselben Sprache ist [...] der Eintritt der tschechischen Kultur in Orte, zu denen sie Jahrhunderte lang keinen Zutritt hatte. Was das für das religiöse Leben bedeutet, können wir uns bisher kaum vorstellen.[113]

Die Aussiedlung der Deutschen wurde allgemein freudig begrüßt und als nationaler Sieg beurteilt. Die mit ihr verbundenen Hauptprobleme wurden als Probleme technischer Natur gesehen und man bedauerte, dass sie nicht so schnell durchgeführt werden konnte, wie es die Tschechen wünschten. Die Durchführung wurde als vollkommen anständig beschrieben. Man war der Meinung, dass

---

111 Poselství II. řádného sněmu církve československé [Botschaft der II. ordentlichen Tagung der Tschechoslowakischen Kirche]. In: Náboženská revue 17 (1946), Nr. 1 (duben), 59-62.

112 *Hník,* František Maria: Odsun Němců a křesťanské svědomí [Der Abschub der Deutschen und das christliche Gewissen]. In: Náboženská revue 17 (1946), Nr. 2 (květen), 113-117, hier 113-115.

113 *Srb,* Vladimír: Účast Čechoslováků na osídlení a jejich biologická základna [Der Anteil der Tschechoslowaken an der Besiedlung und ihre biologische Grundlage]. In: Náboženská revue 18 (1947), Nr. 6 (prosinec), 343-355.

den Deutschen keinerlei Unrecht geschehe. Über die an ihnen begangenen Verbrechen wurde Stillschweigen gewahrt bzw. sie wurden bagatellisiert und damit entschuldigt, dass sie eine verständliche Reaktion auf die Verbrechen des Nationalsozialismus seien.

Auf kritische Stimmen aus dem Ausland reagierte man apologetisch bis aggressiv. Leute, die so protestieren, seien falsch informiert; jegliches Mitgefühl mit den Deutschen sei ungerechtfertigt und sentimental und führe zu weiteren Verbrechen, die die Deutschen zu begehen bereit seien. Aufmerksamkeit solle den Leiden der Opfer des vergangenen Krieges geschenkt werden und nicht den Schwierigkeiten der Deutschen, die ihre Situation selbst verschuldet hätten. Kritik, dass die Kirche für das heutige Leid taub sei, gab es ebenso nur vereinzelt. Sofern gefordert wurde, die Aussiedlung human und menschlich durchzuführen, handelte es sich immer um Reaktionen auf die Kritik aus dem Ausland.

Für die Begründung des Verhältnisses zu den Deutschen wurden die nationalen Mythen über den uralten Kampf der Slawen mit den Germanen verwendet, der schon zu den Zeiten von Kyrill und Method begonnen habe. Die antideutschen Attacken von Hus wurden als religiöser Standpunkt präsentiert. Aus vielen Texten ergibt sich, dass der Antigermanismus eine der Grundlagen der Ideologie der Tschechoslowakischen Kirche war. Die tschechische Besiedlung des Grenzlandes wurde in enthusiastischen Farben beschrieben, Gemeinden blühten auf. Der tschechische Fleiß würde die unwahrscheinlich große Aufbauleistung mit Sicherheit bewältigen und alles, befreit von den „germanischen Hinterlassenschaften", wieder zur Blüte bringen. Die Deutschen, die im Grenzland blieben, weckten bei den neuen Siedlern das Gefühl von Abscheu, und man wollte ihnen gegenüber wachsam sein. Mit Argwohn wurden auch Aktivitäten des religiösen Lebens beobachtet, weil argumentiert wurde, dass die Deutschen niemals gute Christen sein könnten.

Gegen die Deutschen wurde Hass gepredigt. Obschon angeführt wurde, dass Hass schlecht sei, kann man keine Stimmen verzeichnen, die ihn zu überwinden versuchten und sich um Vergebung bemühten. Einige Stimmen waren völlig unfähig, den Schmerz der anderen nachzuempfinden. Es tauchten kaum Beispiele von „guten" oder unschuldigen Deutschen auf; wenn, dann wurde die Glaubwürdigkeit solcher Personen in Zweifel gezogen.

Fazit

Aus den unterschiedlichen und heterogenen Ansichten zur untersuchten Frage innerhalb der einzelnen Glaubensrichtungen wird offensichtlich, dass zwischen den betrachteten Kirchen bedeutende Unterschiede bestanden. Die Ansichten über die Sudetendeutschen kann man in verschiedene Gruppen einteilen, die aber auch konfessionsübergreifend zu finden waren.

Die meisten antideutschen Positionen bewerteten Vertreibung und Aussiedlung als begrüßenswertes Ereignis. Demnach seien alle Deutschen gleich, und Beispiele für „gute" Deutsche würden nicht existieren. Eventuelle Verbrechen an Deutschen wurden entweder geleugnet oder bagatellisiert und für verständlich erklärt. Den Vorgang selbst bezeichnete diese Gruppe als geordnet und als Beleg für die tschechische Humanität, weil man mit den Deutschen bei weitem nicht so verfahre, wie diese mit einem selbst.

Die gemäßigtere Strömung betonte die rationalen Gründe, die zu den Bevölkerungsveränderungen geführt hätten und erklärte sie zur unvermeidlichen Lösung, die für beide Völker positiv sei. Die Tschechen wollten sich nicht an den Deutschen rächen, aber es sei nötig, ihnen gegenüber wachsam zu sein. Wenn betont wurde, dass die Aussiedlung geordnet durchgeführt werden müsse und eventuelle Exzesse verhindert werden müssten, handelte es sich eher um Reaktionen auf die Kritik aus dem Ausland als um den eigenen Standpunkt. Über die Schattenseiten des Vorgangs sollte dieser Gruppe zufolge besser nicht gesprochen werden, damit die Deutschen diese nicht zu ihrem Vorteil nutzen könnten.

Maßvoll kritische Ansichten versuchten die Vertreibung zu rechtfertigen, sie beurteilten sie als schwere und nicht selbstverständliche Entscheidung, zu der die Umstände gezwungen hätten. Bei der Behandlung der Deutschen dürften sich die Tschechen nicht auf deren Niveau begeben und „katechetisch" wurde erklärt, warum die Tschechen sich zwar nicht an den Deutschen rächen wollten, warum man aber dennoch vorsichtig sein müsste. Sie sprachen sich gegen eine grausame Behandlung aus, Verbrechen wurden als unchristlich verurteilt. Zwar wurde unter den Deutschen differenziert, für schuldig wurden aber trotzdem alle befunden.

Kritischere Ansichten waren häufig emotional gefärbt. Höchst anschaulich verwiesen sie auf konkrete Verbrechen, grausame und unmenschliche Handlungen. Sie warnten vor einer moralischen Verwilderung der Nation, wenn viele ihrer Angehörigen sich genauso verhielten wie die Nationalsozialisten und gegen die Deutschen rassistische Maßnahmen ergriffen würden (z.B. geringere Lebensmittelzuweisungen). Die Tschechen würden dem Hass verfallen, der eine vernichtende Kraft sei, und wenn sie sich nicht von ihm befreiten, würde es ihnen wie den Deutschen ergehen. Diese sollten in ihrer schwierigen Situation im Sinne der Nächstenliebe behandelt werden. Man müsste ihnen helfen und beistehen. Die Vertreibung sei ein grausamer Akt, der die Nation moralisch belaste und dessen Folgen nicht durchdacht seien. Diese Ansichten appellierten stark an die Botschaft Jesu Christi, der gefolgt werden müsse und von der sich die Tschechen beängstigend weit entfernen würden. Einige Autoren bezweifelten das Prinzip der kollektiven Schuld und führten an, dass es oftmals in gleichem Maß auf die Tschechen bezogen werden könnte. Sie problematisierten so die Vertreibung an sich. Zu dieser Gruppe gehörten Autoren, die sich zum Verhältnis zu den Deutschen wiederholt und mit steigender Dringlichkeit äußerten (Kajpr, Říčan, Miřejovský, Souček).

Den Deutschen am wenigsten wohlgesonnen waren die Periodika der Tschechoslowakischen Kirche, wo ausdrücklich die ersten beiden Typen von Standpunkten vertreten wurden und Stimmen der kritischsten Gruppe de facto nicht vorkamen. Bei der Evangelischen Kirche der Böhmischen Brüder und der römisch-katholischen Kirche war die Sicht auf die Deutschen deutlich breiter gefächert, scharf nationale Stimmen gab es kaum. Vertreter der kritischsten Gruppe traten hier am deutlichsten auf. Bei der Evangelischen Kirche der Böhmischen Brüder gab es am meisten kritische Autoren, die das Thema wiederholt ansprachen. Auf der anderen Seite waren die offiziellen Standpunkte der Kirchen in vielem ähnlich: So verteidigte sowohl der Synodalrat der Evangelischen Kirche der Böhmischen Brüder, wie auch die Versammlung der Tschechoslowakischen Kirche die Vertreibung mit dem Argument, dass nur so das Verhältnis zwischen Deutschen und Tschechen von Hass befreit werden könne.[114] Die offiziellen Standpunkte der Kirchen und der Kirchenvertreter bewegten sich im gemäßigteren Teil des Meinungsspektrums und waren vorsichtiger, während nur Einzelne kritischere Ansichten vertraten, unter denen oft auch hochrespektierte Persönlichkeiten waren.

Für den unterschiedlichen Zugang zu diesen Fragen lässt sich eine ganze Reihe von Gründen feststellen. Die Tschechoslowakische Kirche hatte im Unterschied zu Katholiken und Protestanten unter den Sudetendeutschen (und Magyaren in der Slowakei) keine Glaubensbrüder, deren Schicksal sie angesprochen hätte. Ebenso hatte die Tschechoslowakische Kirche im Ausland keine natürlichen Partner (im Unterschied zur römisch-katholischen Kirche und zur Evangelischen Kirche der Böhmischen Brüder), mit denen ein intensiverer Meinungsaustausch hätte stattfinden können und deren Standpunkte sie aufmerksamer gehört hätte. Die Tschechoslowakische Kirche war als Nationalkirche gegründet worden, und die Abgrenzung von den Deutschen war tief in ihr verwurzelt. Deren Aussiedlung begrüßten sie daher unter diesem Gesichtspunkt als tschechischen Sieg. Es bleibt traurige Tatsache, dass diese antideutsche Haltung in der Tschechoslowakischen Kirche bei vielen die wesentlichen Elemente der christlichen Botschaft verdunkelte.

Bemerkenswert ist der Vergleich der Reaktionen auf die Kritik aus dem Ausland, vor allem von Seiten des Weltkirchenrates. Während die offiziellen Standpunkte der Evangelischen Kirche der Böhmischen Brüder, der Tschechoslowakischen Kirche und auch der Konstanzer Einheit die Vertreibung und die Aussiedlung verteidigten und begründeten, wurden innerhalb der Evangelischen Kirche der Böhmischen Brüder auch Stimmen laut, die für die Resolution des Weltkirchenrates Verständnis äußerten, den Vorgang als harte, doch leider unumgängliche Lösung zu bezeichnen. Sie begrüßten, dass die europäischen Christen für diese Fragen sensibel seien. Auf die Kritik von Kardinal Mindszenty reagierte nicht nur die katholische, sondern auch die evangelische Seite positiv, was angesichts der schlechten ökumenischen Beziehungen dieser Zeit bemerkenswert ist. Bei der Diskussion über die Magyaren klang auch Bedauern an, dass es nicht mehrere solcher kritischer Stimmen gab, die wohl eine Verhaltensänderung hätten bewirken können. Die Katholiken übernahmen jedoch die Positionen von Pius XII. nur teilweise; zur wichtigsten seiner Haltungen – und

[114] Vergleiche die Dokumente im Anhang.

zwar zur Kritik des Papstes an der Vertreibung – war dagegen keine Reaktion von ihnen festzustellen, wenngleich sie zumindest zitiert wurde. Diese Ansichten des Papstes hatten offenbar ihren Anteil an dem gemäßigten Verhältnis der tschechischen Katholiken zu den Sudetendeutschen.

Jede der Kirchen widmete sich so ihren spezifischen Themen. Bei den Katholiken handelte es sich besonders um das Verhältnis zu den deutschen Priestern, was sicherlich mit der außerordentlichen Achtung zusammenhing, die ihnen in der Kriegszeit entgegengebracht wurde. Es ist allerdings interessant, dass, obwohl gegen ihre schlechte Behandlung protestiert wurde, den Deutschen kein Raum gegeben wurde, sich selbst zu äußern. In keinem der Periodika kamen (mit Ausnahme einer feuilletonistisch klingenden Vertriebenen aus Schlesien) die Deutschen selbst zu Wort. Der Abgrund zwischen den Völkern war so tief, dass das in dieser Zeit undenkbar war.

Das Verhältnis zwischen der Evangelischen Kirche der Böhmischen Brüder und der Tschechoslowakischen Kirche war zusätzlich gekennzeichnet vom Streit um das Eigentum der Deutschen Evangelischen Kirche. Obwohl beide Seiten leugneten, dass der materielle Gesichtspunkt entscheidend für sie sei, spielte doch zweifellos die Gewinnung von Einfluss im Grenzgebiet und die primäre Absicherung der eigenen Gemeinden eine Rolle. Bei der Evangelischen Kirche der Böhmischen Brüder kam zu diesem Umstand noch das Verantwortungsbewusstsein für die verbliebenen deutschen Protestanten hinzu.

Zu einer Reihe konkreter Fragen und Themen zeigten sich unterschiedliche Standpunkte. So wurde zum Beispiel die Situation im Grenzland auf der einen Seite (besonders bei der Tschechoslowakischen Kirche) optimistisch beschrieben. Ein anderer Standpunkt (besonders bei der römisch-katholischen Kirche) sah das Grenzland in weniger bunten Farben. Man widmete die Aufmerksamkeit dem Niedergang der Frömmigkeit und der Tatsache, dass eine Reihe von Orten offenbar auf Dauer unbesiedelt bleiben würde.

Divergierend sind auch die Ansichten über die Zwangsarbeit der Deutschen. Einerseits wurde dieses Vorgehen damit verteidigt, dass es sich nur um eine geringe Rate ihrer Schulden handle. Andererseits wurden Ansichten laut, dass die Deutschen wie Sklaven gehalten würden.

Das Leiden der Deutschen wurde von einigen Äußerungen bagatellisiert und betont, dass es nicht mit dem verglichen werden könne, was die Tschechen während des Krieges erlitten hätten, worüber in erster Linie, anstelle der Qualen der Deutschen, gesprochen werden sollte. Auf der anderen Seite lehnten mehrere Stimmen, mit Verweis auf die christliche Lehre, Hass und Gewalt gegen die Deutschen ab, wobei es ausgesprochen bemerkenswert ist, wie oft auf diese Weise ehemalige Gefangene von Konzentrationslagern protestierten (Kajpr, Komárková, eine Reihe von Lesern). Nirgends gibt es Hinweise darauf, dass einer der ehemaligen politischen Gefangenen die grausame Behandlung der Deutschen gebilligt hätte.

Die Stimmung der Nachkriegszeit war gegenüber den Deutschen so feindlich, dass die Fragen der moralischen Problematik nicht leicht anzusprechen waren. Sie waren mit gewissen Risiken verbunden (wenn man beispielsweise an die drohende Einstellung der Obzory denkt), und es erschien günstiger, sich nicht dazu zu äußern. Trotzdem ist aus den vorliegenden Ausführungen zu erkennen, dass für eine Reihe von Christen dieses Thema sehr brennend war; sie begrüßten es, dass es die Möglichkeit gab, sich dazu äußern und es differenziert bewerten zu können.

Es ist eine relativ weit verbreitete Meinung, dass nur in den Obzory kritisch über die Behandlung der Deutschen geschrieben worden sei, weil hier insbesondere die harten Bedingungen in den Internierungslagern dargestellt und die Leserdiskussion eröffnet worden seien. In der Folgezeit hätte es dann keine negativen Meinungen über die Behandlung der Deutschen mehr gegeben, und die Forderung nach geordneter Durchführung der Aussiedlung sei damit entschuldigt worden, dass es sich um die Meinung von Präsident Beneš handelte. Kritisch über das Verhältnis von Tschechen und Deutschen wurde jedoch in größerem Umfang geschrieben, und zwar sowohl in populär ausgerichteten Periodika (Rozsévač), wie auch in solchen mit intellektuellem Anspruch (Křesťanská revue). Weitere Untersuchungen könnten dem bisherigen Bild von den Beziehungen zwischen tschechischen und sudetendeutschen Christen in der Nachkriegszeit sicher noch weitere interessante Facetten hinzufügen.

Aus dem Tschechischen von Martin Wegele-Dippold

Monika Hanková

VERSUCHTER WIEDERAUFBAU
Das jüdische religiöse Gemeindeleben in den böhmischen Ländern 1945-1948

Dessen ungeachtet, uns alle – als Einzelperson und in der Gesamtheit – begleitet in unserem neuen Lebensweg die Trauer, der nie verlöschende Schmerz, wie ein tiefer Grundton unserer Lebensmelodie, der gewöhnlich in leisem Tremolo erzittert, sich jedoch bis zum Fortissimo steigert, wenn wir auf unserem Weg auf das Unverständnis und die Apathie der Menschen stoßen, die in ihrem Inneren teilnahmslos und unzugänglich für die Lehren aus der jüngst erlebten Geschichte geblieben sind (Kurt Wehle, 1947).[1]

Die Zeit, die auf die Niederlage des nationalsozialistischen Deutschlands folgte, war eine im Vergleich zur Vorkriegszeit völlig andere Epoche. Einfach gesagt: Die Welt hatte sich verändert und zwar in all ihren Aspekten. Die Umwelt hatte sich verändert, und mit ihr veränderte sich auch die Gestalt der tschechischen Gesellschaft selbst. Aus der Perspektive des Einzelnen war es notwendig, noch einmal neu anzufangen, und wie man weiß, ist jeder Neuanfang eine mehr oder weniger schwierige Angelegenheit. Obwohl der Krieg das Alltagsleben vieler tschechischer Bürger keineswegs einschneidend beeinträchtigt und das anderer nur am Rande betroffen hatte, existierte gleichzeitig eine ganz spezifische Gruppe, die die Perversität des nationalsozialistischen Regimes unmittelbar und am eigenen Leib erlebt hatte – die tschechischen Juden. Der Krieg hatte das Leben jedes Einzelnen von ihnen ohne Unterschied abgeschnitten. Nach 1945 versuchte jeder Einzelne auf den Trümmern seines früheren Daseins eine neue Existenz zu errichten und zwar insbesondere in materieller Hinsicht. Neben dieser Reorganisation des Alltagslebens war man gleichzeitig gezwungen, in einer gewissen Art und Weise auf die allmählichen Bestrebungen der wiedererstandenen zentralen jüdischen Institutionen nach einer Renaissance des religiösen Lebens zu reagieren. Wie verlief der Prozess der Erneuerung der jüdischen Kultur und Riten? Wie war die Haltung der tschechoslowakischen offiziellen Organe und der Mehrheit der Gesellschaft zu diesen Bestrebungen ihrer Mitbürger, und wie änderte sich diese Haltung später, als die Tschechoslowakei definitiv unter dem Diktat der „Komunistická strana Československa“ (Kommunistische Partei der Tschechoslowakei, KSČ) im sozialistischen Block stand?

Das sind einige der grundlegenden Fragen des vorliegenden Textes, dessen Thema die Problematik des religiösen Lebens der jüdischen Gemeinde in den Jahren zwischen 1945 und 1948 ist. Ich denke jedoch, dass es angebracht ist, in

---

1 Národní archiv [Nationalarchiv, künftig NA], karton 2155, 47 VIII MŠK, 47 III A.

aller Kürze auch auf die Problematik des Schicksals der jüdischen Kultusgemeinden während der Okkupation einerseits und in der Folgezeit nach der kommunistischen Machtübernahme andererseits zu verweisen. Trotz dieser Beleuchtung auch des vorangehenden und nachfolgenden Zeitraums erhebt die Studie[2] keinen Anspruch auf Vollständigkeit. Sie ist eher ein Abriss der Thematik und ihrer Teilprobleme, deren ausführlichere Ausarbeitung eine gründlichere Auswertung nicht nur von Archivmaterial, sondern auch die Verwendung von autobiographischer Literatur, Memoiren und nicht zuletzt von Quellen der Oral History erfordert.

Rückkehr und Anfangsschwierigkeiten

Vor der Darstellung der Problematik der Religionspolitik, muss zuerst allgemein die Situation der jüdischen Bürger in der Tschechoslowakei nach Kriegsende skizziert werden. Wie war ihre Stellung in der Nachkriegsgesellschaft, mit welchen Hoffnungen und Erwartungen kehrten sie in ihre Heimat zurück, und mit welchen Nöten hatten sie nach ihrer Rückkehr besonders zu kämpfen? Wie stand die zentrale Organisation der jüdischen Kultusgemeinden zu diesen Problemen, der „Rada židovských náboženských obcí v zemích české a moravskoslezské“ (Rat der Jüdischen Kultusgemeinden in Böhmen, Mähren und Schlesien, RŽNO)? Wie wurden umgekehrt die Aktivitäten von Einzelpersonen reflektiert?

Die Rückkehr nach Hause war für die meisten Menschen eine höchst traumatische Erfahrung. Je mehr Zeit verging, desto klarer wurde, dass der Glaube an die Rückkehr der geliebten Menschen, Verwandten oder Bekannten, der geholfen hatte, die schlimmsten Jahre zu überleben, reine Illusion war.

Die nüchternen statistischen Angaben sagen Folgendes: Von der ursprünglichen Zahl von 118 310[3] Juden in Böhmen und Mähren in der Zeit der Errichtung des „Protektorats Böhmen und Mähren“ überlebten nur 10 Prozent.[4]

---

2 Bei dem vorliegenden Beitrag handelt es sich um die Ausarbeitung eines Kapitels meiner Magisterarbeit mit dem Titel „Kapitel aus der Nachkriegsgeschichte der jüdischen Gemeinde in Böhmen und Mähren (1945-1956)“, vorgelegt im Jahre 2006 an der Philosophischen Fakultät der Karlsuniversität Prag. Der Text beruht vor allem auf dem Studium von Archivmaterialien aus dem NA und auf der Analyse des „Věstník židovské náboženské obce v Praze“ (Anzeiger der jüdischen Kultusgemeinde in Prag, VŽNO), dem offiziellen Presseorgan der jüdischen Zentralorganisation – dem Rat der Jüdischen Kultusgemeinden in Böhmen, Mähren und Schlesien.

3 Die Zahl von 118 310 Juden, die auf dem verkleinerten Gebiet der böhmischen Länder am 15. März 1939 lebten, wurde von der Zentrale für jüdische Auswanderung angegeben; diese Angabe können wir der zeitgenössischen Presse entnehmen. Von dieser Zahl waren 103 960 Menschen jüdischen Glaubens. Die Übrigen fielen unter die Definition der Juden nach den „Nürnberger Gesetzen“ (so genannte „nichtmosaische“ Juden).

4 Die Angaben zur Zahl der Überlebenden differieren auf Grund des Fehlens glaubwürdiger statistischer Quellen. Unzuverlässig werden die Angaben auch durch die Tatsache, dass in einigen Aufstellungen nur Mitglieder der jüdischen Kultusgemeinden und nicht

Gemäß den Angaben vom Herbst 1947 gab es in den böhmischen Ländern etwa 19 000 Juden (einschließlich der neu Zugezogenen), davon in Böhmen 8 925, d.h. 45 Prozent aller Juden, in Prag 7 925, d.h. 40 Prozent der Gesamtzahl.[5] Die Rückkehrer waren Menschen, die das Konzentrationslager überlebt hatten. Retten konnten sich auch Partner aus gemischten Ehen, Soldaten, die auf der Seite der Alliierten gekämpft hatten, oder Personen, die aus dem Exil zurückkehrten. Einen geringfügigen Prozentsatz stellten Personen dar, die sich während des Krieges versteckt hatten.

Ein zentrales Problem war für die Rückkehrer aus den Konzentrationslagern oder der Emigration die desolate Wohnungssituation: Viele Wohnungen waren nach dem Krieg von anderen Rückkehrern besetzt, und die Rückgabe an ihre ursprünglichen Eigentümer stieß oft auf unüberwindliche Hindernisse. Obwohl nach und nach eine im Grunde tragfähige Rechtsgrundlage für die Restitution[6] geschaffen wurde, beruhten diese Angelegenheiten oft auf der Willkür der zuständigen Behörden (untere Organe der öffentlichen Verwaltung) und deren Praxis der Amtsführung. Die Frage der Restitution wurde zu einer der drängendsten Fragen der ersten Nachkriegsjahre. Eine ähnliche Situation herrschte in Zusammenhang mit der versuchten Rückgabe von Betrieben, Immobilien und Fabriken; oft kollidierte es mit „Sozialisierungsbestrebungen", die damals bereits ihren Anfang nahmen.[7] Zu der Rückgabe von Eigentum an seine recht-

---

die Juden ohne Bekenntnis geführt wurden. Prozentuale Angaben über die Personen, die nach der Befreiung zurückkehrten, schwanken zwischen 10 und 12 Prozent. In der Studie von Helena Krejčová werden sogar nur 8,5 Prozent angegeben. Siehe *Krejčová*, Helena: Český a slovenský antisemitismus 1945-1948 [Tschechischer und slowakischer Antisemitismus 1945-1948]. In: *Jech*, Karel (Hg.): Stránkami soudobých dějin. Sborník statí k pětašedesátinám historika Karla Kaplana [Durch die Seiten der zeitgenössischen Geschichte. Sammelband zum 65. Geburtstag des Historikers Karel Kaplan]. Praha 1993, 158-172, hier 159. — 12 Prozent werden auf den Seiten des VŽNO angegeben. Diese Zahl hat auch Šárka Nepalová in ihre Studie übernommen. Siehe *Nepalová*, Šárka: Židovská menšina v Čechách a na Moravě v letech 1945-1948 [Die jüdische Minderheit in Böhmen und Mähren in den Jahren 1945-1948]. In: Terezínské studie a dokumenty [Theresienstädter Studien und Dokumente] 1999, 314.

5 Aus dem Referat von Ing. Arnošt Frischer, Vorsitzender des Rates der Jüdischen Kultusgemeinden, das er auf der Versammlung der Delegierten der Jüdischen Kultusgemeinden im Jahre 1947 hielt. NA 47 VIII Fond (f.) Ministerstvo školství a kultury [Ministerium für Schulwesen und Kultur, MŠK], A, Karton (k.) 2155.

6 Es handelte sich vor allem um folgende Gesetze und Richtlinien: Dekret des Präsidenten der Republik Nr. 5/1945 Sb. vom 19. März 1945 (zu dem jedoch lange kein Ausführungsgesetz erlassen wurde), Dekret Nr. 12/1945 Sb. vom 21. Juni 1945, Dekret des Präsidenten der Republik Nr. 108/1945 Sb. vom 25. Oktober 1945 und das Gesetz der Nationalversammlung Nr. 128/1946 vom 16. März 1946, das Restitutionsgesetz.

7 Einer der bedeutendsten Fälle von unrechtmäßiger Restitutionsregelung war die Causa Emil Beer, die so genannte „Warnsdorfer Affäre" von 1947. Genauer siehe z.B. *Bednařík*, Petr: Vztah židů a české společnosti – případ Varnsdorf na stránkách českého tisku v roce 1947 [Das Verhältnis zwischen Juden und tschechischer Gesellschaft – der Fall Warnsdorf in der tschechischen Presse des Jahres 1947]. In: *Končelík*, Jakub/*Köpplová*, Barbara/*Prázová*, Irena (Hgg.): Konsolidace vládnutí a podnikání v České republice a

mäßigen Eigentümer kam es bereits in der Zeit vor dem Februarumsturz selten, und zwar besonders auf Grund des Drucks der Kommunistischen Partei und der linken Parteien, was sich früh auch auf dem Gebiet der Restitution von mittleren und kleinen Betrieben äußerte. Man muss sich die Tatsache bewusst machen, dass die Nachkriegstschechoslowakei auf anderen Grundlagen aufgebaut war als die Vorkriegsrepublik: Obwohl das Nachkriegsregime die Aufrechthaltung der staatsrechtlichen Kontinuität zur Ersten Republik deklarierte, grenzte sie sich vom damaligen liberal-demokratischen System ab, bzw. distanzierte sich von ihm als volksdemokratisches Regime.[8] Bereits im Programm der ersten tschechoslowakischen Regierung, im so genannten „Košický vládní program" (Kaschauer Regierungsprogramm) vom 5. April 1945, kann man weitreichende und tiefe strukturelle Veränderungen und Reformen auf dem politischen, sozialen, ökonomischen und kulturellen Gebiet erkennen.[9]

Im Licht dieser Reformen muss man einen Blick auf die Schicksale der jüdischen Gemeinden in den böhmischen Ländern und der Slowakei werfen. Eine wichtige Änderung gegenüber der Vorkriegssituation war für die jüdische Gesellschaft der Verlust der Stellung einer nationalen Minderheit: Die neue Republik war keine Republik der Nationalitäten mehr, in der Minderheiten Sonderrechte gewährt wurden. Es scheint, dass es nach der Befreiung der Republik die allgemeine Einstellung gab, dass eine spezifische „jüdische Problematik" nicht existierte. Die Nachkriegsgesetze, Erlasse, Dekrete und Bekanntmachungen enthielten anfangs keine Bestimmungen, welche beispielsweise der Restitutionsfrage oder anderen spezifisch jüdischen Problematiken Rechnung trugen. Diese Tatsache führte zu Unverständnis und zu großen Schwierigkeiten.[10] Sie hingen vor allem mit der deklarierten Staatsbürgerschaft zusammen und führten dazu, dass viele Juden, die sich bei der Volkszählung im Jahre 1930 zur deutschen Nationalität – und zunächst auch zur jüdischen Nationalität – bekannt hatten, zu Transporten nach Deutschland oder Österreich eingeteilt wurden. Die Aussiedlung dieser so genannten „deutschen" Juden wurde erst durch einen Erlass des Innenministeriums vom 10. September 1946 ausgesetzt. Ein eigenes Kapitel, das eng mit den oben genannten Tatsachen zusammenhängt, stellt der Antisemi-

v Evropské unii. (Příspěvky z konference konané ve dnech 31. října-2. listopadu 2002) [Konsolidierung von Regierung und Unternehmen in der Tschechischen Republik und der Europäischen Union. (Beiträge der Konferenz vom 31. Oktober-2. November 2002)]. Praha 2002, 257-274, hier 263 f.

8 *Drápala,* Milan: Zavržení liberalismu v Čechách a Helena Koželuhová: K ideologickému profilu poválečné republiky (1945-1948) [Die Ächtung des Liberalismus in Böhmen und Helena Koželuhová: zum ideologischen Profil der Nachkriegsrepublik (1945-1948)]. In: Soudobé dějiny 6/1 (1999) 7-44, hier 7.

9 *Kaplan,* Karel: Stát a církev v Československu 1948-1953 [Staat und Kirche in der Tschechoslowakei 1948-1953]. Praha–Brno 1993, 11.

10 *Hanková,* Monika: Léta obnovy a zklamaných nadějí. Zkušenosti židovské komunity v Čechách a na Moravě (1945-1948) [Jahre der Erneuerung und der enttäuschten Hoffnungen. Erfahrungen der jüdischen Gemeinde in Böhmen und Mähren (1945-1948)]. In: Historický obzor 17/9-10 (2006) 209-228, hier 212.

tismus der Nachkriegszeit dar, der sich in seiner abscheulichen Gestalt besonders in der Slowakei zeigte. Antisemitisches Verhalten, motiviert durch wirtschaftliche Interessen, gab es aber auch in der tschechischen Gesellschaft.[11] Für viele Juden war die Begegnung mit der Ungerechtigkeit der Nachkriegszeit ein Grund zur Emigration, die die tschechoslowakischen Zentralorgane damals aktiv unterstützten. Deshalb arbeiteten sie u.a. auch eng mit dem Hauptorganisator der Auswanderung, dem „American Joint Distribution Committee" (AJDC), zusammen. Eine weitere Emigrationswelle gab es im Jahre 1948, in Zusammenhang mit den Februarereignissen und der Angst vor weiterer Verfolgung.

Die religionspolitische Problematik

Die Thematik der kirchen- und religionspolitischen Entwicklung nach Ende des Zweiten Weltkrieges ist überaus kompliziert. Im Kontext des jüdischen Schicksals gilt dies in doppelter Hinsicht. Nicht nur, dass es zu tief greifenden gesellschaftlichen und politischen Veränderungen gekommen war, die ohne Unterschied von allen Glaubensgemeinschaften reflektiert werden mussten; man muss sich in diesem Zusammenhang darüber hinaus das ausgesprochene Spezifikum der jüdischen Religionsgemeinschaft ins Bewusstsein rufen: Im Vergleich mit den anderen Kirchen und Religionsgemeinschaften war die jüdische Gemeinschaft zu Beginn der Wiederaufnahme ihrer Aktivitäten gezwungen, (mit Unterstützung ausländischer jüdischer Institutionen) vor allem die wesentlichen Lebensgrundlagen zu gewährleisten, und zwar für alle überlebenden Juden ohne Unterschied. Es wandten sich deshalb an die Prager jüdische Kultusgemeinde – der einzigen damals funktionierenden Gemeinde – auch diejenigen Juden, die vor dem Krieg keine Mitglieder gewesen waren, und sich in der Zwischenkriegszeit überhaupt nicht am Leben der jüdischen religiösen Gesellschaft in den böhmischen Ländern beteiligt hatten. Die Prager jüdische Kultusgemeinde hatte in den ersten Monaten nach der Befreiung keine klar abgesteckten Kompetenzen, und bis zum Zeitpunkt der Gründung des Rates der Jüdischen Kultusgemeinden in Böhmen, Mähren-Schlesien überschritt sie in ihrer Tätigkeit deutlich den Rahmen, der ihr vom Gesetz[12] und ihren Statuten vorgegebenen war (siehe unten). Für ein effizientes Funktionieren der jüdischen Kultusgemeinde in Prag war es zunächst nötig, die praktischen Dinge zu gewährleisten.

---

[11] Mit diesem Terminus bezeichnet Krejčová den tschechischen Antisemitismus, der vor allem darin bestand, dass die Menschen ihren jüdischen Mitbürgern dadurch Unrecht taten, dass sie die nur „zur Aufbewahrung" übernommenen Häuser den zurückkehrenden rechtmäßigen Besitzern nicht zurückgeben wollten. Im Gegensatz dazu sei der slowakische Antisemitismus ein „Antisemitismus der Schuld" gewesen, weil sich der slowakische Staat aktiv an den Deportationen der Juden beteiligt habe. Siehe *Krejčová:* Český a slovenský antisemitismus 160, 165.

[12] Das Gesetz Nr. 57/1890 ř.z. vom 21. März bestimmte die Aufgaben der jüdischen Kultusgemeinden wie folgt: „Aufgabe der Kultusgemeinde ist es, in den durch die staatlichen Gesetze abgemessenen Grenzen für die religiösen Bedürfnisse ihrer Mitglieder zu sorgen und die zu diesem Zweck beanspruchten Einrichtungen zu unterhalten und zu unterstützen." Siehe VŽNO Nr. 2 vom 28.2.1946, 10.

In erster Linie mussten die Vorkriegsinstitutionen wieder eingerichtet werden, die ihre amtlichen Angelegenheiten nicht ausführen konnten, da ihre ehemaligen Wirkungsstätten (Gebäude) in der großen Mehrheit nach dem Krieg besetzt waren. Priorität hatte – neben der Sicherstellung des jüdischen Rathauses in der Maisl-Straße – die Rückgewinnung des Altenheims und Waisenhauses in der mittlerweile so benannten Stalin-Straße, der heutigen Vinohradská.

Die Funktion der Prager jüdischen Kultusgemeinde und die Einrichtung des Rates der Jüdischen Kultusgemeinden in Böhmen, Mähren und Schlesien

Zum vollständigen Verständnis der Nachkriegssituation der Prager jüdischen Kultusgemeinde ist es absolut notwendig, zumindest in Kürze an ihr Schicksal während des Krieges zu erinnern: Die Prager jüdische Kultusgemeinde war die einzige jüdische Kultusgemeinde, die auch während des Krieges aktiv war; die übrigen Gemeinden wurden aufgelöst. Nach der endgültigen Zerstörung des Staates im Jahre 1939 veränderte sie sich von einer rein religiösen Körperschaft zu einer Administrationseinheit, die Aufgaben ausführen musste, die ihr die Okkupanten auferlegten. So war die Gemeinde gezwungen – ähnlich wie später z.B. der Judenrat in Theresienstadt – die meisten administrativ-bürokratischen Angelegenheiten zu versehen, die den Deportationen vorausgingen.[13] Es lag allein an der Prager jüdischen Kultusgemeinde, wie sie sich zu den auferlegten Aufgaben stellte und es schaffte, durch geeignetes Taktieren die Auswirkungen der Maßnahmen abzuschwächen. Die Prager jüdische Kultusgemeinde wurde im Februar 1943 umbenannt in „Židovská rada starších“ (Jüdischer Ältestenrat),[14] der direkt dem nationalsozialistischen „Zentralamt für die Regelung der Judenfrage“[15] unterstellt war.

Nach der Befreiung im Mai 1945 schufen einige Mitglieder den „Národní

---

13 Sie musste z.B. für soziale Angelegenheiten, Registrierung von Mitgliedern, Eigentumserklärungen sorgen, aber verschickte auch die Einberufungen zu den Transporten, d.h. Vorladungen mit Datum und Ort der Abfahrt u.ä. Über die Tätigkeit der so genannten „Judenräte“ wurden schon seit Kriegsende, besonders aber seit Beginn der sechziger Jahre ausführliche Diskussionen geführt, insbesondere über ihren Anteil an der konkreten Entscheidung über die Deportation bzw. über die Ausnahme Einzelner davon u.ä. In den Debatten wurden die jüdischen Ältestenräte einerseits schlicht verurteilt, z.B. aus der Feder Hannah Ahrendts. In: *Ahrendt,* Hannah: Eichmann in Jerusalem: A Report on the Banality of Evil. New York 1963. — Eine vergleichbare Position vertritt *Pendorf,* Robert: Mörder und Ermordete. Eichmann und die Judenpolitik des Dritten Reiches. Hamburg 1961. — Andererseits gab es auch objektivere Urteile über die Rolle der Ältestenräte, wie beispielsweise *Bondyová,* Ruth: Jakob Edelstein. Praha 2001.

14 Näher siehe *Wehle,* Kurt: The Jews in Bohemia and Moravia 1945-1948. In: *Dagan,* Avigdor (Hg.): The Jews of Czechoslovakia. Historical Studies and Surveys. Bd. 3. Philadelphia 1984, 499-530, hier 500 f.

15 Die ursprüngliche Bezeichnung dieses Amtes, in dessen Zuständigkeit seit seiner Einrichtung im Juli 1939 die Mehrheit der jüdischen Angelegenheiten fiel, war die „Zentralstelle für jüdische Auswanderung“. Seine Umbenennung im August 1942 zeugt von der veränderten Kompetenz der Zentralstelle, deren Hauptaufgabe nun überwiegend die Abfertigung der Transporte und der mit ihnen verbundenen Angelegenheiten war.

výbor k likvidaci Židovské rady starších" (Nationalausschuss zur Auflösung des Jüdischen Ältestenrates). Dieser nahm seine Tätigkeit am 9. Mai 1945 auf; Ziel des Ausschusses – unter der Leitung von JUDr. František Friedmann[16], einer herausragenden Persönlichkeit des zionistischen Lebens der Vorkriegszeit – war es, die Prager jüdische Kultusgemeinde zu rekonstruieren und an ihre Vorkriegstradition anzuknüpfen. Zu ihrer endgültigen Wiedergründung kam es mit der Rückkehr von Ing. Arnošt Frischer[17] aus London.

Zu den wichtigsten Verdiensten von Frischer gehörte die Sicherstellung der Zusammenarbeit bedeutender Persönlichkeiten des jüdischen Lebens in der Vorkriegstschechoslowakei, wodurch es gelang, in bemerkenswert kurzer Zeit aus dem ursprünglichen Jüdischen Ältestenrat ein funktionierendes Hilfszentrum für die aus den Konzentrationslagern zurückkehrenden Personen zu schaffen. Die Hauptaufgabe der wiedergegründeten Prager jüdischen Kultusgemeinde war nun mehr als offensichtlich: der Wiederaufbau der jüdischen Gemeinde in den böhmischen Ländern.[18]

Die Stellung der Prager Gemeinde war jedoch in den ersten Nachkriegsmonaten deswegen schwierig, da ihre Aktivitäten anfangs bei einem Teil der jüdischen Öffentlichkeit kaum auf Verständnis trafen.[19] Diese Tatsache hängt zu-

---

16 František Friedmann wurde 1897 in Sedlec bei Tábor (Tabor) geboren. Er stand an der Wiege des jüdischen nationalen und politischen Lebens nach dem Ersten Weltkrieg und war Mitglied des Jüdischen Nationalrates und der Exekutive der zionistischen Organisationen der „Židovská strana" (Jüdische Partei). In der Zwischenkriegszeit war er auch Mitglied des Prager Stadtrats. Er starb bereits 1945. In: VŽNO Nr. 6 vom 3.6.1946, 52.

17 Arnošt Frischer wurde 1887 in Hermannstadt (Sibiu) geboren. Seit 1935 bekleidete er das Amt des Vorsitzenden der Jüdischen Partei in der Tschechoslowakei, die ihn gemeinsam mit den Sozialdemokraten als Kandidaten für den Senat aufstellte. Er redigierte die Brünner Zeitschrift „Der jüdische Sozialist". Als Privatunternehmer und Bauingenieur in Moravská Ostrava (Mährisch-Ostrau), wurde er 1939 von der Gestapo inhaftiert; es gelang ihm jedoch, nach Palästina zu emigrieren. Ab Herbst 1941 wirkte er im Tschechoslowakischen Staatsrat in London. Von September 1945 bis Februar 1948 war er Vorsitzender des Rates der Jüdischen Kultusgemeinden in Böhmen, Mähren und Schlesien. Er starb 1954 in London. Siehe VŽNO Nr. 2 vom 1.10.1945, 14. — Vergleiche auch *Čapková,* Kateřina: Češi, Němci, Židé? Národní identita Židů v Čechách 1918-1938 [Tschechen, Deutsche, Juden? Die nationale Identität der Juden in Böhmen 1918-1938]. Praha 2005, 222. — Siehe auch die Diplomarbeit von *Láníček,* Jan: Člen Československé státní rady v Londýně Ing. Arnošt Frischer a jeho činnost na pomoc židům v okupované Evropě (1941-1945) [Das Mitglied des Tschechoslowakischen Staatsrates in London Ing. Arnošt Frischer und seine Tätigkeit zur Hilfe für die Juden im besetzten Europa (1941-1945)]. Unveröffentl. Magisterarbeit der Philosophischen Fakultät der Palacký-Universität Olomouc.

18 *Hanková:* Léta obnovy a zklamaných nadějí 210.

19 Aus dem Aufsatz von Štěpán Engel „Do vlastních řad" (In die eigenen Reihen), in dem er auf das Verhalten einiger hinwies, die kein Vertrauen in die genannten Institutionen hatten: „Die Mehrheit der Prager Juden mied die Gemeinde und den Rat, freilich nur bis zur Ankunft der Pakete, die von diesen Institutionen verteilt wurden." In: VŽNO Nr. 4-5 vom 5.5.1946, 35. — Siehe auch *Ders.:* Do vínku roku 1947 [In das Kränzchen des Jahres 1947]. In: VŽNO Nr. 1 vom 1.1.1947, 1-3. — In einem ähnlichen Artikel aus der Feder von Bedřich Zimmer heißt es: „Wir wissen, dass sie [die Prager jüdische Kultusgemeinde,

sammen mit dem beschriebenen Problem der uneindeutigen Stellung der Gemeinde während der Okkupation. Es wurden sogar Stimmen laut, die die Prager jüdische Kultusgemeinde des „Helfershelfertums" beschuldigten. Auf den Seiten des „Věstník židovské náboženské obce v Praze" (Anzeiger der Prager jüdischen Kultusgemeinde, VŽNO) wurde der Entkräftung dieser und ähnlicher Meinungen viel Raum gegeben, indem die Tatsache betont wurde, dass die tschechischen Juden von ihren damaligen Repräsentanten „weder verraten noch verkauft"[20] wurden. Dennoch blieb es für die Institutionen schwierig, das Vertrauen der Gemeindemitglieder zu gewinnen, was teilweise die Wiederaufnahme der Aktivitäten in der Nachkriegszeit erschwerte.

Ein wichtiger Markstein im Leben der jüdischen Gesellschaft nach dem Zweiten Weltkrieg war die Gründung, bzw. Wiedergründung des Rates der Jüdischen Kultusgemeinden in Böhmen, Mähren und Schlesien[21] – ursprünglich „Společenství židovských náboženských obcí v zemi České a Moravskoslezské" (Organisation der Jüdischen Kultusgemeinden in Böhmen, Mähren und Schlesien) –, die als Institution die Interessen der einzelnen jüdischen Kultusgemeinden vertrat. Er wurde auf dem ersten Delegiertentag der jüdischen Kultusgemeinden am 1. und 2. September 1945 in Prag ins Leben gerufen. Im Rahmen dieser Versammlung wurden u.a. auch die Bezirke der einzelnen Landgemeinden festgelegt, von deren ursprünglicher Zahl 208 später nur 53 wieder gegründet wurden; 34 in Böhmen und 19 in Mähren.[22] Der abschließende Vorschlag eines Antrags auf Billigung der neuen Bezirke der jüdischen Kultusgemeinden wurde dem „Ministerstvo školství a osvěty" (Ministerium für Schulwe-

M.H.] heute sehr scharf kritisiert wird. Warum? Ihre Mitglieder leben teilweise in der irgendwie vagen Vorstellung, dass die jüdische Kultusgemeinde wohlhabend und einflussreich ist, und mit Grauen denken sie an die Zeit, als sie allen Aufforderungen gehorchen mussten, die sie vom so genannten Jüdischen Ältestenrat erhielten, der gezwungenermaßen das Organ der nationalsozialistischen Mörder war. [...] Etwas von diesem Misstrauen haben die Mitglieder der jüdischen Kultusgemeinde noch immer. Die heutige jüdische Kultusgemeinde will helfen, nichts anderes. [...] Sie ist für Euch da und nicht Ihr für sie, wie es in der Zeit war, als wir zitterten, wenn uns der Briefträger einen Brief von der „Gemeinde" brachte. Vergleiche *Zimmer,* Bedřich: Židovská náboženská obec chce pomoci [Die jüdische Kultusgemeinde will helfen]. In: VŽNO Nr. 2 vom 28.2.1946, 13.

20 *Engel:* Do vlastních řad 36.

21 Dieser so genannte Oberste Rat war jedoch nur eine freiwillige Arbeitsgemeinschaft der damals existierenden fünf Verbände jüdischer Kultusgemeinden, weil das Grundgesetz der Jüdischen Religionsgemeinschaft Nr. 57/1890 ř.z. vom 21. März nur jüdische Kultusgemeinden kannte, jedoch keine höheren Verwaltungseinheiten. Erst durch § 1 des Gesetzes Nr. 9/1937 Sb. vom 21. Januar wurden die einzelnen jüdischen Kultusgemeinden obligatorisch in einer geschlossenen Organisationseinheit vereint.

22 Die Neuregelung der Bezirke der jüdischen Kultusgemeinden wurde vom Ministerium für Schulwesen und Volksbildung genehmigt. Durch einen Erlass vom 29. September 1946 wurde denjenigen Gemeinden die staatliche Anerkennung entzogen, die nicht die gesetzlichen Voraussetzungen für ihr Bestehen erfüllen konnten, weil sie die große Mehrheit ihrer Mitglieder und auch größtenteils ihr Vermögen verloren hatten. Ihre Bezirke gliederte das Ministerium in die Bezirke der neu gegründeten jüdischen Kultusgemeinden ein.

sen und Volksbildung) am 21. Februar 1946 vorgelegt. An der Spitze des Rates stand Ing. Arnošt Frischer, die stellvertretenden Vorsitzenden wurden Ing. František Fuchs[23], der in der Prager jüdischen Kultusgemeinde bereits seit 1934 tätig war, weiterhin Julius Lederer[24] und Ing. Leopold Drucker. Zum Sekretär wurde JUDr. Kurt Wehle[25] gewählt.

Hauptziel des Rates, der ebenfalls die Aufgaben von Gerichten, administrativen Behörden und den Behörden der Volksverwaltung ausübte, wurde die Wiedergutmachung der Ungerechtigkeiten aus der Okkupationszeit, der Schutz des jüdischen Kollektivbesitzes und nicht zuletzt die Betreuung der erneuerten jüdischen Kultusgemeinden und Synagogengemeinden. Neben dem allgemeinen Schutz von Einzelnen und der organisatorischen Durchführung des Aufbaus

---

23 František Fuchs, 1905 in Radošovice u Říčan (Radoschowitz bei Ritschan) geboren, war vor dem Krieg in der tschechisch-jüdischen Bewegung aktiv. In den Jahren 1945 bis 1948 war er kurzzeitig Vorsitzender des wiedergegründeten „Svaz Čechů židů" (Bund der tschechischen Juden). Stellvertretender Vorsitzender des Rates war er bis 1966, danach bekleidete er das Amt des Vorsitzenden (bis 1975). Von Beruf Bauingenieur, hatte er nach und nach leitende Stellen in verschiedenen Unternehmen inne. Siehe *Wörster,* Peter: Die Juden in den böhmischen Ländern nach 1945. Materialien zu ihrer Geschichte. Marburg/Lahn 1982 (Dokumentation Ostmitteleuropa 8, Heft 5/6), 281.

24 Julius Lederer, stellvertretender Vorsitzender des Rates der Jüdischen Kultusgemeinden, wurde 1871 in Březnice (Bresnitz) geboren. Schon in der Zwischenkriegszeit war er aktiver Mitarbeiter nicht nur jüdischer Organisationen, er war auch Mitglied des Stadtrats, stellvertretender Bürgermeister, Mitglied des Bezirksausschusses, Vorsitzender des Handelsgremiums und leitender Funktionär in einer Reihe von jüdischen Verbänden, die übrigens auf seine Initiative gegründet wurden. In der Zeit der Okkupation war er Mitglied und später stellvertretender Vorsitzender des beratenden politischen Gremiums der Prager jüdischen Gemeinde, das von Dr. František Weidmann gegründet wurde. Nach der Rückkehr aus dem Konzentrationslager Theresienstadt war er Mitglied des Jüdischen Ältestenrates. Seine letzten Jahre verlebte er zusammen mit seinem Bruder Rudolf in einem Altenheim in Poděbrady (Podiebrad). Er starb 1956. Siehe *Fuchs,* František: Ředitel Julius Lederer – 75 let [Der Vorsitzende Julius Lederer – 75 Jahre]. In: VŽNO Nr. 8 vom 1.8.1946, 71. — K úmrtí Julia Ledera [Zum Tode von Julius Lederer]. In: VŽNO Nr. 8 vom 1.8.1956, 4.

25 Kurt Wehle, geboren 1907 in Jablonec nad Nisou (Gablonz an der Neiße), Absolvent der Prager Juristischen Fakultät, war bis Kriegsbeginn als Rechtsanwalt tätig. Aus Theresienstadt wurde er nach Auschwitz-Birkenau und Schwarzheide deportiert. Die Funktion des Sekretärs des Rates übte er bis 1948 aus, als er zur Persona non grata erklärt wurde. Er entschloss sich zur Emigration und fand erste Zuflucht in Paris, wo er als Jurist und Berater im AJDC wirkte, seit 1951 lebte er in New York. Bis 1961 bekleidete er eine leitende Funktion in der tschechischen und österreichischen Sektion der „United Restitution Organisation". Er war außerdem der Gründer und erste Präsident der „Společnost pro dějiny Židů v Československu" (Gesellschaft für die Geschichte der Juden in der Tschechoslowakei). Zum dreibändigen Almanach „Židé v Československu" (Die Juden in der Tschechoslowakei) trug er Studien zur Erneuerung der jüdischen Gesellschaft in Böhmen und Mähren nach dem Zweiten Weltkrieg bei. Er starb 1995. In: Roš chodeš 57/12 (1995), 14. Ing. Arnošt Frischer charakterisierte ihn als „hochtalentierten, zähen und absolut fleißigen Mitarbeiter". NA, f. MŠK, 47 VIII A, k. 2155.

der ganzen jüdischen Gesellschaft, widmete sich der Rat Aufgaben, die vorwiegend in der Rekonstruktion und dem Erhalt von Verwaltungsgebäuden und Synagogen und der Vervollständigung ihres Inventars (Bänke, rituelle Gegenstände) bestanden. Außerdem kümmerte sich der Rat beispielsweise um die Renovierung der rituellen Bäder in verschiedenen Gemeinden und hielt sie in Betrieb. In die Zuständigkeit des Rates fielen auch der Betrieb und die künstlerischen Tätigkeiten des Jüdischen Museums in Prag, das jedoch hinsichtlich seines juristischen Charakters in die Kompetenz der „Národní správy Židovské rady starších“ (Nationalverwaltung des Jüdischen Ältestenrates) – ursprünglich Nationalausschuss zur Auflösung des Jüdischen Ältestenrates – gehörte. Der Rat mischte sich oft mit Initiativen ein. Seine Vertreter intervenierten beim Präsidenten, bei Regierungsmitgliedern und zuständigen Beamten, beteiligten sich an einer Reihe von interministeriellen Beratungen, und in vielen Fällen gaben sie auch schriftliche Anmerkungen zu vorbereiteten Entwürfen zu Gesetzen und Verordnungen ab.[26] Nicht zuletzt beschäftigte sich der Rat der Jüdischen Kultusgemeinden mit der schwierigen Situation der jüdischen Friedhöfe, die in der großen Mehrheit verwüstet waren. In den ersten drei Nachkriegsjahren war selbstverständlich auch die Restitutionsproblematik ein wesentlicher Arbeitsbereich des Rates der Jüdischen Kultusgemeinden.

Die Verwaltung von Friedhöfen und Synagogen

Ein großes Problem war gerade die Restitution der aufgelassenen Friedhöfe. Mit Rücksicht auf das geringe Vermögen der meisten jüdischen Kultusgemeinden der Nachkriegszeit war es nicht möglich, ausreichende Finanzmittel zum Wiederaufbau der örtlichen Friedhöfe aufzuwenden, weshalb es sehr schwer war, über ihr Schicksal zu entscheiden. Die Schäden an den jüdischen Friedhöfen und Synagogen waren auf mehr als 200 Millionen Kronen zu beziffern. Zu einer Kompromisslösung von Seiten der staatlichen Organe kam es nur selten, und viele Friedhöfe und Synagogen, die nicht länger zu ihrem ursprünglichen Zweck verwendet werden konnten, wurden aufgelassen. In einigen Fällen wurden verlassene Friedhöfe wegen der passiven Haltung der jüdischen Kultusgemeinde liquidiert.[27] Der Rat widmete dem Theresienstädter Friedhof große Sorgfalt und unternahm dadurch erste Schritte zum späteren Aufbau des Denkmals Theresienstadt. Viel Geld wurde allgemein auf die Renovierung und Erhaltung von Synagogen und Bethäusern, den Bau von Friedhofsmauern, Einfriedungen u.ä. verwendet.

---

[26] Man kann behaupten, dass der Rat ein gutes Verhältnis zu den staatlichen Organen und der öffentlichen Verwaltung hatte, wie auch zu den übrigen Religionsgemeinschaften, mit denen er zu feierlichen Anlässen in Kontakt stand. Es wurde auch darüber nachgedacht – nach dem Vorbild anderer Staaten – eine jüdisch-christliche Gesellschaft zu gründen, die gegen den Antisemitismus kämpfen sollte. NA, f. MŠK 47/VIII, k. 2155.

[27] Zpráva K. Wehleho na shromáždění delegátů [Mitteilung von K. Wehle an die Delegiertenversammlung]. 26.10.1947. NA, f. MŠK 47 VIII A, k. 2155.

In Zusammenhang mit der Problematik der Friedhöfe, ihrer Verwaltung und Erneuerung, ist der folgende Fall symptomatisch, der vom mangelnden Bewusstsein für den historischen Kontext und vom übersteigerten Eifer in der Sache der Entfernung aller „Überreste des Deutschtums" nach dem Krieg zeugt. Er ist auch ein Zeugnis dafür, mit welchen Angelegenheiten der Rat in der Zeit der allgemeinen Erneuerung gezwungen war sich zu beschäftigen: Im Jahre 1947 verordneten einige Bezirks- und Lokalausschüsse die Entfernung deutscher Inschriften von Grabdenkmälern. Zur Entfernung der Inschriften und ihrer Ersetzung durch tschechische Inschriften wurde nur eine sehr kurze Frist gewährt, obwohl dies ca. zehn Arbeitsstunden erforderte. Die ganze Angelegenheit wurde durch eine uneinheitliche rechtliche Regelung verkompliziert. Das Innenministerium nahm eine einheitliche Regelung erst nach Intervention des Rates der Jüdischen Kultusgemeinden in Angriff. Der Rat äußerte sich im Zusammenhang mit dieser Angelegenheit wie folgt:

> Wir bezweifeln, dass die Gefühle der örtlichen Bevölkerung, soweit sie einen jüdischen Friedhof betreten, von alten deutschen Inschriften auf Grabmalen verletzt werden können. Die alten Grabsteine auf jüdischen Friedhöfen bedrohen also in keiner Weise die öffentliche Ruhe oder die Bedeutung der Reinigung unseres Landes von allem Deutschen.[28]

Der Rat wies außerdem auch darauf hin, dass Drucksachen mit deutschem Text nicht nur nicht vernichtet wurden, sondern aus volkswirtschaftlichen Gründen weiter verwendet wurden.

Ein dunkles Kapitel der neueren tschechischen Geschichte ist der Vandalismus der Nachkriegszeit. Das, was die Nationalsozialisten nicht vollenden konnten, „gelang" oftmals nach 1945: Grabsteine von jüdischen Friedhöfen wurden beschädigt, zerstört, gestohlen. Menschen zerstörten Inschriften, warfen Fenster ein oder beschmierten die Wände von Zeremoniensälen. Auf einigen Friedhöfen konnte man Vieh weiden sehen. Es gab sogar Fälle, in denen Gräber geöffnet und Leichen ihrer Goldzähne beraubt wurden. Wenn es gelang, die Schuldigen ausfindig zu machen, was nur auf eine kleine Anzahl von Fällen zutrifft, wurden sie größtenteils nicht abschreckend bestraft.[29] Gegen Ende 1947 wurden Nachrichten über die Verwüstung von jüdischen Friedhöfen

---

28 Oběžník RŽNO z 14. května 1947 [Zirkular des Rates der Jüdischen Kultusgemeinden vom 14. Mai 1947]. Archiv Židovského muzea v Praze [Archiv des Jüdischen Museums in Prag, künftig A ŽMP], f. Opava, k. 2 (1945-1952).

29 *Vjačková,* Gabriela: Kulturní politika a židovské náboženské obce Severomoravského kraje (1945-1969) [Kulturpolitik und die jüdische Kultusgemeinde im Bezirk Nordmähren (1945-1969)]. Unveröffentlichte Magisterarbeit der Philosophisch-Naturwissenschaftlichen Fakultät der Schlesischen Universität in Opava (Troppau). Opava 2003, 93 f. — *Hanková:* Léta obnovy 214. Der erste Fall, als ein Täter für ein ähnliches Delikt verurteilt wurde, ereignete sich Anfang Februar 1948. Der beschuldigte junge Mann, der einen Friedhof in Dvůr Králové nad Labem (Königinhof an der Elbe) verwüstet hatte (er beschädigte Marmorgeländer, zerschlug einige Marmorplatten, hinter denen Urnen in der Wand deponiert waren u.ä.), wurde zu zwei Monaten Haft und einer Strafe von 250 Kronen verurteilt. Mit dem Fall beschäftigte sich auch ein Zivilgericht, das die Höhe des Schadensersatzes festlegen sollte. Siehe VŽNO Nr. 7 vom 13.2.1948, 77.

in Mělník (Melnik), Byšice u Mělníka (Bischitz bei Melnik) und Jičín (Jitschin) veröffentlicht. Dem Rat wurden Fälle aus Dvůr Králové nad Labem (Königinhof an der Elbe), Humpolec (Humpoletz) und Vlašim (Wlaschim) gemeldet. Zu ähnlichen Ereignissen kam es an 30 weiteren Orten. Beispielsweise wurde in Ústí nad Labem (Aussig) in der Nacht vom 25. auf den 26. September 1947 ein jüdisches Bethaus demoliert. Die Täter gelangten ins Innere, zerstörten die Einrichtung, beschmutzten alles mit brauner Lackfarbe und stahlen die Thora.[30] Diese Übergriffe, bei denen oft Jugendliche die Täter waren, sind sehr schwer zu bewerten: Ich denke, dass man sie nicht als Auswirkung einer rein antisemitischen Haltung der Täter verurteilen kann; allerdings darf man sie auch nicht als rein unpolitischen Vandalismus betrachten. Am eindeutigsten zeugen sie wohl vom Zustand der Moral in der damaligen Gesellschaft.

Die wichtigsten geistigen Vertreter der jüdischen religiösen Gesellschaft nach 1945 und die Aktivitäten der jüdischen Kultusgemeinden

Entscheidend für die Erneuerung des religiösen Lebens war die Rückkehr einiger anerkannter geistiger Autoritäten der Ersten Republik in die befreite Heimat. Von den Rabbinern, die vor dem Krieg im böhmischen Raum wirkten, kehrte nur der greise und bereits schon kranke Oberrabbiner Dr. Aladar Deutsch[31] zurück, sowie die herausragende Persönlichkeit des tschechisch-jüdischen Lebens der Vorkriegszeit, Dr. Richard Feder, der vor dem Krieg Rabbiner in Kolín (Kolin) gewesen war (zu seiner Person siehe unten). Aus Israel kehrte auch Dr. Gustav Sicher in die Tschechoslowakei zurück, im Gegensatz zu Feder ein überzeugter Zionist. Dr. Hanuš Rezek (Rebenwurzel)[32], der während des Krieges als Geistlicher für die jüdischen Soldaten der tschechoslowakischen Auslandsarmee gewirkt hatte, ließ sich ebenfalls wieder in Prag nieder. Sicher wurde Nachfolger von Deutsch in der Funktion des Oberrabbiners in Prag und blieb bis zu seinem Tod der wichtigste geistige Vertreter für die böhmischen Länder.[33] Für die Gläubigen stellte er eine hohe religiöse Autorität dar. Im südböhmischen Klatovy (Klattau) geboren (Jahrgang 1880), studierte er am

---

30 *Iltis*, Rudolf: Středověk trvá i dnes? [Dauert das Mittelalter noch an?]. In: VŽNO Nr. 4 vom 23.1.1948, 37.

31 Aladar Deutsch wurde 1871 in Aroktö im heutigen Ungarn geboren. Das Amt bekleidete er seit 1930, als er die Nachfolge von Dr. Heinrich (Chaim) Brody antrat. Die Aufgabe ließ er ab 1947 aus gesundheitlichen Gründen ruhen. Er starb zwei Jahre später in Prag. *Pěkný*, Tomáš: Historie Židů v Čechách a na Moravě [Geschichte der Juden in Böhmen und Mähren]. 2. Aufl. Praha 2001, 357.

32 Hanuš Rezek wurde 1902 in Strážnice (Straßnitz) geboren. Nach seiner Tätigkeit in der Auslandsarmee erhielt er in der Prager jüdischen Kultusgemeinde weitere Funktionen: Er war Sekretär, Kulturreferent, Prediger und Rabbiner und sorgte dafür, dass die Gemeinde beizeiten mit dem notwendigen religiösen Inventar ausgestattet wurde. Im Zentrum seiner Aufmerksamkeit standen insbesondere die Juden aus der Karpato-Ukraine. Rezek starb 1948 bei einem Flugzeugunglück. Siehe VŽNO Nr. 1 vom 7.1.1949, 5.

33 *Wehle:* The Jews in Bohemia 513 f.

„Israelitischen Theologischen Institut" in Wien (gemeinsam mit Feder). In der öffentlichen geistigen Verwaltung wurde er bereits 1906 in Náchod (Nachod) angestellt, später wurde er nach Prag berufen. Ende 1939 gelang es ihm, nach Palästina zu emigrieren. Dort gründete er die tschechoslowakische Synagoge. Im Jahre 1947 entsprach er dem Wunsch der Prager jüdischen Kultusgemeinde und kehrte in die Heimat zurück, zum Oberrabbiner wurde er im Juli 1947 ernannt. Regelmäßig schrieb er Beiträge für verschiedene Periodika (siehe z.B. die Aufsätze zu religions- oder kulturgeschichtlicher Thematik im Anzeiger der Jüdischen Kultusgemeinde). Er starb 1960, einige Monate nach seinem 80. Geburtstag.[34] Aus seinem Werk sind vor allem die Publikation „Volte život" (Wählt das Leben, 1975) und seine Übersetzungen des Pentateuchs ins Tschechische wichtig.

Eine herausragende, charismatische Persönlichkeit und ein Mensch von hoher moralischer Integrität war Dr. Richard Feder, der bis 1960 das Amt des Rabbiners in verschiedenen Bezirken ausübte, und schließlich Stellvertreter von Gustav Sicher im Amt des Oberrabbiners der Jüdischen Religionsgemeinschaft in Böhmen, Mähren und Schlesien wurde. Dieses Amt bekleidete er bis zu seinem Tod im Jahre 1970. Richard Feder, eine der bedeutendsten Gestalten der jüdischen Nachkriegsgeschichte, wurde 1875 in Václavice u Benešova (Watzlawitz bei Beneschau) geboren. Der Rabbi, Prediger und Autor einer Reihe von Lehrbüchern und religiöser Abhandlungen kam aus einer armen ländlichen Familie. Er absolvierte die deutsche jüdische Schule in Benešov und legte das Abitur am akademischen Piaristengymnasium in Prag ab. Es folgten Hochschulstudien an der Universität Wien, die er mit Erlangung des Doktorats krönte. In Wien absolvierte er erfolgreich das berühmte Rabbinerseminar. Hier kam es zu einem ersten Treffen der beiden bedeutenden Persönlichkeiten des jüdischen Lebens des 20. Jahrhunderts: Richard Feder studierte am Wiener Seminar gemeinsam mit seinem fünf Jahre jüngeren Kollegen, Gustav Sicher. Früh verbindet sich der Name Feders mit der jüdischen Kultusgemeinde in Kojetín (Kojetein) in Mähren, wo er im September 1903 seine erste Stelle als Rabbi antrat. Gleichzeitig war er Mitglied des Professorenkollegiums der Handelsakademie in Kolín, wo er mehr als 20 Jahre als approbierter Professor für deutsche Sprache und deutsche Handelskorrespondenz wirkte. Hinzuweisen ist auch auf seine aufopfernde Arbeit im „Spolek pro nemajetné žactvo obchodního školství" (Bund für mittellose Schüler des Handelsschulwesens). Er gehörte zu den großen Verfechtern der tschecho-jüdischen Bewegung; regelmäßig verfasste er Beiträge für

---

34 *Wörster:* Die Juden in den böhmischen Ländern 293. — In der Einschätzung seiner Person durch das „Státní úřad pro věci církevní" (Staatliches Amt für Kirchenangelegenheiten), einer offiziellen Parteiinstitution, die seit ihrer Gründung sämtliche religiösen Angelegenheiten religiöser Organisationen betreute, wird folgendes angeführt: „Zur politischen Entwicklung bei uns verhielt er sich von Anfang an reserviert. Er verheimlichte seine liberalen Ansichten und Erinnerungen an die Republik Masaryks nicht. In religiösen Dingen begann er, Zuflucht bei der orthodoxen Richtung zu suchen. Seinem Einfluss unterlagen auch die weltlichen Funktionäre der jüdischen Kultusgemeinde." NA, f. MŠK 47 VIII B1, k. 2155; f. Církev VIII A (1957-1967), k. 56.

den „Českožidovský kalendář" (Tschechisch-jüdischer Kalender) und andere Periodika. In seiner pädagogischen Praxis beschäftigte sich Feder besonders mit der Reform des Hebräischunterrichts mit Betonung auf das Verständnis des gelesenen Textes. Ergebnis ist das Lehrbuch „Haleluja", das auch ins Deutsche übersetzt wurde. Er ist auch Autor des Hebräisch-Lehrbuchs „Hasafa ha ivrit" (Die Geschichte des Hebräischen). Außerdem gab er ein Buch über biblische Geschichte mit dem Titel „Sinai" heraus. Ergebnis von Feders jahrelangem pädagogischen Wirken sind einige Bände der so genannten „Židovské besídky" (Jüdische Gespräche) und der „Nové židovské besídky" (Neue jüdische Gespräche). Seine Erlebnisse und die seiner Glaubensbrüder schilderte er eindrucksvoll im Buch „Židovská tragédie, dějství poslední" (Die jüdische Tragödie, letzter Akt). „Život a odkaz" (Leben und Weisung), erschienen 1973, ist das letzte Buch von Feder und zugleich gewissermaßen sein Vermächtnis.

Mehr als 30 Jahre war das Schicksal des Rabbiners mit der jüdischen Kultusgemeinde in Kolín verknüpft, wohin er als einziger aus der engeren Familie nach Kriegsende und Befreiung der Republik im Mai 1945 zurückkehrte. Hier hatte er großen Anteil an der Wiedererrichtung der Koliner jüdischen Kultusgemeinde. Er regte auch die Errichtung des Denkmals für die Opfer des Nationalsozialismus in Kolín und Umgebung an. Viele Jahre war er stellvertretender Vorsitzender und schließlich Vorsitzender des Bezirkskulturausschusses und Referent im „Svaz osvobozených politických vězňů" (Bund der befreiten politischen Gefangenen). 1953 trat er das Amt des Bezirksrabbiners mit Sitz in Brno (Brünn) an. Dort starb er im Alter von 95 Jahren.[35] Nach seinem Tod blieb die Stelle des Rabbiners unbesetzt. Man muss betonen, dass beide oben genannten Personen – obwohl sie an einigen Entscheidungen der Leitung der jüdischen Religionsgemeinschaft (und zwar als Mitglieder des Präsidiums des Rates der Jüdischen Kultusgemeinden) beteiligt waren – nach 1948 praktisch außerhalb der offiziellen Strukturen des Rates oder der jüdischen Kultusgemeinden standen.

Hilfsrabbiner in Prag war seit 1949 Emil Davidovič[36]; für den nordböhmi-

[35] Siehe z.B. *Wörster:* Die Juden in den böhmischen Ländern 293 f.

[36] Emil Davidovič wurde 1912 in Chust in der Karpato-Ukraine (heutige Ukraine) geboren. Er besuchte einige Rabbinerschulen (z.B. in Košice, Sered nad Vahom und Bratislava). Er studierte Philosophie, Soziologie und Germanistik. Das Studium am berühmten Rabbinerseminar in Wien musste er 1938 abbrechen. Er kehrte in die Tschechoslowakei zurück. Früh begann er mit dem Studium an der „Hochschule für Jüdische Wissenschaften" in Berlin. Von 1939 bis Mai 1944 war er Hörer des Rabbinerseminars in Budapest. Danach wurde er mit seiner Frau und den beiden Kindern nach Auschwitz-Birkenau deportiert. Während des Krieges durchlief er auch die Lager Buchenwald und Langenstein-Zwieberge bei Halberstadt. Nach Hause kehrte er im Juli 1945 zurück und fand nur seine Frau wieder; beide Kinder waren umgekommen. Auf Aufforderung des Vorbereitungsausschusses des Rates der Jüdischen Kultusgemeinden organisierte er die neu gebildete Jüdische Kultusgemeinde in Varnsdorf (Warnsdorf). 1949 wurde er nach Prag zum Leiter der Kultusabteilung des Rates und stellvertretenden Rabbiner in Prag und zugleich zum Leiter des Bezirksrabbinats für die Kreise Plzeň (Pilsen), České Budějovice (Budweis) und die Provinz Prag (Praha-venkov) berufen. 1960 musste er auf Druck der KSČ seine Stelle aufgeben; zwei Jahre später reiste er nach Israel aus; zudem wirkte er in Dortmund.

schen und mittelböhmischen Kreis war Bernard Farkaš[37] Bezirksrabbiner. Vojtěch Gottschall[38] bekleidete den Rabbinerposten in Louny (Laun) und Ignác Oehlbaum führte ursprünglich das Amt des stellvertretenden Rabbiners in Těšín (Teschen) aus. Der Vollständigkeit halber muss man hinzufügen, dass für kurze Zeit, zwischen 1945 und 1948, Bernard Pachtinger Rabbiner in Teplice (Teplitz) und Ústí nad Labem war. Angesichts dieser geringen Zahl von Rabbinern (also der Personen, die die gesetzlichen Anforderungen für die Ausübung des Rabbineramtes gänzlich erfüllten) war es nicht möglich, den Beschluss von Paragraph 11 des Gesetzes Nr. 57/1890 ř.z. zu erfüllen, wonach in jeder jüdischen Kultusgemeinde mindestens ein Rabbi bestellt sein musste.[39] Es war also nötig, den bestellten Rabbinern die religiöse Betreuung mehrerer Gemeinden in bestimmten Bezirken anzuvertrauen. Eine Konsequenz dessen, die sich schnell bemerkbar machte, war beispielsweise das Phänomen, dass die Zahl der in zivilen Ämtern geschlossenen Ehen schnell anstieg. Angesichts der Tatsache, dass in Böhmen keine eigene Rabbinerschule bzw. -seminar existierte, wurde bei der zweiten Delegiertenversammlung, die vom 26. bis 28. Oktober 1947 stattfand, die Möglichkeit der Errichtung einer solchen „Lehranstalt" diskutiert, wozu sich der Ausschuss des Rates positiv äußerte. Zur Errichtung der Institution kam es jedoch nicht, und eventuelle Bewerber um Rabbinerposten blieben weiterhin auf das Rabbinerseminar in Budapest angewiesen.

Ein regelmäßiges Ereignis im Leben der Gemeinde wurden in der Nachkriegszeit die so genannten „Terezínské tryzny" (Theresienstädter Totenfeiern), die Feder ins Leben rief. Die Totenfeiern wurden zu einer alljährlichen würdigen Erinnerung an alle tschechoslowakischen Holocaustopfer.[40] Sie fanden regelmäßig im Monat März beinahe in allen Gemeinden und Synagogenversammlungen statt, oft unter persönlicher Beteiligung der Bezirksrabbiner Feder,

---

Siehe dazu VŽNO Nr. 4 vom 1.4.1953, 29. — Weitere Informationen in *Wörster:* Die Juden in den böhmischen Ländern 295.

37 Bernard Farkaš wurde 1902 in Jasin, Bezirk Rachovo (Karpato-Ukraine, heute Ukraine) geboren. Er stammte aus einer sehr armen Familie und hatte deshalb sehr erschwerte Studienmöglichkeiten. Er studierte an der Hochschule für jüdische Wissenschaften und Theologie in Berlin. Als junger Rabbiner wirkte er vor dem Krieg (seit 1933) in Podmokly (Bodenbach). Nach der Befreiung der Tschechoslowakei kehrte er an seine Wirkungsstätte in Děčín (Tetschen) zurück, wo er versuchte, die Gemeinde wiederaufzubauen, die während des Krieges 90 Prozent ihrer Gläubigen verloren hatte. Als Bezirksrabbiner leitete er von seinem Sitz in Děčín die Gemeinden in Ústí, Liberec (Reichenberg) und Karlovy Vary (Karlsbad) (bis 1965). Er war ein herausragender Wissenschaftler, Kenner der hebräischen Sprache und der rabbinischen Literatur. Er erfreute sich großen Ansehens bei den Gläubigen, für die er ein wahrhaftiger geistiger Führer war. In: VŽNO Nr. 11 vom 1.10.1952, 86.

38 Vojtěch Gottschall wurde 1907 in Szeged geboren. Er studierte an den Hohen Rabbinerschulen in Budapest und Breslau (Wrocław). In die öffentliche geistige Verwaltung wurde er 1936 berufen. NA 47 VIII B 1, k. 2 155.

39 NA 47 VIII K, k. 2 155.

40 Die Totenfeiern fanden als Erinnerung an den tragischen Tod der 4 000 tschechoslowakischen Juden in den Gaskammern des Lagers Auschwitz-Birkenau statt, die im September 1943 aus Theresienstadt nach Auschwitz deportiert worden waren.

Farkaš und Davidovič. Viele Gläubige versammelten sich auch anlässlich der feierlichen Einführung von Rabbinern und der Enthüllung von Denkmälern für die Verstorbenen des Zweiten Weltkrieges. Was den Religionsunterricht betrifft, wurde er nach 1945 außerhalb des Netzes öffentlicher Schulen gewährleistet und nur in einigen größeren Gemeinden angeboten. Die Zahl der eingeschriebenen Kinder war jedoch sehr niedrig.

Die Erneuerung und Aufrechterhaltung des religiösen Lebens der jüdischen Gemeinden stellten für die zentralen Institutionen der jüdischen Kultusgemeinden eines der schwierigsten Probleme der Nachkriegszeit dar. Wie sollte man den seelsorgerischen Dienst angesichts des katastrophalen Mangels an Personen gewährleisten, die diesen Dienst eventuell hätten ausführen können? Und wie sollte man das Interesse der wenigen Überlebenden wecken, die größtenteils assimilierte, säkularisierte Juden waren? Die Verluste der jüdischen Bevölkerung waren unermesslich, und der allgemeine Mangel an Personen, die den geistlichen Dienst hätten ausüben können, war sehr deutlich spürbar. Symptomatisch ist in diesem Zusammenhang die folgenden Tatsache: Obwohl der Rat Ende 1945 eine Einladung vom Londoner „Jewish College" erhalten hatte, das bereit war, für ein Jahr Kandidaten für das Rabbineramt aufzunehmen, wurde diese Möglichkeit nicht genutzt, und zwar auch angesichts der Tatsache, dass sich bis zum 9. Dezember 1945 kein einziger Interessent für dieses Studium gemeldet hatte.[41] Dies reflektiert einerseits den damaligen katastrophalen Mangel an Geistlichen (Rabbinern, Kantoren) und Hilfsgeistlichen (Schocheten/Schächter, Ritualaufseher u.a.), ist aber andererseits auch Ausdruck eines gewissen Desinteresses an diesen Funktionen.

Gemäß dem Referat des Rates der Jüdischen Kultusgemeinde wird deutlich, dass der Vorstand des Rates sich viel vom Zuzug orthodoxer Juden aus dem Osten versprach.[42] Deren Anwesenheit in den böhmischen Ländern zeigte sich unter anderem in der Existenz einer Reihe von koscheren Restaurants und Kantinen,[43] deren Menge in der Zeit von 1945 bis 1948 paradoxerweise höher war als vor dem Krieg. Die große Zahl ritueller Kantinen war auch ein Abbild der momentanen Situation – in dieser Zeit durchliefen Hunderte jüdischer Flüchtlinge die Tschechoslowakei, vorwiegend aus Polen und Rumänien, die hier vorübergehend Asyl fanden. Die religiöse Situation der jüdischen Gemeinden in den böhmischen Ländern wurde durch die große Zahl orthodoxer, vor-

---

[41] Zápis ze schůze výboru RŽNO, konané 9. prosince 1945 [Niederschrift der Versammlung des Ausschusses des Rates der Jüdischen Kultusgemeinde vom 9. Dezember 1945]. Vergleiche A ŽMP, f. Opava, k. 1 (1945-1951).

[42] Über die so genannten „Ostjuden" sprach Ing. Frischer wie folgt: „das orthodoxe Element, d.h. das Element, dem man dafür danken muss, dass das Ostjudentum die Jahrhunderte überlebt hat, indem es ein Reservoir schuf, aus dem die lichten Reihen des Judentums in Mittel- und Osteuropa ergänzt wurden." Vergleiche NA 47 VIII, k. 3 923.

[43] Was die koschere Ernährung betrifft, wurden z.B. Wein, Matzen und Matzenmehl zu den Pessachfeiern vom Rat der Jüdischen Kultusgemeinde und später den einzelnen jüdischen Kultusgemeinden verteilt. Die Matzen wurden jedoch aus der Slowakei eingeführt, wo sie unter den strengen Regeln des Oberrabbinats in Bratislava hergestellt wurden. Siehe *Vjačková:* Kulturní politika a židovské náboženské obce 80.

wiegend karpato-ukrainischer Optanten,[44] ausgesprochen modifiziert. In diesem Zusammenhang ist es bemerkenswert, dass eine Reihe bedeutender Vertreter der jüdischen Kultusgemeinden in den böhmischen Ländern nach dem Zweiten Weltkrieg – obwohl es sich nicht um Neuankömmlinge handelte – gerade aus der Karpato-Ukraine, Ungarn oder der Ostslowakei kam; zu denken ist z.B. an den Hilfsrabbiner in Prag Emil Davidovič, der aus Chust kam oder den Bezirksrabbiner Bernard Farkaš, der im karpato-ukrainischen Jasin geboren wurde. Durch den Zuzug von Optanten kam es zu einer bedeutenden Stärkung des religiösen Lebens, weil alle religiösen Aktivitäten der Vorkriegszeit gleichsam in Trümmern lagen. Diese Tatsache bedeutete allerdings auch einen neuen Einschlag im religiösen Leben der Gemeinden: Wie man weiß, gehörte die jüdische Gemeinde in Böhmen in der Zwischenkriegszeit in die Sphäre des westlichen Judentums,[45] dessen wesentliche Charakterzüge die Säkularisation und die Abwendung von der Orthodoxie waren (im Unterschied zum so genannten „Ostjudentum“, das meist mit dem Phänomen der Schtetl und dem zeitgenössischen Stereotypen des so genannten „Ostjuden“ verbunden war). Die Orthodoxie war bereits in der Zeit der Ersten Republik in Böhmen ein gleichsam fremdartiges Element. In Zusammenhang damit ist es leicht nachzuvollziehen, warum eine nicht zu vernachlässigende Prozentzahl von Personen, die sich nach 1945 zur jüdischen Konfession bekannten, ursprünglich nicht aus den böhmischen Ländern kam.

Jegliche Erneuerungsbemühungen, sei es im vermögensrechtlichen, kulturell-gesellschaftlichen oder religiösen Bereich, gingen nach der kommunistischen Machtübernahme zugrunde. Damals modifizierte sich die Haltung der zentralen Organe zur jüdischen Kommunität in der Tschechoslowakei radikal, was später seinen tragischen Höhepunkt in der ersten Hälfte der fünfziger Jahre fand, und zwar in Gestalt der politischen Prozesse mit stark antisemitischem Subtext, der offiziell als antizionistische Linie kaschiert wurde.

Fazit

Zusammenfassend kann man feststellen, dass in den ersten drei Nachkriegsjahren vor allem Fragen der Erneuerung der jüdischen Kommunität in überwiegend materieller und institutioneller Hinsicht im Vordergrund standen (die am stärksten ausgelastete Abteilung der Prager jüdischen Kultusgemeinde wurde deshalb die Sozialabteilung, die u.a. einmalige Finanzhilfen auszahlte, Lebensmittelpakete ausgab und weitere Hilfen gewährte, die sich nach den individuellen Bedürfnissen der Antragsteller richteten. Unterstützung wurde insbesondere

---

44 Die Gesamtzahl der Juden, die aus der damaligen Karpato-Ukraine (auch Karpatische oder Transkarpatische Ukraine) kamen, die nach dem Krieg von der Sowjetunion annektiert wurde, wird auf bis zu 7 000 Personen geschätzt (die Zahl umfasst jedoch mit größter Wahrscheinlichkeit auch Glaubensbrüder slowakischen Ursprungs), die zahlenmäßig die jüdische Gemeinschaft bedeutend stärkten. Siehe das Referat von Frischer auf der Delegiertenversammlung im Jahre 1947. Vergleiche Anm. Nr. 5.

45 Vergleiche *Čapková:* Češi, Němci, Židé? 267 f.

alten, kranken und arbeitsunfähigen Menschen gewährt, die keine Möglichkeit hatten, Geld zu verdienen, aber ebenso auch unterernährten Kindern, schwangeren Frauen u.a.).

Traurig ist die Tatsache, dass die religiöse Aktivität der Gemeinde so früh unterbrochen wurde, und die jüdische Gemeinschaft dadurch bei der Rückkehr zu ihrer eigentlichen Mission, nämlich der Sorge um das religiöse Leben und rituelle Bedürfnisse – mit den Worten von Rabbi Davidovič gesprochen: um die „Bedürfnisse der Seele" –, sozusagen auf halber Strecke stecken blieb. Wie bereits oben gesagt wurde, befasste sich die Gemeinde in den ersten Nachkriegsjahren mit der Rückkehr zum gewöhnlichen Leben, d.h. mit der Gewährleistung der grundlegenden medizinischen und sozialen Versorgung (nicht nur) für ihre Mitglieder, die aus den Konzentrationslagern zurückgekehrt waren, mit der allgemeinen Konsolidierung der Verhältnisse, und insbesondere der besitzrechtlichen Problematik. Es ist offensichtlich, dass das religiöse Leben und – damit verbunden – die Nutzung von Synagogen und Bethäusern (einschließlich der allmählichen Renaissance des Gemeinde- und Kulturlebens) praktisch erst nach Gewährleistung der oben genannten „Unumgänglichkeiten" beginnen konnte (und zwar obwohl die Erneuerung des religiösen Lebens und „kultischer Angelegenheiten" allgemein ursprünglich die oberste Priorität des Rates der jüdischen Kultusgemeinden hatte. Jedoch hatte sich bereits das Verhältnis der dominierenden Parteien zu Kirchen und Religionsgemeinschaften allgemein verändert, und so begannen die gesamten Bemühungen der jüdischen Gemeinden um Erneuerung des religiösen Lebens als zumindest unpassend angesehen zu werden. Die Abwendung der Menschen von der Religion in weiterem Maße hatte jedoch auch der Krieg selbst und die tragischen Ereignisse, die mit ihm verbunden waren, bewirkt: Der katastrophale Mangel an Rabbinern, die Emigrationswelle der Nachkriegszeit und eine indifferente Haltung gegenüber der Religion im Allgemeinen bewirkten in den ersten Nachkriegsjahren ein religiöses Vakuum, das es nicht zu füllen gelang.[46] Seit Kriegsende war bei allen jüdischen Kultusgemeinden vor allem der erwähnte allgemeine Mangel an Geistlichen deutlich spürbar.

Was die Struktur der jüdischen Gesellschaft an sich betrifft, muss man darauf hinweisen, dass es nach dem Krieg zu einer Zusammenarbeit zwischen den einzelnen Richtungen innerhalb der jüdischen Gesellschaft kam, die in der Zwischenkriegszeit schwer vorstellbar gewesen wäre. Vor dem Krieg stellten alle drei Richtungen, d.h. die tschecho-jüdische Bewegung, Zionismus und Orthodoxie, eigenständige Strömungen dar, die mehr oder weniger konkurrierten. Es hatte sich damals insbesondere um den Konflikt zwischen den nationalen Konzeptionen der Tschechojuden und den Zionisten gehandelt (wie bereits oben

---

[46] Zu den Aktivitäten der jüdischen Kultusgemeinden in den fünfziger Jahren siehe *Davidovič*, Emil: The Life of our religious Communities (Essays in honour of the very reverend dr. Gustav Sicher chief Rabbi of Prague). In: *Iltis*, Rudolf (Hg.): Jewish studies. Prague 1955, 43-47. (Eine tschechische Übersetzung dieses Aufsatzes ist publiziert in: VŽNO Nr. 9 vom 1.9.1954, 68 f.).

erwähnt, war die Orthodoxie auch während der Ersten Republik eher ein Ausnahmephänomen). Die Zusammenarbeit der Nachkriegszeit fand ihren Ausdruck in der gemeinsamen Kandidatur der so genannten „Listina jednoty" (Einheitsliste), die für die Wahl für den Ausschuss der jüdischen Gemeinden aufgestellt wurde, die am 23. März 1947 stattfand.

Eines der wesentlichen Merkmale der jüdischen religiösen Gesellschaft in den böhmischen Ländern in der Vorkriegszeit war also ihre ausgeprägte Mannigfaltigkeit. Nach der „Übergangsetappe" der kurzen Nachkriegszeit, in der Zeit nach dem Februarumsturz, die zu charakterisieren ist als Zeit des reinen Überlebens[47] nach dem Prinzip einer homogenen Gesellschaft, wurden die Bemühungen um eine Renaissance des vielfältigen jüdischen Glaubenslebens bereits gleich zu Beginn unterbunden. Auf der einen Seite stand das Zentralorgan der Vertretung der Juden – der Rat der Jüdischen Kultusgemeinden in Böhmen, Mähren und Schlesien – und die Leitung (Vorstandschaft) der einzelnen jüdischen Kultusgemeinden, deren Aktivitäten und Tätigkeiten sich nach der kommunistischen Machtübernahme mehrheitlich völlig in Übereinstimmung mit der kommunistischen Ideologie befanden. Im Falle des Rates handelte es sich sogar um ein direktes Instrument der politischen Macht. Auf der anderen Seite standen die einfachen Mitglieder der jüdischen Kultusgemeinden. Den Grad ihrer Assimilierung an die Leitung kann man nur schwer feststellen, es handelte sich um eine höchst individuelle Frage. Es ist offensichtlich, dass eine Reihe von Personen auch unter sehr schweren Bedingungen versuchte, an das jüdische Leben der Ersten Republik anzuknüpfen, bzw. bestrebt war, die Kontinuität der jüdischen Riten und Kultur auch unter den erschwerten Bedingungen aufrecht zu erhalten.[48] Ihre Anstrengungen konnten jedoch in den fünfziger Jahren nur in den wenigsten Fällen sichtbare Züge annehmen. Die Gemeinde bemühte sich z.B. über die ganzen fünfziger Jahre hinweg um die Gewährleistung der Ausbildung des „geistlichen Nachwuchses". Hoffnung dämmerte aber erst 1958, als das „Ministerstvo školství a kultury" (Ministerium für Schulwesen und Kultur, MŠK) der externen Ausbildung einiger junger Adepten zustimmte. Die Leitung des Rates traf auch relativ oft auf Feindseligkeiten der einzelnen jüdischen Kultusgemeinden. Das gegenseitige Misstrauen zeigte sich sogar nach außen hin. Man muss jedoch auch auf die Tatsache hinweisen, dass sich auch in der Zeit nach dem Februar 1948 – trotz der erheblichen Gleichschaltung und Reduzierung der Aktivitäten der jüdischen Kultusgemeinden auf ein Minimum – einige bedeutende Persönlichkeiten fanden, die sich großer Gunst und Achtung verschiedener Kreise der jüdischen religiösen Gesellschaft erfreuten, und

[47] Vergleiche *Soukupová*, Blanka/*Novotná*, Hedvika: Profil osobnosti pracovníka menšinového hnutí na příkladu českožidovské menšiny v českých zemích v letech 1876-1939 a 1945-2000 [Das Persönlichkeitsprofil der Arbeiter einer Minderheitsbewegung am Beispiel der tschechisch-jüdischen Minderheit in den Jahren 1876-1939 und 1945-2000]. In: *Marek*, Petr/*Dalajka*, Jiří (Hgg.): Vývoj a utváření osobnosti v sociálních a etnických kontextech – víceoborový přístup [Persönlichkeitsentwicklung und -bildung in sozialen und ethnischen Kontexten – eine fächerübergreifende Herangehensweise]. Brno 2005, 605.

[48] Vergleiche *Pěkný:* Historie Židů v Čechách a na Moravě 355.

die auch in nichtjüdischen Kreisen hohes Ansehen genossen. Diese Persönlichkeiten – obwohl sie sich gegenüber der regierenden Macht loyal verhielten – standen eher außerhalb der zentralen Strukturen. Großen Einfluss auf das Leben aller Religionsgemeinschaften ohne Unterschied hatte die Verabschiedung der Kirchengesetze, insbesondere des Gesetzes zur Einrichtung des „Státní úřad pro věci církevní" (Staatliches Amt für Kirchenangelegenheiten) im Jahre 1949. Durch diese Gesetze wurde die finanzielle und administrative Struktur aller organisierten Religionsgemeinschaften und ihrer Institutionen in der Tschechoslowakei völlig verändert, was nicht nur die Grundlage für veränderte Verhältnisse zwischen dem Staat und den Religionsgemeinschaften schuf, sondern auch für das innere Leben der einzelnen Konfessionen.[49] Die Folge war, dass die Kompetenzen der jüdischen Kultusgemeinden, die bereits vorher teilweise limitiert waren, sich in den fünfziger Jahren praktisch auf administrative und organisatorische Tätigkeiten beschränkten. Das religiöse Leben war wenig intensiv und die Beteiligung an den Gottesdiensten gering (größere Besucherzahlen konnte man nur an hohen Feiertagen verzeichnen).

Eine grundlegende Befreiung nicht nur im täglichen Leben der jüdischen Kultusgemeinden, auf der gesellschaftlich-kulturellen Ebene, aber auch im Alltag des Einzelnen, brachten erst die sechziger Jahre, insbesondere ihre zweite Hälfte. Damit begann jedoch bereits ein weiteres Kapitel innerhalb einer schweren Zeit, wie sie die Nachkriegszeit für die jüdische Kommunität in den böhmischen Ländern darstellte.

Aus dem Tschechischen von Martin Wegele-Dippold

---

49 *Svobodová,* Jana: Zdroje a projevy antisemitismu v českých zemích 1948-1992 [Instrumente und Äußerungen des Antisemitismus in den böhmischen Ländern 1948-1992]. In: Sešity Ústavu pro soudobé dějiny Akademie věd ČR [Hefte des Instituts für zeitgenössische Geschichte der Akademie der Wissenschaften der Tschechischen Republik]. Bd. 19. Praha 1994, 29.

DOKUMENTENANHANG

Dokument 1

Společný pastýřský list episkopátu Republiky o současných nejnaléhavějších otázkách československých katolíků – listopad 1945 (Gemeinsamer Hirtenbrief des Episkopats der Republik über die gegenwärtig drängendsten Fragen der tschechoslowakischen Katholiken – November 1945).[1]

Aus: Acta archiepiscopalis curiae pragensis. Nr. 12 (1945) 97-99.

Liebe Katholiken!

I. In dem feierlichen Moment, da zum ersten Mal in der erneuerten Tschechoslowakischen Republik wir, die katholischen Bischöfe und Kapitularvikare, zu Beratungen zusammengekommen sind, senden wir allen Katholiken einen herzlichen Gruß.

Vor allem danken wir innig Gott dem Allmächtigen, dass er uns in den Schrecken des Krieges beschützt hat, wir bitten ihn um seinen Schutz in der Zukunft, und wir geloben ihm für uns und für unsere Gläubigen, dass wir uns immer und unbeirrbar nach seinem heiligen Gesetz und den Geboten seiner heiligen Kirche richten werden.

Wir erneuern das Versprechen der Ergebenheit an unsere geschätzte Tschechoslowakische Republik, und gemeinsam mit allen Katholiken wollen wir mit allen unseren Kräften für ihr Aufblühen arbeiten.

Innig danken wir dem Heiligen Vater Pius XII. für seinen väterlichen Brief, in dem er den tschechoslowakischen Katholiken einige Leitlinien für das religiöse und staatliche Leben aufzeigt. Mit heiliger Ehrfurcht werden wir diese seine Gebote beachten. Denn in den letzten Jahren und auch heute noch sehen wir ständig, wie katastrophal es sich an der Menschheit rächt, wenn sie die Ratschläge und Warnungen nicht beachtet, die in ihren Enzykliken und anderweitig die letzten Päpste der Welt gegeben haben. Der Papst, der vom Heiligen Geist geleitet wird, sieht weiter als die anderen, deshalb müssen wir seine Warnungen mit heiliger Ehrfurcht annehmen, und wir müssen unser Handeln nach ihnen richten. Deshalb dem Hl. Vater für jeden Satz seines Briefes den innigsten Dank!

---

1 Aus dem Tschechischen von Stefan Niedermeier.

II. Und jetzt wollen wir zu euch sprechen, ihr Lieben in Christus, von einigen Dingen unseres religiösen Lebens, die uns besonders am Herzen liegen.

1. *Das Anwachsen der heidnischen Gesinnung.* Schon vor 14 Jahren sprach Papst Pius XI. zur ganzen Welt in der Enzyklika „Quadragesimo anno": „Uns steht heute – wie es auch schon früher mehr als einmal in der Kirchengeschichte der Fall war – eine Welt gegenüber, die großenteils ins Heidentum zurückgefallen ist." Das Heidentum in den Seelen, das Heidentum in der Familie und in allen Zweigen des öffentlichen Lebens zeigt sich immer mehr. Im persönlichen, familiären, wirtschaftlichen Leben verwischt und beseitigt es alles Übernatürliche. Wir beten im Vaterunser: „Dein Reich komme", aber überall, außerhalb des Kirchenraumes schwindet das Reich Christi. Viele spüren, wie ihnen diese heidnische Gesinnung immer mehr die Seelen überflutet.

Wir dürfen jedoch nicht ungerührt diesem Abfall des Lebens von Gott zusehen. Wir müssen uns bemühen, Christus zu erhalten, worauf er ein heiliges Recht hat. So wie der Prophet Elias flehentlich am Berg Karmel vor seinem Opfer betete, damit das irrende Volk seinen Irrtum erkannte und zu seinem Gott zurückkehrte, so sollen auch wir beten und auf die Treue der Katholiken zum ererbten Glauben hinwirken. Wenn wir um uns herum das Anwachsen des Heidentums sehen, sollen auch wir alle unsere Kräfte sammeln, um den Zerfall aufzuhalten. Arbeiten wir unter den Irrenden, wie der Prophet Hosea unter den irrenden Israeliten arbeitete, als er ihnen zurief: „Bekehre dich, Israel, zu dem Herrn, deinem Gott" (Hos 14, 2).

2. *Nutzen wir die übernatürlichen Mittel.* Es ist eines der folgenschwersten unheilvollen Erscheinungen der Zeit, dass sie alles nur mit menschlichen Kräften vollbringen will. Aber die Probleme, mit denen heute das Leben des Einzelnen und das öffentliche Leben angefüllt sind, sind so zahlreich und so schwer, dass die menschlichen Fähigkeiten sie nicht lösen werden. Die Kräfte Gottes, die übernatürlichen Mittel, müssen der menschlichen Schwäche zu Hilfe kommen. Entweder wird die Menschheit den Mut haben, zu diesen übernatürlichen Mitteln und Quellen zurückzukehren, oder sie wird früher oder später an ihrer Schwäche zugrunde gehen. Die natürlichen Werte werden sich nicht auf Dauer halten, wenn sie nicht unter dem Schutz der übernatürlichen geistigen Werte stehen. Kehren wir deshalb in die Kirchen zurück, nutzen wir reichlich die heilige Messe, die Sakramente, besonders das allerheiligste Altarsakrament, machen wir uns mit den Wahrheiten des Glaubens vertraut, führen wir die Exerzitien durch! Lassen wir Gott in uns arbeiten, damit nicht nur der schwache Mensch arbeitet. Wie die Feuer in den Bergen entfacht werden, entfachen wir so in uns und in anderen das Feuer des übernatürlichen Lebens. Möge die Zahl der Seelen mehr werden, deren Losung lautet: „Mein Gott, mein alles!"

3. *Die Familie ist eine der am meisten bedrohten Einrichtungen der heutigen Zeit.* Leichtsinn bei der Eheschließung, Ehen, die vor Gott ungültig sind, Sünden in der Ehe, ein falsches Verhältnis zwischen den Eheleuten und zwischen Eltern und Kindern, ungesunde Wohnverhältnisse, manchmal unzureichender Lohn, das Leben von Vätern und Müttern außerhalb der Familie, um sie zu ernähren, Ehescheidungen und andere Gründe bewirken in vielen Fällen eine Zerrüttung der Familie. Aber eine Zerrüttung der Familie bedeutet oft auch eine Zerrüttung des Glücks der Familienmitglieder und eine Zerrüttung des religiösen Lebens. Doch eine gute Familie ist eines der großartigsten Mittel, mit denen Gott arbeitet, um das Wohl der Menschen zu sichern. Gott nutzt die Familien, um durch sie den Eheleuten und Kindern seine großen und höchst notwendigen Geschenke zu geben, und wenn er sie nicht durch die Familie geben kann, dann gibt er sie oft überhaupt nicht. Wo christliche Familien gut ihre Sendung erfüllen, da haben Eheleute und Kinder einen leichteren Weg zum ewigen Heil, doch auch die menschliche Gesellschaft hat davon einen Nutzen. Deshalb rufen wir erneut und mit größtem Nachdruck und mit besorgter Eindringlichkeit euch zu: Bewahrt die Familie wie das eigene Auge und schützt den christlichen Geist im gesamten Familienleben! Wo die Familie versagt, da ist die Freude dahin, da ist das Unglück.

4. *Die Schule.* Eine der wichtigsten Aufgaben, die die Kirchengesetze den Bischöfen auferlegen, ist es, dafür zu sorgen, dass den Kindern auch in den Schulen eine christliche Erziehung zuteil wird und dass in der Schule nichts ist, was dem religiösen Leben der Kinder schaden könnte. Auf diese Pflicht weist das kirchliche Gesetzbuch mit größtem Nachdruck auch alle Eltern hin. Und deshalb beschwören wir kraft unseres Bischofsamtes, ja im Namen Jesu Christi selbst, euch, christliche Eltern, auch unter größten persönlichen Opfern die christlichen Rechte in der Schule zu schützen. Unternehmt alles, damit der Religionsunterricht in der Schule erhalten bleibt und in keiner Weise gekürzt wird, damit im Unterricht den Kindern nichts vermittelt wird, was ihrem Glauben schaden und ihr geistiges Heranwachsen vergiften würde, damit die kirchlichen Schulen erhalten und neue errichtet werden.

5. *Die Jugend.* Mit gleichem Nachdruck wenden wir uns an alle christlichen Jünglinge und Mädchen und bitten sie, sich religiös zu bilden und zu festigen. Insbesondere soll die gesamte christliche Jugend lebhaften Anteil an der Tätigkeit der Katholischen Aktion haben, sowie sie sich in der nächsten Zeit unter der Jugend entfalten wird, und sich eifrig an allem beteiligen, was die geistlichen Leiter für sie beginnen werden. Christliche Jünglinge und Mädchen, wir wissen gut, dass euer religiöses Leben gefährdet ist, aber wir wissen auch, dass Gott euch für große Aufgaben braucht. Deshalb müsst ihr euch zur Erfüllung dieser großen Aufgaben und heiligen Pflichten besser vorbereiten, als das bei unserer Jugend in früheren Zeiten der Fall war.

6. *Soziale Reformen.* Soziale Reformen waren notwendig. Die Päpste haben in den Enzykliken wieder und wieder das Gewissen der führenden Schichten wachgerüttelt und unbeirrbar darauf gedrängt, gerechte Abhilfe zu schaffen, da sonst die Schichten, denen Unrecht geschehen ist, sich selbst nehmen werden und es zu schlimmen Revolutionen kommt, bei denen Güter und Leben vernichtet werden können. Aber jene, die es betraf, wollten nicht hören. Die Strafe ist gekommen. In den Revolutionsstürmen haben sich jene genommen, denen früher Unrecht geschehen ist, häufig auch das, was ihnen nicht gehörte.

Doch auch wenn Reformen notwendig sind, so muss doch auch bei ihnen auf Gerechtigkeit geachtet werden. Zum Beispiel darf man nur soweit nationalisieren, wie es das Allgemeinwohl erfordert. Auch heute, gerade so wie früher, ist das Recht des Privateigentums heilig. Das siebente Gebot Gottes ist nicht aufgehoben, es bindet das Gewissen weiter, so wie es das früher getan hat. Auch heute gilt noch ganz: Unrechtmäßig erworbenes Eigentum verstellt der Seele den Zugang zum ewigen Heil und stößt sie in die ewige Verdammnis.

7. *Wie sich gegenüber Angehörigen anderer Nationalitäten verhalten.* Für uns gilt das Gebot des Hl. Vaters aus seinem Brief an uns: „Die Ausübung der Gerechtigkeit soll nicht die Grenzen des Rechts und der Gerechtigkeit überschreiten. Ist denn nicht das der wahre Sieg, wenn wir von der Gerechtigkeit, wenn wir von der Liebe überwältigt sind? Mit den Schuldigen sollen keine Unschuldigen bestraft werden; und wenn die Schuldigen bestraft werden, so soll es nicht über das rechte Maß hinaus geschehen, damit bei der Aburteilung der Schuldigen nicht Gewalt in der Strafe sei, und zwar verurteilungswürdige Gewalt, und damit das Volk, wenn überall der Same des Hasses gesät wird, keinen Schaden in seinen innersten Bindungen erleide. In allem privaten und öffentlichen Handeln soll sich bei euch als Begleiterin der Gerechtigkeit die Liebe geltend machen, die das erhabene Zeichen und untrügerische Merkmal der Christen ist." Wir haben selbst gelitten, und das bedeutet Ehre und Ruhm für uns; wenn wir selbst Unrecht begingen, wäre das für uns eine Schuld vor Gott und ein Makel vor den Menschen, und das Ausland würde es uns nicht vergessen. Nicht ein Schatten der Barbarei der ehemaligen Konzentrationslager darf auf uns fallen, denn die Geschichte hat einen durchdringenden Blick und würde in späteren Jahren jeden Übergriff an den Pranger stellen, so wie heute die Grausamkeit der Lager in Dachau, Auschwitz und anderswo angeprangert wird.

8. *Aufbau des Laienapostolats.* Eines ist sicher: Wenn wir nicht in jedem Milieu auf allen Plätzen ergebene Arbeiter Christi haben werden, besonders aus den Reihen der Laien, gut geschult in allen religiösen und ständischen Fragen, brennend für die Sache Gottes, dann bleiben viele dieser Milieus mit all ihren Angehörigen für uns für immer verloren. Bloße Einflüsse von außen reichen nicht. Es reicht nicht immer nur der Einfluss der Priester. Religiöses Aufblühen und religiöser Verfall hängen bei uns, soweit es die menschlichen Mittel betrifft, in erster Linie davon ab, ob wir solche Laienapostel haben werden, die verlorene Seelen für Christus zurückerobern, sie aber nicht mit Blut erobern, sondern mit Liebe und umsichtiger Klugheit. Wir bitten die Gläubigen, dass sie dieser gro-

ßen Aufgabe nicht ausweichen, die ihnen zwar keine zeitlichen Vorteile bringt, aber ihnen einen Anteil am allerheiligsten und höchst gesegneten Erlöserwerk Christi gibt, und dass sie sich für dieses Werk durch ein beispielhaftes christliches Leben, Exerzitien, Selbstbildung und sorgfältige Beobachtung aller Bedürfnisse des Lebens befähigen. Die Priester bitten wir dann, dass sie der Schulung solcher Personen die größte Sorgfalt widmen und darin eine der wesentlichsten Aufgaben des geistlichen Amtes sehen, besonders in den größeren Pfarreien und in den industriellen und städtischen Zentren.

9. *Erhöhter Eifer im Gebet.* Die Schäden, die jetzt in den Seelen sind, der Mangel an materiellen Gütern und die politischen Wirren in der Welt sind so groß, dass die menschliche Anstrengung nicht imstande ist, alles in seine Ordnung zurückzuführen. Das alles kann nur der gütige und allmächtige Gott in Ordnung bringen. Die Verbrechen, die in den letzten Jahren begangen wurden und immer noch begangen werden, rufen nach der Aussöhnung durch Gottes Gerechtigkeit. Deshalb ist es notwendig, dass wir alle unseren Eifer im Gebet erhöhen. Wir brauchen die gefalteten Hände, die in innigem Gebet Gottes Barmherzigkeit und Segen vom Himmel herabrufen. Wir brauchen die heiligen Seelen, wir brauchen die Klöster, in denen die Gebete beständig zum Himmel emporsteigen. Wenn wir uns nicht unsere Ohnmacht und Ratlosigkeit im privaten und öffentlichen Leben erklären können, dann gleichen wir den Jüngern des Herrn, die in Abwesenheit des Meisters vergeblich versuchten, einem Besessenen den bösen Geist auszutreiben, und dann den Meister fragten: „Warum konnten wir ihn nicht austreiben?" Er antwortete ihnen: „Wegen eures Kleinglaubens. Denn wahrlich, ich sage euch: Wenn ihr Glauben habt wie ein Senfkorn, so könnt ihr sagen zu diesem Berge: Heb dich dorthin! So wird er sich heben; und euch wird nichts unmöglich sein. Ein solches Geschlecht treibt man nicht aus denn durch Beten und Fasten"[2] (Mat 17, 18-20). Ihr Lieben in Christus, erhöhen wir alle unseren Eifer im Gebet!

III. Liebe Katholiken, noch einmal blicken wir Bischöfe bei unseren gemeinsamen Beratungen auf das religiöse Leben unserer geliebten Republik. Wir würden es gern als blühenden herrlichen Garten sehen. Wir sehen um uns herum viel Erfreuliches, aber wir müssen leider auch auf nicht nur eine kranke Stelle blicken. Wenn sich doch jeder von uns dafür einsetzen würde, dass alle Krankheit des religiösen Lebens bei uns geheilt wird und dass bei uns die Seelen der Einzelnen, die Familien, die Schule, die Werkstätten, das ganze öffentliche Leben ein vollkommenes Reich Christi werden!

---

2 Dieser letzte Satz ist im Bibeltext nicht enthalten. Im Original des Hirtenbriefes heißt es: „Takovýhle rod však se nevymítá leč modlitbou a postem". Wie es zu diesem vom Bibeltext abweichenden Einschub kam, konnte nicht geklärt werden.

Damit dieses große und heilige Werk gelinge, dazu erteilen wir allen, die wir auf diesen bischöflichen Beratungen versammelt sind, euch allen, Priestern und Gläubigen, jedem einzelnen von euch unseren bischöflichen Segen im Namen des Vaters und des Sohnes und des Heiligen Geistes. Amen.

Gegeben zu Olomouc, am 14. November 1945, dem Fest des hl. Josaphat, Bischofs und Märtyrers.

† Leopold, Erzbischof und Metropolit von Olomouc,
† Mořic, Bischof von Hradec Králové,
† Pavel, Titularbischof von Priene, Apostolischer Administrator von Trnava,
† Josef, Titularbischof von Tagora, Apostolischer Administrator von Košice,
† Pavel, Bischof von Prešov,
† Ondřej, Bischof von Banská Bystrica,
Dr. Bohumil Opatrný, Kapitularvikar von Prag,
Dr. Josef Kratochvíl, Kapitularvikar von Brno,
Dr. Robert Pobožný, Kapitularvikar von Rožňava,
Dr. Eduard Nécsey, Weihbischof und Vertreter des Bischofs-Erzbischofs von Nitra,
Dr. Josef Tomanócy, Generalvikar und Vertreter des Bischofs der Zips,
Josef Kuška, Generalvikar und Vertreter des Bischofs von Litoměřice,
Dr. František Onderek, Vertreter des tschechoslowakischen Teils der Erzdiözese Wrocław,
Dr. Bohuslav Jarolímek, Abt des Strahovklosters vom Orden des hl. Norbert, Vertreter des Kapitularvikars von České Budějovice.

Dieser Hirtenbrief soll entweder am 4. Adventssonntag oder am 1. Weihnachtstag den Gläubigen von der Kanzel vorgelesen werden.

Dokument 2

Společný pastýřský list arcibiskupů a biskupů Československé republiky – listopad 1946 (Gemeinsamer Hirtenbrief der Erzbischöfe und Bischöfe der Tschechoslowakischen Republik, November 1946). [1]

Aus: Acta archiepiscopalis curiae pragensis. Nr. 12 (1946) ohne Seitenangabe.

Gelobt sei Jesus Christus!

Liebe Katholiken!

Wenn sich die Bischöfe aus der ganzen Republik gemeinsam an alle Katholiken des ganzen Staates wenden, pflegen sie das nur in Angelegenheiten zu tun, die zutiefst in das religiöse Leben eingreifen. Auch dieses Jahr wenden wir uns, zusammengekommen zu Beratungen in Olomouc, an euch, Katholiken aller Diözesen der Tschechoslowakischen Republik, um euch auf die größten Schwierigkeiten aufmerksam zu machen, mit denen unser religiöses Leben kämpft, und um euch die großen Aufgaben aufzuzeigen, deren Erfüllung Gott von uns allen mit dem größten Nachdruck fordert.

Dieses Jahr tun wir das in dem Moment, da sich die ganze Nation in den Zweijahresplan begibt, um das irdische Wohl unserer Republik zu festigen und zu heben. Mit Freude begrüßen wir diesen Plan, weil auch wir unser Vaterland glücklich und blühend sehen wollen, und wir bitten die Gläubigen, bereitwillig an seiner Verwirklichung mitzuarbeiten. Denn ein gewisses Maß materieller Güter ist, wie der Hl. Vater Pius XII. sagt, die irdische Grundlage und Voraussetzung auch für ein geregeltes religiöses und sittliches Leben der Bürger.

Es gibt Erscheinungen im religiösen und sittlichen Leben, die uns in der letzten Zeit mit Freude erfüllt haben. So sahen wir mit Freude, wie viele Katholiken sich um ihr persönliches religiöses Leben bemühen, um das der Familien, der Gesellschaft, wie viele furchtlos den heiligen Glauben bekennen und für ihn wohl auch leiden, bewusst die Gebote Gottes und der Kirche einhalten, eifrig die heiligen Sakramente empfangen, in der Katholischen Aktion und in anderen religiösen Vereinen mitarbeiten, christliche Lektüre verbreiten, für katholische Zeitschriften schreiben, an den Äußerungen des religiösen Lebens teilnehmen. – Aber es bestehen auch weiterhin große Schwierigkeiten.

---

1 Aus dem Tschechischen von Stefan Niedermeier.

I. Schwierigkeiten, mit denen das religiöse Leben kämpft

1. Der Verfall der Sitten und die zunehmende Zerrüttung der Familie

Der Verfall der Sitten ist die größte Belastung des heutigen religiösen Lebens. Das siebente Gebot Gottes scheint für einige überhaupt nicht mehr zu gelten. Die häufigen Sünden gegen das sechste Gebot Gottes wirken in den Seelen der Einzelnen, in den Familien, in der Öffentlichkeit wie eine verderbliche Pest. Viele Filme, Theaterstücke, Bücher, Zeitschriften, Illustrationen in Zeitschriften und Zeitungen sowie eine verderbliche Mode untergraben die Sitten. An vielen Stellen hat sich die Trunksucht mit ihren verderblichen Folgen ausgebreitet. Es gibt große Klagen über die Arbeitsmoral, besonders bei der Jugend. Vielfach versündigen sich die Menschen gegen das vierte Gebot Gottes. Es gibt keine Ehrfurcht vor Gott, die Gottesfurcht ist gesunken. Dazu kommt die Verbreitung des praktischen Materialismus, die Überschätzung der materiellen Werte gegenüber den geistigen Werten. Dem sittlichen Übel wird die Freiheit gelassen, sich sehr verführerisch, verlockend und ungestraft zu verbreiten.

Die Folge des sittlichen Verfalls ist die wachsende Zerrüttung der Familie. Leichtsinnig und sündhaft werden Bekanntschaften geknüpft. Auffallend häufig sind Ehen mit Personen anderen Glaubens, obwohl man weiß, dass in gemischten Ehen das Seelenheil der katholischen Seite sehr gefährdet ist. Auf fast sündhafte Weise scheuen sich Eheleute davor, Kinder zu bekommen. Die Scheidungen in ihrer hohen Zahl zwingen zu ernsten Befürchtungen. Zahlreiche Familien schieben ihre erzieherische Pflicht auf öffentliche Institute ab. Häufig leidet die Familie unter der Erwerbstätigkeit der Mutter außer Haus. So tief reicht die Frage der Sitten an die eigentlichen Wurzeln unseres nationalen Seins, dass am 26. Oktober dieses Jahres Herr Präsident Beneš mit Recht gesagt hat: „Ohne eine wahrhafte Ethisierung (Versittlichung) des Lebens wird uns unser Kampf um ein neues Leben und eine neue Welt nicht gelingen, und alle unsere heutigen Bestrebungen werden ganz bestimmt am Ende vollkommen enttäuschen!"

2. Die zunehmende Entchristlichung des Lebens und die sich verbreitende religiöse Unwissenheit

Viele können nicht begreifen, woher dieser sittliche Verfall gekommen ist. Einer der Hauptgründe ist der Verfall des religiösen Lebens in den Seelen. Wenn jemand Herz, Lungen, Nieren, Magen oder andere innere Organe von schwerer Krankheit befallen hat, dann ist es eine selbstverständliche Folge, dass alles, was er unternimmt, matt, lahm und gleichsam von seiner Krankheit gezeichnet ist. Gerade so erhält der Glaube und erhält das Leben aus dem Glauben die Sittlichkeit des Menschen und der Völker. Aber der übernatürliche Glaube ist bei uns in vielen Seelen erkaltet, das innere Leben wurde vielfach entchristlicht, heidnisch gemacht. Leichtsinnig lesen viele ungläubige Bücher und Zeitschriften, haben Umgang mit Menschen, die ihnen eine sichere Gefahr für ihren Glauben oder ihre Sitten sind. Sorglos spielen sie also mit dem Feuer des Irrglaubens. Immer erschreckender verbreitet sich bei uns die religiöse Unwissenheit.

3. Der Priestermangel

Ein schweres Hindernis für das religiöse Leben bei uns ist der Priestermangel. Das betrifft hauptsächlich Böhmen und das Land Mähren-Schlesien. So hat z.B. die Erzdiözese Prag heute im aktiven Dienst 650 Priester, würde aber insgesamt etwa 1 350 benötigen. Es fehlen ihr also heute an die 700 Priester. Die Erzdiözese Olomouc hat heute im aktiven Dienst 820 Priester und würde 1 206 benötigen. Ihr fehlen also etwa 400 Priester. Vor 50 Jahren hatte die Erzdiözese Prag 141 Theologen im Priesterseminar. Heute sind es 77. Die Erzdiözese Olomouc hatte in ihrem Priesterseminar vor 50 Jahren 242 Theologen. Heute sind es 116. Ähnlich ist es in den übrigen böhmisch-mährischen Diözesen. Besonders groß ist der Priestermangel jedoch im Grenzgebiet, namentlich in der Diözese Litoměřice. Die Folgen sind sehr schlimm. Bei dem Mangel an Priestern gewöhnen sich die Menschen daran, ohne Gott zu leben und ohne Gott zu sterben.

Worin liegen die Ursachen dieses Mangels? Vor allem in der religiösen Indifferenz unserer Zeit: In Ländern, in denen der Glaube geschwächt ist, zeigt sich das immer in einem Mangel an Priesterberufungen. Schlimm ist ferner die Tatsache, dass es in den Familien an christlichem Geist fehlt. Es gibt auch nur selten Fälle, dass ein Einzelkind ins Priesteramt geht, oder eines von nur zwei Kindern. In Zeiten des Glaubensverfalls lassen sich die jungen Menschen mehr von den günstigeren Aussichten in den weltlichen Berufen locken. Häufig fehlt der große Idealismus bei der Jugend, denn nur ein großer und aus dem Glauben lebender Idealismus entschließt sich freudig zu den Opfern, die das heilige Priesteramt erfordert.

4. Der Mangel an Mitarbeit der Laien

Ein großes Hindernis für das religiöse Leben besteht darin, dass bislang nur wenige Laien begriffen haben, dass auch sie für den Verfall oder die Entfaltung des religiösen Lebens verantwortlich sind; sie leben in der Meinung, dass die Sorge um die religiösen Interessen allein die Sache der Priester sei. Allenfalls noch für kleinere Aufgaben gewinnen wir unter ihnen Mitarbeiter, aber besonders für die größeren religiösen Aufgaben fehlen uns fachlich erfahrene Laien. Es gibt ferner viele Gläubige, die immer noch in rückständiger Weise die Wichtigkeit von Presse, Rundfunk und anderen Mitteln des sozialen Wirkens unterschätzen, bei denen die Hilfe der Laien unverzichtbar ist.

Aber ohne die umfangreiche religiöse Mitarbeit der Laien, mit anderen Worten: ohne eine ausgereifte und gut organisierte Katholische Aktion, sind die Rettung und tief greifende Entwicklung des religiösen Lebens unmöglich.

5. Der Mangel an Ehrfurcht vor dem Heiligen Vater

Vor der ganzen christlichen Welt hat es uns beschämt, wie bei uns öffentlich über den Hl. Vater geschrieben und gesprochen wurde und welche Verleumdungen über ihn ohne Protest der Katholiken, ja häufig sogar unter ihrer Mitwirkung verbreitet wurden. Die Mehrheit der Bürger bei uns gehört zur katholischen Kirche, in der der Hl. Vater das höchste Haupt, der Vertreter Jesu Christi selbst ist. Und die Katholiken sehen ungerührt zu, wenn der Stellvertreter Jesu Christi, der in unserer Republik seinen Vertreter hat, wahrheitswidrig und ungerecht verleumdet wird. Die Ungläubigen würden es nicht dulden, wenn jemand schändlich von ihren Führern spräche. Ist das nicht eine Schande für die Katholiken, wenn sie sich bei der Verteidigung ihres Oberhauptes so schwächlich anstellen? Ehrenvoll handeln Katholiken, die sich Hilfsmittel besorgt haben, in denen der wahre Stand der Dinge geschildert wird, und die die Wahrheit auch öffentlich unerschrocken verteidigt haben. Erinnern wir uns, dass wir, wenn wir uns gegen die Ehrfurcht vor dem Stellvertreter Christi auf Erden versündigen, wir den Segen Christi von uns weisen, denn dieser hat gesagt: „Wer euch hört, der hört mich; und wer euch verachtet, der verachtet mich; wer aber mich verachtet, der verachtet den, der mich gesandt hat.“ (Luk 10, 16)

6. Die religiöse und sittliche Situation im Grenzgebiet

Große religiöse und sittliche Schwierigkeiten haben die Katholiken im Grenzgebiet. Sie sind gleichsam den Wurzeln entrissen, denen sie bislang entsprossen; der segensreiche Einfluss der Traditionen wirkt auf sie nicht ein, sie müssen sich den religiösen Weg vielfach in Einsamkeit bahnen. Dazu kommen die Schwierigkeiten mit der Wirtschaft, besonders bei dem derzeitigen Mangel an Arbeitskräften; der ungesunde Druck von Seiten verschiedener Organe, besonders politischer; die Lebensumstände; böse Neigungen, die in der Seele um so gefährlicher erwachen, je weiter der Mensch von seiner bisherigen Umgebung entfernt ist; die Versuchung zu Besitzanhäufung und weltlichem Genussstreben; die Versuchung gegen das sechste und siebente Gebot Gottes, gegen die Heiligung des Sonntags. Dazu der Mangel an Priestern und an religiöser Unterweisung. Das alles bewirkt, dass an vielen Stellen im Grenzgebiet nur die wirklich heldenhaften Seelen unbeschadet Gott und seinen heiligen Geboten die Treue halten.

7. Die Schwierigkeiten in den Missionen

Als Glieder des mystischen Leibes Christi dürfen wir auch unsere unglücklichen Mitbrüder nicht vergessen, die sich in den fernen Missionsgebieten bei der Ausdehnung des Reiches Christi in noch viel größeren Schwierigkeiten und Unzulänglichkeiten befinden als wir, weil in den Missionsgebieten fast jede Station unendliche Schäden erlitten hat. Der Hl. Vater, unsere Missionare und neu getauften Christen bitten uns inständig, mit guten Taten an sie zu denken und ihnen auch mit Almosen beim Wiederaufbau ihrer Kirchen, Schulen und wohltätigen Institute zu helfen. Vergesst, liebe Katholiken, diese Mitglieder des Leibes Christi nicht, und wenn ihr am Eingang zur Kirche eine Kasse mit der Aufschrift „Für den Missionsbedarf" erblickt, dann unterstützt sie mit einer milden Gabe in ihrer großen Not. Wenn die heilige Kirche, dieser mystische Leib Christi, auch durch unser Verdienst in allen Teilen der Welt mächtiger wird, dann werden das auch wir in unserem Vaterland spüren, aus der Gnade dessen, für dessen geistliches Reich wir diese Gaben und Opfer gebracht haben.

8. Einige große Gefahren im öffentlichen Leben

Zuvorderst ist da die große und fast schon regelmäßig sich wiederholende Entweihung des Sonntags durch die verschiedenen Nationalschichten[2]. Auch uns Katholiken liegt sehr daran, dass sich die Nation den größtmöglichen Wohlstand erarbeitet und dass zu diesem Zweck die Arbeitsleistung möglichst effektiv ist. Aber wir sind überzeugt, dass es möglich ist, eine Erhöhung der Arbeitsleistung in weit größerem Maße zu erzielen, wenn die Arbeitsmöglichkeiten an den Werktagen ordentlich ausgenutzt werden. Es ist die Pflicht, dem Staat zu geben, was er braucht; ebenso jedoch muss man Gott belassen, was ihm gehört.

Dasselbe gilt auch für die großen Feiertage, wenn sie dauerhaft oder zeitweilig aufgehoben werden sollen. Auch dazu können die Katholiken keine Zustimmung geben.

In einem Memorandum, das der Regierung der Republik überreicht wurde, verwahrten sich die Bischöfe gegen die Entweihung der Sonntage und der bislang gültigen geheiligten Feiertage, und sie fordern darin, dass alle bisherigen Feiertage, die nach dem kirchlichen Gesetzbuch für Katholiken verbindlich sind, auch weiterhin belassen werden. Wenn eventuell wieder mit irgendeiner Ministerialverordnung der Versuch unternommen werden sollte, die Feiertagsweihe unmöglich zu machen, mögen die Katholiken unter Berufung auf die ihnen verfassungsmäßig garantierte Gewissensfreiheit, ihre religiöse Pflicht erfüllen und die auferlegte Arbeit an den Werktagen bei einer Verlängerung der Arbeitszeit ausführen, weil man Gott mehr gehorchen muss als den Menschen. Wir betonen erneut, dass durch die Sonntags- und Feiertagsruhe die wirtschaftlichen Interessen des Staates keinerlei Schaden erleiden, wenn an den Werktagen ordentlich gearbeitet wird.

Schwer tragen die Katholiken an der Verkürzung ihrer Rechte im Rundfunk. Der Rundfunk soll allen Bürgern dienen. Die Katholiken sind eine ebenso wichtige Schicht wie andere, und sie sind eine zahlenmäßig stärkere Schicht als viele andere. Sie haben also ein Recht darauf, dass der Rundfunk in seinem Programm auch Sendungen bringt, die ausgesprochen katholischen Zwecken dienen, so wie er Sendungen bringt, die für andere Interessengruppen bestimmt

2 Im tschechischen Original: „národní směny".

sind, auch wenn nur ein Teil der Bevölkerung zu dieser Interessengruppe gehört. Für die Slowakei ist dies ein schweres Unrecht; als immer blutende Wunde empfinden die Katholiken die Schließung der kirchlichen Schulen in der Slowakei und fordern, dass sie wieder geöffnet werden.

Über ihre Schulforderungen in Böhmen und im Land Mähren-Schlesien haben die böhmisch-mährischen Bischöfe bereits im Mai dieses Jahres das Ihre in einem gemeinsamen Hirtenbrief gesagt.

II. Die großen Aufgaben der tschechoslowakischen Katholiken

Das sind die Hauptschwierigkeiten unseres religiösen Lebens.

Deshalb wenden wir uns mit einem wiederholten Aufruf an euch, tschechoslowakische Katholiken.

1. Vor allem fordern wir euch *zur Gottestreue* auf. Steht treu bei Gott! Wir beschwören euch, setzt euren Glauben nicht der Gefahr aus, schützt euch vor Menschen, Kontakten, Plätzen, Lektüre, wo euer Glaube in Gefahr wäre! Bekennt euch stolz zu Gott! Schützt euch vor religiöser Unwissenheit, bildet euch religiös durch Anhören des Wortes Gottes, durch gute Lektüre, gute Vorträge.

Scheut euch nicht, Opfer für den Glauben zu bringen. Als in Amerika einer der kanadischen Märtyrer, der neununddreißigjährige Missionar P. Jogues (lies: Jog, mit französischem J) durch Kerker, Entbehrungen, Hunger, Durst und Schläge gequält wurde, dadurch schon ganz betäubt war, und keines klaren Gedankens im Gebet mehr fähig war, da hat er wenigstens mit einem scharfen Kieselstein in die Rinde des Baumes vor sich zwei grobe Striche in Gestalt eines Kreuzes geritzt, und wenn er stundenlang regungslos stehen musste, erschöpft, misshandelt, blickte er auf dieses Kreuzzeichen und hielt sich so wenigstens im Geiste krampfhaft mit den letzten Kräften am gekreuzigten Jesus, bis er verstarb.

Auf Jesus und sein Kreuz hefte auch du, katholischer Christ, deinen Blick und bleibe Gott treu bis zum letzten Atemzug.

2. *Achtet auf die Sitten!* Es sprach der Herr zu Josua, als er ihn zu schweren Aufgaben rief: „Sei nur getrost und ganz unverzagt, dass du hältst und tust in allen Dingen nach dem Gesetz“ (Jos 1, 7). Auch wir, die Bischöfe, rufen jedem von euch zu: Sei stark und sehr fest und erfülle sorgfältig das gesamte Gesetz! Wenn in dir böse Neigungen und böse Regungen wach werden, sei stark und sehr fest! Wenn du fühlen wirst, dass du bereits den Einflüssen der Umwelt nachgibst und dass du beginnst, dich dem mächtigen Strom zu ergeben, sei stark und sehr fest, sammle alle Kräfte, halte aus! Wenn sie dich verspotten werden, dass du nicht mit ihnen gehst, sei stark und sehr fest! Wenn sie dich anschwärzen und schlagen werden und dich in deiner Existenz beeinträchtigen, wenn sie dich verprügeln werden, weil du nicht mit den Wölfen heulen willst, sei stark und sehr fest! Sei stark wie der hl. Johannes der Täufer, der sich lieber einkerkern und enthaupten ließ, als eine Sünde gutzuheißen.

3. *Nutzt die religiösen Mittel.* Betet: Ohne Regen verdorrt alles auf den Feldern, ohne das Gebet kommt das religiöse Leben um. Entweder wir werden beten, oder die Brunnen mit Gottes Segen werden austrocknen und unser Volk wird unglücklich. Empfangen wir häufiger die heiligen Sakramente, damit die Seele gereinigt und geheiligt leichter den großen Pflichten gewachsen ist. Lest in den Evangelien und Apostelbriefen, nährt eure Seele mit dieser Weisheit aus dem Himmel; gerade in den vergangenen Tagen erschien eine neue Ausgabe der guten Übersetzung der Hl. Schrift ins Tschechische. Wem es möglich sein wird, der soll die guten heiligen Exerzitien vollziehen.

4. *Erneuert das christliche Leben in euren Familien!* Wir wissen: Übermenschliche Kräfte sind dazu heute nötig, um in der Familie wahrhaft christlich zu leben. Aber mit Nachdruck sagen wir: Entweder werden unsere Familien aus Gott leben, oder sie werden sich selbst und dem Volk ein Unglück sein. Eltern, lebt in allem wahrhaft christlich, damit eure Kinder in euch ein Beispiel der Tugend haben; damit sie an euch nichts Anstößiges sehen! Duldet in eurer Familie keinerlei Sünde und keinerlei schlechten Einfluss. Betet in der Familie, führt eure Kinder zum Gebet!

5. *An euch, ihr jungen Menschen,* wenden wir uns besonders. Gott hat in eure Seelen den jugendlichen Idealismus gelegt, die Sehnsucht nach dem, was groß, schön, heilig ist. Wisset, dass Gott die höchste Heiligkeit, die höchste Schönheit, die höchste Güte ist. Kehrt zu ihm zurück! Fürchtet euch nicht, auf den Berg Gottes zu steigen, immer höher. Richtet euer Handeln am Willen Gottes aus. Einige suchen alle Erfolge im Sport und in anderen irdischen Dingen. Sucht ihr sie in einem Leben, das nach dem Willen Gottes geordnet ist. Und wenn ihr manchmal für Gott auch Opfer bringen müsst, tut dies nicht ungern, sondern jauchzet dabei, dass ihr etwas für Gott tun und leiden könnt. Die Scharen der jungen Märtyrer und Märtyrerinnen aller Völker, aller Länder blicken auf euch vom Himmel herab und rufen euch zu: „Bruder, Schwester, sei ein Held im Guten! Sieh auf uns, bewahre die Treue zu Gott und halte gegen alle Angriffe und den Spott der Welt aus, sei ein Held!“

6. Euch allen rufen wir ferner zu: Sorgt euch um die Priesterberufungen! Habt selbst große Ehrfurcht vor den Priestern als den Vertretern Christi! Mögen eure Kinder zu Hause diese übernatürliche Ehrfurcht vor den Priestern einatmen. Möge in eurer Familie das religiöse Leben so sein, dass es von sich aus ein fruchtbarer Boden für die Priesterberufe ist. Zieht in euren Kindern den Geist des freudigen Opfers heran, denn es kann kein guter Priester sein, wer nicht den Opfergeist hat. Mögen eure Kinder in Gottesfurcht und heiliger Unschuld aufwachsen; nur auf diesem Wege kann man zum Priestertum gelangen. Und wenn ihr beobachten solltet, dass euer Kind die Berufung zum Priestertum hat, dann betet umso mehr für es. Allen rufen wir zu: Betet alle für die Priesterberufe, und wer die Mittel hat, unterstütze das Studium von Jünglingen, bei denen die Hoffnung besteht, dass aus ihnen gute Priester werden können.

7. Schließlich rufen wir euch, die katholischen Laien, zur religiösen Arbeit. Auch ihr werdet einmal vor Gott Rechenschaft für das Aufblühen oder den Verfall des Glaubens bei uns und für das ewige Schicksal der Seelen ablegen. Wem Gott die nötigen Fähigkeiten gegeben hat, der melde sich zur religiösen Arbeit. Nehmt euch der Rechte Gottes und der Freiheit der Kirche im privaten, familiären und öffentlichen Leben an. Nehmt euch der gefährdeten Seelen an. Verteidigt den Stellvertreter Christi gegen die ungerechten Angriffe! Damit wir möglichst bald sagen können: Bei uns verstehen sich auch die Laien schon darauf, unerschrocken, klug und erfolgreich die Rechte Gottes, die Freiheit der Kirche und die Interessen der Seelen zu verteidigen. Damit wir möglichst bald sagen können: Bei uns ist die gut organisierte Katholische Aktion bereits in vollem Gange.

Schluss

Es freute sich der Liebling des Herrn, als ihm Gott inmitten der irdischen Qualen, Schwierigkeiten und Leiden eine freudige Vision eingab, die er uns selbst erregt beschrieb: „Und ich sah die heilige Stadt, das neue Jerusalem, von Gott aus dem Himmel herabkommen, bereitet wie eine geschmückte Braut für ihren Mann." (Off 21, 2).

Heiß ersehnen auch wir, eure Bischöfe, dass sich auch bei uns in der Tschechoslowakei das religiöse Leben erneuert, dass die Schwierigkeiten überwunden werden, die es hier gibt, dass sich wieder in voller Schönheit das religiöse Leben in den einzelnen Seelen, in den Familien und in unserem ganzen öffentlichen Leben entfaltet. Möge auch die erwartete neue Verfassung unserer geliebten Republik dazu beitragen!

Dass es so möglichst bald geschehe, in diesem Sinne erteilen wir gemeinsam, aus den Tiefen unserer Herzen, den bischöflichen Segen im Namen des Dreifaltigen Gottes des † Vaters und des † Sohnes und des † Heiligen Geistes. Amen.

Gegeben auf der Bischofskonferenz zu Olomouc, am 14. November 1946, dem Fest des hl. Josaphat, Bischofs und Märtyrers.

† Leopold, Erzbischof von Olomouc und Metropolit von Mähren,
† Josef, Erzbischof von Prag, Metropolit und Primas von Böhmen,
† Karol, Erzbischof-Bischof von Nitra,
† Jan, Bischof der Zips,
† Pavel, Titularbischof von Priene und Apostolischer Administrator von Trnava,
† Josef, Titularbischof von Tagora und Apostolischer Administrator von Košice,
† Pavel, Bischof von Prešov,
† Mořic, Bischof von Hradec Králové,
† Ondřej, Bischof von Banská Bystrica,
† Karel, Bischof von Brno,
Jan Cais, Kapitularvikar von České Budějovice,
Dr. Robert Pobožný, Kapitularvikar von Rožňava,
Dr. František Onderek, Generalvikar und Vertreter des tschechoslowakischen Teils der Erzdiözese Wrocław,
Josef Kuška, Generalvikar und Vertreter des Bischofs von Litoměřice.

Hinweis: Dieser Hirtenbrief soll den Gläubigen am 1. Adventssonntag, d.h. am 1. Dezember 1946, von der Kanzel vorgelesen werden.

Dokument 3

Úctou k životu a láskou k člověku. Poselství II řádného sněmu církve československé 8.-10. ledna 1946 (Aus Achtung vor dem Leben und Liebe zum Menschen. Botschaft der II. ordentlichen Versammlung der Tschechoslowakischen Kirche 8.-10. Januar 1946).[1]

Herausgegeben von der *Tisková rada církve československé v Praze*. Praha 1946.

Botschaft der Versammlung an Kirche und Nation

Doch der Gegenstand unserer Nächstenliebe kann nicht nur die Fürsorge im engeren Sinn des Wortes sein, die Sorge um Arme, Waisen, Kranke, um jene, die durch Alter oder Krankheit arbeitsunfähig sind usw. – also karitative Tätigkeit. Gegenstand unserer Nächstenliebe in der Tschechoslowakischen Kirche muss auch soziale Tätigkeit im weiteren Sinn des Wortes sein, d.h. Tätigkeit, die sich mit der Frage von Armut und Reichtum beschäftigt, mit der Frage der menschlichen Arbeit und deren Entlohnung – Tätigkeit, die sich für die Frage interessiert, wie der Mensch wohnt, wie er ohne Familie lebt, wie er in der Familie lebt, in der Fabrik, als Arbeiter in der Landwirtschaft oder in Haushalt und Familie dienend – die Sorge um die Erzfeinde der Gesundheit und der menschlichen Sittlichkeit: Alkoholismus, Prostitution, Betteln, Korruption und Erpressung... (Aus der Resolution des Lehrausschusses der I. Versammlung der Tschechoslowakischen Kirche im Jahre 1924.)

Wir, die Delegierten von 273 Gemeinden der Tschechoslowakischen Kirche auf ihrer zweiten ordentlichen Versammlung, in Vertretung fast einer Million Mitglieder, wenden uns bei der Eröffnung der Versammlung an die ganze Kirche und die ganze Nation mit dieser Botschaft:

Wir äußern unsere tiefe Dankbarkeit gegenüber dem Allmächtigen und gerechtesten Gott, dass es unserer Nation vergönnt worden ist, die fürchterlichste Versklavung durch die dunkle Macht der germano-faschistischen Diktatur und den zerstörerischsten Krieg der Welt siegreich zu überdauern und den gefährlichsten Versuchungen, die der Verlust der Freiheit und der Zusammenbruch unserer demokratischen Lebensverhältnisse mit sich brachten, sittlich zu widerstehen. Mit dieser Dankbarkeit verbinden wir in tiefer Ehrfurcht das Gedenken an jene, die für Recht, Freiheit und Menschlichkeit kämpften bis zum Opfer ihres Blutes.

1 Aus dem Tschechischen von Georg Escher.

Möge die großartige, stille Solidarität der Toten aller freiheitsliebenden Länder in uns lebendig sein durch die Solidarität schöpferischer Arbeit an der Zukunft des Menschen und zum Ruhm Gottes.

In Dankbarkeit für die Rettung unserer beiden Nationen vor dem physischen und geistigen Verderben betonen wir auch die Dankbarkeit für die eigene Kirche. Nicht nur dafür, dass sie im eisernen Griff der Macht des Antichrist ihre Existenz bewahrt hat, sondern vor allem dafür, dass sie den Geist der Freiheit und Wahrheit in sich bewahrt hat. Dafür, dass ihre Gotteshäuser in den Jahren der Okkupation Orte der geistigen und sittlichen Stärkung unseres Volkes im Widerstand und im Kampf gegen die Kräfte der Gewalt und der Lüge waren.

Dafür, dass sich die Glieder der Kirche an diesem Kampf an seinen sichtbaren und unsichtbaren Fronten beteiligten, so zur sittlichen Standhaftigkeit unserer Nation gegenüber der faschistischen Ideologie und der Regierungspraxis beitrugen und halfen, deren Macht zu brechen.

Wir gedenken hier auch unserer Toten in diesem Kampf, der Geistlichen und der Laien, wir wollen ihrem leuchtenden Andenken treu bleiben. Dieses Gedenken und diese Treue verbinden uns im Geiste mit der ganzen Christenheit jener Länder, die einst von dem Feind der Menschheit besetzt waren, der Christenheit, die in den Jahren der Unterdrückung ihre Treue gegenüber Jesu Religion der Liebe bewiesen hat.

Die freiheitliche christliche Lebensauffassung, für die wir mit unserer Kirche einstehen, verwandelt uns diese Dankbarkeit gegenüber dem Herrn der Geschichte in die Pflicht, unsere gesammelte Aufmerksamkeit den Ursachen und Wurzeln zu widmen, aus welchen die Herrschaft dämonischer Mächte in der modernen Gesellschaft hervorging und erstarkte. Denn wir sind überzeugt, dass nur die Beseitigung dieser Ursachen unsere beiden Nationen und die Welt vor der Gefahr bewahrt, dass durch die Versklavung des Menschen durch den Menschen neue Formen des Schreckens entstehen. Gerade als Christen halten wir es deshalb für vordringlich, dass das befreite Volk sich bewusst ist, dass der Weltfaschismus ein Täuschungsmanöver des imperialistischen Kapitalismus war. Dass die Existenz des Faschismus und sein Erstarken zu einer sozialen Kraft ihren Ursprung in der geschichtlichen Entwicklung der Klassengesellschaft hat, in ihren notwendigen inneren sozioökonomischen und kulturpolitischen Widersprüchen.

Und dass es also keinen richtigen Frieden und keine Sicherheit geben wird auf der Welt, bis der Übergang von der gewinnsüchtigen Gesellschaft zur sozialistischen Gesellschaftsordnung vollzogen sein wird. Wir halten diese Tatsache nicht nur für das grundlegende und größte sozialpolitische Problem der heutigen Welt, sondern zugleich auch für das grundlegende und größte sittliche und geistige Problem.

Nachdem wir uns vom historischen Christentum getrennt hatten – wegen dessen Veruntreuung der Ideale des Königreichs Gottes auf Erden –, begriffen wir (und davon zeugt die Resolution des Lehrausschusses der ersten

Versammlung unserer Kirche aus dem Jahre 1924) schon bevor die Krise der kapitalistischen Gesellschaft in den Zweiten Weltkrieg mündete, dass die Ethik des Evangeliums Jesu von der Herrschaft Gottes unter den Menschen eine Ethik der klassenlosen Gesellschaft ist.

Und so ist es uns eine religiöse und sittliche Pflicht, darauf hinzuarbeiten, dass die Entwicklung unserer Gesellschaft so schnell und so bewusst wie möglich zur Überwindung der Klassenunterschiede strebt.

Zu oft haben wir erfahren, dass eine Gesellschaft, die vom Klassenkampf zerrissen wird – also von einem Kampf um die Wahrung der Vorrechte privilegierter Schichten –, die der unsichtbaren und doch so grausam realen Herrschaft des anonymen Kapitals unterworfen ist, die vom Wirtschaftskrieg und dem Wettbewerb um globale Märkte aufgehetzt wird, durch ihre innere Unversöhntheit eine Moral des Kampfes um ein besseres Leben auf Kosten anderer entwickelt, eine Moral des Kampfes von Mensch gegen Mensch. Zu oft haben wir erfahren, dass in der geistigen Atmosphäre dieser Moral das Ethos Jesu nur als Ethos der Revolution gelebt werden kann, als sittlich rigorose Forderung nach einer radikalen Veränderung der Gesellschaftsordnung. Zu oft haben wir erfahren, dass auch jegliche persönliche Sittlichkeit von diesem sozio-ethischen Faktor mitbestimmt ist.

Deshalb – getragen von unserer christlichen Sehnsucht nach einem Zusammenleben der Menschen in Brüderlichkeit, Liebe, Freiheit und im Frieden schöpferischer Arbeit – begrüßen wir im Namen unserer Kirche die Tatsache, dass unsere beiden Nationen durch ihre Befreiung den Weg des Aufbaus unseres Staates zu einer sozialisierenden und sozialistischen Republik angetreten haben.

Wir freuen uns darüber, dass wir auf diese Weise – im Geist unserer größten nationalen Traditionen, der Hussitischen vor allen – wieder in die vordersten Reihen der fortschrittlichen Menschheit getreten sind, dass wir ein vollgültiger Mitkämpfer des arbeitenden Volkes der ganzen Welt in seinem jahrhundertelangen Kampf um die Befreiung der Arbeit und die Abschaffung von Privilegien und Vorrechten geworden sind. Wir schätzen die freundschaftlichen Bande, die durch unsere Allianz mit den westlichen Demokratien im letzten Krieg entstanden sind. Wir achten die Tatsache hoch, dass unser Volk in der UdSSR nicht nur seinen größten und treusten Verbündeten gefunden hat, sondern auch ein Vorbild unerschütterlichen Willens, zielgerichteter Arbeit und selbstaufopfernder Bereitschaft zur Verwirklichung einer Gesellschaft, die wirklich menschlich ist. Besonders freuen wir uns auch darüber, dass der so beschrittene Weg uns der Familie der slawischen Nationen näher denn je bringt.

Wir wünschen uns also, dass unsere beiden Nationen diesen Weg unbeirrt und zielstrebig weiter gehen. Die Glieder der Tschechoslowakischen Kirche werden deshalb an ihrem Ort eifrig arbeiten für die Einheit der Tschechen und der Slowaken; die Solidarität und den gegenseitigen guten Willen der politischen Parteien unterstützen und danach streben, den Slowakischen Aufstand und die Mairevolutionen in den Ländern der Böhmischen Krone zu vollenden und unsere Republik zu einem Volksstaat auszubauen; den Geist der Opferbereitschaft und die Arbeitsbegeisterung durch das gute Beispiel ihrer Arbeit in allen Schichten der Bevölkerung stärken, damit so die Voraussetzungen geschaffen werden, die unabdingbar sind für das Gedeihen des Königreichs Gottes unter den Menschen.

Dies ist der vorrangige Dienst, zu dem uns heute das Evangelium Jesu verpflichtet.

Die Sehnsucht nach Ruhe und Frieden in unserer Republik bewegt uns dazu, besonders unsere Haltung zur Abschiebung unserer einstigen Mitbürger deutscher Nationalität zu äußern.

Wir beobachten, dass das mangelhaft verstandene Gebot der Liebe zum Feind von einigen Vertretern des Christentums im Ausland – und bisweilen auch hierzulande – gerade im Zusammenhang mit der deutschen Frage noch weniger richtig ausgelegt wird, wir empfinden es als unsere Pflicht, deutlich zu erklären, dass wir die Forderung nach der Aussiedlung der deutschen Minderheit aus unserem Land vollkommen und vorbehaltlos unterstützen. Wir tun das nicht aus nationaler Voreingenommenheit und Leidenschaft oder aus Beweggründen der Rache, sondern wegen der sittlichen und geistigen Gesundheit unserer Nation. Wir wissen, dass die Existenz einer deutschen Minderheit in unserem Land nach den Verbrechen, welche die Deutschen als Nation auf dem Gewissen haben, in unserem Volk notwendigerweise Misstrauen und Hass weckt.

In einem Klima des Misstrauens und Hasses kann man aber kein Leben aufbauen. Je früher die Deutschen aus unseren Ländern weggehen, desto schneller wird es möglich sein, auch bei uns das schwerste moralische Verbrechen des faschistischen Deutschlands an unserer Nation wieder gutzumachen – nämlich jenes, dass gerade sie uns andere Nationen hassen lehrten; desto schneller wird es unserem Volk wieder möglich sein, zu seiner ruhigen und von Zorn freien Haltung gegenüber der deutschen Nation zurückzukehren.

Darüber hinaus kann unser Staat, solange die deutsche Minderheit zu ihrer Gänze hier ist, nach den Erfahrungen mit ihr den Deutschen keine politischen Rechte einräumen. Aber nach unserem Dafürhalten will unsere Nation nicht, und kann unsere Nation auch gar nicht wollen, dass unter ihr ein nationales Kollektiv rechtloser Menschen leben würde. Unsere demokratische Überzeugung würde dies nicht dulden, und unsere eigene öffentliche Sittlichkeit und nationale Ethik würden dadurch korrumpiert.

Deshalb ist der Weggang der Deutschen nicht nur in politischer, sondern auch in sittlicher Hinsicht eine notwendige und selbsterhaltende Lösung.

Wir stehen auch der Tatsache gegenüber, dass die faschistische Herrschaft und die Jahre der Kriegsnot mehr Schatten und ein größeres unbeabsichtigtes Erbe an sittlich unerwünschten Eigenschaften zurückgelassen haben, als es gut ist. Unser Glaube an die Verantwortung des Menschen für den sittlichen Zustand seines Inneren bewegt uns dazu, die Aufgabe der Kirche im Bestreben zu sehen, dieses psychologische, geistige und sittliche Erbe so schnell wie möglich mit Stumpf und Stiel auszurotten.

Wir beobachten, dass in einigen Schichten unserer Nation jene Theorien eine höhere Anziehungskraft bewahrt haben, die eine menschlich positive Auffassung vom Sinn der Arbeit und des Lebens ablehnen; wir beobachten, wie groß die Neigung zur Phrase und zur Halbwahrheit auf Kosten ehrlicher Geistesarbeit geworden ist, wie in vielen Menschen das Sensorium für die sittliche Unzulässigkeit von Protektionswirtschaft, Korruption und Opportunismus auch in ihren subtileren und unauffälligeren Formen geschwächt worden ist; wir beobachten, dass man hie und da zu schnell persönlichen Ambitionen nachgibt, die durch keinen wirklichen Dienst am Volk gerechtfertigt sind; wir beobachten, dass das Interesse an der Kultivierung der Person als Kultivierung des Herzens und des Gewissens zu wenig entschlossen, zu wenig tief und zu wenig intensiv ist. Und in all dem erkennen wir das Erbe der Okkupation, Schatten auf der frohen Stirn des befreiten Volkes. Es ist unser innigster Wunsch, dass sich die ganze positive schöpferische Kraft, die dieses Volk in so großem Maß an den Tag legt, so schnell wie möglich dieser Schatten entledigen kann.

In diesem Zusammenhang legen wir besonderen Wert darauf, dass der sittlichen Erziehung der Kinder und Jugendlichen sorgfältigste Aufmerksamkeit zukommen soll. Weil wir die Freiheit des Gewissens für einen zentralen Grundsatz unseres Glaubens und unserer Kirche halten, wollen wir, dass die Jugend unserer Nation zu dieser Gewissensfreiheit geführt wird. Weil wir uns für einen harmonischen Menschen einsetzen, wünschen wir uns, dass Bildung und Erziehung auf Verstand und Wissenschaft begründet sind, und dass die Jugend vom Einfluss abergläubischer und pseudowissenschaftlicher Vorstellungen befreit wird – in Übereinstimmung mit der zweiten grundsätzlichen Forderung unserer Kirche – nach dem Einklang von Glauben und Wissenschaft.

Indem wir uns auferlegt haben, die gegenwärtigen sittlichen Bemühungen und wissenschaftlichen Erkenntnisse mit dem Geist Christi zu erfüllen, haben wir die Pflicht auf uns genommen, den Inhalt unseres Glaubens mit den Resultaten wissenschaftlicher Forschung in Einklang zu bringen und uns durch diesen Inhalt moralisch zu verpflichten, das Königreich Gottes und seiner Gerechtigkeit auf Erden zu bauen. Deshalb halten wir auch die Ergebnisse des wissenschaftlichen Sozialismus auf dem sozialen und ökonomischen Gebiet für vereinbar mit den ethischen Normen des Christentums.

Wir werden uns ebenfalls mit allen unseren Kräften dafür einsetzen, dass die moderne Menschheit den bedrückenden Geist der unruhigen Zeit überwindet, indem sie alle ihre sittlichen Werte im höchsten Willen des Ewigen Gesetzgebers verankert. In diesem Bemühen sehen wir die eigentliche Berufung der Kirche überhaupt und unserer Kirche besonders.

Wir sehnen uns nach Zusammenarbeit mit allen Kirchen und allen fortschrittlichen Kräften unserer Nation, um gemeinsam die innere geistige Einheit unseres Volkes und der ganzen Menschheit zu stärken. Wir sehen, dass der Krieg auf der Welt zu viele Partikularinteressen hinterlassen hat, deren Fliehkraft für die heilige Sache des Friedens eine Gefahr darstellt. Wir wünschen uns deshalb, dass hierzulande so bald wie möglich eine Tschechoslowakische Gesellschaft für die Unterstützung der Internationalen Organisation der Vereinigten Nationen geschaffen wird, welcher unsere Kirche volle moralische Unterstützung gewähren und praktische Hilfe leisten wird.

Möge der Geist der Ruhe, der Freude und des Friedens Jesu Christi uns alle vereinen in gemeinsamer Arbeit für eine bessere Zukunft unseres Heimatlandes und des ganzen Menschengeschlechts!

[Stempel:] Vorsitz der II. Versammlung der Tschechoslowakischen Kirche

(Angenommen durch einstimmiges Votum des Plenums der Versammlung am 10. Januar 1946.)

Dokument 4

Poselství devátého synodu Českobratrské církve evangelické který zasedal ve dnech 5. až 7. prosince 1945 v Praze (Botschaft des Neunten Synods der Evangelischen Kirche der Böhmischen Brüder, der vom 5. bis 7. Dezember 1945 in Prag tagte).[1]

Ústřední archiv Českobratrské církve evangelické. Synodní Rada ČCE, Signatur: I6 – Synody, IX. Synod (5.-7.12.1945)

Gnade sei mit euch und Friede von Gott, unserem Vater, und dem Herrn Jesus Christus

Liebe Brüder und Schwestern im Herrn, den letzten außerordentlichen Synod vom Jahre 1939 veranstalteten wir in Furcht und Schrecken unter verdüstertem Himmel und in der Atmosphäre des Anfangs des Zweiten Weltkrieges. Der Kriegsorkan, wegen der Sünden der Welt auf die Welt geschickt, schüttelte die ganze Welt sechs Jahre lang. Der Verlust des freien Staates bedrückte uns, und die Knechtschaft, die auch die Kirche band, vom Feind des Kreuzes Christi gehasst, beraubte uns der Möglichkeit zu synodalen Zusammenkünften in den Jahren der Schreckensherrschaft und auferlegte uns ein neues perpetuum silentium – die Drohung eines ständigen Schweigens.

Deshalb muss der Tenor dieses Neunten Synods ein inniges Danksagen für die politische Befreiung der Nation und die Errettung der Kirche sein. Bedenken wir, dass die alte politische und gesellschaftliche Ordnung bei uns, um uns und in der ganzen Welt zusammengebrochen ist, betrachten wir die materiellen, geistigen und sittlichen Trümmer, die ganz Europa verschüttet haben, und bedenken wir, dass unsere Nation aus diesem Trümmerhaufen mit erneuerter staatlicher Freiheit hervorgegangen ist – dass auch wir als Kirche bei allen Verlusten und Erschütterungen unversehrt aus dem Weltenbrand hervorgegangen sind, verschont von den schweren Strafen Gottes, die andere Teile der Kirche Christi in anderen Ländern getroffen haben –, so ist es unmöglich, nicht mit Innigkeit den alten Choral der kämpfenden Kirche zu singen: „Herr Gott, dich loben wir, Herr, wir danken dir".

Wir preisen die Wege des Herrn, der die Kirche Jesu Christi in den Stürmen der Weltkatastrophe erhalten hat und bekennen, dass es einzig aus Seiner Barmherzigkeit geschah, wenn er die Kirche befreit hat von der Tyrannei jener, die

1 Aus dem Tschechischen von Georg Escher.

sie versklaven und daran hindern wollten, das Evangelium von der Freiheit der durch Christi Blut gereinigten Kinder Gottes zu verkünden und das Werk der Liebe und des Dienstes an der Menschheit zu vollbringen, und die der Kirche stattdessen die dunkle Ketzerei des Rassen-Irrglaubens und das Gift des nationalen Hasses aufzuzwingen trachteten.

In den Jahren der Knechtschaft haben wir erkannt, was für ein *Gottesgeschenk Freiheit und staatliche Unabhängigkeit* sind, in einer Nation, die von der Sehnsucht nach einem Leben in Gerechtigkeit und Wahrheit getragen ist. Umso inniger danken wir Gott für die Befreiung im Jahre des Herrn 1918, die unsere Nation unter der Führung von Tomáš Garrigue Masaryk erlangte, der den Sinn unserer Geschichte und die Aufgabe der Zukunft in der Suche und der Verteidigung der in Gott sich gründenden Wahrheit fand. Gott hat dann erneut bezeugt, dass er die Wahrheit bis in Ewigkeit verteidigt. Wir glauben, dass Er unter den größten Nationen der Erde das Bewusstsein um die Verantwortung für die Welt und die Heldenhaftigkeit in der Verteidigung der Menschenrechte geweckt hat. Er hat gezeigt, dass Gewalt, Brutalität und Terror in einer unvermeidlichen Katastrophe enden müssen. Bewegt und dankbar gedenken wir des großartigen Werks der Befreiung und des Aufbaus von Präsident Dr. Edvard Beneš, der Regierung der Republik und unseres gesamten in- und ausländischen Widerstands und aller Opfer, aus welchen durch die Gnade Gottes die neue politische Freiheit hervorgegangen ist.

Belehrt von der Schrift, dass es Gottes Wille ist, dass niemand „zu weit gehe und seinen Bruder im Handel übervorteile" (1. Brief an die Thessalonicher 4,6), und dass Gott immer auf der Seite der Unterdrückten und Ausgebeuteten ist, begrüßen wir das entschlossene Streben unserer erneuerten demokratischen Republik nach dem *Aufbau eines sozial gerechten Staates*. Seien wir guter Hoffnung, dass unsere Nation diese riesige Aufgabe ehrenhaft und würdig erfüllt und so bezeugt, dass sie die humanitären Ideale nicht vergessen hat, in welchen wir die Früchte der Bemühungen der böhmischen Reformation sehen. Weil wir aber durch das Wort Gottes belehrt sind über das Unvermögen, mit menschlichen Kräften auf Erden eine ideale Gesellschaft zu errichten, und weil wir vom Verfall der Sitten wissen, welchem wir immer wieder erliegen, sehnen wir uns danach, dass unsere Nation sich auch auf die *Wurzeln* der böhmischen Reformation besinnt, dass die Nation nämlich wieder von Sehnsucht nach dem lebendigen Wort Gottes ergriffen wird und in *Christus* wieder ihren Herrn findet, um dessen Gebot der Liebe willen sie zu allen Anstrengungen bereit wäre. Er gibt seinen Getreuen sicher die Kraft zu neuen Dingen über alle Vorstellung. Der Blick in eine bessere Zukunft ist am bestimmtesten motiviert durch den Glauben an den Lebendigen Gott, der in Christus seinen Willen kundgetan hat, damit sie das Leben und volle Genüge haben sollen (Evangelium nach Johannes 10,10). Der Weg zur Erneuerung und Heilung der elenden Welt führt nur über die Erneuerung des Menschen durch den Geist Gottes. Ohne solche erneuerten Menschen versagen noch so gute Pläne, und es wird keine bessere Gesellschaft geben. Christus, der gekommen ist, durch sein Opfer und seine Macht die

Menschen zu erneuern, bleibt heute wie morgen der einzige, wirkliche Erlöser. Und wir schulden unserer teuren Nation, ihrem Präsidenten, der Regierung, den Abgeordneten und den Amtsträgern beständiges *Gebet*, dass der Herr geruhe, sie auf dem Lebensweg zu leiten und ihnen in ihren verantwortungsvollen Aufgaben seinen heiligen, guten Willen zu zeigen.

Wir aber als Kirche Gottes sind durch die Tatsache der nationalen Befreiung *zur Buße* gerufen. Ohne Buße wäre unsere Dankbarkeit eitel. Unsere Befreiung stellt uns die Frage: „Weißt du nicht, dass Gottes Güte zur Buße leitet?" (Brief an die Römer 2,4). Das Böse, an dem die Welt zugrunde geht, hat seinen Ursprung im Ungehorsam und im vermessenen Suspendieren der Gesetze Gottes, was aus dem Verfall des lebendigen Glaubens und dem Mangel an Liebe zu Gott hervorgeht. Daran sind wir alle beteiligt. Die Kirche Christi hat sich in allen ihren Teilen versündigt und sündigt noch immer durch ihre Laxheit, Gleichgültigkeit, Zersplitterung und Untreue. An der Schwelle zur Nachkriegszeit muss uns in den Ohren klingen: „Bekehret euch zu mir von ganzem Herzen mit Fasten, mit Weinen, mit Klagen!" „Tut Buße und glaubt das Evangelium." Das ist der einzige Weg zur Besserung und zur geistigen und sittlichen Erneuerung. Hier ist auch die wirkliche Garantie der echten Freiheit: der Freiheit der Töchter und Söhne Gottes. Mit dem Aufruf zur Buße, zum Glauben an das Evangelium und an brüderliche Liebe soll von unseren Kanzeln das apostolische Wort erklingen, das uns in Erinnerung ruft: „Wenn euch nun der *Sohn* frei macht, so seid ihr wirklich frei." (Evangelium nach Johannes 8,36). „Wo aber der Geist des Herrn ist, da ist Freiheit:" (2. Brief an die Korinther 3,17).

Seien wir uns als Kirche Jesu Christi mit neuer Entschiedenheit bewusst, dass die Ziele des Reichs Gottes über jedes nationale, staatliche und soziale Ziel erhaben sind. „Unser Bürgerrecht aber ist im Himmel; woher wir auch erwarten den Heiland, den Herrn Jesus Christus" (Brief an die Philipper 3,20, nach der Übersetzung von Fr. Žilka.) Treten wir mit neuem Eifer das apostolische Erbe an, das durch die Reformation neu verstanden wurde, und scheuen wir keine Mühe, die *Kirche Christi* am Ort unserer Berufung aufzubauen. Mit keinem anderen Eifer können wir uns und unserer teuren Nation dienen, wenn wir diese unsere ureigene Berufung vernachlässigen. Bitten wir Gott um den Geist echter Brüderlichkeit und erbauen wir uns zum geistlichen Hause, zur Familie Gottes. Schätzen wir die Bedeutung und die Aufgabe unserer presbyterianischen Ordnung mit dem Ältestenrat in jeder Gemeinde, was übrigens die beste Schule der Verantwortung des Volkes ist, wie sie neuerdings im politischen Leben proklamiert wird.

Im Namen Jesu, der der Herr der Welt ist, seien *wir aktiv und positiv an der großen Umgestaltung der Welt* beteiligt. Tragen wir zum großen Kampf um soziale Gerechtigkeit mit persönlicher Aufrichtigkeit und Gerechtigkeit bei, mit Sozialgefühl und einem offenen Herzen für den Schmerz unseres Nächsten, mit

Willen und mit Verantwortung für das Gemeinwohl, worum sich auch unsere Reformationsväter so treu bemühten. Wir sind in einer Zeit, da mit besonderer Offensichtlichkeit „Gottes Gerichte über die Erde gehen". Als Folge davon sollen *„die Bewohner des Erdkreises Gerechtigkeit lernen."* (Jesaja 26,9) Sonst dienen Gottes Gerichte nicht zur Erneuerung. Seien wir also Menschen der Wahrheit und der Gerechtigkeit. Lassen wir uns nicht vom Geist der Rache und der groben Vergeltung erfassen. Überwinden wir Geiz und rücksichtslose Selbstsucht, die in diesem Jahr so vielfach das Gewissen und die Ehre unserer Nation befleckte. Die Schreckenstaten, die an der Menschheit und auch an uns verübt wurden, seien uns nicht Beispiel, sondern Warnung. Lösen wir die schmerzhaftesten Probleme des Zusammenlebens der Nationen im Geist der Humanität, im Geist Christi, der auch in Gerichten nicht zulässt, dass Barmherzigkeit vergessen wird. Bitten wir Ihn um den Sieg über uns selbst und über jeden Ansturm verderblicher Leidenschaft. Seien wir Menschen von strenger sittlicher Disziplin. Nur das ist der Weg zur wirklichen Festigung nationaler Freiheit.

Bitten wir Gott, uns durch das Feuer der durchlittenen Prüfungen *geistig zu erwecken, zu reinigen, zu stählen und mit wahrem Eifer zu erfüllen* für all diese Aufgaben außerhalb und innerhalb der Kirche. Sonst genügen wir nicht. Sorgen wir insbesondere dafür, dass wir in der Familie und im Kreis der Gemeinde unsere *Jugend* gut leiten, von den kleinen Kindern bis zu den Hochschulstudenten, damit sie eine feste geistige Grundlage hat und sich nicht im Wirbel der Welt verliert, sondern auch ihrer Umgebung hilft, den wahren Weg der neuen Zukunft zu finden. Bessere Führung der Jugend ist ein besonders heiliges Gebot Gottes und das Vermächtnis der Böhmischen Brüderunität.

Besonders zwei weitere Aufgaben warten auf unsere Kirche. Wir erleben eine Zeit *nationaler Verschiebungen.* Das bedeutet mancherorts große Veränderungen in der Struktur unserer Gemeinden. Unser Gebiet dehnt sich aus. Alte Gemeinden entvölkern sich teils beträchtlich, und neue werden gegründet. In diesem Wandel muss es uns um die Bewahrung des Zusammenhalts unserer Familien, Gemeinden und auch der ganzen Kirche gehen. Die alten Gemeinden dürfen bei ihrem zahlenmäßigen Schwinden nicht kleinmütig werden und geistig erschlaffen, sondern müssen in den neuen Gemeinden ihre Saat und ihr Evangelisationsfeld erkennen. Betrachten wir diese Veränderungen mit Freude. Jene sodann, die einen neuen Wohnsitz suchen, sollen ihre kirchliche Zugehörigkeit nicht vergessen; sie sollen nicht nur im Bereich der Wirtschaft Pioniere sein, sondern auch in jenem der Religion und der Kirche, auch zum Segen ihrer Umgebung. Ein großer Wandel der Bevölkerung bringt uns nie da gewesene Aufgaben *evangelisatorischer, missionarischer und sozialer Natur.* Dafür haben wir jedoch zu wenig Prediger. In dieser großen Not bitten wir die alten Gemeinden, ab und zu ihre Geistlichen für den Dienst im Grenzland freizustellen. Wir bitten die Ältestenräte und unsere Laienmitarbeiter, bereitwillig und mit dem Aufwand aller Kräfte, die wir zur Verfügung haben, beim Aufrechterhalten des Gemeindelebens auszuhelfen. Das Bewusstsein der großen Sendung in der Nation soll uns stärken, nicht schwächen. Damit das Abhalten von Gottesdiensten durch Hilfskräfte möglich ist, ohne dass dabei das Niveau der Predigt leidet, fahren wir in der Herausgabe einer Sammlung von Predigten mit einschlägigem Kommentar fort. – Die großen Aufgaben der Gegenwart rufen uns unablässig die Pflicht der Kirche in Erinnerung, im Dienst der Liebe eifrig zu sein. Wir müssen unsere sozialen Anstrengungen verstärken und unsere soziale Arbeit organisieren.

Die zweite große Aufgabe stellt sich uns im *Bemühen um die Einigung der evangelischen Kirchen.* Angesichts der wachsenden Aufgaben der Kirche in unserer Nation müssen wir von neuem den großen Schritt schätzen, den die Vereinigung unserer beiden reformierten Kirchen im Jahr 1918 darstellt. Wir danken Gott dafür, der uns die Stimme Christi hören ließ, die zur Einigkeit aller Glieder ruft. Bemühen wir uns auf derselben Grundlage unermüdlich und umsichtig um eine Annäherung und – dann, wenn Gott will – um die endgültige Vereinigung der übrigen evangelischen Kirchen in unserem Staat. Besinnen wir uns auf Comenius' Worte aus den Wirren seiner Zeit: „Wo Vielfalt ist, ist Verwirrung, wenn die Vielfalt nicht in Einheit gebracht wird." „Öffne die Augen, christliches Volk, und erkenne, dass es außer dem Grundstein der Einigkeit für das ganze Gebäude der Kirche keinen Zusammenhalt gibt, dass alles leicht zerfällt."

Wir freuen uns über die Wiederaufnahme der durch den Krieg unterbrochenen Beziehungen zur Evangelischen Kirche Augsburgischen Bekenntnisses und Helvetischen Bekenntnisses in der Slowakei, und wir wollen diese Beziehungen zum gemeinsamen Befolgen des Willens Christi in unserer Nation nützen. Dabei wissen wir, dass die innerliche geistige Einheit unserer Nationen nicht besser gestärkt werden kann als auf diesem Weg. Wir bemühen uns um die Bildung einer gemeinsamen Organisationsgrundlage mit der Evangelischen Kirche Augsburger Bekenntnisses im Teschener Land und wünschen uns gegenseitiges Verständnis in der Einheit des reformierten Bekenntnisses zum Glauben an die Erlösung durch die alleinige Gnade des Herrn. Die neuen Verhältnisse haben die Leitung der Deutschen Evangelischen Kirche in den Böhmischen Ländern zu dem Ansuchen bewogen, die Reste dieser Kirche, denen erlaubt wird, in unserem Staat zu bleiben, an unsere Kirche anzugliedern. Im Namen Christi des Erlösers und des Herrn aller Nationen haben wir uns entschlossen, dieser Bitte entgegenzukommen und so im Rahmen unserer kirchlichen Ordnung die organisatorische Einheit der evangelischen Kirchen in den böhmischen Ländern zu erneuern, wie sie bis 1918 bestanden hat. Wir erwarten die Bewilligung dieses Schritts durch die Regierung der Republik.

Aus denselben Gründen des Gehorsams gegenüber dem offenbaren Willen Christi wollen wir wieder lebendige, brüderliche Kontakte auch *zu den evangelischen Kirchen im Ausland* pflegen. Wir strecken die Hand aus zur Gemeinschaft mit den Kirchen der angloamerikanischen Welt, mit den schweizerischen, französischen, niederländischen, nordischen Kirchen. Wir werden wieder Kontakt suchen zu den evangelischen Kirchen in Jugoslawien, in Rumänien und Bulgarien, mit den Waldensern in Italien, in Ungarn und in Polen und besonders, sobald die Möglichkeit bestehen wird, in Sowjetrussland. Es ist unsere Pflicht, uns wieder am Werk der Mission unter den Heiden zu beteiligen, besonders in Afrika, auf begonnenem Feld.

Lasst uns beten für die Erneuerung der Kontakte zu den treuen Bekennern des Evangeliums unter den deutschen evangelischen Gläubigen, schwer geprüft vom Nationalsozialismus, dessen Gottlosigkeit sie so lange nicht erkannten, und seien wir selbst wachsam, damit wir nicht solchen Irrlehren verfallen.

Es ist Zeit, dass die Christen die verfallene Welt mit Christi Liebe umfangen, mit dieser starken, geduldigen und aufopfernden Liebe, die durch den Heiligen Geist geweckt wird und dem Herrn treu ist im Dienst an den Menschen bis in den Tod, und mit unermüdlicher Arbeit am Aufbau der Kirche Christi, die allenthalben Wahrheit, Gerechtigkeit, guten Willen und Friede in den Nationen und unter den Nationen verbreiten soll. Für uns bitten wir um die Gnade, Menschen und eine Kirche zu sein, für die in apokalyptischer Zeit die Worte der Johannesapokalypse gelten: „Hier ist Geduld der Heiligen! Hier sind, die da halten die Gebote Gottes und den Glauben an Jesus." (Offenbarung 14,12)

Das Präsidium des Neunten Synods der Evangelischen Kirche der Böhmischen Brüder

ThDr JOSEF KŘENEK
Vorsitzender

PhDr ANTONÍN BOHÁČ
Stellvertretender Vorsitzender

BOHUSLAV BURIAN
Stellvertretender Vorsitzender

ABKÜRZUNGSVERZEICHNIS

AA, NPA	Auswärtiges Amt, Neues Politisches Archiv
AAEESS	Affari Ecclesiastici Straordinari (Außerordentliche kirchliche Angelegenheiten)
AAS	Acta Apostolicae Sedis
ADSS	Actes et documentes du Saint Siège relatifs à la seconde guerre mondiale
ADAP	Akten zur deutschen auswärtigen Politik
AJDC	American Joint Distribution Committee
AK	Armia Krajowa (Heimatarmee)
AKBMS	Archiv für Kirchengeschichte von Böhmen, Mähren, Schlesien
AKKGM	Arbeitskreis für kirchliche Zeitgeschichte Münster
AM Ústí nad Labem	Archiv města Ústí nad Labem (Archiv der Stadt Aussig an der Elbe)
AMZV	Archiv Ministerstva zahraničních věcí České republiky (Archiv des Ministeriums für Auswärtige Angelegenheiten der Tschechischen Republik)
ANM	Archiv Národního muzea (Archiv des Nationalmuseums)
ASV	Archivio Segreto Vaticano (Geheimes Archiv des Vatikanstaates)
AÚTGM	Archiv Ústavu T.G. Masaryka (Archiv des T.G. Masaryk-Instituts)
A ŽMP	Archiv Židovského muzea v Praze (Archiv des Jüdischen Museums in Prag)
Barch	Bundesarchiv Berlin
BBC	British Broadcasting Company
BOL	Bischöfliches Ordinariat Linz
BWT	Bad Wiesseer Tagungen
ČČH	Český časopis historický (Tschechische historische Zeitschrift)
CČS	Církev československá (Tschechoslowakische Kirche)
ČSBS	Český svaz bojovníků za svobodu (Tschechischer Bund der Freiheitskämpfer)

ČSL	Československá strana lidová (Tschechoslowakische Volkspartei)
ČSNS	Československá strana národně socialistická (Tschechoslowakische national-sozialistische Partei)
ČSR	Československá republika (Tschechoslowakische Republik)
CSU	Christlich-Soziale Union
ČTK	Československá tisková kancelář (Tschechoslowakische Presseagentur)
DAL	Diözesanarchiv Linz
DCV	Deutsche Christlichsoziale Volkspartei
DDR	Deutsche Demokratische Republik
DNSAP	Deutsche Nationalsozialistische Arbeiterpartei
DS	Demokratická strana (Demokratische Partei)
EAM	Erzbischöfliches Archiv München
EAC	European Advisory Commission
FAZ	Frankfurter Allgemeine Zeitung
Gestapo	Geheime Staatspolizei
HSĽS	Hlinkova slovenská ľudová strana (Hlinkas Slowakische Volkspartei)
HZ	Historische Zeitschrift
IKBMS	Institut für Kirchengeschichte für Böhmen-Mähren-Schlesien
JOC	Jeunesse Ouvrière Catholique
KDU-ČSL	Křesťanská a demokratická unie – Československá strana lidová (Christliche und demokratische Union – Tschechoslowakische Volkspartei)
KPD	Kommunistische Partei Deutschlands
KSČ	Komunistická strana Československa (Kommunistische Partei der Tschechoslowakei)
KSS	Komunistická strana Slovenska (Kommunistische Partei der Slowakei)
KZ	Konzentrationslager
MfS	Ministerium für Staatssicherheit (DDR)
MI	Ministerstvo informací (Informationsministerium)
MŠNO	Ministerstvo školství a národní osvěty (Ministerium für Schulwesen und Volksbildung)
MŠK	Ministerstvo školství a kultury (Ministerium für Schulwesen und Kultur)

MZA	Moravský zemský archiv v Brně (Mährisches Landesarchiv in Brünn)
MZV	Ministerstva zahraničních věcí České republiky (Ministerium für Auswärtige Angelegenheiten der Tschechischen Republik)
NA	Národní archiv v Praze (Nationalarchiv in Prag)
NSDAP	Nationalsozialistische Deutsche Arbeiterpartei
OAL	Ordinariatsarchiv Linz
Ocist	Ordo Cisterciensis
OESA	Ordo Fratrum Erimitarum Sancti Augustine
OMelit	Ordo Melitensium
OP	Ordo Fratrum Praedicatorum
OSA	Ordo Sancti Augustini
OSB	Ordo Sancti Benedicti
ÖStA, AdR	Österreichisches Staatsarchiv, Archiv der Republik
PSL	Polskie Stronnictwo Ludowe (Polnische Volkspartei)
PZ	Politické zprávy (Politische Mitteilungen)
RSHA	Reichssicherheitshauptamt
RŽNO	Rada židovských náboženských obcí v zemích české a moravskoslezské (Rat der Jüdischen Kultusgemeinden in Böhmen, Mähren und Schlesien)
SA	Sturmabteilung
SD	Sicherheitsdienst
SD-LA	Sicherheitsdienst-Leitabschnitt
SdP	Sudetendeutsche Partei
SHF	Sudetendeutsche Heimatfront
SJ	Societas Jesu
SMAD	Sowjetische Militäradministration
SNA	Slovenský národný archív (Slowakisches Nationalarchiv)
SOA Litoměřice	Státní oblastní archiv v Litoměřicích (Staatliches Gebietsarchiv Leitmeritz)
SOCist	Sacer Ordo Cisterciensis
SS	Schutzstaffel
UdA	Union der Ausgewiesenen
UdSSR	Union der Sozialistischen Sowjetrepubliken
UdV	Union der Vertriebenen
UNO	United Nations Organization
USA	United States of America

ÚV KSČ	Ústřední výbor Komunistické strany Československa (Zentralkomitee der Kommunistischen Partei der Tschechoslowakei)
VA	Výstřižkový archiv (Zeitungsausschnittsarchiv)
VfZG	Vierteljahrshefte für Zeitgeschichte
VCC	Veröffentlichungen des Collegium Carolinum
VŽNO	Věstník židovské náboženské obce v Praze (Anzeiger der jüdischen Kultusgemeinde in Prag)
YMCA	Young Men´s Christian Association
YWCA	Young Women´s Christian Association

PERSONENREGISTER

ORTSREGISTER
(mit Konkordanz)

Collegium Carolinum

Geschichtsschreibung zu den böhmischen Ländern im 20. Jahrhundert

Wissenschaftstraditionen – Institutionen – Diskurse

Vorträge der Tagungen des Collegium Carolinum
in Bad Wiessee vom 21. bis 23. November 2003
und vom 12. bis 14. November 2004

Hrsg. von
Christiane Brenner, K. Erik Franzen,
Peter Haslinger und Robert Luft

(Bad Wiesseer Tagungen des Collegium Carolinum, Band 28)
München: Oldenbourg Wissenschaftsverlag 2006
X und 485 Seiten, schwarz-weiß Illustrationen, gebunden.
Ladenpreis: € 59,80
ISBN 978-3-486-57990-1

Im vorliegenden Band wird die Historiografie zu den böhmischen Ländern vor dem Hintergrund der aufeinander folgenden Systeme und herrschenden Ideologien vergleichend untersucht. Die Beiträge geben einen fundierten Überblick vor allem über die Geschichtsschreibung in tschechischer und deutscher Sprache. Verfolgt werden zum einen institutionelle und biografische Fragestellungen. Zum anderen werden historiografische „Meistererzählungen" und die in ihnen zum Ausdruck kommenden Kontinuitäten und Diskontinuitäten in den Komplex von Volksgeschichte, Ostforschung und Kaltem Krieg eingeordnet. In diesem Zusammenhang wird auch die Geschichte des Collegium Carolinum im Kontext der Arbeit anderer deutscher Forschungseinrichtungen kritisch reflektiert.

MITARBEITERINNEN UND MITARBEITER

PD Dr. Rainer *Bendel*, Katholisch-theologische Fakultät, Eberhard Karls Universität, Tübingen

Mgr. Jaroslav *Cuhra*, Ph.D., Ústav pro soudobé dějiny AV ČR, Praha, Tschechische Republik

Mgr. Johann *Großruck*, Timelkam, Österreich

Monika *Hanková*, Židovské muzeum, Praha, Tschechische Republik

doc. PhDr. Jiří *Hanuš*, Ph.D., Historický ústav, Masarykova univerzita, Brno, Tschechische Republik

Laura *Hölzlwimmer*, M.A., Collegium Carolinum, München

Prof. Dr. phil. Emília *Hrabovec*, Katedra histórie, Trnavská univerzita, Trnava, Slowakische Republik

PD Dr. Árpád *von Klimó*, Zentrum für Zeithistorische Forschung, Potsdam

Dr. Christoph *Kösters*, Kommission für Zeitgeschichte, Bonn

PhDr. Miroslav *Kunštát*, Ph.D., Institut mezinárodních studií, Univerzita Karlova, Praha, Tschechische Republik

René *Küpper*, Institut für Geschichtswissenschaft, Rheinische Friedrich-Wilhelms-Universität Bonn

Jan *Lata*, Ph.D., Městské státní zastupitelství, Brno, Tschechische Republik

PhDr. Michal *Pehr*, Masarykův ústav AV ČR, Praha, Tschechische Republik

Prof. Dr. *Martin Schulze Wessel*, Collegium Carolinum, München

Mgr. Jaroslav *Šebek*, Ph.D., Historický ústav, AV ČR, Praha, Tschechische Republik

PhDr. Jan *Stříbrný*, Česká křesťanská akademie, Praha, Tschechische Republik

Martin *Teplý*, Generalkonsulat der Tschechischen Republik, Dresden

Dr. Martin *Zückert*, Collegium Carolinum, München